INTERPRETATION OF TAX
AND FEE REDUCTION POLICIES
AND CASE OPERATION PRACTICES

减税降费 政策解读与
案例操作实务

翟继光 姜文新 ◎ 编著

立信会计 出版社
LIXIN ACCOUNTING PUBLISHING HOUSE

图书在版编目（CIP）数据

减税降费政策解读与案例操作实务 / 翟继光，姜文
新编著 . — 上海：立信会计出版社，2020.7
ISBN 978-7-5429-6545-5

Ⅰ.①减… Ⅱ.①翟… ②姜… Ⅲ.①减税—税收政
策—中国 Ⅳ.① F812.422

中国版本图书馆 CIP 数据核字 (2020) 第 118697 号

责任编辑　蔡伟莉

减税降费政策解读与案例操作实务

出版发行	立信会计出版社				
地　　址	上海市中山西路 2230 号		邮政编码	200235	
电　　话	（021）64411389		传　　真	（021）64411325	
网　　址	www.lixinaph.com		电子邮箱	lixinaph2019@126.com	
网上书店	http://lixin.jd.com		http://lxkjcbs.tmall.com		
经　　销	各地新华书店				

印　　刷	北京鑫海金澳胶印有限公司
开　　本	787 毫米 ×1092 毫米　1/16
印　　张	30
字　　数	674 千字
版　　次	2020 年 7 月第 1 版
印　　次	2020 年 7 月第 1 次
书　　号	ISBN 978-7-5429-6545-5/F
定　　价	78.00 元

如有印订差错，请与本社联系调换

前　言

减税降费是深化供给侧结构性改革的重要举措，对减轻企业负担、激发微观主体活力、促进经济增长具有深远意义。为深入贯彻党中央、国务院关于减税降费工作的决策部署，财政部、国家税务总局制定下发了《国家税务总局关于小规模纳税人免征增值税政策有关征管问题的公告》《国家税务总局关于实施小型微利企业普惠性所得税减免政策有关问题的公告》《国家税务总局关于深化增值税改革有关事项的公告》等一系列优惠政策和配套性文件。

为了进一步方便纳税人和税务人员正确理解减税降费相关政策，有效解决工作中遇到的问题，引导纳税人充分享受减税降费红利，我们组织相关专家编写了《减税降费政策解读与案例操作实务》一书。

本书共分十二章，第一章介绍企业初创期减税降费政策，包括小微企业税收优惠、重点群体创业就业税收优惠、创业就业平台税收优惠、对提供投资助力的创投企业给予税收优惠以及对提供投资助力的金融机构给予税收优惠。第二章介绍企业成长期减税降费政策，包括研发费用加计扣除政策、固定资产加速折旧政策、购买符合条件设备税收优惠、科技成果转化税收优惠以及科研机构创新人才税收优惠。第三章介绍企业成熟期减税降费政策，包括高新技术企业税收优惠、软件企业税收优惠、集成电路企业税收优惠以及动漫企业税收优惠。第四章介绍支持贫困地区基础设施建设减税降费政策，包括基础设施建设税收优惠、农田水利建设税收优惠、农民住宅建设税收优惠以及农村饮水工程税收优惠。第五章介绍推动涉农产业发展减税降费政策，包括优化土地资源配置税收优惠、促进农业生产税收优惠、支持新型农业经营主体发展税收优惠、促进农产品流通税收优惠以及促进农业资源综合利用税收优惠。第六章介绍促进贫困地区创业就业减税降费政策，包括小微企业税收优惠、重点群体创业就业税收优惠以及残疾人就业税收优惠。第七章介绍推动普惠金融发展减税降费政策，包括银行类金融机构贷款税收优惠、小额贷款公司贷款税收优惠、融资担保及再担保业务税收优惠以及农牧保险业务税收优惠。第八章介绍促进"老少边穷"地区加快发展减税降费政策，包括扶持欠发达地区和革命老区发展税收优惠、支持少数民族地区发展税收优惠以及易地扶贫搬迁税收优惠政策。第九章介绍鼓励社会力量加大扶贫捐赠减税降费政策，包括扶贫捐赠增值税优惠政策、扶贫捐赠企业所得税优惠政策以及扶贫捐赠个人所得税优惠政策。第十章介绍新冠肺炎疫情防控税收优惠政策，包括支持防护救治税收优惠政策、支持物资供应税收优惠政策、鼓励公益捐赠税收优惠政策、支持复工复产税收优惠政策以及非接触式网上办税政策。第十一章介绍2019年最新税收优惠政策，包括增值税优惠政策解读、企业所得税优惠政策解读、个人所得税优惠政策解读、其他税费优惠政策解读以及简化税收征管政策解读。第十二章介绍2020年最新税收优惠政策，包括防控新冠疫情税收优惠政策解读、研发机构采购国产设备增值税退税政策解读以及延续西部大开发及普惠金融优惠政策解读。

本书适宜作为各级财政、税务机关宣传减税降费的科普读本，也适宜作为广大企业、个体工商户了解现行减税降费优惠政策的读本。本书收集的税收优惠政策截至2020年5月4日。

翟继光

2020 年 5 月 4 日

目　录

第一章

企业初创期减税降费政策

本章介绍企业初创期减税降费政策，包括五节内容，分别介绍小微企业税收优惠、重点群体创业就业税收优惠、创业就业平台税收优惠、对提供投资助力的创投企业给予税收优惠以及对提供投资助力的金融机构给予税收优惠。

第二章

企业成长期减税降费政策

本章介绍企业成长期减税降费政策，包括五节内容，分别介绍研发费用加计扣除与增值税留抵税额退税政策、固定资产加速折旧与离境退税政策、购买符合条件设备税收优惠、科技成果转化税收优惠以及科研机构创新人才税收优惠。

第三章

企业成熟期减税降费政策

本章介绍企业成熟期减税降费政策，包括四节内容，分别介绍高新技术企业税收优惠、软件企业税收优惠、集成电路企业税收优惠以及动漫企业税收优惠。

第四章

支持贫困地区基础设施建设减税降费政策

本章介绍支持贫困地区基础设施建设减税降费政策，包括四节内容，分别介绍基础设施建设税收优惠、农田水利建设税收优惠、农民住宅建设税收优惠以及农村饮水工程税收优惠。

第五章

推动涉农产业发展减税降费政策

本章介绍推动涉农产业发展减税降费政策，包括五节内容，分别介绍优化土地资源配置税收优惠、促进农业生产税收优惠、支持新型农业经营主体发展税收优惠、促进农产品流通税收优惠以及促进农业资源综合利用税收优惠。

第六章

促进贫困地区创业就业减税降费政策

本章介绍促进贫困地区创业就业减税降费政策，包括三节内容，分别介绍小微企业税收优惠、重点群体创业就业税收优惠以及残疾人就业税收优惠。

第七章

推动普惠金融发展减税降费政策

本章介绍推动普惠金融发展减税降费政策，包括四节内容，分别介绍银行类金融机构贷款税收优惠、小额贷款公司贷款税收优惠、融资担保及再担保业务税收优惠以及农牧保险业务税收优惠。

第八章

促进"老少边穷"地区加快发展减税降费政策

本章介绍促进"老少边穷"地区加快发展减税降费政策，包括三节内容，分别介绍扶持欠发达地区和革命老区发展税收优惠、支持少数民族地区发展税收优惠以及易地扶贫搬迁税收优惠政策。

第九章

鼓励社会力量加大扶贫捐赠减税降费政策

本章介绍鼓励社会力量加大扶贫捐赠减税降费政策，包括三节内容，分别介绍扶贫捐赠增值税优惠政策、扶贫捐赠企业所得税优惠政策以及扶贫捐赠个人所得税优惠政策。

第十章

防控新冠肺炎疫情税收优惠政策

本章介绍防控新冠肺炎疫情税收优惠政策，包括五节内容，分别介绍支持防护救治税收优惠政策、支持物资供应税收优惠政策、鼓励公益捐赠税收优惠政策、支持复工复产税收优惠政策以及非接触式网上办税政策。

第十一章

2019 年最新税收优惠政策解读

本章介绍 2019 年最新税收优惠政策解读，分为五节内容，分别介绍增值税优惠政策解读、企业所得税优惠政策解读、个人所得税优惠政策解读、其他税费优惠政策解读以及简化税收征管政策解读。

第十二章

2020 年最新税收优惠政策解读

本章介绍 2020 年最新税收优惠政策解读，包括三节内容，分别介绍防控新冠疫情税收优惠政策解读、研发机构采购国产设备增值税退税政策解读以及延续西部大开发及普惠金融优惠政策解读。

第一章

企业初创期减税降费政策

 **导读**

　　本章介绍企业初创期减税降费政策，包括五节内容，分别介绍小微企业税收优惠、重点群体创业就业税收优惠、创业就业平台税收优惠、对提供投资助力的创投企业给予税收优惠以及对提供投资助力的金融机构给予税收优惠。

第一节　小微企业税收优惠

一、增值税小规模纳税人销售额未超限额免征增值税

【享受主体】

增值税小规模纳税人。

【优惠内容】

　　自 2019 年 1 月 1 日至 2021 年 12 月 31 日，对月销售额 10 万元以下（以 1 个季度为 1 个纳税期的，季度销售额 30 万元以下，含本数，下同）的增值税小规模纳税人，免征增值税。

【享受条件】

　　1. 此优惠政策适用于增值税小规模纳税人（包括企业和非企业单位、个体工商户、其他个人）。

　　2. 小规模纳税人发生增值税应税销售行为，合计月销售额超过 10 万元，但扣除本期发生的销售不动产的销售额后未超过 10 万元（以 1 个季度为 1 个纳税期的，季度销售额未超过 30 万元）的，其销售货物、劳务、服务、无形资产取得的销售额免征增值税。

【政策依据】

1.《财政部　税务总局关于实施小微企业普惠性税收减免政策的通知》（财税〔2019〕13 号）第一条。

2.《国家税务总局关于小规模纳税人免征增值税政策有关征管问题的公告》（国家税务总局公告 2019 年第 4 号）。

【实操案例】

1. 增值税小规模纳税人免税标准的月（季）销售额的口径是什么？

解答：《国家税务总局关于小规模纳税人免征增值税政策有关征管问题的公告》（国家税务总局公告 2019 年第 4 号）规定，纳税人以所有增值税应税销售行为（包括销售货物、劳务、服务、无形资产和不动产）合计销售额，判断是否达到免税标准。同时，小规模纳税人合计月销售额超过 10 万元、但在扣除本期发生的销售不动产的销售额后仍未超过 10 万元的，其销售货物、劳务、服务、无形资产取得的销售额，免征增值税。

2. 小规模纳税人免征增值税政策的适用对象如何界定？

解答：此次提高增值税小规模纳税人免税标准，政策适用对象就是年应税销售额 500 万元以下的小规模纳税人，并无其他标准，与四部委《中小企业划型标准规定》中的小微企业没有对应关系。

3. 小规模纳税人，纳税期限不同，其享受免税政策的效果可能存在差异。小规模纳税人能否自己选择按月或按季纳税？

解答：按照固定期限纳税的小规模纳税人可以根据自己的实际经营情况选择实行按月纳税或按季纳税。为确保年度内纳税人的纳税期限相对稳定，纳税人一经选择，一个会计年度内不能变更。这里的一个会计年度，是指会计上所说的 1—12 月，而不是自选择之日起顺延一年的意思。纳税人在每个会计年度内的任意时间均可以向主管税务机关提出，选择变更其纳税期限，但纳税人一旦选择变更纳税期限后，当年 12 月 31 日前不得再次变更。

4.《国家税务总局关于小规模纳税人免征增值税政策有关征管问题的公告》（国家税务总局公告 2019 年第 4 号）第三条规定："按固定期限纳税的小规模纳税人可以选择以 1 个月或 1 个季度为纳税期限，一经选择，一个会计年度内不得变更。"小规模纳税人何时可以选择纳税期限？

解答：小规模纳税人可以在年度内任意时间选择调整纳税期限。一经选择，本会计年度内不得变更。

5. 纳税期限变更需要提供什么资料？办理程序是纳税人自行联系主管税务机关变更？还是在申报表中选择变更？

解答：小规模纳税人可向主管税务机关申请变更纳税期限，无须提供资料。

6. 纳税人季度中变更纳税期限，对享受增值税月销售额 10 万元以下免税政策有什么影响？

解答：纳税人变更纳税期限（包括按月变更为按季或按季变更为按月）的实际申请时间不同，其变更后纳税期限的生效时间不同：如在季度第一个月内申请变更纳税期限的,可自申请变更的当季起按变更后的纳税期限申报纳税;在季度第二、三个月内申请变更纳税期限的,申请变更的当季内仍按变更前的纳税期限申报纳税,可自下季度起按变更后的纳税期限申报纳税。

如按月申报纳税的小规模纳税人,在季度第一个月内申请变更为按季申报纳税,可自申请变更的当季起按季申报纳税,适用季度销售额不超过30万元的免税标准;如在季度第二、三个月内申请变更为按季申报纳税的,在申请变更的当季仍按月申报纳税,适用月销售额不超过10万元的免税标准,可自下季度起按季申报纳税,适用季度销售额不超过30万元的免税标准。

7. 甲公司属于按季申报的小规模纳税人,从2020年3月1日起成为一般纳税人,甲公司一季度如何申报,如何享受免税政策?

解答:需要在4月份征期内办理两项申报业务:一是办理3月税款所属期的一般纳税人申报;二是办理1—2月税款所属期的小规模纳税人申报,小规模纳税人申报可以按季度销售额不超过30万元的标准来确定是否享受免税政策。对于纳税人在季度中间由一般纳税人转登记为小规模纳税人,或由小规模纳税人登记为一般纳税人,小规模纳税人纳税期限核定为按季的,纳税人对应属期申报销售额均统一以30万元的标准来判断是否享受小规模纳税人免征增值税政策。

8. 境外单位是否享受小规模纳税人月销售额10万元免税政策?

解答:按照现行政策,境外企业不区分一般纳税人和小规模纳税人,在我国境内发生的增值税应税行为,均由扣缴义务人按照适用税率扣缴增值税,不适用小规模纳税人月销售额10万元以下免税政策。

9. 国家税务局总局2019年4号公告中的销售额30万是指不含税销售额?

解答:是的。

10. 季销售额未超过30万元的增值税小规模纳税人,是否需要预缴增值税?

解答:自2019年1月1日起,实行按季纳税的增值税小规模纳税人凡在预缴地实现的季销售额未超过30万元的,当期无须预缴税款。

11. 小规模纳税人异地提供建筑服务,自行开具专票,月销售额不超过10万,是否需要在预缴地预缴税款?

解答:不需要在预缴地预缴税款。

12. 预缴地实现的月销售额是扣除前还是扣除后的销售额?如提供建筑服务,是按总包扣除分包后的余额确认是否超过10万还是扣除前的金额确认?

解答:预缴地实现的月销售额指差额扣除后的销售额。如纳税人提供建筑服务,按总包扣除分包后的差额确认销售额,以判断是否适用小规模纳税人10万元免税政策。

13. 建筑行业纳税人经营地主管税务机关如何确定预缴税款时实现的收入?纳税人需要自行据实判定并对其真实性负责吗?

解答:按照现行规定,应当预缴增值税税款的纳税人,在预缴时,应填写《增值税预缴税款表》。纳税人应对其填报内容的真实性负责,并在该表格中"填表人申明"栏签字确认。

14. 一个建筑企业在同一个预缴地有多个项目,每个项目不超10万,但是月总销售额超10万,以哪个为标准?

解答:同一预缴地主管税务机关辖区内有多个项目的,按照所有项目当月总销售额判断是否超过 10 万元。

15. 一般纳税人转登记为小规模纳税人，累计销售额如何计算？

解答：累计应税销售额计算，应按照《增值税一般纳税人登记管理办法》（国家税务总局令第 43 号）的规定执行，包括纳税申报销售额、稽查查补销售额、纳税评估调整销售额。而销售服务、无形资产或者不动产有扣除项目的纳税人，其应税行为年应税销售额按未扣除之前的销售额计算。此外，纳税人偶然发生的销售无形资产、转让不动产的销售额，不计入应税行为年应税销售额。

16.《国家税务总局关于统一小规模纳税人标准等若干增值税问题的公告》（国家税务总局公告 2018 年第 18 号）关于转登记的标准中，累计销售额是否包括免税销售额？

解答：累计销售额包括免税销售额。

17. 营改增和服务业一般纳税人是否可选择转登记为小规模纳税人？对于服务业的一般纳税人，可以适用本规定吗？

解答：转登记不限制纳税人所属行业，符合条件的营改增一般纳税人可以办理转登记。

服务业一般纳税人符合条件可以办理转登记。

18.2018 年 5 月 1 日之后登记为一般纳税人的是否可以转登记为小规模纳税人？

解答：可以。

19.2019 年以后转登记为小规模纳税人有无时间要求？

解答：无时间要求。转登记日前经营期不满 12 个月或者 4 个季度的，按照月（季度）平均销售额估算累计销售额，确定是否符合转登记的条件。

20. 转登记小规模纳税人是否只要满足"转登记日前连续 12 个月（以 1 个月为 1 个纳税期）或者连续 4 个季度（以 1 个季度为 1 个纳税期）累计销售额未超过 500 万元的一般纳税人，在 2019 年 12 月 31 日前，可选择转登记为小规模纳税人"这一个条件吗？是否还需要符合其他条件？

解答：办理转登记的一般纳税人满足转登记日前连续 12 个月（以 1 个月为 1 个纳税期）或者连续 4 个季度（以 1 个季度为 1 个纳税期）累计销售额未超过 500 万的条件，但是 2019 年只能办理一次转登记。不需要符合其他条件。

21. 如何理解《国家税务总局关于统一小规模纳税人标准等若干增值税问题的公告》（国家税务总局公告 2018 年第 18 号）第八条中的"自转登记日的下期起连续 12 个月"是否包含转登记日之前月份的销售额？

解答：如果某一般纳税人自 2019 年 3 月转登记为小规模纳税人，自转登记日下期起连续 12 个月，是指 2019 年 4 月至 2020 年 3 月。

不包括。

22. 小规模纳税人免征增值税政策调整后，自开专用发票的标准是否同步提高？

解答：为了进一步便利小微企业开具增值税专用发票，自 2019 年 3 月 1 日起，试点行业的所有小规模纳税人均可以自愿使用增值税发票管理系统自行开具增值税专用发票，不受月销售额标准的限制。

23. 政策调整后，小规模纳税人月销售额超过 10 万元，是否强制使用增值税发票管理系统？

解答：小规模纳税人月销售额超过 10 万元的，除特殊情况外，应当使用增值税发票管理系统开具增值税普通发票、机动车销售统一发票、增值税电子普通发票。

24. 月销售未超 10 万元的小规模纳税人能否放弃使用增值税发票管理系统？

解答：免征增值税政策调整后，已经使用增值税发票管理系统的小规模纳税人，月销售额未超过 10 万元的，可以继续使用现有税控设备开具发票，也可以自愿不再使用税控设备开具增值税发票。

25. 小规模纳税人月销售额未超过 10 万元开具增值税普通发票，税率是显示实际征收率还是显示 *** ？

解答：小规模纳税人自行开具的增值税普通发票，税率栏次显示为适用的征收率；增值税小规模纳税人向税务机关申请代开的增值税普通发票，如月代开发票金额合计未超过 10 万元，税率栏次显示 ***。

26. 小规模纳税人月销售额未超过 10 万元开具增值税专用发票，税率如何显示？

解答：小规模纳税人自行开具或向税务机关申请代开的增值税专用发票，税率栏次显示为适用的征收率。

27. 小规模纳税人代开增值税普通发票，税率显示 ***，该如何填增值税申报表？

解答：增值税小规模纳税人向税务机关申请代开的增值税普通发票，月代开发票金额合计未超过 10 万元，税率栏次显示 *** 的，增值税申请表的填写情况如下：

若小规模纳税人当期销售额超过 10 万元（按季 30 万元），则应当按照相关政策确认当期销售额适用的征收率，准确填写《增值税纳税申报表（小规模纳税人适用）》对应栏次。

若小规模纳税人当期销售额未超过 10 万元（按季 30 万元），则应当按照国家税务总局 2019 年第 4 号公告规定，将当期销售额填入《增值税纳税申报表（小规模纳税人适用）》免税销售额相关栏次。

按照现行政策规定，小规模纳税人当期若发生销售不动产业务，以扣除不动产销售额后的当期销售额来判断是否超过 10 万元（按季 30 万元）。适用增值税差额征税政策的小规模纳税人，以差额后的当期销售额来判断是否超过 10 万元（按季 30 万元）。

28. 预缴地季销售额未超过 30 万时预缴税款可否退还？

解答：自 2019 年 1 月 1 日起，增值税小规模纳税人凡在预缴地实现的季销售额未超过 30 万元的，当期无须预缴税款。已预缴税款的，可以向预缴地主管税务机关申请退还。

29. 增值税起征点的规定是什么？

解答：增值税起征点，仍按照《中华人民共和国增值税暂行条例实施细则》和《营业税改征增值税试点实施办法》执行。即：按期纳税的，为月销售额 5 000 ～ 20 000 元（含本数），按次纳税的，为每次（日）销售额 300 ～ 500 元（含本数）。无论是此前对小规模纳税人月销售额 2 万 ～ 3 万元（季度 6 万 ～ 9 万元）免征增值税的规定，还是自 2019 年 1 月 1 日起将小规模纳税人免税标准从月销售额 3 万元提高至 10 万元（季度由 9 万元提高到 30 万元），并没有调整增值税起征点。

30. 小规模纳税人月销售额超过 10 万是超过部分纳税还是全额纳税？

解答：按月纳税的小规模纳税人，如果月销售额超过 10 万元，需要就销售额全额计算缴纳增值税。

二、小型微利企业减免企业所得税

【享受主体】

小型微利企业。

【优惠内容】

自 2019 年 1 月 1 日至 2021 年 12 月 31 日，对小型微利企业年应纳税所得额不超过 100 万元的部分，减按 25% 计入应纳税所得额，按 20% 的税率缴纳企业所得税；对年应纳税所得额超过 100 万元但不超过 300 万元的部分，减按 50% 计入应纳税所得额，按 20% 的税率缴纳企业所得税。

【享受条件】

小型微利企业是指从事国家非限制和禁止行业，同时符合年度应纳税所得额不超过 300 万元、从业人数不超过 300 人、资产总额不超过 5 000 万元等三个条件的企业。

从业人数包括与企业建立劳动关系的职工人数和企业接受的劳务派遣用工人数。所称从业人数和资产总额指标，应按企业全年的季度平均值确定，具体计算公式如下：

季度平均值＝（季初值＋季末值）÷2

全年季度平均值＝全年各季度平均值之和 ÷4

年度中间开业或者终止经营活动的，以其实际经营期作为一个纳税年度确定上述相关指标。

【政策依据】

1.《中华人民共和国企业所得税法》第二十八条第一款。

2.《中华人民共和国企业所得税法实施条例》第九十二条。

3.《财政部　税务总局关于实施小微企业普惠性税收减免政策的通知》（财税〔2019〕13 号）第二条。

4.《国家税务总局关于实施小型微利企业普惠性所得税减免政策有关问题的公告》（国家税务总局公告 2019 年第 2 号）。

【实操案例】

1. "小微企业"和"小型微利企业"如何区分？

解答："小微企业"是一个习惯性的叫法，并没有一个严格意义上的界定，目前所说的"小微企业"是相对"大中企业"来讲的。如果要找一个比较接近的解释，那就是工信部、国家统计局、发展改革委和财政部于 2011 年 6 月发布的《中小企业划型标准》，根据企业从业人员、营业收入、资产总额等指标，将 16 个行业的中小企业划分为中型、小型、微型三种类型，小微企业可以理解为其中的小型企业和微型企业。

而"小型微利企业"的出处是企业所得税法及其实施条例，指的是符合税法规定条件的特定企业，其特点不只体现在"小型"上，还要求"微利"，主要用于企业所得税优惠政策方面。在进行企业所得税纳税申报时，一定要谨记税法上的"小型微利"四个字，并按照企业所得税相关规定去判断是否符合条件。

2. 工业企业和其他企业的小型微利企业标准一样吗？

解答：原有政策对工业企业和其他企业的从业人数、资产总额两项指标分别设置了条件，2019年新出台的政策对资产总额和从业人数指标不再区分工业企业和其他企业。因此，目前工业企业和其他企业的小型微利企业标准是一样的，即年应纳税所得额上限都是300万元，资产总额上限都是5000万元，从业人数上限都是300人。

3. 小微企业普惠性税收减免政策中，企业所得税优惠政策具体是什么？

解答：2019年1月1日至2021年12月31日，对小型微利企业年应纳税所得额不超过100万元的部分，减按25%计入应纳税所得额，按20%的税率缴纳企业所得税；对年应纳税所得额超过100万元但不超过300万元的部分，减按50%计入应纳税所得额，按20%的税率缴纳企业所得税。

4. 视同独立纳税人缴税的二级分支机构是否可以享受小型微利企业所得税减免政策？

解答：现行企业所得税实行法人税制，企业应以法人为主体，计算并缴纳企业所得税。《中华人民共和国企业所得税法》第五十条第二款规定"居民企业在中国境内设立不具有法人资格的营业机构的，应当汇总计算并缴纳企业所得税"。由于分支机构不具有法人资格，其经营情况应并入企业总机构，由企业总机构汇总计算应纳税款，并享受相关优惠政策。

5. 企业预缴企业所得税，是按什么时点的资产总额、从业人数和应纳税所得额情况判断享受小型微利企业所得税优惠政策？

解答：根据国家税务总局2019年第2号公告第三条规定，暂按当年度截至本期申报所属期末累计情况进行判断，计算享受小型微利企业所得税减免政策。

6. 国家税务总局2019年第4号公告下发后，《企业所得税税前扣除凭证管理办法》（国家税务总局公告2018年第28号）中规定的"小额零星业务"判断标准是否有调整？

解答：《企业所得税税前扣除凭证管理办法》第九条规定，小额零星经营业务的判断标准是个人从事应税项目经营业务的销售额不超过增值税相关政策规定的起征点。考虑到增值税小规模纳税人符合条件可以享受免征增值税优惠政策，根据《中华人民共和国增值税暂行条例》及实施细则、《财政部　税务总局关于实施小微企业普惠性税收减免政策的通知》（财税〔2019〕13号）规定，小额零星经营业务可按以下标准判断：按月纳税的，月销售额不超过10万元；按次纳税的，每次（日）销售额为300～500元。

7. 高新技术企业年中符合小型微利企业条件，是否可以同时享受小型微利企业所得税的税收优惠？

解答：企业既符合高新技术企业所得税优惠条件，又符合小型微利企业所得税优惠条件，可按照自身实际情况由纳税人从优选择适用优惠税率，但不得叠加享受。

8. 甲公司运营一个污水治理项目，从2016年开始享受节能环保项目所得"三免三

减半"的优惠，2019 年进入项目所得减半期，2019 年是否可以享受小型微利企业所得税优惠政策？

解答：就企业运营的项目而言，如该项目同时符合项目所得减免和小型微利企业所得税优惠政策条件，可以选择享受其中最优惠的一项政策。该公司 2019 年可以选择享受小型微利企业所得税优惠政策，同时放弃该项目可享受的节能环保项目所得减半征税优惠。

9.2018 年度汇算清缴可以享受财税〔2019〕13 号规定的小型微利企业所得税优惠政策吗？

解答：财税〔2019〕13 号的执行期限为 2019 年 1 月 1 日至 2021 年 12 月 31 日，即财税〔2019〕13 号规定的小型微利企业所得税优惠政策适用于 2019 至 2021 年度，企业在 2018 年度汇算清缴时仍适用原有的税收优惠政策。

10. 企业季度预缴时符合条件享受了小型微利企业优惠政策，在年终汇算清缴时不符合条件，如何进行处理？

解答：《国家税务总局关于实施小型微利企业普惠性所得税减免政策有关问题的公告》（国家税务总局公告 2019 年第 2 号）第七条规定，企业预缴企业所得税时已享受小型微利企业所得税减免政策，汇算清缴企业所得税时不符合小型微利企业条件的，应当按照规定补缴企业所得税税款。

11. 小型微利企业，可以按月预缴申报企业所得税吗？

解答：不能。小型微利企业所得税统一实行按季度预缴。

12. 小型微利企业普惠性所得税减免政策涉及哪些文件？

解答：小型微利企业普惠性所得税减免政策主要涉及以下 4 个文件：

（1）《财政部　税务总局关于实施小微企业普惠性税收减免政策的通知》（财税〔2019〕13 号）；

（2）《国家税务总局关于实施小型微利企业普惠性所得税减免政策有关问题的公告》（国家税务总局公告 2019 年第 2 号）；

（3）《国家税务总局关于修订〈中华人民共和国企业所得税月（季）度预缴纳税申报表（A 类，2018 年版）〉等部分表单样式及填报说明的公告》（国家税务总局公告 2019 年第 3 号）；

（4）《国家税务总局关于修订 2018 年版企业所得税预缴纳税申报表部分表单及填报说明的公告》（国家税务总局公告 2019 年第 23 号）。

13. 小型微利企业普惠性所得税减免政策将会影响哪些企业？

解答：和以往小型微利企业所得税优惠政策相比，这次政策可以概括为"一加力""一扩大"两个特点。

"一加力"：对小型微利企业年应纳税所得额不超过 100 万元的部分，减按 25% 计入应纳税所得额，按 20% 的税率缴纳企业所得税；对年应纳税所得额超过 100 万元但不超过 300 万元的部分，减按 50% 计入应纳税所得额，按 20% 的税率缴纳企业所得税，实际税负分别降至 5% 和 10%。

"一扩大"：进一步放宽小型微利企业标准，将年应纳税所得额由原来的不超过 100 万元，提高至不超过 300 万元；将从业人数由原来的工业企业不超过 100 人、其他企业不超过80人，统一提高至不超过300人；将资产总额由原来的工业企业不超过3 000万元、其他企业不超过1 000万元，统一提高至不超过5 000万元。调整后的小型微利企业将覆盖95%以上的纳税人，其中98%为民营企业。

因此，无论是符合原条件的小型微利企业，还是符合新条件的小型微利企业，都会从这次普惠性政策中受益。

14. 享受普惠性所得税减免的小型微利企业的条件是什么？

解答：根据《财政部 税务总局关于实施小型微利企业普惠性税收减免政策的通知》（财税〔2019〕13号）规定，小型微利企业是指从事国家非限制和禁止行业，且同时符合年度应纳税所得额不超过300万元、从业人数不超过300人、资产总额不超过5 000万元等三个条件的企业。

15. 此次新政策对原来就是小型微利企业的纳税人有影响吗？

解答：有影响，而且是利好。假设纳税人2019年符合新的小型微利企业条件，应纳税所得额和2018年一样，根据现行政策规定，纳税人的实际税负将从原来10%降到5%，税负比原来降低一半；如果纳税人的效益越来越好，年度应纳税所得额超过100万元了，按照原来的规定是不能再享受优惠政策的，但现在只要不超过300万元，仍然可以享受优惠政策。

16. 非居民企业可以享受小型微利企业所得税优惠政策吗？

解答：根据《国家税务总局关于非居民企业不享受小型微利企业所得税优惠政策问题的通知》（国税函〔2008〕650号）规定，非居民企业不适用小型微利企业所得税优惠政策。

17. 亏损企业能否享受小型微利企业所得税优惠政策？

解答：企业所得税对企业的"净所得"征税，只有盈利企业才会产生纳税义务，也才涉及减税问题。因此，小型微利企业所得税优惠政策，都是盈利企业从中获益。亏损的小型微利企业，当期无须缴纳企业所得税，也就不存在减税问题。但其亏损可以在以后纳税年度结转弥补。

18. 小型微利企业的应纳税所得额是否包括查补以前年度的应纳税所得额？

解答：小型微利企业年应纳税所得额针对的是本年度，不包括应当归属于以前年度的应纳税所得额。查补以前年度的应纳税所得额，应相应调整对应年度的申报，如不涉及弥补亏损等事项，对当年的申报不产生影响。

19. 小型微利企业条件中的资产总额、从业人员指标如何计算？

解答：根据《财政部 税务总局关于实施小微企业普惠性税收减免政策的通知》（财税〔2019〕13号）规定，从业人数和资产总额指标，应按企业全年的季度平均值确定。具体计算公式如下：

季度平均值＝（季初值＋季末值）÷2

全年季度平均值＝全年各季度平均值之和÷4

年度中间开业或者终止经营活动的，以其实际经营期作为一个纳税年度确定上述相关指标。

20. 年中设立的公司，8月取得营业执照，11月开始有营业外收入。小型微利企业按规定计算资产总额和从业人数时，财税〔2019〕13号文规定的"年度中间开业或者

终止经营活动的，以其实际经营期作为一个纳税年度确定上述相关指标"中的"实际经营期"应该从何时起算？是 8 ~ 12 月，还是 11 ~ 12 月？

解答：企业实际经营期的起始时间应为营业执照上注明的成立日期。

三、增值税小规模纳税人减免资源税等"六税两费"

【享受主体】

增值税小规模纳税人。

【优惠内容】

自 2019 年 1 月 1 日至 2021 年 12 月 31 日，由省、自治区、直辖市人民政府根据本地区实际情况以及宏观调控需要确定，对增值税小规模纳税人可以在 50% 的税额幅度内减征资源税、城市维护建设税、房产税、城镇土地使用税、印花税（不含证券交易印花税）、耕地占用税和教育费附加、地方教育附加。

增值税小规模纳税人已依法享受资源税、城市维护建设税、房产税、城镇土地使用税、印花税、耕地占用税、教育费附加、地方教育附加其他优惠政策的，可叠加享受此项优惠政策。

【享受条件】

增值税小规模纳税人按照各省、自治区、直辖市人民政府根据本地区实际情况以及宏观调控需要确定的税额幅度，享受税收优惠。

【政策依据】

1.《财政部　税务总局关于实施小微企业普惠性税收减免政策的通知》（财税〔2019〕13 号）第三条、第四条。

2.《国家税务总局关于增值税小规模纳税人地方税种和相关附加减征政策有关征管问题的公告》（国家税务总局公告 2019 年第 5 号）。

【实操案例】

1. 小微企业普惠性税收减免政策中部分地方税种和相关附加减征的政策是否可以和原有地方税种和相关附加优惠政策同时享受？

解答：已经享受了原有地方税种优惠政策的增值税小规模纳税人，可以进一步享受本次普惠性税收减免政策，也就是说两类政策可以叠加享受。以城镇土地使用税为例，根据《财政部　国家税务总局关于房产税城镇土地使用税有关问题的通知》（财税〔2009〕128 号），对在城镇土地使用税征税范围内单独建造的地下建筑用地，暂按应征税款的 50% 征收城镇土地使用税。在此基础上，如果各省（自治区、直辖市）进一步对城镇土地使用税采取减征 50% 的措施，则最高减免幅度可达 75%。

2. 一般纳税人转登记为小规模纳税人何时开始享受地方税费减征政策？

解答：《国家税务总局关于增值税小规模纳税人地方税种和相关附加减征政策有关征管问题的公告》（国家税务总局公告 2019 年第 5 号）明确，缴纳资源税、城市维护建设税、房产税、城镇土地使用税、印花税、耕地占用税、教育费附加和地方教育附加的增值税一般纳税人按规定转登记为小规模纳税人的，自成为小规模纳税人的当月起适用减征优惠。

3. 小规模纳税人登记为一般纳税人何时停止享受地方税费减征政策？

解答：根据《国家税务总局关于增值税小规模纳税人地方税种和相关附加减征政策有关征管问题的公告》（国家税务总局公告 2019 年第 5 号），增值税小规模纳税人按规定登记为一般纳税人的，自一般纳税人生效之日起不再适用减征优惠；增值税年应税销售额超过小规模纳税人标准应当登记为一般纳税人而未登记，经税务机关通知，逾期仍不办理登记的，自逾期次月起不再适用减征优惠。

4. 纳税人享受增值税小规模纳税人地方税种和相关附加减征政策需不需要报送资料？

解答：《国家税务总局关于增值税小规模纳税人地方税种和相关附加减征政策有关征管问题的公告》（国家税务总局公告 2019 年第 5 号）规定，本次减征优惠实行自行申报享受方式，不需额外提交资料。

5. 自然人是否适用增值税小规模纳税人地方税种和相关附加减征优惠政策？

解答：根据《增值税暂行条例实施细则》第二十九条、《营业税改征增值税试点实施办法》（财税〔2016〕36 号文件印发）第三条、《增值税一般纳税人登记管理办法》（国家税务总局令第 43 号公布）第四条等规定，自然人（其他个人）可以适用《关于实施小微企业普惠性税收减免政策的通知》（财税〔2019〕13 号）文件规定的增值税小规模纳税人地方税种和相关附加减征优惠政策，各省（自治区、直辖市）政策落实文件中作特殊规定的除外。

6. 代扣、代征税款的情形下，纳税人如何享受小微企业普惠性地方税种和相关附加减征政策？

解答：代扣、代征增值税小规模纳税人税款的，扣缴义务人、代征人可以按照减征比例计算扣缴或代征地方税种和相关附加的税额。主管税务机关应当指导扣缴义务人、代征人进行明细报告，保障有关增值税小规模纳税人及时享受优惠政策。

四、不动产进项税额抵扣政策

【享受主体】

增值税一般纳税人。

【优惠内容】

自 2019 年 4 月 1 日起，《营业税改征增值税试点有关事项的规定》（财税〔2016〕36 号印发）第一条第（四）项第 1 点、第二条第（一）项第 1 点停止执行，纳税人取得不动产或者不动产在建工程的进项税额不再分2年抵扣。此前按照上述规定尚未抵扣完毕的待抵扣进项税额，可自2019年4月税款所属期起从销项税额中抵扣。

【享受条件】

增值税一般纳税人。

【政策依据】

1.《财政部　税务总局　海关总署关于深化增值税改革有关政策的公告》（财政部　税务总局　海关总署公告2019年第39号）。

2.《国家税务总局关于深化增值税改革有关事项的公告》（国家税务总局公告2019年第14号）。

【实操案例】 ••

1. 甲公司2019年4月购入一层写字楼，取得增值税专用发票，购入写字楼的不动产进项税额还需要分两年抵扣吗？

解答：不需要，自2019年4月1日起，增值税一般纳税人取得不动产的进项税额不再分两年抵扣，而是在购进不动产的当期一次性抵扣进项税额。

2. 乙公司2018年6月购入一层写字楼，取得增值税专用发票，购入写字楼的不动产进项税额在2018年7月申报抵扣了60%，在2019年哪个月份就能够申报抵扣剩下的40%？

解答：尚未抵扣完毕的待抵扣进项税额，可自2019年4月税款所属期起从销项税额中抵扣。

3. 丙公司2019年1月购入一层写字楼，取得增值税专用发票，当前尚有购入写字楼的不动产进项税额40%未抵扣，我单位能否在2019年8月申报抵扣剩下的40%不动产进项税额？

解答：可以，尚未抵扣完毕的待抵扣进项税额，可自2019年4月税款所属期起，增值税一般纳税人自行选择申报月份一次性从销项税额中抵扣。

4. 甲公司2019年4月对原有厂房进行修缮改造，增加不动产原值超过50%，为本次修缮购进的材料、设备、中央空调等进项税额，还需要分两年抵扣吗？

解答：不需要，自2019年4月1日起，增值税一般纳税人取得不动产的进项税额不再分两年抵扣。

5. 乙公司2018年10月购进不动产抵扣了进项税额的60%部分，尚未抵扣完毕的40%部分，2019年4月1日以后可以分几个月进行抵扣吗？

解答：不可以。按照《财政部　税务总局　海关总署关于深化增值税改革有关政策的公告》（财政部　税务总局　海关总署公告2019年第39号）规定，纳税人在2019年3月31日前尚未抵扣的不动产进项税额的40%部分，自2019年4月所属期起，只能一次性转入进项税额进行抵扣。

6. 丙公司截至 2019 年 3 月税款所属期，《附列资料（五）》第 6 栏"期末待抵扣不动产进项税额"的期末余额为 30 万元。2019 年 4 月税款所属期，丙公司拟将待抵扣的不动产进项税额进行申报抵扣，应如何填写增值税纳税申报表？

解答：《财政部　税务总局　海关总署关于深化增值税改革有关政策的公告》（财政部　税务总局　海关总署公告 2019 年第 39 号）规定，自 2019 年 4 月 1 日起，纳税人取得不动产或者不动产在建工程的进项税额不再分 2 年抵扣。此前按照规定尚未抵扣完毕的待抵扣进项税额，可自 2019 年 4 月税款所属期起从销项税额中抵扣。丙公司可在 2019 年 4 月（税款所属期）《增值税纳税申报表附列资料（二）》第 8b 栏"其他""税额"列填写 300 000 元，同时按照表中所列计算公式计入第 4 栏"其他扣税凭证"。需要注意的是，由于这笔不动产进项税额是前期结转产生的，因此不应计入本表第 9 栏"（三）本期用于购建不动产的扣税凭证"中。

7. 甲公司 2018 年 9 月购入一栋写字楼，按照原来的税收政策规定，不动产进项税额的 40% 应于 2019 年 9 月抵扣。2019 年 4 月 1 日增值税新政实施后，40% 部分是否只能在 2019 年 4 月税款所属期抵扣？

解答：《财政部　税务总局　海关总署关于深化增值税改革有关政策的公告》（财政部　税务总局　海关总署公告 2019 年第 39 号）第五条规定，纳税人取得不动产或不动产在建工程尚未抵扣完毕的待抵扣进项税额，可自 2019 年 4 月税款所属期起从销项税额中抵扣。2018 年 9 月购入写字楼，按照规定尚未抵扣完毕的待抵扣进项税额，甲公司既可以在 2019 年 4 月税款所属期一次性抵扣，也可以在 2019 年 4 月之后的任意税款所属期进行抵扣。

8. 乙公司 2019 年 3 月份购入一间厂房，当月取得增值税专用发票并在增值税发票选择确认平台勾选确认，办理 3 月税款所属期申报时，该厂房的进项税额可以一次性抵扣吗？

解答：不可以。《财政部　税务总局　海关总署关于深化增值税改革有关政策的公告》（财政部　税务总局　海关总署公告 2019 年第 39 号）第五条规定，自 2019 年 4 月 1 日起，纳税人取得不动产或者不动产在建工程的进项税额不再分 2 年抵扣。此前按照规定尚未抵扣完毕的待抵扣进项税额，可自 2019 年 4 月税款所属期起从销项税额中抵扣。

乙公司 3 月份购入的不动产，属于 2019 年 4 月 1 日前购入，应在 3 月税款所属期抵扣 60% 进项税额，余下的 40% 进项税额自 4 月税款所属期起抵扣完毕。

9. 丙公司 2019 年 4 月购进不动产，取得增值税专用发票并已认证，金额 1 000 万元，税额 90 万元，应当如何填写增值税纳税申报表？

解答：《财政部　税务总局　海关总署关于深化增值税改革有关政策的公告》（财政部　税务总局　海关总署公告 2019 年第 39 号）第五条规定，自 2019 年 4 月 1 日起，纳税人取得不动产或者不动产在建工程的进项税额不再分 2 年抵扣。丙公司在办理 2019 年 4 月税款所属期纳税申报时，应将购入不动产取得的增值税专用发票份数，以及专用发票上注明的金额、税额填入《增值税纳税申报表附列资料（二）》第 2 行"其中：本期认证相符且本期申报抵扣"的对应栏次；同时，还需将上述内容填入本表第 9 行"（三）本期用于购建不动产的扣税凭证"的对应栏次。

第二节　重点群体创业就业税收优惠

一、重点群体创业税收扣减

【享受主体】

1. 纳入全国扶贫开发信息系统的建档立卡贫困人口。
2. 在人力资源社会保障部门公共就业服务机构登记失业半年以上的人员。
3. 零就业家庭、享受城市居民最低生活保障家庭劳动年龄内的登记失业人员。
4. 毕业年度内高校毕业生。高校毕业生是指实施高等学历教育的普通高等学校、成人高等学校应届毕业的学生；毕业年度是指毕业所在自然年，即 1 月 1 日至 12 月 31 日。

【优惠内容】

2019 年 1 月 1 日至 2021 年 12 月 31 日，从事个体经营的，自办理个体工商户登记当月起，在 3 年（36 个月，下同）内按每户每年 12000 元为限额依次扣减其当年实际应缴纳的增值税、城市维护建设税、教育费附加、地方教育附加和个人所得税。限额标准最高可上浮 20%，各省、自治区、直辖市人民政府可根据本地区实际情况在此幅度内确定具体限额标准。

纳税人年度应缴纳税款小于上述扣减限额的，减免税额以其实际缴纳的税款为限；大于上述扣减限额的，以上述扣减限额为限。

纳税人在 2021 年 12 月 31 日享受税收优惠政策未满 3 年的，可继续享受至 3 年期满为止。以前年度已享受重点群体创业就业税收优惠政策满 3 年的，不得再享受财税〔2019〕22 号文件规定的税收优惠政策；以前年度享受重点群体创业就业税收优惠政策未满 3 年且符合财税〔2019〕22 号文件规定条件的，可按财税〔2019〕22 号文件规定享受优惠至 3 年期满。

【享受条件】

1. 从事个体经营。
2. 建档立卡贫困人口、持《就业创业证》（注明"自主创业税收政策"或"毕业年度内自主创业税收政策"）或《就业失业登记证》（注明"自主创业税收政策"）的人员。

【政策依据】

1.《财政部　税务总局　人力资源社会保障部　国务院扶贫办关于进一步支持和促进重点群体创业就业有关税收政策的通知》（财税〔2019〕22 号）第一条、第五条。
2.《国家税务总局　人力资源社会保障部　国务院扶贫办　教育部关于实施支持和促进重点群体创业就业有关税收政策具体操作问题的公告》（国家税务总局公告 2019

年第 10 号）。

【实操案例】••

重点群体人员刘女士于 2019 年 4 月成立个体小刘餐馆，该省免税限额为 12 000 元，其享受免税期限为 2019 年 4 月至 2022 年 3 月，2019 年度税收扣减限额为 9 000 元 （12 000÷12×9）。

假设小刘餐馆 2019 年 4 月至 12 月应缴增值税、城市维护建设税及个人所得税合计 7 800 元，其 2019 年免税限额以应缴的 7 800 元为限，当年应缴税费全免。但当年扣减不足的可免税余额 2 000 元不得结转下年使用。

假设小刘餐馆 2019 年 4 月至 12 月应缴增值税 8 000 元；城市维护建设税 560 元及个人所得税 5 440 元，合计 14 000 元。

2019 年可以享受税收扣减限额 9 000 元，依次为增值税 8 000 元、城市维护建设税 560 元及个人所得税 440 元。当年还应缴纳个人所得税 5 000 元。

二、吸纳重点群体就业税收扣减

【享受主体】

属于增值税纳税人或企业所得税纳税人的企业等单位。

【优惠内容】

2019 年 1 月 1 日至 2021 年 12 月 31 日，招用建档立卡贫困人口，以及在人力资源社会保障部门公共就业服务机构登记失业半年以上且持《就业创业证》或《就业失业登记证》（注明"企业吸纳税收政策"）的人员，与其签订 1 年以上期限劳动合同并依法缴纳社会保险费的，在 3 年内按实际招用人数予以定额依次扣减增值税、城市维护建设税、教育费附加、地方教育附加和企业所得税优惠。定额标准为每人每年 6 000 元，最高可上浮 30%，各省、自治区、直辖市人民政府可根据本地区实际情况在此幅度内确定具体定额标准。城市维护建设税、教育费附加、地方教育附加的计税依据是享受本项税收优惠政策前的增值税应纳税额。

按上述标准计算的税收扣减额应在企业当年实际应缴纳的增值税、城市维护建设税、教育费附加、地方教育附加和企业所得税税额中扣减，当年扣减不完的，不得结转下年使用。

纳税人在 2021 年 12 月 31 日享受税收优惠政策未满 3 年的，可继续享受至 3 年期满为止。

【享受条件】

与招用建档立卡贫困人口，以及在人力资源社会保障部门公共就业服务机构登记失业半年以上且持《就业创业证》或《就业失业登记证》（注明"企业吸纳税收政策"）的人员签订 1 年以上期限劳动合同并依法缴纳社会保险费。

【政策依据】

1.《财政部 税务总局 人力资源社会保障部 国务院扶贫办关于进一步支持和促进重点群体创业就业有关税收政策的通知》（财税〔2019〕22号）第二条、第五条。

2.《国家税务总局 人力资源社会保障部 国务院扶贫办 教育部关于实施支持和促进重点群体创业就业有关税收政策具体操作问题的公告》（国家税务总局公告2019年第10号）。

【实操案例】

甲公司2019年度招用了4名重点群体人员，经县以上人力资源社会保障部门核实后，在招用人员的《就业创业证》上注明"企业吸纳税收政策"；并核发《企业吸纳重点群体就业认定证明》。4名重点群体人员2019年度实际工作时间如下，当地定额标准为每人每年7 800元：

序号	姓名	身份证号码	《就业创业证》编号	类型	在本企业工作时间
1	张三	××××××	××××××	（1）	6个月
2	李四	××××××	××××××	（2）	7个月
3	王五	××××××	××××××	（2）	6个月
4	郑六	××××××	××××××	（4）	10个月

如何计算甲公司2019年度可减免税额限额？

解答：甲公司可减免税额限额，按该企业招用重点群体的人数及每个人实际工作月数计算。甲公司2019年度可抵减税额总额为：

减免税总额＝∑每名失业人员本年度在本企业工作月份÷12×定额
＝（6＋7＋6＋10）÷12×7 800
＝18 850（元）

对招录企业来说，如果招录人员不在同一月份，则企业年度可减免税款限额将随着招录人员的变化而变化。

甲公司自2019年4月办理纳税申报起，即可开始享受减免待遇，但当月可计算减免限额为6 500元；到6月份招录李四时，年度减免税限额调整为11 050元；到7月份4人招录完成，年度减免税限额调整为18 850元。

三、退役士兵创业税收扣减

【享受主体】

自主就业的退役士兵。

【优惠内容】

2019 年 1 月 1 日至 2021 年 12 月 31 日，自主就业退役士兵从事个体经营的，自办理个体工商户登记当月起，在 3 年（36 个月，下同）内按每户每年 12 000 元为限额依次扣减其当年实际应缴纳的增值税、城市维护建设税、教育费附加、地方教育附加和个人所得税。限额标准最高可上浮 20%，各省、自治区、直辖市人民政府可根据本地区实际情况在此幅度内确定具体限额标准。城市维护建设税、教育费附加、地方教育附加的计税依据是享受本项税收优惠政策前的增值税应纳税额。

纳税人年度应缴纳税款小于上述扣减限额的，减免税额以其实际缴纳的税款为限；大于上述扣减限额的，以上述扣减限额为限。纳税人的实际经营期不足 1 年的，应当按月换算其减免税限额。换算公式为：减免税限额＝年度减免税限额 ÷12× 实际经营月数。

纳税人在 2021 年 12 月 31 日享受税收优惠政策未满 3 年的，可继续享受至 3 年期满为止。退役士兵以前年度已享受退役士兵创业就业税收优惠政策满 3 年的，不得再享受财税〔2019〕21 号文件规定的税收优惠政策；以前年度享受退役士兵创业就业税收优惠政策未满 3 年且符合财税〔2019〕21 号文件规定条件的，可按财税〔2019〕21 号文件规定享受优惠至 3 年期满。

【享受条件】

1. 从事个体经营。
2. 自主就业退役士兵是指依照《退役士兵安置条例》（国务院 中央军委令第 608 号）的规定退出现役并按自主就业方式安置的退役士兵。

【政策依据】

《财政部　税务总局　退役军人部关于进一步扶持自主就业退役士兵创业就业有关税收政策的通知》（财税〔2019〕21 号）第一条、第三条、第六条。

四、吸纳退役士兵就业企业税收扣减

【享受主体】

属于增值税纳税人或企业所得税纳税人的企业等单位。

【优惠内容】

2019 年 1 月 1 日至 2021 年 12 月 31 日，招用自主就业退役士兵，与其签订 1 年以上期限劳动合同并依法缴纳社会保险费的，在 3 年内按实际招用人数予以定额依次扣减增值税、城市维护建设税、教育费附加、地方教育附加和企业所得税优惠。定额标准为每人每年 6 000 元，最高可上浮 50%，各省、自治区、直辖市人民政府可根据本地区实际情况在此幅度内确定具体定额标准。城市维护建设税、教育费附加、地方教育附加的计税依据是享受本项税收优惠政策前的增值税应纳税额。

企业按招用人数和签订的劳动合同时间核算企业减免税总额，在核算减免税总额内每月依次扣减增值税、城市维护建设税、教育费附加和地方教育附加。企业实际应缴纳的增值税、城市维护建设税、教育费附加和地方教育附加小于核算减免税总额的，以实际应缴纳的增值税、城市维护建设税、教育费附加和地方教育附加为限；实际应缴纳的增值税、城市维护建设税、教育费附加和地方教育附加大于核算减免税总额的，以核算减免税总额为限。

纳税年度终了，如果企业实际减免的增值税、城市维护建设税、教育费附加和地方教育附加小于核算减免税总额，企业在企业所得税汇算清缴时以差额部分扣减企业所得税。当年扣减不完的，不再结转以后年度扣减。

自主就业退役士兵在企业工作不满 1 年的，应当按月换算减免税限额。计算公式为：企业核算减免税总额＝Σ 每名自主就业退役士兵本年度在本单位工作月份÷12×具体定额标准。

在 2021 年 12 月 31 日享受税收优惠政策未满 3 年的，可继续享受至 3 年期满为止。

【享受条件】

与招用自主就业退役士兵签订 1 年以上期限劳动合同并依法缴纳社会保险费的。

【政策依据】

《财政部　税务总局　退役军人部关于进一步扶持自主就业退役士兵创业就业有关税收政策的通知》（财税〔2019〕21 号）第二条、第五条、第六条。

五、随军家属创业免征增值税

【享受主体】

从事个体经营的随军家属。

【优惠内容】

自办理税务登记事项之日起，其提供的应税服务 3 年内免征增值税。

【享受条件】

必须持有师以上政治机关出具的可以表明其身份的证明，每一名随军家属可以享受一次免税政策。

【政策依据】

《财政部　国家税务总局关于全面推开营业税改征增值税试点的通知》（财税〔2016〕36 号）附件 3《营业税改征增值税试点过渡政策的规定》第一条第（三十九）项。

六、随军家属创业免征个人所得税

【享受主体】

从事个体经营的随军家属。

【优惠内容】

随军家属从事个体经营，自领取税务登记证之日起，3 年内免征个人所得税。

【享受条件】

1. 随军家属从事个体经营，须有师以上政治机关出具的可以表明其身份的证明。
2. 每一随军家属只能按上述规定，享受一次免税政策。

【政策依据】

《财政部 国家税务总局关于随军家属就业有关税收政策的通知》（财税〔2000〕84 号）第二条。

七、安置随军家属就业的企业免征增值税

【享受主体】

为安置随军家属就业而新开办的企业。

【优惠内容】

为安置随军家属就业而新开办的企业，自领取税务登记证之日起，其提供的应税服务 3 年内免征增值税。

【享受条件】

安置的随军家属必须占企业总人数的 60%（含）以上，并有军（含）以上政治和后勤机关出具的证明。

【政策依据】

《财政部 国家税务总局关于全面推开营业税改征增值税试点的通知》（财税〔2016〕36 号）附件 3《营业税改征增值税试点过渡政策的规定》第一条第（三十九）项。

八、军队转业干部创业免征增值税

【享受主体】

从事个体经营的军队转业干部。

【优惠内容】

自领取税务登记证之日起，其提供的应税服务 3 年内免征增值税。

【享受条件】

自主择业的军队转业干部必须持有师以上部队颁发的转业证件。

【政策依据】

《财政部　国家税务总局关于全面推开营业税改征增值税试点的通知》（财税〔2016〕36 号）附件 3《营业税改征增值税试点过渡政策的规定》第一条第（四十）项。

九、自主择业的军队转业干部免征个人所得税

【享受主体】

从事个体经营的军队转业干部。

【优惠内容】

自主择业的军队转业干部从事个体经营，自领取税务登记证之日起，3 年内免征个人所得税。

【享受条件】

自主择业的军队转业干部必须持有师以上部队颁发的转业证件。

【政策依据】

《财政部　国家税务总局关于自主择业的军队转业干部有关税收政策问题的通知》（财税〔2003〕26 号）第一条。

十、安置军队转业干部就业的企业免征增值税

【享受主体】

为安置自主择业的军队转业干部就业而新开办的企业。

【优惠内容】

为安置自主择业的军队转业干部就业而新开办的企业，自领取税务登记证之日起，其提供的应税服务 3 年内免征增值税。

【享受条件】

1. 安置的自主择业军队转业干部占企业总人数 60%（含）以上。

2. 军队转业干部必须持有师以上部队颁发的转业证件。

📝 【政策依据】

《财政部　国家税务总局关于全面推开营业税改征增值税试点的通知》（财税〔2016〕36 号）附件 3《营业税改征增值税试点过渡政策的规定》第一条第（四十）项。

十一、残疾人创业免征增值税

✉ 【享受主体】

残疾人个人。

📋 【优惠内容】

残疾人个人提供的加工、修理修配劳务，为社会提供的应税服务，免征增值税。

👥 【享受条件】

残疾人是指在法定劳动年龄内，持有《中华人民共和国残疾人证》或者《中华人民共和国残疾军人证（1 至 8 级）》的自然人，包括具有劳动条件和劳动意愿的精神残疾人。

📝 【政策依据】

1.《财政部　国家税务总局关于全面推开营业税改征增值税试点的通知》（财税〔2016〕36 号）附件 3《营业税改征增值税试点过渡政策的规定》第一条第（六）项。

2.《财政部　国家税务总局关于促进残疾人就业增值税优惠政策的通知》（财税〔2016〕52 号）第八条。

3.《国家税务总局关于发布〈促进残疾人就业增值税优惠政策管理办法〉的公告》（国家税务总局公告 2016 年第 33 号发布，2018 年第 31 号修改）。

十二、安置残疾人就业的单位和个体工商户增值税即征即退

✉ 【享受主体】

安置残疾人的单位和个体工商户。

📋 【优惠内容】

对安置残疾人的单位和个体工商户（以下称纳税人），实行由税务机关按纳税人安置残疾人的人数，限额即征即退增值税。每月可退还的增值税具体限额，由县级以上税务机关根据纳税人所在区县（含县级市、旗）适用的经省（含自治区、直辖市、计划单列市）人民政府批准的月最低工资标准的 4 倍确定。

一个纳税期已交增值税额不足退还的，可在本纳税年度内以前纳税期已交增值

税扣除已退增值税的余额中退还，仍不足退还的可结转本纳税年度内以后纳税期退还，但不得结转以后年度退还。纳税期限不为按月的，只能对其符合条件的月份退还增值税。

👥【享受条件】

1. 纳税人（除盲人按摩机构外）月安置的残疾人占在职职工人数的比例不低于25%（含25%），并且安置的残疾人人数不少于10人（含10人）。

盲人按摩机构月安置的残疾人占在职职工人数的比例不低于25%（含25%），并且安置的残疾人人数不少于5人（含5人）。

2. 依法与安置的每位残疾人签订了1年以上（含1年）的劳动合同或服务协议。

3. 为安置的每位残疾人按月足额缴纳了基本养老保险、基本医疗保险、失业保险、工伤保险和生育保险等社会保险。

4. 通过银行等金融机构向安置的每位残疾人，按月支付了不低于纳税人所在区县适用的经省人民政府批准的月最低工资标准的工资。

5. 纳税人纳税信用等级为税务机关评定的C级或D级的，不得享受此项税收优惠政策。

6. 如果既适用促进残疾人就业增值税优惠政策，又适用重点群体、退役士兵、随军家属、军转干部等支持就业的增值税优惠政策的，纳税人可自行选择适用的优惠政策，但不能累加执行。一经选定，36个月内不得变更。

7. 此项税收优惠政策仅适用于生产销售货物，提供加工、修理修配劳务，以及提供营改增现代服务和生活服务税目（不含文化体育服务和娱乐服务）范围的服务取得的收入之和，占其增值税收入的比例达到50%的纳税人，但不适用于上述纳税人直接销售外购货物（包括商品批发和零售）以及销售委托加工的货物取得的收入。

纳税人应当分别核算上述享受税收优惠政策和不得享受税收优惠政策业务的销售额，不能分别核算的，不得享受此项优惠政策。

✏️【政策依据】

1.《财政部　国家税务总局关于促进残疾人就业增值税优惠政策的通知》（财税〔2016〕52号）。

2.《国家税务总局关于发布〈促进残疾人就业增值税优惠政策管理办法〉的公告》（国家税务总局公告2016年第33号，2018年第31号修改）。

【实操案例】••

对安置残疾人的单位和个体工商户，增值税即征即退的限额如何确定？

解答：根据《财政部　国家税务总局关于促进残疾人就业增值税优惠政策的通知》（财税〔2016〕52号）规定，对安置残疾人的单位和个体工商户（以下称纳税人），实行由税务机关按纳税人安置残疾人的人数，限额即征即退增值税的办法。安置的每位残疾人每月可退还的增值税具体限额，由县级以上税务机关根据纳税人所在区县（含县级市、旗，下同）适用的经省（含自治区、直辖市、计划单列市，下同）人民政府批准的月最低工资标准的 4 倍确定。

十三、特殊教育学校举办的企业安置残疾人就业增值税即征即退

【享受主体】

特殊教育学校举办的企业。

特殊教育学校主要为在校学生提供实习场所、并由学校出资自办、由学校负责经营管理、经营收入全部归学校所有的企业。

【优惠内容】

对安置残疾人的特殊教育学校举办的企业，实行由税务机关按纳税人安置残疾人的人数，限额即征即退增值税。

安置的每位残疾人每月可退还的增值税具体限额，由县级以上税务机关根据纳税人所在区县（含县级市、旗，下同）适用的经省（含自治区、直辖市、计划单列市，下同）人民政府批准的月最低工资标准的 4 倍确定。

在计算残疾人人数时可将在企业上岗工作的特殊教育学校的全日制在校学生计算在内，在计算企业在职职工人数时也要将上述学生计算在内。

【享受条件】

1. 纳税人（除盲人按摩机构外）月安置的残疾人占在职职工人数的比例不低于 25%（含 25%），并且安置的残疾人人数不少于 10 人（含 10 人）。

2. 纳税人纳税信用等级为税务机关评定的 C 级或 D 级的，不得享受此项税收优惠政策。

3. 如果既适用促进残疾人就业增值税优惠政策，又适用重点群体、退役士兵、随军家属、军转干部等支持就业的增值税优惠政策的，纳税人可自行选择适用的优惠政策，但不能累加执行。一经选定，36 个月内不得变更。

4. 此项税收优惠政策仅适用于生产销售货物，提供加工、修理修配劳务，以及提供营改增现代服务和生活服务税目（不含文化体育服务和娱乐服务）范围的服务取得的收入之和，占其增值税收入的比例达到 50% 的纳税人，但不适用于上述纳税人直接销售外购货物（包括商品批发和零售）以及销售委托加工的货物取得的收入。

纳税人应当分别核算上述享受税收优惠政策和不得享受税收优惠政策业务的销售额，不能分别核算的，不得享受此项优惠政策。

【政策依据】

1.《财政部　国家税务总局关于促进残疾人就业增值税优惠政策的通知》（财税〔2016〕52 号）第三条。

2.《国家税务总局关于发布〈促进残疾人就业增值税优惠政策管理办法〉的公告》（国家税务总局公告 2016 年第 33 号，2018 年第 31 号修改）。

十四、残疾人就业减征个人所得税

【享受主体】

就业的残疾人。

【优惠内容】

对残疾人个人取得的劳动所得，按照省（不含计划单列市）人民政府规定的减征幅度和期限减征个人所得税。

【享受条件】

1.残疾人是指持有《中华人民共和国残疾人证》上注明属于视力残疾、听力残疾、言语残疾、肢体残疾、智力残疾和精神残疾的人员和持有《中华人民共和国残疾军人证（1至8级）》的人员。

2.残疾人按照省（不含计划单列市）人民政府规定的减征幅度和期限减征个人所得税。

【政策依据】

《财政部　国家税务总局关于促进残疾人就业税收优惠政策的通知》（财税〔2007〕92号）。

十五、安置残疾人就业的企业残疾人工资加计扣除

【享受主体】

安置残疾人就业的企业。

【优惠内容】

企业安置残疾人员的，在按照支付给残疾职工工资据实扣除的基础上，可以在计算应纳税所得额时按照支付给残疾职工工资的100%加计扣除。

【享受条件】

1.依法与安置的每位残疾人签订了1年以上（含1年）的劳动合同或服务协议，并且安置的每位残疾人在企业实际上岗工作。

2.为安置的每位残疾人按月足额缴纳了企业所在区县人民政府根据国家政策规定的基本养老保险、基本医疗保险、失业保险和工伤保险等社会保险。

3.定期通过银行等金融机构向安置的每位残疾人实际支付了不低于企业所在区县适用的经省级人民政府批准的最低工资标准的工资。

4.具备安置残疾人上岗工作的基本设施。

📝 【政策依据】

1.《中华人民共和国企业所得税法》第三十条第（二）项。

2.《中华人民共和国企业所得税法实施条例》第九十六条第一款。

3.《财政部　国家税务总局关于安置残疾人员就业有关企业所得税优惠政策问题的通知》（财税〔2009〕70号）。

【实操案例】••

1. 亏损企业是否可以享受残疾人工资加计扣除的优惠政策?

解答：《财政部　国家税务总局关于安置残疾人员就业有关企业所得税优惠政策问题的通知》（财税〔2009〕70号）规定，企业安置残疾人员的，在按照支付给残疾职工工资据实扣除的基础上，可以在计算应纳税所得额时按照支付给残疾职工工资的100%加计扣除。企业就支付给残疾职工的工资，在进行企业所得税预缴申报时，允许据实计算扣除。在年度终了进行企业所得税年度申报和汇算清缴时，再依照上述规定计算加计扣除。因此，亏损企业可以享受残疾人工资加计扣除。

2. 甲公司安置了残疾人就业，但是税务局在日常检查过程中指出，该公司的残疾人工资没法享受100%加计扣除，随即要求企业依法进行了纳税调增。原因是这家公司都是现金支付工资，没有通过银行等金融机构来支付。

十六、安置残疾人就业的单位减免城镇土地使用税

✉ 【享受主体】

安置残疾人就业的单位。

📋 【优惠内容】

对在一个纳税年度内月平均实际安置残疾人就业人数占单位在职职工总数的比例高于25%（含25%）且实际安置残疾人人数高于10人（含10人）的单位，可减征或免征该年度城镇土地使用税。具体减免税比例及管理办法由省、自治区、直辖市财税主管部门确定。

👥 【享受条件】

在一个纳税年度内月平均实际安置残疾人就业人数占单位在职职工总数的比例高于25%（含25%）且实际安置残疾人人数高于10人（含10人）的单位。

📝 【政策依据】

《财政部　国家税务总局关于安置残疾人就业单位城镇土地使用税等政策的通知》（财税〔2010〕121号）第一条。

十七、长期来华定居专家进口自用小汽车免征车辆购置税

【享受主体】

长期来华定居专家。

【优惠内容】

长期来华定居专家进口 1 辆自用小汽车，免征车辆购置税。

【享受条件】

除了按《车辆购置税征收管理办法》（国家税务总局令第 33 号公布，第 38 号修改）规定提供申报资料外，还应当提供国家外国专家局或者其授权单位核发的专家证，具体指：国家外国专家局或者其授权单位，在 2017 年 3 月 31 日以前，核发的专家证，或者在青岛等试点地区核发的相关证件；在 2017 年 4 月 1 日以后，国家外国专家局或者其授权单位核发的 A 类和 B 类《外国人工作许可证》。

【政策依据】

1.《财政部 国家税务总局关于防汛专用等车辆免征车辆购置税的通知》（财税〔2001〕39 号）第三条。

2.《国家税务总局关于车辆购置税征收管理有关问题的公告》（国家税务总局公告 2015 年第 4 号）第十七条。

3.《国家税务总局关于长期来华定居专家免征车辆购置税有关问题的公告》（国家税务总局公告 2018 年第 2 号）。

十八、回国服务的在外留学人员购买自用国产小汽车免征车辆购置税

【享受主体】

回国服务的在外留学人员。

【优惠内容】

回国服务的在外留学人员用现汇购买 1 辆个人自用国产小汽车，免征车辆购置税。

【享受条件】

1. 回国服务的在外留学人员购买自用国产小汽车办理免税手续，除按规定提供申报资料外，还应当提供中华人民共和国驻留学人员学习所在国的大使馆或者领事馆（中央人民政府驻香港联络办公室、中央人民政府驻澳门联络办公室）出具的留学证明；本人护照；海关核发的《中华人民共和国海关回国人员购买国产汽车准购单》。

2. 所称小汽车是指含驾驶员座位 9 座以内，在设计和技术特性上主要用于载运乘

客及其随身行李或者临时物品的乘用车。

【政策依据】

1.《财政部　国家税务总局关于防汛专用等车辆免征车辆购置税的通知》（财税〔2001〕39 号）第二条。

2.《国家税务总局关于车辆购置税征收管理有关问题的补充公告》（国家税务总局公告 2016 年第 52 号）第六条。

第三节　创业就业平台税收优惠

一、国家级、省级科技企业孵化器向在孵对象提供孵化服务取得的收入，免征增值税

【享受主体】

国家级、省级科技企业孵化器。

【优惠内容】

自 2019 年 1 月 1 日至 2021 年 12 月 31 日，对国家级、省级科技企业孵化器向在孵对象提供孵化服务取得的收入，免征增值税。

上文所称孵化服务是指为在孵对象提供的经纪代理、经营租赁、研发和技术、信息技术、鉴证咨询服务。

【享受条件】

1. 国家级、省级科技企业孵化器应当单独核算孵化服务收入。

2. 国家级、省级科技企业孵化器由国务院和省级科技部门按照有关规定认定和管理。

3. 在孵对象是指符合国务院科技部门以及省级科技部门发布的认定和管理办法规定的孵化企业、创业团队和个人。

4. 国家级、省级科技企业孵化器应按规定申报享受免税政策，并将房产土地租赁合同、孵化协议等留存备查。

5. 2018 年 12 月 31 日以前认定的国家级科技企业孵化器，自 2019 年 1 月 1 日起享受财税〔2018〕120 号文件规定的税收优惠政策。2019 年 1 月 1 日以后认定的国家级、省级科技企业孵化器，自认定之日次月起享受财税〔2018〕120 号文件规定的税收优惠政策。2019 年 1 月 1 日以后被取消资格的，自取消资格之日次月起停止享受

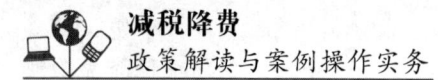
财税〔2018〕120号文件规定的税收优惠政策。

【政策依据】

《财政部　税务总局　科技部　教育部关于科技企业孵化器　大学科技园和众创空间税收政策的通知》（财税〔2018〕120号）。

二、国家级、省级科技企业孵化器免征房产税

【享受主体】

国家级、省级科技企业孵化器。

【优惠内容】

自2019年1月1日至2021年12月31日，对国家级、省级科技企业孵化器自用以及无偿或通过出租等方式提供给在孵对象使用的房产，免征房产税。

【享受条件】

1. 国家级、省级科技企业孵化器应当单独核算孵化服务收入。

2. 国家级科技企业孵化器按照国务院科技、教育部门有关规定进行认定和管理，省级科技企业孵化器按照省级科技、教育部门有关规定进行认定和管理。

3. 在孵对象是指符合国务院科技、教育部门以及省级科技、教育部门发布的认定和管理办法规定的孵化企业、创业团队和个人。

4. 国家级、省级科技企业孵化器应按规定申报享受免税政策，并将房产土地权属资料、房产原值资料、房产土地租赁合同、孵化协议等留存备查。

5. 2018年12月31日以前认定的国家级科技企业孵化器，自2019年1月1日起享受财税〔2018〕120号文件规定的税收优惠政策。2019年1月1日以后认定的国家级、省级科技企业孵化器，自认定之日次月起享受财税〔2018〕120号文件规定的税收优惠政策。2019年1月1日以后被取消资格的，自取消资格之日次月起停止享受财税〔2018〕120号文件规定的税收优惠政策。

【政策依据】

《财政部　税务总局　科技部　教育部关于科技企业孵化器　大学科技园和众创空间税收政策的通知》（财税〔2018〕120号）。

三、国家级、省级科技企业孵化器免征城镇土地使用税

【享受主体】

国家级、省级科技企业孵化器。

【优惠内容】

自 2019 年 1 月 1 日至 2021 年 12 月 31 日，对国家级、省级科技企业孵化器自用以及无偿或通过出租等方式提供给在孵对象使用的土地，免征城镇土地使用税。

【享受条件】

1. 国家级、省级科技企业孵化器应当单独核算孵化服务收入。

2. 国家级科技企业孵化器按照国务院科技、教育部门有关规定进行认定和管理，省级科技企业孵化器按照省级科技、教育部门有关规定进行认定和管理。

3. 在孵对象是指符合国务院科技、教育部门以及省级科技、教育部门发布的认定和管理办法规定的孵化企业、创业团队和个人。

4. 国家级、省级科技企业孵化器应按规定申报享受免税政策，并将房产土地权属资料、房产原值资料、房产土地租赁合同、孵化协议等留存备查。

5. 2018 年 12 月 31 日以前认定的国家级科技企业孵化器，自 2019 年 1 月 1 日起享受本通知规定的税收优惠政策。2019 年 1 月 1 日以后认定的国家级、省级科技企业孵化器，自认定之日次月起享受本通知规定的税收优惠政策。2019 年 1 月 1 日以后被取消资格的，自取消资格之日次月起停止享受本通知规定的税收优惠政策。

【政策依据】

《财政部　税务总局　科技部　教育部关于科技企业孵化器　大学科技园和众创空间税收政策的通知》（财税〔2018〕120 号）。

四、国家级、省级大学科技园向在孵对象提供孵化服务取得收入免征增值税

【享受主体】

国家级、省级大学科技园。

【优惠内容】

自 2019 年 1 月 1 日至 2021 年 12 月 31 日，对国家级、省级大学科技园向在孵对象提供孵化服务取得的收入，免征增值税。

上文所称孵化服务是指为在孵对象提供的经纪代理、经营租赁、研发和技术、信息技术、鉴证咨询服务。

【享受条件】

1. 国家级、省级大学科技园应当单独核算孵化服务收入。

2. 国家级大学科技园按照国务院科技、教育部门有关规定进行认定和管理，省级大学科技园按照省级科技、教育部门有关规定进行认定和管理。

3. 在孵对象是指符合国务院科技、教育部门以及省级科技、教育部门发布的认定和管理办法规定的孵化企业、创业团队和个人。

4. 国家级、省级科技企业孵化器应按规定申报享受免税政策，并将房产土地租赁合同、孵化协议等留存备查。

5. 2018 年 12 月 31 日以前认定的国家级大学科技园，自 2019 年 1 月 1 日起享受财税〔2018〕120 号文件规定的税收优惠政策。2019 年 1 月 1 日以后认定的国家级、省级大学科技园，自认定之日次月起享受财税〔2018〕120 号文件规定的税收优惠政策。2019 年 1 月 1 日以后被取消资格的，自取消资格之日次月起停止享受财税〔2018〕120 号文件规定的税收优惠政策。

【政策依据】

《财政部　税务总局　科技部　教育部关于科技企业孵化器　大学科技园和众创空间税收政策的通知》（财税〔2018〕120 号）。

五、国家级、省级大学科技园免征房产税

【享受主体】

国家级、省级大学科技园。

【优惠内容】

自 2019 年 1 月 1 日至 2021 年 12 月 31 日，对国家级、省级大学科技园自用以及无偿或通过出租等方式提供给在孵对象使用的房产，免征房产税。

【享受条件】

1. 国家级、省级大学科技园应当单独核算孵化服务收入。

2. 国家级大学科技园按照国务院科技、教育部门有关规定进行认定和管理，省级大学科技园孵化器按照省级科技、教育部门有关规定进行认定和管理。

3. 在孵对象是指符合国务院科技、教育部门以及省级科技、教育部门发布的认定和管理办法规定的孵化企业、创业团队和个人。

4. 国家级、省级大学科技园应按规定申报享受免税政策，并将房产土地权属资料、房产原值资料、房产土地租赁合同、孵化协议等留存备查。

5. 2018 年 12 月 31 日以前认定的国家级大学科技园，自 2019 年 1 月 1 日起享受财税〔2018〕120 号文件规定的税收优惠政策。2019 年 1 月 1 日以后认定的国家级、省级大学科技园，自认定之日次月起享受财税〔2018〕120 号文件规定的税收优惠政策。2019 年 1 月 1 日以后被取消资格的，自取消资格之日次月起停止享受财税〔2018〕120 号文件规定的税收优惠政策。

【政策依据】

《财政部　税务总局　科技部　教育部关于科技企业孵化器　大学科技园和众创

空间税收政策的通知》（财税〔2018〕120号）。

六、国家级、省级大学科技园免征城镇土地使用税

【享受主体】

国家级、省级大学科技园。

【优惠内容】

自2019年1月1日至2021年12月31日，对国家级、省级大学科技园自用以及无偿或通过出租等方式提供给在孵对象使用的土地，免征城镇土地使用税。

【享受条件】

1. 国家级、省级大学科技园应当单独核算孵化服务收入。

2. 国家级大学科技园按照国务院科技、教育部门有关规定进行认定和管理，省级大学科技园按照省级科技、教育部门有关规定进行认定和管理。

3. 在孵对象是指符合国务院科技、教育部门以及省级科技、教育部门发布的认定和管理办法规定的孵化企业、创业团队和个人。

4. 国家级、省级大学科技园应按规定申报享受免税政策，并将房产土地权属资料、房产原值资料、房产土地租赁合同、孵化协议等留存备查。

5. 2018年12月31日以前认定的国家级大学科技园，自2019年1月1日起享受本通知规定的税收优惠政策。2019年1月1日以后认定的国家级、省级大学科技园，自认定之日次月起享受本通知规定的税收优惠政策。2019年1月1日以后被取消资格的，自取消资格之日次月起停止享受本通知规定的税收优惠政策。

【政策依据】

《财政部　税务总局　科技部　教育部关于科技企业孵化器　大学科技园和众创空间税收政策的通知》（财税〔2018〕120号）。

七、国家备案众创空间向在孵对象提供孵化服务取得收入免征增值税

【享受主体】

国家备案众创空间。

【优惠内容】

自2019年1月1日至2021年12月31日，对国家备案众创空间向在孵对象提供孵化服务取得的收入，免征增值税。

上文所称孵化服务是指为在孵对象提供的经纪代理、经营租赁、研发和技术、信息技术、鉴证咨询服务。

【享受条件】

1. 国家备案众创空间应当单独核算孵化服务收入。

2. 国家备案众创空间按照国务院科技部门有关规定进行认定和管理。

3. 在孵对象是指符合国务院科技、教育部门发布的认定和管理办法规定的孵化企业、创业团队和个人。

4. 国家备案众创空间应按规定申报享受免税政策，并将房产土地租赁合同、孵化协议等留存备查。

5. 2019年1月1日以后认定的国家备案众创空间，自认定之日次月起享受财税〔2018〕120号文件规定的税收优惠政策。2019年1月1日以后被取消资格的，自取消资格之日次月起停止享受财税〔2018〕120号文件规定的税收优惠政策。

【政策依据】

《财政部 税务总局 科技部 教育部关于科技企业孵化器 大学科技园和众创空间税收政策的通知》（财税〔2018〕120号）。

八、国家备案众创空间免征房产税

【享受主体】

国家备案众创空间。

【优惠内容】

自2019年1月1日至2021年12月31日，对国家备案众创空间自用以及无偿或通过出租等方式提供给在孵对象使用的房产，免征房产税。

【享受条件】

1. 国家备案众创空间应当单独核算孵化服务收入。

2. 国家备案众创空间按照国务院科技、教育部门有关规定进行认定和管理。

3. 在孵对象是指符合国务院科技、教育部门以及省级科技、教育部门发布的认定和管理办法规定的孵化企业、创业团队和个人。

4. 国家备案众创空间应按规定申报享受免税政策，并将房产土地权属资料、房产原值资料、房产土地租赁合同、孵化协议等留存备查。

5. 2019年1月1日以后认定的国家备案众创空间，自认定之日次月起享受本通知规定的税收优惠政策。2019年1月1日以后被取消资格的，自取消资格之日次月起停止享受本通知规定的税收优惠政策。

【政策依据】

《财政部 税务总局 科技部 教育部关于科技企业孵化器 大学科技园和众创空间税收政策的通知》（财税〔2018〕120号）。

九、国家备案众创空间免征城镇土地使用税

【享受主体】

国家备案众创空间。

【优惠内容】

自 2019 年 1 月 1 日至 2021 年 12 月 31 日，对国家备案众创空间自用以及无偿或通过出租等方式提供给在孵对象使用的土地，免征城镇土地使用税。

【享受条件】

1. 国家备案众创空间应当单独核算孵化服务收入。
2. 国家备案众创空间按照国务院科技、教育部门有关规定进行认定和管理。
3. 在孵对象是指符合国务院科技、教育部门以及省级科技、教育部门发布的认定和管理办法规定的孵化企业、创业团队和个人。
4. 国家备案众创空间应按规定申报享受免税政策，并将房产土地权属资料、房产原值资料、房产土地租赁合同、孵化协议等留存备查。
5. 2019 年 1 月 1 日以后认定的国家备案众创空间，自认定之日次月起享受本通知规定的税收优惠政策。2019 年 1 月 1 日以后被取消资格的，自取消资格之日次月起停止享受本通知规定的税收优惠政策。

【政策依据】

《财政部　税务总局　科技部　教育部关于科技企业孵化器　大学科技园和众创空间税收政策的通知》（财税〔2018〕120 号）。

第四节　对提供投资助力的创投企业给予税收优惠

一、创投企业投资未上市的中小高新技术企业按比例抵扣应纳税所得额

【享受主体】

创业投资企业。

【优惠内容】

自 2018 年 1 月 1 日起，创业投资企业采取股权投资方式投资于未上市的中小高新技术企业 2 年（24 个月）以上的，可以按照其对中小高新技术企业投资额的 70% 在股

权持有满 2 年的当年抵扣该创业投资企业的应纳税所得额；当年不足抵扣的，可以在以后纳税年度结转抵扣。

【享受条件】

1. 创业投资企业采取股权投资方式投资于未上市的中小高新技术企业 2 年（24 个月）以上。

2. 创业投资企业是指依照《创业投资企业管理暂行办法》（国家发展和改革委员会等 10 部委令 2005 年第 39 号，以下简称《暂行办法》）和《外商投资创业投资企业管理规定》（商务部等 5 部委令 2003 年第 2 号）在中华人民共和国境内设立的专门从事创业投资活动的企业或其他经济组织。

3. 经营范围符合《暂行办法》规定，且工商登记为"创业投资有限责任公司""创业投资股份有限公司"等专业性法人创业投资企业。

4. 按照《暂行办法》规定的条件和程序完成备案，经备案管理部门年度检查核实，投资运作符合《暂行办法》的有关规定。

5. 创业投资企业投资的中小高新技术企业，按照科技部、财政部、国家税务总局《关于印发〈高新技术企业认定管理办法〉的通知》（国科发火〔2008〕172 号）和《关于印发〈高新技术企业认定管理工作指引〉的通知》（国科发火〔2008〕362 号）的规定，通过高新技术企业认定；同时，职工人数不超过 500 人，年销售（营业）额不超过 2 亿元，资产总额不超过 2 亿元。

6. 财政部、国家税务总局规定的其他条件。

【政策依据】

1.《中华人民共和国企业所得税法》第三十一条。

2.《中华人民共和国企业所得税法实施条例》第九十七条。

3.《国家税务总局关于实施创业投资企业所得税优惠问题的通知》（国税发〔2009〕87 号）。

二、有限合伙制创业投资企业法人合伙人投资未上市的中小高新技术企业按比例抵扣应纳税所得额

【享受主体】

有限合伙制创业投资企业的法人合伙人。

【优惠内容】

自 2015 年 10 月 1 日起，有限合伙制创业投资企业采取股权投资方式投资于未上市的中小高新技术企业满 2 年（24 个月）的，该投资企业的法人合伙人可按照其对未上市中小高新技术企业投资额的 70% 抵扣该法人合伙人从该投资企业分得的应纳税所得额，当年不足抵扣的，可以在以后纳税年度结转抵扣。

有限合伙制创业投资企业的法人合伙人对未上市中小高新技术企业的投资额，按

照有限合伙制创业投资企业对中小高新技术企业的投资额和合伙协议约定的法人合伙人占有限合伙制创业投资企业的出资比例计算确定。

【享受条件】

1. 有限合伙制创业投资企业是指依照《中华人民共和国合伙企业法》《创业投资企业管理暂行办法》（国家发展和改革委员会令第 39 号）和《外商投资创业投资企业管理规定》（外经贸部　科技部　工商总局　税务总局　外汇管理局令 2003 年第 2 号）设立的专门从事创业投资活动的有限合伙企业。

2. 有限合伙制创业投资企业的法人合伙人，是指依照《中华人民共和国企业所得税法》及其实施条例以及相关规定，实行查账征收企业所得税的居民企业。

3. 有限合伙制创业投资企业采取股权投资方式投资于未上市的中小高新技术企业满 2 年（24 个月），即 2015 年 10 月 1 日起，有限合伙制创业投资企业投资于未上市中小高新技术企业的实缴投资满 2 年，同时，法人合伙人对该有限合伙制创业投资企业的实缴出资也应满 2 年。

4. 创业投资企业投资的中小高新技术企业，按照科技部、财政部、国家税务总局《关于印发〈高新技术企业认定管理办法〉的通知》（国科发火〔2008〕172 号）和《关于印发〈高新技术企业认定管理工作指引〉的通知》（国科发火〔2008〕362 号）的规定，通过高新技术企业认定；同时，职工人数不超过 500 人，年销售（营业）额不超过 2 亿元，资产总额不超过 2 亿元。

5. 有限合伙制创业投资企业应纳税所得额的确定及分配应按照《财政部　国家税务总局关于合伙企业合伙人所得税问题的通知》（财税〔2008〕159 号）相关规定执行。

【政策依据】

1.《财政部　国家税务总局关于将国家自主创新示范区有关税收试点政策推广到全国范围实施的通知》（财税〔2015〕116 号）第一条。

2.《国家税务总局关于有限合伙制创业投资企业法人合伙人企业所得税有关问题的公告》（国家税务总局公告 2015 年第 81 号）。

3.《国家税务总局关于实施创业投资企业所得税优惠问题的通知》（国税发〔2009〕87 号）。

三、公司制创投企业投资初创科技型企业按比例抵扣应纳税所得额

【享受主体】

公司制创业投资企业。

【优惠内容】

自 2018 年 1 月 1 日起，公司制创业投资企业采取股权投资方式直接投资于种子期、初创期科技型企业（以下简称初创科技型企业）满 2 年（24 个月）的，可以按照投资额的 70% 在股权持有满 2 年的当年抵扣该公司制创业投资企业的应纳税所得额；当年

不足抵扣的，可以在以后纳税年度结转抵扣。

【享受条件】

1. 创业投资企业，应同时符合以下条件：

（1）在中国境内（不含港、澳、台地区）注册成立、实行查账征收的居民企业或合伙创投企业，且不属于被投资初创科技型企业的发起人。

（2）符合《创业投资企业管理暂行办法》（发展改革委等 10 部门令第 39 号）规定或者《私募投资基金监督管理暂行办法》（证监会令第 105 号）关于创业投资基金的特别规定，按照上述规定完成备案且规范运作。

（3）投资后 2 年内，创业投资企业及其关联方持有被投资初创科技型企业的股权比例合计应低于 50%。

2. 初创科技型企业，应同时符合以下条件：

（1）在中国境内（不包括港、澳、台地区）注册成立、实行查账征收的居民企业。

（2）接受投资时，从业人数不超过 300 人，其中具有大学本科以上学历的从业人数不低于 30%；资产总额和年销售收入均不超过 5 000 万元。

（3）接受投资时设立时间不超过 5 年（60 个月）。

（4）接受投资时以及接受投资后 2 年内未在境内外证券交易所上市。

（5）接受投资当年及下一纳税年度，研发费用总额占成本费用支出的比例不低于 20%。

3. 股权投资，仅限于通过向被投资初创科技型企业直接支付现金方式取得的股权投资，不包括受让其他股东的存量股权。

【政策依据】

1.《财政部　税务总局关于创业投资企业和天使投资个人有关税收政策的通知》（财税〔2018〕55 号）第一条、第二条。

2. 国家税务总局关于创业投资企业和天使投资个人税收政策有关问题的公告（国家税务总局公告 2018 年第 43 号）。

3.《财政部　税务总局关于实施小微企业普惠性税收减免政策的通知》（财税〔2019〕13 号）第五条。

【实操案例】

1. 创投企业税收优惠的执行期限如何确定？

解答：为避免产生执行期限是指投资时间还是指享受优惠时间的歧义，让更多的投资可以享受到优惠政策，财税〔2019〕13 号文件特意写入了衔接性条款，简言之，无论是投资时间，还是享受优惠时间，只要有一个时间在政策执行期限内的，均可以享受该项税收优惠政策。

2. 初创科技型企业和小型微利企业的从业人数和资产总额标准是一样，这两个指标的计算方法是一样的吗？

解答：初创科技型企业和小型微利企业的从业人数和资产总额指标的计算方法不

一样。初创科技型企业从业人数和资产总额指标，按照企业接受投资前连续 12 个月的平均数计算，不足 12 个月的，按实际月数平均计算。小型微利企业从业人数和资产总额按照企业全年的季度平均值确定。

3. **甲公司为创业投资企业，适用 25% 的企业所得税税率，计划在 2020 年 2 月前对外股权投资 10 亿元，相关部门提出两套方案，方案一是一家成熟的大型高新技术企业，方案二是一家初创期中型科技型企业，两个方案的投资收益率大体相当。**

建议甲公司选择第二套方案，该套方案可以为甲公司创造可抵扣应纳税所得额＝10×70% ＝ 7（亿元），未来可以减少应纳税额 1.75 亿元。同时建议甲公司在 2019 年 12 月完成相关投资，这样可以在 2021 年度享受该项优惠，如果在 2020 年 1 月投资，则需推迟至 2022 年度才能开始享受该项优惠。

甲公司投资满 2 年后即可撤出，再选择其他初创期中型科技型企业进行投资，这样，该 10 亿元的投资可以每 2 年为企业创造 7 亿元的抵扣额，相当于每年 3.5 亿元的抵扣额，即每年节税 8 750 万元。

四、有限合伙制创业投资企业法人合伙人投资初创科技型企业按比例抵扣应纳税所得额

【享受主体】

有限合伙制创业投资企业法人合伙人。

【优惠内容】

自 2018 年 1 月 1 日起，有限合伙制创业投资企业采取股权投资方式直接投资于初创科技型企业满 2 年（24 个月）的，法人合伙人可以按照对初创科技型企业投资额的 70% 抵扣法人合伙人从合伙创投企业分得的所得；当年不足抵扣的，可以在以后纳税年度结转抵扣。

【享受条件】

1. 创业投资企业，应同时符合以下条件：

（1）在中国境内（不含港、澳、台地区）注册成立、实行查账征收的居民企业或合伙创投企业，且不属于被投资初创科技型企业的发起人。

（2）符合《创业投资企业管理暂行办法》（发展改革委等 10 部门令第 39 号）规定或者《私募投资基金监督管理暂行办法》（证监会令第 105 号）关于创业投资基金的特别规定，按照上述规定完成备案且规范运作。

（3）投资后 2 年内，创业投资企业及其关联方持有被投资初创科技型企业的股权比例合计应低于 50%。

2. 初创科技型企业，应同时符合以下条件：

（1）在中国境内（不包括港、澳、台地区）注册成立、实行查账征收的居民企业。

（2）接受投资时，从业人数不超过 300 人，其中具有大学本科以上学历的从业人数不低于 30%；资产总额和年销售收入均不超过 5 000 万元。

（3）接受投资时设立时间不超过5年（60个月）。

（4）接受投资时以及接受投资后2年内未在境内外证券交易所上市。

（5）接受投资当年及下一纳税年度，研发费用总额占成本费用支出的比例不低于20%。

3. 股权投资是仅限于通过向被投资初创科技型企业直接支付现金方式取得的股权投资，不包括受让其他股东的存量股权。

【政策依据】

1.《财政部　税务总局关于创业投资企业和天使投资个人有关税收政策的通知》（财税〔2018〕55号）第一条、第二条。

2.《国家税务总局关于创业投资企业和天使投资个人税收政策有关问题的公告》（国家税务总局公告2018年第43号）。

3.《财政部　税务总局关于实施小微企业普惠性税收减免政策的通知》（财税〔2019〕13号）第五条。

【实操案例】

1. 公司制创投企业和合伙创投企业法人合伙人享受创业投资企业优惠政策是否需要向税务机关备案？

解答：《国家税务总局关于发布修订后的〈企业所得税优惠政策事项办理办法〉的公告》（国家税务总局公告2018年第23号）明确企业享受优惠事项采取"自行判别、申报享受、相关资料留存备查"的办理方式，不再要求企业办理备案手续。《国家税务总局关于创业投资企业和天使投资个人税收政策有关问题的公告》（国家税务总局公告2018年第43号）明确规定按照国家税务总局2018年第23号公告的规定办理相关手续。此外，为进一步简政放权，减轻纳税人负担，《公告》不再要求合伙创投企业向税务机关报送《合伙创投企业法人合伙人所得分配情况明细表》，改由合伙创投企业直接提供给法人合伙人留存备查。

2. 甲创业投资企业于2017年3月投资了一家从业人数为260人，资产总额为4 000万元，年销售收入1 000万元的初创科技型企业，在2019年度能否享受创业投资企业税收优惠政策？

解答：财税〔2019〕13号文件明确2019年1月1日前2年内发生的投资，自2019年1月1日起投资满2年且符合财税〔2019〕13号文件规定和财税〔2018〕55号文件规定的其他条件的，可以适用财税〔2018〕55号文件规定的税收政策。甲创业投资企业的投资时间是2017年3月，属于2019年1月1日前2年内发生的投资，如符合财税〔2019〕13号和财税〔2018〕55号文件规定的其他条件，可以自2019年度开始享受创业投资企业税收优惠政策。

3. 初创科技型企业的研发费用总额占成本费用支出的比例如何把握？

解答：研发费用总额占成本费用支出的比例，指企业接受投资当年及下一个纳税年度的研发费用总额合计占同期成本费用总额合计的比例。此口径参考了高新技术企业研发费用占比的计算方法，一定程度上降低了享受优惠的门槛，使更多的企业可以享受到政策红利。

例如，某公司制创投企业于 2018 年 5 月投资初创科技型企业，假设其他条件均符合文件规定，初创科技型企业 2018 年发生研发费用 100 万元，成本费用 1 000 万元，2018 年研发费用占比 10%，低于 20%；2019 年发生研发费用 500 万元，成本费用 1 000 万元，2019 年研发费用占比 50%，高于 20%。按照《国家税务总局关于创业投资企业和天使投资个人税收政策有关问题的公告》（国家税务总局公告 2018 年第 43 号）的规定，投资当年及下一年初创科技型企业研发费用平均占比为 30%[（100 ＋ 500）/（1 000 ＋ 1 000）×100%]，该公司制创投企业可以享受税收优惠政策。

五、有限合伙制创业投资企业个人合伙人投资初创科技型企业按比例抵扣应纳税所得额

【优惠内容】

自 2018 年 1 月 1 日起，有限合伙制创业投资企业采取股权投资方式直接投资于初创科技型企业满 2 年（24 个月）的，个人合伙人可以按照对初创科技型企业投资额的 70% 抵扣个人合伙人从合伙创投企业分得的经营所得；当年不足抵扣的，可以在以后纳税年度结转抵扣。

【享受条件】

1. 创业投资企业，应同时符合以下条件：

（1）在中国境内（不含港、澳、台地区）注册成立、实行查账征收的居民企业或合伙创投企业，且不属于被投资初创科技型企业的发起人。

（2）符合《创业投资企业管理暂行办法》（发展改革委等 10 部门令第 39 号）规定或者《私募投资基金监督管理暂行办法》（证监会令第 105 号）关于创业投资基金的特别规定，按照上述规定完成备案且规范运作。

（3）投资后 2 年内，创业投资企业及其关联方持有被投资初创科技型企业的股权比例合计应低于 50%。

2. 初创科技型企业，应同时符合以下条件：

（1）在中国境内（不包括港、澳、台地区）注册成立、实行查账征收的居民企业。

（2）接受投资时，从业人数不超过 300 人，其中具有大学本科以上学历的从业人数不低于 30%；资产总额和年销售收入均不超过 5 000 万元。

（3）接受投资时设立时间不超过 5 年（60 个月）。

（4）接受投资时以及接受投资后 2 年内未在境内外证券交易所上市。

（5）接受投资当年及下一纳税年度，研发费用总额占成本费用支出的比例不低于 20%。

3. 股权投资是指仅限于通过向被投资初创科技型企业直接支付现金方式取得的股权投资，不包括受让其他股东的存量股权。

📝【政策依据】

1.《财政部　税务总局关于创业投资企业和天使投资个人有关税收政策的通知》（财税〔2018〕55号）第一条、第二条。

2.《国家税务总局关于创业投资企业和天使投资个人税收政策有关问题的公告》（国家税务总局公告2018年第43号）。

3.《财政部　税务总局关于实施小微企业普惠性税收减免政策的通知》（财税〔2019〕13号）第五条。

【实操案例】••

1. 合伙创投企业个人合伙人如何确定投资额？

解答：根据财税〔2018〕55号和国家税务总局2018年第43号公告规定，合伙创投企业的合伙人对初创科技型企业的投资额，按照合伙创投企业对初创科技型企业的实缴投资额和合伙协议约定的合伙人占合伙创投企业的出资比例计算确定。所称出资比例，按投资满2年当年年末各合伙人对合伙创投企业的实缴出资额占所有合伙人全部实缴出资额的比例计算。

2. 符合条件的合伙创投企业个人合伙人，能否用投资于初创科技型企业投资额抵扣来源于非初创科技型企业的项目收入？

解答：根据财税〔2018〕55号规定，个人合伙人可以按照对初创科技型企业投资额的70%抵扣个人合伙人从合伙创投企业分得的经营所得；当年不足抵扣的，可以在以后纳税年度结转抵扣。其中经营所得未区分是否来源于初创科技型企业的项目收入。

3. 符合条件的合伙创业投资企业及个人合伙人，有何备案要求？

解答：合伙创投企业的个人合伙人符合享受优惠条件的，应完成以下备案要求：

（1）合伙创投企业在投资初创科技型企业满2年的年度终了后3个月内，向合伙创投企业主管税务机关办理备案手续，备案时应报送《合伙创投企业个人所得税投资抵扣备案表》，同时将有关资料留存备查（备查资料同公司制创投企业）。合伙企业多次投资同一初创科技型企业的，应按年度分别备案。

（2）合伙创投企业应在投资初创科技型企业满2年后的每个年度终了后3个月内，向合伙创投企业主管税务机关报送《合伙创投企业个人所得税投资抵扣情况表》。

4. 符合条件的合伙创投企业个人合伙人，如何在申报时进行投资额抵扣的填写？

解答：个人合伙人在个人所得税年度申报时，应将当年允许抵扣的投资额填至《个人所得税生产经营所得纳税申报表（B表）》"允许扣除的其他费用"栏，并同时标明"投资抵扣"字样。2019年度以后进行投资额抵扣时，应将当年允许抵扣的投资额填至《个人所得税经营所得纳税申报表（B表）》"投资抵扣"栏。

5. 甲合伙创投企业2017年9月1日投资于某初创科技型企业500万元，截至2019年9月1日，该投资符合投资抵扣税收优惠相关条件（假设无其他符合投资抵扣税收优惠的投资）。张某是甲合伙创投企业的个人合伙人，截至2019年12月31日，张某对该合伙创投企业实缴出资300万元，占全部合伙人实缴出资比例的5%。该合伙创投企业2019年度实现经营所得200万元，对张某的分配比例为3%。张某2019年度实际

抵扣投资额是多少?

解答:(1)甲合伙创投企业截至2019年年末,符合投资抵扣条件的投资共500万元,可抵扣投资额=500×70%=350(万元)。

(2)2019年年末,张某对合伙创投企业的实缴出资比例为5%,则张某分得的可抵扣投资额=350×5%=17.5(万元)。注意:张某计算其分得的可抵扣投资额时,按照投资符合抵扣条件当年12月31日的实缴出资比例计算。

(3)2019年度张某自合伙创投企业分得的经营所得=200×3%=6(万元)<17.5万元。

(4)张某2019年实际抵扣投资额为6万元,还有11.5万元(17.5-6)结转以后年度抵扣。

六、天使投资人投资初创科技型企业按比例抵扣应纳税所得额

【享受主体】

天使投资人。

【优惠内容】

自2018年7月1日起,天使投资个人采取股权投资方式直接投资于初创科技型企业满2年的,可以按照投资额的70%抵扣转让该初创科技型企业股权取得的应纳税所得额;当期不足抵扣的,可以在以后取得转让该初创科技型企业股权的应纳税所得额时结转抵扣。天使投资个人投资多个初创科技型企业的,对其中办理注销清算的初创科技型企业,天使投资个人对其投资额的70%尚未抵扣完的,可自注销清算之日起36个月内抵扣天使投资个人转让其他初创科技型企业股权取得的应纳税所得额。

【享受条件】

1.天使投资个人,应同时符合以下条件:

(1)不属于被投资初创科技型企业的发起人、雇员或其亲属(包括配偶、父母、子女、祖父母、外祖父母、孙子女、外孙子女、兄弟姐妹,下同),且与被投资初创科技型企业不存在劳务派遣等关系。

(2)投资后2年内,本人及其亲属持有被投资初创科技型企业股权比例合计应低于50%。

2.初创科技型企业,应同时符合以下条件:

(1)在中国境内(不包括港、澳、台地区)注册成立、实行查账征收的居民企业。

(2)接受投资时,从业人数不超过300人,其中具有大学本科以上学历的从业人数不低于30%;资产总额和年销售收入均不超过5 000万元。

(3)接受投资时设立时间不超过5年(60个月)。

(4)接受投资时以及接受投资后2年内未在境内外证券交易所上市。

(5)接受投资当年及下一纳税年度,研发费用总额占成本费用支出的比例不低于20%。

3. 股权投资是指仅限于通过向被投资初创科技型企业直接支付现金方式取得的股权投资，不包括受让其他股东的存量股权。

【政策依据】

1.《财政部　税务总局关于创业投资企业和天使投资个人有关税收政策的通知》（财税〔2018〕55 号）第一条、第二条。

2.《国家税务总局关于创业投资企业和天使投资个人税收政策有关问题的公告》（国家税务总局公告 2018 年第 43 号）。

3.《财政部　税务总局关于实施小微企业普惠性税收减免政策的通知》（财税〔2019〕13 号）第五条。

【实操案例】

1. 创业投资企业和天使投资个人税收优惠政策中初创科技型企业的条件是什么？

解答：按照《财政部　税务总局关于创业投资企业和天使投资个人有关税收政策的通知》（财税〔2018〕55 号）和《财政部　税务总局关于实施小微企业普惠性税收减免政策的通知》（财税〔2019〕13 号）规定，初创科技型企业需同时符合以下条件。

（1）在中国境内（不包括港、澳、台地区）注册成立、实行查账征收的居民企业。

（2）接受投资时，从业人数不超过 300 人，其中具有大学本科以上学历的从业人数不低于 30%；资产总额和年销售收入均不超过 5 000 万元。

（3）接受投资时设立时间不超过 5 年（60 个月）。

（4）接受投资时以及接受投资后 2 年内未在境内外证券交易所上市。

（5）接受投资当年及下一纳税年度，研发费用总额占成本费用支出的比例不低于 20%。

2. 天使投资个人采取股权投资方式直接投资于初创科技型企业满 2 年的，可按投资额的 70% 抵扣转让该初创科技型企业股权取得的应纳税所得额，享受优惠政策的天使投资个人还需同时满足什么条件？

解答：享受优惠政策的天使投资个人，应同时符合以下条件：

（1）不属于被投资初创科技型企业的发起人、雇员或其亲属(包括配偶、父母、子女、祖父母、外祖父母、孙子女、外孙子女、兄弟姐妹，下同），且与被投资初创科技型企业不存在劳务派遣等关系。

（2）投资后 2 年内，本人及其亲属持有被投资初创科技型企业股权比例合计应低于 50%。

3. 天使投资个人同时投资于多个符合条件的初创科技型企业，不同投资项目之间是否可以互抵，有何限制？

解答：天使投资个人投资多个初创科技型企业的，对其中办理注销清算的初创科技型企业，天使投资个人对其投资额的 70% 尚未抵扣完的，可自注销清算之日起 36 个月内抵扣天使投资个人转让其他初创科技型企业股权取得的应纳税所得额。

4. 符合条件的天使投资个人，有何备案要求？

解答：天使投资个人应在投资初创科技型企业满 24 个月的次月 15 日内，与初创科技型企业共同向初创科技型企业主管税务机关办理备案手续。备案时应报送《天使投资个人所得税投资抵扣备案表》。被投资企业符合初创科技型企业条件的有关资料留存企业备查，备查资料包括初创科技型企业接受现金投资时的投资合同（协议）、章程、实际出资的相关证明材料，以及被投资企业符合初创科技型企业条件的有关资料。多次投资同一初创科技型企业的，应分次备案。

5. 符合条件的天使投资个人应如何进行申报抵扣？

解答：天使投资个人转让未上市的初创科技型企业股权，按照规定享受投资抵扣税收优惠时，应于股权转让次月 15 日内，向主管税务机关报送《天使投资个人所得税投资抵扣情况表》。同时，天使投资个人还应一并提供投资初创科技型企业后税务机关受理的《天使投资个人所得税投资抵扣备案表》。

其中，天使投资个人转让初创科技型企业股权需同时抵扣前 36 个月内投资其他注销清算初创科技型企业尚未抵扣完毕的投资额的，申报时应一并提供注销清算企业主管税务机关受理并注明注销清算等情况的《天使投资个人所得税投资抵扣备案表》，以及前期享受投资抵扣政策后税务机关受理的《天使投资个人所得税投资抵扣情况表》。

6. 初创科技型企业接受天使投资个人投资满 2 年，在上海证券交易所、深圳证券交易所上市的，应如何处理？

解答：天使投资个人投资初创科技型企业满足投资抵扣税收优惠条件后，初创科技型企业在上海证券交易所、深圳证券交易所上市的，天使投资个人在转让初创科技型企业股票时，有尚未抵扣完毕的投资额的，应向证券机构所在地主管税务机关办理限售股转让税款清算，抵扣尚未抵扣完毕的投资额。清算时，应提供投资初创科技型企业后税务机关受理的《天使投资个人所得税投资抵扣备案表》和《天使投资个人所得税投资抵扣情况表》。

7. 张某 2017 年 9 月 1 日投资甲初创科技型企业 300 万元，取得甲企业 10% 股权。截至 2019 年 9 月 1 日，该投资符合投资抵扣税收优惠条件。张某 2019 年 10 月转让甲企业 3% 的股权，取得 150 万元。张某在转让甲企业股权时，能够抵扣的投资额是多少？若 2019 年 12 月，甲企业注销清算，张某 2021 年 8 月转让其投资的乙初创科技型企业股权时（取得股权转让所得 50 万元，假定先不考虑乙企业投资抵扣），能抵扣的投资额是多少？若张某 2023 年再次转让乙企业股权，取得 100 万元股权转让所得，能抵扣的投资额是多少？

解答：（1）截至 2019 年 9 月，张某可以抵扣的投资额 ＝ 300×70% ＝ 210（万元）。

（2）2019 年 10 月，张某转让甲企业 3% 股权，取得的股权转让所得 ＝ 150 － 300÷10%×3% ＝ 60（万元）。

（3）60 万元＜210 万元，因此，张某转让甲企业股权可以抵扣的投资额为 60 万元。

（4）余额 150 万元（210 － 60）可以结转以后转让股权时抵扣。

（5）甲企业注销清算后，2021 年张某转让乙企业股权时，张某取得的股权转让所得 50 万元＜150 万元，可以抵扣 50 万元，还剩 100 万元（150 － 50）可以结转抵扣。

（6）2023 年张某再次转让乙企业股权时，因为距离甲企业注销清算已经超过 36 个月，张某投资甲企业的投资额就不能再进行抵扣了。

七、以非货币性资产对外投资确认的非货币性资产转让所得分期缴纳企业所得税

【享受主体】

以非货币性资产对外投资的居民企业。

【优惠内容】

可在自确认非货币性资产转让收入年度起不超过连续 5 个纳税年度的期间内，非货币性资产转让所得分期均匀计入相应年度的应纳税所得额，按规定计算缴纳企业所得税。

【享受条件】

1. 企业以非货币性资产对外投资，应于投资协议生效并办理股权登记手续时，确认非货币性资产转让收入的实现，应对非货币性资产进行评估并按评估后的公允价值扣除计税基础后的余额，计算确认非货币性资产转让所得。

2. 企业以非货币性资产对外投资而取得被投资企业的股权，应以非货币性资产的原计税成本为计税基础，加上每年确认的非货币性资产转让所得，逐年进行调整。

3. 被投资企业取得非货币性资产的计税基础，应按非货币性资产的公允价值确定。

4. 企业在对外投资 5 年内转让上述股权或投资收回的，应停止执行递延纳税政策，并就递延期内尚未确认的非货币性资产转让所得，在转让股权或投资收回当年的企业所得税年度汇算清缴时，一次性计算缴纳企业所得税。

5. 企业在对外投资 5 年内注销的，应停止执行递延纳税政策，并就递延期内尚未确认的非货币性资产转让所得，在注销当年的企业所得税年度汇算清缴时，一次性计算缴纳企业所得税。

6. 非货币性资产是指现金、银行存款、应收账款、应收票据以及准备持有至到期的债券投资等货币性资产以外的资产。

7. 非货币性资产投资，限于以非货币性资产出资设立新的居民企业，或将非货币性资产注入现存的居民企业。

8. 享受政策的居民企业实行查账征收。

【政策依据】

1.《财政部　国家税务总局关于非货币性资产投资企业所得税政策问题的通知》(财税〔2014〕116 号）。

2.《国家税务总局关于非货币性资产投资企业所得税有关征管问题的公告》（国家税务总局公告 2015 年第 33 号）。

【实操案例】

1. 甲、乙两家公司之间不具有同一控制的关系。甲公司于 2019 年 4 月 1 日以存货

交换的方式从乙公司的股东手中取得乙公司 60% 的股份。甲公司用于交换的存货的账面价值为 1 000 万元，公允价值为 1 200 万元（不含税，税率 13%）。乙公司 2019 年 4 月 1 日所有者权益为 2 000 万元；甲公司 2019 年 4 月 1 日资本公积为 180 万元、盈余公积为 100 万元、未分配利润为 200 万元。甲公司如何进行 2019 年度的财税处理（假定选择 5 年分期确认应税所得）？

解答：（1）会计处理

借：长期股权投资   1 356 万元

  贷：主营业务收入   1 200 万元

    应交税费——应交增值税（销项税额） 156 万元

同时，结转存货成本：

借：主营业务成本   1000 万元

  贷：存货   1000 万元

（2）税会差异分析

案例中涉及的非货币性资产对外投资，无论是增值税还是企业所得税处理，如果不选择递延纳税的话，与会计处理均不存在税会差异，但是因为选择 5 年分期确认应纳税所得额，每年只需要确认非货币性资产转让所得 40 万元（200/5），需要填写《A105100 企业重组纳税调整明细表》以及《A105000 纳税调整项目明细表》。

2. 沿用案例 1 的相关资料，甲公司因为需要更多流动资金，2020 年 4 月将持有的股份卖出了 10%，取得价款 300 万元。甲公司虽然转让了 10% 的股份，但是仍然保留控股权，长期股权投资采用的成本法也未改变。甲公司如何进行 2020 年的财税处理？

解答：（1）会计处理

借：银行存款   300 万元

  贷：长期股权投资   226 万元

    投资收益   74 万元

（2）税务处理及税会差异分析

对于股权转让，确认"投资收益"，税务处理与会计处理无差异。但是，由于该笔投资适用了递延纳税的优惠政策，现在不到 5 年时间就发生了转让，需要将转让部分因递延纳税而还未缴纳的税款一起缴纳。

10% 股份对应的非货币性资产转让所得为 33.33 万元（200/6），已经在 2019 年度确认了应税所得 6.67 万元，所以 2020 年应确认剩余的 26.66 万元。

50% 股份对应的非货币性资产转让所得为 166.67 万元，每年确认应税所得 33.33 万元，2020 年继续确认。

因此，2020 年实际应合计确认 59.99 万元。

八、以非货币性资产对外投资确认的非货币性资产转让所得分期缴纳个人所得税

【享受主体】

以非货币性资产对外投资的个人。

📋 【优惠内容】

对非货币资产转让所得应按"财产转让所得"缴纳个人所得税，一次性缴税有困难的，可合理确认分期缴纳计划并报主管税务机关备案后，在不超过 5 年期限内缴纳。

👥 【享受条件】

1. 非货币性资产是指现金、银行存款等货币性资产以外的资产，包括股权、不动产、技术发明成果以及其他形式的非货币性资产。

2. 非货币性资产投资包括以非货币性资产出资设立新的企业，以及以非货币性资产出资参与企业增资扩股、定向增发股票、股权置换、重组改制等投资行为。

3. 个人以非货币性资产投资，应于非货币性资产转让、取得被投资企业股权时，确认非货币性资产转让收入的实现，应按评估后的公允价值确认非货币性资产转让收入。

4. 个人以非货币性资产投资交易过程中取得现金补价的，现金部分应优先用于缴税；现金不足以缴纳的部分，可分期缴纳。个人在分期缴税期间转让其持有的上述全部或部分股权，并取得现金收入的，该现金收入应优先用于缴纳尚未缴清的税款。

✏️ 【政策依据】

1.《财政部　国家税务总局关于个人非货币性资产投资有关个人所得税政策的通知》（财税〔2015〕41 号）。

2.《国家税务总局关于个人非货币性资产投资有关个人所得税征管问题的公告》（国家税务总局公告 2015 年第 20 号）。

第五节　对提供投资助力的金融机构给予税收优惠

一、金融机构农户小额贷款利息收入所得税减计收入

✉️ 【享受主体】

向农户发放小额贷款的金融机构。

📋 【优惠内容】

自 2017 年 1 月 1 日至 2023 年 12 月 31 日，对金融机构农户小额贷款的利息收入，在计算应纳税所得额时，按 90% 计入收入总额。

👥 【享受条件】

农户是指长期（1 年以上）居住在乡镇（不包括城关镇）行政管理区域内的住户，

还包括长期居住在城关镇所辖行政村范围内的住户和户口不在本地而在本地居住 1 年以上的住户，国有农场的职工和农村个体工商户。位于乡镇（不包括城关镇）行政管理区域内和在城关镇所辖行政村范围内的国有经济的机关、团体、学校、企事业单位的集体户；有本地户口，但举家外出谋生 1 年以上的住户，无论是否保留承包耕地均不属于农户。农户以户为统计单位，既可以从事农业生产经营，也可以从事非农业生产经营。农户贷款的判定应以贷款发放时的承贷主体是否属于农户为准。

小额贷款是指单笔且该农户贷款余额总额在 10 万元（含本数）以下的贷款。

📝 【政策依据】

《财政部　税务总局关于延续支持农村金融发展有关税收政策的通知》（财税〔2017〕44 号）第二条。

《财政部　税务总局关于延续实施普惠金融有关税收优惠政策的公告》（财政部税务总局公告 2020 年第 22 号）。

二、小额贷款公司农户小额贷款利息收入免征增值税

✉ 【享受主体】

经省级金融管理部门（金融办、局等）批准成立的小额贷款公司。

📋 【优惠内容】

自 2017 年 1 月 1 日至 2023 年 12 月 31 日，对经省级金融管理部门（金融办、局等）批准成立的小额贷款公司取得的农户小额贷款利息收入，免征增值税。

👥 【享受条件】

1.农户是指长期（1 年以上）居住在乡镇（不包括城关镇）行政管理区域内的住户，还包括长期居住在城关镇所辖行政村范围内的住户和户口不在本地而在本地居住一年以上的住户，国有农场的职工和农村个体工商户。位于乡镇（不包括城关镇）行政管理区域内和在城关镇所辖行政村范围内的国有经济的机关、团体、学校、企事业单位的集体户；有本地户口，但举家外出谋生 1 年以上的住户，无论是否保留承包耕地均不属于农户。农户以户为统计单位，既可以从事农业生产经营，也可以从事非农业生产经营。农户贷款的判定应以贷款发放时的承贷主体是否属于农户为准。

2.小额贷款是指单笔且该农户贷款余额总额在 10 万元（含本数）以下的贷款。

📝 【政策依据】

1.《财政部　税务总局关于小额贷款公司有关税收政策的通知》（财税〔2017〕48 号）第一条、第四条。

2.《财政部　税务总局关于延续实施普惠金融有关税收优惠政策的公告》（财政部税务总局公告 2020 年第 22 号）。

三、小额贷款公司农户小额贷款利息收入所得税减计收入

【享受主体】

经省级金融管理部门（金融办、局等）批准成立的小额贷款公司。

【优惠内容】

自 2017 年 1 月 1 日至 2023 年 12 月 31 日，对经省级金融管理部门（金融办、局等）批准成立的小额贷款公司取得的农户小额贷款利息收入，在计算应纳税所得额时，按 90% 计入收入总额。

【享受条件】

1. 农户是指长期（1 年以上）居住在乡镇（不包括城关镇）行政管理区域内的住户，还包括长期居住在城关镇所辖行政村范围内的住户和户口不在本地而在本地居住 1 年以上的住户，国有农场的职工和农村个体工商户。位于乡镇（不包括城关镇）行政管理区域内和在城关镇所辖行政村范围内的国有经济的机关、团体、学校、企事业单位的集体户；有本地户口，但举家外出谋生 1 年以上的住户，无论是否保留承包耕地均不属于农户。农户以户为统计单位，既可以从事农业生产经营，也可以从事非农业生产经营。农户贷款的判定应以贷款发放时的承贷主体是否属于农户为准。

2. 小额贷款是指单笔且该农户贷款余额总额在 10 万元（含本数）以下的贷款。

【政策依据】

1.《财政部　税务总局关于小额贷款公司有关税收政策的通知》（财税〔2017〕48 号）第二条、第四条。

2.《财政部　税务总局关于延续实施普惠金融有关税收优惠政策的公告》（财政部　税务总局公告 2020 年第 22 号）。

四、金融机构向农户、小微企业及个体工商户小额贷款利息收入免征增值税

【享受主体】

向农户、小型企业、微型企业及个体工商户发放小额贷款的金融机构。

【优惠内容】

1. 自 2017 年 12 月 1 日至 2023 年 12 月 31 日，对金融机构向农户、小型企业、微型企业及个体工商户发放小额贷款取得的利息收入，免征增值税。上述小额贷款，是指单户授信小于 100 万元（含本数）的农户、小型企业、微型企业或个体工商户贷款；没有授信额度的，是指单户贷款合同金额且贷款余额在 100 万元（含本数）以下的贷款。

2. 自 2018 年 9 月 1 日至 2020 年 12 月 31 日，对金融机构向小型企业、微型企业和个体工商户发放小额贷款取得的利息收入，免征增值税。上述小额贷款，是指单户授信小于 1 000 万元（含本数）的小型企业、微型企业或个体工商户贷款；没有授信额度的，是指单户贷款合同金额且贷款余额在 1 000 万元（含本数）以下的贷款。

【享受条件】

1. 小型企业、微型企业，是指符合《中小企业划型标准规定》（工信部联企业〔2011〕300 号）的小型企业和微型企业。其中，资产总额和从业人员指标均以贷款发放时的实际状态确定，营业收入指标以贷款发放前 12 个自然月的累计数确定，不满 12 个自然月的，按照以下公式计算：

营业收入（年）＝企业实际存续期间营业收入／企业实际存续月数 ×12

2. 适用"优惠内容"第 2 条规定的金融机构需符合以下条件：

金融机构，是指经人民银行、银保监会批准成立的已通过监管部门上一年度"两增两控"考核的机构，以及经人民银行、银保监会、证监会批准成立的开发银行及政策性银行、外资银行和非银行业金融机构。

"两增两控"是指单户授信总额 1 000 万元以下（含）小微企业贷款同比增速不低于各项贷款同比增速，有贷款余额的户数不低于上年同期水平，合理控制小微企业贷款资产质量水平和贷款综合成本（包括利率和贷款相关的银行服务收费）水平。金融机构完成"两增两控"情况，以银保监会及其派出机构考核结果为准。

3. 金融机构可以选择以下两种方法之一适用免税：

（1）对金融机构向小型企业、微型企业和个体工商户发放的，利率水平不高于人民银行同期贷款基准利率 150%（含本数）的单笔小额贷款取得的利息收入，免征增值税；高于人民银行同期贷款基准利率 150% 的单笔小额贷款取得的利息收入，按照现行政策规定缴纳增值税。

（2）对金融机构向小型企业、微型企业和个体工商户发放单笔小额贷款取得的利息收入中，不高于该笔贷款按照人民银行同期贷款基准利率 150%（含本数）计算的利息收入部分，免征增值税；超过部分按照现行政策规定缴纳增值税。

金融机构可按会计年度在以上两种方法中选定其一作为该年的免税适用方法，一经选定，该会计年度内不得变更。

【政策依据】

1.《财政部　税务总局关于支持小微企业融资有关税收政策的通知》（财税〔2017〕77 号）第一、三条。

2.《财政部　税务总局关于金融机构小微企业贷款利息收入免征增值税政策的通知》（财税〔2018〕91 号）。

3.《工业和信息化部　国家统计局　国家发展和改革委员会　财政部关于印发中小企业划型标准规定的通知》（工信部联企业〔2011〕300 号）。

4.《财政部　税务总局关于延续实施普惠金融有关税收优惠政策的公告》（财政部税务总局公告 2020 年第 22 号）。

【实操案例】••

甲银行已通过监管部门上一年度"两增两控"考核，2020 年 3 月向某受疫情影响严重的小微企业发放单笔合同金额 400 万元贷款，利率 3% 远低于人民银行授权全国银行间同业拆借中心公布的贷款市场报价利率，甲银行取得的利息收入能享受免征增值税优惠吗？

解答：《财政部 税务总局关于金融机构小微企业贷款利息收入免征增值税政策的通知》（财税〔2018〕91 号，以下称"91 号文件"）规定，自 2018 年 9 月 1 日至 2020 年 12 月 31 日，对金融机构向小型企业、微型企业和个体工商户发放小额贷款取得的利息收入，免征增值税。

上述小型企业、微型企业，是指符合《中小企业划型标准规定》（工信部联企业〔2011〕300 号）的小型企业和微型企业。其中，资产总额和从业人员指标均以贷款发放时的实际状态确定；营业收入指标以贷款发放前 12 个自然月的累计数确定，不满 12 个自然月的，按照以下公式计算：

营业收入（年）＝企业实际存续期间营业收入 / 企业实际存续月数 ×12

小额贷款是指单户授信小于 1 000 万元（含本数）的小型企业、微型企业或个体工商户贷款；没有授信额度的，是指单户贷款合同金额且贷款余额在 1 000 万元（含本数）以下的贷款。

你银行向该小微企业发放的贷款，可以按照 91 号文件的有关规定，适用小微企业贷款利息收入免征增值税政策。

五、向农户、小微企业及个体工商户提供融资担保及再担保服务收入免征增值税

【享受主体】

为农户、小型企业、微型企业及个体工商户借款、发行债券提供融资担保服务，以及为上述融资担保（以下称"原担保"）提供再担保服务的纳税人。

【优惠内容】

自 2018 年 1 月 1 日至 2023 年 12 月 31 日，上述主体为农户、小型企业、微型企业及个体工商户借款、发行债券提供融资担保取得的担保费收入，以及为原担保提供再担保取得的再担保费收入，免征增值税。

【享受条件】

1. 农户是指长期（1 年以上）居住在乡镇（不包括城关镇）行政管理区域内的住户，还包括长期居住在城关镇所辖行政村范围内的住户和户口不在本地而在本地居住 1 年以上的住户，国有农场的职工。位于乡镇（不包括城关镇）行政管理区域内和在城关镇所辖行政村范围内的国有经济的机关、团体、学校、企事业单位的集体户；有本地户口，但举家外出谋生 1 年以上的住户，无论是否保留承包耕地均不属于农户。

农户以户为统计单位，既可以从事农业生产经营，也可以从事非农业生产经营。农户担保、再担保的判定应以原担保生效时的被担保人是否属于农户为准。

2. 小型企业、微型企业，是指符合《中小企业划型标准规定》（工信部联企业〔2011〕300号）的小型企业和微型企业。其中，资产总额和从业人员指标均以原担保生效时的实际状态确定；营业收入指标以原担保生效前12个自然月的累计数确定，不满12个自然月的，按照以下公式计算：

营业收入（年）＝企业实际存续期间营业收入/企业实际存续月数×12

3. 再担保合同对应多个原担保合同的，原担保合同应全部适用免征增值税政策。否则，再担保合同应按规定缴纳增值税。

4. 纳税人应将相关免税证明材料留存备查，单独核算符合免税条件的融资担保费和再担保费收入，按现行规定向主管税务机关办理纳税申报；未单独核算的，不得免征增值税。

【政策依据】

1.《财政部　税务总局关于租入固定资产进项税额抵扣等增值税政策的通知》（财税〔2017〕90号）第六条。

2.《工业和信息化部　国家统计局　国家发展和改革委员会　财政部关于印发中小企业划型标准规定的通知》（工信部联企业〔2011〕300号）。

3.《财政部　税务总局关于延续实施普惠金融有关税收优惠政策的公告》（财政部税务总局公告2020年第22号）。

六、金融机构与小型微型企业签订借款合同免征印花税

【享受主体】

金融机构和小型微型企业。

【优惠内容】

自2018年1月1日至2020年12月31日，对金融机构与小型企业、微型企业签订的借款合同免征印花税。

【享受条件】

小型企业、微型企业，是指符合《中小企业划型标准规定》（工信部联企业〔2011〕300号）的小型企业和微型企业。其中，资产总额和从业人员指标均以贷款发放时的实际状态确定；营业收入指标以贷款发放前12个自然月的累计数确定，不满12个自然月的，按照以下公式计算：

营业收入（年）＝企业实际存续期间营业收入/企业实际存续月数×12

【政策依据】

1.《财政部　税务总局关于支持小微企业融资有关税收政策的通知》（财税〔2017〕

77号）第二、三条。

2.《工业和信息化部　国家统计局　国家发展和改革委员会　财政部关于印发中小企业划型标准规定的通知》（工信部联企业〔2011〕300号）。

七、账簿印花税减免

【享受主体】

所有企业。

【优惠内容】

自2018年5月1日起，对按万分之五税率贴花的资金账簿减半征收印花税，对按件贴花五元的其他账簿免征印花税。

【享受条件】

无

【政策依据】

《财政部　税务总局关于对营业账簿减免印花税的通知》（财税〔2018〕50号）。

第二章

企业成长期减税降费政策

导读

　　本章介绍企业成长期减税降费政策，包括五节内容，分别介绍研发费用加计扣除与增值税留抵税额退税政策、固定资产加速折旧与离境退税政策、购买符合条件设备税收优惠、科技成果转化税收优惠以及科研机构创新人才税收优惠。

第一节　研发费用加计扣除与增值税留抵税额退税政策

一、研发费用加计扣除

【享受主体】

会计核算健全、实行查账征收并能够准确归集研发费用的居民企业。

不适用税前加计扣除政策的行业	不适用税前加计扣除政策的活动
1. 烟草制造业	1. 企业产品（服务）的常规性升级
2. 住宿和餐饮业	2. 对某项科研成果的直接应用，如直接采用公开的新工艺、材料、装置、产品、服务或知识等
3. 批发和零售业	3. 企业在商品化后为顾客提供的技术支持活动
4. 房地产业	4. 对现存产品、服务、技术、材料或工艺流程进行的重复或简单改变
5. 租赁和商务服务业	5. 市场调查研究、效率调查或管理研究

（续表）

不适用税前加计扣除政策的行业	不适用税前加计扣除政策的活动
6.娱乐业	6.作为工业（服务）流程环节或常规的质量控制、测试分析、维修维护
7.财政部和国家税务总局规定的其他行业	7.社会科学、艺术或人文学方面的研究
备注：上述行业以《国民经济行业分类与代码（GB/4754－2011）》为准，并随之更新	

【优惠内容】

1. 2018年1月1日至2020年12月31日期间，企业开展研发活动中实际发生的研发费用，未形成无形资产计入当期损益的，在按规定据实扣除的基础上，按照实际发生额的75%，在税前加计扣除。

2. 2018年1月1日至2020年12月31日期间，企业开展研发活动中实际发生的研发费用形成无形资产的，按照无形资产成本的175%在税前摊销。

【享受条件】

1. 企业应按照财务会计制度要求，对研发支出进行会计处理；同时，对享受加计扣除的研发费用按研发项目设置辅助账，准确归集核算当年可加计扣除的各项研发费用实际发生额。企业在一个纳税年度内进行多项研发活动的，应按照不同研发项目分别归集可加计扣除的研发费用。

2. 企业应对研发费用和生产经营费用分别核算，准确、合理归集各项费用支出，对划分不清的，不得实行加计扣除。

3. 企业委托外部机构或个人进行研发活动所发生的费用，按照费用实际发生额的80%计入委托方研发费用并计算加计扣除。无论委托方是否享受研发费用税前加计扣除政策，受托方均不得加计扣除。

委托外部研究开发费用实际发生额应按照独立交易原则确定。委托方与受托方存在关联关系的，受托方应向委托方提供研发项目费用支出明细情况。

4. 企业共同合作开发的项目，由合作各方就自身实际承担的研发费用分别计算加计扣除。

5. 企业集团根据生产经营和科技开发的实际情况，对技术要求高、投资数额大，需要集中研发的项目，其实际发生的研发费用，可以按照权利和义务相一致、费用支出和收益分享相配比的原则，合理确定研发费用的分摊方法，在受益成员企业间进行分摊，由相关成员企业分别计算加计扣除。

6. 企业为获得创新性、创意性、突破性的产品进行创意设计活动而发生的相关费用，可按照规定进行税前加计扣除。

【政策依据】

1.《中华人民共和国企业所得税法》第三十条第（一）项。

2.《中华人民共和国企业所得税法实施条例》第九十五条。

3.《财政部　国家税务总局　科技部关于完善研究开发费用税前加计扣除政策的通知》（财税〔2015〕119号）。

4.《国家税务总局关于企业研究开发费用税前加计扣除政策有关问题的公告》（国家税务总局公告2015年第97号）。

5.《国家税务总局于研发费用税前加计扣除归集范围有关问题的公告》（国家税务总局公告2017年第40号）。

6.《财政部　税务总局　科技部关于提高研究开发费用税前加计扣除比例的通知》（财税〔2018〕99号）。

【实操案例】

1.2018年研发费用加计扣除优惠政策有何变化？

解答：2018年研发费用加计扣除优惠政策变化主要有两方面：一是2018年1月1日至2020年12月31日期间，研发费用加计扣除的比例提高到75%；二是委托境外进行研发活动所发生的费用，按照费用实际发生额的80%计入委托方的委托境外研发费用。委托境外研发费用不超过境内符合条件的研发费用三分之二的部分，可以按规定在企业所得税前加计扣除。委托境外进行研发活动不包括委托境外个人进行的研发活动。

2.2019年6月，甲房地产中介服务公司为了更好地整合数据资源精准服务顾客，对现有软件系统进行研发改造，共计发生研发费用支出200万元。那么，在当年企业所得税汇算清缴时，甲公司发生的研发费用支出200万元能否享受加计扣除优惠政策？

解答：根据《财政部　国家税务总局　科技部关于完善研究开发费用税前加计扣除政策的通知》（财税〔2015〕119号）第四条规定，下列行业不适用税前加计扣除政策：烟草制造、住宿和餐饮业、批发和零售业、房地产业、租赁和商务服务业、娱乐业及财政部和国家税务总局规定的其他行业。上述行业以《国民经济行业分类与代码（GB/4754－2011）》为准，并随之更新。

在《国民经济行业分类与代码（GB/4754－2011）》中，房地产业包括房地产开发经营、物业管理、房地产中介服务、自有房地产经营活动、其他房地产业。因此，甲房地产中介服务公司从事研发活动发生的研发费用支出不能享受加计扣除政策。

3.2020年2月，乙医药研发生产有限公司为生产新型抗癌药物而从事研发活动，该公司共从事2项研发项目，其中A项目研发获得成功，发生研发费用支出5000万元；B项目研发失败，发生研发费用支出2000万元。失败的B项目发生的研发费用支出在本年度企业所得税汇算清缴时能否享受研发费用加计扣除优惠？

解答：根据《研发费用加计扣除政策执行指引（1.0版）》第二条第（十）项规定，失败的研发活动所发生的研发费用也可享受加计扣除。

一是企业的研发活动具有一定的风险和不可预测性，既可能成功也可能失败，政策是对研发活动予以鼓励，并非单纯强调结果。

二是失败的研发活动也并不是毫无价值的，在一般情况下的"失败"是指没有取得预期的结果，但可以取得其他有价值的成果。

三是许多研发项目的执行是跨年度的，在研发项目执行当年，其发生的研发费用就可以享受加计扣除，不是在项目执行完成并取得最终结果以后才申请加计扣除，在享受加计扣除时实际无法预知研发成果，如强调研发成功才能加计扣除，将极大地增加企业享受优惠的成本，降低政策激励的有效性。

因此，乙公司可以将失败的 B 项目发生的研发费用支出加计扣除。

4. 丙公司是一家主要从事新型玻璃制品研发生产与销售的高新技术企业，2020 年 3 月，该公司购置一台金额 480 万元的生产设备并选择享受一次性税前扣除政策，该设备只用于丙公司某项研发项目。那么，在本年度汇算清缴时，该设备选择了享受一次性税前扣除政策还能否再享受研发费用加计扣除优惠？

解答：根据《国家税务总局关于研发费用税前加计扣除归集范围有关问题的公告》（国家税务总局公告 2017 年第 40 号）第三条第（二）项规定，企业用于研发活动的仪器、设备，符合税法规定且选择加速折旧优惠政策的，在享受研发费用税前加计扣除政策时，就税前扣除的折旧部分计算加计扣除。因此，丙公司购置的该设备在享受固定资产一次性加计扣除政策后还可以享受加计扣除优惠。

二、委托境外研发费用加计扣除

【享受主体】

会计核算健全、实行查账征收并能够准确归集研发费用的居民企业。

【优惠内容】

委托境外进行研发活动所发生的费用，按照费用实际发生额的 80% 计入委托方的委托境外研发费用。委托境外研发费用不超过境内符合条件的研发费用三分之二的部分，可以按规定在企业所得税前加计扣除。

【享受条件】

1. 上述费用实际发生额应按照独立交易原则确定。委托方与受托方存在关联关系的，受托方应向委托方提供研发项目费用支出明细情况。

2. 委托境外进行研发活动应签订技术开发合同，并由委托方到科技行政主管部门进行登记。相关事项按技术合同认定登记管理办法及技术合同认定规则执行。

3. 委托境外进行研发活动不包括委托境外个人进行的研发活动。

【政策依据】

1.《财政部 国家税务总局 科技部关于完善研究开发费用税前加计扣除政策的通知》（财税〔2015〕119 号）。

2.《国家税务总局关于企业研究开发费用税前加计扣除政策有关问题的公告》（国家税务总局公告 2015 年第 97 号）。

3.《财政部 税务总局 科技部关于企业委托境外研究开发费用税前加计扣除有关政策问题的通知》（财税〔2018〕64 号）。

4.《财政部　税务总局关于提高研究开发费用税前加计扣除比例的通知》（财税〔2018〕99号）。

【实操案例】 ••

甲公司是一家高新技术企业，主要从事软件研发生产与销售业务。2020年该公司既有自行研发项目又有委托境外公司研发的项目。其中，委托境外公司研发项目共发生支出220万元，国内自行研发项目发生支出240万元。在本年度汇算清缴时，甲公司委托境外公司开展研发活动发生的研发费用可加计扣除额是多少？

解答：根据《关于企业委托境外研究开发费用税前加计扣除有关政策问题的通知》（财税〔2018〕64号）第一条规定：委托境外进行研发活动所发生的费用，按照费用实际发生额的80%计入委托方的委托境外研发费用。委托境外研发费用不超过境内符合条件的研发费用三分之二的部分，可以按规定在企业所得税前加计扣除。上述费用实际发生额应按照独立交易原则确定。委托方与受托方存在关联关系的，受托方应向委托方提供研发项目费用支出明细情况。

综上所述，可计入D公司的委托境外研发费用金额＝220×80%＝176（万元）。境内研发项目发生支出240万元，扣除限额＝240×2/3＝160万元，176万元＞160万元，所以甲公司委托境外公司开展研发活动发生的研发费用可加计扣除额160万元

三、增值税期末留抵税额退税政策

【享受主体】

所有行业增值税一般纳税人企业。

【优惠内容】

自2019年4月1日起，试行增值税期末留抵税额退税制度。

纳税人当期允许退还的增量留抵税额，按照以下公式计算：

允许退还的增量留抵税额＝增量留抵税额 × 进项构成比例 ×60%

进项构成比例为2019年4月至申请退税前一税款所属期内已抵扣的增值税专用发票（含税控机动车销售统一发票）、海关进口增值税专用缴款书、解缴税款完税凭证注明的增值税额占同期全部已抵扣进项税额的比重。

纳税人应在增值税纳税申报期内，向主管税务机关申请退还留抵税额。

纳税人出口货物劳务、发生跨境应税行为，适用免抵退税办法的，办理免抵退税后，仍符合本公告规定条件的，可以申请退还留抵税额；适用免退税办法的，相关进项税额不得用于退还留抵税额。

纳税人取得退还的留抵税额后，应相应调减当期留抵税额。按照本条规定再次满足退税条件的，可以继续向主管税务机关申请退还留抵税额。

以虚增进项、虚假申报或其他欺骗手段，骗取留抵退税款的，由税务机关追缴其骗取的退税款，并按照《中华人民共和国税收征收管理法》等有关规定处理。

【享受条件】

同时符合以下条件的纳税人，可以向主管税务机关申请退还增量留抵税额：

（1）自 2019 年 4 月税款所属期起，连续 6 个月（按季纳税的，连续两个季度）增量留抵税额均大于零，且第 6 个月增量留抵税额不低于 50 万元。

（2）纳税信用等级为 A 级或者 B 级。

（3）申请退税前 36 个月未发生骗取留抵退税、出口退税或虚开增值税专用发票情形的。

（4）申请退税前 36 个月未因偷税被税务机关处罚 2 次及以上的。

（5）自 2019 年 4 月 1 日起未享受即征即退、先征后返（退）政策的。

增量留抵税额，是指与 2019 年 3 月底相比新增加的期末留抵税额。

【政策依据】

1.《财政部　税务总局　海关总署关于深化增值税改革有关政策的公告》（财政部　税务总局 海关总署公告 2019 年第 39 号）。

2.《财政部　税务总局关于增值税期末留抵退税有关城市维护建设税教育费附加和地方教育附加政策的通知》（财税〔2018〕80 号）。

【实操案例】 ••

1. 与 2018 年相比，这次留抵退税还区分行业吗？是否所有行业都可以申请留抵退税？

解答：这次留抵退税是全面试行留抵退税制度，不再区分行业，只要增值税一般纳税人符合规定的条件，都可以申请退还增值税增量留抵税额。

2. 什么是增量留抵？

解答：增量留抵税额是指与 2019 年 3 月底相比新增加的期末留抵税额。

3. 为什么只对增量部分给予退税？

解答：对增量部分给予退税，一方面是基于鼓励企业扩大再生产的考虑，另一方面是基于财政可承受能力的考虑，若一次性将存量和增量的留抵税额全部退税，财政短期内不可承受。因而这次只对增量部分实施留抵退税，存量部分视情况逐步消化。

4.2019 年 4 月 1 日以后新设立的纳税人，如何计算增量留抵税额？

解答：《财政部　税务总局　海关总署关于深化增值税改革有关政策的公告》（财政部　税务总局　海关总署公告 2019 年第 39 号）规定，增量留抵税额是指与 2019 年 3 月底相比新增加的期末留抵税额。2019 年 4 月 1 日以后新设立的纳税人，2019 年 3 月底的留抵税额为 0，因此其增量留抵税额即当期的期末留抵税额。

5. 申请留抵退税的条件是什么？

解答：一共有五个条件。一是从 2019 年 4 月税款所属期起，连续 6 个月增量留抵税额均大于零，且第六个月增量留抵税额不低于 50 万元；二是纳税信用等级为 A 级或者 B 级；三是申请退税前 36 个月未发生骗取留抵退税、出口退税或者虚开增值税专用发票情形的；四是申请退税前 36 个月未因偷税被税务机关处罚两次及以上；五是自

2019年4月1日起未享受即征即退或先征后返（退）政策。

6. 为什么要设定连续6个月增量留抵税额大于零，且第六个月增量留抵税额不低于50万元的退税条件？

解答：这主要是基于退税效率和成本效益的考虑，连续6个月增量留抵税额大于零，说明增值税一般纳税人常态化存在留抵税额，单靠自身生产经营难以在短期内消化，因而有必要给予退税；不低于50万元，是给退税数额设置的门槛，低于这个标准给予退税，会影响行政效率，也会增加纳税人的办税负担。

7. 纳税信用等级为M级的新办增值税一般纳税人是否可以申请留抵退税？

解答：退税要求的条件之一是纳税信用等级为A级或者B级，纳税信用等级为M级的纳税人不符合《财政部 税务总局 海关总署关于深化增值税改革有关政策的公告》（财政部 税务总局 海关总署公告2019年第39号）规定的申请退还增量留抵税额的条件。

8. 为什么要限定申请退税前36个月未因偷税被税务机关处罚两次及以上？

解答：《中华人民共和国刑法》第二百〇一条第四款规定："有第一款行为，经税务机关依法下达追缴通知后，补缴应纳税款，缴纳滞纳金，已受行政处罚的，不予追究刑事责任。但是，五年内因逃避缴纳税款受过刑事处罚或者被税务机关给予二次以上行政处罚的除外"，留抵退税按照刑法标准做了规范。

9. 退税计算方面，进项构成比例是什么意思？应该如何计算？

解答：进项构成比例，是指2019年4月至申请退税前一税款所属期内已抵扣的增值税专用发票（含税控机动车销售统一发票）、海关进口增值税专用缴款书、解缴税款完税凭证注明的增值税额占同期全部已抵扣进项税额的比重。计算时，需要将上述发票汇总后计算所占的比重。

10. 退税流程方面，为什么必须要在申报期内提出申请？

解答：留抵税额是个时点数，会随着增值税一般纳税人每一期的申报情况发生变化，因而提交留抵退税申请必须在申报期完成，以免对退税数额计算和后续核算产生影响。

11. 申请留抵退税的增值税一般纳税人，若同时发生出口货物劳务、发生跨境应税行为，应如何申请退税？

解答：增值税一般纳税人出口货物劳务、发生跨境应税行为，适用免抵退税办法的，办理免抵退税后，仍符合留抵退税规定条件的，可以申请退还留抵税额，也就是说要按照"先免抵退税，后留抵退税"的原则进行判断；同时，适用免退税办法的，相关进项税额不得用于退还留抵税额。

12. 增值税一般纳税人取得退还的留抵税额后，应如何进行核算？

解答：增值税一般纳税人取得退还的留抵税额后，应相应调减当期留抵税额，并在申报表和会计核算中予以反映。

13. 增值税一般纳税人取得退还的留抵税额后，若当期又产生新的留抵，是否可以继续申请退税？

解答：增值税一般纳税人取得退还的留抵税额后，又产生新的留抵，要重新按照退税资格条件进行判断。特别要注意的是，"连续6个月增量留抵税额均大于零"的条件中"连续6个月"是不可重复计算的，即此前已申请退税"连续6个月"的计算期间，不能再次计算，也就是纳税人一个会计年度中，申请留抵退税最多两次。

14. 加计抵减额可以申请留抵退税吗？

解答：加计抵减政策属于税收优惠，按照纳税人可抵扣的进项税额的10%计算，用于抵减纳税人的应纳税额。但加计抵减额并不是纳税人的进项税额，从加计抵减额的形成机制来看，加计抵减不会形成留抵税额，因而也不能申请留抵退税。

15. 此次深化增值税改革中，增值税期末留抵退税涉及的城市维护建设税、教育费附加和地方教育附加如何计算？

解答：此次深化增值税改革涉及增值税期末留抵退税也适用《财政部　税务总局关于增值税期末留抵退税有关城市维护建设税教育费附加和地方教育附加政策的通知》（财税〔2018〕80号）规定，即对实行增值税期末留抵退税的纳税人，允许其从城市维护建设税、教育费附加和地方教育附加的计税（征）依据中扣除退还的增值税税额。

16. 甲公司2018年自建的厂房，尚有40%待抵扣进项税额，2019年4月1日以后一次性转入进项税额抵扣。这部分进项税额是否可以作为增量留抵税额，在满足条件以后申请留抵退税？

解答：《财政部　税务总局　海关总署关于深化增值税改革有关政策的公告》（财政部　税务总局　海关总署公告2019年第39号）规定，符合规定条件尚未抵扣完毕的待抵扣进项税额，可自2019年4月税款所属期起从销项税额中抵扣。2019年4月1日以后一次性转入的待抵扣部分的不动产进项税额，在当期形成留抵税额的，可用于计算增量留抵税额。D公司如符合留抵退税条件的，可以向主管税务机关申请退还增量留抵额。

17. 办理增值税期末留抵税额退税需要符合什么条件？

解答：《财政部　税务总局　海关总署关于深化增值税改革有关政策的公告》（财政部　税务总局　海关总署公告2019年第39号）规定，同时符合以下条件的纳税人，可以向主管税务机关申请退还增量留抵税额：

（1）自2019年4月税款所属期起，连续6个月（按季纳税的，连续两个季度）增量留抵税额均大于零，且第六个月增量留抵税额不低于50万元。

（2）纳税信用等级为A级或者B级。

（3）申请退税前36个月未发生骗取留抵退税、出口退税或虚开增值税专用发票情形的。

（4）申请退税前36个月未因偷税被税务机关处罚两次及以上的。

（5）自2019年4月1日起未享受即征即退、先征后返（退）政策的。

18. 如果即征即退企业（例如融资租赁企业）放弃享受即征即退政策，是否可以享受留抵退税政策？

解答：根据《财政部　税务总局　海关总署关于深化增值税改革有关政策的公告》（财政部　税务总局　海关总署公告2019年第39号）第八条规定，可以申请留抵退税条件的纳税人必须符合的条件包括"自2019年4月1日起未享受即征即退、先征后返（退）政策"。因此，选择放弃享受即征即退政策，并自2019年4月1日起不再享受即征即退政策的纳税人，可以按上述规定享受留抵退税政策。

19. 纳税人申请留抵退税应以哪个时间的信用等级确定纳税人是否符合条件？

解答：税务机关根据纳税人申请留抵退税当期的纳税等级来判断是否符合规定条件。如果在申请时符合规定条件，后来等级被调整为C、D级，税务机关不追缴已退税款。

但纳税人以后再次申请留抵退税时，如果信用等级为 C、D 级，则不能再次享受该政策。

20. 纳税人未实际取得即征即退税是否属于"未享受即征即退"，能否退还留抵税额？

解答：纳税人如在 2019 年 3 月 31 日前申请即征即退且符合政策规定，在 4 月 1 日后收到退税款，属于"未享受即征即退"的纳税人，可以按规定申请退还留抵税额；纳税人在 2019 年 4 月 1 日后申请并享受即征即退政策的，则不属于"未享受即征即退"。

21. 计算留抵退税时，允许退还的增量留抵税额 = 增量留抵税额 × 进项构成比例 × 60%。纳税人前期待抵扣的不动产进项税额（40% 部分）于当期转入后，在纳税人申请退还留抵税额时是否构成上述"进项构成比例"计算中分子、分母的一部分？

解答：根据《财政部　税务总局　海关总署关于深化增值税改革有关政策的公告》（公告 2019 年第 39 号）相关规定，自 2019 年 4 月 1 日起，符合条件的纳税人可以申请退还增量留抵税额，当期允许退还的增量留抵税额＝增量留抵税额 × 进项构成比例 × 60%，进项构成比例为 2019 年 4 月至申请退税前一税款所属期内已抵扣的增值税专用发票（含税控机动车销售统一发票）、海关进口增值税专用缴款书、解缴税款完税凭证注明的增值税额占同期全部已抵扣进项税额的比重。

对于纳税人前期待抵扣的不动产进项税额，在 4 月 1 日后可以一次性转入，在转入当期，这部分进项税额视同取得专用发票的进项税额，参与"进项构成比例"的计算。

第二节　固定资产加速折旧与离境退税政策

一、固定资产加速折旧或一次性扣除

【享受主体】

所有行业企业。

【优惠内容】

1. 企业 2014 年 1 月 1 日后新购进的专门用于研发的仪器、设备，单位价值不超过 100 万元的，允许一次性计入当期成本费用在计算应纳税所得额时扣除，不再分年度计算折旧；单位价值超过 100 万元的，可缩短折旧年限或采取加速折旧的方法。缩短折旧年限的，最低折旧年限不得低于《企业所得税法实施条例》第六十条规定折旧年限的 60%；采取加速折旧方法的，可采取双倍余额递减法或者年数总和法。

2. 企业持有的单位价值不超过 5 000 元的固定资产，允许一次性计入当期成本费用在计算应纳税所得额时扣除，不再分年度计算折旧。企业在 2013 年 12 月 31 日前持有的单位价值不超过 5 000 元的固定资产，其折余价值部分，2014 年 1 月 1 日以后可以一次性在计算应纳税所得额时扣除。

3. 企业在 2018 年 1 月 1 日至 2020 年 12 月 31 日期间新购进的设备、器具，单位价值不超过 500 万元的，允许一次性计入当期成本费用在计算应纳税所得额时扣除，不再分年度计算折旧；单位价值超过 500 万元的，仍按企业所得税法实施条例、《财政部　国家税务总局关于完善固定资产加速折旧企业所得税政策的通知》（财税〔2014〕75 号）、《财政部　国家税务总局关于进一步完善固定资产加速折旧企业所得税政策的通知》（财税〔2015〕106 号）等相关规定执行。

【享受条件】

1. 前述第一项优惠中仪器、设备要专门用于研发，且单位价值不超过 100 万元。

2. 前述第二项优惠中固定资产单位价值不超过 5 000 元。

3. 前述第三项优惠中设备、器具是指除房屋、建筑物以外的固定资产，且单位价值不超过 500 万元。

【政策依据】

1.《财政部　国家税务总局关于完善固定资产加速折旧企业所得税政策的通知》（财税〔2014〕75 号）。

2.《国家税务总局关于固定资产加速折旧税收政策有关问题的公告》（国家税务总局公告 2014 年第 64 号）。

3.《财政部　税务总局关于设备　器具扣除有关企业所得税政策的通知》（财税〔2018〕54 号）。

【实操案例】

1. 亏损企业是否可以根据自身生产经营需要，选择不实行固定资产加速折旧政策？

解答：关于亏损企业享受固定资产加速折旧政策意愿不高的问题，按现行政策规定，企业根据自身生产经营需要，也可选择不实行加速折旧政策。企业因为亏损，选择不享受固定资产加速折旧政策，恰恰可能是出于整个生产经营周期利益最大化的考虑。这也体现了政策设计是保证企业能切切实实享受到红利，而非追求短期政策效应。

2. 扩大固定资产加速折旧优惠政策适用范围的背景是什么？

解答：现行企业所得税法及其实施条例规定，对由于技术进步产品更新换代较快，以及常年处于强震动、高腐蚀状态的固定资产可以实行加速折旧。这一规定没有行业限制，覆盖了包含制造业在内的所有行业企业。

为鼓励企业扩大投资，促进产业技术升级换代，经国务院批准，自 2014 年起，对部分重点行业企业简化固定资产加速折旧适用条件。财政部、税务总局先后于 2014 年、2015 年两次下发文件，明确相关固定资产加速折旧优惠政策，主要包括以下四个方面政策内容：一是六大行业和四个领域重点行业企业新购进的固定资产，均允许按规定折旧年限的 60% 缩短折旧年限，或选择采取加速折旧方法；二是上述行业小型微利企业新购进的研发和生产经营共用的仪器、设备，单位价值不超过 100 万元的，可一次性税前扣除；三是所有行业企业新购进的专门用于研发的仪器、设备，单位价值不超过 100 万元的，可一次性税前扣除，超过 100 万元的，允许加速折旧；四是所有行业企业持有的单位价值不超过 5 000 元的固定资产，可一次性税前扣除。

按照党中央、国务院减税降费的决策部署，自 2018 年起至 2020 年，对企业新购进单位价值不超过 500 万元的设备、器具，允许一次性计入当期成本费用在所得税前扣除，这一政策大幅度提高了此前出台的一次性税前扣除的固定资产单位价值上限，也没有行业限制，包括制造业在内的所有行业企业均可依法享受。

为贯彻落实今年《政府工作报告》关于"将固定资产加速折旧优惠政策扩大至全部制造业领域"的要求，财政部、税务总局制发《关于扩大固定资产加速折旧优惠政策适用范围的公告》（财政部　税务总局公告 2019 年第 66 号），明确自 2019 年 1 月 1 日起，将固定资产加速折旧政策扩大至全部制造业领域。

3. 甲公司（六大行业企业之一），2020 年 M 月购进 N 万元其他生产设备。税法规定，机械和其他生产设备最低折旧年限为 10 年。为了简化核算，假设不考虑净残值，会计沿用了实务中的做法：当月增加的固定资产，当月不计提折旧，从下月起计提折旧；因此为了计算固定资产加速折旧对 2020 年度的所得税影响，这里的 M 月是指 2020 年 1 月至 11 月。

（1）缩短折旧年限

不低于企业所得税法规定折旧年限的 60% 缩短折旧年限。2020 年 M 月购进其他生产设备时，最低折旧年限是 6 年（$10 \times 60\%$），2020 年计提的累计折旧 $= N \div 6 \times (12 - M) \div 12 = (12 - M) N \div 72$（万元）。

（2）双倍余额递减法

双倍余额递减法是在不考虑固定资产预计净残值的情况下，根据每期期初固定资产原价减去累计折旧后的金额和双倍的直线法折旧率计算固定资产折旧的一种方法。应用这种方法计算折旧额时，由于每年年初固定资产净值没有扣除预计净残值，所以在计算固定资产折旧额时，应在其折旧年限到期前两年内，将固定资产净值扣除预计净残值后的余额平均摊销。

计算公式如下：

年折旧率 $= 2 \div$ 预计使用寿命（年）$\times 100\%$

月折旧率 $=$ 年折旧率 $\div 12$

月折旧额 $=$ 月初固定资产账面净值 $\times$ 月折旧率

2020 年 M 月购进其他生产设备时，年折旧率 $= 20\%$（$2 \div 10 \times 100\%$），月折旧率 $= 1/60$（$20\% \div 12$），2020 年计提的累计折旧 $= 1/60 \times (12 - M) N = (12 - M) N/60$（万元）。

（3）年数总和法

年数总和法，又称年限合计法，是指将固定资产的原价减去预计净残值后的余额，乘以一个以固定资产尚可使用寿命为分子、以预计使用寿命逐年数字之和为分母的逐年递减的分数计算每年的折旧额。计算公式如下：

年折旧率 $=$ 尚可使用年限 $\div$ 预计使用寿命的年数总和 $\times 100\%$

月折旧率 $=$ 年折旧率 $\div 12$

月折旧额 $=$（固定资产原价 $-$ 预计净残值）$\times$ 月折旧率

2020 年 M 月购进其他生产设备时，预计使用寿命的年数总和是 55，年折旧率 $= 2/11$（$10 \div 55$），月折旧率 $= 1/66$（$2/11 \div 12$），2020 年计提的累计折旧 $= 1/66 \times (12 -$

M）N ＝（12 － M）N/66（万元）。

上述三种折旧方法计提累计折旧的分子是一样的，但双倍余额递减法计提累计折旧的分母最小，因此六大行业固定资产折旧采用双倍余额递减法，2020 年度计提的累计折旧相应最多，缴纳的企业所得税最少。六大行业 2020 年 1 月至 11 月购进其他生产设备，采用双倍余额递减法与年限平均法相比较，因时间性差异导致 2020 年度多计提累计折旧 ＝（12 － M）N/60 －（12 － M）N/120 ＝（12 － M）N/120（万元），2020 年购进其他生产设备采用双倍余额递减法计提累计折旧，因时间性差异当期少缴企业所得税 ＝（12 － M）N/120×25% ＝（12 － M）N/480（万元）。

4.某项固定资产原值 500 万元，预计净残值 20 万元（残值率 4%），预计使用寿命 5 年，与税法规定的折旧最低年限相同。计算月折旧额。

解答：

年折旧率 ＝（1 － 4%）÷5×100% ＝ 19.2%

月折旧率 ＝ 19.2%÷12 ＝ 1.6%

月折旧额 ＝ 500×1.6% ＝ 8（万元）

5.甲公司新购进一台机器设备，原值为 40 万元，预计残值率为 3%，经税务机关核定，该设备的折旧年限为 5 年。请比较各种不同折旧方法的异同，并提出最佳折旧方案。

解答：

（1）直线法折旧

年折旧率 ＝（1 － 3%）÷5 ＝ 19.4%

月折旧率 ＝ 19.4%÷12 ＝ 1.617%

预计净残值 ＝ 400 000×3% ＝ 12 000（元）

每年折旧额 ＝（400 000 － 12 000）÷5 ＝ 77 600（元），或者 ＝ 400 000×19.4% ＝ 77 600（元）

（2）缩短折旧年限

该设备最短的折旧年限为正常折旧年限的 60%，即 3 年。

年折旧率 ＝（1 － 3%）÷3 ＝ 32.33%

月折旧率 ＝ 32.33%÷12 ＝ 2.69%

预计净残值 ＝ 400 000×3% ＝ 12 000（元）

每年折旧额 ＝（400 000 － 12 000）÷3 ＝ 129 333（元），或者 ＝ 400 000×（1 － 3%）÷3 ＝ 129 333（元）

（3）双倍余额递减法折旧

年折旧率 ＝（2÷5）×100% ＝ 40%

采用双倍余额递减法，每年提取折旧额如表 4-1 所示。

表 4-1　双倍余额递减法下每年提取折旧额

单位：元

年　份	折旧率（%）	年折旧额	账面净值
第 1 年	40	160 000（400 000×40%）	240 000
第 2 年	40	96 000（240 000×40%）	144 000

（续表）

年　份	折旧率（%）	年折旧额	账面净值
第 3 年	40	57 600（144 000×40%）	86 400
第 4 年	50	37 200（74 400×50%）	49 200
第 5 年	50	37 200（74 400×50%）	12 000

注：74 400 ＝ 86 400 － 400 000×3%

（4）年数总和法折旧

年折旧率＝尚可使用年数 ÷ 预计使用年限的年数总和

采用年数总和法，每年提取折旧额如表 4-2 所示。

表 4-2　年数总和法下每年提取折旧额

单位：元

年　份	折旧率	年折旧额	账面净值
第 1 年	5/15	129 333（388 000×5÷15）	270 667
第 2 年	4/15	103 467（388 000×4÷15）	167 200
第 3 年	3/15	77 600（388 000×3÷15）	89 600
第 4 年	2/15	51 733（388 000×2÷15）	37 867
第 5 年	1/15	25 867（388 000×1÷15）	12 000

注：388 000 ＝ 400 000×（1 － 3%）

假设在提取折旧之前，企业每年的税前利润均为 1 077 600 元。企业所得税税率为 25%。那么，采用不同方法计算出的折旧额和所得税额如表 4-3 所示。

表 4-3　不同折旧方法的比较

单位：万元

年份	直线法			缩短折旧年限			双倍余额递减法			年数总和法		
	折旧额	税前利润	所得税额	折旧额	税前利润	所得税额	折旧额	税前利润	所得税额	折旧额	税前利润	所得税额
第 1 年	7.76	100	25	12.93	94.83	23.71	16	91.76	22.94	12.93	94.83	23.71
第 2 年	7.76	100	25	12.93	94.83	23.71	9.6	98.16	24.54	10.35	97.41	24.35
第 3 年	7.76	100	25	12.93	94.83	23.71	5.76	102	25.50	7.76	100	25
第 4 年	7.76	100	25	0	107.76	26.94	3.72	104.04	26.01	5.17	102.59	25.65
第 5 年	7.76	100	25	0	107.76	26.94	3.72	104.04	26.01	2.59	105.17	26.29
合　计	38.8	500	125	38.8	500	125	38.8	500	125	38.8	500	125

由以上计算结果可以看出，无论采用哪种折旧提取方法，对某一特定固定资产而言，企业所提取的折旧总额是相同的，同一固定资产所抵扣的应税所得额并由此所抵扣的所得税额也是相同的，所不同的只是企业在固定资产使用年限内每年所抵扣的应税所得额，由此导致每年所抵扣的所得税额也是不同的。具体到本案例，在第一年年末，采用直线法、缩短折旧年限、双倍余额递减法和年数总和法提取折旧，所应当缴纳的所得税额分别为 25 万元、23.71 万元、22.94 万元、23.71 万元，由此可见，采用双倍余额递减法提取折旧所获得的税收利益最大，其次是年数总和法和缩短折旧年限，最次的是直线法。

上述顺序是在一般情况下企业的最佳选择，但在某些特殊情况下，企业的选择也会不同。比如，如果本案例中的企业前两年免税，以后年度按 25% 的税率缴纳企业所得税。那么，采用直线法、缩短折旧年限、双倍余额递减法和年数总和法提取折旧，5 年总共所应当缴纳的所得税额分别为 75 万元、77.59 万元、77.52 万元、76.94 万元。由此可见，最优的方法应当为直线法，其次为年数总和法，再次为双倍余额递减法，最次为缩短折旧年限。当然，这是从企业 5 年总共所应当缴纳的企业所得税的角度，也就是从企业所有者的角度而言的最优结果。从企业每年所缴纳的企业所得税角度，也就是从企业经营者的角度而言，则不一定是这样。因为就第 4 年而言，四种方法所应当缴纳的企业所得税额分别为 25 万元、26.94 万元、26.01 万元、25.65 万元，可见，三种加速折旧的方法使得企业每年所缴纳的企业所得税都超过了采用非加速折旧方法所应缴纳的税收，但加速折旧也为企业经营者提供了一项秘密资金，即已经提足折旧的固定资产仍然在为企业服务，却没有另外挤占企业的资金。这些固定资产的存在为企业将来的经营亏损提供了弥补的途径，因此，即使在减免税期间，许多企业的经营者也愿意采用加速折旧的方法，目的是为了有一个较为宽松的财务环境。

二、制造业及部分服务业企业符合条件的仪器、设备加速折旧

【享受主体】

全部制造业领域及信息传输、软件和信息技术服务业企业。

【优惠内容】

1.生物药品制造业，专用设备制造业，铁路、船舶、航空航天和其他运输设备制造业，计算机、通信和其他电子设备制造业，仪器仪表制造业，信息传输、软件和信息技术服务业等六个行业的企业 2014 年 1 月 1 日后新购进的固定资产，可缩短折旧年限或采取加速折旧的方法。

2.轻工、纺织、机械、汽车等四个领域重点行业的企业 2015 年 1 月 1 日后新购进的固定资产，可由企业选择缩短折旧年限或采取加速折旧的方法。

3. 自 2019 年 1 月 1 日起，适用《财政部　国家税务总局关于完善固定资产加速折旧企业所得税政策的通知》（财税〔2014〕75 号）和《财政部　国家税务总局关于进一步完善固定资产加速折旧企业所得税政策的通知》（财税〔2015〕106 号）规定固定资产加速折旧优惠的行业范围，扩大至全部制造业领域。

4.缩短折旧年限的，最低折旧年限不得低于《企业所得税法实施条例》第六十条规定折旧年限的 60%；采取加速折旧方法的，可采取双倍余额递减法或者年数总和法。

【享受条件】

制造业及软件和信息技术服务业按照国家统计局《国民经济行业分类与代码（GB/T4754 - 2017）》确定。今后国家有关部门更新国民经济行业分类与代码，从其规定。

【政策依据】

1.《财政部　国家税务总局关于完善固定资产加速折旧企业所得税政策的通知》（财税〔2014〕75 号）。

2.《国家税务总局关于固定资产加速折旧税收政策有关问题的公告》（国家税务总局公告 2014 年第 64 号）。

3.《财政部　国家税务总局关于进一步完善固定资产加速折旧企业所得税政策的通知》（财税〔2015〕106 号）。

4.《国家税务总局关于进一步完善固定资产加速折旧企业所得税政策有关问题的公告》（国家税务总局公告 2015 年第 68 号）。

5.《财政部　税务总局关于扩大固定资产加速折旧优惠政策适用范围的公告》（财政部　税务总局公告 2019 年第 66 号）。

【实操案例】

1. 固定资产加速折旧政策适用范围扩大至全部制造业领域后，目前可以适用固定资产加速折旧政策的行业包括哪些？

解答：原固定资产加速折旧政策的适用范围为生物药品制造业，专用设备制造业，铁路、船舶、航空航天和其他运输设备制造业，计算机、通信和其他电子设备制造业，仪器仪表制造业，信息传输、软件和信息技术服务业六大行业和轻工、纺织、机械、汽车四个领域重点行业。除信息传输、软件和信息技术服务业以外，其他行业均属于制造业的范畴。因此，将固定资产加速折旧政策适用范围扩大至全部制造业领域后，可以适用固定资产加速折旧政策的行业，包括全部制造业以及信息传输、软件和信息技术服务业。

2. 制造业企业可以享受哪些固定资产加速折旧政策？

解答：《关于扩大固定资产加速折旧优惠政策适用范围的公告》（财政部　税务总局公告 2019 年第 66 号）将原适用于六大行业和四个领域重点行业企业的固定资产加速折旧的适用范围扩大至全部制造业，但具体固定资产加速折旧政策内容没有调整，仍与原有政策保持一致，具体为：一是制造业企业新购进的固定资产，可缩短折旧年限或采取加速折旧的方法；二是制造业小型微利企业新购进的研发和生产经营共用的仪器、设备，单位价值不超过 100 万元的，可一次性税前扣除。

需要强调的是，2018 年 1 月 1 日至 2020 年 12 月 31 日，企业新购进单位价值不超过 500 万元的设备、器具可一次性在税前扣除，该政策适用于所有行业企业，已经涵盖了制造业小型微利企业的一次性税前扣除政策。在此期间，制造业企业可适用设备、器具一次性税前扣除政策，不再局限于小型微利企业新购进的单位价值不超过100万元的研发和生产经营共用的仪器、设备。

3. "66号公告"发布前未能享受加速折旧优惠政策的应如何处理？

解答：对于《关于扩大固定资产加速折旧优惠政策适用范围的公告》（财政部 税务总局公告2019年第66号）发布前，制造业企业未能享受固定资产加速折旧政策的，可采取以下两种方式处理：

一是可在以后（月）季预缴申报时汇总填入预缴申报表计算享受；二是可在2019年度企业所得税汇算清缴年度申报时统一计算享受。

三、制造业及部分服务业小型微利企业符合条件的仪器、设备加速折旧

【享受主体】

全部制造业领域、信息传输、软件和信息技术服务业的小型微利企业。

【优惠内容】

1. 生物药品制造业，专用设备制造业，铁路、船舶、航空航天和其他运输设备制造业，计算机、通信和其他电子设备制造业，仪器仪表制造业，信息传输、软件和信息技术服务业等六个行业的小型微利企业2014年1月1日后新购进的研发和生产经营共用的仪器、设备，单位价值超过100万元的，可缩短折旧年限或采取加速折旧的方法。

2. 轻工、纺织、机械、汽车等四个领域重点行业的小型微利企业2015年1月1日后新购进的研发和生产经营共用的仪器、设备，单位价值超过100万元的，可由企业选择缩短折旧年限或采取加速折旧的方法。

3. 自2019年1月1日起，适用《财政部 国家税务总局关于完善固定资产加速折旧企业所得税政策的通知》（财税〔2014〕75号）和《财政部 国家税务总局关于进一步完善固定资产加速折旧企业所得税政策的通知》（财税〔2015〕106号）规定固定资产加速折旧优惠的行业范围，扩大至全部制造业领域。

【享受条件】

小型微利企业为《财政部 税务总局关于实施小微企业普惠性税收减免政策的通知》（财税〔2019〕13号）规定的小型微利企业。

【政策依据】

1.《财政部 国家税务总局关于完善固定资产加速折旧企业所得税政策的通知》（财税〔2014〕75号）。

2.《国家税务总局关于固定资产加速折旧税收政策有关问题的公告》（国家税务总局公告2014年第64号）。

3.《财政部 国家税务总局关于进一步完善固定资产加速折旧企业所得税政策的通知》（财税〔2015〕106号）。

4.《国家税务总局关于进一步完善固定资产加速折旧企业所得税政策有关问题的公告》（国家税务总局公告 2015 年第 68 号）。

5.《财政部　税务总局关于实施小微企业普惠性税收减免政策的通知》（财税〔2019〕13 号）。

6.《财政部　税务总局关于扩大固定资产加速折旧优惠政策适用范围的公告》（财政部　税务总局公告 2019 年第 66 号）。

【实操案例】---

1. 制造业的划分标准是什么？

解答：为增强税收优惠政策的确定性，《关于扩大固定资产加速折旧优惠政策适用范围的公告》（财政部　税务总局公告 2019 年第 66 号）规定，制造业按照国家统计局《国民经济行业分类和代码（GB/T4754 － 2017）》执行。今后国家有关部门更新国民经济行业分类和代码，从其规定。

考虑到企业多业经营的实际情况，为增强确定性与可操作性，在具体判断企业所属行业时，可使用收入指标加以判定。制造业企业是指以制造业行业业务为主营业务，固定资产投入使用当年的主营业务收入占企业收入总额 50%（不含）以上的企业。收入总额是指企业所得税法第六条规定的收入总额。

2. 制造业适用加速折旧政策的固定资产的范围是什么？

解答：制造业适用加速折旧政策的固定资产应是制造业企业新购进的固定资产。对于"新购进"可以从以下三个方面掌握：一是取得方式，购进包括以货币形式购进或自行建造两种形式。将自行建造也纳入享受优惠的范围，主要是考虑到自行建造固定资产所使用的材料实际也是购进的，因此把自行建造的固定资产也看作是"购进"的。二是购进时点，除六大行业和四个领域重点行业中的制造业企业外，其余制造业企业适用加速折旧政策的固定资产应是 2019 年 1 月 1 日以后新购进的。购进时点按以下原则掌握：以货币形式购进的固定资产，除采取分期付款或赊销方式购进外，按发票开具时间确认。以分期付款或赊销方式购进的固定资产，按固定资产到货时间确认。自行建造的固定资产，按竣工结算时间确认。三是已使用的固定资产，"新购进"中的"新"字，只是区别于原已购进的固定资产，不是指非要购进全新的固定资产，因此企业购进的使用过的固定资产也可适用加速折旧政策。

3. 制造业企业预缴申报时可以享受加速折旧税收优惠吗？

解答：企业在预缴时可以享受加速折旧政策。企业在预缴申报时，由于无法取得主营业务收入占收入总额的比重数据，可以由企业合理预估，先行享受。在年度汇算清缴时，如果不符合规定比例，则一并进行调整。

4. 制造业企业享受固定资产加速折旧政策需要办理什么手续？

解答：为贯彻落实税务系统"放管服"改革，优化税收环境，有效落实企业所得税各项优惠政策，税务总局于 2018 年制发了《关于发布修订后的〈企业所得税优惠政策事项办理办法〉的公告》（国家税务总局公告 2018 年 23 号），修订完善《企业所得税优惠政策事项办理办法》。新的办理办法规定，企业所得税优惠事项全部采用"自行判别、申报享受、相关资料留存备查"的办理方式。因此，制造业企业享受固定资产加速折旧政策的，无须履行相关手续，按规定归集和留存备查资料即可。

四、增值税离境退税政策

【享受主体】

境外旅客，即在我国境内连续居住不超过 183 天的外国人和中国港澳台同胞。

【优惠内容】

离境退税政策是指境外旅客在离境口岸离境时，对其在退税商店购买的退税物品退还增值税的政策。

离境口岸是指实施离境退税政策的地区正式对外开放并设有退税代理机构的口岸，包括航空口岸、水运口岸和陆地口岸。

退税物品是指由境外旅客本人在退税商店购买且符合退税条件的个人物品，但不包括下列物品：

（1）《中华人民共和国禁止、限制进出境物品表》所列的禁止、限制出境物品。

（2）退税商店销售的适用增值税免税政策的物品。

（3）财政部、海关总署、国家税务总局规定的其他物品。

应退增值税额的计算公式：应退增值税额＝退税物品销售发票金额（含增值税）× 退税率

【享受条件】

境外旅客申请退税，应当同时符合以下条件：

（1）同一境外旅客同一日在同一退税商店购买的退税物品金额达到 500 元人民币。

（2）退税物品尚未启用或消费。

（3）离境日距退税物品购买日不超过 90 天。

（4）所购退税物品由境外旅客本人随身携带或随行托运出境。

【政策依据】

1.《财政部关于实施境外旅客购物离境退税政策的公告》（财政部公告 2015 年第 3 号）。

2.《财政部　税务总局　海关总署关于深化增值税改革有关政策的公告》（财政部　税务总局　海关总署公告 2019 年第 39 号）。

3.《境外旅客购物离境退税管理办法（试行）》（国家税务总局公告 2015 年第 41 号发布，国家税务总局公告 2018 年第 31 号修改）。

【实操案例】 ••

1. 什么是离境退税政策?

解答：离境退税政策是指境外旅客在离境口岸离境时，对其在退税商店购买的退税物品退还增值税的政策。

这里的"境外旅客"，是指在我国境内连续居住不超过183天的外国人和中国港澳台同胞。离境口岸是指实施离境退税政策的地区正式对外开放并设有退税代理机构的口岸，包括航空口岸、水运口岸和陆地口岸。退税物品是指由境外旅客本人在退税商店购买且符合退税条件的个人物品，但不包括下列物品：①《中华人民共和国禁止、限制进出境物品表》所列的禁止、限制出境物品；②退税商店销售的适用增值税免税政策的物品；③财政部、海关总署、国家税务总局规定的其他物品。

2. 哪些地区可以实施离境退税政策？

解答：全国符合条件的地区，经财政部、海关总署、税务总局备案后，均可实施离境退税政策。截至目前，实施离境退税政策的地区共有26个，包括北京、上海、天津、安徽、福建、四川、厦门、辽宁、青岛、深圳、江苏、云南、陕西、广东、黑龙江、山东、新疆、河南、宁夏、湖南、甘肃、海南、重庆、河北、广西、江西。

3. 拟实施离境退税政策的地区需符合哪些条件？

解答：实施离境退税政策的地区需符合以下条件：①该地区省级人民政府同意实施离境退税政策，提交实施方案，自行负担必要的费用支出，并为海关、税务监管提供相关条件；②该地区能够建立有效的部门联合工作机制，在省级人民政府统一领导下，由财政部门会同海关、税务等有关部门共同协调推进，确保本地区工作平稳有序开展；③使用国家税务总局商海关总署确定的跨部门、跨地区的互联互通的离境退税信息管理系统；④符合财政部、海关总署和国家税务总局要求的其他条件。

4. 拟实施离境退税政策的地区如何向财政部、海关总署、税务总局备案？

解答：符合《财政部关于实施境外旅客购物离境退税政策的公告》（财政部公告2015年第3号）第九条所列条件的地区，应由省级人民政府将包括拟实施日期、离境口岸、退税代理机构、办理退税场所、退税手续费负担机制、退税商店选择情况和离境退税信息管理系统试运行等情况的离境退税政策实施方案报财政部、海关总署和国家税务总局备案，备案后该地区即可实施离境退税政策。

5. 境外旅客购物申请离境退税需符合哪些条件？

解答：境外旅客申请退税，应当同时符合以下条件：①同一境外旅客同一日在同一退税商店购买的退税物品金额达到500元人民币；②退税物品尚未启用或消费；③离境日距退税物品购买日不超过90天；④所购退税物品由境外旅客本人随身携带或随行托运出境。

6. 境外旅客如何申请办理离境退税？

解答：境外旅客购物离境退税的办理流程可分为旅客购物申请开单开票、海关验核确认、代理机构审核退税三个环节。

具体来说：①旅客购物申请开单开票，境外旅客在退税商店购买退税物品后，需要申请退税的，应当向退税商店索取境外旅客购物离境退税申请单和销售发票。②海关验核确认，境外旅客在离境口岸离境时，应当主动持退税物品、退税申请单、退税物品销售发票向海关申报并接受海关监管。海关验核无误后，在境外旅客购物离境退税申请单上签章。③代理机构审核退税，境外旅客凭护照等本人有效身份证件、海关验核签章的退税申请单、退税物品销售发票向设在办理境外旅客离境手续的离境口岸隔离区内的退税代理机构申请办理退税。退税代理机构对相关信息审核无误后，为境外旅客办理退税。

7.2019 年深化增值税改革中，离境退税政策做了哪些调整？

解答：根据 2019 年深化增值税改革方案，增值税税率由 16% 和 10% 分别调整为 13% 和 9%。为配合税率调整，离境退税物品的退税率相应调整，针对适用税率为 9% 的物品，增加了 8% 的退税率，其他物品，仍维持 11% 的退税率。也就是说，自 2019 年 4 月 1 日起，将退税物品的退税率由原 11% 一档调整为 11% 和 8% 两档，适用税率为 13% 的退税物品，退税率为 11%；适用税率为 9% 的退税物品，退税率为 8%。同时，为了最大限度保证境外旅客权益，退税率调整设置了 3 个月的过渡期。过渡期内，境外旅客购买的退税物品，如果已经按照调整前税率征收增值税的，仍然按照调整前 11% 的退税率计算退税。

8. 如何确定本次离境退税物品退税率调整的执行时间？

解答：退税物品退税率执行时间，以境外旅客购买退税物品取得的增值税普通发票开具日期为准。

9. 某境外旅客 2019 年 3 月 20 日到我国游玩，3 月 21 日在北京某退税商店购买了一只皮箱，取得了退税商店当天为其开具的增值税普通发票及相应退税申请单，发票上注明皮箱税率 16%。4 月 25 日，该境外旅客离境，在为该旅客办理离境退税时，应使用哪档退税率计算皮箱退税额？

解答：应按照 11% 的退税率计算。

10. 某境外旅客 2019 年 3 月 20 日到我国游玩，3 月 21 日在北京某退税商店购买了一批中药饮片，取得了退税商店当天为其开具的增值税普通发票及相应退税申请单，发票上注明税率 10%。4 月 25 日，该境外旅客离境，在为该旅客办理离境退税时，应使用哪档退税率计算中药饮片退税额？

解答：按照过渡期内，境外旅客购买的退税物品，如果已经按照调整前税率征收增值税的，仍然执行调整前退税率的原则，应使用 11% 的退税率计算中药饮片的退税额。

11. 退税物品退税率的执行时间，是以增值税普通发票的开具日期为准，还是以离境退税申请单的开单日期为准？

解答：退税物品退税率的执行时间，以增值税普通发票的开具日期为准。

12. 某境外旅客"五一"期间来我国游玩，2019 年 5 月 10 日在北京某退税商店购买了一套茶具，取得退税商店当天为其开具的增值税普通发票及退税申请单，发票注明金额 1 000 元，税率 13%，税额 130 元，价税合计 1 130 元。该旅客 5 月 20 日离境时海关验核、退税机关审核均无问题。在不考虑退税代理机构手续费的情况下，该旅客可获得的退税额多少？

解答：该旅客购买茶具可获得的退税额为 124.3 元。

按照离境退税物品退税额的计算公式，应退增值税额应为退税物品销售发票金额（含增值税）与退税率的乘积。其中，"退税物品销售发票金额（含增值税）"，即为增值税普通发票上的价税合计额，是计算退税物品退税额的依据，在本例中为 1 130 元。关于"退税率"，按照 39 号公告的规定，本例中旅客购买茶具取得的增值税普通发票开具日期为 5 月 20 日，发票注明税率 13%，退税率应为 11%，因此该旅客购买茶具可获得的应退税额＝1 130×11%＝124.3 元。

13. 某境外旅客 2019 年 4 月 1 日来我国游玩，假定该旅客 5 月 20 日在北京某退税商店购买了一套蚕丝睡衣，取得退税商店当天为其开具的增值税普通发票及退税申请单。该旅客拟于 7 月 10 日从上海离境，其在北京购买的蚕丝睡衣能否在上海办理离境退税？

解答：该旅客在北京购买的蚕丝睡衣可以在上海办理离境退税。按照离境退税政策，境外旅客在全国任意退税商店购物后，从已实施离境退税政策的任意地区离境口岸离境，只要符合退税申请条件的，均可办理离境退税。在本例中，北京、上海均为已实施离境退税政策的地区。因此，该旅客离境时，其在北京购买的蚕丝睡衣，可以在上海离境口岸办理离境退税。

14. 某境外旅客于 2019 年 1 月 1 日来到我国。当日，该旅客在宁夏某退税商店购买了一批枸杞，取得退税商店当天开具的增值税普通发票及退税申请单，发票注明税率 10%，价税合计 550 元。3 月 15 日，该旅客从宁夏前往北京，当日在北京某退税商店购买了一件羊绒衫，取得退税商店当天开具的增值税普通发票及退税申请单，发票注明税率 16%，价税合计 1 160 元。2019 年 4 月 11 日，该旅客从上海离境。（1）该旅客从上海离境时，是否可以申请离境退税？（2）如果可以申请离境退税，退税物品的退税额是多少？

解答：（1）该旅客购买的羊绒衫可以申请办理离境退税。按照《财政部关于实施境外旅客购物离境退税政策的公告》（财政部公告 2015 年第 3 号）的规定，境外旅客在退税商店购买的退税物品，从已实施离境退税政策的其他地区离境，符合退税申请条件的，可以申请办理离境退税。境外旅客申请办理离境退税，需满足"离境日距退税物品购买日不超过 90 天"的条件。按照上述规定，本例中旅客从上海（已实施离境退税政策的地区）离境时，其自宁夏购买的枸杞，因离境日距离购买日已超过 90 天，不能申请办理离境退税；其自北京购买的羊绒衫可以申请办理离境退税。

（2）如经审核无误，在不考虑退税代理机构手续费的情况下，该旅客可获得的退税额为 127.6 元。按照 39 号公告的规定，2019 年 4 月 1 日起，适用 13% 税率的境外旅客购物离境退税物品，退税率为 11%。2019 年 6 月 30 日前，按调整前税率征收增值税的，执行调整前的退税率。按照上述规定，本例中该旅客可取得的退税额＝羊绒衫的销售发票金额（含增值税）×退税率＝1 160×11%＝127.6 元。

15. 某境外旅客 2019 年 4 月 1 日来我国游玩。2019 年 4 月 3 日，该旅客在北京甲退税商店购买了一件羊绒衫，取得退税商店当天为其开具的增值税普通发票及退税申请单，发票注明税率 13%，价税合计 1 130 元；同日，在乙退税商店购买了一批中药饮片，取得退税商店当天为其开具的增值税普通发票及退税申请单，发票注明税率 9%，价税合计 218 元。4 月 8 日，该旅客从北京前往上海，次日从上海离境。①该旅客从上海离境时，是否可以申请离境退税？②如果可以申请离境退税，退税物品的退税额是多少？

解答：（1）该旅客购买的羊绒衫可以申请离境退税。按照《财政部关于实施境外旅客购物离境退税政策的公告》（财政部公告 2015 年第 3 号）的规定，境外旅客在退税商店购买的退税物品，从已实施离境退税政策的其他地区离境，符合退税申请条件的，可以申请办理离境退税。境外旅客同一日在同一退税商店购买的退税物品金额达到 500 元人民币的，方能申请离境退税。按照上述规定，本例中旅客从上海（已实施离境退税政策的地区）离境时，其自北京购买的羊绒衫，可以申请离境退税；购买的中药饮片不能申请离境退税。

（2）如经审核无误，在不考虑退税代理机构手续费的情况下，该旅客可获得的退税额为 124.3 元。按照《财政部 税务总局 海关总署关于深化增值税改革有关政策的公告》（财政部 税务总局 海关总署公告 2019 年第 39 号）的规定，2019 年 4 月 1 日起，适用 13% 税率的境外旅客购物离境退税物品，退税率为 11%。因此，本例中该旅客可取得的应退税额＝退税物品销售发票金额（含增值税）× 退税率＝1 130×11%＝124.3 元。

16. 某境外旅客于 2019 年 4 月 1 日来到我国。当日，该旅客在江西某退税商店购买了一件瓷器，取得退税商店当天开具的增值税普通发票及退税申请单，发票注明税率 13%，价税合计 565 元。2019 年 4 月 5 日，该旅客从江西离境。经审核，在不考虑退税代理机构手续费的情况下，该旅客可获得退税额 62.15 元。退税代理机构能否根据旅客意愿采用现金方式为旅客办理退税？

解答：可以。按照《境外旅客购物离境退税管理办法（试行）》（国家税务总局公告 2015 年第 41 号发布，国家税务总局公告 2018 年第 31 号修改）的规定，退税支付方式包括现金和银行转账两种。退税金额未超过 10 000 元人民币的，根据境外旅客选择，退税代理机构采用现金退税或银行转账方式退税。按照上述规定，本例中退税代理机构可以根据旅客意愿采用现金方式办理退税。

17. 退税商店在为境外旅客开具《离境退税申请单》时，需要在离境退税管理信息系统中采集哪些信息？

解答：按照《境外旅客购物离境退税管理办法（试行）》（国家税务总局公告 2015 年第 41 号发布，国家税务总局公告 2018 年第 31 号修改）的规定，退税商店开具《离境退税申请单》时，要核对境外旅客有效身份证件，同时在离境退税管理信息系统中采集以下信息：一是境外旅客有效身份证件信息以及其上标注或能够采集的最后入境日期；二是境外旅客购买的退税物品信息以及对应的增值税普通发票号码。

18. 某境外旅客 2019 年 4 月 1 日来我国游玩。4 月 3 日，该旅客在北京某退税商店购买了一件旗袍，取得退税商店当天为其开具的增值税普通发票和退税申请单，发票注明税率 13%，价税合计 4 520 元。4 月 5 日，该旅客将旗袍作为礼物送给了中国好友。2019 年 4 月 6 日该旅客从北京离境。该旅客是否可以就其购买的旗袍申请办理离境退税？

解答：不可以。按照《财政部关于实施境外旅客购物离境退税政策的公告》（财政部公告 2015 年第 3 号）的规定，境外旅客购买的退税物品由境外旅客本人随身携带或随行托运出境，是境外旅客申请离境退税的必要条件。本例中该旅客已将购买的旗袍赠予中国好友，未由旅客本人随身携带或随行托运出境，因此该旅客不能就其购买的旗袍申请离境退税。

19. 某境外旅客 2019 年 3 月 30 日来我国游玩。3 月 31 日，该旅客在江苏某退税商店购买了一把团扇，取得退税商店当天为其开具的增值税普通发票和退税申请单，发票注明税率 16%，价税合计 1 160 元。4 月 2 日，该旅客在江苏某退税商店购买了两个苏绣枕套，取得退税商店当天为其开具的增值税普通发票和退税申请单，发票注明税率 13%，价税合计 2 260 元。2019 年 4 月 5 日该旅客从江苏离境。如经审核无误，在不考虑退税代理机构手续费的情况下，该旅客可获得的退税额是多少？

解答：该旅客可获得的退税额为 376.2 元。39 号公告第四条规定，2019 年 4 月 1 日起，适用 13% 税率的境外旅客购物离境退税物品，退税率为 11%。2019 年 6 月 30 日前，按调整前 16% 税率征收增值税的，执行调整前的 11% 退税率。因此，本例中该旅客可取得的应退税额＝团扇销售发票金额（含增值税）× 退税率＋苏绣枕套销售发票金额（含增值税）× 退税率＝1 160×11%＋2260×11%＝376.2 元。

第三节　购买符合条件设备税收优惠

一、重大技术装备进口免征增值税

【享受主体】

申请享受政策的企业一般应为从事开发、生产国家支持发展的重大技术装备或产品的制造企业（对于城市轨道交通、核电等领域承担重大技术装备自主化依托项目业主以及开发自用生产设备的企业，可申请享受该政策）。

【优惠内容】

符合规定条件的国内企业为生产《国家支持发展的重大技术装备和产品目录》所列装备或产品而确有必要进口《重大技术装备和产品进口关键零部件、原材料商品目录》所列商品，免征关税和进口环节增值税。

【享受条件】

1. 独立法人资格。
2. 具有较强的设计研发和生产制造能力。
3. 具备专业比较齐全的技术人员队伍。
4. 具有核心技术和自主知识产权。
5. 申请享受政策的重大技术装备应符合《国家支持发展的重大技术装备和产品目录》有关要求。

【政策依据】

《财政部　发展改革委　工业和信息化部　海关总署　税务总局　能源局关于调整重大技术装备进口税收政策有关目录的通知》（财关税〔2018〕42 号）。

二、科学研究机构、技术开发机构、学校等单位进口免征增值税、消费税

【享受主体】

1. 国务院部委、直属机构和省、自治区、直辖市、计划单列市所属从事科学研究工作的各类科研院所。

2. 国家承认学历的实施专科及以上高等学历教育的高等学校。

3. 国家发展改革委会同财政部、海关总署和国家税务总局核定的国家工程研究中心；国家发展改革委会同财政部、海关总署、国家税务总局和科技部核定的企业技术中心。

4. 科技部会同财政部、海关总署和国家税务总局核定的：①科技体制改革过程中转制为企业和进入企业的主要从事科学研究和技术开发工作的机构；②国家重点实验室及企业国家重点实验室；③国家工程技术研究中心。

5. 科技部会同民政部核定或者各省、自治区、直辖市、计划单列市及新疆生产建设兵团科技主管部门会同同级民政部门核定的科技类民办非企业单位。

6. 工业和信息化部会同财政部、海关总署、国家税务总局核定的国家中小企业公共服务示范平台（技术类）。

7. 各省、自治区、直辖市、计划单列市及新疆生产建设兵团商务主管部门会同同级财政、国税部门和外资研发中心所在地直属海关核定的外资研发中心。

8. 国家新闻出版广电总局批准的下列具有出版物进口许可的出版物进口单位：中国图书进出口（集团）总公司及其具有独立法人资格的子公司、中国经济图书进出口公司、中国教育图书进出口有限公司、北京中科进出口有限责任公司、中国科技资料进出口总公司、中国国际图书贸易集团有限公司。

9. 财政部会同有关部门核定的其他科学研究机构、技术开发机构、学校。

【优惠内容】

自 2016 年 1 月 1 日至 2020 年 12 月 31 日，对科学研究机构、技术开发机构、学校等单位进口国内不能生产或者性能不能满足需要的科学研究、科技开发和教学用品，免征进口关税和进口环节增值税、消费税；对出版物进口单位为科研院所、学校进口用于科研、教学的图书、资料等，免征进口环节增值税。

【享受条件】

1. 科学研究机构、技术开发机构、学校和出版物进口单位等是指：

（1）国务院部委、直属机构和省、自治区、直辖市、计划单列市所属从事科学研究工作的各类科研院所。

（2）国家承认学历的实施专科及以上高等学历教育的高等学校。

（3）国家发展改革委会同财政部、海关总署和国家税务总局核定的国家工程研究中心；国家发展改革委会同财政部、海关总署、国家税务总局和科技部核定的企业技术中心。

（4）科技部会同财政部、海关总署和国家税务总局核定的：①科技体制改革过程中转制为企业和进入企业的主要从事科学研究和技术开发工作的机构；②国家重点实验室及企业国家重点实验室；③国家工程技术研究中心。

（5）科技部会同民政部核定或者各省、自治区、直辖市、计划单列市及新疆生产建设兵团科技主管部门会同同级民政部门核定的科技类民办非企业单位。

（6）工业和信息化部会同财政部、海关总署、国家税务总局核定的国家中小企业公共服务示范平台（技术类）。

（7）各省、自治区、直辖市、计划单列市及新疆生产建设兵团商务主管部门会同同级财政、国税部门和外资研发中心所在地直属海关核定的外资研发中心。

（8）国家新闻出版广电总局批准的下列具有出版物进口许可的出版物进口单位：中国图书进出口（集团）总公司及其具有独立法人资格的子公司、中国经济图书进出口公司、中国教育图书进出口有限公司、北京中科进出口有限责任公司、中国科技资料进出口总公司、中国国际图书贸易集团有限公司。

（9）财政部会同有关部门核定的其他科学研究机构、技术开发机构、学校。

2.科学研究机构、技术开发机构、学校等单位进口的国内不能生产或者性能不能满足需要的科学研究、科技开发和教学用品（含出版物进口单位为科研院所、学校进口用于科研、教学的图书、资料等），列入了财政部会同海关总署、国家税务总局制定并发布的《进口科学研究、科技开发和教学用品免税清单》。

【政策依据】

1.《财政部　海关总署　国家税务总局关于"十三五"期间支持科技创新进口税收政策的通知》（财关税〔2016〕70号）。

2.《财政部　教育部　国家发展改革委　科技部　工业和信息化部　民政部　商务部　海关总署　国家税务总局　国家新闻出版广电总局关于支持科技创新进口税收政策管理办法的通知》（财关税〔2016〕71号）。

3.《财政部　海关总署　国家税务总局关于公布进口科学研究、科技开发和教学用品免税清单的通知》（财关税〔2016〕72号）。

三、民口科技重大专项项目进口免征增值税

【享受主体】

承担《国家中长期科学和技术发展规划纲要（2006—2020年）》中民口科技重大专项项目（课题）的企业和大专院校、科研院所等事业单位（以下简称项目承担单位）。

【优惠内容】

自2010年7月15日起，对项目承担单位使用中央财政拨款、地方财政资金、单位自筹资金以及其他渠道获得的资金进口项目(课题)所需国内不能生产的关键设备(含

软件工具及技术）、零部件、原材料，免征进口关税和进口环节增值税。

【享受条件】

1.申请享受本规定进口税收政策的项目承担单位应当具备以下条件：

（1）独立的法人资格。

（2）经科技重大专项领导小组批准承担重大专项任务。

2.项目承担单位申请免税进口的设备、零部件、原材料应当符合以下要求：

（1）直接用于项目（课题）的科学研究、技术开发和应用，且进口数量在合理范围内。

（2）国内不能生产或者国产品性能不能满足要求的，且价值较高。

（3）申请免税进口设备的主要技术指标一般应优于当前实施的《国内投资项目不予免税的进口商品目录》所列设备。

3.民口科技重大专项，包括核心电子器件、高端通用芯片及基础软件产品，极大规模集成电路制造装备及成套工艺，新一代宽带无线移动通信网，高档数控机床与基础制造装备，大型油气田及煤层气开发，大型先进压水堆及高温气冷堆核电站，水体污染控制与治理，转基因生物新品种培育，重大新药创制，艾滋病和病毒性肝炎等重大传染病防治。

【政策依据】

《财政部　科技部　国家发展改革委　海关总署　国家税务总局关于科技重大专项进口税收政策的通知》（财关税〔2010〕28号）。

第四节　科技成果转化税收优惠

一、技术转让、技术开发和与之相关的技术咨询、技术服务免征增值税

【享受主体】

提供技术转让、技术开发和与之相关的技术咨询、技术服务的纳税人。

【优惠内容】

纳税人提供技术转让、技术开发和与之相关的技术咨询、技术服务免征增值税。

【享受条件】

1.技术转让、技术开发，是指《销售服务、无形资产、不动产注释》中"转让技

术""研发服务"范围内的业务活动。技术咨询是指就特定技术项目提供可行性论证、技术预测、专题技术调查、分析评价报告等业务活动。

2. 与技术转让、技术开发相关的技术咨询、技术服务，是指转让方（或者受托方）根据技术转让或者开发合同的规定，为帮助受让方（或者委托方）掌握所转让（或者委托开发）的技术，而提供的技术咨询、技术服务业务，且这部分技术咨询、技术服务务的价款与技术转让或者技术开发的价款应当在同一张发票上开具。

3. 纳税人申请免征增值税时，须持技术转让、技术开发的书面合同，到纳税人所在地省级科技主管部门进行认定，并持有关的书面合同和科技主管部门审核意见证明文件报主管税务机关备查。

【政策依据】

《财政部　国家税务总局关于全面推开营业税改征增值税试点的通知》（财税〔2016〕36 号）附件 3《营业税改征增值税试点过渡政策的规定》第一条第（二十六）项。

二、技术转让所得减免企业所得税

【享受主体】

技术转让的居民企业。

【优惠内容】

一个纳税年度内，居民企业技术转让所得不超过 500 万元的部分，免征企业所得税；超过 500 万元的部分，减半征收企业所得税。

【享受条件】

1. 享受优惠的技术转让主体是企业所得税法规定的居民企业。

2. 技术转让的范围，包括专利（含国防专利）、计算机软件著作权、集成电路布图设计专有权、植物新品种权、生物医药新品种，以及财政部和国家税务总局确定的其他技术。其中，专利是指法律授予独占权的发明、实用新型以及非简单改变产品图案和形状的外观设计。

3. 技术转让是指居民企业转让其拥有上述范围内技术的所有权，5 年以上（含 5 年）全球独占许可使用权。

自 2015 年 10 月 1 日起，全国范围内的居民企业转让 5 年以上非独占许可使用权取得的技术转让所得，纳入享受企业所得税优惠的技术转让所得范围。

企业转让符合条件的 5 年以上非独占许可使用权的技术，限于其拥有所有权的技术。技术所有权的权属由国务院行政主管部门确定。其中，专利由国家知识产权局确定权属；国防专利由总装备部确定权属；计算机软件著作权由国家版权局确定权属；集成电路布图设计专有权由国家知识产权局确定权属；植物新品种权由农业部确定权属；生物医药新品种由国家食品药品监督管理总局确定权属。

4. 技术转让应签订技术转让合同。其中，境内的技术转让须经省级以上（含省级）科技部门认定登记，跨境的技术转让须经省级以上（含省级）商务部门认定登记，涉及财政经费支持产生技术的转让，需省级以上（含省级）科技部门审批。

✐【政策依据】

1.《中华人民共和国企业所得税法》第二十七条第（四）项。

2.《中华人民共和国企业所得税法实施条例》第九十条。

3.《财政部　国家税务总局关于居民企业技术转让有关企业所得税政策问题的通知》（财税〔2010〕111号）。

4.《财政部　国家税务总局关于将国家自主创新示范区有关税收试点政策推广到全国范围实施的通知》（财税〔2015〕116号）第二条。

5.《国家税务总局关于技术转让所得减免企业所得税有关问题的公告》（国家税务总局公告2013年第62号）。

6.《国家税务总局关于许可使用权技术转让所得企业所得税有关问题的公告》（国家税务总局公告2015年第82号）。

【实操案例】 -

1.2020年6月，税务部门在风险应对时，发现某居民企业企业所得税年度申报免税的技术转让收入350万元。经调查核实，该技术转让所得是从其间接持股100%的子公司取得的，按照相关规定，该技术转让所得不享受技术转让减免企业所得税优惠政策，企业应补缴相应企业所得税税款和滞纳金。

2.甲居民企业于2019年转让一项专利技术及该专利技术必需使用的硬件设备，取得收入800万元。甲企业财务经核算后，以为硬件设备与该专利技术密切相关，是实现专利技术的载体，故将其作为专利技术的一部分，在分摊了期间费用，扣除技术转让成本及相关税费后，确认该笔技术转让所得为450万元，并办理减免税备案手续。主管税务机关在后续检查中发现了这一问题，责成甲企业补缴相应税款。

在该案例中，甲企业对技术转让收入的理解产生偏差，结果出大问题。根据《国家税务总局关于技术转让所得减免企业所得税有关问题的通知》（国税函〔2009〕212号）规定，技术转让收入是指当事人履行技术转让合同后获得的价款，不包括销售或转让设备、仪器、零部件、原材料等非技术性收入。不属于与技术转让项目密不可分的技术咨询、技术服务、技术培训等收入，不得计入技术转让收入。因此，案例中甲公司技术转让收入不应该包括转让硬件设备收入，转让硬件设备收入不享受技术转让收入的减免税优惠。

第五节　科研机构创新人才税收优惠

一、科研机构、高等学校股权奖励延期缴纳个人所得税

【享受主体】

获得科研机构、高等学校转化职务科技成果以股份或出资比例等股权形式给予奖励的个人。

【优惠内容】

自 1999 年 7 月 1 日起，科研机构、高等学校转化职务科技成果以股份或出资比例等股权形式给予个人奖励，获奖人在取得股份、出资比例时，暂不缴纳个人所得税；取得按股份、出资比例分红或转让股权、出资比例所得时，应依法缴纳个人所得税。

【享受条件】

个人获得科研机构、高等学校转化职务科技成果以股份或出资比例等股权形式给予的奖励。享受上述优惠政策的科技人员必须是科研机构和高等学校的在编正式职工。

【政策依据】

1.《财政部　国家税务总局关于促进科技成果转化有关税收政策的通知》（财税字〔1999〕45 号）第三条。

2.《国家税务总局关于促进科技成果转化有关个人所得税问题的通知》（国税发〔1999〕125 号）。

二、高新技术企业技术人员股权奖励分期缴纳个人所得税

【享受主体】

高新技术企业的技术人员。

【优惠内容】

高新技术企业转化科技成果，给予本企业相关技术人员的股权奖励，个人一次缴纳税款有困难的，可根据实际情况自行制定分期缴税计划，在不超过 5 个公历年度内（含）分期缴纳，并将有关资料报主管税务机关备案。

【享受条件】

1. 实施股权激励的企业是查账征收和经省级高新技术企业认定管理机构认定的高新技术企业。

2. 必须是转化科技成果实施的股权奖励。

3. 相关技术人员，是指经公司董事会和股东大会决议批准获得股权奖励的以下两类人员：

（1）对企业科技成果研发和产业化做出突出贡献的技术人员，包括企业内关键职务科技成果的主要完成人、重大开发项目的负责人、对主导产品或者核心技术、工艺流程作出重大创新或者改进的主要技术人员。

（2）对企业发展做出突出贡献的经营管理人员，包括主持企业全面生产经营工作的高级管理人员，负责企业主要产品（服务）生产经营合计占主营业务收入（或者主营业务利润）50%以上的中、高级经营管理人员。

【政策依据】

1.《财政部　国家税务总局关于将国家自主创新示范区有关税收试点政策推广到全国范围实施的通知》（财税〔2015〕116号）第四条。

2.《国家税务总局关于股权奖励和转增股本个人所得税征管问题的公告》（国家税务总局公告2015年第80号）第一条。

【实操案例】 •

2015年11月25日，张某作为乙方，甲公司（非上市公司）作为甲方，签署了《股权奖励协议书》，约定为鼓励张某长期稳定在甲公司工作，经全体股东的一致同意，甲公司决定给张某以公司股份总额的1%作为享受奖励股权的额度。以张某2014年7月1日入职计算，到2017年6月30日止，张在甲公司工作满三年后，并达到甲公司的基本业绩要求，自2017年7月1日起开始享受奖励的股权。2017年7月，张某按《股权奖励协议书》约定获得了甲公司股份总额的1%股权奖励，甲公司2016年末净资产1.2亿元。张某股权奖励所得应缴纳多少个人所得税？

解答：张某应按照"工资、薪金所得"项目，参照《财政部　国家税务总局关于个人所得税法修改后有关优惠政策衔接问题的通知》（财税〔2018〕164号）规定计算缴纳个人所得税。张某应纳税所得额＝12 000×1%＝120（万元）。张某应纳税额＝120×45%－18.19＝35.81（万元）。

根据上述规定，张某一次缴纳税款有困难的，可自行制定分期缴税计划，在不超过5个公历年度内（含）分期缴纳，但要将相关资料报主管税局备案。

三、中小高新技术企业向个人股东转增股本分期缴纳个人所得税

【享受主体】

中小高新技术企业的个人股东。

【优惠内容】

中小高新技术企业以未分配利润、盈余公积、资本公积向个人股东转增股本时，个人股东一次缴纳个人所得税确有困难的，可根据实际情况自行制定分期缴税计划，在不超过 5 个公历年度内（含）分期缴纳，并将有关资料报主管税务机关备案。

【享受条件】

中小高新技术企业是在中国境内注册的实行查账征收的、经认定取得高新技术企业资格，且年销售额和资产总额均不超过 2 亿元、从业人数不超过 500 人的企业。

【政策依据】

1.《财政部　国家税务总局关于将国家自主创新示范区有关税收试点政策推广到全国范围实施的通知》（财税〔2015〕116 号）第三条。

2.《国家税务总局关于股权奖励和转增股本个人所得税征管问题的公告》（国家税务总局公告 2015 年第 80 号）第二条。

四、获得非上市公司股票期权、股权期权、限制性股票和股权奖励递延缴纳个人所得税

【享受主体】

获得符合条件的非上市公司的股票期权、股权期权、限制性股票和股权奖励的员工。

【优惠内容】

符合规定条件的，向主管税务机关备案，可实行递延纳税政策，即员工在取得股权激励时可暂不纳税，递延至转让该股权时纳税；股权转让时，按照股权转让收入减除股权取得成本以及合理税费后的差额，适用"财产转让所得"项目，按照 20% 的税率计算缴纳个人所得税。

【享受条件】

1. 属于境内居民企业的股权激励计划。

2. 股权激励计划经公司董事会、股东（大）会审议通过。未设股东（大）会的国有单位，经上级主管部门审核批准。股权激励计划应列明激励目的、对象、标的、有效期、各类价格的确定方法、激励对象获取权益的条件、程序等。

3. 激励标的应为境内居民企业的本公司股权。股权奖励的标的可以是技术成果投资入股到其他境内居民企业所取得的股权。激励标的股票（权）包括通过增发、大股东直接让渡以及法律法规允许的其他合理方式授予激励对象的股票（权）。

4. 激励对象应为公司董事会或股东（大）会决定的技术骨干和高级管理人员，激励对象人数累计不得超过本公司最近 6 个月在职职工平均人数的 30%。

5. 股票（权）期权自授予日起应持有满 3 年，且自行权日起持有满 1 年；限制性股票自授予日起应持有满 3 年，且解禁后持有满 1 年；股权奖励自获得奖励之日起应持有满 3 年。上述时间条件须在股权激励计划中列明。

6. 股票（权）期权自授予日至行权日的时间不得超过 10 年。

7. 实施股权奖励的公司及其奖励股权标的公司所属行业均不属于《股权奖励税收优惠政策限制性行业目录》范围。公司所属行业按公司上一纳税年度主营业务收入占比最高的行业确定。

【政策依据】

1.《财政部　国家税务总局关于完善股权激励和技术入股有关所得税政策的通知》（财税〔2016〕101 号）第一条。

2.《国家税务总局关于股权激励和技术入股所得税征管问题的公告》（国家税务总局公告 2016 年第 62 号）。

【实操案例】

员工李先生在某非上市公司工作了五年，并于两年前获得了企业授予的股票期权 10 000 股，施权价为每股 25 元。2019 年，李先生根据股票期权计划的规定，选择行权。行权当日，股票的公平市价为每股 40 元。2019 年底，李先生以每股 45 元的价格，转让了所有股票。

（1）适用递延纳税政策

《财政部　国家税务总局关于完善股权激励和技术入股有关所得税政策的通知》（财税〔2016〕101 号）规定，非上市公司授予本公司员工的股票期权、股权期权、限制性股票和股权奖励，符合规定条件的，经向主管税务机关备案，可实行递延纳税政策，即员工在取得股权激励时可暂不纳税，递延至转让该股权时纳税。股权转让时，股票期权取得成本按行权价确定，限制性股票取得成本按实际出资额确定，股权奖励取得成本为零。

根据《个人所得税法》及有关政策规定，被激励个人通过股权激励机制取得公司股权（票）后，未来再转让股权（票）时，应就其股权（票）转让所得，按照"财产转让所得"税目缴纳税款，适用 20% 的税率。

因此，在适用递延纳税的情况下，李先生个人所得税应纳税额＝（转让价－行权价）×10 000×20%＝（45－25）×10 000×20%＝40 000（元）。

（2）不适用递延纳税政策

如果非上市公司不满足适用递延纳税政策的相关条件，或选择不适用递延纳税政策，可先参照《财政部　国家税务总局关于个人所得税法修改后有关优惠政策衔接问题的通知》（财税〔2018〕164 号）等相关政策的规定进行税务处理，即居民个人取得股票期权、股票增值权、限制性股票和股权奖励等股权激励，在 2021 年 12 月 31 日前，不并入当年综合所得，全额单独适用综合所得税率表，计算纳税。计算公式为：

个人所得税应纳税额＝股权激励收入×适用税率－速算扣除数

| 第二章 |
企业成长期减税降费政策

如果员工个人在一个纳税年度取得两次以上（含两次）股权激励的，应合并所有的该项所得，按上述公式计算纳税。

李先生行权时个人所得税应纳税额＝150 000×20%－16 920＝13 080 元；转让时个人所得税应纳税额＝（45－40）×10 000×20%＝10 000 元。

这种情况下，李先生合计应缴纳个人所得税税款＝13 080＋10 000＝23 080（元）。

五、获得上市公司股票期权、限制性股票和股权奖励适当延长纳税期限

【享受主体】

获得上市公司授予股票期权、限制性股票和股权奖励的个人。

【优惠内容】

经向主管税务机关备案，个人可自股票期权行权、限制性股票解禁或取得股权奖励之日起，在不超过 12 个月的期限内缴纳个人所得税。

【享受条件】

获得上市公司授予股票期权、限制性股票和股权奖励。

【政策依据】

1.《财政部 国家税务总局关于完善股权激励和技术入股有关所得税政策的通知》（财税〔2016〕101 号）第二条。

2.《国家税务总局关于股权激励和技术入股所得税征管问题的公告》（国家税务总局公告 2016 年第 62 号）。

六、企业以及个人以技术成果投资入股递延缴纳所得税

【享受主体】

以技术成果投资入股的企业或个人。

【优惠内容】

企业或个人以技术成果投资入股到境内居民企业，被投资企业支付的对价全部为股票（权）的，投资入股当期可暂不纳税，允许递延至转让股权时，按股权转让收入减去技术成果原值和合理税费后的差额计算缴纳所得税。

【享受条件】

1. 技术成果是指专利技术（含国防专利）、计算机软件著作权、集成电路布图设计专有权、植物新品种权、生物医药新品种，以及科技部、财政部、国家税务总局确

- 085 -

定的其他技术成果。

2. 适用递延纳税政策的企业，为实行查账征收的居民企业且以技术成果所有权投资。

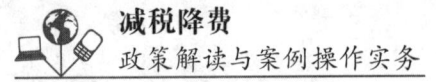 **【政策依据】**

1.《财政部　国家税务总局关于完善股权激励和技术入股有关所得税政策的通知》（财税〔2016〕101 号）第三条。

2.《国家税务总局关于股权激励和技术入股所得税征管问题的公告》（国家税务总局公告 2016 年第 62 号）。

【实操案例】

甲公司（查账征收的居民企业）研发一项技术，取得专利权，研发投入成本 100万元，2017 年将其评估作价 500 万元投资入股乙公司（居民企业），占乙公司 2%股份。假设 2022 年甲公司将其持有的乙公司 2% 的股份以 200 万元转让给丙公司，并假设转让过程中发生的相关税费为 10 万元。甲公司应缴纳的企业所得税有两种方式。

（1）选择不递延纳税

按《财政部　国家税务总局关于非货币性资产投资企业所得税政策问题的通知》（财税〔2014〕116 号文件）的规定，居民企业以非货币性资产对外投资确认的非货币性资产转让所得，可在不超过 5 年期限内，分期均匀计入相应年度的应纳税所得额，按规定计算缴纳企业所得税。

2017 年以技术成果投资时应纳税所得额 = 500 - 100 = 400（万元）

甲公司可以选择在 5 年期限内，分期均匀计入相应年度的应纳税所得额，即：2017 至 2021 年每年计入应纳税所得额 80 万元，若不考虑其他损益，100 万元的企业所得税分 5 年平均缴纳。

2022 年转让股权时应纳税所得额 = 200 - 500 - 10 = - 310（万元）

（2）选择递延纳税

按财税〔2016〕101 号文件规定，企业或个人以技术成果投资入股到境内居民企业，被投资企业支付的对价全部为股票（权）的，企业或个人可选择继续按现行有关税收政策执行，也可选择适用递延纳税优惠政策。

选择技术成果投资入股递延纳税政策的，经向主管税务机关备案，投资入股当期可暂不纳税，允许递延至转让股权时，按股权转让收入减去技术成果原值和合理税费后的差额计算缴纳所得税。

2017 年以技术成果投资时，甲公司不作税务处理。

2022 年转让股权时税务处理：

应纳税所得额 = 200 - 100 - 10 = 90（万元）

应纳所得税额 = 90×25% = 22.5（万元）

通过上述案例可以看出，选择递延纳税不仅推迟了应纳税义务发生时间而且在股权持有期间，如果股权贬值，还有可能少缴或者不缴税款。

七、由国家级、省部级以及国际组织对科技人员颁发的科技奖金免征个人所得税

【享受主体】

科技人员。

【优惠内容】

省级人民政府、国务院部委和中国人民解放军军以上单位，以及外国组织、国际组织颁发的科学、技术方面的奖金，免征个人所得税。

【享受条件】

科技奖金由国家级、省部级、解放军军以上单位以及外国组织、国际组织颁发。

【政策依据】

《中华人民共和国个人所得税法》第四条第一项。

八、职务科技成果转化现金奖励减免个人所得税

【享受主体】

科技人员。

【优惠内容】

依法批准设立的非营利性研究开发机构和高等学校根据《中华人民共和国促进科技成果转化法》规定，从职务科技成果转化收入中给予科技人员的现金奖励，可减按50%计入科技人员当月"工资、薪金所得"，依法缴纳个人所得税。

【享受条件】

1.非营利性研究开发机构和高等学校，是指同时满足以下条件的科研机构和高校：

（1）根据《民办非企业单位登记管理暂行条例》在民政部门登记，并取得《民办非企业单位登记证书》。

（2）对于民办非营利性科研机构，其《民办非企业单位登记证书》记载的业务范围应属于"科学研究与技术开发、成果转让、科技咨询与服务、科技成果评估"范围。对业务范围存在争议的，由税务机关转请县级（含）以上科技行政主管部门确认。

对于民办非营利性高校，应取得教育主管部门颁发的《民办学校办学许可证》，《民办学校办学许可证》记载学校类型为"高等学校"。

（3）经认定取得企业所得税非营利组织免税资格。

2.科技人员享受上述税收优惠政策，须同时符合以下条件：

（1）科技人员是指非营利性科研机构和高校中对完成或转化职务科技成果做出重要贡献的人员。非营利性科研机构和高校应按规定公示有关科技人员名单及相关信息（国防专利转化除外），具体公示办法由科技部会同财政部、税务总局制定。

（2）科技成果是指专利技术（含国防专利）、计算机软件著作权、集成电路布图设计专有权、植物新品种权、生物医药新品种，以及科技部、财政部、税务总局确定的其他技术成果。

（3）科技成果转化是指非营利性科研机构和高校向他人转让科技成果或者许可他人使用科技成果。现金奖励是指非营利性科研机构和高校在取得科技成果转化收入3年（36个月）内奖励给科技人员的现金。

（4）非营利性科研机构和高校转化科技成果，应当签订技术合同，并根据《技术合同认定登记管理办法》，在技术合同登记机构进行审核登记，并取得技术合同认定登记证明。

非营利性科研机构和高校应健全科技成果转化的资金核算，不得将正常工资、奖金等收入列入科技人员职务科技成果转化现金奖励享受税收优惠。

【政策依据】

《财政部　税务总局　科技部关于科技人员取得职务科技成果转化现金奖励有关个人所得税政策的通知》（财税〔2018〕58号）。

第三章

企业成熟期减税降费政策

 导读

　　本章介绍企业成熟期减税降费政策，包括四节内容，分别介绍高新技术企业税收优惠、软件企业税收优惠、集成电路企业税收优惠以及动漫企业税收优惠。

第一节　高新技术企业税收优惠

一、高新技术企业减按 15% 税率征收企业所得税

【享受主体】

国家重点扶持的高新技术企业。

【优惠内容】

国家重点扶持的高新技术企业减按 15% 税率征收企业所得税。

【享受条件】

　　1.高新技术企业是指在《国家重点支持的高新技术领域》内，持续进行研究开发与技术成果转化，形成企业核心自主知识产权，并以此为基础开展经营活动，在中国境内（不包括港澳台地区）注册的居民企业。

　　2.高新技术企业要经过各省（自治区、直辖市、计划单列市）科技行政管理部门同本级财政、税务部门组成的高新技术企业认定管理机构的认定。

　　3.企业申请认定时须注册成立 1 年以上。

　　4.企业通过自主研发、受让、受赠、并购等方式，获得对其主要产品（服务）在技术上发挥核心支持作用的知识产权的所有权。

5. 企业主要产品（服务）发挥核心支持作用的技术属于《国家重点支持的高新技术领域》规定的范围。

6. 企业从事研发和相关技术创新活动的科技人员占企业当年职工总数的比例不低于 10%。

7. 企业近 3 个会计年度（实际经营期不满 3 年的按实际经营时间计算）的研究开发费用总额占同期销售收入总额的比例符合相应要求。

8. 近 1 年高新技术产品（服务）收入占企业同期总收入的比例不低于 60%。

9. 企业创新能力评价应达到相应要求。

10. 企业申请认定前 1 年内未发生重大安全、重大质量事故或严重环境违法行为。

📝【政策依据】

1.《中华人民共和国企业所得税法》第二十八条第二款。

2.《中华人民共和国企业所得税法实施条例》第九十三条。

3.《财政部　国家税务总局关于高新技术企业境外所得适用税率及税收抵免问题的通知》（财税〔2011〕47 号）。

4.《科技部　财政部　国家税务总局关于修订印发〈高新技术企业认定管理办法〉的通知》（国科发火〔2016〕32 号）。

5.《科技部　财政部　国家税务总局关于修订印发〈高新技术企业认定管理工作指引〉的通知》（国科发火〔2016〕195 号）。

6.《国家税务总局关于实施高新技术企业所得税优惠政策有关问题的公告》（国家税务总局公告 2017 年第 24 号）。

二、职工教育经费按照 8% 企业所得税税前扣除

✉【享受主体】

所有企业。

📋【优惠内容】

企业发生的职工教育经费支出，不超过工资薪金总额 8% 的部分，准予在计算企业所得税应纳税所得额时扣除；超过部分，准予在以后纳税年度结转扣除。

👥【享受条件】

发生职工教育经费支出。

📝【政策依据】

1.《中华人民共和国企业所得税法实施条例》第四十二条。

2.《财政部　税务总局关于企业职工教育经费税前扣除政策的通知》（财税〔2018〕

51 号）。

【实操案例】 --

1. 在 2018 年度企业所得税汇算清缴中，职工教育经费税前扣除政策有何变化？

解答：自 2018 年 1 月 1 日起，企业发生的职工教育经费支出，不超过工资薪金总额 8% 的部分，准予在计算企业所得税应纳税所得额时扣除；超过部分，准予在以后纳税年度结转扣除。也就是说，职工教育经费税前扣除的比例由 2.5% 提高到 8%。

2. 职工教育经费列支范围有哪些？

解答：根据《财政部 全国总工会等部门关于印发〈关于企业职工教育经费提取与使用管理的意见〉的通知》（财建〔2006〕317 号）的规定，企业的职工教育经费的列支范围包括以下十一项：

（1）上岗和转岗培训。

（2）各类岗位适应性培训。

（3）岗位培训、职业技术等级培训、高技能人才培训。

（4）专业技术人员继续教育。

（5）特种作业人员培训。

（6）企业组织的职工外送培训的经费支出。

（7）职工参加的职业技能鉴定、职业资格认证等经费支出。

（8）购置教学设备与设施。

（9）职工岗位自学成才奖励费用。

（10）职工教育培训管理费用。

（11）有关职工教育的其他开支。

财建〔2006〕317 号文件同时规定，以下两种情况不得从职工教育经费中列支：

（1）企业职工参加社会上的学历教育以及个人为取得学位而参加的在职教育，所需费用应由个人承担，不能挤占企业的职工教育培训经费。

（2）对于企业高层管理人员的境外培训和考察，其一次性单项支出较高的费用应从其他管理费用中支出，避免挤占日常的职工教育培训经费开支。

3. 允许税前扣除职工教育经费的计算基数如何确定？

解答：职工教育经费的计算基数为，允许税前扣除的工资、薪金总额。根据《企业所得税法实施条例》第三十四条的规定，企业的工资薪金总额必须是企业发生的合理的工资薪金支出。

《国家税务总局关于企业工资薪金及职工福利费扣除问题的通知》（国税函〔2009〕3 号）明确规定：合理工资薪金是指企业按照股东大会、董事会、薪酬委员会或相关管理机构制订的工资薪金制度规定实际发放给员工的工资薪金总和，不包括企业的职工福利费、职工教育经费、工会经费以及养老保险费、医疗保险费、失业保险费、工伤保险费、生育保险费等社会保险费和住房公积金。属于国有性质的企业，其工资薪金，不得超过政府有关部门给予的限定数额；超过部分不得计入企业工资薪金总额，也不得在计算企业应纳税所得额时扣除。

4. 部分行业允许全额扣除的职工培训费与职工教育经费有区别吗？

根据现行规定，有部分行业的职工培训费允许全额税收扣除：

（1）软件和集成电路企业的职工培训费用

《财政部 国家税务总局关于进一步鼓励软件产业和集成电路产业发展企业所得税政策的通知》（财税〔2012〕27号）第六条规定："集成电路设计企业和符合条件软件企业的职工培训费用，应单独进行核算并按实际发生额在计算应纳税所得额时扣除。"

（2）动漫企业的职工培训费用

《财政部 国家税务总局关于扶持动漫产业发展有关税收政策问题的通知》（财税〔2009〕65号）规定："经认定的动漫企业自主开发、生产动漫产品，可申请享受国家现行鼓励软件产业发展的所得税优惠政策。"因此，经认定的动漫企业职工培训费用，应单独进行核算并按实际发生额在计算应纳税所得额时扣除。

（3）航空企业的空勤训练费用

《国家税务总局关于企业所得税若干问题的公告》（国家税务总局公告2011年第34号）第三条规定："航空企业实际发生的飞行员养成费、飞行训练费、乘务训练费、空中保卫员训练费等空勤训练费用，根据《实施条例》第二十七条规定，可以作为航空企业运输成本在税前扣除。"

（4）核电企业的操纵员培养费

《国家税务总局关于企业所得税应纳税所得额若干问题的公告》（国家税务总局公告2014年第29号）第四条规定："核力发电企业为培养核电厂操纵员发生的培养费用，可作为企业的发电成本在税前扣除。企业应将核电厂操纵员培养费与员工的职工教育经费严格区分，单独核算，员工实际发生的职工教育经费支出不得计入核电厂操纵员培养费直接扣除。"

需要注意的是，上述费用必须单独核算，据实税前扣除，它们必须与职工教育经费严格区分，不计入职工教育经费，不挤占职工教育经费份额，反过来，企业也不得将应限额扣除的职工教育经费计入职工培训费用全额扣除。

三、高新技术企业和科技型中小企业亏损结转年限延长至10年

【享受主体】

高新技术企业和科技型中小企业。

【优惠内容】

自2018年1月1日起，当年具备高新技术企业或科技型中小企业资格（以下统称

资格）的企业，其具备资格年度之前 5 个年度发生的尚未弥补完的亏损，准予结转以后年度弥补，最长结转年限由 5 年延长至 10 年。

👥【享受条件】

1. 高新技术企业，是指按照《科技部　财政部　国家税务总局关于修订印发〈高新技术企业认定管理办法〉的通知》（国科发火〔2016〕32 号）规定认定的高新技术企业。

2. 科技型中小企业是指按照《科技部　财政部　国家税务总局关于印发〈科技型中小企业评价办法〉的通知》（国科发政〔2017〕115 号）规定取得科技型中小企业登记编号的企业。

✏️【政策依据】

《财政部　税务总局关于延长高新技术企业和科技型中小企业亏损结转年限的通知》（财税〔2018〕76 号）。

四、技术先进型服务企业减按 15% 的税率征收企业所得税

📧【享受主体】

经认定的技术先进型服务企业。

📋【优惠内容】

经认定的技术先进型服务企业，减按 15% 的税率征收企业所得税。

👥【享受条件】

1. 技术先进型服务企业为在中国境内（不包括港、澳、台地区）注册的法人企业。

2. 从事《技术先进型服务业务认定范围（试行）》中的一种或多种技术先进型服务业务，采用先进技术或具备较强的研发能力，其中服务贸易类技术先进型服务企业须满足的技术先进型服务业务领域范围按照《技术先进型服务业务领域范围（服务贸易类）》执行。

3. 具有大专以上学历的员工占企业职工总数的 50% 以上。

4. 从事《技术先进型服务业务认定范围（试行）》中的技术先进型服务业务取得的收入占企业当年总收入的 50% 以上，其中服务贸易类技术先进型服务企业从事《技术先进型服务业务领域范围（服务贸易类）》中的技术先进型服务业务取得的收入占企业当年总收入的 50% 以上。

5. 从事离岸服务外包业务取得的收入不低于企业当年总收入的 35%。

✏️【政策依据】

1.《财政部　税务总局　商务部　科技部　国家发展改革委关于将技术先进型服务

企业所得税政策推广至全国实施的通知》（财税〔2017〕79 号）。

2.《财政部　税务总局　商务部　科技部　国家发展改革委关于将服务贸易创新发展试点地区技术先进型服务企业所得税政策推广至全国实施的通知》（财税〔2018〕44 号）。

五、新能源汽车免征车辆购置税

【享受主体】

购置新能源汽车的单位与个人。

【优惠内容】

自 2021 年 1 月 1 日至 2022 年 12 月 31 日，对购置的新能源汽车免征车辆购置税。免征车辆购置税的新能源汽车是指纯电动汽车、插电式混合动力（含增程式）汽车、燃料电池汽车。

【享受条件】

1. 免征车辆购置税的新能源汽车，通过工业和信息化部、税务总局发布《免征车辆购置税的新能源汽车车型目录》（以下简称《目录》）实施管理。自《目录》发布之日起，购置列入《目录》的新能源汽车免征车辆购置税；购置时间为机动车销售统一发票（或有效凭证）上注明的日期。

2. 对已列入《目录》的新能源汽车，新能源汽车生产企业或进口新能源汽车经销商（以下简称汽车企业）在上传《机动车整车出厂合格证》或进口机动车《车辆电子信息单》（以下简称车辆电子信息）时，在"是否符合免征车辆购置税条件"字段标注"是"（即免税标识）。工业和信息化部对汽车企业上传的车辆电子信息中的免税标识进行审核，并将通过审核的信息传送至税务总局。税务机关依据工业和信息化部审核后的免税标识和机动车统一销售发票（或有效凭证），办理车辆购置税免税手续。

3. 汽车企业应当保证车辆电子信息与车辆产品相一致，对因提供虚假信息或资料造成车辆购置税税款流失的，依照《中华人民共和国税收征收管理法》及其实施细则予以处理。

4. 从事《目录》管理、免税标识审核和办理免税手续的工作人员履行职责时，存在滥用职权、玩忽职守、徇私舞弊等违法违纪行为的，按照《中华人民共和国公务员法》《中华人民共和国监察法》等国家有关规定追究相应责任；涉嫌犯罪的，移送司法机关处理。

【政策依据】

《财政部　税务总局　工业和信息化部关于新能源汽车免征车辆购置税有关政策

的公告》（财政部公告 2020 年第 21 号）。

六、增值税税率下调

📨 【享受主体】

所有类型的企业。

📋 【优惠内容】

1.增值税一般纳税人（以下称纳税人）发生增值税应税销售行为或者进口货物，原适用 16% 税率的，税率调整为 13%；原适用 10% 税率的，税率调整为 9%。

2.纳税人购进农产品，原适用 10% 扣除率的，扣除率调整为 9%。纳税人购进用于生产或者委托加工 13% 税率货物的农产品，按照 10% 的扣除率计算进项税额。

3.原适用 16% 税率且出口退税率为 16% 的出口货物劳务，出口退税率调整为 13%；原适用 10% 税率且出口退税率为 10% 的出口货物、跨境应税行为，出口退税率调整为 9%。

4.适用 13% 税率的境外旅客购物离境退税物品，退税率为 11%；适用 9% 税率的境外旅客购物离境退税物品，退税率为 8%。

👥 【享受条件】

增值税一般纳税人。

✏️ 【政策依据】

1.《财政部　税务总局　海关总署关于深化增值税改革有关政策的公告》（财政部　税务总局 海关总署公告 2019 年第 39 号）。

2.《国家税务总局关于深化增值税改革有关事项的公告》（国家税务总局公告 2019 年第 14 号）。

【实操案例】 ●●●

1. 自 2019 年 4 月 1 日起，增值税税率有哪些调整？

解答：自 2019 年 4 月 1 日起，增值税一般纳税人发生增值税应税销售行为或者进口货物，原适用 16% 税率的，税率调整为 13%；原适用 10% 税率的，税率调整为 9%。

2. 自 2019 年 4 月 1 日起，适用 9% 税率的增值税应税行为包括哪些？

解答：自 2019 年 4 月 1 日起，增值税一般纳税人销售交通运输、邮政、基础电信、建筑、不动产租赁服务，销售不动产，转让土地使用权，销售或者进口下列货物，税

率为9%:

（1）粮食等农产品、食用植物油、食用盐。

（2）自来水、暖气、冷气、热水、煤气、石油液化气、天然气、二甲醚、沼气、居民用煤炭制品。

（3）图书、报纸、杂志、音像制品、电子出版物。

（4）饲料、化肥、农药、农机、农膜。

（5）国务院规定的其他货物。

3. 适用6%税率的增值税应税行为包括哪些？

解答：增值税一般纳税人销售增值电信服务、金融服务、现代服务（租赁服务除外）、生活服务、无形资产（不含土地使用权），税率为6%。

4. 此次深化增值税改革，对增值税一般纳税人购进农产品，原适用10%扣除率的是否有调整？

解答：有调整。深化增值税改革有关政策公告规定，对增值税一般纳税人购进农产品，原适用10%扣除率的，扣除率调整为9%。

5. 对增值税一般纳税人购进用于生产或者委托加工13%税率货物的农产品，能否按10%扣除率计算进项税额？

解答：可以。对增值税一般纳税人购进用于生产或者委托加工13%税率货物的农产品，按照10%扣除率计算进项税额。

6. 增值税一般纳税人购进农产品（未采用农产品增值税进项税额核定扣除试点实施办法），可凭哪几种增值税扣税凭证抵扣进项税额？

解答：增值税一般纳税人购进农产品，可凭增值税专用发票、海关进口增值税专用缴款书、农产品收购发票或销售发票抵扣进项税额。

7. 增值税一般纳税人购进农产品，取得流通环节小规模纳税人开具的增值税普通发票，能否用于计算可抵扣进项税额？

解答：增值税一般纳税人购进农产品，取得流通环节小规模纳税人开具的增值税普通发票，不得计算抵扣进项税额。

8. 增值税一般纳税人（农产品深加工企业除外）购进农产品，从小规模纳税人取得增值税专用发票的，如何计算进项税额？

解答：增值税一般纳税人购进农产品，从按照简易计税方法依照3%征收率计算缴纳增值税的小规模纳税人取得增值税专用发票的，以增值税专用发票上注明的金额和9%的扣除率计算进项税额。

9. 增值税一般纳税人（农产品深加工企业除外）购进农产品，取得（开具）农产品销售发票或收购发票的，如何计算进项税额？

解答：增值税一般纳税人购进农产品，取得（开具）农产品销售发票或收购发票的，以农产品销售发票或收购发票上注明的农产品买价和9%的扣除率计算进项税额。

10. 增值税一般纳税人从批发、零售环节购进适用免征增值税政策的蔬菜而取得的

普通发票，能否作为计算抵扣进项税额的凭证？

解答：增值税一般纳税人从批发、零售环节购进适用免征增值税政策的蔬菜而取得的普通发票，不得作为计算抵扣进项税额的凭证。

11. 生活服务业纳税人同时兼营农产品深加工，能否同时适用农产品加计抵扣以及加计抵减政策？

解答：按照《财政部　税务总局　海关总署关于深化增值税改革有关政策的公告》（财政部税务总局海关总署公告 2019 年第 39 号）的规定，提供生活服务的销售额占全部销售额的比重超过 50% 的纳税人，可以适用加计抵减政策。该纳税人如果同时兼营农产品深加工业务，其购进用于生产或者委托加工 13% 税率货物的农产品，可按照 10% 扣除率计算进项税额，并可同时适用加计抵减政策。

12. 适用农产品核定扣除办法的纳税人，在 2019 年 4 月 1 日以后，其适用的扣除率需要进行调整吗？

解答：《农产品增值税进项税额核定扣除试点实施办法》（财税〔2012〕38 号）明确规定，农产品核定扣除办法规定的扣除率为销售货物的适用税率。如果纳税人生产的货物适用税率由 16% 调整为 13%，则其扣除率也应由 16% 调整为 13%；如果纳税人生产的货物适用税率由 10% 调整为 9%，则其扣除率也应由 10% 调整为 9%。

13. 2019 年 5 月 1 日起，增值税一般纳税人在办理纳税申报时，需要填报哪几张表？

解答：为进一步优化纳税服务，减轻纳税人负担，税务总局对增值税一般纳税人申报资料进行了简化，自 2019 年 5 月 1 日起，一般纳税人在办理纳税申报时，需要填报"一主表五附表"，即申报表主表、附列资料（一）至（四）和《增值税减免税申报明细表》，《增值税纳税申报表附列资料（五）》《营改增税负分析测算明细表》不再需要填报。

14. 纳税人 2019 年 3 月 31 日前购进农产品已按 10% 扣除率扣除，2019 年 4 月领用时用于生产或委托加工 13% 税率的货物，能否加计抵扣？如果能，可加计扣除比例是 2% 还是 1%？

解答：2019 年 4 月 1 日以后，纳税人领用农产品用于生产或委托加工 13% 税率的货物，统一按照 1% 加计抵扣，不再区分所购进农产品是在 4 月 1 日前还是 4 月 1 日后。

15. 税收政策规定，纳税人购进用于生产 13% 税率货物的农产品，按照 10% 的扣除率计算进项税额。甲公司未纳入农产品增值税进项税额核定扣除试点，主要生产 13% 税率货物，2019 年 4 月 1 日后购进的农产品，能否在农产品购入环节直接抵扣 10% 进项税额？

解答：不能在购入环节直接抵扣 10% 进项税额。根据现行增值税政策规定，2019 年 4 月 1 日后，纳税人购进农产品，在购入当期，应从农产品抵扣的一般规定，按照 9% 计算抵扣进项税额。如果购进农产品用于生产或者委托加工 13% 税率货物，则在生产领用当期，再加计抵扣 1 个百分点。

16. 乙公司未纳入农产品增值税进项税额核定扣除试点，从小规模纳税人处购进农产品取得的增值税专用发票，用于生产 13% 税率的货物，可以按 10% 的扣除率计算进项税额吗？

解答：可以。《财政部 税务总局 海关总署关于深化增值税改革有关政策的公告》（财政部税务总局海关总署公告 2019 年第 39 号）第二条规定，纳税人购进用于生产或者委托加工 13% 税率货物的农产品，按照 10% 的扣除率计算进项税额。乙公司从小规模纳税人购进农产品取得的 3% 征收率的增值税专用发票，用于生产 13% 税率的货物，符合上述规定的，可以根据规定程序，按照 10% 的扣除率计算抵扣进项税额。

17. 丙公司适用农产品增值税进项税额核定扣除办法，2019 年 4 月 1 日以后，购进农产品适用的扣除率是多少？

解答：《农产品增值税进项税额核定扣除试点实施办法》（财税〔2012〕38 号印发）规定，农产品增值税进项税额扣除率为销售货物的适用税率。《财政部 税务总局 海关总署关于深化增值税改革有关政策的公告》（财政部 税务总局 海关总署公告 2019 年第 39 号）第一条规定，增值税一般纳税人发生增值税应税销售行为或者进口货物，原适用 16% 税率的，税率调整为 13%；原适用 10% 税率的，税率调整为 9%。上述规定自 2019 年 4 月 1 日起执行。因此，2019 年 4 月 1 日以后，如果丙公司销售的货物适用增值税税率为 13%，则对应的扣除率为 13%；如果销售的货物适用增值税税率为 9%，则扣除率为 9%。

18. 甲公司是增值税一般纳税人，购进的农产品既用于生产 13% 税率的货物又用于生产销售其他货物服务，目前未分别核算。可以按照 10% 的扣除率计算进项税额吗？

解答：不可以。按照《财政部 税务总局关于简并增值税税率有关政策的通知》（财税〔2017〕37 号）和《财政部 税务总局 海关总署关于深化增值税改革有关政策的公告》（财政部税务总局海关总署公告 2019 年第 39 号）的规定，纳税人购进农产品既用于生产 13% 税率货物又用于生产销售其他货物服务的，需要分别核算。未分别核算的，统一以增值税专用发票或海关进口增值税专用缴款书上注明的增值税额为进项税额，或以农产品收购发票或销售发票上注明的农产品买价和 9% 的扣除率计算进项税额。

19. 《财政部 税务总局 海关总署关于深化增值税改革有关政策的公告》（财政部税务总局海关总署公告 2019 年第 39 号）中的几项政策执行期限是一样的吗？

解答：根据《财政部 税务总局 海关总署关于深化增值税改革有关政策的公告》（财政部 税务总局 海关总署公告 2019 年第 39 号）规定，调整增值税税率等多项深化增值税改革的政策自 2019 年 4 月 1 日起实施，其中生产、生活性服务业纳税人适用加计抵减政策执行至 2021 年 12 月 31 日。

第二节 软件企业税收优惠

一、软件产品增值税超税负即征即退

【享受主体】

自行开发生产销售软件产品（包括将进口软件产品进行本地化改造后对外销售）的增值税一般纳税人。

【优惠内容】

增值税一般纳税人销售其自行开发生产的软件产品，按17%（编者注：自2018年5月1日起，原适用17%税率的调整为16%；自2019年4月1日起，原适用16%税率的税率调整为13%）税率征收增值税后，对其增值税实际税负超过3%的部分实行即征即退政策。

【享受条件】

享受优惠政策的软件产品，需要满足以下条件：

1. 取得省级软件产业主管部门认可的软件检测机构出具的检测证明材料。

2. 取得软件产业主管部门颁发的《软件产品登记证书》或著作权行政管理部门颁发的《计算机软件著作权登记证书》。

【政策依据】

1.《财政部　国家税务总局关于软件产品增值税政策的通知》（财税〔2011〕100号）。

2.《财政部　税务总局关于调整增值税税率的通知》（财税〔2018〕32号）第一条。

3.《财政部　税务总局　海关总署关于深化增值税改革有关政策的公告》（财政部　税务总局　海关总署公告2019年第39号）第一条。

【实操案例】

1. "纳税人受托开发软件产品，著作权属于受托方的征收增值税，著作权属于委托方或属于双方共同拥有的不征收增值税；对经过国家版权局注册登记，纳税人在销售时一并转让著作权、所有权的，不征收增值税。"怎么理解该部分的不征收增值税？是否受托方直接开具收据等非发票票据给甲方即可？双方凭收据入账？

解答：目前，软件产品增值税超税负退税执行的是财税〔2011〕100号文件，文件下发时尚未开始营改增，文中所称不征收增值税，是因当时转让著作权不属于增值税征税范围，现营改增已经全面推开，转让著作权属于增值税征税范围。

"纳税人受托开发软件产品，著作权属于委托方或属于双方共同拥有的"，"对经过国家版权局注册登记，纳税人在销售时一并转让著作权、所有权的"应按照《财政部　国家税务总局关于全面推开营业税改征增值税试点的通知》（财税〔2016〕36号）规定，按照销售无形资产征收增值税，税率为6%。受托方应按照有关规定给委托方开具增值税发票。

2. 软件产品可抵扣进项有哪些？

解答：U盘、光盘、芯片等介子、水费，电费、电话费、邮递费，报刊杂志、汽油费、柴油费、供气供热费用，广告宣传费用、会议费、培训费、办公用品等等。纳税人应按照增值税暂行条例及细则，财税〔2016〕36号文件规定，除不允许抵扣的项目外，只要取得合法有效的抵扣凭证即可按规定抵扣进项税额。

3. 嵌入式软件产品可抵扣进项有哪些？

解答：对于嵌入式软件产品中享受软件产品增值税超税负退税部分，其抵扣范围与软件产品可抵扣进项范围相同。

4. 嵌入式软件产品中硬件部分包括哪些范围？

解答：计算嵌入式软件产品计算机硬件、机器设备销售额时，组成计税价格中的计算机硬件、机器设备成本是指：

（1）属于外购的计算机硬件、机器设备，不再进行加工和生产的，其成本为实际采购成本（如需简单安装，则包括加工费）。

（2）属于自制或加工的计算机硬件、机器设备，其成本为制造成本，包括：产品耗用的原材料、辅助材料及其对应的加工费；硬件成本对应分摊的制造费用；工人工资、生产用固定资产折旧、生产用低值易耗品摊销及水、电费摊销等。

5. 软件及嵌入式软件产品进项税额抵扣中，如何计算分摊的可抵扣进项？

解答：增值税一般纳税人在销售软件产品的同时销售其他货物或者应税劳务的，应单独核算软件产品的进项税额，对于无法划分的进项税额（如水、电等共同消耗，难以直接划分的进项税额），应按照实际成本或销售收入比例确定软件产品应分摊的进项税额；对专用于软件产品开发生产设备及工具的进项税额，不得进行分摊。

6. 嵌入式软件，如果存在购买软件免费赠送硬件的情况，那么其销项全部应该计算为软件的销售收入吗？

解答：嵌入式软件产品享受超税负退税的销售额应根据公式计算而得，无论是否存在购买软件免费赠送硬件情况，均不允许将其全部销售额作为享受超税负退税的软件部分销售额。

当期嵌入式软件产品销售额的计算公式：

当期嵌入式软件产品销售额＝当期嵌入式软件产品与计算机硬件、机器设备销售额合计－当期计算机硬件、机器设备销售额

计算机硬件、机器设备销售额按照下列顺序确定：

（1）按纳税人最近同期同类货物的平均销售价格计算确定。

（2）按其他纳税人最近同期同类货物的平均销售价格计算确定。

（3）按计算机硬件、机器设备组成计税价格计算确定。

计算机硬件、机器设备组成计税价格＝计算机硬件、机器设备成本×（1＋10%）

对增值税一般纳税人随同计算机硬件、机器设备一并销售的嵌入式软件产品，应当分别核算嵌入式软件产品与计算机硬件、机器设备部分的成本。凡未分别核算或者核算不清的，不得享受增值税超税负退税政策。

二、软件企业定期减免企业所得税

【享受主体】

依法成立且符合条件的软件企业。

【优惠内容】

依法成立且符合条件的软件企业，在 2018 年 12 月 31 日前自获利年度起计算优惠期，第一年至第二年免征企业所得税，第三年至第五年按照 25% 的法定税率减半征收企业所得税，并享受至期满为止。

【享受条件】

软件企业是指以软件产品开发销售（营业）为主营业务并同时符合下列条件的企业：

1. 在中国境内（不包括港、澳、台地区）依法注册的居民企业。

2. 汇算清缴年度具有劳动合同关系且具有大学专科以上学历的职工人数占企业月平均职工总人数的比例不低于 40%，其中研究开发人员占企业月平均职工总数的比例不低于 20%。

3. 拥有核心关键技术，并以此为基础开展经营活动，且汇算清缴年度研究开发费用总额占企业销售（营业）收入总额的比例不低于 6%。其中，企业在中国境内发生的研究开发费用金额占研究开发费用总额的比例不低于 60%。

4. 汇算清缴年度软件产品开发销售（营业）收入占企业收入总额的比例不低于 50%［嵌入式软件产品和信息系统集成产品开发销售（营业）收入占企业收入总额的比例不低于 40%］，其中，软件产品自主开发销售（营业）收入占企业收入总额的比例不低于 40%［嵌入式软件产品和信息系统集成产品开发销售（营业）收入占企业收入

总额的比例不低于30%〕。

5. 主营业务拥有自主知识产权。

6. 具有与软件开发相适应软硬件设施等开发环境（如合法的开发工具等）。

7. 汇算清缴年度未发生重大安全、重大质量事故或严重环境违法行为。

📝 【政策依据】

1.《财政部　国家税务总局关于进一步鼓励软件产业和集成电路产业发展企业所得税政策的通知》（财税〔2012〕27号）第三条。

2.《财政部　国家税务总局 发展改革委 工业和信息化部关于软件和集成电路产业企业所得税优惠政策有关问题的通知》（财税〔2016〕49号）。

3.《财政部　税务总局关于集成电路设计和软件产业企业所得税政策的公告》（财政部 税务总局公告2019年第68号）。

三、国家规划布局内重点软件企业减按10%税率征收企业所得税

📧 【享受主体】

国家规划布局内的重点软件企业。

📋 【优惠内容】

符合条件的国家规划布局内的重点软件企业，如当年未享受免税优惠的，可减按10%的税率征收企业所得税。

👥 【享受条件】

1. 软件企业是指以软件产品开发销售（营业）为主营业务并同时符合下列条件的企业：

（1）在中国境内（不包括港、澳、台地区）依法注册的居民企业。

（2）汇算清缴年度具有劳动合同关系且具有大学专科以上学历的职工人数占企业月平均职工总人数的比例不低于40%，其中研究开发人员占企业月平均职工总数的比例不低于20%。

（3）拥有核心关键技术，并以此为基础开展经营活动，且汇算清缴年度研究开发费用总额占企业销售（营业）收入总额的比例不低于6%；其中，企业在中国境内发生的研究开发费用金额占研究开发费用总额的比例不低于60%。

（4）汇算清缴年度软件产品开发销售（营业）收入占企业收入总额的比例不低于50%〔嵌入式软件产品和信息系统集成产品开发销售（营业）收入占企业收入总额的比例不低于40%〕，其中：软件产品自主开发销售（营业）收入占企业收入总额的比例不低于40%〔嵌入式软件产品和信息系统集成产品开发销售（营业）收入占企业收入

总额的比例不低于 30%〕。

（5）主营业务拥有自主知识产权。

（6）具有与软件开发相适应软硬件设施等开发环境（如合法的开发工具等）。

（7）汇算清缴年度未发生重大安全、重大质量事故或严重环境违法行为。

2. 国家规划布局内重点软件企业除符合上述规定外，还应至少符合下列条件中的一项：

（1）汇算清缴年度软件产品开发销售（营业）收入不低于 2 亿元，应纳税所得额不低于 1 000 万元，研究开发人员占企业月平均职工总数的比例不低于 25%。

（2）在国家规定的重点软件领域内，汇算清缴年度软件产品开发销售（营业）收入不低于 5 000 万元，应纳税所得额不低于 250 万元，研究开发人员占企业月平均职工总数的比例不低于 25%，企业在中国境内发生的研究开发费用金额占研究开发费用总额的比例不低于 70%。

（3）汇算清缴年度软件出口收入总额不低于 800 万美元，软件出口收入总额占本企业年度收入总额比例不低于 50%，研究开发人员占企业月平均职工总数的比例不低于 25%。

【政策依据】

1.《财政部　国家税务总局关于进一步鼓励软件产业和集成电路产业发展企业所得税政策的通知》（财税〔2012〕27 号）第四条。

2.《财政部　国家税务总局 发展改革委 工业和信息化部关于软件和集成电路产业企业所得税优惠政策有关问题的通知》（财税〔2016〕49 号）。

3.《国家发展和改革委员会关于印发国家规划布局内重点软件和集成电路设计领域的通知》（发改高技〔2016〕1056 号）。

四、软件企业取得即征即退增值税款用于软件产品研发和扩大再生产企业所得税政策

【享受主体】

符合条件的软件企业。

【优惠内容】

符合条件的软件企业按照《财政部　国家税务总局关于软件产品增值税政策的通知》（财税〔2011〕100 号）规定取得的即征即退增值税款，由企业专项用于软件产品研发和扩大再生产并单独进行核算，可以作为不征税收入，在计算应纳税所得额时从收入总额中减除。

👥 **【享受条件】**

软件企业是指以软件产品开发销售（营业）为主营业务并同时符合下列条件的企业：

1. 在中国境内（不包括港、澳、台地区）依法注册的居民企业。

2. 汇算清缴年度具有劳动合同关系且具有大学专科以上学历的职工人数占企业月平均职工总人数的比例不低于 40%，其中研究开发人员占企业月平均职工总数的比例不低于 20%。

3. 拥有核心关键技术，并以此为基础开展经营活动，且汇算清缴年度研究开发费用总额占企业销售（营业）收入总额的比例不低于 6%；其中，企业在中国境内发生的研究开发费用金额占研究开发费用总额的比例不低于 60%。

4. 汇算清缴年度软件产品开发销售（营业）收入占企业收入总额的比例不低于 50%〔嵌入式软件产品和信息系统集成产品开发销售（营业）收入占企业收入总额的比例不低于 40%〕，其中：软件产品自主开发销售（营业）收入占企业收入总额的比例不低于 40%〔嵌入式软件产品和信息系统集成产品开发销售（营业）收入占企业收入总额的比例不低于 30%〕。

5. 主营业务拥有自主知识产权。

6. 具有与软件开发相适应软硬件设施等开发环境（如合法的开发工具等）。

7. 汇算清缴年度未发生重大安全、重大质量事故或严重环境违法行为。

✏️ **【政策依据】**

1.《财政部　国家税务总局关于软件产品增值税政策的通知》（财税〔2011〕100 号）。

2.《财政部　国家税务总局关于进一步鼓励软件产业和集成电路产业发展企业所得税政策的通知》（财税〔2012〕27 号）第五条。

3.《财政部　国家税务总局　发展改革委　工业和信息化部关于软件和集成电路产业企业所得税优惠政策有关问题的通知》（财税〔2016〕49 号）。

五、企业外购软件缩短折旧或摊销年限

✉️ **【享受主体】**

企业纳税人。

☑️ **【优惠内容】**

企业外购的软件凡符合固定资产或无形资产确认条件的，可以按照固定资产或无形资产进行核算，其折旧或摊销年限可以适当缩短，最短可为 2 年（含）。

👥 **【享受条件】**

符合固定资产或无形资产确认条件。

【政策依据】

《财政部　国家税务总局关于进一步鼓励软件产业和集成电路产业发展企业所得税政策的通知》（财税〔2012〕27号）第七条。

六、国内旅客运输服务进项抵扣政策

【享受主体】

所有类型的企业

【优惠内容】

纳税人购进国内旅客运输服务，其进项税额允许从销项税额中抵扣。

纳税人未取得增值税专用发票的，暂按照以下规定确定进项税额：

（1）取得增值税电子普通发票的，为发票上注明的税额。

（2）取得注明旅客身份信息的航空运输电子客票行程单的，为按照下列公式计算进项税额：

航空旅客运输进项税额＝（票价＋燃油附加费）÷（1＋9%）×9%

（3）取得注明旅客身份信息的铁路车票的，为按照下列公式计算的进项税额。

铁路旅客运输进项税额＝票面金额÷（1＋9%）×9%

（4）取得注明旅客身份信息的公路、水路等其他客票的，按照下列公式计算进项税额：

公路、水路等其他旅客运输进项税额＝票面金额÷（1＋3%）×3%

《营业税改征增值税试点实施办法》（财税〔2016〕36号印发）第二十七条第（六）项和《营业税改征增值税试点有关事项的规定》（财税〔2016〕36号印发）第二条第（一）项第5点中"购进的旅客运输服务、贷款服务、餐饮服务、居民日常服务和娱乐服务"修改为"购进的贷款服务、餐饮服务、居民日常服务和娱乐服务"。

【享受条件】

增值税一般纳税人。

【政策依据】

1.《财政部　税务总局　海关总署关于深化增值税改革有关政策的公告》（财政部　税务总局　海关总署公告2019年第39号）。

2.《国家税务总局关于深化增值税改革有关事项的公告》（国家税务总局公告2019年第14号）。

【实操案例】•••

1. 增值税一般纳税人购进国内旅客运输服务，能否抵扣进项税额？

解答：可以。自 2019 年 4 月 1 日起，增值税一般纳税人购进国内旅客运输服务，其进项税额允许从销项税额中抵扣。

2. 增值税一般纳税人购进国际旅客运输服务，能否抵扣进项税额？

解答：不能。纳税人提供国际旅客运输服务，适用增值税零税率或免税政策。相应地，购买国际旅客运输服务不能抵扣进项税额。

3. 是否只有注明旅客身份信息的客票，才能作为进项税抵扣凭证？

解答：是的。按照《财政部　税务总局　海关总署关于深化增值税改革有关政策的公告》（财政部　税务总局　海关总署公告 2019 年第 39 号）的规定，目前暂允许注明旅客身份信息的航空运输电子客票行程单、铁路车票、公路和水路等其他客票，作为进项税抵扣凭证。

4. 增值税一般纳税人购进国内旅客运输服务，可以作为进项税额抵扣的凭证有哪些种类？

解答：增值税一般纳税人购进国内旅客运输服务，可以作为进项税额抵扣的凭证有：增值税专用发票、增值税电子普通发票，注明旅客身份信息的航空运输电子客票行程单、铁路车票以及公路、水路等其他客票。

5. 增值税一般纳税人购进国内旅客运输服务取得增值税电子普通发票的，如何计算进项税额？

解答：增值税一般纳税人购进国内旅客运输服务取得增值税电子普通发票的，进项税额为发票上注明的税额。

6. 增值税一般纳税人购进国内旅客运输服务取得航空运输电子客票行程单的，如何计算进项税额？

解答：取得注明旅客身份信息的航空运输电子客票行程单的，按照下列公式计算进项税额：

航空旅客运输进项税额＝（票价＋燃油附加费）÷（1＋9%）×9%

7. 增值税一般纳税人购进国内旅客运输服务取得铁路车票的，如何计算进项税额？

解答：取得注明旅客身份信息的铁路车票的，按照下列公式计算进项税额：

铁路旅客运输进项税额＝票面金额÷（1＋9%）×9%

8. 增值税一般纳税人购进国内旅客运输服务取得公路、水路等客票的，如何计算进项税额？

解答：取得注明旅客身份信息的公路、水路等客票的，按照下列公式计算进项税额：

公路、水路旅客运输进项税额＝票面金额÷（1＋3%）×3%

9. 纳税人购进国内旅客运输服务，取得增值税专用发票，按规定可抵扣的进项税额怎么申报？

解答：纳税人购进国内旅客运输服务，取得增值税专用发票，按规定可抵扣的进项税额，在申报时填写在《增值税纳税申报表附列资料（二）》"（一）认证相符的增值税专用发票"对应栏次中。

10. 纳税人购进国内旅客运输服务，取得增值税电子普通发票或注明旅客身份信息的航空、铁路等票据，按规定可抵扣的进项税额怎么申报？

解答：纳税人购进国内旅客运输服务，取得增值税电子普通发票或注明旅客身份信息的航空、铁路等票据，按规定可抵扣的进项税额，在申报时填写在《增值税纳税申报表附列资料（二）》第 8b 栏"其他"中。

11. 甲公司位于北京，某员工 2019 年 3 月 28 日乘高铁出差至山东，4 月 2 日返程，取得了注明该员工身份信息、乘车日期分别为 3 月 28 日和 4 月 2 日的两张高铁车票。甲公司可以将上述旅客运输费用纳入抵扣吗？

解答：《财政部 税务总局 海关总署关于深化增值税改革有关政策的公告》（财政部 税务总局 海关总署公告 2019 年第 39 号）规定，自 4 月 1 日起，增值税一般纳税人购进国内旅客运输服务，其进项税额允许从销项税额中抵扣。因此，甲公司取得的 4 月 2 日高铁车票，可计算抵扣进项税额，3 月 28 日的高铁车票则不能计算抵扣。

12. 乙公司因员工出差计划取消，支付给航空代理公司退票费，并取得了 6% 税率的增值税专用发票。乙公司可以抵扣该笔进项税额吗？

解答：按照现行政策规定，航空代理公司收取的退票费，属于现代服务业的征税范围，应按照 6% 税率计算缴纳增值税。乙公司因公务支付的退票费，属于可抵扣的进项税范围，其增值税专用发票上注明的税额，可以从销项税额中抵扣。

13. 纳税人为非雇员（如客户、邀请讲课专家等存在业务合作关系的人员）支付的旅客运输费用，能否抵扣进项税额？

解答：《财政部 税务总局 海关总署关于深化增值税改革有关政策的公告》（财政部 税务总局 海关总署公告 2019 年第 39 号）规定，增值税一般纳税人购进国内旅客运输服务，其进项税额允许从销项税额中抵扣。这里指的是与本单位建立了合法用工关系的雇员，所发生的国内旅客运输费用允许抵扣其进项税额。纳税人如果为非雇员支付的旅客运输费用，不能纳入抵扣范围。需要注意的是，上述允许抵扣的进项税额，应用于生产经营所需，如属于集体福利或者个人消费，其进项税额不得从销项税额中抵扣。

14. 某单位取得的长途客运手撕客票能否抵扣进项税额？

解答：《财政部 税务总局 海关总署关于深化增值税改革有关政策的公告》（财政部 税务总局 海关总署公告 2019 年第 39 号）规定，一般纳税人购进国内旅客运输服务，除取得增值税专用发票和增值税电子普通发票外，需凭注明旅客身份信息的航空运输电子客票行程单、铁路车票以及公路、水路等其他客票抵扣进项税额，未注明旅客身份信息的其他票证（手写无效），暂不允许作为扣税凭证。因此纳税人不能凭长途客运手撕票抵扣进项税额。

15. 自 2019 年 4 月 1 日起，纳税人购进国内旅客运输服务的进项税额允许抵扣。取得增值税电子普通发票，以及注明旅客身份信息的航空运输电子客票行程单、铁路车票、公路、水路等其他客票，其抵扣期限是多久？

解答：自 2019 年 4 月 1 日起，纳税人购进国内旅客运输服务的进项税额允许抵扣。现行政策未对除增值税专用发票以外的国内旅客运输服务凭证设定抵扣期限。

16. 2019 年 4 月 1 日后，纳税人购进国内旅客运输服务，取得增值税普通发票（非增值税电子普通发票）的，进项税额是否允许从销项税额中抵扣？

解答：《财政部　税务总局　海关总署关于深化增值税改革有关政策的公告》（财政部　税务总局　海关总署公告 2019 年第 39 号）规定，允许抵扣进项税额的国内旅客运输服务凭证，除增值税专用发票外，只限于增值税电子普通发票，和注明旅客身份信息的航空运输电子客票行程单、铁路车票、公路、水路等其他客票。不包括增值税普通发票。

17. 丙公司准备购买 20 张 "上海—三亚" 往返机票，用于奖励公司优秀员工团队。购票支出对应的进项税额，C 公司能否从销项税额中抵扣？

解答：按照《营业税改征增值税试点实施办法》（财税〔2016〕36 号印发）第二十七条第（一）项规定，纳税人购买货物、加工修理修配劳务、服务、无形资产和不动产，用于集体福利或者个人消费项目的进项税额不得从销项税额中抵扣。C 公司用于奖励员工的 20 张机票，属于集体福利项目，对应的进项税额不得从销项税额中抵扣。

18. 纳税人购进国内旅客运输服务是否可以抵扣进项税额？如何抵扣？

解答：《财政部　税务总局　海关总署关于深化增值税改革有关政策的公告》（财政部　税务总局　海关总署公告 2019 年第 39 号）第六条规定，纳税人购进国内旅客运输服务，其进项税额允许从销项税额中抵扣。纳税人取得增值税专用发票的，以发票上注明的税额为进项税额。纳税人未取得增值税专用发票的，暂按照以下规定确定进项税额：

（1）取得增值税电子普通发票的，为发票上注明的税额。

（2）取得注明旅客身份信息的航空运输电子客票行程单的，为按照下列公式计算进项税额：

航空旅客运输进项税额 ＝（票价＋燃油附加费）÷（1＋9%）×9%

（3）取得注明旅客身份信息的铁路车票的，为按照下列公式计算的进项税额：

铁路旅客运输进项税额 ＝ 票面金额 ÷（1＋9%）×9%

（4）取得注明旅客身份信息的公路、水路等其他客票的，按照下列公式计算进项税额：

公路、水路等其他旅客运输进项税额 ＝ 票面金额 ÷（1＋3%）×3%

19. 某纳税人 2019 年 4 月购进国内旅客运输服务。取得注明旅客身份信息的航空运输电子客票行程单 1 张，注明的票价 2700 元，民航发展基金 50 元，燃油附加费 120 元。该纳税人应当如何填写增值税纳税申报表？

解答：按照政策规定，纳税人购进国内旅客运输服务未取得增值税专用发票的，需根据取得的凭证类型，分别计算进项税额。其中取得注明旅客身份信息的航空运输电子客票行程单的，按照下列公式计算进项税额：

航空旅客运输进项税额：＝（票价＋燃油附加费）÷（1＋9%）×9%

需要注意民航发展基金不作为计算进项税额的基数。

因此，该纳税人在办理 2019 年 4 月税款所属期纳税申报时，应当将按照上述公式计算的航空旅客运输进项税额 232.84 元，填入《增值税纳税申报表附列资料（二）》第 8b 栏"其他""税额"列，第 8b 栏"其他""份数"列填写 1 份，"金额"列填写 2587.16 元。同时，还需将上述内容填入本表第 10 行"（四）本期用于抵扣的旅客运输服务"。

20. 甲公司高管是外籍人员，其因公出差，取得注明护照信息的国内铁路车票，甲公司可以抵扣该笔旅客运输费用的进项税额吗？

解答：《财政部　税务总局　海关总署关于深化增值税改革有关政策的公告》（财政部　税务总局　海关总署公告 2019 年第 39 号）第六条规定，纳税人购进国内旅客运输服务，取得注明旅客身份信息的铁路车票的，其进项税额允许从销项税额中抵扣。甲公司高管取得的注明护照信息的铁路车票，按照规定可以抵扣进项税额。

21. 提供国内旅客运输服务的航空企业在收取票款时一并代收的民航发展基金，应如何开具增值税电子普通发票？

解答：《商品和服务税收分类编码表》中，不征税项目类别下编码 6130000000000000000 为"代收民航发展基金"。航空公司在提供国内旅客运输服务时代收的民航发展基金，可以选择该编码开具增值税电子普通发票。

22. 纳税人购进国内旅客运输服务取得的旅行社、航空票务代理等票务代理机构享受差额征税政策并依 6% 税率开具的代理旅客运输费用电子普通发票，是否可以作为抵扣凭证？

解答：纳税人取得旅行社、航空票务代理等票务代理机构依 6% 税率开具的代理旅客运输费用电子普通发票，是购进"现代服务—商务辅助服务"，不属于购进国内旅客运输服务，不能适用《财政部　税务总局　海关总署关于深化增值税改革有关政策的公告》（财政部　税务总局　海关总署公告 2019 年第 39 号）第六条关于其他票据计算抵扣的特殊规定。按照现行进项税抵扣的有关规定，纳税人取得上述电子普通发票，不能作为抵扣凭证。

23. 航空运输电子客票行程单上既有"填开日期"，也有"航班日期"，对于下列情况该如何判断能否抵扣进项：（1）填开日期在 3 月 31 日前，而航班日期在 4 月 1 日之后的；（2）填开日期在 4 月 1 日后，而航班日期在 3 月 31 日之前的。请明确是以行程单上的"填开日期"作为"购进日期"，还是以"航班日期"作为"购进日期"来判断是否能够抵扣进项？

解答：纳税人购进旅客运输服务取得航空运输电子客票行程单的，以航空运输电子客票行程单上注明的运输服务发生日期，确定其对应的旅客运输服务能否抵扣进项税。运输服务发生日期为 2019 年 4 月 1 日及以后的，可以按规定抵扣进项税；运输服务发生日期为 2019 年 3 月 31 日及以前的，不得抵扣进项税。

24. 国内旅客运输服务的机票款进项税计税基础为（票价＋燃油费附加），民航基

金等其他费用不可以作为进项税的计税基础。每次计算进项税的时间需要拆分，实际民航基金等其他费用作为计税基础对进项税的影响金额并不不大，建议直接按照支付金额来计算进项税，可大大提高办税效率。

解答：在航空运输电子客票行程单中，票价、燃油附加费和民航发展基金是分别列示的。其中，民航发展基金属于政府性基金，不计入航空运输企业的销售收入，不征收增值税。增值税遵循"征扣一致"的基本原则，上环节征多少，下环节扣多少，上环节不征税，下环节不扣税。因此，民航发展基金不应纳入进项抵扣的范围。

第三节 集成电路企业税收优惠

一、集成电路重大项目企业增值税留抵税额退税

【享受主体】

国家批准的集成电路重大项目企业。

【优惠内容】

自 2011 年 11 月 1 日起，对国家批准的集成电路重大项目企业因购进设备形成的增值税期末留抵税额准予退还。

【享受条件】

1.属于国家批准的集成电路重大项目企业。

2.购进的设备应属于《中华人民共和国增值税暂行条例实施细则》第二十一条第二款规定的固定资产范围。

【政策依据】

1.《财政部 国家税务总局关于退还集成电路企业采购设备增值税期末留抵税额的通知》（财税〔2011〕107 号）。

2.《中华人民共和国增值税暂行条例实施细则》第二十一条第二款。

二、线宽小于 0.8 微米的集成电路生产企业定期减免企业所得税

【享受主体】

集成电路线宽小于 0.8 微米的集成电路生产企业。

📋【优惠内容】

2017 年 12 月 31 日前设立但未获利的集成电路线宽小于 0.8 微米（含）的集成电路生产企业，自获利年度起第一年至第二年免征企业所得税，第三年至第五年按照 25% 的法定税率减半征收企业所得税，并享受至期满为止。

👥【享受条件】

集成电路生产企业是指以单片集成电路、多芯片集成电路、混合集成电路制造为主营业务并同时符合下列条件的企业：

1. 在中国境内（不包括港澳台地区）依法注册并在发展改革、工业和信息化部门备案的居民企业。

2. 汇算清缴年度具有劳动合同关系或劳务派遣、聘用关系且具有大学专科以上学历职工人数占企业月平均职工总人数的比例不低于 40%，其中研究开发人员占企业月平均职工总数的比例不低于 20%。

3. 拥有核心关键技术，并以此为基础开展经营活动，且汇算清缴年度研究开发费用总额占企业销售（营业）收入总额的比例不低于 2%；其中，企业在中国境内发生的研究开发费用金额占研究开发费用总额的比例不低于 60%；同时企业应持续加强研发活动，不断提高研发能力。

4. 汇算清缴年度集成电路制造销售（营业）收入占企业收入总额的比例不低于 60%。

5. 具有保证产品生产的手段和能力，并获得有关资质认证（包括 ISO 质量体系认证）。

6. 汇算清缴年度未发生重大安全、重大质量事故或严重环境违法行为。

✏️【政策依据】

1.《财政部　国家税务总局　发展改革委　工业和信息化部关于软件和集成电路产业企业所得税优惠政策有关问题的通知》（财税〔2016〕49 号）。

2.《财政部　税务总局　国家发展改革委　工业和信息化部关于集成电路生产企业有关企业所得税政策问题的通知》（财税〔2018〕27 号）第六条。

三、线宽小于 0.25 微米的集成电路生产企业减按 15% 税率征收企业所得税

✉️【享受主体】

线宽小于 0.25 微米的集成电路生产企业。

📋【优惠内容】

集成电路线宽小于 0.25 微米的集成电路生产企业减按 15% 的税率征收企业所得税。

【享受条件】

集成电路生产企业是指以单片集成电路、多芯片集成电路、混合集成电路制造为主营业务并同时符合下列条件的企业：

1. 在中国境内（不包括港澳台地区）依法注册并在发展改革、工业和信息化部门备案的居民企业。

2. 汇算清缴年度具有劳动合同关系或劳务派遣、聘用关系且具有大学专科以上学历职工人数占企业月平均职工总人数的比例不低于40%，其中研究开发人员占企业月平均职工总数的比例不低于20%。

3. 拥有核心关键技术，并以此为基础开展经营活动，且汇算清缴年度研究开发费用总额占企业销售（营业）收入（主营业务收入与其他业务收入之和）总额的比例不低于2%；其中，企业在中国境内发生的研究开发费用金额占研究开发费用总额的比例不低于60%；同时企业应持续加强研发活动，不断提高研发能力。

4. 汇算清缴年度集成电路制造销售（营业）收入占企业收入总额的比例不低于60%。

5. 具有保证产品生产的手段和能力，并获得有关资质认证（包括ISO质量体系认证）。

6. 汇算清缴年度未发生重大安全、重大质量事故或严重环境违法行为。

【政策依据】

1.《财政部　国家税务总局关于进一步鼓励软件产业和集成电路产业发展企业所得税政策的通知》（财税〔2012〕27号）第二条。

2.《财政部　国家税务总局　发展改革委　工业和信息化部关于软件和集成电路产业企业所得税优惠政策有关问题的通知》（财税〔2016〕49号）。

3.《财政部　税务总局　国家发展改革委　工业和信息化部关于集成电路生产企业有关企业所得税政策问题的通知》（财税〔2018〕27号）第七条。

四、投资额超过80亿元的集成电路生产企业减按15%税率征收企业所得税

【享受主体】

投资额超过80亿元的集成电路生产企业。

【优惠内容】

投资额超过80亿元的集成电路生产企业减按15%的税率征收企业所得税。

【享受条件】

集成电路生产企业是指以单片集成电路、多芯片集成电路、混合集成电路制造为

主营业务并同时符合下列条件的企业：

1. 在中国境内（不包括港澳台地区）依法注册并在发展改革、工业和信息化部门备案的居民企业。

2. 汇算清缴年度具有劳动合同关系或劳务派遣、聘用关系且具有大学专科以上学历职工人数占企业月平均职工总人数的比例不低于40%，其中研究开发人员占企业月平均职工总数的比例不低于20%。

3. 拥有核心关键技术，并以此为基础开展经营活动，且汇算清缴年度研究开发费用总额占企业销售（营业）收入（主营业务收入与其他业务收入之和，下同）总额的比例不低于2%；其中，企业在中国境内发生的研究开发费用金额占研究开发费用总额的比例不低于60%；同时企业应持续加强研发活动，不断提高研发能力。

4. 汇算清缴年度集成电路制造销售（营业）收入占企业收入总额的比例不低于60%。

5. 具有保证产品生产的手段和能力，并获得有关资质认证（包括ISO质量体系认证）。

6. 汇算清缴年度未发生重大安全、重大质量事故或严重环境违法行为。

【政策依据】

1.《财政部　国家税务总局关于进一步鼓励软件产业和集成电路产业发展企业所得税政策的通知》（财税〔2012〕27号）第二条。

2.《财政部　国家税务总局　发展改革委　工业和信息化部关于软件和集成电路产业企业所得税优惠政策有关问题的通知》（财税〔2016〕49号）。

3.《财政部　税务总局　国家发展改革委　工业和信息化部关于集成电路生产企业有关企业所得税政策问题的通知》（财税〔2018〕27号）第七条。

五、线宽小于0.25微米的集成电路生产企业定期减免企业所得税

【享受主体】

线宽小于0.25微米的集成电路生产企业。

【优惠内容】

2017年12月31日前设立但未获利的集成电路线宽小于0.25微米，且经营期在15年以上的集成电路生产企业，自获利年度起第一年至第五年免征企业所得税，第六年至第十年按照25%的法定税率减半征收企业所得税，并享受至期满为止。

【享受条件】

集成电路生产企业是指以单片集成电路、多芯片集成电路、混合集成电路制造为主营业务并同时符合下列条件的企业：

1. 在中国境内（不包括港澳台地区）依法注册并在发展改革、工业和信息化部门

备案的居民企业。

2. 汇算清缴年度具有劳动合同关系或劳务派遣、聘用关系且具有大学专科以上学历职工人数占企业月平均职工总人数的比例不低于40%，其中研究开发人员占企业月平均职工总数的比例不低于20%。

3. 拥有核心关键技术，并以此为基础开展经营活动，且汇算清缴年度研究开发费用总额占企业销售（营业）收入总额的比例不低于2%；其中，企业在中国境内发生的研究开发费用金额占研究开发费用总额的比例不低于60%；同时企业应持续加强研发活动，不断提高研发能力。

4. 汇算清缴年度集成电路制造销售（营业）收入占企业收入总额的比例不低于60%。

5. 具有保证产品生产的手段和能力，并获得有关资质认证（包括ISO质量体系认证）。

6. 汇算清缴年度未发生重大安全、重大质量事故或严重环境违法行为。

【政策依据】

1.《财政部 国家税务总局 发展改革委 工业和信息化部关于软件和集成电路产业企业所得税优惠政策有关问题的通知》（财税〔2016〕49号）。

2.《财政部 税务总局 国家发展改革委 工业和信息化部关于集成电路生产企业有关企业所得税政策问题的通知》（财税〔2018〕27号）第五条。

六、投资额超过80亿元的集成电路生产企业定期减免企业所得税

【享受主体】

投资额超过80亿元的集成电路生产企业。

【优惠内容】

2017年12月31日前设立但未获利的投资额超过80亿元，且经营期在15年以上的集成电路生产企业，自获利年度起第一年至第五年免征企业所得税，第六年至第十年按照25%的法定税率减半征收企业所得税，并享受至期满为止。

【享受条件】

集成电路生产企业是指以单片集成电路、多芯片集成电路、混合集成电路制造为主营业务并同时符合下列条件的企业：

1. 在中国境内（不包括港澳台地区）依法注册并在发展改革、工业和信息化部门备案的居民企业。

2. 汇算清缴年度具有劳动合同关系或劳务派遣、聘用关系且具有大学专科以上学历职工人数占企业月平均职工总人数的比例不低于40%，其中研究开发人员占企业月平均职工总数的比例不低于20%。

3. 拥有核心关键技术，并以此为基础开展经营活动，且汇算清缴年度研究开发费用总额占企业销售（营业）收入总额的比例不低于2%；其中，企业在中国境内发生的研究开发费用金额占研究开发费用总额的比例不低于60%；同时企业应持续加强研发活动，不断提高研发能力。

4. 汇算清缴年度集成电路制造销售（营业）收入占企业收入总额的比例不低于60%。

5. 具有保证产品生产的手段和能力，并获得有关资质认证（包括ISO质量体系认证）。

6. 汇算清缴年度未发生重大安全、重大质量事故或严重环境违法行为。

✎ 【政策依据】

1.《财政部 国家税务总局 发展改革委 工业和信息化部关于软件和集成电路产业企业所得税优惠政策有关问题的通知》（财税〔2016〕49号）。

2.《财政部 税务总局 国家发展改革委 工业和信息化部关于集成电路生产企业有关企业所得税政策问题的通知》（财税〔2018〕27号）第五条。

七、线宽小于130纳米的集成电路生产企业或项目定期减免企业所得税

✉ 【享受主体】

集成电路线宽小于130纳米的集成电路生产企业或项目。

☑ 【优惠内容】

2018年1月1日后投资新设的集成电路线宽小于130纳米，且经营期在10年以上的集成电路生产企业或项目，第一年至第二年免征企业所得税，第三年至第五年按照25%的法定税率减半征收企业所得税，并享受至期满为止。

☷ 【享受条件】

1. 集成电路生产企业是指以单片集成电路、多芯片集成电路、混合集成电路制造为主营业务并同时符合下列条件的企业：

（1）在中国境内（不包括港澳台地区）依法注册并在发展改革、工业和信息化部门备案的居民企业。

（2）汇算清缴年度具有劳动合同关系或劳务派遣、聘用关系且具有大学专科以上学历职工人数占企业月平均职工总人数的比例不低于40%，其中研究开发人员占企业月平均职工总数的比例不低于20%。

（3）拥有核心关键技术，并以此为基础开展经营活动，且汇算清缴年度研究开发费用总额占企业销售（营业）收入（主营业务收入与其他业务收入之和）总额的比例不低于2%；其中，企业在中国境内发生的研究开发费用金额占研究开发费用总额的比

例不低于 60%；同时企业应持续加强研发活动，不断提高研发能。

（4）汇算清缴年度集成电路制造销售（营业）收入占企业收入总额的比例不低于60%。

（5）具有保证产品生产的手段和能力，并获得有关资质认证（包括 ISO 质量体系认证）。

（6）汇算清缴年度未发生重大安全、重大质量事故或严重环境违法行为。

2.对于按照集成电路生产企业享受本税收优惠政策的，优惠期自企业获利年度起计算；对于按照集成电路生产项目享受上述优惠的，优惠期自项目取得第一笔生产经营收入所属纳税年度起计算。

3.享受本税收优惠政策的集成电路生产项目，其主体企业应符合集成电路生产企业条件，且能够对该项目单独进行会计核算、计算所得，并合理分摊期间费用。

✎ 【政策依据】

1.《财政部　国家税务总局　发展改革委　工业和信息化部关于软件和集成电路产业企业所得税优惠政策有关问题的通知》（财税〔2016〕49 号）。

2.《财政部　税务总局　国家发展改革委　工业和信息化部关于集成电路生产企业有关企业所得税政策问题的通知》（财税〔2018〕27 号）第一条。

八、线宽小于 65 纳米的集成电路生产企业或项目定期减免企业所得税

✉ 【享受主体】

集成电路线宽小于 65 纳米的集成电路生产企业或项目。

✓ 【优惠内容】

2018 年 1 月 1 日后投资新设的集成电路线宽小于 65 纳米，且经营期在 15 年以上的集成电路生产企业或项目，第一年至第五年免征企业所得税，第六年至第十年按照25% 的法定税率减半征收企业所得税，并享受至期满为止。

👥 【享受条件】

1.集成电路生产企业是指以单片集成电路、多芯片集成电路、混合集成电路制造为主营业务并同时符合下列条件的企业：

（1）在中国境内（不包括港澳台地区）依法注册并在发展改革、工业和信息化部门备案的居民企业。

（2）汇算清缴年度具有劳动合同关系或劳务派遣、聘用关系且具有大学专科以上学历职工人数占企业月平均职工总人数的比例不低于 40%，其中研究开发人员占企业月平均职工总数的比例不低于 20%。

（3）拥有核心关键技术，并以此为基础开展经营活动，且汇算清缴年度研究开发费用总额占企业销售（营业）收入（主营业务收入与其他业务收入之和）总额的比例不低于2%；其中，企业在中国境内发生的研究开发费用金额占研究开发费用总额的比例不低于60%；同时企业应持续加强研发活动，不断提高研发能力。

（4）汇算清缴年度集成电路制造销售（营业）收入占企业收入总额的比例不低于60%。

（5）具有保证产品生产的手段和能力，并获得有关资质认证（包括ISO质量体系认证）。

（6）汇算清缴年度未发生重大安全、重大质量事故或严重环境违法行为。

2.对于按照集成电路生产企业享受本税收优惠政策的，优惠期自企业获利年度起计算；对于按照集成电路生产项目享受上述优惠的，优惠期自项目取得第一笔生产经营收入所属纳税年度起计算。

3.享受本税收优惠政策的集成电路生产项目，其主体企业应符合集成电路生产企业条件，且能够对该项目单独进行会计核算、计算所得，并合理分摊期间费用。

【政策依据】

1.《财政部　国家税务总局　发展改革委　工业和信息化部关于软件和集成电路产业企业所得税优惠政策有关问题的通知》（财税〔2016〕49号）。

2.《财政部　税务总局　国家发展改革委　工业和信息化部关于集成电路生产企业有关企业所得税政策问题的通知》（财税〔2018〕27号）第二条。

九、投资额超过150亿元的集成电路生产企业或项目定期减免企业所得税

【享受主体】

集成电路投资额超过150亿元的集成电路生产企业或项目。

【优惠内容】

2018年1月1日后投资新设的集成电路投资额超过150亿元，且经营期在15年以上的集成电路生产企业或项目，第一年至第五年免征企业所得税，第六年至第十年按照25%的法定税率减半征收企业所得税，并享受至期满为止。

【享受条件】

1.集成电路生产企业是指以单片集成电路、多芯片集成电路、混合集成电路制造为主营业务并同时符合下列条件的企业：

（1）在中国境内（不包括港澳台地区）依法注册并在发展改革、工业和信息化部门备案的居民企业。

（2）汇算清缴年度具有劳动合同关系或劳务派遣、聘用关系且具有大学专科以上

学历职工人数占企业月平均职工总人数的比例不低于 40%，其中研究开发人员占企业月平均职工总数的比例不低于 20%。

（3）拥有核心关键技术，并以此为基础开展经营活动，且汇算清缴年度研究开发费用总额占企业销售（营业）收入（主营业务收入与其他业务收入之和）总额的比例不低于 2%；其中，企业在中国境内发生的研究开发费用金额占研究开发费用总额的比例不低于 60%；同时企业应持续加强研发活动，不断提高研发能。

（4）汇算清缴年度集成电路制造销售（营业）收入占企业收入总额的比例不低于 60%。

（5）具有保证产品生产的手段和能力，并获得有关资质认证（包括 ISO 质量体系认证）。

（6）汇算清缴年度未发生重大安全、重大质量事故或严重环境违法行为。

2. 按照集成电路生产企业享受本税收优惠政策的，优惠期自企业获利年度起计算；按照集成电路生产项目享受上述优惠的，优惠期自项目取得第一笔生产经营收入所属纳税年度起计算。

3. 享受本税收优惠政策的集成电路生产项目，其主体企业应符合集成电路生产企业条件，且能够对该项目单独进行会计核算、计算所得，并合理分摊期间费用。

【政策依据】

1.《财政部　国家税务总局　发展改革委　工业和信息化部关于软件和集成电路产业企业所得税优惠政策有关问题的通知》（财税〔2016〕49 号）。

2.《财政部　税务总局　国家发展改革委　工业和信息化部关于集成电路生产企业有关企业所得税政策问题的通知》（财税〔2018〕27 号）第二条。

十、国家规划布局内的集成电路设计企业减按 10% 税率征收企业所得税

【享受主体】

国家规划布局内的集成电路设计企业。

【优惠内容】

国家规划布局内的集成电路设计企业，如当年未享受免税优惠的，可减按 10% 的税率征收企业所得税。

【享受条件】

1. 集成电路设计企业是指以集成电路设计为主营业务并同时符合下列条件的企业：

（1）在中国境内（不包括港澳台地区）依法注册的居民企业。

（2）汇算清缴年度具有劳动合同关系且具有大学专科以上学历的职工人数占企业月平均职工总人数的比例不低 40%，其中研究开发人员占企业月平均职工总数的比例不低于 20%。

（3）拥有核心关键技术，并以此为基础开展经营活动，且汇算清缴年度研究开发费用总额占企业销售（营业）收入总额的比例不低于 6%；其中，企业在中国境内发生的研究开发费用金额占研究开发费用总额的比例不低于 60%。

（4）汇算清缴年度集成电路设计销售（营业）收入占企业收入总额的比例不低于 60%，其中集成电路自主设计销售（营业）收入占企业收入总额的比例不低于 50%。

（5）主营业务拥有自主知识产权。

（6）具有与集成电路设计相适应的软硬件设施等开发环境（如 EDA 工具、服务器或工作站等）。

（7）汇算清缴年度未发生重大安全、重大质量事故或严重环境违法行为。

2.国家规划布局内重点集成电路设计企业除符合上述规定外，还应至少符合下列条件中的一项：

（1）汇算清缴年度集成电路设计销售（营业）收入不低于 2 亿元，年应纳税所得额不低于 1 000 万元，研究开发人员占月平均职工总数的比例不低于 25%。

（2）在国家规定的重点集成电路设计领域内，汇算清缴年度集成电路设计销售（营业）收入不低于 2 000 万元，应纳税所得额不低于 250 万元，研究开发人员占月平均职工总数的比例不低于 35%，企业在中国境内发生的研发开发费用金额占研究开发费用总额的比例不低于 70%。

【政策依据】

1.《财政部　国家税务总局关于进一步鼓励软件产业和集成电路产业发展企业所得税政策的通知》（财税〔2012〕27 号）第四条。

2.《财政部　国家税务总局　发展改革委　工业和信息化部关于软件和集成电路产业企业所得税优惠政策有关问题的通知》（财税〔2016〕49 号）。

3.《国家发展和改革委员会关于印发国家规划布局内重点软件和集成电路设计领域的通知》（发改高技〔2016〕1056 号）。

十一、集成电路生产企业生产设备缩短折旧年限

【享受主体】

集成电路生产企业。

【优惠内容】

集成电路生产企业的生产设备，其折旧年限可以适当缩短，最短可为 3 年（含）。

【享受条件】

集成电路生产企业是指以单片集成电路、多芯片集成电路、混合集成电路制造为主营业务并同时符合下列条件的企业：

（1）在中国境内（不包括港澳台地区）依法注册并在发展改革、工业和信息化部门备案的居民企业。

（2）汇算清缴年度具有劳动合同关系或劳务派遣、聘用关系且具有大学专科以上学历职工人数占企业月平均职工总人数的比例不低于40%，其中研究开发人员占企业月平均职工总数的比例不低于20%。

（3）拥有核心关键技术，并以此为基础开展经营活动，且汇算清缴年度研究开发费用总额占企业销售（营业）收入（主营业务收入与其他业务收入之和，下同）总额的比例不低于2%；其中，企业在中国境内发生的研究开发费用金额占研究开发费用总额的比例不低于60%；同时企业应持续加强研发活动，不断提高研发能力。

（4）汇算清缴年度集成电路制造销售（营业）收入占企业收入总额的比例不低于60%。

（5）具有保证产品生产的手段和能力，并获得有关资质认证（包括ISO质量体系认证）。

（6）汇算清缴年度未发生重大安全、重大质量事故或严重环境违法行为。

【政策依据】

1.《财政部　国家税务总局关于进一步鼓励软件产业和集成电路产业发展企业所得税政策的通知》（财税〔2012〕27号）第八条。

2.《财政部　国家税务总局　发展改革委　工业和信息化部关于软件和集成电路产业企业所得税优惠政策有关问题的通知》（财税〔2016〕49号）。

3.《财政部　税务总局　国家发展改革委　工业和信息化部关于集成电路生产企业有关企业所得税政策问题的通知》（财税〔2018〕27号）第七条。

十二、集成电路封装、测试企业定期减免企业所得税

【享受主体】

集成电路封装、测试企业。

【优惠内容】

符合条件的集成电路封装、测试企业在2017年（含2017年）前实现获利的，自获利年度起，第一年至第二年免征企业所得税，第三年至第五年按照25%的法定税率减半征收企业所得税，并享受至期满为止；2017年前未实现获利的，自2017年起计算优惠期，享受至期满为止。

【享受条件】

符合条件的集成电路封装、测试企业，必须同时满足以下条件：

1.2014 年 1 月 1 日后依法在中国境内成立的法人企业。

2. 签订劳动合同关系且具有大学专科以上学历的职工人数占企业当年月平均职工总人数的比例不低于 40%，其中，研究开发人员占企业当年月平均职工总数的比例不低于 20%。

3. 拥有核心关键技术，并以此为基础开展经营活动，且当年度的研究开发费用总额占企业销售（营业）收入（主营业务收入与其他业务收入之和）总额的比例不低于 3.5%，其中，企业在中国境内发生的研究开发费用金额占研究开发费用总额的比例不低于 60%。

4. 集成电路封装、测试销售（营业）收入占企业收入总额的比例不低于 60%。

5. 具有保证产品生产的手段和能力，并获得有关资质认证（包括 ISO 质量体系认证、人力资源能力认证等）。

6. 具有与集成电路封装、测试相适应的经营场所、软硬件设施等基本条件。

【政策依据】

《财政部　国家税务总局　发展改革委　工业和信息化部关于进一步鼓励集成电路产业发展企业所得税政策的通知》（财税〔2015〕6 号）第一条、第二条。

十三、集成电路关键专用材料生产企业、集成电路专用设备生产企业定期减免企业所得税

【享受主体】

集成电路关键专用材料、集成电路专用设备生产企业。

【优惠内容】

符合条件的集成电路关键专用材料生产企业或集成电路专用设备生产企业在 2017 年（含 2017 年）前实现获利的，自获利年度起，第一年至第二年免征企业所得税，第三年至第五年按照 25% 的法定税率减半征收企业所得税，并享受至期满为止；2017 年前未实现获利的，自 2017 年起计算优惠期，享受至期满为止。

【享受条件】

符合条件的集成电路关键专用材料生产企业或集成电路专用设备生产企业，必须同时满足以下条件：

1.2014 年 1 月 1 日后依法在中国境内成立的法人企业。

2. 签订劳动合同关系且具有大学专科以上学历的职工人数占企业当年月平均职工

总人数的比例不低于 40%，其中，研究开发人员占企业当年月平均职工总数的比例不低于 20%。

3. 拥有核心关键技术，并以此为基础开展经营活动，且当年度的研究开发费用总额占企业销售（营业）收入总额的比例不低于 5%，其中，企业在中国境内发生的研究开发费用金额占研究开发费用总额的比例不低于 60%。

4. 集成电路关键专用材料或专用设备销售收入占企业销售（营业）收入总额的比例不低于 30%。

5. 具有保证集成电路关键专用材料或专用设备产品生产的手段和能力，并获得有关资质认证（包括 ISO 质量体系认证、人力资源能力认证等）。

6. 具有与集成电路关键专用材料或专用设备生产相适应的经营场所、软硬件设施等基本条件。

【政策依据】

《财政部　国家税务总局　发展改革委　工业和信息化部关于进一步鼓励集成电路产业发展企业所得税政策的通知》（财税〔2015〕6 号）第一条、第三条。

十四、集成电路企业退还的增值税期末留抵税额在城市维护建设税、教育费附加和地方教育附加的计税（征）依据中扣除

【享受主体】

享受增值税期末留抵退税政策的集成电路企业。

【优惠内容】

自 2017 年 2 月 24 日起，享受增值税期末留抵退税政策的集成电路企业，其退还的增值税期末留抵税额，应在城市维护建设税、教育费附加和地方教育附加的计税（征）依据中予以扣除。

【享受条件】

集成电路企业根据《财政部　国家税务总局关于退还集成电路企业采购设备增值税期末留抵税额的通知》（财税〔2011〕107 号）规定，享受增值税期末留抵退税。

【政策依据】

1. 《财政部　国家税务总局关于退还集成电路企业采购设备增值税期末留抵税额的通知》（财税〔2011〕107 号）。

2. 《财政部　国家税务总局关于集成电路企业增值税期末留抵退税有关城市维护建设税 教育费附加和地方教育附加政策的通知》（财税〔2017〕17 号）。

第四节　动漫企业税收优惠

一、动漫企业增值税超税负即征即退

【享受主体】

属于增值税一般纳税人的动漫企业。

【优惠内容】

1. 自 2018 年 1 月 1 日至 2018 年 4 月 30 日，对动漫企业增值税一般纳税人销售其自主开发生产的动漫软件，按照 17% 的税率征收增值税后，对其增值税实际税负超过 3% 的部分，实行即征即退政策。

2. 自 2018 年 5 月 1 日至 2020 年 12 月 31 日，对动漫企业增值税一般纳税人销售其自主开发生产的动漫软件，按照 16% 的税率征收增值税后，对其增值税实际税负超过 3% 的部分，实行即征即退政策（自 2019 年 4 月 1 日起，增值税一般纳税人发生增值税应税销售行为或者进口货物，原适用 16% 税率的，税率调整为 13%）。

【享受条件】

动漫企业须按照《动漫企业认定管理办法（试行）》规定，通过认定。

【政策依据】

1.《文化部　财政部　国家税务总局关于印发〈动漫企业认定管理办法（试行）〉的通知》（文市发〔2008〕51 号）。

2.《财政部　税务总局关于延续动漫产业增值税政策的通知》（财税〔2018〕38 号）。

3.《财政部　税务总局　海关总署关于深化增值税改革有关政策的公告》（财政部　税务总局 海关总署公告 2019 年第 39 号）第一条。

二、动漫企业进口符合条件的商品免征增值税

【享受主体】

符合条件的动漫企业。

【优惠内容】

自 2016 年 1 月 1 日至 2020 年 12 月 31 日，经国务院有关部门认定的动漫企业自主开发、生产动漫直接产品，确需进口的商品可享受免征进口环节增值税。

【享受条件】

享受政策的动漫企业应符合文化部等相关部门制定的动漫企业认定基本标准，具备自主开发、生产动漫直接产品的资质和能力。其自主开发、生产动漫直接产品，确需进口《动漫企业免税进口动漫开发生产用品清单》列明的商品。

【政策依据】

1.《财政部　国家税务总局关于扶持动漫产业发展有关税收政策问题的通知》（财税〔2009〕65 号）第四条。

2.《财政部　海关总署　国家税务总局关于动漫企业进口动漫开发生产用品税收政策的通知》（财关税〔2016〕36 号）。

三、符合条件的动漫企业定期减免企业所得税。

【享受主体】

符合条件的动漫企业。

【优惠内容】

经认定的动漫企业自主开发、生产动漫产品，可申请享受国家现行鼓励软件产业发展的所得税优惠政策，在 2018 年 12 月 31 日前自获利年度起计算优惠期，第一年至第二年免征企业所得税，第三年至第五年按照 25% 的法定税率减半征收企业所得税，并享受至期满为止。

【享受条件】

动漫企业须按照《动漫企业认定管理办法（试行）》规定，通过认定。

【政策依据】

1.《财政部　国家税务总局关于扶持动漫产业发展有关税收政策问题的通知》（财税〔2009〕65 号）第二条。

2.《财政部　税务总局关于集成电路设计和软件产业企业所得税政策的公告》（财政部　税务总局公告 2019 年第 68 号）。

3.《文化部　财政部　国家税务总局关于印发〈动漫企业认定管理办法（试行）〉的通知》（文市发〔2008〕51 号）。

第四章

支持贫困地区基础设施建设减税降费政策

导读

　　本章介绍支持贫困地区基础设施建设减税降费政策，包括四节内容，分别介绍基础设施建设税收优惠、农田水利建设税收优惠、农民住宅建设税收优惠以及农村饮水工程税收优惠。

第一节　基础设施建设税收优惠

一、国家重点扶持的公共基础设施项目企业所得税"三免三减半"

【享受主体】

从事国家重点扶持的公共基础设施项目的企业。

【优惠内容】

　　企业从事国家重点扶持的公共基础设施项目的投资经营的所得，自项目取得第一笔生产经营收入所属纳税年度起，第一年至第三年免征企业所得税，第四年至第六年减半征收企业所得税。

【享受条件】

　　1.国家重点扶持的公共基础设施项目，是指《公共基础设施项目企业所得税优惠目录》规定的港口码头、机场、铁路、公路、城市公共交通、电力、水利等项目。
　　2.企业投资经营符合《公共基础设施项目企业所得税优惠目录》规定条件和标准

的公共基础设施项目，采用一次核准、分批次（如码头、泊位、航站楼、跑道、路段、发电机组等）建设的，凡同时符合以下条件的，可按每一批次为单位计算所得，并享受企业所得税"三免三减半"优惠：

（1）不同批次在空间上相互独立。

（2）每一批次自身具备取得收入的功能。

（3）以每一批次为单位进行会计核算，单独计算所得，并合理分摊期间费用。

公共基础设施项目企业所得税优惠目录（2008 年版）

序号	类别	项目	范围、条件及技术标准
1	港口码头	码头、泊位、通航建筑物新建项目	由省级以上政府投资主管部门核准的沿海港口万吨级及以上泊位、内河千吨级及以上泊位、滚装泊位、内河航运枢纽新建项目
2	机场	民用机场新建项目	由国务院核准的民用机场新建项目，包括民用机场迁建、军航机场军民合用改造项目
3	铁路	铁路新线建设项目	由省级以上政府投资主管部门或国务院行业主管部门核准的客运专线、城际轨道交通和Ⅲ级及以上铁路建设项目
4		既有线路改造项目	由省级以上政府投资主管部门或国务院行业主管部门核准的铁路电气化改造、增建二线项目以及其他改造投入达到项目固定资产账面原值75%以上的改造项目
5	公路	公路新建项目	由省级以上政府投资主管部门核准的一级以上的公路建设项目
6	城市公共交通	城市快速轨道交通新建项目	由国务院核准的城市地铁、轻轨新建项目
7	电力	水力发电新建项目（包括控制性水利枢纽工程）	由国务院投资主管部门核准的在主要河流上新建的水电项目，总装机容量在25万千瓦及以上的新建水电项目，以及抽水蓄能电站项目
8		核电站新建项目	由国务院核准的核电站新建项目
9	水利	电网（输变电设施）新建项目	由国务院投资主管部门核准的330kv及以上跨省及长度超过200km的交流输变电新建项目，500kv及以上直流输变电新建项目；由省级以上政府投资主管部门核准的革命老区、老少边穷地区电网新建工程项目；农网输变电新建项目

（续表）

序号	类别	项目	范围、条件及技术标准
10	水利	风力发电新建项目	由政府投资主管部门核准的风力发电新建项目
11		海洋能发电新建项目	由省级以上政府投资主管部门核准的海洋能发电新建项目
12		太阳能发电新建项目	由政府投资主管部门核准的太阳能发电新建项目
13		地热发电新建项目	由政府投资主管部门核准的地热发电新建项目
14	水利	灌区配套设施及农业节水灌溉工程新建项目	由政府投资主管部门核准的灌区水源工程、灌排系统工程、节水工程
15		地表水水源工程新建项目	由政府投资主管部门核准的水库、塘堰、水窖及配套工程
16		调水工程新建项目	由政府投资主管部门核准的取水、输水、配水工程
17		农村饮水工程新建项目	由政府投资主管部门核准的农村饮水工程中取水、输水、净化水、配水工程
18		牧区水利工程新建项目	由政府投资主管部门核准的牧区水利工程中的取水、输配水、节水灌溉及配套工程

【政策依据】

1.《中华人民共和国企业所得税法》第二十七条第二项。

2.《中华人民共和国企业所得税法实施条例》第八十七条、第八十九条。

3.《财政部　国家税务总局　国家发展和改革委员会关于公布〈公共基础设施项目企业所得税优惠目录（2008年版）〉的通知》（财税〔2008〕116号）。

4.《财政部　国家税务总局关于公共基础设施项目和环境保护节能节水项目企业所得税优惠政策问题的通知》（财税〔2012〕10号）。

5.《财政部　国家税务总局关于公共基础设施项目享受企业所得税优惠政策问题的补充通知》（财税〔2014〕55号）。

6.《国家税务总局关于实施国家重点扶持的公共基础设施项目企业所得税优惠问题的通知》（国税发〔2009〕80号）。

【实操案例】••

某公司根据税法规定，可以享受自项目取得第一笔生产经营收入的纳税年度起，第一年至第三年免征企业所得税，第四年至第六年减半征收企业所得税的优惠政策。该公司原计划于 2019 年 11 月开始该项目的生产经营，当年预计会有亏损，从 2020 年度至 2025 年度，每年预计应纳税所得额分别为 100 万元、500 万元、800 万元、1 000 万元、1 500 万元和 2 000 万元。

该企业从 2019 年度开始生产经营，应当计算享受税收优惠的期限。该公司 2019 年度至 2021 年度可以享受免税待遇，不需要缴纳企业所得税。从 2022 年度至 2024 年度可以享受减半征税的待遇，因此，需要缴纳企业所得税：（800 ＋ 1 000 ＋ 1 500）×25%×50% ＝ 412.5（万元）。2025 年度不享受税收优惠，需要缴纳企业所得税：2 000×25% ＝ 500（万元）。因此，该企业从 2019 年度至 2025 年度合计需要缴纳企业所得税：412.5 ＋ 500 ＝ 912.5（万元）。如果该企业将该项目的生产经营日期推迟到 2020 年 1 月 1 日，这样，2020 年度就是该企业享受税收优惠的第一年，从 2020 年度至 2022 年度，该企业可以享受免税待遇，不需要缴纳企业所得税。从 2023 年度至 2025 年度，该企业可以享受减半征收企业所得税的优惠待遇，需要缴纳企业所得税：（1 000 ＋ 1 500 ＋ 2 000）×25%×50% ＝ 562.5（万元）。经过税收策划，减轻税收负担：912.5 － 562.5 ＝ 350（万元）。

二、农村电网维护费免征增值税

【享受主体】

农村电管站以及收取农村电网维护费的其他单位。

【优惠内容】

1. 自 1998 年 1 月 1 日起，在收取电价时一并向用户收取的农村电网维护费免征增值税。

2. 对其他单位收取的农村电网维护费免征增值税。

【享受条件】

农村电网维护费包括低压线路损耗和维护费以及电工经费。

【政策依据】

1.《财政部　国家税务总局关于免征农村电网维护费增值税问题的通知》（财税字〔1998〕47 号）。

2.《国家税务总局关于农村电网维护费征免增值税问题的通知》（国税函〔2009〕591 号）。

第二节　农田水利建设税收优惠

一、县级及县级以下小型水力发电单位可选择适用简易计税办法缴纳增值税

【享受主体】

县级及县级以下小型水力发电单位（增值税一般纳税人）。

【优惠内容】

自 2014 年 7 月 1 日起，县级及县级以下小型水力发电单位生产的电力，可选择按照简易办法依照 3% 征收率计算缴纳增值税。

【享受条件】

小型水力发电单位是指各类投资主体建设的装机容量为 5 万千瓦以下（含 5 万千瓦）的小型水力发电单位。

【政策依据】

1.《财政部　国家税务总局关于部分货物适用增值税低税率和简易办法征收增值税政策的通知》（财税〔2009〕9 号）第二条第（三）项、第四条。

2.《财政部　国家税务总局关于简并增值税征收率政策的通知》（财税〔2014〕57 号）第二条、第四条。

二、水利设施用地免征城镇土地使用税

【享受主体】

水利设施及其管护用地的城镇土地使用税纳税人。

【优惠内容】

对水利设施及其管护用地（如水库库区、大坝、堤防、灌渠、泵站等用地），免征城镇土地使用税。

【享受条件】

纳税人的土地用于水利设施及其管护用途。

📝 【政策依据】

《国家税务局关于水利设施用地征免土地使用税问题的规定》（国税地字〔1989〕第 14 号）。

三、农田水利占用耕地不征收耕地占用税

✉ 【享受主体】

占用耕地从事农田水利的纳税人。

📋 【优惠内容】

农田水利占用耕地的，不征收耕地占用税。

自 2019 年 9 月 1 日起，占用耕地建设农田水利设施的，不缴纳耕地占用税。

👥 【享受条件】

农田水利占用耕地。

📝 【政策依据】

1.《中华人民共和国耕地占用税法》第二条第二款（注：《中华人民共和国耕地占用税法》自 2019 年 9 月 1 日起施行，2007 年 12 月 1 日国务院公布的《中华人民共和国耕地占用税暂行条例》同时废止）。

2.《中华人民共和国耕地占用税暂行条例实施细则》第二条。

四、国家重大水利工程建设基金免征城市维护建设税

✉ 【享受主体】

收取国家重大水利工程建设基金的纳税人。

📋 【优惠内容】

自 2010 年 5 月 25 日起，对国家重大水利工程建设基金免征城市维护建设税。

👥 【享受条件】

纳税人收取国家重大水利工程建设基金。

📝 【政策依据】

《财政部　国家税务总局关于免征国家重大水利工程建设基金的城市维护建设税和教育费附加的通知》（财税〔2010〕44 号）。

第三节　农民住宅建设税收优惠

一、农村居民占用耕地新建住宅减半征收耕地占用税

【享受主体】

农村居民。

【优惠内容】

农村居民占用耕地新建住宅，按照当地适用税额减半征收耕地占用税。

自 2019 年 9 月 1 日起，农村居民在规定用地标准以内占用耕地新建自用住宅，按照当地适用税额减半征收耕地占用税；其中农村居民经批准搬迁，新建自用住宅占用耕地不超过原宅基地面积的部分，免征耕地占用税。

【享受条件】

农村居民占用耕地新建住宅，是指农村居民经批准在户口所在地按照规定标准占用耕地建设自用住宅。

【政策依据】

1.《中华人民共和国耕地占用税法》第七条第三款（注：《中华人民共和国耕地占用税法》自 2019 年 9 月 1 日起施行，2007 年 12 月 1 日国务院公布的《中华人民共和国耕地占用税暂行条例》同时废止）。

2.《中华人民共和国耕地占用税暂行条例》第十条第一款。

3.《中华人民共和国耕地占用税暂行条例实施细则》第十八条第一款。

二、困难居民新建住宅减免耕地占用税

【享受主体】

农村烈士家属、残疾军人、鳏寡孤独以及革命老根据地、少数民族聚居区和边远贫困山区生活困难的农村居民。

自 2019 年 9 月 1 日起，农村烈士遗属、因公牺牲军人遗属、残疾军人以及符合农村最低生活保障条件的农村居民可享受优惠。

【优惠内容】

1.农村烈士家属、残疾军人、鳏寡孤独以及革命老根据地、少数民族聚居区和边

远贫困山区生活困难的农村居民，在规定用地标准以内新建住宅缴纳耕地占用税确有困难的，经所在地乡（镇）人民政府审核，报经县级人民政府批准后，可以免征或者减征耕地占用税。

2. 自 2019 年 9 月 1 日起，农村烈士遗属、因公牺牲军人遗属、残疾军人以及符合农村最低生活保障条件的农村居民，在规定用地标准以内新建自用住宅，免征耕地占用税。

【享受条件】

1. 农村居民占用耕地新建住宅，是指农村居民经批准在户口所在地按照规定标准占用耕地建设自用住宅。

2. 经所在地乡（镇）人民政府审核，报经县级人民政府批准后，可以免征或者减征耕地占用税。

【政策依据】

1.《中华人民共和国耕地占用税法》第七条第四款（注：《中华人民共和国耕地占用税法》自 2019 年 9 月 1 日起施行，2007 年 12 月 1 日国务院公布的《中华人民共和国耕地占用税暂行条例》同时废止）。

2.《中华人民共和国耕地占用税暂行条例》第十条第二款。

3.《中华人民共和国耕地占用税暂行条例实施细则》第十八条第一款。

三、农村居民搬迁减免耕地占用税

【享受主体】

农村居民。

【优惠内容】

1. 农村居民经批准搬迁，原宅基地恢复耕种，凡新建住宅占用耕地不超过原宅基地面积的，不征收耕地占用税；超过原宅基地面积的，对超过部分按照当地适用税额减半征收耕地占用税。

2. 自 2019 年 9 月 1 日起，农村居民经批准搬迁，新建自用住宅占用耕地不超过原宅基地面积的部分，免征耕地占用税。

【享受条件】

1. 经批准搬迁，原宅基地恢复耕种。

2. 农村居民占用耕地新建住宅，是指农村居民经批准在户口所在地按照规定标准占用耕地建设自用住宅。

【政策依据】

1.《中华人民共和国耕地占用税法》第七条第三款（注：《中华人民共和国耕地占

用税法》自 2019 年 9 月 1 日起施行，2007 年 12 月 1 日国务院公布的《中华人民共和国耕地占用税暂行条例》同时废止）。

2.《中华人民共和国耕地占用税暂行条例实施细则》第十八条第二款。

第四节　农村饮水工程税收优惠

一、饮水工程新建项目投资经营所得企业所得税"三免三减半"

【享受主体】

饮水工程运营管理单位。

【优惠内容】

从事《公共基础设施项目企业所得税优惠目录》规定的饮水工程新建项目投资经营的所得，自项目取得第一笔生产经营收入所属纳税年度起，第一年至第三年免征企业所得税，第四年至第六年减半征收企业所得税。

【享受条件】

1. 饮水工程是指为农村居民提供生活用水而建设的供水工程设施。
2. 饮水工程运营管理单位是指负责饮水工程运营管理的自来水公司、供水公司、供水（总）站（厂、中心）、村集体、农民用水合作组织等单位。

【政策依据】

《财政部　税务总局关于继续实行农村饮水安全工程税收优惠政策的公告》（财政部 税务总局公告 2019 年第 67 号）第五条。

二、农村饮水安全工程免征增值税

【享受主体】

饮水工程运营管理单位。

【优惠内容】

自 2019 年 1 月 1 日至 2020 年 12 月 31 日，饮水工程运营管理单位向农村居民提供生活用水取得的自来水销售收入，免征增值税。对既向城镇居民供水，又向农村居民供水的饮水工程运营管理单位，依据向农村居民供水收入占总供水收入的比

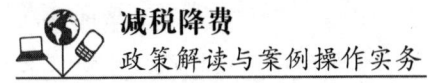

例免征增值税。

【享受条件】

1. 饮水工程是指为农村居民提供生活用水而建设的供水工程设施。

2. 饮水工程运营管理单位，是指负责饮水工程运营管理的自来水公司、供水公司、供水（总）站（厂、中心）、村集体、农民用水合作组织等单位。

【政策依据】

《财政部　税务总局关于继续实行农村饮水安全工程税收优惠政策的公告》（财政部 税务总局公告 2019 年第 67 号）第四条。

三、农村饮水工程运营管理单位自用房产免征房产税

【享受主体】

饮水工程运营管理单位。

【优惠内容】

自 2019 年 1 月 1 日至 2020 年 12 月 31 日，饮水工程运营管理单位自用的生产、办公用房产，免征房产税。对既向城镇居民供水，又向农村居民供水的饮水工程运营管理单位，依据向农村居民供水量占总供水量的比例免征房产税。

【享受条件】

1. 饮水工程是指为农村居民提供生活用水而建设的供水工程设施。

2. 饮水工程运营管理单位是指负责饮水工程运营管理的自来水公司、供水公司、供水（总）站（厂、中心）、村集体、农民用水合作组织等单位。

【政策依据】

《财政部　税务总局关于继续实行农村饮水安全工程税收优惠政策的公告》（财政部 税务总局公告 2019 年第 67 号）第三条。

四、农村饮水工程运营管理单位自用土地免征城镇土地使用税

【享受主体】

饮水工程运营管理单位。

【优惠内容】

自 2019 年 1 月 1 日至 2020 年 12 月 31 日，饮水工程运营管理单位自用的生产、

办公用土地，免征城镇土地使用税。对既向城镇居民供水，又向农村居民供水的饮水工程运营管理单位，依据向农村居民供水量占总供水量的比例免征房产税。

【享受条件】

1. 饮水工程是指为农村居民提供生活用水而建设的供水工程设施。

2. 饮水工程运营管理单位是指负责饮水工程运营管理的自来水公司、供水公司、供水（总）站（厂、中心）、村集体、农民用水合作组织等单位。

【政策依据】

《财政部 税务总局关于继续实行农村饮水安全工程税收优惠政策的公告》（财政部 税务总局公告 2019 年第 67 号）第三条。

五、建设饮水工程承受土地使用权免征契税

【享受主体】

饮水工程运营管理单位。

【优惠内容】

自 2019 年 1 月 1 日至 2020 年 12 月 31 日，饮水工程运营管理单位为建设饮水工程而承受土地使用权，免征契税。对既向城镇居民供水，又向农村居民供水的饮水工程运营管理单位，依据向农村居民供水量占总供水量的比例免征契税。

【享受条件】

1. 饮水工程是指为农村居民提供生活用水而建设的供水工程设施。

2. 饮水工程运营管理单位是指负责饮水工程运营管理的自来水公司、供水公司、供水（总）站（厂、中心）、村集体、农民用水合作组织等单位。

【政策依据】

《财政部税务总局关于继续实行农村饮水安全工程税收优惠政策的公告》（财政部 税务总局公告 2019 年第 67 号）第一条。

六、农村饮水安全工程免征印花税

【享受主体】

饮水工程运营管理单位。

【优惠内容】

自 2019 年 1 月 1 日至 2020 年 12 月 31 日，饮水工程运营管理单位为建设饮水工

程取得土地使用权而签订的产权转移书据，以及与施工单位签订的建设工程承包合同，免征印花税。对既向城镇居民供水，又向农村居民供水的饮水工程运营管理单位，依据向农村居民供水量占总供水量的比例免征印花税。

【享受条件】

1. 饮水工程是指为农村居民提供生活用水而建设的供水工程设施。

2. 饮水工程运营管理单位是指负责饮水工程运营管理的自来水公司、供水公司、供水（总）站（厂、中心）、村集体、农民用水合作组织等单位。

【政策依据】

《财政部　税务总局关于继续实行农村饮水安全工程税收优惠政策的公告》（财政部　税务总局公告 2019 年第 67 号）第二条。

第五章

推动涉农产业发展减税降费政策

导 读

　　本章介绍推动涉农产业发展减税降费政策，包括五节内容，分别介绍优化土地资源配置税收优惠、促进农业生产税收优惠、支持新型农业经营主体发展税收优惠、促进农产品流通税收优惠以及促进农业资源综合利用税收优惠。

第一节　优化土地资源配置税收优惠

一、转让土地使用权给农业生产者用于农业生产免征增值税

【享受主体】

转让土地使用权的纳税人。

【优惠内容】

将土地使用权转让给农业生产者用于农业生产，免征增值税。

【享受条件】

1. 土地使用权从纳税人转移到农业生产者。
2. 农业生产者取得土地使用权后用于农业生产。

【政策依据】

　　《财政部　国家税务总局关于全面推开营业税改征增值税试点的通知》（财税〔2016〕36 号）附件 3《营业税改征增值税试点过渡政策的规定》第一条第（三十五）项。

【实操案例】 •••

甲公司是从事养殖的企业，营改增后，农民及村委会将土地使用权出租给甲公司用于农业生产免不免增值税？

解答：《财政部　国家税务总局关于全面推开营业税改征增值税试点的通知》（财税〔2016〕36号）附件3《营业税改征增值税试点过渡政策的规定》第一条第（三十五）项规定：将土地使用权转让给农业生产者用于农业生产。

上述规定是对《财政部　国家税务总局关于对若干项目免征营业税的通知》（财税字〔1994〕第2号，以下简称2号文）有关营业税政策的延续。2号文规定，将土地使用权转让给农业生产者用于农业生产，免征营业税。《国家税务总局关于农业土地出租征税问题的批复》（国税函〔1998〕82号，简称82号文）规定，一些农村、农场将土地承包（出租）给个人或公司用于农业生产，收取的固定承包金（租金），可比照2号文件的规定免征营业税。82号文规定可免征营业税的是农村、农场将土地承包（出租）给个人或公司用于农业生产，收取的固定承包金（租金）。《增值税暂行条例实施细则》第三十五条规定：农业是指种植业、养殖业、林业、牧业、水产业。农业生产者，包括从事农业生产的单位和个人。因此，营改增后，农民及村委会将土地使用权出租给农业生产者用于农业生产免征增值税。

在会计处理上，由于不是转让土地使用权，显然不应计入租入方的"无形资产"，而应通过"长期待摊费用"核算，并根据租入的土地使用权用途不同，借记"制造费用"或"管理费用"等。支付租金时，应借记"长期待摊费用"，贷记"银行存款"等科目，因出租方免征增值税，不得抵扣进项税额。摊销时，根据用途不同，借记"制造费用"或"管理费用"等科目，贷记"长期待摊费用"。

二、承包地流转给农业生产者用于农业生产免征增值税

✉ 【享受主体】

通过转包、出租、互换、转让、入股等方式流转承包地的纳税人。

☑ 【优惠内容】

纳税人采取转包、出租、互换、转让、入股等方式将承包地流转给农业生产者用于农业生产，免征增值税。

👥 【享受条件】

1.采取转包、出租、互换、转让、入股等方式将承包地流转给农业生产者。
2.农业生产者将流转来的土地用于农业生产。

✏ 【政策依据】

《财政部　国家税务总局关于建筑服务等营改增试点政策的通知》（财税〔2017〕58号）第四条。

三、直接用于农、林、牧、渔业生产用地免征城镇土地使用税

🔖 **【享受主体】**

从事农业生产的纳税人。

✅ **【优惠内容】**

直接用于农、林、牧、渔业的生产用地免征城镇土地使用税。

👥 **【享受条件】**

直接用于农、林、牧、渔业的生产用地，是指直接从事于种植、养殖、饲养的专业用地，不包括农副产品加工场地和生活、办公用地。

✏️ **【政策依据】**

1.《中华人民共和国城镇土地使用税暂行条例》第六条第（五）项。

2.《国家税务局关于检发〈关于土地使用税若干具体问题的解释和暂行规定〉的通知》（国税地字〔1988〕15号）第十一条。

四、农村集体经济组织股份合作制改革免征契税

🔖 **【享受主体】**

农村集体经济组织。

✅ **【优惠内容】**

自2017年1月1日起，对进行股份合作制改革后的农村集体经济组织承受原集体经济组织的土地、房屋权属，免征契税。

👥 **【享受条件】**

经股份合作制改革后，承受原集体经济组织的土地、房屋权属。

✏️ **【政策依据】**

《财政部　税务总局关于支持农村集体产权制度改革有关税收政策的通知》（财税〔2017〕55号）第一条。

五、农村集体经济组织清产核资免征契税

🔖 **【享受主体】**

农村集体经济组织以及代行集体经济组织职能的村民委员会、村民小组。

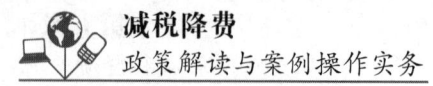

【优惠内容】

自 2017 年 1 月 1 日起，对农村集体经济组织以及代行集体经济组织职能的村民委员会、村民小组进行清产核资收回集体资产而承受土地、房屋权属，免征契税。

【享受条件】

进行清产核资收回集体资产而承受土地、房屋权属。

【政策依据】

《财政部　税务总局关于支持农村集体产权制度改革有关税收政策的通知》（财税〔2017〕55 号）第二条。

六、收回集体资产签订产权转移书据免征印花税

【享受主体】

农村集体经济组织以及代行集体经济组织职能的村民委员会、村民小组。

【优惠内容】

自 2017 年 1 月 1 日起，对因农村集体经济组织以及代行集体经济组织职能的村民委员会、村民小组进行清产核资收回集体资产而签订的产权转移书据，免征印花税。

【享受条件】

因进行清产核资收回集体资产而签订的产权转移书据。

【政策依据】

《财政部　税务总局关于支持农村集体产权制度改革有关税收政策的通知》（财税〔2017〕55 号）第二条。

七、农村土地、房屋确权登记不征收契税

【享受主体】

集体土地所有权人，宅基地和集体建设用地使用权人及宅基地、集体建设用地的地上房屋所有权人。

【优惠内容】

对农村集体土地所有权、宅基地和集体建设用地使用权及地上房屋确权登记，不征收契税。

【享受条件】

对农村集体土地所有权、宅基地和集体建设用地使用权及地上房屋确权登记。

【政策依据】

《财政部　税务总局关于支持农村集体产权制度改革有关税收政策的通知》（财税〔2017〕55号）第三条。

第二节　促进农业生产税收优惠

一、农业生产者销售的自产农产品免征增值税

【享受主体】

农业生产者。

【优惠内容】

农业生产者销售的自产农产品免征增值税。

【享受条件】

1.从事种植业、养殖业、林业、牧业、水产业的单位和个人生产的初级农产品免征增值税。

2.农产品应当是列入《农业产品征税范围注释》（财税字〔1995〕52号）的初级农业产品。

农业产品征税范围注释

农业产品是指种植业、养殖业、林业、牧业、水产业生产的各种植物、动物的初级产品。农业产品的征税范围包括：

一、植物类

植物类包括人工种植和天然生长的各种植物的初级产品，具体征税范围为：

（一）粮食

粮食是指各种主食食料植物果实的总称。本货物的征税范围包括小麦、稻谷、玉米、高粱、谷子和其他杂粮（如：大麦、燕麦等），以及经碾磨、脱壳等工艺加工后的粮食（如：面粉，米，玉米面、渣等）。

切面、饺子皮、馄饨皮、面皮、米粉等粮食复制品，也属于本货物的征税范围。

以粮食为原料加工的速冻食品、方便面、副食品和各种熟食品，不属于本货物的征税范围。

（续表）

（二）蔬菜

蔬菜是可作副食的草本、木本植物的总称。本货物的征税范围包括各种蔬菜、菌类植物和少数可作副食的木科植物。

经晾晒、冷藏、冷冻、包装、脱水等工序加工的蔬菜、腌菜、咸菜、酱菜和盐渍蔬菜等，也属于本货物的征税范围。

各种蔬菜罐头（罐头是指以金属罐、玻璃瓶和其他材料包装，经排气密封的各种食品。下同）不属于本货物的征税范围。

（三）烟叶

烟叶是指各种烟草的叶片和经过简单加工的叶片。本货物的征税范围包括晒烟叶、晾烟叶和初烤烟叶。

1. 晒烟叶是指利用太阳能露天晒制的烟叶。

2. 晾烟叶是指在晾房内自然干燥的烟叶。

3. 初烤烟叶是指烟草种植者直接烤制的烟叶，不包括专业复烤厂烤制的复烤烟叶。

（四）茶叶

茶叶是指从茶树上采摘下来的鲜叶和嫩芽（即茶青），以及经吹干、揉拌、发酵、烘干等工序初制的茶。本货物的征收范围包括各种毛茶（如红毛茶、绿毛茶、乌龙毛茶、白毛茶、黑毛茶等）。

精制茶、边销茶及掺兑各种药物的茶和茶饮料，不属于本货物的征税范围。

（五）园艺植物

园艺植物是指可供食用的果实，如水果、果干（如荔枝干、桂园干、葡萄干等）、干果、果仁、果用瓜（如甜瓜、西瓜、哈密瓜等），以及胡椒、花椒、大料、咖啡豆等。

经冷冻、冷藏、包装等工序加工的园艺植物，也属于本货物的征税范围。

各种水果罐头，果脯，蜜饯，炒制的果仁、坚果，碾磨后的园艺植物（如胡椒粉、花椒粉等），不属于本货物的征税范围。

（六）药用植物

药用植物是指用作中药原药的各种植物的根、茎、皮、叶、花、果实等。

利用上述药用植物加工制成的片、丝、块、段等中药饮片，也属于本货物的征税范围。

中成药不属于本货物的征税范围。

（七）油料植物

油料植物是指主要用作榨取油脂的各种植物的根、茎、叶、果实、花或者胚芽组织等初级产品，如菜籽（包括芥菜籽）、花生、大豆、葵花子、蓖麻子、芝麻子、胡麻子、茶子、桐子、橄榄仁、棕榈仁、棉籽等。

提取芳香油的芳香油料植物，也属于本货物的征税范围。

（八）纤维植物

纤维植物是指利用其纤维作纺织、造纸原料或者绳索的植物，如棉（包括籽棉、皮棉、絮棉）、大麻、黄麻、槿麻、苎麻、茼麻、亚麻、罗布麻、蕉麻、剑麻等。

棉短绒和麻纤维经脱胶后的精干（洗）麻，也属于本货物的征税范围。

（九）糖料植物

糖料植物是指主要用作制糖的各种植物，如甘蔗、甜菜等。

（十）林业产品

林业产品是指乔木、灌木和竹类植物，以及天然树脂、天然橡胶。林业产品的征税范围包括：

1. 原木。是指将砍伐倒的乔木去其枝芽、梢头或者皮的乔木、灌木，以及锯成一定长度的木段。锯材不属于本货物的征税范围。

2. 原竹。是指将砍倒的竹去其枝、梢或者叶的竹类植物，以及锯成一定长度的竹段。

3. 天然树脂。是指木科植物的分泌物，包括生漆、树脂和树胶，如松脂、桃胶、樱胶、阿拉伯胶、古巴胶和天然橡胶（包括乳胶和干胶）等。

4. 其他林业产品。是指上述列举林业产品以外的其他各种林业产品，如竹笋、笋干、棕竹、棕榈衣、树枝、树叶、树皮、藤条等。

（续表）

盐水竹笋也属于本货物的征税范围。

竹笋罐头不属于本货物的征税范围。

（十一）其他植物

其他植物是指除上述列举植物以外的其他各种人工种植和野生的植物，如树苗、花卉、植物种子、植物叶子、草、麦秸、豆类、薯类、藻类植物等。

干花、干草、薯干、干制的藻类植物，农业产品的下脚料等，也属于本货物的征税范围。

二、动物类

动物类包括人工养殖和天然生长的各种动物的初级产品，具体征税范围为：

（一）水产品

水产品是指人工放养和人工捕捞的鱼、虾、蟹、鳖、贝类、棘皮类、软体类、腔肠类、海兽类动物。本货物的征税范围包括鱼、虾、蟹、鳖、贝类、棘皮类、软体类、肠类、海兽类、鱼苗（卵）、虾苗、蟹苗、贝苗（秧），以及经冷冻、冷藏、盐渍等防腐处理和包装的水产品。

干制的鱼、虾、蟹、贝类、棘皮类、软体类、腔肠类，如干鱼、干虾、干虾仁、干贝等，以及未加工成工艺品的贝壳、珍珠，也属于本货物的征税范围。

熟制的水产品和各类水产品的罐头，不属于本货物的征税范围。

（二）畜牧产品

畜牧产品是指人工饲养、繁殖取得和捕获的各种畜禽，本货物的征税范围包括：

1. 兽类、禽类和爬行类动物，如牛、马、猪、羊、鸡、鸭等。

2. 兽类、禽类和爬行类动物的肉产品，包括整块或者分割的鲜肉、冷藏或者冷冻肉、盐渍肉，兽类、禽类和爬行类动物的内脏、头、尾、碎等组织。

各种兽类、禽类和爬行类动物的肉类生制品，如腊肉、腌肉、熏肉等，也属于本货物的征税范围。

各种肉类罐头、肉类熟制品，不属于本货物的征税范围。

3. 蛋类产品是指各种禽类动物和爬行类动物的卵，包括鲜蛋、冷藏蛋。

经加工的咸蛋、松花蛋、腌制的蛋等，也属于本货物的征税范围。

各种蛋类的罐头不属于本货物的征税范围。

4. 鲜奶是指各种哺乳类动物的乳汁和经净化、杀菌等加工工序生产的乳汁。

用鲜奶加工的各种奶制品，如酸奶、奶酪、奶油等，不属于本货物的征税范围。

（三）动物皮张

动物皮张是指从各种动物（兽类、禽类和爬行类动物）身上直接剥取的，未经柔制的生皮、生皮张。

将生皮、生皮张用清水、盐水或者防腐药水浸泡、刮里、脱毛、晒干或者熏干，未经柔制的，也属于本货物的征税范围。

（四）动物毛绒

动物毛绒是指未经洗净的各种动物的毛发、绒毛和羽毛。

洗净毛、洗净绒等不属于本货物的征税范围。

（五）其他动物组织

其他动物组织是指上述列举以外的兽类、禽类、爬行类动物的其他组织，以及昆虫类动物。

1. 蚕茧，包括鲜茧和干茧，以及茧蛹。

2. 天然蜂蜜是指采集的未经加工的天然蜂蜜、鲜蜂王浆等。

3. 动物树脂，如虫胶等。

4. 其他动物组织，如动物骨、壳、兽角、动物血液、动物分泌物、蚕种等。

【政策依据】

1.《中华人民共和国增值税暂行条例》第十五条第一项。

2.《中华人民共和国增值税暂行条例实施细则》第三十五条第一项。

3.《财政部　国家税务总局关于印发〈农业产品征税范围注释〉的通知》（财税字〔1995〕52号）。

二、进口种子种源免征进口环节增值税

【享受主体】

进口种子种源的增值税纳税人。

【优惠内容】

2016年1月1日至2020年12月31日，对进口种子（苗）、种畜（禽）、鱼种（苗）和种用野生动植物种源免征进口环节增值税。

【享受条件】

1. 免税品种范围

（1）与农林业生产密切相关，并直接用于或服务于农林业生产的下列种子（苗）、种畜（禽）和鱼种（苗）（以下简称种子种苗）：

①用于种植和培育各种农作物和林木的种子（苗）；

②用于饲养以获得各种畜禽产品的种畜（禽）；

③用于培育和养殖的水产种（苗）；

④用于农林业科学研究与试验的种子（苗）、种畜（禽）和水产种（苗）。

（2）野生动植物种源。

（3）警用工作犬及其精液和胚胎。

2. 免税申请条件

（1）种子种苗进口免税应同时符合以下条件：

①在免税货品清单内，即属于《财政部 海关总署 国家税务总局关于"十三五"期间进口种子种源税收政策管理办法的通知》（财关税〔2016〕64号）附件1第一至第三部分所列货品；

②直接用于或服务于农林业生产。免税进口的种子种苗不得用于度假村、俱乐部、高尔夫球场、足球场等消费场所或运动场所的建设和服务。

（2）野生动植物种源进口免税应同时符合以下条件：

①在免税货品清单内，即属于《财政部 海关总署 国家税务总局关于"十三五"期间进口种子种源税收政策管理办法的通知》（财关税〔2016〕64号）附件1第四部分所列货品；

②用于科研，或育种，或繁殖。进口单位应是具备研究和培育繁殖条件的动植物科研院所、动物园、专业动植物保护单位、养殖场和种植园。

【政策依据】

《财政部　海关总署　国家税务总局关于"十三五"期间进口种子种源税收政策管理办法的通知》（财关税〔2016〕64号）。

三、进口玉米糠、稻米糠等饲料免征增值税

📨 **【享受主体】**

进口饲料的纳税人。

📋 **【优惠内容】**

经国务院批准，对《进口饲料免征增值税范围》所列进口饲料范围免征进口环节增值税。

👥 **【享受条件】**

纳税人进口《进口饲料免征增值税范围》内的饲料。

进口饲料免征增值税的商品范围

序号	税则号列	货品名称	法定增值税税率（%）	执行增值税税率（%）
1	23012010	饲料用鱼粉		
2	23012090	其他不适用供人食用的水产品残渣		
3	23021000	玉米糠、麸及其他残渣		
4	23022000	稻米糠、麸及其他残渣		
5	23023000	小麦糠、麸及其他残渣		
6	23024000	其他谷物糠、麸及其他残渣		
7	23033000	酿造及蒸馏过程中的糟粕及残渣		
8	23050000	花生油炸饼		
9	23061000	棉籽油炸饼		
10	23062000	亚麻籽油炸饼		
11	23063000	葵花籽油炸饼		
12	23064000	油菜籽油炸饼		
13	23070000	葡萄酒渣、粗酒石		
14	12141000	紫苜蓿粗粉及团粒		
15	12149000	芜菁甘蓝、饲料甜菜等其他植物饲料		

✏️ **【政策依据】**

《财政部 国家税务总局关于免征饲料进口环节增值税的通知》（财税〔2001〕82号）。

四、单一大宗饲料等在国内流通环节免征增值税

【享受主体】

从事饲料生产销售的纳税人。

【优惠内容】

饲料生产企业生产销售单一大宗饲料、混合饲料、配合饲料、复合预混料、浓缩饲料，免征增值税。

【享受条件】

1. 单一大宗饲料指以一种动物、植物、微生物或矿物质为来源的产品或其副产品，其范围仅限于糠麸、酒糟、鱼粉、草饲料、饲料级磷酸氢钙及除豆粕以外的菜籽粕、棉籽粕、向日葵粕、花生粕等粕类产品。

2. 混合饲料指由两种以上单一大宗饲料、粮食、粮食副产品及饲料添加剂按照一定比例配置，其中单一大宗饲料、粮食及粮食副产品的掺兑比例不低于 95% 的饲料。

3. 配合饲料指根据不同的饲养对象，饲养对象的不同生长发育阶段的营养需要，将多种饲料原料按饲料配方经工业生产后，形成的能满足饲养动物全部营养需要（除水分外）的饲料。

4. 复合预混料指能够按照国家有关饲料产品的标准要求量，全面提供动物饲养相应阶段所需微量元素（4 种或以上）、维生素（8 种或以上），由微量元素、维生素、氨基酸和非营养性添加剂中任何两类或两类以上的组分与载体或稀释剂按一定比例配置的均匀混合物。

5. 浓缩饲料指由蛋白质、复合预混料及矿物质等按一定比例配制的均匀混合物。

【政策依据】

1.《财政部　国家税务总局关于饲料产品免征增值税问题的通知》（财税〔2001〕121 号）第一条。

2.《国家税务总局关于印发〈增值税部分货物征税范围注释〉的通知》（国税发〔1993〕151 号）第十二条。

五、生产销售有机肥免征增值税

【享受主体】

从事生产销售和批发、零售有机肥产品的纳税人。

【优惠内容】

自 2008 年 6 月 1 日起，纳税人生产销售和批发、零售有机肥产品免征增值税。

【享受条件】

1. 享受上述免税政策的有机肥产品是指有机肥料、有机－无机复混肥料和生物有机肥。

2. 有机肥料，指来源于植物和（或）动物，施于土壤以提供植物营养为主要功能的含碳物料。

3. 有机－无机复混肥料，指由有机和无机肥料混合和（或）化合制成的含有一定量有机肥料的复混肥料。

4. 生物有机肥，指特定功能微生物与主要以动植物残体（如禽畜粪便、农作物秸秆等）为来源并经无害化处理、腐熟的有机物料复合而成的一类兼具微生物肥料和有机肥效应的肥料。

5. 生产有机肥产品的纳税人申请免征增值税，应向主管税务机关提供由农业部或省、自治区、直辖市农业行政主管部门批准核发的在有效期内的肥料登记证复印件，并出示原件；由肥料产品质量检验机构一年内出具的有机肥产品质量技术检测合格报告原件，出具报告的肥料产品质量检验机构须通过相关资质认定；在省、自治区、直辖市外销售有机肥产品的，还应提供在销售使用地省级农业行政主管部门办理备案的证明原件。

6. 批发、零售有机肥产品的纳税人申请免征增值税，应向主管税务机关提供:生产企业在有效期内的肥料登记证复印件、生产企业产品质量技术检验合格报告原件，在省、自治区、直辖市外销售有机肥产品的，还应提供在销售使用地省级农业行政主管部门办理备案的证明复印件。

【政策依据】

《财政部　国家税务总局关于有机肥产品免征增值税的通知》（财税〔2008〕56号）。

六、滴灌产品免征增值税

【享受主体】

生产销售和批发、零售滴灌带和滴灌管的纳税人。

【优惠内容】

自 2007 年 7 月 1 日起，纳税人生产销售和批发、零售滴灌带和滴灌管产品免征增值税。

【享受条件】

1. 滴灌带和滴灌管产品是指农业节水滴灌系统专用的、具有制造过程中加工的孔口或其他出流装置、能够以滴状或连续流状出水的水带和水管产品。滴灌带和滴灌管产品按照国家有关质量技术标准要求进行生产，并与PVC管（主管）、PE管（辅管）、承插管件、过滤器等部件组成为滴灌系统。

2.生产滴灌带和滴灌管产品的纳税人申请办理免征增值税时，应向主管税务机关报送由产品质量检验机构出具的质量技术检测合格报告，出具报告的产品质量检验机构须通过省以上质量技术监督部门的相关资质认定。批发和零售滴灌带和滴灌管产品的纳税人申请办理免征增值税时，应向主管税务机关报送由生产企业提供的质量技术检测合格报告原件或复印件。

【政策依据】

《财政部　国家税务总局关于免征滴灌带和滴灌管产品增值税的通知》（财税〔2007〕83号）第一条、第四条。

七、生产销售农膜免征增值税

【享受主体】

从事生产销售农膜的纳税人。

【优惠内容】

对农膜产品，免征增值税。

【享受条件】

1.纳税人从事农膜生产销售、批发零售。
2.农膜是指用于农业生产的各种地膜、大棚膜。

【政策依据】

1.《财政部　国家税务总局关于农业生产资料征免增值税政策的通知》（财税〔2001〕113号）第一条第1项。

2.《国家税务总局关于印发〈增值税部分货物征税范围注释〉的通知》（国税发〔1993〕151号）第十五条。

八、批发零售种子、种苗、农药、农机免征增值税

【享受主体】

从事种子、种苗、农药、农机批发零售的纳税人。

【优惠内容】

批发、零售的种子、种苗、农药、农机，免征增值税。

【享受条件】

1. 纳税人批发、零售种子、种苗、农药、农机。

2. 农药是指用于农林业防治病虫害、除草及调节植物生长的药剂。

3. 农机是指用于农业生产（包括林业、牧业、副业、渔业）的各种机器和机械化和半机械化农具，以及小农具。

【政策依据】

1.《财政部　国家税务总局关于农业生产资料征免增值税政策的通知》（财税〔2001〕113 号）第一条第 4 项。

2.《国家税务总局关于印发〈增值税部分货物征税范围注释〉的通知》（国税发〔1993〕151 号）第十四条、第十六条。

九、纳税人购进农业生产者销售自产的免税农业产品可以抵扣进项税额

【享受主体】

购进农产品的增值税一般纳税人。

【优惠内容】

1.2019 年 4 月 1 日起，纳税人购进农产品允许按照农产品收购发票或者销售发票上注明的农产品买价和 9% 的扣除率抵扣进项税额；其中，购进用于生产或委托加工 13% 税率货物的农产品，按照农产品收购发票或者销售发票上注明的农产品买价和 10% 的扣除率抵扣进项税额。

2. 纳税人购进农产品进项税额已实行核定扣除的，按核定扣除的相关规定执行。

【享受条件】

纳税人购进的是农业生产者销售的自产农产品。

【政策依据】

1.《中华人民共和国增值税暂行条例》第八条第二款第三项。

2.《财政部　税务总局关于简并增值税税率有关政策的通知》（财税〔2017〕37 号）第二条。

3.《财政部　税务总局关于调整增值税税率的通知》（财税〔2018〕32 号）第二条、第三条。

4.《财政部　税务总局　海关总署关于深化增值税改革有关政策的公告》（财政部税务总局 海关总署公告 2019 年第 39 号）第二条。

【实操案例】 ••

某市牛奶公司主要生产流程如下：饲养奶牛生产牛奶，将产出的新鲜牛奶进行加工制成奶制品，再将奶制品销售给各大商业公司，或直接通过销售网络转销给该市及其他地区的居民。奶制品的增值税税率适用13%，进项税额主要由两部分组成：一是向农民个人收购的草料部分可以抵扣9%的进项税额；二是公司水费、电费和修理用配件等按规定可以抵扣进项税额。与销项税额相比，这两部分进项税额数额较小，致使公司的增值税税负较高。假设2020年度从农民生产者手中购入的草料不含税金额为1 000万元，允许抵扣的进项税额为90万元，其他水电费、修理用配件等进项税额为80万元，全年奶制品不含税销售收入为5 000万元。该公司应纳增值税：5 000×13% －（90 ＋ 80）＝ 480（万元）。

该公司可以将整个生产流程分成饲养和牛奶制品加工两部分，饲养场由独立的子公司来经营，该公司仅负责奶制品加工厂。假定饲养场销售给奶制品厂的鲜奶售价为4 000万元，其他条件不变。该公司应纳增值税：5 000×13% － 4 000×9% － 80 ＝ 210（万元）。由于农业生产者销售的自产农产品免征增值税，饲养场销售鲜奶并不需要缴纳增值税。减轻增值税负担：480 － 210 ＝ 270（万元）。

十、农产品增值税进项税额核定扣除

【享受主体】

纳入农产品增值税进项税额核定扣除试点行业的增值税一般纳税人。

【优惠内容】

1. 自2012年7月1日起，以购进农产品为原料生产销售液体乳及乳制品、酒及酒精、植物油的增值税一般纳税人，纳入农产品增值税进项税额核定扣除试点范围，其购进农产品无论是否用于生产上述产品，增值税进项税额均按照《农产品增值税进项税额核定扣除试点实施办法》的规定抵扣。

2. 自2013年9月1日起，各省、自治区、直辖市、计划单列市税务部门可商同级财政部门，根据《农产品增值税进项税额核定扣除试点实施办法》（财税〔2012〕38号）的规定，结合本省（自治区、直辖市、计划单列市）特点，选择部分行业开展核定扣除试点。

3. 试点纳税人可以采用投入产出法、成本法、参照法等方法计算增值税进项税额。

【享受条件】

1. 农产品应当是列入《农业产品征税范围注释》（财税字〔1995〕52号）的初级农业产品。

2. 以农产品为原料生产货物的试点纳税人应于当年1月15日前（2012年为7月15日前）或者投产之日起30日内，向主管税务机关提出扣除标准核定申请并提供有关资料。

3.试点纳税人购进农产品直接销售、购进农产品用于生产经营且不构成货物实体扣除标准的核定采取备案制,抵扣农产品增值税进项税额的试点纳税人应在申报缴纳税款时向主管税务机关备案。

📝 【政策依据】

1.《财政部 国家税务总局关于在部分行业试行农产品增值税进项税额核定扣除办法的通知》(财税〔2012〕38号)。

2.《财政部 国家税务总局关于扩大农产品增值税进项税额核定扣除试点行业范围的通知》(财税〔2013〕57号)。

3.《财政部 税务总局关于简并增值税税率有关政策的通知》(财税〔2017〕37号)第二条。

4.《财政部 税务总局关于调整增值税税率的通知》(财税〔2018〕32号)第二条、第三条。

5.《财政部 税务总局 海关总署关于深化增值税改革有关政策的公告》(财政部 税务总局 海关总署公告2019年第39号)第二条。

【实操案例】 ••

1.甲公司2019年6月销售1000吨乳制品,原乳单耗数量为1.02,原乳平均购买单价为2000元每吨。

解答:纳税人以购进农产品为原料生产货物的,适用投入产出法进行核定扣除。

当期允许抵扣农产品增值税进项税额=当期农产品耗用数量×农产品平均购买单价×扣除率÷(1+扣除率)

当期农产品耗用数量=当期销售货物数量×农产品单耗数量

其中,扣除率为销售货物的适用税率,目的是为了体现增值税对增值额征税的特点,使得最终产品销项计算税率和它的原料进项计算税率相一致。农产品单耗数量是参照国家标准、行业标准确定的,不是纳税人的个别标准。

因此,甲公司当期允许抵扣农产品增值税进项税额=1000×1.02×2000×9%÷(1+9%)=168440.37(元)。

2.乙公司2019年6月份销售1000吨乳制品,其主营业务成本为6000万元,农产品耗用率为80%。

成本法侧重于农产品耗用金额的控制,企业根据税务机关核定的农产品耗用率计算确定本期农产品成本,最后确定当期允许抵扣的增值税进项税额。

当期允许抵扣农产品增值税进项税额=当期主营业务成本×农产品耗用率×扣除率÷(1+扣除率)

农产品耗用率=上年投入生产的农产品外购金额/上年生产成本

"主营业务成本"中不包括其未耗用农产品的产品成本,在计算时应当予以扣除。农产品耗用率由试点纳税人向主管税务机关申请核定。

因此,乙公司当期允许抵扣农产品增值税进项税额=1000×80%×9%÷(1+9%)

＝ 66.06（万元）。

十一、从事农、林、牧、渔业项目减免企业所得税

【享受主体】

从事农、林、牧、渔业项目的纳税人。

【优惠内容】

1. 免征企业所得税项目：

（1）从事蔬菜、谷物、薯类、油料、豆类、棉花、麻类、糖料、水果、坚果的种植。

（2）农作物新品种的选育。

（3）中药材的种植。

（4）林木的培育和种植。

（5）牲畜、家禽的饲养。

（6）林产品的采集。

（7）灌溉、农产品初加工、兽医、农技推广、农机作业和维修等农、林、牧、渔服务业项目。

（8）远洋捕捞。

2. 减半征收企业所得税项目：

（1）从事花卉、茶以及其他饮料作物和香料作物的种植。

（2）海水养殖、内陆养殖。

【享受条件】

1. 享受税收优惠的农、林、牧、渔业项目，除另有规定外，参照《国民经济行业分类》（GB/T4754－2002）的规定标准执行。

2. 企业从事农、林、牧、渔业项目，凡属于国家发展改革委发布的《产业结构调整指导目录》中限制和淘汰类的项目，不得享受《中华人民共和国企业所得税法实施条例》第八十六条规定的优惠政策。

【政策依据】

1.《中华人民共和国企业所得税法》第二十七条第一项。

2.《中华人民共和国企业所得税法实施条例》第八十六条第一项、第二项。

3.《财政部　国家税务总局关于发布享受企业所得税优惠政策的农产品初加工范围（试行）的通知》（财税〔2008〕149号）。

4.《财政部　国家税务总局关于享受企业所得税优惠的农产品初加工有关范围的补充通知》（财税〔2011〕26号）。

5.《国家税务总局关于实施农林牧渔业项目企业所得税优惠问题的公告》（国家税务总局公告2011年第48号）。

【实操案例】 ----------------------------------

　　某企业准备投资 5 000 万元用于中药材的种植或者香料作物的种植。预计种植中药材每年可以获得利润总额 500 万元，种植香料每年可以获得利润总额 560 万元。假设无纳税调整事项，企业应选择哪一项目？

　　由于中药材种植可以享受免税优惠政策，企业投资中药材每年可以获得净利润 500 万元。由于香料作物种植可以享受减半征税的优惠政策，企业每年需要缴纳企业所得税：560×25%×50% ＝ 70（万元）。净利润：560 － 70 ＝ 490（万元）。种植中药材的利润总额低于种植香料的利润总额，但种植中药材的净利润（即税后利润）高于种植香料的净利润，企业应选择种植中药材。

十二、从事“四业”的个人暂不征收个人所得税

【享受主体】

从事“四业”的个人或者个体户。

【优惠内容】

对个人、个体户从事种植业、养殖业、饲养业和捕捞业，取得的“四业”所得，暂不征收个人所得税。

【享受条件】

符合条件的从事“四业”的个人或个体户，取得的“四业”所得。

【政策依据】

《财政部　国家税务总局关于农村税费改革试点地区有关个人所得税问题的通知》（财税〔2004〕30 号）。

十三、农业服务免征增值税

【享受主体】

提供农业机耕等农业服务的增值税纳税人。

【优惠内容】

纳税人提供农业机耕、排灌、病虫害防治、植物保护、农牧保险以及相关技术培训业务，家禽、牲畜、水生动物的配种和疾病防治，免征增值税。

【享受条件】

1.农业机耕是指在农业、林业、牧业中使用农业机械进行耕作（包括耕耘、种植、

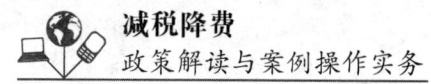

收割、脱粒、植物保护等）的业务。

2. 排灌是指对农田进行灌溉或者排涝的业务。

3. 病虫害防治是指从事农业、林业、牧业、渔业的病虫害测报和防治的业务。

4. 农牧保险是指为种植业、养殖业、牧业种植和饲养的动植物提供保险的业务。

5. 相关技术培训是指与农业机耕、排灌、病虫害防治、植物保护业务相关以及为使农民获得农牧保险知识的技术培训业务。

6. 家禽、牲畜、水生动物的配种和疾病防治业务的免税范围，包括与该项服务有关的提供药品和医疗用具的业务。

【政策依据】

《财政部　国家税务总局关于全面推开营业税改征增值税试点的通知》（财税〔2016〕36号）附件3《营业税改征增值税试点过渡政策的规定》第一条第（十）项。

十四、农用三轮车免征车辆购置税

【享受主体】

购买农用三轮车的单位和个人。

【优惠内容】

对农用三轮车免征车辆购置税。

【享受条件】

农用三轮车是指：柴油发动机，功率不大于7.4kW，载重量不大于500kg，最高车速不大于40km/h的三个车轮的机动车。

【政策依据】

《财政部　国家税务总局关于农用三轮车免征车辆购置税的通知》（财税〔2004〕66号）。

十五、捕捞、养殖渔船免征车船税

【享受主体】

渔船的所有人或管理人。

【优惠内容】

捕捞、养殖渔船免征车船税。

【享受条件】

捕捞、养殖渔船是指在渔业船舶登记管理部门登记为捕捞船或者养殖船的船舶。

📝 【政策依据】

1.《中华人民共和国车船税法》第三条第一项。

2.《中华人民共和国车船税法实施条例》第七条。

十六、农村居民拥有使用的三轮汽车等定期减免车船税

📨 【享受主体】

摩托车、三轮汽车和低速载货汽车的所有人或管理人。

✅ 【优惠内容】

省、自治区、直辖市人民政府根据当地实际情况，可以对公共交通车船，农村居民拥有并主要在农村地区使用的摩托车、三轮汽车和低速载货汽车定期减征或者免征车船税。

👥 【享受条件】

1. 摩托车、三轮汽车和低速载货汽车，由农村居民拥有并主要在农村地区使用。

2. 三轮汽车，是指最高设计车速不超过每小时 50 公里，具有三个车轮的货车。

3. 低速载货汽车，是指以柴油机为动力，最高设计车速不超过每小时 70 公里，具有四个车轮的货车。

📝 【政策依据】

1.《中华人民共和国车船税法》第五条。

2.《中华人民共和国车船税法实施条例》第二十六条。

第三节　支持新型农业经营主体发展税收优惠

一、"公司＋农户"经营模式销售畜禽免征增值税

📨 【享受主体】

"公司＋农户"经营模式下，从事畜禽回收再销售的纳税人。

✅ 【优惠内容】

采取"公司＋农户"经营模式从事畜禽饲养，纳税人回收再销售畜禽，属于农业生产者销售自产农产品，免征增值税。

【享受条件】

1. 纳税人采取"公司＋农户"经营模式从事畜禽饲养。

2. 畜禽应当是列入《农业产品征税范围注释》（财税字〔1995〕52 号文件印发）的农业产品。

【政策依据】

1.《中华人民共和国增值税暂行条例》第十五条第一项。

2.《中华人民共和国增值税暂行条例实施细则》第三十五条第一项。

3.《财政部 国家税务总局关于印发〈农业产品征税范围注释〉的通知》（财税字〔1995〕52 号）。

4.《国家税务总局关于纳税人采取"公司＋农户"经营模式销售畜禽有关增值税问题的公告》（国家税务总局公告 2013 年第 8 号）。

【实操案例】 ∙∙∙

甲肉食加工厂（下称"甲厂"），是一家以肉食加工销售为主营业务的私营企业，所需肉食由其自身提供给当地农户养殖，相互之间签署养殖合同。合同约定，农户从甲厂购买畜禽苗，畜禽苗的检疫、疫苗等费用由农户承担，养殖期间所发生的一切经济风险均与甲厂无关，养殖成熟后由甲厂收购、屠宰、出售。

2018 年 2 月乙县国家税务局稽查局向甲厂下发了《税务行政处罚事项告知书》，指出：甲厂于 2017 年 5 月到 12 月，所加工肉鸭应申报的含税销售收入 1224.06 万元，少计提销项税额 140.82 万元，要求甲厂依据《税收征收管理法》和《增值税暂行条例》补缴税款。

乙县国税局稽查局认为，企业对鸭子进行屠宰销售，属于《增值税暂行条例》规定的纳税行为，依据该条例第一条的规定，在中国境内销售货物或提供加工、修理修配劳务以及进口货物的单位和个人，为增值税的纳税人。故该企业应依法缴纳增值税。

企业观点认为，依据国家税务总局发布的《关于纳税人采取"公司＋农户"经营模式销售畜禽有关增值税问题的公告》（国家税务总局公告 2013 年第 8 号，以下简称 8 号文）之规定，企业的经营生产模式属于农业生产者销售自产农产品。另，依据《增值税暂行条例》第十五条的规定，农业生产者销售自产农产品属于免征增值税的项目。

上述哪种观点正确？

解答：（1）该企业不属于"公司＋农户"经营模式

甲厂不属于 8 号文所规定的"公司＋农户"的经营模式，应依法补缴增值税。原因在于 8 号文所说的"公司＋农户"经营模式是指公司与农户签订委托养殖合同，向农户提供畜禽苗、饲料、兽医及疫苗等（所有权属于公司），农户饲养畜禽苗至成品后交付公司回收，公司将回收的成品畜禽用于销售。也就是说，饲养畜禽所需的生产资料均由企业提供，养殖过程中出现的风险均有企业承担。而在本案中，企业与农户之间签订的合同明确约定，农户养殖畜禽所需生产资料为其向企业购买，且在饲养过程中所面临的一切风险均由农户承担。企业与农户签订的合同显示，饲养肉芽所需的生产资料均为农户购买，且经营风险由农户承担，这不同于8号文的规定。故，该企业与农户的生产经营模式不适用于8号文的规定，不属于享受"公司＋农户"经营模式税收优惠政策的范围。

（2）甲厂对鸭子的屠宰是一种加工行为，产生增值税的纳税义务

企业对鸭子屠宰之后销售，属于对货物进行加工之后进行销售的行为。这种加工后销售的行为适用于《增值税暂行条例》第一条的规定，在中华人民共和国境内销售货物或提供加工、修理修配劳务以及进口货物的单位和个人，为增值税的纳税人，应当缴纳增值税。同时，《增值税暂行条例实施细则》第二条规定，加工是指受托加工货物，即委托方提供原料及主要材料，受托方按照委托方的要求，制造货物并收取加工费的业务。由此，甲厂对肉鸭的屠宰行为使甲厂成为《增值税暂行条例》第一条规定的在中国境内提供加工服务的单位，应该按照《增值税暂行条例实施细则》第二条规定缴纳增值税。

（3）甲厂如何取得8号文所规定的税收优惠

甲厂可以按照国家政策，调整与农户的合同。由上所述，甲厂遭受行政处罚的原因在于错解了国家的税收优惠政策。因此，建议甲厂在接下来与农户的合作中，调整双方的合同内容，按照相关规定，由企业向农户提供畜禽苗、饲料、兽药及疫苗等必要初级产品。8号文规定，自2013年4月1日起，"公司＋农户"经营模式销售畜禽免征增值税。"公司＋农户"经营模式是从事畜禽饲养的公司与农户签订委托养殖合同，向农户提供畜禽苗、饲料、兽药及疫苗等（所有权属于公司），农户饲养畜禽苗至成品后交付公司回收，公司将回收的成品畜禽用于销售。在当前的畜禽养殖业中，"公司＋农户"经营模式已经普遍采用，企业将生产环节外包给农户，自身负责销售与服务环节，承担农产品的大部分风险，农户完全解除了技术与市场担忧，双方组成相对完整、独立的经营模式。由于畜禽养殖的风险绝大部分留在企业本身，与企业自产农产品无本质区别，因此纳税人采取"公司＋农户"的经营模式从农户手中回收再销售畜禽产品，属于农业生产者销售自产农产品，应根据现行增值税的有关规定免征增值税。

通过本案可以看到，"公司＋农户"这一经营模式的税收优惠的获得，关键在于畜禽苗、饲料、兽药及疫苗的所有权归于何方，只有在其所有权属于公司的情形下，才可被认定为"农业生产者销售自产农产品"，享有免征增值税的税收优惠政策。

二、"公司＋农户"经营模式从事农、林、牧、渔业生产减免企业所得税

【享受主体】

采用"公司＋农户"经营模式从事农、林、牧、渔业项目生产的企业。

【优惠内容】

1.以"公司＋农户"经营模式从事农、林、牧、渔业项目生产的企业，可以享受减免企业所得税优惠政策。

2. 免征企业所得税项目：

（1）从事蔬菜、谷物、薯类、油料、豆类、棉花、麻类、糖料、水果、坚果的种植。

（2）农作物新品种的选育。

（3）中药材的种植。

（4）林木的培育和种植。

（5）牲畜、家禽的饲养。

（6）林产品的采集。

（7）灌溉、农产品初加工、兽医、农技推广、农机作业和维修等农、林、牧、渔服务业项目。

（8）远洋捕捞。

3. 减半征收企业所得税项目：

（1）从事花卉、茶以及其他饮料作物和香料作物的种植。

（2）海水养殖、内陆养殖。

【享受条件】

自 2010 年 1 月 1 日起，采取"公司＋农户"经营模式从事牲畜、家禽的饲养，即公司与农户签订委托养殖合同，向农户提供畜禽苗、饲料、兽药及疫苗等（所有权〈产权〉仍属于公司），农户将畜禽养大成为成品后交付公司回收。

【政策依据】

1.《中华人民共和国企业所得税法》第二十七条。

2.《中华人民共和国企业所得税法实施条例》第八十六条。

3.《财政部 国家税务总局关于发布〈享受企业所得税优惠政策的农产品初加工范围（试行）〉的通知》（财税〔2008〕149 号）。

4.《财政部 国家税务总局关于享受企业所得税优惠的农产品初加工有关范围的补充通知》（财税〔2011〕26 号）。

5.《国家税务总局关于"公司＋农户"经营模式企业所得税优惠问题的公告》（国家税务总局公告 2010 年第 2 号）。

6.《国家税务总局关于实施农林牧渔业项目企业所得税优惠问题的公告》（国家税务总局公告 2011 年第 48 号）。

三、农民专业合作社销售农产品免征增值税

【享受主体】

农民专业合作社。

【优惠内容】

农民专业合作社销售本社成员生产的农产品，视同农业生产者销售自产农产品免

征增值税。

【享受条件】

1. 农产品应当是列入《农业产品征税范围注释》（财税字〔1995〕52号文件印发）的初级农业产品。

2. 农民专业合作社是指依照《中华人民共和国农民专业合作社法》规定设立和登记的农民专业合作社。

【政策依据】

1.《财政部　国家税务总局关于农民专业合作社有关税收政策的通知》（财税〔2008〕81号）。

2.《财政部　国家税务总局关于印发〈农业产品征税范围注释〉的通知》（财税字〔1995〕52号）。

四、农民专业合作社向本社成员销售部分农用物资免征增值税

【享受主体】

农民专业合作社。

【优惠内容】

农民专业合作社向本社成员销售的农膜、种子、种苗、农药、农机，免征增值税。

【享受条件】

1. 纳税人为农民专业合作社。

2. 农用物资销售给本社成员。

3. 农民专业合作社是指依照《中华人民共和国农民专业合作社法》规定设立和登记的农民专业合作社。

【政策依据】

《财政部　国家税务总局关于农民专业合作社有关税收政策的通知》（财税〔2008〕81号）。

五、购进农民专业合作社销售的免税农产品可以抵扣进项税额

【享受主体】

增值税一般纳税人。

【优惠内容】

2019年4月1日起，纳税人购进农产品允许按照农产品收购发票或者销售发票上注明的农产品买价和9%的扣除率抵扣进项税额；其中，购进用于生产或委托加工13%税率货物的农产品，按照农产品收购发票或者销售发票上注明的农产品买价和10%的扣除率抵扣进项税额。

【享受条件】

1. 纳税人为增值税一般纳税人。
2. 从农民专业合作社购进免税农产品。
3. 农产品应当是列入《农业产品征税范围注释》（财税字〔1995〕52号文件印发）的农业产品。
4. 农民专业合作社是指依照《中华人民共和国农民专业合作社法》规定设立和登记的农民专业合作社。

【政策依据】

1.《财政部　国家税务总局关于印发〈农业产品征税范围注释〉的通知》（财税字〔1995〕52号）。
2.《财政部　国家税务总局关于农民专业合作社有关税收政策的通知》（财税〔2008〕81号）。
3.《财政部　税务总局关于调整增值税税率的通知》（财税〔2018〕32号）第二条、第三条。
4.《财政部　税务总局　海关总署关于深化增值税改革有关政策的公告》（财政部　税务总局　海关总署公告2019年第39号）第二条。

六、农民专业合作社与本社成员签订的涉农购销合同免征印花税

【享受主体】

农民专业合作社及其社员。

【优惠内容】

农民专业合作社与本社成员签订的农业产品和农业生产资料购销合同免征印花税。

【享受条件】

1. 购销合同签订双方为农民专业合作社与本社成员。
2. 合同标的为农业产品和农业生产资料。
3. 农民专业合作社是指依照《中华人民共和国农民专业合作社法》规定设立和登记的农民专业合作社。

【政策依据】

《财政部　国家税务总局关于农民专业合作社有关税收政策的通知》（财税〔2008〕81号）。

第四节　促进农产品流通税收优惠

一、蔬菜流通环节免征增值税

【享受主体】

从事蔬菜批发、零售的纳税人。

【优惠内容】

从事蔬菜批发、零售的纳税人销售的蔬菜免征增值税。

【享受条件】

蔬菜是指可作副食的草本、木本植物，包括各种蔬菜、菌类植物和少数可作副食的木本植物及经挑选、清洗、切分、晾晒、包装、脱水、冷藏、冷冻等工序加工的蔬菜。蔬菜的主要品种参照《蔬菜主要品种目录》执行。

【政策依据】

《财政部　国家税务总局关于免征蔬菜流通环节增值税有关问题的通知》（财税〔2011〕137号）。

【实操案例】 •

甲公司是一家蔬菜种植企业，主要向各社区菜市场供应自产蔬菜。为保障疫情期间居民蔬菜供应，甲公司除供应自产蔬菜外，还收购了部分农民自种蔬菜，一并销售给社区菜市场。甲公司销售的蔬菜，包括自产和收购的蔬菜，是否需要缴纳增值税？

解答：《增值税暂行条例》规定，对农业生产者销售的自产农产品免征增值税。《财政部　国家税务总局关于免征蔬菜流通环节增值税有关问题的通知》（财税〔2011〕137号）规定，对从事蔬菜批发、零售的纳税人销售的蔬菜免征增值税。按照上述规定，甲公司销售的自产蔬菜和收购蔬菜，均可按规定享受上述免征增值税优惠。

二、部分鲜活肉蛋产品流通环节免征增值税

【享受主体】

从事部分鲜活肉蛋产品农产品批发、零售的纳税人。

【优惠内容】

对从事农产品批发、零售的纳税人销售的部分鲜活肉蛋产品免征增值税。

【享受条件】

鲜活肉产品是指猪、牛、羊、鸡、鸭、鹅及其整块或者分割的鲜肉、冷藏或者冷冻肉，内脏、头、尾、骨、蹄、翅、爪等组织。鲜活蛋产品是指鸡蛋、鸭蛋、鹅蛋，包括鲜蛋、冷藏蛋以及对其进行破壳分离的蛋液、蛋黄和蛋壳。

【政策依据】

《财政部　国家税务总局关于免征部分鲜活肉蛋产品流通环节增值税政策的通知》（财税〔2012〕75号）。

【实操案例】 •

甲公司是湖北省黄冈市一家专门经营猪、牛、羊肉的批发企业，对接黄冈市内各大超市。为保障黄冈市民在新冠肺炎疫情期间吃上放心肉，甲公司想方设法从各地调运了大量鲜活猪、牛、羊肉。甲公司销售给超市的鲜活肉产品是否需要缴纳增值税？

解答：《财政部　国家税务总局关于免征部分鲜活肉蛋产品流通环节增值税政策的通知》（财税〔2012〕75号）规定，对从事农产品批发、零售的纳税人销售的部分鲜活肉蛋产品免征增值税。甲公司和各超市企业销售的鲜活猪、牛、羊肉，可以按规定享受上述免征增值税优惠。

三、农产品批发市场、农贸市场免征房产税

【享受主体】

农产品批发市场、农贸市场房产税纳税人。

【优惠内容】

自2019年1月1日至2021年12月31日，对专门经营农产品的农产品批发市场、农贸市场使用（包括自有和承租，下同）的房产，暂免征收房产税。对同时经营其他产品的农产品批发市场和农贸市场使用的房产，按其他产品与农产品交易场地面积的比例确定征免房产税。

【享受条件】

1.农产品批发市场和农贸市场，是指经工商登记注册，供买卖双方进行农产品及其初加工品现货批发或零售交易的场所。农产品包括粮油、肉禽蛋、蔬菜、干鲜果品、水产品、调味品、棉麻、活畜、可食用的林产品以及由省、自治区、直辖市财税部门确定的其他可食用的农产品。

2.享受上述税收优惠的房产、土地，是指农产品批发市场、农贸市场直接为农产品交易提供服务的房产、土地。农产品批发市场、农贸市场的行政办公区、生活区，以及商业餐饮娱乐等非直接为农产品交易提供服务的房产、土地，不属于优惠范围，应按规定征收房产税。

【政策依据】

《财政部　税务总局关于继续实行农产品批发市场　农贸市场房产税　城镇土地使用税优惠政策的通知》（财税〔2019〕12号）。

四、农产品批发市场、农贸市场免征城镇土地使用税

【享受主体】

农产品批发市场、农贸市场城镇土地使用税纳税人。

【优惠内容】

自2019年1月1日至2021年12月31日，对专门经营农产品的农产品批发市场、农贸市场使用（包括自有和承租，下同）的土地，暂免征收城镇土地使用税。对同时经营其他产品的农产品批发市场和农贸市场使用的土地，按其他产品与农产品交易场地面积的比例确定征免城镇土地使用税。

【享受条件】

1.农产品批发市场和农贸市场，是指经工商登记注册，供买卖双方进行农产品及其初加工品现货批发或零售交易的场所。农产品包括粮油、肉禽蛋、蔬菜、干鲜果品、水产品、调味品、棉麻、活畜、可食用的林产品以及由省、自治区、直辖市财税部门确定的其他可食用的农产品。

2.享受上述税收优惠的房产、土地，是指农产品批发市场、农贸市场直接为农产品交易提供服务的房产、土地。农产品批发市场、农贸市场的行政办公区、生活区，以及商业餐饮娱乐等非直接为农产品交易提供服务的房产、土地，不属于优惠范围，应按规定征收城镇土地使用税。

【政策依据】

《财政部　税务总局关于继续实行农产品批发市场　农贸市场房产税　城镇土地使用税优惠政策的通知》（财税〔2019〕12号）。

五、国家指定收购部门订立农副产品收购合同免征印花税

【享受主体】

国家指定的收购部门与村民委员会、农民个人。

【优惠内容】

国家指定的收购部门与村民委员会、农民个人书立的农副产品收购合同，免纳印花税。

【享受条件】

订立收购合同的双方应为国家指定的收购部门与村民委员会或农民个人。

【政策依据】

1.《中华人民共和国印花税暂行条例》第四条。
2.《中华人民共和国印花税暂行条例施行细则》第十三条。

第五节　促进农业资源综合利用税收优惠

一、以部分农林剩余物为原料生产燃料电力热力实行增值税即征即退100%

【享受主体】

以部分农林剩余物等为原料生产生物质压块、沼气等燃料，电力、热力的纳税人。

【优惠内容】

对销售自产的以餐厨垃圾、畜禽粪便、稻壳、花生壳、玉米芯、油茶壳、棉籽壳、三剩物、次小薪材，农作物秸秆、蔗渣，以及利用上述资源发酵产生的沼气为原料，生产的生物质压块、沼气等燃料，电力、热力实行增值税即征即退100%的政策。

【享受条件】

1. 纳税人为增值税一般纳税人。
2. 销售综合利用产品和劳务，不属于国家发展改革委《产业结构调整指导目录》中的禁止类、限制类项目。
3. 销售综合利用产品和劳务，不属于原环境保护部《环境保护综合名录》中的"高污染、高环境风险"产品或者重污染工艺。

4. 综合利用的资源，属于原环境保护部《国家危险废物名录》列明的危险废物的，应当取得省级及以上生态环境部门颁发的《危险废物经营许可证》，且许可经营范围包括该危险废物的利用。

5. 纳税信用等级不属于税务机关评定的 C 级或 D 级。

6. 产品原料或者燃料 80% 以上来自所列资源。

7. 纳税人符合《锅炉大气污染物排放标准》（GB13271 － 2014）、《火电厂大气污染物排放标准》（GB13223 － 2011）或《生活垃圾焚烧污染控制标准》（GB18485 － 2001）规定的技术要求。

📝 【政策依据】

《财政部　国家税务总局关于印发〈资源综合利用产品和劳务增值税优惠目录〉的通知》（财税〔2015〕78 号）。

【实操案例】• •

甲公司符合享受增值税即征即退政策条件，并在税务机关完成备案，自 2019 年 1 月开始执行。2019 年 5 月，环保部门进行督察时将该企业备案项目调整至《环境保护综合名录》中的"高污染、高环境风险"产品。甲公司是否可以继续享受增值税即征即退政策？

解答：甲公司应自不符合规定的条件次月起，也就是自 2019 年 6 月起，便不再享受增值税即征即退政策。

二、以部分农林剩余物为原料生产资源综合利用产品实行增值税即征即退 70%

✉ 【享受主体】

以三剩物等生产纤维板等工业原料的纳税人。

☑ 【优惠内容】

对销售自产的以三剩物、次小薪材、农作物秸秆、沙柳为原料，生产的纤维板、刨花板、细木工板、生物碳、活性炭、栲胶、水解酒精、纤维素、木质素、木糖、阿拉伯糖、糠醛、箱板纸实行增值税即征即退 70% 的政策。

👥 【享受条件】

1. 纳税人为增值税一般纳税人。

2. 销售综合利用产品和劳务，不属于国家发展改革委《产业结构调整指导目录》中的禁止类、限制类项目。

3. 销售综合利用产品和劳务，不属于原环境保护部《环境保护综合名录》中的"高污染、高环境风险"产品或者重污染工艺。

4. 综合利用的资源，属于原环境保护部《国家危险废物名录》列明的危险废物的，应当取得省级及以上生态环境部门颁发的《危险废物经营许可证》，且许可经营范围包括该危险废物的利用。

5. 纳税信用等级不属于税务机关评定的 C 级或 D 级。

6. 产品原料 95% 以上来自所列资源。

【政策依据】

《财政部　国家税务总局关于印发〈资源综合利用产品和劳务增值税优惠目录〉的通知》（财税〔2015〕78 号）。

【实操案例】 ••

甲公司符合享受增值税即征即退政策条件，并在税务机关完成备案，自 2019 年 1 月开始执行。2019 年 3 月，甲公司因违反环境保护相关法律法规受到行政处罚 10 万元，甲公司还可以继续享受增值税即征即退政策吗？

解答：对于已享受增值税即征即退政策的纳税人，因违反税收、环境保护等法律法规受到处罚的（警告或单次 1 万元以下罚款除外），自处罚决定下达的次月起 36 个月内，不得享受资源综合利用增值税即征即退政策。

三、以废弃动植物油为原料生产生物柴油等实行增值税即征即退 70%

【享受主体】

以废弃动植物油为原料生产生物柴油等资源综合利用产品的纳税人。

【优惠内容】

对销售自产的以废弃动物油和植物油为原料生产的生物柴油、工业级混合油实行增值税即征即退 70% 政策。

【享受条件】

1. 纳税人为增值税一般纳税人。

2. 销售综合利用产品和劳务，不属于国家发展改革委《产业结构调整指导目录》中的禁止类、限制类项目。

3. 销售综合利用产品和劳务，不属于原环境保护部《环境保护综合名录》中的"高污染、高环境风险"产品或者重污染工艺。

4. 综合利用的资源，属于原环境保护部《国家危险废物名录》列明的危险废物的，应当取得省级及以上生态环境部门颁发的《危险废物经营许可证》，且许可经营范围包括该危险废物的利用。

5. 纳税信用等级不属于税务机关评定的 C 级或 D 级。

6. 产品原料 70% 以上来自所列资源。

7. 工业级混合油的销售对象须为化工企业。

【政策依据】

《财政部　国家税务总局关于印发〈资源综合利用产品和劳务增值税优惠目录〉的通知》（财税〔2015〕78 号）。

【实操案例】 ·

甲公司某项业务符合享受增值税即征即退政策条件，并在税务机关完成备案，自 2019 年 1 月开始执行。2019 年 2 月，经税务机关检查发现甲公司未对适用的业务进行单独核算。甲公司还可以继续享受增值税即征即退政策吗？

解答：纳税人应当单独核算适用增值税即征即退政策的综合利用产品和劳务的销售额和应纳税额。未单独核算的，不得享受资源综合利用增值税即征即退政策。

四、以农作物秸秆为原料生产纸浆、秸秆浆和纸实行增值税即征即退 50%

【享受主体】

以农作物秸秆为原料生产纸浆、秸秆浆和纸的纳税人。

【优惠内容】

对销售自产的以农作物秸秆为原料生产的纸浆、秸秆浆和纸实行增值税即征即退 50% 政策。

【享受条件】

1. 纳税人为增值税一般纳税人。

2. 销售综合利用产品和劳务，不属于国家发展改革委《产业结构调整指导目录》中的禁止类、限制类项目。

3. 销售综合利用产品和劳务，不属于原环境保护部《环境保护综合名录》中的"高污染、高环境风险"产品或者重污染工艺。

4. 综合利用的资源，属于原环境保护部《国家危险废物名录》列明的危险废物的，应当取得省级及以上生态环境部门颁发的《危险废物经营许可证》，且许可经营范围包括该危险废物的利用。

5. 纳税信用等级不属于税务机关评定的 C 级或 D 级。

6. 产品原料 70% 以上来自所列资源。

7. 废水排放符合《制浆造纸工业水污染物排放标准》（GB3544 － 2008）规定的技术要求。

8. 纳税人符合《制浆造纸行业清洁生产评价指标体系》规定的技术要求。

9. 纳税人必须通过 ISO9000、ISO14000 认证。

📝 【政策依据】

《财政部　国家税务总局关于印发〈资源综合利用产品和劳务增值税优惠目录〉的通知》（财税〔2015〕78 号）。

五、以锯末等原料生产的人造板及其制品实行减按 90% 计入收入总额

📧 【享受主体】

以锯末等为原料生产人造板及其制品的纳税人。

📋 【优惠内容】

对企业以锯末、树皮、枝丫材为材料，生产的人造板及其制品取得的收入，减按 90% 计入收入总额。

👥 【享受条件】

1. 符合产品标准。
2. 产品原料 100% 来自锯末、树皮、枝丫材等。

📝 【政策依据】

1.《中华人民共和国企业所得税法》第三十三条。
2.《中华人民共和国企业所得税法实施条例》第九十九条。
3.《财政部　国家税务总局关于执行资源综合利用企业所得税优惠目录有关问题的通知》（财税〔2008〕47 号）。
4.《财政部　国家税务总局　国家发展改革委关于公布资源综合利用企业所得税优惠目录（2008 年版）的通知》（财税〔2008〕117 号）。

六、以农作物秸秆及壳皮等原料生产电力等产品实行减按 90% 计入企业所得税收入总额

📧 【享受主体】

以农作物秸秆及壳皮等为原料生产电力等产品的纳税人。

📋 【优惠内容】

对企业以农作物秸秆及壳皮（包括粮食作物秸秆、农业经济作物秸秆、粮食壳皮、玉米芯）为主要原料，生产的代木产品、电力、热力及燃气取得的收入，减按 90% 计入收入总额。

【享受条件】

产品原料 70% 以上来自农作物秸秆及壳皮（包括粮食作物秸秆、农业经济作物秸秆、粮食壳皮、玉米芯）。

【政策依据】

1.《中华人民共和国企业所得税法》第三十三条。

2.《中华人民共和国企业所得税法实施条例》第九十九条。

3.《财政部　国家税务总局关于执行资源综合利用企业所得税优惠目录有关问题的通知》（财税〔2008〕47 号）。

4.《财政部　国家税务总局　国家发展改革委关于公布资源综合利用企业所得税优惠目录（2008 年版）的通知》（财税〔2008〕117 号）。

七、沼气综合开发利用享受企业所得税"三免三减半"

【享受主体】

从事沼气综合开发利用项目的纳税人。

【优惠内容】

纳税人从事沼气综合开发利用项目中"畜禽养殖场和养殖小区沼气工程项目"的所得，自项目取得第一笔生产经营收入所属纳税年度起，第一年至第三年免征企业所得税，第四年至第六年减半征收企业所得税。

【享受条件】

1. 单体装置容积不小于 300 立方米，年平均日产沼气量不低于 300 立方米 / 天，且符合国家有关沼气工程技术规范的项目。

2. 废水排放、废渣处置、沼气利用符合国家和地方有关标准，不产生二次污染。

3. 项目包括完整的发酵原料的预处理设施、沼渣和沼液的综合利用或进一步处理系统，沼气净化、储存、输配和利用系统。

4. 项目设计、施工和运行管理人员具备国家相应职业资格。

5. 项目按照国家法律法规要求，通过相关验收。

6. 国务院财政、税务主管部门规定的其他条件。

【政策依据】

1.《中华人民共和国企业所得税法》第二十七条。

2.《中华人民共和国企业所得税法实施条例》第八十八条。

3.《财政部　国家税务总局　国家发展改革委关于公布环境保护节能节水项目企业所得税优惠目录（试行）的通知》（财税〔2009〕166 号）。

4.《财政部　国家税务总局关于公共基础设施项目和环境保护节能节水项目企业所

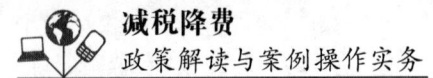

得税优惠政策问题的通知》（财税〔2012〕10号）。

【实操案例】••

沼气发电企业所得税三免三减半开始年度是怎么确定的?

解答：《企业所得税法实施条例》第八十八条规定，符合条件的环境保护、节能节水项目，包括公共污水处理、公共垃圾处理、沼气综合开发利用、节能减排技术改造、海水淡化等。企业从事符合条件的环境保护、节能节水项目的所得，自项目取得第一笔生产经营收入所属纳税年度起，第一年至第三年免征企业所得税，第四年至第六年减半征收企业所得税。因此，沼气综合利用企业从取得第一笔生产经营收入的年度起所得税适用三免三减半的政策。

第六章

促进贫困地区创业就业减税降费政策

导读

　　本章介绍促进贫困地区创业就业减税降费政策，包括三节内容，分别介绍小微企业税收优惠、重点群体创业就业税收优惠以及残疾人就业税收优惠。

第一节　小微企业税收优惠

一、增值税小规模纳税人销售额限额内免征增值税

【享受主体】

增值税小规模纳税人。

【优惠内容】

　　自 2019 年 1 月 1 日至 2021 年 12 月 31 日，对月销售额 10 万元以下（含本数）的增值税小规模纳税人，免征增值税。

【享受条件】

　　1. 此优惠政策适用于增值税小规模纳税人（包括企业和非企业单位、个体工商户、其他个人）。

　　2. 小规模纳税人发生增值税应税销售行为，合计月销售额未超过 10 万元（以 1 个季度为 1 个纳税期的，季度销售额未超过 30 万元，下同）的，免征增值税。

　　小规模纳税人发生增值税应税销售行为，合计月销售额超过 10 万元，但扣除本期发生的销售不动产的销售额后未超过 10 万元的，其销售货物、劳务、服务、无形资产取得的销售额免征增值税。

　　3. 适用增值税差额征税政策的小规模纳税人，以差额后的销售额确定是否可以享

受本公告规定的免征增值税政策。

【政策依据】

1.《中华人民共和国增值税暂行条例实施细则》第三十七条。

2.《财政部 国家税务总局关于暂免征收部分小微企业增值税和营业税的通知》（财税〔2013〕52号）。

3.《财政部 国家税务总局关于全面推开营业税改征增值税试点的通知》（财税〔2016〕36号）附件1《营业税改征增值税试点实施办法》第五十条。

4.《财政部 税务总局关于统一增值税小规模纳税人标准的通知》（财税〔2018〕33号）。

5.《财政部 税务总局关于实施小微企业普惠性税收减免政策的通知》（财税〔2019〕13号）第一条。

6.《国家税务总局关于小规模纳税人免征增值税政策有关征管问题的公告》（国家税务总局公告2019年第4号）。

【实操案例】••

1. 光伏发电项目发电户销售电力产品能否享受小规模纳税人月销售额10万元以下免税政策？

解答：《国家税务总局关于国家电网公司购买分布式光伏发电项目电力产品发票开具等有关问题的公告》（国家税务总局公告2014年第32号）规定的光伏发电项目发电户，销售电力产品时可以享受小规模纳税人月销售额10万元以下免税政策。

2. 小规模纳税人月销售额超10万元但季度销售额不超30万能否免征增值税？

解答：如果是按月纳税的小规模纳税人，那么月销售额超过10万元的当月是无法享受免税的；如果是按季纳税的小规模纳税人，那么季度中某一个月销售额超过10万元，但季度销售额不超过30万元的，是可以按规定享受免税的。

3. 增值税免税政策是否只针对按月纳税的小规模纳税人？

解答：该规定不仅针对按月纳税月销售额未超过10万元的小规模纳税人，也适用于按季纳税季销售额未超过30万元的小规模纳税人。

4. 按季申报小规模纳税人一月份有销售，二月三月办理停业登记，能否享受按季30万元免征增值税政策？

解答：按照政策规定，按季申报纳税的小规模纳税人，季度销售额未超过30万元的，免征增值税。所以，如果一季度销售额合计未超过30万元，是可以享受免征增值税政策的。

5. 按季申报的小规模纳税人剔除不动产转让销售额后可享受免征增值税政策，在申报时应注意什么？

解答：按照现行政策规定，小规模纳税人当期若发生销售不动产业务，以扣除不动产销售额后的当期销售额来判断是否超过10万元（按季30万元）。纳税人在办理增值税纳税申报过程中，可按照申报系统提示据实填报不动产销售额，系统将自动提示是否超过月销售额（季度销售额）及填报注意事项。

6. 按季申报的小规模纳税人转让不动产，除了按照申报系统提示填报不动产信息以外，还需要填报申报表相关栏次吗？

解答：需要填报。小规模纳税人转让不动产，除了按照申报系统提示填报不动产信息以外，还应根据政策适用情况据实填写小规模纳税人申报表相关栏次，完整申报当期全部销售额。

7. 纳税人代开增值税专用发票后冲红，当季度销售额未超过30万时，已经缴纳的税款是否可以申请退还？

解答：按照现行政策规定，纳税人自行开具或申请代开增值税专用发票，应就其开具的增值税专用发票相对应的应税行为计算缴纳增值税。如果小规模纳税人月销售额未超过10万元（以1个季度为1个纳税期的，季度销售额未超过30万元）的，当期因开具增值税专用发票已经缴纳的税款，在增值税专用发票全部联次追回或者按规定开具红字专用发票后，可以向主管税务机关申请退还已缴纳的增值税。

8. 如果缴纳过税款后专票丢失，按现行规定办理了丢失手续，后续开具了红字专用发票，可以申请退还税款吗？

解答：增值税一般纳税人开具增值税专用发票后，发生销售退回、开票有误、应税服务中止等情形但不符合发票作废条件，或者因销货部分退回及发生销售折让的，可以开具红字专用发票。税务机关为小规模纳税人代开专用发票，需要开具红字专用发票的，按照一般纳税人开具红字专用发票的方法处理。出具红字专用发票后，纳税人可以向主管税务机关申请退还已经缴纳的税款。

9. 原发票无法退回红冲导致的增值税免税政策执行难问题怎么解决？

解答：小规模纳税人开具增值税专用发票后，下游一般纳税人可以抵扣专用发票上注明的税款，为保障增值税抵扣链条的完整性，小规模纳税人向税务机关申请代开的增值税专用发票应当在缴纳增值税后方可开具。小规模纳税人月销售额未超过10万元（以1个季度为1个纳税期的，季度销售额未超过30万元）的，当期因开具增值税专用发票已经缴纳的税款，在增值税专用发票全部联次追回或者按规定开具红字专用发票后，可以向主管税务机关申请退还。

按照《国家税务总局关于红字增值税发票开具有关问题的公告》（国家税务总局公告2016年第47号）规定，如果购买方取得专用发票已用于申报抵扣的，需要将增值税税额从进项税额中转出，并填写《开具红字增值税专用发票信息表》后，由税务机关根据校验通过的《信息表》为销售方代开红字专用发票，并不需要将原发票退回。

10. 符合免税条件的增值税小规模纳税人是代开普票时不进行征收税款，还是先征后退？

解答：符合免税条件的小规模纳税人，代开增值税普通发票时不征收增值税。

11. 租金收入分摊政策的适用范围是什么？

解答：按照营改增试点实施办法的规定，纳税人提供租赁服务采取预收款方式的，纳税义务发生时间为收到预收款的当天。这是一项普遍适用的规定。在执行月销售额3万元以下免税政策时，考虑到出租房屋的多为自然人，为充分释放政策红利，也为了促进房地产租赁市场的发展，允许自然人一次性取得的租金收入按期平摊适用免税政策。除自然人以外的其他小规模纳税人不适用此项政策。

12. 以预收款形式收取租金和到期一次性收取租金是否都可在租赁期分摊？

解答：自然人以预收款形式收取租金和到期一次性收取租金，均属于采取一次性收取租金形式出租不动产取得的租金，可在对应的租赁期内平均分摊，分摊后的月租金收入未超过 10 万元的，免征增值税。

13.增值税免税标准提高后，其他个人发生销售不动产如何处理？

解答：其他个人偶然发生销售不动产的行为，应当按照现行政策规定实行按次纳税。《国家税务总局关于小规模纳税人免征增值税政策有关征管问题的公告》（国家税务总局公告 2019 年第 4 号）明确其他个人销售不动产，继续按照现行政策规定征免增值税。比如，其他个人销售住房满 2 年符合免税条件的，仍可继续享受免税；不符合免税条件，则应依照政策规定纳税。

14.增值税免税标准提高后，文化事业建设费的标准是否提高？文化事业建设费是否适用按月 10 万元按季 30 万元的规定？

解答：小规模纳税人免税标准为 2 万元时，小规模纳税人中月销售额不超过 2 万元的缴费义务人，同时免征文化事业建设费。小规模纳税人免税标准提高至 3 万元后，对月销售额不超过 3 万元的缴费义务人，同时免征文化事业建设费，但此项政策有明确的执行期限，并已于 2017 年 12 月 31 日到期停止执行。小规模纳税人免税标准提高至 10 万元后，没有出台提高免征文化事业建设费标准的文件。因此，目前执行月销售额不超过 2 万元免征文化事业建设费的政策。

15.未超过免税标准的小规模开具机动车销售统一发票是否需要征增值税？

解答：按照现行发票管理有关规定，机动车销售统一发票在性质上属于普通发票。因此，月（季度）销售额未超过免税标准的小规模纳税人开具机动车销售统一发票的销售额，免征增值税。

16.一般纳税人转登记为小规模纳税人的当期有留抵，转成小规模纳税人之后，该如何处理？

解答：《国家税务总局关于统一小规模纳税人标准等若干增值税问题的公告》（国家税务局总局公告 2018 年 18 号）规定，转登记纳税人尚未申报抵扣的进项税额以及转登记日当期的期末留抵税额，计入"应交税费—待抵扣进项税额"核算。

转登记纳税人在一般纳税人期间销售或者购进的货物、劳务、服务、无形资产、不动产，自转登记日的下期起发生销售折让、中止或者退回的，统一调整转登记日当期（即一般纳税人期间最后一期申报）的销项税额、进项税额和应纳税额。具体处理方式，按照 18 号公告规定执行。

17.其他个人在 2018 年采取预收款方式出租不动产，一次性取得 2019 年及以后租赁期的预收租金收入，月均租金超过 3 万元但未超过 10 万元的，能否申请退还 2019 年及以后租赁期对应的增值税税款？

解答：按照现行政策规定，纳税人提供租赁服务采取预收款方式的，其纳税义务发生时间为收到预收款的当天。将小规模纳税人免税标准提高至 10 万元的政策自 2019 年 1 月 1 日起执行，其他个人在 2018 年采取预收款方式取得的 2019 年及以后租赁期的不动产租金收入，应适用原月销售额 3 万元（季度 9 万元）的免税标准，因月均租金超过 3 万元缴纳的增值税，不能申请退还。

18.转登记纳税人在一般纳税人期间已申报纳税但未开具发票、转登记前业务发生销货退回需要冲红以及开具错误需要重新开具发票的，在转登记后如何开具发票？

解答：转登记纳税人在一般纳税人期间发生的增值税应税销售行为，已申报纳税但未开具增值税发票，在转登记以后需要补开的，应当按照原适用税率或者征收率补开增值税发票；发生销售折让、中止或者退回等情形，需要开具红字发票的，按照原蓝字发票记载的内容开具红字发票；开票有误需要重新开具的，先按照原蓝字发票记载的内容开具红字发票后，再重新开具正确的蓝字发票。

转登记纳税人发生上述行为，需要按照原适用税率开具增值税发票的，应当在互联网连接状态下开具。按照有关规定不使用网络办税的特定纳税人，可以通过离线方式开具增值税发票。

19. 对于已经实行汇总纳税的一般纳税人的分支机构，分支机构年销售如果达不到500万元，该分支机构能否转登记为小规模纳税人？

解答：实行汇总纳税的分支机构在取消汇总纳税后，符合转登记条件的可以办理转登记手续。

20. 按月纳税的小规模纳税人上月发生的销售在本月发生销售退回，本月实际销售额超10万元，如何确定本月销售额能否享受增值税免征优惠？

解答：按照现行政策规定，纳税人适用简易计税方法计税的，因销售退回而退还给购买方的销售额，应当从当期销售额中扣减。因此，发生销售退回的小规模纳税人，应以本期实际销售额扣减销售退回相应的销售额，确定是否适用10万元以下免税政策。

21. 新办或注销小规模纳税人按季申报的，实际经营期不足1个季度的，是按照实际经营期享受还是按季享受优惠？

解答：从有利于小规模纳税人享受优惠政策的角度出发，对于选择按季申报的小规模纳税人，不论是季度中间成立还是季度中间注销的，均按30万元判断是否享受优惠。

22. 其他个人出租不动产取得的租金收入在2019年1月1日后到税务机关代开发票，对应的租赁期在2019年1月1日之前的，能否享受4号公告相关优惠政策？

解答：纳税人应以纳税义务发生时间来判断是否适用税收优惠政策。其他个人出租不动产取得的租金收入，纳税义务发生时间在2018年12月31日前的，按月均租金是否超过3万元的标准，判断是否免征增值税；纳税义务发生时间在2019年1月1日后的，按月均租金是否超过10万元的标准，判断是否免征增值税。

23. 成品油销售企业（加油站）是否可以转登记为小规模纳税人？

解答：按照《国家税务总局关于小规模纳税人免征增值税政策有关征管问题的公告》（国家税务总局公告2019年第4号）第五条规定，转登记为小规模纳税人无行业限制，但明确规定必须登记为一般纳税人的情况除外。按照《成品油零售加油站增值税征收管理办法》（国家税务总局令第2号公布，国家税务总局令第44号修改）要求，成品油零售加油站一律认定为增值税一般纳税人。因此成品油零售加油站不能转登记为小规模纳税人。

24. 行政事业单位、居民委员会、村委会等非企业性单位，对外出租不动产收取的预收款，能否以分摊后的销售额享受小规模纳税人普惠性免征增值税政策？

解答：非企业性单位一次性收取租金取得的租金收入，不适用其他个人出租不动产的政策规定，不能以分摊后的销售额享受普惠性免税政策。

25. 对于产权不属于孵化器的不动产，对其取得的不动产租金收入，是否可享受经营租赁收入免征增值税的优惠政策？

解答：根据《财政部　国家税务总局关于全面推开营业税改征增值税试点的通知》（财税〔2016〕36号）规定，经营租赁服务是指在约定时间内将有形动产或者不动产转让他人使用且租赁物所有权不变更的业务活动。不动产租赁服务属于经营租赁服务。

纳税人出租不动产是转让不动产使用权的行为，不涉及所有权。依据《财政部　税务总局　科技部　教育部关于科技企业孵化器大学科技园和众创空间税收政策的通知》（财税〔2018〕120号），国家级、省级科技企业孵化器向在孵对象提供不动产租赁服务，对其取得的不动产租金收入，可以享受科技企业孵化器提供孵化服务取得的收入免征增值税政策。

26. 甲公司是按季申报的小规模纳税人，2019年4月在异地从事建筑工程，4月份收入12.8万元，请问当月是否需要在异地预缴增值税？

解答：根据《国家税务总局关于小规模纳税人免征增值税政策有关征管问题的公告》（国家税务总局公告2019年第4号）第一条和第六条规定，小规模纳税人发生增值税应税销售行为，合计月销售额未超过10万元（以1个季度为1个纳税期的，季度销售额未超过30万元，下同）的，免征增值税。按照现行规定应当预缴增值税税款的小规模纳税人，凡在预缴地实现的月销售额未超过10万元的，当期无须预缴税款。甲公司是按季申报的小规模企业，4月份收入没有超过30万元，当月不需在工程所在地预缴增值税。

如果甲公司4～6月在工程所在地的建筑工程收入超过30万元，应按建筑工程收入全额预缴增值税；如果4～6月未超过30万元，仍不需在工程所在地预缴增值税。

27. 2019年可选择转登记为小规模纳税人的范围是什么？

解答：《国家税务总局关于小规模纳税人免征增值税政策有关征管问题的公告》（国家税务总局公告2019年第4号）第五条规定，转登记日前连续12个月（以1个月为1个纳税期）或者连续4个季度（以1个季度为1个纳税期）累计销售额未超过500万元的一般纳税人，在2019年12月31日前，可选择转登记为小规模纳税人。

28. 甲公司是进出口企业，需要转登记为小规模纳税人，甲公司在一般纳税人期间出口适用增值税退（免）税政策的货物劳务、发生适用增值税零税率跨境应税行为在转小规模纳税人之后应该如何处理？

解答：《国家税务总局关于统一小规模纳税人标准有关出口退（免）税问题的公告》（国家税务总局公告2018年第20号）第一条第一款、第二款规定：一般纳税人转登记为小规模纳税人（以下称转登记纳税人）的，其在一般纳税人期间出口适用增值税退（免）税政策的货物劳务、发生适用增值税零税率跨境应税行为（以下称出口货物劳务、服务），继续按照现行规定申报和办理出口退（免）税相关事项。自转登记日下期起，转登记纳税人出口货物劳务、服务，适用增值税免税规定，按照现行小规模纳税人的有关规定办理增值税纳税申报。

29. 小微企业普惠性政策（增值税）中，按季申报小微企业4～6月销售额32万元，7月开具红字发票冲减4～6月销售额6万元（销货退回），冲减后4～6月销售额未超过30万元，7月份企业要注销，7月申报缴纳的4～6月税款可以退回吗？

解答：不可以。根据《增值税暂行条例实施细则》（财政部 国家税务总局第 50 号令）第三十一条规定：小规模纳税人因销售货物退回或者折让退还给购买方的销售额，应从发生销售货物退回或者折让当期的销售额中扣减。因此该小规模纳税人 7 月发生的销售退回，不能冲减 4～6 月的销售额，其 4～6 月销售额仍然为 32 万元，销售退回的 6 万元，应从 7～9 月的销售额中扣减并进行纳税申报。

二、小型微利企业减免企业所得税

📧【享受主体】

小型微利企业。

✅【优惠内容】

自 2019 年 1 月 1 日至 2021 年 12 月 31 日，对小型微利企业年应纳税所得额不超过 100 万元的部分，减按 25% 计入应纳税所得额，按 20% 的税率缴纳企业所得税；对年应纳税所得额超过 100 万元但不超过 300 万元的部分，减按 50% 计入应纳税所得额，按 20% 的税率缴纳企业所得税。

👥【享受条件】

小型微利企业是指从事国家非限制和禁止行业，且同时符合年度应纳税所得额不超过 300 万元、从业人数不超过 300 人、资产总额不超过 5 000 万元等三个条件的企业。

从业人数，包括与企业建立劳动关系的职工人数和企业接受的劳务派遣用工人数。所称从业人数和资产总额指标，应按企业全年的季度平均值确定。具体计算公式如下：

季度平均值＝（季初值＋季末值）÷2

全年季度平均值＝全年各季度平均值之和 ÷4

年度中间开业或者终止经营活动的，以其实际经营期作为一个纳税年度确定上述相关指标。

📝【政策依据】

1.《中华人民共和国企业所得税法》第二十八条第一款。

2.《财政部　税务总局关于实施小微企业普惠性税收减免政策的通知》（财税〔2019〕13 号）第二条。

3.《国家税务总局关于实施小型微利企业普惠性所得税减免政策有关问题的公告》（国家税务总局公告 2019 年第 2 号）。

【实操案例】••

1. 小型微利企业在预缴时可以享受优惠吗？

解答：符合条件的小型微利企业，在预缴时可以享受税收优惠政策，年度结束后，再统一汇算清缴，多退少补。

2. 符合小型微利企业条件的查账征收企业和核定应税所得率征收的企业，在填报修订后的预缴申报表时需要注意什么？

解答：为落实小型微利企业普惠性所得税减免政策，国家税务总局对《中华人民共和国企业所得税月（季）度预缴纳税申报表（A类，2018年版）》等部分表单样式及填报说明，以及《中华人民共和国企业所得税月（季）度预缴纳税申报表（B类，2018年版）》进行了修订，增加了从业人数、资产总额等数据项，并升级优化税收征管系统，力争帮助企业精准享受优惠政策。在填报预缴申报表时，以下两个方面应当重点关注：

一是关注"应纳税所得额"和"减免所得税额"两个项目的填报。"应纳税所得额"是判断企业是否符合小型微利企业条件和分档适用"减半再减半""减半征税"等不同政策的最主要指标，这个行次一定要确保填写无误。"减免所得税额"是指企业享受普惠性所得税减免政策的减免所得税金额，这个行次体现了企业享受税收优惠的直接成效。

二是关注预缴申报表中新增"按季度填报信息"部分有关项目的填报。"按季度填报信息"整合了除应纳税所得额以外的小型微利企业条件指标，其数据填报质量直接关系着小型微利企业判断结果的准确与否。按季度预缴的，应在申报预缴当季税款时，填报"按季度填报信息"的全部项目。

3. 如何理解"应纳税所得额"与"实际利润额"概念？小型微利企业普惠性所得税减免政策中的"应纳税所得额"与《中华人民共和国企业所得税月（季）度预缴纳税申报表（A类）》中的"实际利润额"概念如何理解？

解答：在企业所得税中，"实际利润额"与"应纳税所得额"有各自定义。

"应纳税所得额"是税收上的概念。《企业所得税法》第五条规定，"企业每一纳税年度的收入总额，减除不征税收入、免税收入、各项扣除以及允许弥补的以前年度亏损后的余额，为应纳税所得额"。因此，"应纳税所得额"主要在企业纳税申报时使用。

"实际利润额"是会计上的概念。《企业所得税法实施条例》第一百二十八条规定，"企业根据企业所得税法第五十四条规定分月或分季预缴企业所得税时，应当按照月度或者季度的实际利润额预缴"。因此，"实际利润额"主要在按照实际利润额预缴的企业在预缴申报时使用。

4. 小型微利企业享受普惠性所得税减免政策，需要准备哪些留存备查资料？

解答：根据《企业所得税优惠事项管理目录（2017年版）》（国家税务总局公告2018年第23号）规定，小型微利企业享受优惠政策，需准备以下资料留存备查：

（1）所从事行业不属于限制和禁止行业的说明。

（2）从业人数的情况。

（3）资产总额的情况。

5. 如果小型微利企业由于对政策理解原因预缴时未享受优惠，那么年度结束后是否还有机会享受优惠政策？

解答：符合条件的小型微利企业，在年度中间预缴时由于各种原因没有享受优惠，在年度终了汇算清缴时，仍可享受相关优惠政策。

6. 甲公司2020年度的应纳税所得额是280万元，在享受小型微利企业所得税优惠

政策后，当年需缴纳的企业所得税是多少？

解答：按照政策规定，年应纳税所得额超过 100 万元的，需要分段计算。具体是：100 万元以下的部分，需要缴纳 5 万元（100×5%），100 万元至 280 万元的部分，需要缴纳 18 万元 [（280 － 100）×10%]，加在一起当年需要缴纳的企业所得税 23 万元。

7. 乙公司年应纳税所得额 320 万元，其应纳税所得额 300 万元以内的部分，可以减免税款吗？

解答：不能。按现行政策规定，小型微利企业是指从事国家非限制和禁止行业，且同时符合年度应纳税所得额不超过 300 万元、从业人数不超过 300 人、资产总额不超过 5 000 万元等三个条件的企业。乙公司应纳税所得额已经超过了 300 万元，是不符合小型微利企业条件的，因此不能享受小型微利企业所得税优惠政策。

8. 劳务派遣单位从业人员是否含已派出人员？ 小型微利企业的从业人数，包括与企业建立劳动关系的职工人数和企业接受的劳务派遣用工人数。劳务派遣单位的从业人数，是否含已派出人员？

解答：如果劳务派遣用工人数已经计入了用人单位的从业人数，本着合理性原则，劳务派遣公司可不再将劳务派出人员重复计入本公司的从业人数。

9. 企业享受小型微利企业所得税优惠政策，是否受征收方式的限定？

解答：从 2014 年开始，符合规定条件的企业享受小型微利企业所得税优惠政策时，已经不再受企业所得税征收方式的限定了，无论企业所得税实行查账征收方式还是核定征收方式的企业，只要符合条件，均可以享受小型微利企业所得税优惠政策。

10. 小型微利企业从业人数、资产总额标准是否包括分支机构部分？ 企业所得税汇总纳税的企业，小型微利企业标准中的从业人数、资产总额是否包括分支机构的部分？

解答：现行企业所得税实行法人税制，企业应以法人为主体，计算从业人数、资产总额等指标，即汇总纳税企业的从业人数、资产总额包括分支机构。

11. 小型微利企业的企业所得税的预缴期限如何确定？

解答：为了推进办税便利化改革，从 2016 年 4 月开始，小型微利企业统一实行按季度预缴企业所得税。因此，按月度预缴企业所得税的企业，在年度中间 4 月、7 月、10 月的纳税申报期进行预缴申报时，按照规定判断为小型微利企业的，自下一个申报期起，其纳税期限将统一调整为按季度预缴。同时，为了避免年度内频繁调整纳税期限，国家税务总局公告 2019 年第 2 号规定，一经调整为按季度预缴，当年度内不再变更。

12. 按月预缴企业所得税的企业如何调整为按季度预缴？

解答：根据《企业所得税法实施条例》有关规定，企业所得税分月或者分季预缴，由税务机关具体核定。纳税人在 4、7、10 月申报时，符合小型微利企业条件的，系统将提示按季预征。申报期结束后，主管税务机关将根据申报情况筛查需要调整纳税期限的纳税人，并联系纳税人办理调整事项；纳税人也可联系主管税务机关进行调整。

13. 实行核定应纳所得税额征收方式的企业是否也可以享受小型微利企业普惠性所得税减免政策？

解答：可以。与实行查账征收方式和实行核定应税所得率征收方式的企业通过填报纳税申报表计算享受税收优惠不同，实行核定应纳所得税额征收方式的企业，由主管税务机关根据小型微利企业普惠性所得税减免政策的条件与企业的情况进行判断，符合条件的，由主管税务机关按照程序调整企业的应纳所得税额。相关调整情况，主管税务机关应当及时告知企业。

14.《国家税务总局关于实施小型微利企业普惠性所得税减免政策有关问题的公告》（国家税务总局公告 2019 年第 2 号）第四条规定"当年度此前期间因不符合小型微利企业条件而多预缴的企业所得税税款，可在以后季度应预缴的企业所得税税款中抵减"，纳税人是否可以选择退税？

解答：根据《企业所得税汇算清缴管理办法》（国税发〔2009〕79 号）和《国家税务总局关于实施小型微利企业普惠性所得税减免政策有关问题的公告》（国家税务总局公告 2019 年第 2 号）的相关规定，当年度此前期间因不符合小型微利企业条件而多预缴的企业所得税税款，可在以后季度应预缴的企业所得税税款中抵减，不足抵减的在汇算清缴时按有关规定办理退税，或者经纳税人同意后抵缴其下一年度应缴企业所得税税款。

15. 上一季度不符合小微条件已由分支机构就地预缴分摊的税款，本季度按现有规定符合条件，其二级分支机构本季度不就地分摊预缴企业所得税。上季度已就地分摊预缴的企业所得税如何处理？

解答：根据《跨地区经营汇总纳税企业所得税征收管理办法》（国家税务总局公告 2012 年第 57 号发布）第五条规定，上年度认定为小型微利企业的跨地区经营企业，其二级分支机构不就地分摊缴纳企业所得税。这里是指本年度小型微利企业预缴时，如果上年度也是小型微利企业的，本年度小型微利企业的二级分支机构不就地预缴。因此，小型微利企业二级分支机构是否就地预缴，依据的条件是上年度是否也是小型微利企业。如果是，其二级分支机构不就地预缴；如果不是，其二级分支机构需要就地预缴。

如果上季度不符合小型微利企业条件，本季度符合条件，其多预缴的税款，根据《国家税务总局关于实施小型微利企业普惠性所得税减免政策有关问题的公告》（国家税务总局公告 2019 年第 2 号）规定，可在以后季度应预缴的企业所得税税款中抵减。

16. 按月预缴企业是否需要每月填报企业所得税纳税申报表"按季度填报信息"部分内容？修订后的预缴纳税申报表增加了"按季度填报信息"部分，按月度预缴的企业是否需要每月填报这部分内容？

解答：不需要每月填报。预缴纳税申报表中"按季度填报信息"部分的所有项目均按季度填报。按月申报的纳税人，在预缴申报当季度最后一个月份企业所得税时进行填报。如在 4 月份征期申报 3 月的税款时，才需要填报这部分信息，而在其他月份申报时，是不需要填报的。

17. 如何判定企业从事的行业是否属于国家限制和禁止行业？从事国家非限制和禁止行业的小型微利企业可享受优惠政策，如何判断企业从事的行业是否属于国家限制和禁止行业？

解答：国家限制和禁止行业可参照《产业结构调整指导目录（2011 年本）（2013 年修订）》规定的限制类和淘汰类和《外商投资产业指导目录（2017 年修订）》中规定的限制外商投资产业目录、禁止外商投资产业目录列举的产业加以判断。

18.如何确定企业从业人数是否符合小型微利企业税收优惠政策？若公司从业人数波动较大，各个时间点从业人数可能都不一致，如何确定从业人数是不是符合条件？

解答：按照财税〔2019〕13号文件规定，从业人数应按企业全年的季度平均值确定。具体计算公式如下：季度平均值＝（季初值＋季末值）÷2，全年季度平均值＝全年各季度平均值之和÷4。年度中间开业或者终止经营活动的，以其实际经营期作为一个纳税年度确定上述相关指标。企业可根据上述公式，计算得出全年季度平均值，并以此判断从业人数是否符合条件。

19.预缴企业所得税时，如何享受小型微利企业所得税优惠政策？

解答：从2019年度开始，在预缴企业所得税时，企业可直接按当年度截至本期末的资产总额、从业人数、应纳税所得额等情况判断是否为小型微利企业，与此前需要结合企业上一个纳税年度是否为小型微利企业的情况进行判断相比，方法更简单、确定性更强。具体而言，资产总额、从业人数指标按照财税〔2019〕13号文件第二条中"全年季度平均值"的计算公式，计算截至本期申报所属期末的季度平均值；应纳税所得额指标暂按截至本期申报所属期末不超过300万元的标准判断。

20.为什么新修订的预缴申报表要求填写"资产总额""从业人数"的季初值、季末值，而并非是季度平均值？

解答：将小型微利企业条件中的"资产总额""从业人数"等需要计算的指标细化为"季初资产总额（万元）""季末资产总额（万元）""季初从业人数""季末从业人数"项目，主要是考虑尽量减轻企业自行计算的负担。一般来说，"资产总额""从业人数"的季初值、季末值是企业在会计核算、人员管理等日常生产经营活动中既有的数据，直接填列可以免去企业为享受税收优惠而特别计算的工作量、也避免出现计算错误。

21.企业预缴时享受了小型微利企业所得税优惠，汇算清缴时发现不符合小型微利企业条件的怎么办？

解答：企业在预缴时符合小型微利企业条件，税务总局公告2019年第2号已经做出了明确规定，只要企业符合这些规定，预缴时均可以预先享受优惠政策。但是，由于小型微利企业判断条件，如资产总额、从业人员、应纳税所得额等是年度性指标，需要按照企业全年情况进行判断，也只有到汇算清缴时才能最终判断。因此，企业在汇算清缴时需要准确计算相关指标并进行判断，符合条件的企业可以继续享受税收优惠政策，不符合条件的企业，不得享受优惠，正常进行汇算清缴即可。

22.按月度预缴企业所得税的企业，在当年度4月份预缴申报时，符合小型微利企业条件，按规定调整为按季度预缴申报。次年度所得税预缴申报期限怎么执行？是默认继续按月预缴申报，还是若企业不自行提出申请，则一直按照按季度预缴申报？

解答：企业本年度调整为按季度预缴申报后，次年度及以后年度原则上继续默认为按季度预缴申报。

23.享受小型微利企业税收优惠政策的程序是什么，是否要到税务机关办理相关手续？

解答：按照税务系统深化"放管服"改革有关要求，全面取消了对企业所得税优惠事项备案管理，小型微利企业在预缴和汇算清缴企业所得税时，通过填写纳税申报表相关内容，即可享受小型微利企业所得税减免政策。同时，税务总局在申报表中设计了"从业人数""资产总额""限制或禁止行业"等相关指标，进行电子申报的企业，征管系统将根据申报表相关数据，自动判断企业是否符合小型微利企业条件；符合条件的，系统还将进一步自动计算减免税金额，自动生成表单，为企业减轻计算、填报负担。

24. 个体工商户、个人独资企业、合伙企业可以享受小型微利企业普惠性所得税减免政策吗？

解答：根据《企业所得税法》第一条规定，"在中华人民共和国境内，企业和其他取得收入的组织为企业所得税的纳税人""个人独资企业、合伙企业不适用本法"。因此，个体工商户、个人独资企以及合伙企业不是企业所得税的纳税义务人，也就不能享受小型微利企业普惠性所得税减免政策。

25. 为了扩大政策优惠覆盖面以增强普惠性，能否对所有纳税人一律免征 300 万元所得额？

解答：该建议暂不可行。对所有纳税人免征 300 万元所得额，不区分企业规模、利润水平，会造成政策导向不明确，不能有效凸显扶持中小企业发展的政策意图，税收优惠政策的调节作用趋于弱化。因此，暂不可行。

三、增值税小规模纳税人减免地方"六税两费"

【享受主体】

增值税小规模纳税人。

【优惠内容】

1. 自 2019 年 1 月 1 日至 2021 年 12 月 31 日，由省、自治区、直辖市人民政府根据本地区实际情况以及宏观调控需要确定，对增值税小规模纳税人可以在 50% 的税额幅度内减征资源税、城市维护建设税、房产税、城镇土地使用税、印花税（不含证券交易印花税）、耕地占用税和教育费附加、地方教育附加。

2. 增值税小规模纳税人已依法享受资源税、城市维护建设税、房产税、城镇土地使用税、印花税、耕地占用税、教育费附加、地方教育附加其他优惠政策的，可叠加享受上述优惠政策。

【享受条件】

1. 此优惠政策适用于增值税小规模纳税人（包括：企业和非企业单位、个体工商户、其他个人）。

2. 由省、自治区、直辖市人民政府根据本地区实际情况以及宏观调控需要在 50% 的税额幅度内确定减征。

【政策依据】

《财政部　税务总局关于实施小微企业普惠性税收减免政策的通知》（财税〔2019〕

13号）第三条、第四条。

【实操案例】 ••••••••••••••••••••••••••••••••••••••

1. 甲公司在业务发生地报验后预缴申报附加税时未享受减征优惠，回到注册地申报时由于报验地未享受优惠，但实际应享受，造成注册地申报正常填写数据后在申报表"本期应补（退）税（费）额"处形成负数多缴，存在多缴税款的退税应由注册地退税还是申请报验地退税？

解答：应申请报验地退税。原则是在哪儿交，就在哪儿退。

2. 个人转让股权印花税是否可以享受地方税费附加减征优惠？

解答：个人转让非上市（挂牌）公司股权，应按产权转移书据税目缴纳印花税，可以享受减征优惠政策。如个人转让上市公司（挂牌）股权，属于证券交易印花税范畴，不在财税〔2019〕13号规定的减征范围。

3. 增值税小规模纳税人减征印花税优惠是否可以与其他政策叠加？

解答：《财政部　税务总局关于实施小微企业普惠性税收减免政策的通知》（财税〔2019〕13号）明确，增值税小规模纳税人已依法享受资源税、城市维护建设税、房产税、城镇土地使用税、印花税、耕地占用税、教育费附加、地方教育附加其他优惠政策的，可叠加享受本通知第三条规定的优惠政策。因此，增值税小规模纳税人减征印花税优惠可以与其他政策叠加。

4. 小规模纳税人申报附加税，在符合条件的情况下，目前系统只自动减免50%城建税，对于月不超10万，季不超30万的纳税人无法自动显示可全额免除水利建设基金，教育附加及地方教育附加三项费用。建议系统自动显示可减免的税额。

解答：系统已经修改，已可以实现小规模纳税人申报附加税时，自动显示对按月纳税的月销售额不超过10万元（按季度纳税的季度销售额不超过30万元）的缴纳义务人的减免金额。

四、小微企业免征政府性基金

🔖【享受主体】

符合条件的缴纳义务人。

📋【优惠内容】

免征教育费附加、地方教育附加、水利建设基金。

👥【享受条件】

按月纳税的月销售额或营业额不超过10万元，且按季度纳税的季度销售额或营业额不超过30万元的缴纳义务人免征教育费附加、地方教育附加、水利建设基金。

【政策依据】

1.《财政部　国家税务总局关于对小微企业免征有关政府性基金的通知》（财税〔2014〕122号）第一条。

2.《财政部　国家税务总局关于扩大有关政府性基金免征范围的通知》（财税〔2016〕12号）。

【实操案例】

1. 小规模纳税人申报附加税，在符合条件的情况下，目前系统只自动减免50%城建税，对于月不超10万，季不超30万的纳税人无法自动显示可全额免除水利建设基金，教育附加及地方教育附加三项费用。建议系统自动显示可减免的税额。

解答：系统已经修改，已可以实现小规模纳税人申报附加税时，自动显示对按月纳税的月销售额不超过10万元（按季度纳税的季度销售额不超过30万元）的缴纳义务人的减免金额。

2. 文化事业建设费按月销售额不超过2万（季度不超过6万）免征，能否提高至月销售额不超过10万（季度不超过30万）？

解答：2019年4月26日财政部印发了《关于调整部分政府性基金有关政策的通知》（财税〔2019〕46号，以下简称《通知》），规定自2019年7月1日至2024年12月31日，对归属中央收入的文化事业建设费，按照缴纳义务人应缴费额的50%减征；对归属地方收入的文化事业建设费，各省（区、市）财政、党委宣传部门可以结合当地经济发展水平、宣传思想文化事业发展等因素，在应缴费额50%的幅度内减征。2019年6月24日，国家税务总局印发了《关于调整部分政府性基金有关征管事项的公告》（2019年第24号），完善《文化事业建设费申报表》填表说明，简化优惠政策的办理，缴费人申报即可享受《通知》明确的优惠政策。截至目前，除重庆市对归属地方收入的娱乐业文化事业建设费减征10%和河南省归属地方收入配套文件暂未出台外，其余省市均归属地方收入的文化事业建设费减征50%。

五、增值税进项税额加计抵减政策

【享受主体】

生产、生活性服务业增值税纳税人。

【优惠内容】

自2019年4月1日至2021年12月31日，允许生产、生活性服务业纳税人按照当期可抵扣进项税额加计10%，抵减应纳税额（以下称加计抵减政策）。

纳税人应按照当期可抵扣进项税额的10%计提当期加计抵减额。按照现行规定不得从销项税额中抵扣的进项税额，不得计提加计抵减额；已计提加计抵减额的进项税额，按规定作进项税额转出的，应在进项税额转出当期，相应调减加计抵减额。计算公式如下：

当期计提加计抵减额＝当期可抵扣进项税额×10%

当期可抵减加计抵减额＝上期末加计抵减额余额＋当期计提加计抵减额－当期调减加计抵减额

纳税人应按照现行规定计算一般计税方法下的应纳税额（以下称抵减前的应纳税额）后，区分以下情形加计抵减：

（1）抵减前的应纳税额等于零的，当期可抵减加计抵减额全部结转下期抵减。

（2）抵减前的应纳税额大于零，且大于当期可抵减加计抵减额的，当期可抵减加计抵减额全额从抵减前的应纳税额中抵减。

（3）抵减前的应纳税额大于零，且小于或等于当期可抵减加计抵减额的，以当期可抵减加计抵减额抵减应纳税额至零。未抵减完的当期可抵减加计抵减额，结转下期继续抵减。

纳税人出口货物劳务、发生跨境应税行为不适用加计抵减政策，其对应的进项税额不得计提加计抵减额。

纳税人兼营出口货物劳务、发生跨境应税行为且无法划分不得计提加计抵减额的进项税额，按照以下公式计算：

不得计提加计抵减额的进项税额＝当期无法划分的全部进项税额×当期出口货物劳务和发生跨境应税行为的销售额÷当期全部销售额

纳税人应单独核算加计抵减额的计提、抵减、调减、结余等变动情况。骗取适用加计抵减政策或虚增加计抵减额的，按照《中华人民共和国税收征收管理法》等有关规定处理。

加计抵减政策执行到期后，纳税人不再计提加计抵减额，结余的加计抵减额停止抵减。

自 2019 年 10 月 1 日至 2021 年 12 月 31 日，允许生活性服务业纳税人按照当期可抵扣进项税额加计 15%，抵减应纳税额（以下称加计抵减 15% 政策）。生活性服务业纳税人是指提供生活服务取得的销售额占全部销售额的比重超过 50% 的纳税人。

2019 年 9 月 30 日前设立的纳税人，自 2018 年 10 月至 2019 年 9 月期间的销售额（经营期不满 12 个月的，按照实际经营期的销售额）符合上述规定条件的，自 2019 年 10 月 1 日起适用加计抵减 15% 政策。2019 年 10 月 1 日后设立的纳税人，自设立之日起 3 个月的销售额符合上述规定条件的，自登记为一般纳税人之日起适用加计抵减 15% 政策。纳税人确定适用加计抵减 15% 政策后，当年内不再调整，以后年度是否适用，根据上年度销售额计算确定。

生活性服务业纳税人应按照当期可抵扣进项税额的 15% 计提当期加计抵减额。按照现行规定不得从销项税额中抵扣的进项税额，不得计提加计抵减额；已按照 15% 计提加计抵减额的进项税额，按规定作进项税额转出的，应在进项税额转出当期，相应调减加计抵减额。计算公式如下：

当期计提加计抵减额＝当期可抵扣进项税额×15%

当期可抵减加计抵减额＝上期末加计抵减额余额＋当期计提加计抵减额－当期调减加计抵减额

【享受条件】

生产、生活性服务业纳税人，是指提供邮政服务、电信服务、现代服务、生活服务（以下称四项服务）取得的销售额占全部销售额的比重超过50%的纳税人。四项服务的具体范围按照《销售服务、无形资产、不动产注释》（财税〔2016〕36号印发）执行。

2019年3月31日前设立的纳税人，自2018年4月至2019年3月期间的销售额（经营期不满12个月的，按照实际经营期的销售额）符合上述规定条件的，自2019年4月1日起适用加计抵减政策。

2019年4月1日后设立的纳税人，自设立之日起3个月的销售额符合上述规定条件的，自登记为一般纳税人之日起适用加计抵减政策。

纳税人确定适用加计抵减政策后，当年内不再调整，以后年度是否适用，根据上年度销售额计算确定。

纳税人可计提但未计提的加计抵减额，可在确定适用加计抵减政策当期一并计提。

【政策依据】

1.《财政部　税务总局　海关总署关于深化增值税改革有关政策的公告》（财政部　税务总局　海关总署公告2019年第39号）。

2.《国家税务总局关于深化增值税改革有关事项的公告》（国家税务总局公告2019年第14号）。

3.《财政部　税务总局关于明确生活性服务业增值税加计抵减政策的公告》（财政部　税务总局公告2019年第87号）。

【实操案例】 ••

1. 本次深化增值税改革新出台了增值税加计抵减政策，其具体内容是什么？

解答：符合条件的从事生产、生活服务业一般纳税人按照当期可抵扣进项税额加计10%，用于抵减应纳税额。

2. 增值税加计抵减政策执行期限是什么？

解答：增值税加计抵减政策执行期限是2019年4月1日至2021年12月31日，这里的执行期限是指税款所属期。

3. 增值税加计抵减政策所称的生产、生活服务业纳税人是指哪些纳税人？

解答：增值税加计抵减政策中所称的生产、生活服务业纳税人，是指提供邮政服务、电信服务、现代服务、生活服务取得的销售额占全部销售额的比重超过50%的纳税人。

4. 增值税加计抵减政策所称的邮政服务、电信服务、现代服务、生活服务具体范围是指什么？

解答：邮政服务、电信服务、现代服务、生活服务具体范围，按照《销售服务、无形资产、不动产注释》（财税〔2016〕36号印发）执行。

邮政服务是指中国邮政集团公司及其所属邮政企业提供邮件寄递、邮政汇兑和机要通信等邮政基本服务的业务活动，包括邮政普遍服务、邮政特殊服务和其他邮政服务。

电信服务是指利用有线、无线的电磁系统或者光电系统等各种通信网络资源，提供语音通话服务，传送、发射、接收或者应用图像、短信等电子数据和信息的业务活动，包括基础电信服务和增值电信服务。

现代服务是指围绕制造业、文化产业、现代物流产业等提供技术性、知识性服务的业务活动，包括研发和技术服务、信息技术服务、文化创意服务、物流辅助服务、租赁服务、鉴证咨询服务、广播影视服务、商务辅助服务和其他现代服务。

生活服务是指为满足城乡居民日常生活需求提供的各类服务活动，包括文化体育服务、教育医疗服务、旅游娱乐服务、餐饮住宿服务、居民日常服务和其他生活服务。

5. 甲公司从事航道疏浚，是否属于提供邮政服务、电信服务、现代服务、生活服务四项服务的范围?

解答：按照《销售服务、无形资产、不动产注释》（财税〔2016〕36号印发）规定，航道疏浚属于"物流辅助服务—港头码头服务"，属于《财政部　税务总局　海关总署关于深化增值税改革有关政策的公告》（财政部　税务总局　海关总署公告2019年第39号）所称邮政服务、电信服务、现代服务、生活服务四项服务的现代服务范围。

6. 纳税人提供邮政服务、电信服务、现代服务、生活服务取得的销售额占全部销售额的比重应当如何计算?

解答：2019年3月31日前设立的纳税人，其销售额比重按2018年4月至2019年3月期间的累计销售额进行计算；实际经营期不满12个月的，按实际经营期的累计销售额计算。

2019年4月1日后设立的纳税人，其销售额比重按照设立之日起3个月的累计销售额进行计算。

7. 纳税人兼有邮政服务、电信服务、现代服务、生活服务四项服务中多项应税行为的，其销售额比重应当如何计算?

解答：纳税人兼有邮政服务、电信服务、现代服务、生活服务四项服务中多项应税行为的，其四项服务中多项应税行为的当期销售额应当合并计算，然后再除以纳税人当期全部的销售额，以此计算销售额的比重。

8. 提供邮政服务、电信服务、现代服务、生活服务取得的销售额占全部销售额的比重超过50%的增值税小规模纳税人，可以享受增值税加计抵减政策吗?

解答：不可以。加计抵减政策是按照一般纳税人当期可抵扣的进项税额的10%计算的，只有增值税一般纳税人才可以享受增值税加计抵减政策。

9. 增值税加计抵减政策规定："纳税人确定适用加计抵减政策后，当年内不再调整"，具体是指什么?

解答：是指增值税一般纳税人确定适用加计抵减政策后，一个自然年度内不再调整。下一个自然年度，再按照上一年的纳税人提供邮政服务、电信服务、现代服务、生活服务取得的销售额占全部销售额比重的实际情况重新计算确定是否适用加计抵减政策。

10. 增值税加计抵减政策规定："纳税人可计提但未计提的加计抵减额，可在确定适用加计抵减政策当期一并计提"，请举例说明如何适用该规定。

解答：如某纳税人2019年4月设立，2019年5月登记为一般纳税人，2019年6

月若符合条件，可以确定适用加计抵减政策，可一并计提 5 - 6 月份的加计抵减额。

11. 按照现行规定不得从销项税额中抵扣的进项税额，是否可以计提加计抵减额？

解答：不可以。只有当期可抵扣进项税额才能计提加计抵减额。

12. 已计提加计抵减额的进项税额，按规定作进项税额转出的，在计提加计抵减额时如何处理？

解答：已计提加计抵减额的进项税额，如果发生了进项税额转出，则纳税人应在进项税额转出当期，相应调减加计抵减额。

13. 增值税加计抵减额的计算公式是什么？

解答：当期计提加计抵减额＝当期可抵扣进项税额×10%

当期可抵减加计抵减额＝上期末加计抵减额余额＋当期计提加计抵减额－当期调减加计抵减额

14. 增值税一般纳税人有简易计税方法的应纳税额，其简易计税方法的应纳税额可以抵减加计抵减额吗？

解答：增值税一般纳税人有简易计税方法的应纳税额，不可以从加计抵减额中抵减。加计抵减额只可以抵减一般计税方法下的应纳税额。

15. 增值税一般纳税人按规定计提的当期加计抵减额，应当如何抵减应纳税额？

解答：增值税一般纳税人当期应纳税额大于零时，就可以用加计抵减额抵减当期应纳税额，当期未抵减完的，结转下期继续抵减。

16. 增值税一般纳税人如果当期应纳税额等于零，则当期可抵减加计抵减额如何处理？

解答：增值税一般纳税人如果当期应纳税额等于零，则当期计提的加计抵减额全部结转下期继续抵减。

17. 符合条件的增值税一般纳税人出口货物劳务、发生跨境应税行为是否适用加计抵减政策？

解答：增值税一般纳税人出口货物劳务、发生跨境应税行为不适用加计抵减政策，其对应的进项税额也不能计提加计抵减额。

18. 生产、生活性服务业纳税人是指提供邮政服务、电信服务、现代服务、生活服务（以下称四项服务）取得的销售额占全部销售额的比重超过 50% 的纳税人。纳税人在计算销售额占比时，是否应剔除出口销售额？

解答：在计算销售额占比时，不需要剔除出口销售额。例如某纳税人在计算销售额占比的时间段内，国内货物销售额为 100 万元，出口研发服务销售额为 20 万元，国内四项服务销售额 90 万元，应按照（20 ＋ 90）/（20 ＋ 90 ＋ 100）来进行计算占比。因该纳税人四项服务销售额占全部销售额的比重超过 50%，按照规定，可以享受加计抵减政策。但需要说明的是，按照《财政部　税务总局　海关总署关于深化增值税改革有关政策的公告》（财政部　税务总局　海关总署公告 2019 年第 39 号）规定，纳税人出口货物劳务、发生跨境应税行为不适用加计抵减政策，其对应的进项税额不得计提加计抵减额。

19. 增值税一般纳税人兼营出口货物劳务、发生跨境应税行为且无法划分不得计提加计抵减额的进项税额，应当如何处理？

解答：不得计提加计抵减额的进项税额＝当期无法划分的全部进项税额×当期出

口货物劳务和发生跨境应税行为的销售额 ÷ 当期全部销售额

20. 加计抵减政策执行到期后，增值税一般纳税人结余未抵减完的加计抵减额如何处理？

解答：加计抵减政策执行到期后，增值税一般纳税人结余的加计抵减额停止抵减。

21. 甲公司是一家研发企业，于2019年4月新设立，但是4～7月未开展生产经营，销售额均为0，自8月起才有销售额，那么甲公司该从什么时候开始计算销售额判断是否适用加计抵减政策？

解答：《财政部　税务总局　海关总署关于深化增值税改革有关政策的公告》（财政部　税务总局　海关总署公告2019年第39号）规定，2019年4月1日后设立的纳税人，根据自设立之日起3个月的销售额判断当年是否适用加计抵减政策。如果纳税人前3个月的销售额均为0，则应自该纳税人形成销售额的当月起计算3个月来判断是否适用加计抵减政策。因此，甲公司应根据2019年8－10月的销售额判断当年是否适用加计抵减政策。

22. 乙公司2019年适用加计抵减政策，且截至2019年底还有20万元的加计抵减额余额尚未抵减完。2020年该公司因经营业务调整不再适用加计抵减政策，那么这20万元的加计抵减额余额如何处理？

解答：乙公司2020年不再适用加计抵减政策，则2020年该公司不得再计提加计抵减额。但是，其2019年未抵减完的20万元，可以在2020年至2021年度继续抵减。

23. 纳税人符合加计抵减政策条件，是否需要办理什么手续？

解答：《国家税务总局关于深化增值税改革有关政策的公告》（国家税务总局公告2019年第14号）明确，适用加计抵减政策的生产、生活服务业纳税人，应在年度首次确认适用加计抵减政策时，通过电子税务局（或前往办税服务厅）提交《适用加计抵减政策的声明》。

24. 适用加计抵减政策的纳税人，怎么申报加计抵减额？

解答：适用加计抵减政策的生产、生活服务业纳税人，当期按照规定可计提、调减、抵减的加计抵减额，在申报时填写在《增值税纳税申报表附列资料（四）》"二、加计抵减情况"相关栏次。

25. 纳税人当期按照规定调减加计抵减额，形成了负数怎么申报？

解答：适用加计抵减政策的生产、生活服务业纳税人，当期发生了进项税额转出，按规定调减加计抵减额后，形成的可抵减额负数，应填写在《增值税纳税申报表附列资料（四）》"二、加计抵减情况"第4列"本期可抵减额"中，通过表中公式运算，可抵减额负数计入当期"期末余额"栏中。

26. 适用加计抵减政策的纳税人，以前税款所属期可计提但未计提的加计抵减额，怎样进行申报？

解答：适用加计抵减政策的生产、生活服务业纳税人，可计提但未计提的加计抵减额，可在确定适用加计抵减政策当期一并计提，在申报时填写在《增值税纳税申报表附列资料（四）》"二、加计抵减情况"第2列"本期发生额"中。

27. 生产、生活性服务业纳税人是指提供四项服务取得的销售额占全部销售额的比重超过50%的纳税人。如果纳税人享受差额计税政策，纳税人应该以差额前的全部价款和价外费用参与计算，还是以差额后的销售额参与计算？

解答：应按照差额后的销售额参与计算。例如，某纳税人提供服务，按照规定可以享受差额计税政策，以差额后的销售额计算缴纳增值税。该纳税人在计算销售额占比时，货物销售额为 2 万元，提供邮政服务、电信服务、现代服务、生活服务四项服务差额前的全部价款和价外费用共 20 万元，差额后的销售额为 4 万元。则应按照 4/（2 ＋ 4）来进行计算占比。因该纳税人邮政服务、电信服务、现代服务、生活服务四项服务销售额占全部销售额的比重超过 50%，按照规定，可以享受加计抵减政策。

28. 生产、生活性服务业纳税人是指提供四项服务取得的销售额占全部销售额的比重超过 50% 的纳税人，这里 50% 含不含本数？

解答：这里的"比重超过 50%"不含本数。也就是说，四项服务取得的销售额占全部销售额的比重小于或者正好等于 50% 的纳税人，不属于生产、生活性服务业纳税人，不能享受加计抵减政策。

29. 甲公司在 2019 年 3 月 31 日前设立，但该纳税人一直到 3 月 31 日均无销售收入，如何判断该纳税人能否享受加计抵减政策？

解答：对 2019 年 3 月 31 日前设立、但尚未取得销售收入的纳税人，以其今后首次取得销售收入起连续 3 个月的销售情况进行判断。假设某纳税人 2019 年 1 月设立，但在 2019 年 5 月才取得第一笔收入，其 5 月取得货物销售额 30 万元，6 月销售额为零，7 月提供四项服务销售额 100 万元。在该例中，应按甲公司 5 月—7 月的销售额情况进行判断，即以 100/（100 ＋ 30）计算。因该纳税人四项服务销售额占全部销售额的比重超过 50%，按照规定，可以享受加计抵减政策。

30. 乙公司在 2019 年 4 月 1 日以后设立，但设立后 3 个月内，仅其中 1 个月有销售收入，如何判断该纳税人能否享受加计抵减政策？

解答：按照现行规定，2019 年 4 月 1 日后设立的纳税人，按照自设立之日起 3 个月的销售额计算判断销售额占比。假设某纳税人 2019 年 5 月设立，但其 5 月、7 月均无销售额，其 6 月四项服务销售额为 100 万，货物销售额为 30 万元。在该例中，应按照 5 － 7 月累计销售情况进行判断，即以 100/（100 ＋ 30）计算。因该纳税人四项服务销售额占全部销售额的比重超过 50%，按照规定，可以享受加计抵减政策。

31. 适用加计抵减政策的纳税人，如何在增值税纳税申报表的主表上体现加计抵减额？

解答：为落实加计抵减政策，一般纳税人加计抵减额体现在增值税申报表主表第 19 栏"应纳税额"。对适用加计抵减政策的纳税人，增值税申报表主表第 19 栏"应纳税额"栏按以下公式填写。

本栏"一般项目"列"本月数"＝第 11 栏"销项税额""一般项目"列"本月数"－第 18 栏"实际抵扣税额""一般项目"列"本月数"－"实际抵减额"

本栏"即征即退项目"列"本月数"＝第 11 栏"销项税额""即征即退项目"列"本月数"－第 18 栏"实际抵扣税额""即征即退项目"列"本月数"－"实际抵减额"

"实际抵减额"是指按照规定可从本期适用一般计税方法计算的应纳税额中抵减的加计抵减额，分别对应《增值税纳税申报表附列资料（四）》第 6 行"一般项目加计抵减额计算"、第 7 行"即征即退项目加计抵减额计算"的"本期实际抵减额"列。

32. 甲公司在 2019 年 4 月确认适用加计抵减政策，当月销售咨询服务，涉及销项税额 30 万元（税率 6%），当月可抵扣的进项税额为 25 万元，4 月加计抵减额和应纳税额应当如何计算？

解答：按照《国家税务总局关于调整增值税纳税申报有关事项的公告》（国家税务总局公告2019年第15号），依据加计抵减额计算公式和一般纳税人申报表填写说明，纳税人在4月的加计抵减额和应纳税额计算如下：

《增值税纳税申报表附列资料（四）》［以下称《附列资料（四）》］"二、加计抵减情况""本期发生额"＝当期可抵扣进项税额×10%＝25×10%＝2.5（万元）

《附列资料（四）》"二、加计抵减情况""本期可抵减额"＝"期初余额"＋"本期发生额"－"本期调减额"＝0＋2.5－0＝2.5（万元）

由于主表第11栏"销项税额"－第18栏"实际抵扣税额"＝30－25＝5（万元）＞《附列资料（四）》"二、加计抵减情况""本期可抵减额"，所以《附列资料（四）》"二、加计抵减情况""本期实际抵减额"＝"本期可抵减额"＝2.5万元

主表第19栏"应纳税额"＝第11栏"销项税额"－第18栏"实际抵扣税额"－《附列资料（四）》"二、加计抵减情况""本期实际抵减额"＝30－25－2.5＝2.5（万元）

以上各栏次均为"一般项目"列"本月数"。

33.纳税人因前期购买不动产尚未抵扣完毕的待抵扣进项税额，在2019年4月1日以后转入抵扣时，是否可以计算加计抵减额？

解答：按照《财政部　税务总局　海关总署关于深化增值税改革有关政策的公告》（财政部　税务总局　海关总署公告2019年第39号）规定，纳税人取得不动产尚未抵扣完毕的待抵扣进项税额，可自2019年4月税款所属期起从销项税额中抵扣。对于该部分进项税额，适用加计抵减政策的纳税人，可在转入抵扣的当期，计算加计抵减额。

34.甲公司于2019年5月10日新办并登记为一般纳税人，5－7月提供邮政服务、电信服务、现代服务、生活服务的销售额占全部销售额的比重未超过50%，但是6－8月的比重超过50%，能否适用加计抵减政策？

解答：《财政部　税务总局　海关总署关于深化增值税改革有关政策的公告》（财政部　税务总局　海关总署公告2019年第39号）规定，2019年4月1日后设立的纳税人，自设立之日起3个月的销售额符合规定条件的，自登记为一般纳税人之日起适用加计抵减政策。上例中，纳税人设立起3个月（5－7月）的四项服务销售额比重不符合公告条件，不能适用加计抵减政策。

需要说明的是，上例中的纳税人2019年内不能适用加计抵减政策；2020年可以根据上一年的实际情况重新确认可否享受这个政策。

35.生产、生活性服务业纳税人，是指提供邮政服务、电信服务、现代服务、生活服务取得的销售额占全部销售额的比重超过50%的纳税人。纳税人在计算销售额占比时，是否应剔除免税销售额？

解答：在计算销售占比时，不需要剔除免税销售额。一般纳税人四项服务销售额占全部销售额的比重超过50%，按照39号公告规定，可以享受加计抵减政策。

36.2019年4月1日后，纳税人为享受加计抵减政策，在生产、生活性服务业计算四项服务销售额占全部销售额的比重时，是否应包括稽查查补销售额或纳税评估调整销售额？

解答:《财政部　税务总局　海关总署关于深化增值税改革有关政策的公告》(财政部　税务总局　海关总署公告 2019 年第 39 号)规定,一般纳税人四项服务销售额占全部销售额的比重超过 50% 的,可以享受加计抵减政策。在计算四项服务销售占比时,销售额中包括申报销售额、稽查查补销售额、纳税评估调整销售额。

37. 乙公司是 2018 年 1 月设立的纳税人,2018 年 9 月登记为一般纳税人。乙公司应以什么期间的销售额来判断是否适用加计抵减政策? 是仅计算登记为一般纳税人以后的销售额吗?

解答:《财政部　税务总局　海关总署关于深化增值税改革有关政策的公告》(财政部　税务总局　海关总署公告 2019 年第 39 号)第七条规定,提供邮政服务、电信服务、现代服务、生活服务(以下统称四项服务)取得的销售额占全部销售额的比重超过 50% 的一般纳税人,自 2019 年 4 月 1 日至 2021 年 12 月 31 日,允许按照当期可抵扣进项税额加计 10%,抵减应纳税额(统称加计抵减政策)。2019 年 3 月 31 日前设立的纳税人,以 2018 年 4 月至 2019 年 3 月期间的销售额判断是否适用加计抵减政策。

按照上述规定,在计算四项服务销售额占比时,一般纳税人在属于小规模纳税人期间的销售额也需要参与计算。因此,乙公司应按照自 2018 年 4 月至 2019 年 3 月期间的销售额来计算四项服务销售额占比。

38. 可以适用简易计税方法计税的一般纳税人,在计算四项服务销售额占比时,是否应包括简易计税方法的销售额?

解答:《财政部　税务总局　海关总署关于深化增值税改革有关政策的公告》(财政部　税务总局　海关总署公告 2019 年第 39 号)第七条第(一)项规定,一般纳税人四项服务销售额占全部销售额的比重超过 50% 的,可以适用加计抵减政策。按照增值税暂行条例和营改增试点实施办法的规定,销售额是指纳税人发生应税行为取得的全部价款和价外费用,包括按照一般计税方法计税的销售额和按照简易计税方法计税的销售额。因此,在计算四项服务销售额占比时,纳税人选择适用简易计税方法计税的销售额应包括在内。

39. 适用加计抵减政策的纳税人,其 2019 年 4 月的期末留抵税额,能否在 5 月税款所属期按照 10% 计算加计抵减额?

解答:按照《财政部　税务总局　海关总署关于深化增值税改革有关政策的公告》(财政部　税务总局　海关总署公告 2019 年第 39 号)第七条第(二)项规定,纳税人应按照当期可抵扣进项税额的 10% 计提当期加计抵减额。在 2019 年 5 月税款所属期计算加计抵减额时,4 月的增值税期末留抵税额,不属于当期可抵扣进项税额,不能加计 10% 计算加计抵减额。

40. 甲公司是适用加计抵减政策的纳税人,2019 年 4 月因发行债券支付 20 万元的贷款利息,其对应的进项税额能否加计 10% 计算加计抵减额?

解答:《财政部　税务总局　海关总署关于深化增值税改革有关政策的公告》(财政部　税务总局　海关总署公告 2019 年第 39 号)第七条第(二)项规定,按照现行规定不得从销项税额中抵扣的进项税额,不得加计 10% 计算加计抵减额。《营业税改征增值税试点实施办法》(财税〔2016〕36 号印发)第二十七条第(六)项规定,纳税人购进贷款服务的进项税额不得从销项税额中抵扣。因此,甲公司 20 万元贷款利息支出对应的进项税额不能加计 10% 计算加计抵减额。

41. 适用加计抵减政策的纳税人，抵减前的应纳税额等于零的，当期可抵减加计抵减额会不会影响期末留抵税额？

解答：《财政部 税务总局 海关总署关于深化增值税改革有关政策的公告》（财政部 税务总局 海关总署公告 2019 年第 39 号）第七条第（三）项规定，适用加计抵减政策的纳税人，抵减前的应纳税额等于零的，当期可抵减加计抵减额全部结转下期抵减。因此，加计抵减额不会对期末留抵税额造成影响。

42. 兼营四项服务的一般纳税人，在计算四项服务销售额占比是否符合加计抵减政策条件时，是其中某一项服务销售额占比必须超过 50%，还是四项服务合计销售额占比超过 50%？

解答：《财政部 税务总局 海关总署关于深化增值税改革有关政策的公告》（财政部 税务总局 海关总署公告 2019 年第 39 号）第七条第（一）项规定，一般纳税人四项服务销售额占全部销售额的比重超过 50% 的，可以适用加计抵减政策。这里的"四项服务销售额"，是指四项服务销售额的合计数，因此兼营四项服务的纳税人，应以四项服务合计销售额占全部销售额的比重是否超过 50%，判断其是否可以适用加计抵减政策。

43. 适用加计抵减政策的纳税人，是否只有四项服务对应的进项税额允许加计抵减？

解答：《财政部 税务总局 海关总署关于深化增值税改革有关政策的公告》（财政部 税务总局 海关总署公告 2019 年第 39 号）第七条规定，自 2019 年 4 月 1 日至 2021 年 12 月 31 日，允许生产、生活性服务业纳税人按照当期可抵扣进项税额加计 10%，抵减应纳税额（以下称加计抵减政策）。生产、生活性服务业纳税人，是指提供邮政服务、电信服务、现代服务、生活服务（以下称四项服务）取得的销售额占全部销售额的比重超过 50% 的纳税人。

根据上述规定，适用加计抵减政策的纳税人，当期可抵扣进项税额均可以加计 10% 抵减应纳税额，不仅限于提供四项服务对应的进项税额。需要注意的是，根据 39 号公告第七条第（四）项规定，纳税人出口货物劳务、发生跨境应税行为不适用加计抵减政策，其对应的进项税额不得计提加计抵减额。

44. 前期计提加计抵减额的进项税额，发生进项税额转出的，应在什么时间调整加计扣减额？

解答：按照《财政部 税务总局 海关总署关于深化增值税改革有关政策的公告》（财政部 税务总局 海关总署公告 2019 年第 39 号）第七条第（二）项规定，已计提加计抵减额的进项税额，如果发生了进项税额转出，纳税人应在进项税额转出当期，相应调减加计抵减额。

45. 甲公司既从事国内贸易也兼营出口劳务，其他条件均符合适用加计抵减政策的要求，但无法划分国内业务和出口业务的进项税额。甲公司能否适用加计抵减政策？

解答：《财政部 税务总局 海关总署关于深化增值税改革有关政策的公告》（财政部 税务总局 海关总署公告 2019 年第 39 号）第七条第（四）项规定，纳税人兼营出口货物劳务、发生跨境应税行为且无法划分不得计提加计抵减额的进项税额，按照以下公式计算不得计提加计抵减额的进项税额。

不得计提加计抵减额的进项税额＝当期无法划分的全部进项税额×当期出口货物劳务和发生跨境应税行为的销售额÷当期全部销售额

因此，如果甲公司符合适用加计抵减政策的条件，但无法划分国内业务和出口业务的进项税额，甲公司仍适用加计抵减政策，但应按上述规定计算不得计提加计抵减额的进项税额。

46. 加计抵减政策执行至 2021 年 12 月 31 日，政策到期前纳税人注销时结余的加计抵减额如何处理？

解答：《财政部 税务总局 海关总署关于深化增值税改革有关政策的公告》（财政部 税务总局 海关总署公告 2019 年第 39 号）第七条第（六）项规定，加计抵减政策执行到期后，纳税人不再计提加计抵减额，结余的加计抵减额停止抵减。加计抵减政策执行到期前纳税人注销，结余的加计抵减额同样适用上述规定，不再进行相应处理。需要说明的是，此处加计抵减额的结余，包括正数也包括负数。

47. 纳税人计算四项服务销售额占全部销售额的比重来确定是否适用加计抵减政策时，全部销售额除一般项目外，是否包括即征即退项目的销售额？

解答：《财政部 税务总局 海关总署关于深化增值税改革有关政策的公告》（财政部 税务总局 海关总署公告 2019 年第 39 号）第七条第一项规定，生产、生活性服务业纳税人，是指提供邮政服务、电信服务、现代服务、生活服务取得的销售额占全部销售额的比重超过 50% 的纳税人。计算全部销售额时，既包括一般项目的销售额，也包括即征即退项目的销售额。

48. 乙公司符合加计抵减政策，2019 年 4 月 1 日以后取得了原 16%、10% 税率的增值税专用发票，其进项税额是否可以计算加计抵减额？

解答：《财政部 税务总局 海关总署关于深化增值税改革有关政策的公告》（财政部 税务总局 海关总署公告 2019 年第 39 号）第七条第二项规定，纳税人应按照当期可抵扣进项税额的 10% 计提当期加计抵减额，按照现行规定不得从销项税额中抵扣的进项税额，不得计提加计抵减额。乙公司如果符合加计抵减政策，2019 年 4 月 1 日以后取得 16%、10% 税率的增值税专用发票，只要符合进项税额抵扣规定，就可以参与计算加计抵减额。

需要提醒的是，纳税人出口货物劳务、发生跨境应税行为不适用加计抵减政策，其对应的进项税额不得计提加计抵减额。

49. 甲公司 2019 年 11 月成立，2019 年 11 月至 2020 年 1 月四项服务销售额占比超过 50%。甲公司能享受加计抵减政策吗？

解答：《财政部 税务总局 海关总署关于深化增值税改革有关政策的公告》（财政部 税务总局 海关总署公告 2019 年第 39 号）第七条规定，2019 年 4 月 1 日后设立的纳税人，自设立之日起 3 个月的销售额符合规定条件的，自登记为一般纳税人之日起适用加计抵减政策。甲公司 2019 年 11 月至 2020 年 1 月的四项服务销售额占比超过 50%，可以享受加计抵减政策。

50. 乙公司 2019 年 10 月份被查补（评估）出所属期 2018 年 10 月的销售额 100 万，该 100 万是否可以作为 2019 年 10 月份的销售额参与计算四项服务销售额的占比？

解答：稽查查补销售额和纳税评估调整销售额应作为查补税款申报当月（或当季）

的销售额参与计算四项服务销售额的比重。该例中,乙公司在 2019 年 10 月份被查补(评估)的 100 万应作为申报查补(评估)税款当月的销售额参与四项服务销售额的计算。

51. 甲公司 2019 年 11 月成立,2019 年 11 月至 2020 年 1 月四项服务销售额占比超过 50%。为判断 2021 年是否能享受加计抵减政策,计算 2020 年四项服务销售额占比时,2020 年 1 月份的销售额是否参与计算?

解答:《财政部 税务总局 海关总署关于深化增值税改革有关政策的公告》(财政部 税务总局 海关总署公告 2019 年第 39 号)第七条规定,2019 年 4 月 1 日后设立的纳税人,自设立之日起 3 个月的销售额符合上述规定条件的,自登记为一般纳税人之日起适用加计抵减政策;纳税人确定适用加计抵减政策后,当年内不再调整,以后年度是否适用,根据上年度销售额计算确定。该例中,为判断 2021 年是否能享受加计抵减政策时,2020 年 1 月份的销售额应参与计算 2020 年四项服务销售额的占比。

52. 乙公司 2019 年已适用加计抵减政策,但由于 2019 年四项服务销售额占比未达标,2020 年不再享受加计抵减政策。该公司 2019 年已计提加计抵减额的进项税额在 2020 年发生进项税额转出时,需要纳税人在 2020 年继续核算加计抵减额的变动情况吗?

解答:《财政部 税务总局 海关总署关于深化增值税改革有关政策的公告》(财政部 税务总局 海关总署公告 2019 年第 39 号)第七条规定,加计抵减政策执行到期后,纳税人不再计提加计抵减额,结余的加计抵减额停止抵减。因此在政策到期前,纳税人应核算加计抵减额的变动情况。该例中,如果纳税人 2019 年有结余的加计抵减额可以在 2020 年继续抵减;已计提加计抵减额的进项税额在 2020 年发生进项税额转出时,应相应调减加计抵减额。

53. 适用加计抵减政策的纳税人,应在年度首次确定适用加计抵减政策时,提交《适用加计抵减政策的声明》,手续怎么办理?

解答:《国家税务总局关于深化增值税改革有关事项的公告》(国家税务总局公告 2019 年第 14 号)第八条规定,适用加计抵减政策的生产、生活性服务业纳税人,应在年度首次确认适用加计抵减政策时,通过电子税务局(或前往办税服务厅)提交《适用加计抵减政策的声明》。

纳税人通过电子税务局提交声明时,系统将自动显示《适用加计抵减政策的声明》,纳税人选择政策适用年度和所属行业,录入计算期内四项服务的销售额和总销售额后,信息系统将帮助纳税人自动填写其他内容。纳税人在确认相关信息准确无误后,即可提交声明。纳税人到办税服务厅提交声明时,税务部门会提供免填单服务,纳税人只要将上述四项信息告知窗口工作人员,工作人员会预填好声明内容,交由纳税人确认,如果信息准确无误,纳税人盖章后即可提交。

54. 甲公司 2019 年 4 月 1 日成立并登记为一般纳税人。2019 年 4 月至 2020 年 2 月取得了进项税额但销售收入为 0。2020 年 3 月至 5 月发生销售行为,且四项服务销售额占比超过 50%。该纳税人 2019 年和 2020 年是否适用加计抵减政策?如果适用,可否补提 2019 年的加计抵减额?

解答:《财政部 税务总局 海关总署关于深化增值税改革有关政策的公告》(财政部 税务总局 海关总署公告 2019 年第 39 号)第七条规定,2019 年 4 月 1 日后设立的纳税人，自设立之日起3个月的销售额符合相关规定条件的，自登记为一般纳税人之日起适用加计抵减政策。如果纳税人成立后一直未取得销售收入，以其首次取得销售收入起连续三个月的销售情况进行判断。该例中，2020年3－5月的四项服务销售额占比超过50%，2020年可以享受加计抵减政策。《财政部　税务总局　海关总署关于深化增值税改革有关政策的公告》（财政部　税务总局　海关总署公告2019年第39号）规定"纳税人可计提但未计提的加计抵减额，可在确定适用加计抵减政策当期一并计提"，甲公司自2019年4月1日登记为一般纳税人之日可计提但未计提的加计抵减额可以补提。

55.《财政部　税务总局　海关总署关于深化增值税改革有关政策的公告》提到，纳税人可计提但未计提的加计抵减额，可在确定适用加计抵减政策当期一并计提，补提时是逐月调整申报表，还是一次性在当期计提？

解答：《财政部　税务总局　海关总署关于深化增值税改革有关政策的公告》（财政部　税务总局　海关总署公告2019年第39号）第七条规定，纳税人可计提但未计提的加计抵减额，可在确定适用加计抵减政策当期一并计提。为简化核算，纳税人应在确定适用加计抵减政策的当期一次性将可计提但未计提的加计抵减额一并计提，不再调整以前的申报表

56.乙公司是小规模纳税人，提供四项服务的销售额占全部销售额的比重超过50%，可以适用加计抵减政策吗？

解答：不可以。《财政部　税务总局　海关总署关于深化增值税改革有关政策的公告》（财政部　税务总局　海关总署公告2019年第39号）中所称生产、生活性服务业纳税人，是指提供邮政服务、电信服务、现代服务、生活服务取得的销售额占全部销售额的比重超过50%的纳税人。公告中的纳税人指增值税一般纳税人，加计抵减政策是按照一般纳税人当期可抵扣的进项税额的10%计算加计抵减额，只有增值税一般纳税人才可以适用加计抵减政策。

57.按规定可以享受加计抵减政策的纳税人，2019年4月1日后认证增值税专用发票的操作流程是否发生了改变？

解答：没有改变。享受加计抵减政策的一般纳税人，可以按照现有流程在增值税发票选择确认平台进行勾选确认或者扫描认证纸质发票。

58.某纳税人从事汽车租赁业务，深化增值税改革后，该纳税人能适用加计抵减政策吗？

解答：《财政部　税务总局　海关总署关于深化增值税改革有关政策的公告》（财政部　税务总局　海关总署公告2019年第39号）第七条规定，生产、生活性服务业纳税人，是指提供邮政服务、电信服务、现代服务、生活服务（以下称四项服务）取得的销售额占全部销售额的比重超过50%的纳税人。四项服务的具体范围按照《销售服务、无形资产、不动产注释》（财税〔2016〕36号印发）执行。汽车租赁业务属于注释中的现代服务。如果该纳税人四项服务销售额的占比符合条件，则可以适用加计抵减政策。

59.某纳税人适用加计抵减政策，已提交《适用加计抵减政策的声明》。该纳税人2019年6月加计抵减额的期初余额为10 000元，一般项目可计提加计抵减额50 000元，由于4月份已计提加计抵减额的进项税额发生转出，当期需要调减一般项目加计抵减

额 70 000 元。纳税人在办理 2019 年 6 月税款所属期纳税申报时，应当如何填写增值税纳税申报表附列资料四？

解答：纳税人在办理 2019 年 6 月税款所属期纳税申报时，应根据当期加计抵减情况，填写增值税纳税申报表《附列资料（四）》第 6 行"一般项目加计抵减额计算"相关列次。其中，"期初余额"列填写 10 000 元，当期计提的加计抵减额 50 000 元应填入"本期发生额"列中，当期调减的加计抵减额 70 000 元应填入"本期调减额"列中。本行其他列次按照计算规则填写，即"本期可抵减额"列应填入－10 000 元，"本期实际抵减额"列应填入 0 元，"期末余额"列应填入－10 000 元。

60. 为提醒网上申报的纳税人及时提交《适用加计抵减政策的声明》，税务机关对信息系统做了哪些设置？

解答：适用加计抵减政策的生产、生活性服务业纳税人，应在年度首次确认适用加计抵减政策时提交《适用加计抵减政策的声明》。为提醒纳税人，当纳税人进入增值税申报界面时，系统将提示纳税人加计抵减政策具体规定，并告知纳税人如果符合政策规定条件，可以通过填写《适用加计抵减政策的声明》，来确认适用加计抵减政策。该提示功能每年至少提示一次，即 2019 年 5 月、2020 年 2 月和 2021 年 2 月征期，纳税人首次进入申报模块时，系统自动弹出提示信息。在其他征期月份，纳税人可以通过勾选"不再提示"标识，屏蔽该提示信息。

61. 某纳税人适用加计抵减政策，2019 年 6 月其在某酒店召开产品推广会，取得酒店开具的住宿费、餐费和场地租赁费三张专用发票，三项费用的进项税额都可以计算加计抵减额吗？

解答：《财政部 税务总局 海关总署关于深化增值税改革有关政策的公告》（财政部 税务总局 海关总署公告 2019 年第 39 号）规定第七条规定，适用加计抵减政策的纳税人，应按照当期可抵扣进项税额的 10% 计提当期加计抵减额。按照现行规定不得从销项税额中抵扣的进项税额，不得计提加计抵减额。《营业税改征增值税试点实施办法》（财税〔2016〕36 号印发）第二十七条规定，餐饮服务的进项税额不得从销项税额中抵扣。该例中，纳税人取得住宿费和场地租赁费的专用发票上注明的进项税额可以计提加计抵减额，取得餐费的专用发票上注明的税额不得从销项税额中抵扣，也不得计提加计抵减额。

62. 在实务中，纳税人提交加计抵减声明后，可能存在未及时计提加计抵减发生额的情况。例如：某纳税人在 5 月 1 日提交了加计抵减声明，进行了 4 月所属期的增值税纳税申报，当期申报抵扣的进项税额合计为 10 000 元，但未计提加计抵减额。纳税人是否可以根据自己的实际情况对 4 月所属期的增值税进行更正申报或者在 5 月所属期时补计提？

解答：按照《财政部 税务总局 海关总署关于深化增值税改革有关政策的公告》（财政部 税务总局 海关总署公告 2019 年第 39 号）的规定，纳税人可计提但未计提的加计抵减额，可在确定适用加计抵减政策当期一并计提。因此，如果纳税人满足加计抵减条件，但因各种原因并未及时计提加计抵减额，允许纳税人在以后的申报期补充计提加计抵减额。案例中，该纳税人可以在 5 月所属期纳税申报时，补充计提 4 月所属期可计提但未计提的加计抵减额。

63. 甲公司 2019 年已适用加计抵减政策，但由于 2020 年不符合条件，不再享受加计抵减政策。该公司 2019 年已计提加计抵减额的进项税额在 2020 年发生进项税额转出时，需要纳税人在 2020 年继续核算加计抵减额的变动情况吗？

解答：《财政部　税务总局　海关总署关于深化增值税改革有关政策的公告》（财政部　税务总局　海关总署 2019 年第 39 号）第七条第（二）项规定："已计提加计抵减的进项税额，按规定作进项税额转出的，应在进项税额转出当期，相应调减加计抵减额。"因此，如果纳税人 2019 年已计提加计抵减额的进项税额，在 2020 年发生进项税额转出，无论该纳税人 2020 年是否仍适用加计抵减政策，均应在进项税额转出当期，相应调减加计抵减额。

第二节　重点群体创业就业税收优惠

一、重点群体创业税收扣减

📧【享受主体】

招用建档立卡贫困人口，以及在人力资源社会保障部门公共就业服务机构登记失业半年以上且持《就业创业证》或《就业失业登记证》（注明"企业吸纳税收政策"）人员，并与其签订 1 年以上期限劳动合同并依法缴纳社会保险费的企业。

☑️【优惠内容】

2019 年 1 月 1 日至 2021 年 12 月 31 日，自签订劳动合同并缴纳社会保险当月起，在 3 年（36 个月）内按实际招用人数予以定额依次扣减增值税、城市维护建设税、教育费附加、地方教育附加和企业所得税优惠。定额标准为每人每年 6 000 元，最高可上浮 30%，各省、自治区、直辖市人民政府可根据本地区实际情况在此幅度内确定具体定额标准。在 2021 年 12 月 31 日未享受满 3 年的，可继续享受至 3 年期满为止。

👥【享受条件】

1. 上述企业是指属于增值税纳税人或企业所得税纳税人的企业等单位。
2. 招用建档立卡贫困人口，以及在人力资源社会保障部门公共就业服务机构登记失业半年以上且持《就业创业证》或《就业失业登记证》（注明"企业吸纳税收政策"）人员，并与其签订 1 年以上期限劳动合同并依法缴纳社会保险费。

✏️【政策依据】

1. 《财政部　税务总局　人力资源社会保障部　国务院扶贫办关于进一步支持和促进重点群体创业就业有关税收政策的通知》（财税〔2019〕22 号）第二条、第五条。
2. 《国家税务总局　人力资源社会保障部　国务院扶贫办　教育部关于实施支持和促进重点群体创业就业有关税收政策具体操作问题的公告》（国家税务总局公告 2019

年第 10 号）第二条。

二、吸纳重点群体就业税收扣减

【享受主体】

招用建档立卡贫困人口，以及在人力资源社会保障部门公共就业服务机构登记失业半年以上且持《就业创业证》或《就业失业登记证》（注明"企业吸纳税收政策"）人员，并与其签订 1 年以上期限劳动合同并依法缴纳社会保险费的企业。

【优惠内容】

2019 年 1 月 1 日至 2021 年 12 月 31 日，自签订劳动合同并缴纳社会保险当月起，在 3 年（36 个月）内按实际招用人数予以定额依次扣减增值税、城市维护建设税、教育费附加、地方教育附加和企业所得税优惠。定额标准为每人每年 6 000 元，最高可上浮 30%，各省、自治区、直辖市人民政府可根据本地区实际情况在此幅度内确定具体定额标准。在 2021 年 12 月 31 日未享受满 3 年的，可继续享受至 3 年期满为止。

【享受条件】

1. 上述企业是指属于增值税纳税人或企业所得税纳税人的企业等单位。
2. 招用建档立卡贫困人口，以及在人力资源社会保障部门公共就业服务机构登记失业半年以上且持《就业创业证》或《就业失业登记证》（注明"企业吸纳税收政策"）人员，并与其签订 1 年以上期限劳动合同并依法缴纳社会保险费。

【政策依据】

1.《财政部　税务总局　人力资源社会保障部　国务院扶贫办关于进一步支持和促进重点群体创业就业有关税收政策的通知》（财税〔2019〕22 号）第二条、第五条。
2.《国家税务总局　人力资源社会保障部　国务院扶贫办　教育部关于实施支持和促进重点群体创业就业有关税收政策具体操作问题的公告》（国家税务总局公告 2019 年第 10 号）第二条。

第三节　残疾人就业税收优惠

一、残疾人创业免征增值税

【享受主体】

残疾人个人。

📋 【优惠内容】

残疾人个人提供的加工、修理修配劳务，为社会提供的应税服务，免征增值税。

👥 【享受条件】

残疾人是指在法定劳动年龄内，持有《中华人民共和国残疾人证》或者《中华人民共和国残疾军人证（1 至 8 级）》的自然人，包括具有劳动条件和劳动意愿的精神残疾人。

✏️ 【政策依据】

1.《财政部　国家税务总局关于全面推开营业税改征增值税试点的通知》（财税〔2016〕36 号）附件 3《营业税改征增值税试点过渡政策的规定》第一条第（六）项。

2.《财政部　国家税务总局关于促进残疾人就业增值税优惠政策的通知》（财税〔2016〕52 号）第八条。

【实操案例】••

王先生为残疾人员，由于掌握了一门特殊手艺，其提供的服务很受社会欢迎。王先生计划创办一家公司提供生活服务，预计年含税销售额为 600 万元，可以抵扣的进项税额为 2 万元，实际缴纳增值税：$600 \div (1 + 6\%) \times 6\% - 2 = 31.96$（万元）。

王先生虽然是残疾人，但其创办的公司不能享受免征增值税的优惠，因此，王先生应当注销公司，或者将该公司专业从事其他经营，由王先生本人为社会提供服务，假设其年销售额不发生变化，则每年可以少纳增值税 31.96 万元。

二、安置残疾人就业的单位和个体户增值税即征即退

✉️ 【享受主体】

安置残疾人的单位和个体工商户。

📋 【优惠内容】

对安置残疾人的单位和个体工商户（以下称纳税人），实行由税务机关按纳税人安置残疾人的人数，限额即征即退增值税。每月可退还的增值税具体限额，由县级以上税务机关根据纳税人所在区县（含县级市、旗）适用的经省（含自治区、直辖市、计划单列市）人民政府批准的月最低工资标准的 4 倍确定。

一个纳税期已交增值税额不足退还的，可在本纳税年度内以前纳税期已交增值税扣除已退增值税的余额中退还，仍不足退还的可结转本纳税年度内以后纳税期退还，但不得结转以后年度退还。纳税期限不为按月的，只能对其符合条件的月份退还增值税。

【享受条件】

1. 纳税人（除盲人按摩机构外）月安置的残疾人占在职职工人数的比例不低于25%（含25%），并且安置的残疾人人数不少于10人（含10人）；盲人按摩机构月安置的残疾人占在职职工人数的比例不低于25%（含25%），并且安置的残疾人人数不少于5人（含5人）。

2. 依法与安置的每位残疾人签订了1年以上（含1年）的劳动合同或服务协议。

3. 为安置的每位残疾人按月足额缴纳了基本养老保险、基本医疗保险、失业保险、工伤保险和生育保险等社会保险。

4. 通过银行等金融机构向安置的每位残疾人，按月支付了不低于纳税人所在区县适用的经省人民政府批准的月最低工资标准的工资。

5. 纳税人纳税信用等级为税务机关评定的C级或D级的，不得享受此项税收优惠政策。

6. 如果既适用促进残疾人就业增值税优惠政策，又适用重点群体、退役士兵、随军家属、军转干部等支持就业的增值税优惠政策的，纳税人可自行选择适用的优惠政策，但不能累加执行。一经选定，36个月内不得变更。

7. 此项税收优惠政策仅适用于生产销售货物，提供加工、修理修配劳务，以及提供营改增现代服务和生活服务税目（不含文化体育服务和娱乐服务）范围的服务取得的收入之和，占其增值税收入的比例达到50%的纳税人，但不适用于上述纳税人直接销售外购货物（包括商品批发和零售）以及销售委托加工的货物取得的收入。

【政策依据】

1.《财政部　国家税务总局关于促进残疾人就业增值税优惠政策的通知》（财税〔2016〕52号）。

2.《促进残疾人就业增值税优惠政策管理办法》（国家税务总局公告2016年第33号发布，国家税务总局公告2018年第31号修改）。

三、特殊教育校办企业安置残疾人就业增值税即征即退

【享受主体】

特殊教育校办企业。

【优惠内容】

1. 对安置残疾人的特殊教育学校举办的企业，实行由税务机关按纳税人安置残疾人的人数，限额即征即退增值税。

2. 安置的每位残疾人每月可退还的增值税具体限额，由县级以上税务机关根据纳税人所在区县（含县级市、旗，下同）适用的经省（含自治区、直辖市、计划单列市，下同）人民政府批准的月最低工资标准的4倍确定。

3. 在计算残疾人人数时可将在企业上岗工作的特殊教育学校的全日制在校学生计算在内，在计算企业在职职工人数时也要将上述学生计算在内。

👥【享受条件】

1. 特殊教育学校举办的企业，是指特殊教育学校主要为在校学生提供实习场所、并由学校出资自办、由学校负责经营管理、经营收入全部归学校所有的企业。

2. 纳税人（除盲人按摩机构外）月安置的残疾人占在职职工人数的比例不低于25%（含25%），并且安置的残疾人人数不少于10人（含10人）。

3. 纳税人纳税信用等级为税务机关评定的C级或D级的，不得享受此项税收优惠政策。

4. 如果既适用促进残疾人就业增值税优惠政策，又适用重点群体、退役士兵、随军家属、军转干部等支持就业的增值税优惠政策的，纳税人可自行选择适用的优惠政策，但不能累加执行。一经选定，36个月内不得变更。

5. 此项税收优惠政策仅适用于生产销售货物，提供加工、修理修配劳务，以及提供营改增现代服务和生活服务税目（不含文化体育服务和娱乐服务）范围的服务取得的收入之和，占其增值税收入的比例达到50%的纳税人，但不适用于上述纳税人直接销售外购货物（包括商品批发和零售）以及销售委托加工的货物取得的收入。

✏【政策依据】

1.《财政部 国家税务总局关于促进残疾人就业增值税优惠政策的通知》（财税〔2016〕52号）第三条。

2.《促进残疾人就业增值税优惠政策管理办法》（国家税务总局公告2016年第33号发布，国家税务总局公告2018年第31号修改）。

四、残疾人就业减征个人所得税

✉【享受主体】

残疾人人员。

📋【优惠内容】

残疾人员所得，可以减征个人所得税。

👥【享受条件】

减税的具体幅度和期限，由省、自治区、直辖市人民政府规定，并报同级人民代表大会常务委员会备案。

✏【政策依据】

《中华人民共和国个人所得税法》第五条第一款。

五、安置残疾人就业的企业对残疾人工资加计扣除

【享受主体】

安置残疾人就业的企业。

【优惠内容】

企业安置残疾人员的，在按照支付给残疾职工工资据实扣除的基础上，可以在计算应纳税所得额时按照支付给残疾职工工资的 100% 加计扣除。

【享受条件】

1. 依法与安置的每位残疾人签订了 1 年以上（含 1 年）的劳动合同或服务协议，并且安置的每位残疾人在企业实际上岗工作。

2. 为安置的每位残疾人按月足额缴纳了企业所在区县人民政府根据国家政策规定的基本养老保险、基本医疗保险、失业保险和工伤保险等社会保险。

3. 定期通过银行等金融机构向安置的每位残疾人实际支付了不低于企业所在区县适用的经省级人民政府批准的最低工资标准的工资。

4. 具备安置残疾人上岗工作的基本设施。

【政策依据】

1.《中华人民共和国企业所得税法》第三十条第（二）项。

2.《中华人民共和国企业所得税法实施条例》第九十六条第一款。

3.《财政部　国家税务总局关于安置残疾人员就业有关企业所得税优惠政策问题的通知》（财税〔2009〕70 号）。

【实操案例】 ● -

1. 甲公司为科技型中小企业，适用 15% 的企业所得税税率，2020 年度计划增加支出 1 000 万元用于新产品开发，增加职工工资支出 500 万元。

如果甲公司能将 1 000 万元支出核算为研究开发费用，将 500 万元工资支出用于残疾职工，则可以加计扣除 ＝ 1 000×75% ＋ 500×100% ＝ 1 250（万元）。如果甲公司 2020 年度不考虑上述加计扣除的应纳税所得额超过 1 250 万元，则上述支出为甲公司节省企业所得税 ＝ 1 250×15% ＝ 187.5（万元）。

2. 某公司由于生产经营需要准备招用 100 名普通职工，由于该项工作不需要职工具备特殊技能而且是坐在椅子上从事工作，具有一定腿部残疾的人员也可以完成。该公司原计划招收非残疾人员，人均月工资为 3 000 元，合同期限为 3 年。

由于该公司的工作残疾人员也可以胜任，因此，该公司可以通过招用残疾人员来进行税收策划。根据税法的规定，该公司可以享受按实际支付给残疾职工工资的 100% 加计扣除的优惠政策。3 年内，支付给残疾职工的工资可以为企业节约企业所得税：

$0.3 \times 100 \times 12 \times 3 \times 25\% = 270$（万元）。

除此以外，雇佣残疾人还可以为企业节约残保金的支出。假设该公司共有员工5 000人，按1.5%的标准应当雇佣残疾人75人。如果不雇佣上述100名残疾人，假设该公司人均年工资5万元，该公司每年应当缴纳残保金：$75 \times 5 = 375$（万元）。

六、安置残疾人就业的单位减免城镇土地使用税

【享受主体】

安置残疾人就业的单位。

【优惠内容】

减征或免征城镇土地使用税。

【享受条件】

在一个纳税年度内月平均实际安置残疾人就业人数占单位在职职工总数的比例高于25%（含25%）且实际安置残疾人人数高于10人（含10人）的单位。

【政策依据】

《财政部　国家税务总局关于安置残疾人就业单位城镇土地使用税等政策的通知》（财税〔2010〕121号）第一条。

第七章

推动普惠金融发展减税降费政策

导读

本章介绍推动普惠金融发展减税降费政策，包括四节内容，分别介绍银行类金融机构贷款税收优惠、小额贷款公司贷款税收优惠、融资担保及再担保业务税收优惠以及农牧保险业务税收优惠。

第一节 银行类金融机构贷款税收优惠

一、金融机构农户小额贷款利息收入免征增值税

【享受主体】

向农户提供小额贷款的金融机构。

【优惠内容】

自 2017 年 12 月 1 日至 2023 年 12 月 31 日，对金融机构向农户发放小额贷款取得的利息收入，免征增值税。

【享受条件】

1. 农户是指长期（1 年以上）居住在乡镇（不包括城关镇）行政管理区域内的住户，还包括长期居住在城关镇所辖行政村范围内的住户和户口不在本地而在本地居住 1 年以上的住户，国有农场的职工。位于乡镇（不包括城关镇）行政管理区域内和在城关镇所辖行政村范围内的国有经济的机关、团体、学校、企事业单位的集体户；有本地户口，但举家外出谋生 1 年以上的住户，无论是否保留承包耕地均不属于农户。农户以户为统计单位，既可以从事农业生产经营，也可以从事非农业生产经营。农户贷款的判定应以贷款发放时的借款人是否属于农户为准。

2. 小额贷款是指单户授信小于 100 万元（含本数）的农户贷款；没有授信额度的，

是指单户贷款合同金额且贷款余额在 100 万元（含本数）以下的贷款。

【政策依据】

1.《财政部　税务总局关于支持小微企业融资有关税收政策的通知》（财税〔2017〕77 号）第一条、第三条。

2.《财政部　税务总局关于延续实施普惠金融有关税收优惠政策的公告》（财政部　税务总局公告 2020 年第 22 号）。

二、金融机构小微企业及个体工商户小额贷款利息收入免征增值税

【享受主体】

向小型企业、微型企业及个体工商户发放小额贷款的金融机构。

【优惠内容】

1. 自 2017 年 12 月 1 日至 2023 年 12 月 31 日，对金融机构向小型企业、微型企业及个体工商户发放小额贷款取得的利息收入，免征增值税。上述小额贷款，是指单户授信小于 100 万元（含本数）的农户、小型企业、微型企业或个体工商户贷款；没有授信额度的，是指单户贷款合同金额且贷款余额在 100 万元（含本数）以下的贷款。

2. 自 2018 年 9 月 1 日至 2020 年 12 月 31 日，对金融机构向小型企业、微型企业和个体工商户发放小额贷款取得的利息收入，免征增值税。上述小额贷款，是指单户授信小于 1 000 万元（含本数）的小型企业、微型企业或个体工商户贷款；没有授信额度的，是指单户贷款合同金额且贷款余额在 1 000 万元（含本数）以下的贷款。

【享受条件】

1. 小型企业、微型企业，是指符合《中小企业划型标准规定》（工信部联企业〔2011〕300 号）的小型企业和微型企业。其中，资产总额和从业人员指标均以贷款发放时的实际状态确定，营业收入指标以贷款发放前 12 个自然月的累计数确定，不满 12 个自然月的，按照以下公式计算：

营业收入（年）＝企业实际存续期间营业收入 / 企业实际存续月数 ×12

2. 适用"优惠内容"第 2 条规定的金融机构需符合以下条件：

金融机构是指经人民银行、银保监会批准成立的已通过监管部门上一年度"两增两控"考核的机构，以及经人民银行、银保监会、证监会批准成立的开发银行及政策性银行、外资银行和非银行业金融机构。

"两增两控"是指单户授信总额 1 000 万元以下（含）小微企业贷款同比增速不低于各项贷款同比增速，有贷款余额的户数不低于上年同期水平，合理控制小微企业贷款资产质量水平和贷款综合成本（包括利率和贷款相关的银行服务收费）水平。金融机构完成"两增两控"情况，以银保监会及其派出机构考核结果为准。

3. 金融机构可以选择以下两种方法之一适用免税：

（1）对金融机构向小型企业、微型企业和个体工商户发放的，利率水平不高于人民银行同期贷款基准利率150%（含本数）的单笔小额贷款取得的利息收入，免征增值税；高于人民银行同期贷款基准利率150%的单笔小额贷款取得的利息收入，按照现行政策规定缴纳增值税。

（2）对金融机构向小型企业、微型企业和个体工商户发放单笔小额贷款取得的利息收入中，不高于该笔贷款按照人民银行同期贷款基准利率150%（含本数）计算的利息收入部分，免征增值税；超过部分按照现行政策规定缴纳增值税。

金融机构可按会计年度在以上两种方法中选定其一作为该年的免税适用方法，一经选定，该会计年度内不得变更。

📝 【政策依据】

1.《财政部　税务总局关于支持小微企业融资有关税收政策的通知》（财税〔2017〕77号）第一条、第三条。

2.《财政部　税务总局关于金融机构小微企业贷款利息收入免征增值税政策的通知》（财税〔2018〕91号）。

3.《工业和信息化部　国家统计局　国家发展和改革委员会　财政部关于印发中小企业划型标准规定的通知》（工信部联企业〔2011〕300号）。

4.《财政部　税务总局关于延续实施普惠金融有关税收优惠政策的公告》（财政部　税务总局公告2020年第22号）。

三、金融机构农户小额贷款利息收入企业所得税减计收入

📨 【享受主体】

向农户提供小额贷款的金融机构。

☑ 【优惠内容】

自2017年1月1日至2023年12月31日，对金融机构农户小额贷款的利息收入，在计算应纳税所得额时，按90%计入收入总额。

👥 【享受条件】

1.农户是指长期（1年以上）居住在乡镇（不包括城关镇）行政管理区域内的住户，还包括长期居住在城关镇所辖行政村范围内的住户和户口不在本地而在本地居住1年以上的住户，国有农场的职工和农村个体工商户。位于乡镇（不包括城关镇）行政管理区域内和在城关镇所辖行政村范围内的国有经济的机关、团体、学校、企事业单位的集体户；有本地户口，但举家外出谋生1年以上的住户，无论是否保留承包耕地均不属于农户。农户以户为统计单位，既可以从事农业生产经营，也可以从事非农业生产经营。农户贷款的判定应以贷款发放时的承贷主体是否属于农户为准。

2.小额贷款是指单笔且该农户贷款余额总额在 10 万元（含本数）以下的贷款。

【政策依据】

1.《财政部 税务总局关于延续支持农村金融发展有关税收政策的通知》（财税〔2017〕44 号）第二条、第四条。

2.《财政部 税务总局关于延续实施普惠金融有关税收优惠政策的公告》（财政部 税务总局公告 2020 年第 22 号）。

四、金融企业涉农和中小企业贷款损失税前扣除

【享受主体】

提供涉农贷款、中小企业贷款的金融企业。

【优惠内容】

金融企业涉农贷款、中小企业贷款逾期 1 年以上，经追索无法收回，应依据涉农贷款、中小企业贷款分类证明，按下列规定计算确认贷款损失进行税前扣除：

1.单户贷款余额不超过 300 万元（含 300 万元）的，应依据向借款人和担保人的有关原始追索记录（包括司法追索、电话追索、信件追索和上门追索等原始记录之一，并由经办人和负责人共同签章确认），计算确认损失进行税前扣除。

2.单户贷款余额超过 300 万元至 1 000 万元（含 1 000 万元）的，应依据有关原始追索记录（应当包括司法追索记录，并由经办人和负责人共同签章确认），计算确认损失进行税前扣除。

3.单户贷款余额超过 1 000 万元的，仍按《国家税务总局关于发布〈企业资产损失所得税税前扣除管理办法〉的公告》（国家税务总局公告 2011 年第 25 号）有关规定计算确认损失进行税前扣除。

【享受条件】

1.涉农贷款是指《涉农贷款专项统计制度》（银发〔2007〕246 号）统计的以下贷款：

（1）农户贷款。

（2）农村企业及各类组织贷款。

农户贷款是指金融企业发放给农户的所有贷款。农户贷款的判定应以贷款发放时的承贷主体是否属于农户为准。农户是指长期（1 年以上）居住在乡镇（不包括城关镇）行政管理区域内的住户，还包括长期居住在城关镇所辖行政村范围内的住户和户口不在本地而在本地居住 1 年以上的住户，国有农场的职工和农村个体工商户。位于乡镇（不包括城关镇）行政管理区域内和在城关镇所辖行政村范围内的国有经济的机关、团体、学校、企事业单位的集体户；有本地户口，但举家外出谋生 1 年以上的住户，无论是否保留承包耕地均不属于农户。农户以户为统计单位，既可以从事农业生

产经营，也可以从事非农业生产经营。

2. 农村企业及各类组织贷款是指金融企业发放给注册地位于农村区域的企业及各类组织的所有贷款。农村区域是指除地级及以上城市的城市行政区及其市辖建制镇之外的区域。

3. 中小企业贷款是指金融企业对年销售额和资产总额均不超过 2 亿元的企业的贷款。

4. 金融企业发生的符合条件的涉农贷款和中小企业贷款损失，应先冲减已在税前扣除的贷款损失准备金，不足冲减部分可据实在计算应纳税所得额时扣除。

【政策依据】

《国家税务总局关于金融企业涉农贷款和中小企业贷款损失税前扣除问题的公告》（国家税务总局公告 2015 年第 25 号）。

五、金融企业涉农贷款和中小企业贷款损失准备金税前扣除

【享受主体】

提供涉农贷款和中小企业贷款业务的金融企业。

【优惠内容】

自 2019 年 1 月 1 日起执行至 2023 年 12 月 31 日，金融企业根据《贷款风险分类指引》（银监发〔2007〕54 号），对其涉农贷款和中小企业贷款进行风险分类后，按照以下比例计提的贷款损失准备金，准予在计算应纳税所得额时扣除：

（1）关注类贷款，计提比例为 2%。

（2）次级类贷款，计提比例为 25%。

（3）可疑类贷款，计提比例为 50%。

（4）损失类贷款，计提比例为 100%。

【享受条件】

1. 涉农贷款是指《涉农贷款专项统计制度》（银发〔2007〕246 号）统计的以下贷款：

（1）农户贷款。

（2）农村企业及各类组织贷款。

2. 农户贷款是指金融企业发放给农户的所有贷款。农户贷款的判定应以贷款发放时的承贷主体是否属于农户为准。农户是指长期（1 年以上）居住在乡镇（不包括城关镇）行政管理区域内的住户，还包括长期居住在城关镇所辖行政村范围内的住户和户口不在本地而在本地居住 1 年以上的住户，国有农场的职工和农村个体工商户。位于乡镇（不包括城关镇）行政管理区域内和在城关镇所辖行政村范围内的国有经济的机关、团体、学校、企事业单位的集体户；有本地户口，但举家外出谋生 1 年以上的

住户，无论是否保留承包耕地均不属于农户。农户以户为统计单位，既可以从事农业生产经营，也可以从事非农业生产经营。

3. 农村企业及各类组织贷款，是指金融企业发放给注册地位于农村区域的企业及各类组织的所有贷款。农村区域是指除地级及以上城市的城市行政区及其市辖建制镇之外的区域。

4. 中小企业贷款是指金融企业对年销售额和资产总额均不超过 2 亿元的企业的贷款。

5. 金融企业发生的符合条件的涉农贷款和中小企业贷款损失，应先冲减已在税前扣除的贷款损失准备金，不足冲减部分可据实在计算应纳税所得额时扣除。

📝【政策依据】

《财政部　税务总局关于金融企业涉农贷款和中小企业贷款损失准备金税前扣除有关政策的公告》（财政部 税务总局公告 2019 年第 85 号）。

六、农村信用社等金融机构提供金融服务可选择适用简易计税方法缴纳增值税

✉️【享受主体】

农村信用社、村镇银行、农村资金互助社、由银行业机构全资发起设立的贷款公司、法人机构在县（县级市、区、旗）及县以下地区的农村合作银行和农村商业银行。

☑️【优惠内容】

农村信用社、村镇银行、农村资金互助社、由银行业机构全资发起设立的贷款公司、法人机构在县（县级市、区、旗）及县以下地区的农村合作银行和农村商业银行提供金融服务收入，可以选择适用简易计税方法按照 3% 的征收率计算缴纳增值税。

👥【享受条件】

1. 村镇银行是指经中国银行业监督管理委员会依据有关法律、法规批准，由境内外金融机构、境内非金融机构企业法人、境内自然人出资，在农村地区设立的主要为当地农民、农业和农村经济发展提供金融服务的银行业金融机构。

2. 农村资金互助社是指经银行业监督管理机构批准，由乡（镇）、行政村农民和农村小企业自愿入股组成，为社员提供存款、贷款、结算等业务的社区互助性银行业金融机构。

3. 由银行业机构全资发起设立的贷款公司，是指经中国银行业监督管理委员会依据有关法律、法规批准，由境内商业银行或农村合作银行在农村地区设立的专门为县域农民、农业和农村经济发展提供贷款服务的非银行业金融机构。

4. 县（县级市、区、旗），不包括直辖市和地级市所辖城区。

✏️ 【政策依据】

《财政部　国家税务总局关于进一步明确全面推开营改增试点金融业有关政策的通知》（财税〔2016〕46号）第三条。

七、中国农业银行三农金融事业部涉农贷款利息收入可选择适用简易计税方法缴纳增值税

✉️ 【享受主体】

中国农业银行纳入"三农金融事业部"改革试点的各省、自治区、直辖市、计划单列市分行下辖的县域支行和新疆生产建设兵团分行下辖的县域支行（也称县事业部）。

📋 【优惠内容】

对中国农业银行纳入"三农金融事业部"改革试点的各省、自治区、直辖市、计划单列市分行下辖的县域支行和新疆生产建设兵团分行下辖的县域支行（也称县事业部），提供的农户贷款、农村企业和农村各类组织贷款取得的利息收入，可以选择适用简易计税方法按照3%的征收率计算缴纳增值税。

👥 【享受条件】

1. 农户贷款是指金融机构发放给农户的贷款，但不包括免征增值税的农户小额贷款。

2. 农户是指长期（1年以上）居住在乡镇（不包括城关镇）行政管理区域内的住户，还包括长期居住在城关镇所辖行政村范围内的住户和户口不在本地而在本地居住1年以上的住户，国有农场的职工和农村个体工商户。位于乡镇（不包括城关镇）行政管理区域内和在城关镇所辖行政村范围内的国有经济的机关、团体、学校、企事业单位的集体户；有本地户口，但举家外出谋生1年以上的住户，无论是否保留承包耕地均不属于农户。农户以户为统计单位，既可以从事农业生产经营，也可以从事非农业生产经营。农户贷款的判定应以贷款发放时的承贷主体是否属于农户为准。

3. 农村企业和农村各类组织贷款，是指金融机构发放给注册在农村地区的企业及各类组织的贷款。

4. 可享受本优惠的涉农贷款业务应属于《财政部国家税务总局关于进一步明确全面推开营改增试点金融业有关政策的通知》（财税〔2016〕46号）附件《享受增值税优惠的涉农贷款业务清单》所列业务。

✏️ 【政策依据】

《财政部　国家税务总局关于进一步明确全面推开营改增试点金融业有关政策的通知》（财税〔2016〕46号）第四条及附件《享受增值税优惠的涉农贷款业务清单》。

八、中国邮政储蓄银行三农金融事业部涉农贷款利息收入可选择适用简易计税方法缴纳增值税

【享受主体】

中国邮政储蓄银行纳入"三农金融事业部"改革的各省、自治区、直辖市、计划单列市分行下辖的县域支行。

【优惠内容】

自 2018 年 7 月 1 日至 2020 年 12 月 31 日，对中国邮政储蓄银行纳入"三农金融事业部"改革的各省、自治区、直辖市、计划单列市分行下辖的县域支行，提供农户贷款、农村企业和农村各类组织贷款取得的利息收入，可以选择适用简易计税方法按照 3% 的征收率计算缴纳增值税。

【享受条件】

1. 农户是指长期（1 年以上）居住在乡镇（不包括城关镇）行政管理区域内的住户，还包括长期居住在城关镇所辖行政村范围内的住户和户口不在本地而在本地居住 1 年以上的住户，国有农场的职工和农村个体工商户。位于乡镇（不包括城关镇）行政管理区域内和在城关镇所辖行政村范围内的国有经济的机关、团体、学校、企事业单位的集体户；有本地户口，但举家外出谋生 1 年以上的住户，无论是否保留承包耕地均不属于农户。农户以户为统计单位，既可以从事农业生产经营，也可以从事非农业生产经营。农户贷款的判定应以贷款发放时的借款人是否属于农户为准。

2. 农村企业和农村各类组织贷款，是指金融机构发放给注册在农村地区的企业及各类组织的贷款。

3. 可享受本优惠的涉农贷款业务应属于《财政部 税务总局关于中国邮政储蓄银行三农金融事业部涉农贷款增值税政策的通知》（财税〔2018〕97 号）附件《享受增值税优惠的涉农贷款业务清单》所列业务。

【政策依据】

《财政部 税务总局关于中国邮政储蓄银行三农金融事业部涉农贷款增值税政策的通知》（财税〔2018〕97 号）。

九、金融机构与小型微型企业签订借款合同免征印花税

【享受主体】

金融机构和小型企业、微型企业。

【优惠内容】

自 2018 年 1 月 1 日至 2020 年 12 月 31 日，对金融机构与小型企业、微型企业签

订的借款合同免征印花税。

【享受条件】

小型企业、微型企业是指符合《中小企业划型标准规定》（工信部联企业〔2011〕300 号）的小型企业和微型企业。其中，资产总额和从业人员指标均以贷款发放时的实际状态确定，营业收入指标以贷款发放前 12 个自然月的累计数确定，不满 12 个自然月的，按照以下公式计算：

营业收入（年）＝企业实际存续期间营业收入／企业实际存续月数 ×12

【政策依据】

1.《财政部　税务总局关于支持小微企业融资有关税收政策的通知》（财税〔2017〕77 号）第二条、第三条。

2.《工业和信息化部　国家统计局　国家发展和改革委员会　财政部关于印发中小企业划型标准规定的通知》（工信部联企业〔2011〕300 号）。

第二节　小额贷款公司贷款税收优惠

一、小额贷款公司农户小额贷款利息收入免征增值税

【享受主体】

经省级金融管理部门（金融办、局等）批准成立的小额贷款公司。

【优惠内容】

自 2017 年 1 月 1 日至 2023 年 12 月 31 日，对经省级金融管理部门（金融办、局等）批准成立的小额贷款公司取得的农户小额贷款利息收入，免征增值税。

【享受条件】

1. 农户是指长期（1 年以上）居住在乡镇（不包括城关镇）行政管理区域内的住户，还包括长期居住在城关镇所辖行政村范围内的住户和户口不在本地而在本地居住 1 年以上的住户，国有农场的职工和农村个体工商户。位于乡镇（不包括城关镇）行政管理区域内和在城关镇所辖行政村范围内的国有经济的机关、团体、学校、企事业单位的集体户；有本地户口，但举家外出谋生 1 年以上的住户，无论是否保留承包耕地均不属于农户。农户以户为统计单位，既可以从事农业生产经营，也可以从事非农业生产经营。农户贷款的判定应以贷款发放时的承贷主体是否属于农户为准。

2. 小额贷款是指单笔且该农户贷款余额总额在 10 万元（含本数）以下的贷款。

【政策依据】

1.《财政部 税务总局关于小额贷款公司有关税收政策的通知》（财税〔2017〕48号）第一条、第四条。

2.《财政部 税务总局关于延续实施普惠金融有关税收优惠政策的公告》（财政部 税务总局公告2020年第22号）。

二、小额贷款公司农户小额贷款利息收入企业所得税减计收入

【享受主体】

经省级金融管理部门（金融办、局等）批准成立的小额贷款公司。

【优惠内容】

自2017年1月1日至2023年12月31日，对经省级金融管理部门（金融办、局等）批准成立的小额贷款公司取得的农户小额贷款利息收入，在计算应纳税所得额时，按90%计入收入总额。

【享受条件】

1.农户是指长期（1年以上）居住在乡镇（不包括城关镇）行政管理区域内的住户，还包括长期居住在城关镇所辖行政村范围内的住户和户口不在本地而在本地居住1年以上的住户，国有农场的职工和农村个体工商户。位于乡镇（不包括城关镇）行政管理区域内和在城关镇所辖行政村范围内的国有经济的机关、团体、学校、企事业单位的集体户；有本地户口，但举家外出谋生1年以上的住户，无论是否保留承包耕地均不属于农户。农户以户为统计单位，既可以从事农业生产经营，也可以从事非农业生产经营。农户贷款的判定应以贷款发放时的承贷主体是否属于农户为准。

2.小额贷款是指单笔且该农户贷款余额总额在10万元（含本数）以下的贷款。

【政策依据】

1.《财政部 税务总局关于小额贷款公司有关税收政策的通知》（财税〔2017〕48号）第二条、第四条。

2.《财政部 税务总局关于延续实施普惠金融有关税收优惠政策的公告》（财政部 税务总局公告2020年第22号）。

三、小额贷款公司贷款损失准备金企业所得税税前扣除

【享受主体】

经省级金融管理部门（金融办、局等）批准成立的小额贷款公司。

☑️ 【优惠内容】

自 2017 年 1 月 1 日至 2023 年 12 月 31 日，对经省级金融管理部门（金融办、局等）批准成立的小额贷款公司按年末贷款余额的 1% 计提的贷款损失准备金准予在企业所得税税前扣除。

👥 【享受条件】

贷款损失准备金所得税税前扣除具体政策口径按照《财政部　国家税务总局关于金融企业贷款损失准备金企业所得税税前扣除有关政策的通知》（财税〔2015〕9 号）执行。

✏️ 【政策依据】

1.《财政部　国家税务总局关于金融企业贷款损失准备金企业所得税税前扣除有关政策的通知》（财税〔2015〕9 号）。

2.《财政部　税务总局关于小额贷款公司有关税收政策的通知》（财税〔2017〕48 号）第三条。

3.《财政部　税务总局关于延续实施普惠金融有关税收优惠政策的公告》（财政部　税务总局公告 2020 年第 22 号）。

第三节　融资担保及再担保业务税收优惠

一、为农户及小型微型企业提供融资担保及再担保业务免征增值税

✉️ 【享受主体】

为农户、小型企业、微型企业及个体工商户借款、发行债券提供融资担保以及为上述融资担保（以下称"原担保"）提供再担保的纳税人。

☑️ 【优惠内容】

自 2018 年 1 月 1 日至 2023 年 12 月 31 日，纳税人为农户、小型企业、微型企业及个体工商户借款、发行债券提供融资担保取得的担保费收入，以及为原担保提供再担保取得的再担保费收入，免征增值税。

👥 【享受条件】

1. 农户是指长期（1 年以上）居住在乡镇（不包括城关镇）行政管理区域内的住户，还包括长期居住在城关镇所辖行政村范围内的住户和户口不在本地而在本地居住 1 年以上的住户，国有农场的职工。位于乡镇（不包括城关镇）行政管理区域内和在城

关镇所辖行政村范围内的国有经济的机关、团体、学校、企事业单位的集体户；有本地户口，但举家外出谋生 1 年以上的住户，无论是否保留承包耕地均不属于农户。农户以户为统计单位，既可以从事农业生产经营，也可以从事非农业生产经营。农户担保、再担保的判定应以原担保生效时的被担保人是否属于农户为准。

2. 小型企业、微型企业是指符合《中小企业划型标准规定》（工信部联企业〔2011〕300 号）的小型企业和微型企业。其中，资产总额和从业人员指标均以原担保生效时的实际状态确定；营业收入指标以原担保生效前 12 个自然月的累计数确定，不满 12 个自然月的，按照以下公式计算：

营业收入（年）＝企业实际存续期间营业收入／企业实际存续月数 ×12

3. 再担保合同对应多个原担保合同的，原担保合同应全部适用免征增值税政策。否则，再担保合同应按规定缴纳增值税。

📝【政策依据】

1.《财政部　税务总局关于租入固定资产进项税额抵扣等增值税政策的通知》（财税〔2017〕90 号）第六条。

2.《工业和信息化部　国家统计局　国家发展和改革委员会　财政部关于印发中小企业划型标准规定的通知》（工信部联企业〔2011〕300 号）。

3.《财政部　税务总局关于延续实施普惠金融有关税收优惠政策的公告》（财政部　税务总局公告 2020 年第 22 号）。

二、中小企业融资（信用）担保机构有关准备金企业所得税税前扣除

✉【享受主体】

符合条件的中小企业融资（信用）担保机构。

📋【优惠内容】

自 2016 年 1 月 1 日起至 2020 年 12 月 31 日，对于符合条件的中小企业融资（信用）担保机构提取的以下准备金准予在企业所得税税前扣除：

1. 按照不超过当年年末担保责任余额 1% 的比例计提的担保赔偿准备，允许在企业所得税税前扣除，同时将上年度计提的担保赔偿准备余额转为当期收入。

2. 按照不超过当年担保费收入 50% 的比例计提的未到期责任准备，允许在企业所得税税前扣除，同时将上年度计提的未到期责任准备余额转为当期收入。

👥【享受条件】

符合条件的中小企业融资（信用）担保机构，必须同时满足以下条件：

1. 符合《融资性担保公司管理暂行办法》（银监会等七部委令 2010 年第 3 号）相关规定，并具有融资性担保机构监管部门颁发的经营许可证。

2. 以中小企业为主要服务对象，当年中小企业信用担保业务和再担保业务发生额占当年信用担保业务发生总额的 70% 以上（上述收入不包括信用评级、咨询、培训等

收入）。

3. 中小企业融资担保业务的平均年担保费率不超过银行同期贷款基准利率的 50%。

4. 财政、税务部门规定的其他条件。

【政策依据】

《财政部　税务总局关于中小企业融资（信用）担保机构有关准备金企业所得税税前扣除政策的通知》（财税〔2017〕22 号）。

第四节　农牧保险业务税收优惠

一、农牧保险业务免征增值税

【享受主体】

提供农牧保险业务的纳税人。

【优惠内容】

提供农牧保险业务免征增值税。

【享受条件】

农牧保险是指为种植业、养殖业、牧业种植和饲养的动植物提供保险的业务。

【政策依据】

《财政部　国家税务总局关于全面推开营业税改征增值税试点的通知》（财税〔2016〕36 号）附件 3《营业税改征增值税试点过渡政策的规定》第一条第（十）项。

二、保险公司种植业、养殖业保险业务企业所得税减计收入

【享受主体】

为种植业、养殖业提供保险业务的保险公司。

【优惠内容】

自 2017 年 1 月 1 日至 2023 年 12 月 31 日，对保险公司为种植业、养殖业提供保险业务取得的保费收入，在计算应纳税所得额时，按 90% 计入收入总额。

【享受条件】

1.农户是指长期（1年以上）居住在乡镇（不包括城关镇）行政管理区域内的住户，还包括长期居住在城关镇所辖行政村范围内的住户和户口不在本地而在本地居住1年以上的住户，国有农场的职工和农村个体工商户。位于乡镇（不包括城关镇）行政管理区域内和在城关镇所辖行政村范围内的国有经济的机关、团体、学校、企事业单位的集体户；有本地户口，但举家外出谋生1年以上的住户，无论是否保留承包耕地均不属于农户。农户以户为统计单位，既可以从事农业生产经营，也可以从事非农业生产经营。农户贷款的判定应以贷款发放时的承贷主体是否属于农户为准。

2.保费收入是指原保险保费收入加上分保费收入减去分出保费后的余额。

【政策依据】

1.《财政部　税务总局关于延续支持农村金融发展有关税收政策的通知》（财税〔2017〕44号）第三条、第四条。

2.《财政部　税务总局关于延续实施普惠金融有关税收优惠政策的公告》（财政部　税务总局公告2020年第22号）。

三、农牧业畜类保险合同免征印花税

【享受主体】

订立农林作物、牧业畜类保险合同的双方纳税人。

【优惠内容】

对农林作物、牧业畜类保险合同免征印花税。

【享受条件】

保险合同属于农林作物、牧业畜类。

【政策依据】

《国家税务局关于对保险公司征收印花税有关问题的通知》（国税地字〔1988〕37号）第二条。

第八章

促进"老少边穷"地区加快发展减税降费政策

导读

　　本章介绍促进"老少边穷"地区加快发展减税降费政策，包括三节内容，分别介绍扶持欠发达地区和革命老区发展税收优惠、支持少数民族地区发展税收优惠以及易地扶贫搬迁税收优惠政策。

第一节　扶持欠发达地区和革命老区发展税收优惠

一、西部地区鼓励类产业企业所得税优惠

【享受主体】

设在西部地区从事鼓励类产业的企业。

【优惠内容】

　　自 2011 年 1 月 1 日至 2030 年 12 月 31 日，对设在西部地区的鼓励类产业企业减按 15% 的税率征收企业所得税。

【享受条件】

　　1. 鼓励类产业企业是指以《西部地区鼓励类产业目录》中规定的产业项目为主营业务，且主营业务收入占企业收入总额 70% 以上的企业。

　　2. 西部地区包括重庆市、四川省、贵州省、云南省、西藏自治区、陕西省、甘肃省、宁夏回族自治区、青海省、新疆维吾尔自治区、新疆生产建设兵团、内蒙古自治区和广西壮族自治区。湖南省湘西土家族苗族自治州、湖北省恩施土家族苗族自治州、

吉林省延边朝鲜族自治州，可以比照西部地区的税收政策执行。

【政策依据】

1.《财政部　海关总署国家税务总局关于深入实施西部大开发战略有关税收政策问题的通知》（财税〔2011〕58 号）。

2.《国家税务总局关于深入实施西部大开发战略有关企业所得税问题的公告》（国家税务总局公告 2012 年第 12 号）。

3.《国家税务总局关于执行〈西部地区鼓励类产业目录〉有关企业所得税问题的公告》（国家税务总局公告 2015 年第 14 号）。

4.《西部地区鼓励类产业目录》（国家发展和改革委员会令第 15 号发布）。

5.《财政部　税务总局　国家发展改革委关于延续西部大开发企业所得税政策的公告》（财政部公告 2020 年第 23 号）。

【实操案例】••

房地产开发企业能否享受西部大开发税收优惠政策？

解答：现行政策对房地产开发企业享受西部大开发税收优惠政策没有限制性的规定。设立在西部的房地产开发企业以《西部地区鼓励类产业目录》规定的保障性住房建设与管理、生态小区建设等产业项目为主营业务，且符合相关条件的，可以享受西部大开发税收优惠政策。

二、赣州市符合条件企业享受西部大开发企业所得税优惠

【享受主体】

设在赣州市的鼓励类产业的内资企业和外商投资企业。

【优惠内容】

自 2012 年 1 月 1 日至 2030 年 12 月 31 日，对设在赣州市的鼓励类产业的内资企业和外商投资企业减按 15% 的税率征收企业所得税。

【享受条件】

1. 鼓励类产业的内资企业是指以《产业结构调整指导目录》中规定的鼓励类产业项目为主营业务，且主营业务收入占企业收入总额 70% 以上的企业。

2. 鼓励类产业的外商投资企业是指以《外商投资产业指导目录》中规定的鼓励类项目和《中西部地区外商投资优势产业目录》中规定的江西省产业项目为主营业务，且主营业务收入占企业收入总额 70% 以上的企业。

【政策依据】

1.《财政部　海关总署　国家税务总局关于赣州市执行西部大开发税收政策问题的

通知》（财税〔2013〕4号）。

2.《财政部　税务总局　国家发展改革委关于延续西部大开发企业所得税政策的公告》（财政部公告2020年第23号）。

三、天然林保护工程（二期）实施企业和单位免征房产税

【享受主体】

国有林区天然林二期工程实施企业和单位。

【优惠内容】

1. 自2011年1月1日至2020年12月31日，长江上游、黄河中上游地区，东北、内蒙古等国有林区天然林二期工程实施企业和单位专门用于天然林保护工程的房产，免征房产税。

2. 自2011年1月1日至2020年12月31日，对由于实施天然林二期工程造成森工企业房产闲置1年以上不用的，暂免征收房产税。

【享受条件】

实施国有林区天然林二期工程的企业和单位用于天然林保护工程的房产或由于实施天然林二期工程造成森工企业房产闲置1年以上的。

【政策依据】

《财政部　国家税务总局关于天然林保护工程（二期）实施企业和单位房产税、城镇土地使用税政策的通知》（财税〔2011〕90号）。

四、天然林保护工程（二期）实施企业和单位免征城镇土地使用税

【享受主体】

国有林区天然林二期工程实施企业和单位。

【优惠内容】

1. 自2011年1月1日至2020年12月31日，长江上游、黄河中上游地区，东北、内蒙古等国有林区天然林二期工程实施企业和单位专门用于天然林保护工程的土地，免征城镇土地使用税。

2. 自2011年1月1日至2020年12月31日，对由于实施天然林二期工程造成森工企业土地闲置一年以上不用的，暂免征收城镇土地使用税。

【享受条件】

实施国有林区天然林二期工程的企业和单位用于天然林保护工程的土地或由于实

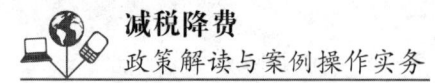

施天然林二期工程造成森工企业土地闲置 1 年以上的。

【政策依据】

《财政部　国家税务总局关于天然林保护工程（二期）实施企业和单位房产税　城镇土地使用税政策的通知》（财税〔2011〕90 号）。

五、边民互市限额免税优惠

【享受主体】

通过互市贸易进口生活用品的边境地区居民。

【优惠内容】

边民通过互市贸易进口的生活用品，每人每日价值在人民币 8000 元以下的，免征进口关税和进口环节税。

【享受条件】

边民通过互市贸易进口的商品应以满足边民日常生活需要为目的，边民互市贸易进口税收优惠政策的适用范围仅限生活用品（不包括天然橡胶、木材、农药、化肥、农作物种子等）。在生活用品的范畴内，除国家禁止进口的商品不得通过边民互市免税进口外，其他不予免税商品已列入边民互市进口不予免税清单。

【政策依据】

1.《财政部　海关总署　国家税务总局关于促进边境贸易发展有关财税政策的通知》（财关税〔2008〕90 号）。

2.《财政部　海关总署　国家税务总局关于边民互市进出口商品不予免税清单的通知》（财关税〔2010〕18 号）。

第二节　支持少数民族地区发展税收优惠

一、民族自治地方企业减征或者免征属于地方分享的企业所得税

【享受主体】

民族自治地方企业。

【优惠内容】

民族自治地方的自治机关对本民族自治地方的企业应缴纳的企业所得税中属于地

方分享的部分，可以决定减征或者免征。

【享受条件】

1. 自治州、自治县决定减征或者免征的，须报省、自治区、直辖市人民政府批准。

2. 对民族自治地方内国家限制和禁止行业的企业，不得减征或者免征企业所得税。

【政策依据】

1.《中华人民共和国企业所得税法》第二十九条。

2.《中华人民共和国企业所得税法实施条例》第九十四条。

3.《财政部　国家税务总局关于贯彻落实国务院关于实施企业所得税过渡优惠政策有关问题的通知》（财税〔2008〕21 号）第三条。

【实操案例】 --

甲公司是 2011 年新设立的西部少数民族地区企业，2012 年应纳税所得额为 100 万元，符合享受西部大开发税收优惠政策，可以执行 15% 企业所得税率。同时，根据《企业所得税法》第二十九条规定，湖北省政府以《省财政厅、省国家税务局、省地方税务局关于恩施州实施民族地区所得税优惠政策的通知》（鄂财税发〔2009〕14 号）批准对恩施州新办企业，给予三年减征或免征属于地方分享的部分的企业所得税的优惠。甲公司是否可以同时享受？

解答：《国家税务总局关于深入实施西部大开发战略有关企业所得税问题的公告》（国家税务总局公告 2012 年第 12 号）第五条规定，根据《财政部　国家税务总局关于执行企业所得税优惠政策若干问题的通知》（财税〔2009〕69 号）第一条及第二条的规定，企业既符合西部大开发 15% 优惠税率条件，又符合《企业所得税法》及其实施条例和国务院规定的各项税收优惠条件的，可以同时享受。在涉及定期减免税的减半期内，可以按照企业适用税率计算的应纳税额减半征税。

因此，企业既符合西部大开发 15% 优惠税率条件，又符合《企业所得税法》第二十九条地方减免税规定，企业可以同时企业所得税地方分享部分三年减征或免征及 15% 优惠税率，可以按照企业 15% 优惠税率计算的应纳税额中地方分享部分减征税。

二、新疆困难地区新办鼓励发展产业企业所得税优惠政策

【享受主体】

新疆困难地区新办属于《新疆困难地区重点鼓励发展产业企业所得税优惠目录》范围内的企业。

【优惠内容】

1. 自 2010 年 1 月 1 日至 2020 年 12 月 31 日止，对在新疆困难地区新办的属于《新疆困难地区重点鼓励发展产业企业所得税优惠目录》（以下简称《目录》）范围内的

企业，自取得第一笔生产经营收入所属纳税年度起，第一年至第二年免征企业所得税，第三年至第五年减半征收企业所得税。

2. 享受企业所得税定期减免税政策的企业，在减半期内，按照企业所得税 25% 的法定税率计算的应纳税额减半征税。

【享受条件】

1. 新疆困难地区包括南疆三地州、其他国家扶贫开发重点县和边境县市。

2. 属于《目录》范围内的企业是指以《目录》中规定的产业项目为主营业务，其主营业务收入占企业收入总额 70% 以上的企业。

3. 第一笔生产经营收入，是指新疆困难地区重点鼓励发展产业项目已建成并投入运营后所取得的第一笔收入。

4. 对难以界定是否属于《目录》范围的项目，企业应提供省级以上（含省级）有关行业主管部门出具的证明文件。

5. 申请享受该政策的企业，涉及外商投资的，应符合现行外商投资产业政策。

【政策依据】

1.《财政部 国家税务总局关于新疆困难地区新办企业所得税优惠政策的通知》（财税〔2011〕53 号）。

2.《财政部 国家税务总局 国家发展改革委 工业和信息化部关于完善新疆困难地区重点鼓励发展产业企业所得税优惠目录的通知》（财税〔2016〕85 号）。

【实操案例】

新疆股权投资企业优惠政策于 2010 年 8 月 25 日实施，当年主要进行宣传，迁移新疆和新注册的企业很少。2011 年迁移入驻新疆的股权投资企业逐步增多，2013 年形成了热潮。亚太科技 2013 年 1 月 13 日的限售股份上市流通公告表明，公司第六大股东湖南唯通资产管理有限公司、第七大股东深圳兰石创业投资有限公司，已分别于 2011 年 9 月和 2011 年 3 月变更为新疆唯通股权投资管理合伙企业（有限合伙）与新疆兰石创业投资有限合伙企业，两企业分持亚太科技 538.2 万股和 292.5 万股，均已解禁流通。长信科技第二大股东 2011 年 3 月进驻新疆，名称由芜湖润丰科技有限公司变更为新疆润丰股权投资企业（有限合伙）。东方电热第四大股东上海东方世纪企业管理有限公司，根据 3 月 8 日公告，其名称已变更为新疆东方世纪股权投资合伙企业，其所持占东方电热 9.9% 的 890 万股，将于 2012 年 5 月 18 日解禁上市流通。

根据新疆税收优惠政策，上述企业迁移前税负 40%，迁移后税负 28%，降低税负 12%。个人持有上市公司限售股，解禁后转让，需要就差价缴纳 20% 的个人所得税。投资公司持有上市公司限售股，解禁后转让，需要就差价缴纳 25% 的企业所得税，个人股东从该投资公司取得股息还要缴纳 20% 的个人所得税，综合税率为 40%。个人持有新疆合伙企业股权，合伙企业持有上市公司股权，解禁后个人按照 5%～35% 的税率缴纳个人所得税。地方退税 20%。综合税率低于 28%。个人持有新疆公司股权，新疆公司持有上市公司股权，解禁转让后，新疆公司享受"两免三减半"优惠不纳税，个人取得股息缴纳 20% 个人所得税，地方退税 20%，实际税负 16%。与个人直接持股上市公司相比：税负降低 4%。与个人通过公司间接持有上市公司相比：税负降低 24%。

三、新疆喀什、霍尔果斯两个特殊经济开发区企业所得税优惠政策

【享受主体】

新疆喀什、霍尔果斯两个特殊经济开发区内新办属于《新疆困难地区重点鼓励发展产业企业所得税优惠目录》范围内的企业。

【优惠内容】

自 2010 年 1 月 1 日至 2020 年 12 月 31 日止，对在新疆喀什、霍尔果斯两个特殊经济开发区内新办的属于《新疆困难地区重点鼓励发展产业企业所得税优惠目录》（以下简称《目录》）范围内的企业，自取得第一笔生产经营收入所属纳税年度起，5 年内免征企业所得税。

【享受条件】

1. 第一笔生产经营收入，是指产业项目已建成并投入运营后所取得的第一笔收入。
2. 属于《目录》范围内的企业是指以《目录》中规定的产业项目为主营业务，主营业务收入占企业收入总额 70% 以上的企业。
3. 对难以界定是否属于《目录》范围的项目，税务机关应当要求企业提供省级以上（含省级）有关行业主管部门出具的证明文件，并结合其他相关材料进行认定。
4. 申请享受该政策的企业，涉及外商投资的，应符合现行外商投资产业政策。

【政策依据】

1. 《财政部　国家税务总局关于新疆喀什霍尔果斯两个特殊经济开发区企业所得税优惠政策的通知》（财税〔2011〕112 号）。
2. 《财政部　国家税务总局　国家发展改革委　工业和信息化部关于完善新疆困难地区重点鼓励发展产业企业所得税优惠目录的通知》（财税〔2016〕85 号）。

【实操案例】

全国多数影视公司均在霍尔果斯设立了子公司，有超过一半的公司注册在了同一个地方：霍尔果斯市北京路以西、珠海路以南合作中心配套区查验业务楼 8 楼，同一楼层里超过 100 家公司办公。在霍尔果斯能享受如此优惠政策的不仅仅是影视传媒公司。凡是被列入《新疆困难地区重点鼓励发展产业企业所得税优惠目录》的行业都能享受优惠政策。

四、新疆国际大巴扎项目增值税优惠政策

【享受主体】

从事经营新疆国际大巴扎项目的新疆国际大巴扎物业服务有限公司和新疆国际大巴扎文化旅游产业有限公司。

【优惠内容】

自 2017 年 1 月 1 日至 2019 年 12 月 31 日，对新疆国际大巴扎物业服务有限公司和新疆国际大巴扎文化旅游产业有限公司从事与新疆国际大巴扎项目有关的营改增应税行为取得的收入，免征增值税。

【享受条件】

从事与新疆国际大巴扎项目有关的营改增应税行为。

【政策依据】

《财政部　税务总局关于继续执行新疆国际大巴扎项目增值税政策的通知》（财税〔2017〕36 号）。

五、青藏铁路公司及其所属单位营业账簿免征印花税

【享受主体】

青藏铁路公司及其所属单位。

【优惠内容】

对青藏铁路公司及其所属单位营业账簿免征印花税。

【享受条件】

青藏铁路公司及其所属单位免征印花税，对合同其他各方当事人应缴纳的印花税照章征收。

【政策依据】

《财政部　国家税务总局关于青藏铁路公司运营期间有关税收等政策问题的通知》（财税〔2007〕11 号）第二条。

六、青藏铁路公司货物运输合同免征印花税

【享受主体】

青藏铁路公司。

【优惠内容】

对青藏铁路公司签订的货物运输合同免征印花税。

【享受条件】

青藏铁路公司签订的货物运输合同免征印花税，对合同其他各方当事人应缴纳的印花税照章征收。

【政策依据】

《财政部　国家税务总局关于青藏铁路公司运营期间有关税收等政策问题的通知》（财税〔2007〕11号）第二条。

七、青藏铁路公司及其所属单位自采自用的砂、石等材料免征资源税

【享受主体】

青藏铁路公司及其所属单位。

【优惠内容】

对青藏铁路公司及其所属单位自采自用的砂、石等材料免征资源税。

【享受条件】

对青藏铁路公司及其所属单位自采自用的砂、石等材料免征资源税；对青藏铁路公司及其所属单位自采外销及其他单位和个人开采销售给青藏铁路公司及其所属单位的砂、石等材料照章征收资源税。

【政策依据】

《财政部　国家税务总局关于青藏铁路公司运营期间有关税收等政策问题的通知》（财税〔2007〕11号）第三条。

八、青藏铁路公司及其所属单位承受土地、房屋权属用于办公及运输免征契税

【享受主体】

青藏铁路公司及其所属单位。

【优惠内容】

对青藏铁路公司及其所属单位承受土地、房屋权属用于办公及运输主业的，免

征契税。

【享受条件】

对青藏铁路公司及其所属单位承受土地、房屋权属用于办公及运输主业的，免征契税；对因其他用途承受的土地、房屋权属，应照章征收契税。

【政策依据】

《财政部　国家税务总局关于青藏铁路公司运营期间有关税收等政策问题的通知》（财税〔2007〕11号）第四条。

九、青藏铁路公司及其所属单位自用的房产免征房产税

【享受主体】

青藏铁路公司及其所属单位。

【优惠内容】

对青藏铁路公司及其所属单位自用的土地免征城镇土地使用税。

【享受条件】

对青藏铁路公司及其所属单位自用的土地免征城镇土地使用税；对非自用的土地照章征收城镇土地使用税。

【政策依据】

《财政部　国家税务总局关于青藏铁路公司运营期间有关税收等政策问题的通知》（财税〔2007〕11号）第五条。

十、西藏执行西部大开发15%企业所得税低税率政策

【享受主体】

在藏注册并设有生产经营实体的各类企业。

【优惠内容】

企业自2018年1月1日至2020年12月31日，执行西部大开发15%的企业所得税税率。

【享受条件】

从事《西部地区鼓励类产业目录》产业且主营业务收入占企业收入总额70%以上。

【政策依据】

《西藏自治区招商引资优惠政策若干规定（试行）》（藏政发〔2018〕25号）第四条。

十一、西藏减半征收地方分享企业所得税政策

【享受主体】

在藏注册并设有生产经营实体的各类企业。

【优惠内容】

企业符合下列条件之一的，自 2018 年 1 月 1 日至 2021 年 12 月 31 日，减半征收应缴纳的企业所得税中属于地方分享部分。

【享受条件】

1. 企业吸纳西藏常住人口达到企业职工总数 50%（含本数）以上的。

2. 企业在西藏的营业收入占全部营业收入比重 40%（含不数）以上的（利用西藏资源生产产品或产品原产地属于西藏的企业不受 40% 比例限制）。本条款不适用于从事限制类、淘汰类行业的企业。

【政策依据】

《西藏自治区招商引资优惠政策若干规定（试行）》（藏政发〔2018〕25号）第五条。

十二、西藏免征地方分享企业所得税政策

【享受主体】

在藏注册并设有生产经营实体的各类企业。

【优惠内容】

企业符合下列条件之一的，自 2018 年 1 月 1 日至 2021 年 12 月 31 日，免征企业所得税地方分享部分。

【享受条件】

1. 从事特色优势农林牧产品生产、加工的企业或项目。

2. 符合条件的扶贫企业或项目。

3. 生产经营民族手工产品、具有民族特色的旅游纪念品及民族习俗生产生活用品的企业或项目。

4. 从事新型建筑材料生产和装配式建筑产业的企业或项目。

5. 符合条件的创新创业的企业或项目。

6. 符合国家环境保护要求的污水处理、垃圾回收、再生资源回收的企业或项目。

7. 投资太阳能、风能、地热等绿色新能源建设并经营的企业或项目；或符合条件的节能服务公司实施的合同能源管理项目和符合国家环境保护、节能减排要求的其他绿色产业或项目。

8. 经国家认定为高新技术企业且高新技术产品产值达到国家规定比例的（产值达不到国家规定比例的，仅对该产品进行免税）。

9. 从事新药研究、开发和生产，传统藏药二次开发和规模化生产，中（藏）药材种植、养殖、加工的企业或项目。

10. 符合条件的科技型中小企业。

11. 福利院、养老院、陵园、图书馆、展览馆、纪念馆、博物馆等从事与其主业有关的生产经营所得。

12. 报刊业、图书出版业、广播影视业、音像业、网络业、广告业、旅游业、艺术产业和体育产业等九类产业中提供文化制品和服务的文化企业和项目，及其涵盖上述产业的文化创意企业和项目。

13. 天然饮用水、电力、燃气的生产和供应等自治区重点扶持和鼓励发展的产业和项目。

14. 吸纳西藏自治区农牧民、残疾人员、享受城市最低生活保障人员、高校毕业生及退役士兵五类人员就业人数达到企业职工总数 30%（含本数）以上的或吸纳西藏常住人口就业人数达到企业职工总数 70%（含本数）以上的企业。

【政策依据】

《西藏自治区招商引资优惠政策若干规定（试行）》（藏政发〔2018〕25 号）第六条。

十三、西藏个人所得税优惠政策

【享受主体】

在藏注册并设有生产经营实体的各类企业。

【优惠内容】

个人取得的交通、通讯补贴收入，扣除一定标准的公务费用后，按照"工资、薪金"所得项目计征个人所得税。公务费用限额扣除标准如下：公务交通补贴每人每月 4 000 元，公务通讯补贴每人每月 1 000 元。

【享受条件】

个人取得公务用车补贴、通讯补贴在上述限额标准之内的，缴纳个人所得税时据实扣除，超过限额部分按规定计征个人所得税。

【政策依据】

《西藏自治区人民政府关于贯彻个人所得税法的通知》（藏政发〔2018〕38 号）。

第三节 易地扶贫搬迁税收优惠政策

一、易地扶贫搬迁贫困人口有关收入免征个人所得税

【享受主体】

易地扶贫搬迁贫困人口。

【优惠内容】

2018 年 1 月 1 日至 2020 年 12 月 31 日，对易地扶贫搬迁贫困人口按规定取得的住房建设补助资金、拆旧复垦奖励资金等与易地扶贫搬迁相关的货币化补偿和易地扶贫搬迁安置住房，免征个人所得税。

【享受条件】

易地扶贫搬迁项目、易地扶贫搬迁贫困人口、相关安置住房等信息由易地扶贫搬迁工作主管部门确定。

【政策依据】

《财政部 国家税务总局关于易地扶贫搬迁税收优惠政策的通知》（财税〔2018〕135 号）第一条。

二、易地扶贫搬迁贫困人口取得安置住房免征契税

【享受主体】

易地扶贫搬迁贫困人口。

【优惠内容】

2018 年 1 月 1 日至 2020 年 12 月 31 日，对易地扶贫搬迁贫困人口按规定取得的安置住房，免征契税。

【享受条件】

易地扶贫搬迁项目、易地扶贫搬迁贫困人口、相关安置住房等信息由易地扶贫搬迁工作主管部门确定。

【政策依据】

《财政部 国家税务总局关于易地扶贫搬迁税收优惠政策的通知》（财税〔2018〕

135 号）第一条。

三、易地扶贫搬迁项目实施主体取得建设土地免征契税、印花税

【享受主体】

易地扶贫搬迁项目实施主体。

【优惠内容】

2018 年 1 月 1 日至 2020 年 12 月 31 日，对易地扶贫搬迁项目实施主体取得用于建设安置住房的土地，免征契税、印花税。

【享受条件】

1. 易地扶贫搬迁项目、项目实施主体、易地扶贫搬迁贫困人口、相关安置住房等信息由易地扶贫搬迁工作主管部门确定。

2. 在商品住房等开发项目中配套建设安置住房的，按安置住房建筑面积占总建筑面积的比例，计算应予免征的安置住房用地相关的契税、城镇土地使用税，以及项目实施主体、项目单位相关的印花税。

【政策依据】

《财政部　国家税务总局关于易地扶贫搬迁税收优惠政策的通知》（财税〔2018〕135 号）第二条。

四、易地扶贫搬迁项目实施主体、项目单位免征印花税

【享受主体】

易地扶贫搬迁项目实施主体、项目单位。

【优惠内容】

2018 年 1 月 1 日至 2020 年 12 月 31 日，对安置住房建设和分配过程中应由项目实施主体、项目单位缴纳的印花税，予以免征。

【享受条件】

1. 易地扶贫搬迁项目、项目实施主体、易地扶贫搬迁贫困人口、相关安置住房等信息由易地扶贫搬迁工作主管部门确定。

2. 在商品住房等开发项目中配套建设安置住房的，按安置住房建筑面积占总建筑面积的比例，计算应予免征的安置住房用地相关的契税、城镇土地使用税，以及项目

实施主体、项目单位相关的印花税。

【政策依据】

《财政部　国家税务总局关于易地扶贫搬迁税收优惠政策的通知》（财税〔2018〕135号）第二条。

五、易地扶贫搬迁安置住房用地免征城镇土地使用税

【享受主体】

易地扶贫搬迁项目实施主体、项目单位。

【优惠内容】

2018年1月1日至2020年12月31日，对安置住房用地，免征城镇土地使用税。

【享受条件】

1. 易地扶贫搬迁项目、项目实施主体、易地扶贫搬迁贫困人口、相关安置住房等信息由易地扶贫搬迁工作主管部门确定。

2. 在商品住房等开发项目中配套建设安置住房的，按安置住房建筑面积占总建筑面积的比例，计算应予免征的安置住房用地相关的契税、城镇土地使用税，以及项目实施主体、项目单位相关的印花税。

【政策依据】

《财政部　国家税务总局关于易地扶贫搬迁税收优惠政策的通知》（财税〔2018〕135号）第二条。

六、易地扶贫搬迁项目实施主体购置安置房源免征契税、印花税

【享受主体】

易地扶贫搬迁项目实施主体。

【优惠内容】

2018年1月1日至2020年12月31日，对项目实施主体购买商品住房或者回购保障性住房作为安置住房房源的，免征契税、印花税。

【享受条件】

易地扶贫搬迁项目、项目实施主体、易地扶贫搬迁贫困人口、相关安置住房等信

息由易地扶贫搬迁工作主管部门确定。

【政策依据】

《财政部　国家税务总局关于易地扶贫搬迁税收优惠政策的通知》（财税〔2018〕135 号）第二条。

第九章

鼓励社会力量加大扶贫捐赠
减税降费政策

导读

　　本章介绍鼓励社会力量加大扶贫捐赠减税降费政策，包括三节内容，分别介绍扶贫捐赠增值税优惠政策、扶贫捐赠企业所得税优惠政策以及扶贫捐赠个人所得税优惠政策。

第一节　扶贫捐赠增值税优惠政策

一、符合条件的扶贫货物捐赠免征增值税

 【享受主体】

进行扶贫货物捐赠的单位或者个体工商户。

【优惠内容】

　　1. 自 2019 年 1 月 1 日至 2022 年 12 月 31 日，对单位或者个体工商户将自产、委托加工或购买的货物通过公益性社会组织、县级及以上人民政府及其组成部门和直属机构，或直接无偿捐赠给目标脱贫地区的单位和个人，免征增值税。在政策执行期限内，目标脱贫地区实现脱贫的，可继续适用上述政策。

　　2. 在 2015 年 1 月 1 日至 2018 年 12 月 31 日期间已发生的符合上述条件的扶贫货物捐赠，可追溯执行上述增值税政策。

【享受条件】

　　"目标脱贫地区"是指 832 个国家扶贫开发工作重点县、集中连片特困地区县（新

疆阿克苏地区 6 县 1 市享受片区政策）和建档立卡贫困村。

【政策依据】

《财政部　税务总局　国务院扶贫办关于扶贫货物捐赠免征增值税政策的公告》（财政部　税务总局　国务院扶贫办公告 2019 年第 55 号）。

二、境外捐赠人捐赠慈善物资免征进口环节增值税

【享受主体】

接受境外捐赠的受赠人。

【优惠内容】

1. 境外捐赠人无偿向受赠人捐赠的直接用于慈善事业的物资，免征进口环节增值税。

2. 国际和外国医疗机构在我国从事慈善和人道医疗救助活动，供免费使用的医疗药品和器械及在治疗过程中使用的消耗性的医用卫生材料比照上述政策执行。

【享受条件】

1. 慈善事业是指非营利的慈善救助等社会慈善和福利事业，包括以捐赠财产方式自愿开展的下列慈善活动：

（1）扶贫济困，扶助老幼病残等困难群体。

（2）促进教育、科学、文化、卫生、体育等事业的发展。

（3）防治污染和其他公害，保护和改善环境。

（4）符合社会公共利益的其他慈善活动。

2. 境外捐赠人是指中华人民共和国境外的自然人、法人或者其他组织。

3. 受赠人是指：

（1）国务院有关部门和各省、自治区、直辖市人民政府。

（2）中国红十字会总会、中华全国妇女联合会、中国残疾人联合会、中华慈善总会、中国初级卫生保健基金会、中国宋庆龄基金会和中国癌症基金会。

（3）经民政部或省级民政部门登记注册且被评定为 5A 级的以人道救助和发展慈善事业为宗旨的社会团体或基金会。民政部或省级民政部门负责出具证明有关社会团体或基金会符合本办法规定的受赠人条件的文件。

4. 用于慈善事业的物资是指：

（1）衣服、被褥、鞋帽、帐篷、手套、睡袋、毛毯及其他生活必需用品等。

（2）食品类及饮用水（调味品、水产品、水果、饮料、烟酒等除外）。

（3）医疗类包括医疗药品、医疗器械、医疗书籍和资料。其中，对于医疗药品及医疗器械捐赠进口，按照相关部门有关规定执行。

（4）直接用于公共图书馆、公共博物馆、各类职业学校、高中、初中、小学、幼儿园教育的教学仪器、教材、图书、资料和一般学习用品。其中，教学仪器是指专用

于教学的检验、观察、计量、演示用的仪器和器具；一般学习用品是指用于各类职业学校、高中、初中、小学、幼儿园教学和学生专用的文具、教具、体育用品、婴幼儿玩具、标本、模型、切片、各类学习软件、实验室用器皿和试剂、学生校服（含鞋帽）和书包等。

（5）直接用于环境保护的专用仪器，包括环保系统专用的空气质量与污染源废气监测仪器及治理设备、环境水质与污水监测仪器及治理设备、环境污染事故应急监测仪器、固体废物监测仪器及处置设备、辐射防护与电磁辐射监测仪器及设备、生态保护监测仪器及设备、噪声及振动监测仪器和实验室通用分析仪器及设备。

（6）经国务院批准的其他直接用于慈善事业的物资。

上述物资不包括国家明令停止减免进口税收的特定商品以及汽车、生产性设备、生产性原材料及半成品等。捐赠物资应为未经使用的物品（其中，食品类及饮用水、医疗药品应在保质期内），在捐赠物资内不得夹带危害环境、公共卫生和社会道德及进行政治渗透等违禁物品。

5. 进口捐赠物资，由受赠人向海关申请办理减免税手续，海关按规定进行审核确认。经审核同意免税进口的捐赠物资，由海关按规定进行监管。

6. 进口的捐赠物资按国家规定属于配额、特定登记和进口许可证管理的商品的，受赠人应当向有关部门申请配额、登记证明和进口许可证，海关凭证验放。

7. 经审核同意免税进口的捐赠物资，依照《中华人民共和国公益事业捐赠法》第三章有关条款进行使用和管理。

8. 免税进口的捐赠物资，未经海关审核同意，不得擅自转让、抵押、质押、移作他用或者进行其他处置。如有违反，按国家有关法律、法规和海关相关管理规定处理。

【政策依据】

《财政部　海关总署　国家税务总局关于公布〈慈善捐赠物资免征进口税收暂行办法〉的公告》（财政部　海关总署　国家税务总局公告2015年第102号）。

第二节　扶贫捐赠企业所得税优惠政策

一、企业公益性捐赠企业所得税税前扣除

【享受主体】

通过公益性社会团体或者县级以上人民政府及其部门发生公益性捐赠的企业。

【优惠内容】

企业通过公益性社会团体或者县级以上人民政府及其部门发生的公益性捐赠支出，

在年度利润总额 12% 以内的部分，准予在计算应纳税所得额时扣除；超过年度利润总额 12% 的部分，准予结转以后 3 年内在计算应纳税所得额时扣除。

【享受条件】

1. 公益性捐赠是指企业通过公益性社会组织或者县级以上人民政府及其部门，用于符合法律规定的慈善活动、公益事业的捐赠。

2. 公益性社会组织，是指同时符合下列条件的慈善组织以及其他社会组织：

（1）依法登记，具有法人资格。

（2）以发展公益事业为宗旨，且不以营利为目的。

（3）全部资产及其增值为该法人所有。

（4）收益和营运结余主要用于符合该法人设立目的的事业。

（5）终止后的剩余财产不归属任何个人或者营利组织。

（6）不经营与其设立目的无关的业务。

（7）有健全的财务会计制度。

（8）捐赠者不以任何形式参与该法人财产的分配。

（9）国务院财政、税务主管部门会同国务院民政部门等登记管理部门规定的其他条件。

3. 企业当年发生以及以前年度结转的公益性捐赠支出，不超过年度利润总额 12% 的部分，准予扣除。

4. 年度利润总额是指企业依照国家统一会计制度的规定计算的年度会计利润。

5. 企业发生的公益性捐赠支出未在当年税前扣除的部分，准予向以后年度结转扣除，但结转年限自捐赠发生年度的次年起计算最长不得超过 3 年。

6. 企业在对公益性捐赠支出计算扣除时，应先扣除以前年度结转的捐赠支出，再扣除当年发生的捐赠支出。

7. 公益性捐赠准予结转以后 3 年扣除政策自 2017 年 1 月 1 日起执行。2016 年 9 月 1 日至 2016 年 12 月 31 日发生的公益性捐赠支出未在 2016 年税前扣除的部分，可按此执行。

【政策依据】

1.《中华人民共和国企业所得税法》第九条。

2.《中华人民共和国企业所得税法实施条例》第五十一条、第五十二条、第五十三条。

3.《财政部　国家税务总局　民政部关于公益性捐赠税前扣除有关问题的通知》（财税〔2008〕160 号）。

4.《财政部　国家税务总局　民政部关于公益性捐赠税前扣除有关问题的补充通知》（财税〔2010〕45 号）。

5.《财政部　国家税务总局关于通过公益性群众团体的公益性捐赠税前扣除有关问题的通知》（财税〔2009〕124 号）。

6.《财政部　税务总局关于公益性捐赠支出企业所得税税前结转扣除有关政策的通知》（财税〔2018〕15号）。

【实操案例】 •••

1. 企业月（季）度预缴申报时能否享受扶贫捐赠支出税前据实扣除政策?

解答：《企业所得税法》及其实施条例规定，企业分月或分季预缴企业所得税时，原则上应当按照月度或者季度的实际利润额预缴。企业在计算会计利润时，按照会计核算相关规定，扶贫捐赠支出已经全额列支，企业按实际会计利润进行企业所得税预缴申报，扶贫捐赠支出在税收上也实现了全额据实扣除。因此，企业月（季）度预缴申报时就能享受到扶贫捐赠支出所得税前据实扣除政策。

2. 企业进行扶贫捐赠后在取得捐赠票据方面应注意什么?

解答：根据《公益事业捐赠票据使用管理暂行办法》（财综〔2010〕112号）规定，各级人民政府及其部门、公益性事业单位、公益性社会团体及其他公益性组织，依法接受并用于公益性事业的捐赠财物时，应当向提供捐赠的法人和其他组织开具凭证。

企业发生对"目标脱贫地区"的捐赠支出时，应及时要求开具方在公益事业捐赠票据中注明目标脱贫地区的具体名称，并妥善保管该票据。

3. 某工业企业2019年度预计可以实现会计利润（假设等于应纳税所得额）1 000万元，企业所得税税率为25%。企业为提高其产品知名度及竞争力，树立良好的社会形象，决定向有关单位捐赠200万元。企业自身提出两种方案，第一种方案：进行非公益性捐赠或不通过我国境内非营利性社会团体、国家机关做公益性捐赠；第二种方案：通过我国境内非营利性社会团体、国家机关进行公益性捐赠，并且在当年全部捐赠。

第一种方案不符合税法规定的公益性捐赠条件，捐赠额不能在税前扣除。该企业2019年度应当缴纳企业所得税：1 000×25% = 250（万元）。

第二种方案，捐赠额在法定扣除限额内的部分可以据实扣除，超过的部分只能结转以后年度扣除。企业应纳所得税：（1 000 － 1 000×12%）×25% = 220（万元）。

为了最大限度地将捐赠支出予以扣除，企业可以将该捐赠分两次进行，2019年年底一次捐赠100万元，2020年度再捐赠100万元。这样，该200万元的捐赠支出同样可以在计算应纳税所得额时予以全部扣除。该税收策划方案比第二种方案在2019年少缴企业所得税：（200 － 120）×25% = 20（万元）。

在2019至2022年期间，该企业也可以选择向目标脱贫地区进行扶贫捐赠，该类捐赠没有扣除限额，也不考虑捐赠当年是否有会计利润，均可以据实扣除。

4. 甲公司计划对外捐赠1 000万元，相关部门提出三个方案，一是直接向受赠对象进行捐赠，二是通过政府部门捐赠，三是分两年进行捐赠，已知甲公司当年利润总额为4000万元，预计第二年利润总额为5 000万元，请从税收策划的角度来分析上述三个方案。

第一种捐赠方案无法在税前扣除，导致甲公司多缴纳企业所得税＝1 000×25%＝250（万元）；第二种方案无法在当年全部税前扣除，导致当年多缴纳企业所得税＝（1 000 － 4 000×12%）×25% ＝ 130（万元）；第三种方案可以在当年和第二年全部税前扣除，不额外增加企业的税收负担。

二、企业符合条件的扶贫捐赠所得税税前据实扣除

【享受主体】

进行扶贫捐赠的企业。

【优惠内容】

1. 自 2019 年 1 月 1 日至 2022 年 12 月 31 日，企业通过公益性社会组织或者县级（含县级）以上人民政府及其组成部门和直属机构，用于目标脱贫地区的扶贫捐赠支出，准予在计算企业所得税应纳税所得额时据实扣除。在政策执行期限内，目标脱贫地区实现脱贫的，可继续适用上述政策。

2. 企业同时发生扶贫捐赠支出和其他公益性捐赠支出，在计算公益性捐赠支出年度扣除限额时，符合上述条件的扶贫捐赠支出不计算在内。

3. 企业在 2015 年 1 月 1 日至 2018 年 12 月 31 日期间已发生的符合上述条件的扶贫捐赠支出，尚未在计算企业所得税应纳税所得额时扣除的部分，可执行上述企业所得税政策。

【享受条件】

"目标脱贫地区"是指 832 个国家扶贫开发工作重点县、集中连片特困地区县（新疆阿克苏地区 6 县 1 市享受片区政策）和建档立卡贫困村。

【政策依据】

《财政部　税务总局　国务院扶贫办关于企业扶贫捐赠所得税税前扣除政策的公告》（财政部　税务总局　国务院扶贫办公告 2019 年第 49 号）。

【实操案例】

1. 此次出台的扶贫捐赠所得税政策背景及意义是什么?

解答：党的十九大报告提出坚决打赢脱贫攻坚战，要求动员全党全国全社会力量，坚持精准扶贫，精准脱贫，确保到 2020 年我国现行标准下农村贫困人口实现脱贫，贫困县全部摘帽，解决区域性整体贫困，做到脱真贫、真脱贫。在脱贫攻坚中，一些企业、社会组织积极承担社会责任，通过开展产业扶贫、公益扶贫等方式参与脱贫攻坚。企业对贫困地区进行大额捐赠，按照以往企业所得税政策规定，其捐赠支出在当年未

完全扣除的可能需要结转3年扣除，有的甚至超过3年仍得不到全额扣除。为落实中央精准扶贫精神，切实减轻参与脱贫攻坚企业的税收负担，调动社会力量积极参与脱贫攻坚事业，财政部、税务总局和国务院扶贫办研究出台了扶贫捐赠企业所得税政策，对企业发生的符合条件的扶贫捐赠支出准予税前据实扣除，为打赢脱贫攻坚战提供税收政策支持。

2.企业在2019年度同时发生扶贫捐赠和其他公益性捐赠，如何进行税前扣除处理？

解答：企业所得税法规定，企业发生的公益性捐赠支出准予按年度利润总额的12%在税前扣除，超过部分准予结转以后三年内扣除。《关于企业扶贫捐赠所得税税前扣除政策的公告》（财政部　税务总局　国务院扶贫办公告2019年第49号），明确企业发生的符合条件的扶贫捐赠支出准予据实扣除。企业同时发生扶贫捐赠支出和其他公益性捐赠支出时，符合条件的扶贫捐赠支出不计算在公益性捐赠支出的年度扣除限额内。

如，企业2019年度的利润总额为100万元，当年度发生符合条件的扶贫方面的公益性捐赠15万元，发生符合条件的教育方面的公益性捐赠12万元，则2019年度该企业的公益性捐赠支出税前扣除限额为12万元（100×12%），教育捐赠支出12万元在扣除限额内，可以全额扣除；扶贫捐赠无须考虑税前扣除限额，准予全额税前据实扣除。2019年度，该企业的公益性捐赠支出共计27万元，均可在税前全额扣除。

3.企业通过哪些途径进行扶贫捐赠可以据实扣除？

解答：考虑到扶贫捐赠的公益性捐赠性质，为与企业所得税法有关公益性捐赠税前扣除的规定相衔接，《关于企业扶贫捐赠所得税税前扣除政策的公告》（财政部　税务总局　国务院扶贫办公告2019年第49号）明确，企业通过公益性社会组织或者县级（含县级）以上人民政府及其组成部门和直属机构，用于目标脱贫地区的扶贫捐赠支出，准予据实扣除。

4.如何获知目标脱贫地区的具体名单？

解答："目标脱贫地区"包括832个国家扶贫开发工作重点县、集中连片特困地区县（新疆阿克苏地区6县1市享受片区政策）和建档立卡贫困村。目标脱贫地区的具体名单由县级以上政府的扶贫工作部门掌握。考虑到建档立卡贫困村数量众多，且实施动态管理，因此《关于企业扶贫捐赠所得税税前扣除政策的公告》（财政部　税务总局　国务院扶贫办公告2019年第49号）未附"目标脱贫地区"的具体名单，企业如有需要可向当地扶贫工作部门查阅或问询。

5.2020年目标脱贫地区脱贫后，企业还可以适用扶贫捐赠所得税政策吗？

解答：虽然党中央、国务院关于打赢脱贫攻坚战三年行动的时间安排到2020年，但为巩固脱贫效果，《关于企业扶贫捐赠所得税税前扣除政策的公告》（财政部　税务总局　国务院扶贫办公告2019年第49号）将政策执行期限规定到2022年，即2019年1月1日至2022年12月31日共4年，并明确在政策执行期限内，目标脱贫地区实现脱贫后，企业发生的对上述地区的扶贫捐赠支出仍可继续适用该政策。

6.2019年以前企业发生的尚未扣除的扶贫捐赠支出能否适用税前据实扣除政策？

解答：早在2015年11月底，党中央、国务院就做出了打赢脱贫攻坚战的决策部署，提出广泛动员全社会力量，合力推进脱贫攻坚。因此，《关于企业扶贫捐赠所得税税前扣除政策的公告》（财政部　税务总局　国务院扶贫办公告 2019 年第 49 号）明确，企业在 2015 年 1 月 1 日至 2018 年 12 月 31 日期间，发生的尚未扣除的符合条件的扶贫捐赠支出，也可执行所得税前据实扣除政策。

7. 企业在 2019 年以前发生的尚未扣除的扶贫捐赠支出如何享受税前据实扣除政策？

解答：虽然《关于企业扶贫捐赠所得税税前扣除政策的公告》（财政部　税务总局　国务院扶贫办公告 2019 年第 49 号）规定企业的扶贫捐赠支出所得税前据实扣除政策自 2019 年施行，但考虑到《关于企业扶贫捐赠所得税税前扣除政策的公告》（财政部　税务总局　国务院扶贫办公告 2019 年第 49 号）出台于 2019 年 4 月 2 日，正处于 2018 年度的汇算清缴期。为让企业尽快享受到政策红利，同时减轻企业申报填写负担，对企业在 2015 年 1 月 1 日至 2018 年 12 月 31 日期间，发生的尚未全额扣除的符合条件的扶贫捐赠支出，可在 2018 年度汇算清缴时，通过填写年度申报表的《纳税调整项目明细表》（A105000）"六、其他"行次第 4 列"调减金额"，实现全额扣除。

8. 甲公司 2017 年共发生公益性捐赠支出 90 万元，其中符合条件的扶贫捐赠 50 万元，其他公益性捐赠 40 万元，当年利润总额 400 万元，则 2017 年度公益性捐赠税前扣除限额 48 万元（400×12%），当年税前扣除 48 万，其余 42 万元向 2018 年度结转。

2018 年度，该企业共发生公益性捐赠支出 120 万元，其中符合条件的扶贫捐赠 50 万元，其他公益性捐赠 70 万元，当年利润总额 500 万元，则 2018 年度公益性捐赠税前扣除限额 60 万元（500×12%）。

《关于企业扶贫捐赠所得税税前扣除政策的公告》（财政部　税务总局　国务院扶贫办公告 2019 年第 49 号）下发后，该企业在 2018 年度汇算清缴申报时，对于 2017 年度结转到 2018 年度扣除的 42 万元公益性捐赠支出，在 2018 年度的公益性捐赠扣除限额 60 万元内，可以扣除，填写在《捐赠支出及纳税调整明细表》（A105070）"纳税调减金额"栏次 42 万元；2018 年的公益性捐赠税前扣除限额还有 18 万元，则 2018 年发生公益性捐赠 120 万元中有 102 万元不能税前扣除金额，填写在《捐赠支出及纳税调整明细表》（A105070）"纳税调增金额"栏次 102 万元。

按照《关于企业扶贫捐赠所得税税前扣除政策的公告》（财政部　税务总局　国务院扶贫办公告 2019 年第 49 号）规定，2017 年、2018 年发生的符合条件的扶贫捐赠支出，未在计算企业所得税应纳税所得额时扣除的部分，可在 2018 年度汇算清缴时全额税前扣除。因此，对 2018 年度的纳税调增金额 102 万元和纳税调减金额 42 万元需综合分析，将其中属于 2017 年和 2018 年发生的符合条件的扶贫捐赠支出而尚未得到全额扣除的部分，应通过填写年度申报表的《纳税调整项目明细表》（A105000）"六、其他"行次第 4 列"调减金额"，实现全额扣除。具体分析如下：

本着有利于纳税人充分享受政策红利的考虑，对于 2017 年度的其他公益性捐赠 40 万元，由于在当年限额扣除范围内，可在 2017 年度税前全额扣除，限额范围内的 8 万元可作为扶贫捐赠扣除，则 2017 年度尚有 42 万元的扶贫捐赠支出未全额税前扣除需结转到 2018 年。对于 2018 年发生的其他公益性捐赠 70 万元，有 60 万元在扣除限额内，超过扣除限额的 10 万元需结转以后年度扣除，而 2018 年发生的扶贫捐赠 50 万元未得到全额扣除。因此 2017 年度和 2018 年度共有 92 万元的扶贫捐赠支出尚未得到全额扣除，需填写年度申报表的《纳税调整项目明细表》（A105000）"六、其他"行次第 4 列"调减金额"栏次 92 万元，实现全额扣除。

9. 乙公司 2015 年发生扶贫捐赠 100 万元，其他公益性捐赠 50 万元，当年利润总额 1 000 万元。公益性捐赠税前扣除限额 120 万元（1 000×12%），当年税前扣除 120 万元。2016 年度、2017 年度、2018 年度该企业均未发生公益性捐赠支出。由于《财政部　税务总局关于公益性捐赠支出企业所得税税前结转扣除有关政策的通知》（财税〔2018〕15 号）规定，对 2016 年 9 月 1 日以后发生的公益性捐赠支出才准予结转以后三年内扣除，所以 2015 年度发生的公益性捐赠支出，超过税前扣除限额的扶贫捐赠支出 30 万元，无法在 2015 年度税前扣除，2016 年度、2017 年度申报时均无法税前扣除。

《关于企业扶贫捐赠所得税税前扣除政策的公告》（财政部　税务总局　国务院扶贫办公告 2019 年第 49 号）下发后，该企业在 2018 年度汇算清缴时，对于 2015 年度的其他公益性捐赠 50 万元，由于在 2015 年度的扣除限额范围内，可在 2015 年度税前全额扣除，扣除限额范围内的其余 70 万元可作为扶贫捐赠扣除，则 2015 年度尚有 30 万元的扶贫捐赠支出未全额税前扣除。此项金额，通过填写 2018 年度申报表的《纳税调整项目明细表》（A105000）"其他"行次第 4 列"调减金额"30 万元，实现全额扣除。

第三节　扶贫捐赠个人所得税优惠政策

个人公益性捐赠个人所得税税前扣除

【享受主体】

通过中国境内的公益性社会组织、国家机关向教育、扶贫、济困等公益慈善事业捐赠的个人。

【优惠内容】

个人将其所得对教育、扶贫、济困等公益慈善事业进行捐赠，捐赠额未超过纳税人申报的应纳税所得额 30% 的部分，可以从其应纳税所得额中扣除；国务院规定对公益慈善事业捐赠实行全额税前扣除的，从其规定。

【享受条件】

1. 个人将其所得通过中国境内的公益性社会组织、国家机关向教育、扶贫、济困等公益慈善事业的捐赠。

2. 捐赠额未超过纳税义务人申报的应纳税所得额 30% 的部分，可以从其应纳税所得额中扣除。

【政策依据】

1.《中华人民共和国个人所得税法》第六条第三款。

2.《中华人民共和国个人所得税法实施条例》第十九条。

第十章

防控新冠肺炎疫情税收优惠政策

导读

> 本章介绍防控新冠肺炎疫情税收优惠政策，包括五节内容，分别介绍支持防护救治税收优惠政策、支持物资供应税收优惠政策、鼓励公益捐赠税收优惠政策、支持复工复产税收优惠政策以及非接触式网上办税政策。

第一节　支持防护救治税收优惠政策

一、取得政府规定标准的疫情防治临时性工作补助和奖金免征个人所得税

【享受主体】

参加疫情防治工作的医务人员和防疫工作者

【优惠内容】

自 2020 年 1 月 1 日起，对参加疫情防治工作的医务人员和防疫工作者按照政府规定标准取得的临时性工作补助和奖金，免征个人所得税。政府规定标准包括各级政府规定的补助和奖金标准。

对省级及省级以上人民政府规定的对参与疫情防控人员的临时性工作补助和奖金，比照执行。

上述优惠政策适用的截止日期将视疫情情况另行公告。

【政策依据】

《财政部　税务总局关于支持新型冠状病毒感染的肺炎疫情防控有关个人所得税政策的公告》（2020 年第 10 号）

【实操案例】•---

参加新冠疫情防治工作的医务人员和防疫工作者如何享受政策?

解答:参加新冠疫情防治工作的医务人员和防疫工作者按照各级政府规定的补助和奖金标准,取得的临时性工作补贴和奖金,都不计入工薪收入,免征个人所得税。

二、个人取得单位发放的预防新型冠状病毒感染肺炎的医药防护用品等免征个人所得税

【享受主体】

取得单位发放的用于预防新型冠状病毒感染的肺炎的药品、医疗用品和防护用品等实物(不包括现金)的个人。

【优惠内容】

自 2020 年 1 月 1 日起,单位发给个人用于预防新型冠状病毒感染的肺炎的药品、医疗用品和防护用品等实物(不包括现金),不计入工资、薪金收入,免征个人所得税。

上述优惠政策适用的截止日期将视疫情情况另行公告。

【政策依据】

《财政部　税务总局关于支持新型冠状病毒感染的肺炎疫情防控有关个人所得税政策的公告》(财政部　税务总局公告 2020 年第 10 号)。

【实操案例】•---

1. 参加新冠疫情防治工作的其他人员如何享受政策?

解答:参加新冠疫情防治工作的其他人员按照省级及省级以上政府规定的补助和奖金标准,取得的临时性工作补贴和奖金,都不计入工薪收入,免征个人所得税。

2. 财政部、税务总局 2020 年第 10 号公告规定:单位发给个人用于预防新型冠状病毒感染的肺炎的药品、医疗用品和防护用品等实物(不包括现金),不计入工资、薪金收入,免征个人所得税。这个文件里的"药品""医疗用品""防护用品"都包含什么内容?

解答:考虑到药品、医疗用品、防护用品种类很多,政策上难以将他们一一列举,因此原则上,只要是与预防新冠肺炎直接相关的药品、医疗用品、防护用品物资,如口罩、护目镜、消毒液、手套、防护服等,都可以享受财政部、税务总局 2020 年 10 号公告有关免税的规定。

第二节　支持物资供应税收优惠政策

一、对疫情防控重点保障物资生产企业全额退还增值税增量留抵税额

⬥ **【享受主体】**

疫情防控重点保障物资生产企业。

📋 **【优惠内容】**

自 2020 年 1 月 1 日起，疫情防控重点保障物资生产企业可以按月向主管税务机关申请全额退还增值税增量留抵税额。增量留抵税额是指与 2019 年 12 月底相比新增加的期末留抵税额。

疫情防控重点保障物资生产企业名单，由省级及省级以上发展改革部门、工业和信息化部门确定。

上述优惠政策适用的截止日期将视疫情情况另行公告。

疫情防控重点保障物资生产企业适用增值税增量留抵退税政策的，应当在增值税纳税申报期内，完成本期增值税纳税申报后，向主管税务机关申请退还增量留抵税额。

✏️ **【政策依据】**

（1）《财政部　税务总局关于支持新型冠状病毒感染的肺炎疫情防控有关税收政策的公告》（2020 年第 8 号）。

（2）《国家税务总局关于支持新型冠状病毒感染的肺炎疫情防控有关税收征收管理事项的公告》（2020 年第 4 号）。

【实操案例】 ••

1. 甲公司是 2019 年成立的医用口罩生产企业，目前纳税信用 M 级。春节期间甲公司响应政府号召提前开工生产，已被国家发改委确定为疫情防控重点保障物资生产企业。甲公司能享受疫情防控重点保障物资生产企业留抵退税政策吗？这项政策对纳税信用级别有没有要求？

解答：《财政部　税务总局关于支持新型冠状病毒感染的肺炎疫情防控有关税收政策的公告》（财政部　税务总局公告 2020 年第 8 号，以下称 8 号公告）第二条规

定，疫情防控重点保障物资生产企业可以按月向主管税务机关申请全额退还增值税增量留抵税额。该项政策自 2020 年 1 月 1 日起实施，截止日期视疫情情况另行公告。疫情防控重点保障物资生产企业名单，由省级及以上发展改革部门、工业和信息化部门确定，对企业的纳税信用级别未做要求。因此，如果甲公司已被国家和省级发展改革、工业信息化部门确定为疫情防控重点保障物资生产企业，可以按照 8 号公告的规定，自 2020 年 2 月及以后纳税申报期向主管税务机关提交留抵退税申请，税务机关将按规定为甲公司办理增值税留抵退税业务。

2.《财政部　税务总局关于支持新型冠状病毒感染的肺炎疫情防控有关税收政策的公告》（财政部　税务总局公告 2020 年第 8 号）第二条规定，"疫情防控重点保障物资生产企业名单，由省级及以上发展改革部门、工业和信息化部门确定"。乙公司需要同时列入以上两个部门确定的疫情防控重点保障物资生产企业名单才能享受增量留抵退税政策吗？

解答：不需要。列入国家发展改革委或者工业和信息化部确定的疫情防控重点保障物资生产企业名单，以及列入省级发展改革部门或者省级工业和信息化部门确定的疫情防控重点保障物资生产企业名单的，都可以按照《财政部　税务总局关于支持新型冠状病毒感染的肺炎疫情防控有关税收政策的公告》（财政部　税务总局公告 2020 年第 8 号）第二条规定，享受疫情防控重点保障物资生产企业增值税增量留抵退税政策。

3. 丙公司是一家新型冠状病毒检测试剂盒生产企业，已被工业和信息化部确定为疫情防控重点保障物资生产企业。2019 年丙公司办理留抵退税时，需要计算进项构成比例确定退税额。享受疫情防控重点保障物资生产企业留抵退税政策的时候，也需要计算进项构成比例吗？

解答：不需要。按照《财政部　税务总局关于支持新型冠状病毒感染的肺炎疫情防控有关税收政策的公告》（财政部　税务总局公告 2020 年第 8 号）第二条规定办理增量留抵退税的疫情防控重点保障物资生产企业，可全额退还其 2020 年 1 月 1 日以后形成的增值税增量留抵税额，不需要计算进项构成比例。这一政策实施的期限是自 2020 年 1 月 1 日起，截止日期视疫情情况另行公告。

4. 甲公司是医用防护服、隔离服的原材料生产企业，从 2020 年 1 月开始一直在全速生产，目前已被省工信厅确定为疫情防控重点保障物资生产企业。甲公司 2019 年 4 月以后享受过增值税即征即退政策，按照之前的规定不能申请增值税留抵退税。甲公司可以享受这次新出台的疫情防控重点保障物资生产企业增值税留抵退税政策吗？

解答：可以享受。按照《财政部　税务总局关于支持新型冠状病毒感染的肺炎疫情防控有关税收政策的公告》（财政部　税务总局公告 2020 年第 8 号，以下简称 8 号公告）第二条的规定，省级及以上发展改革部门、工业和信息化部门确定的疫情防控重点保障物资生产企业，可以按月向主管税务机关申请全额退还增值税增量留抵税额，不受《财政部　税务总局　海关总署关于深化增值税改革有关政策的公告》（财

政部　税务总局　海关总署公告 2019 年第 39 号）和《财政部　税务总局关于明确部分先进制造业增值税期末留抵退税政策的公告》（财政部　税务总局公告 2019 年第 84 号）关于留抵退税条件的限制。因此，甲公司可以在 8 号公告的执行期限内享受疫情防控重点保障物资生产企业增值税增量留抵退税政策。

5. 适用《财政部　税务总局关于支持新型冠状病毒感染的肺炎疫情防控有关税收政策的公告》（财政部　税务总局公告 2020 年第 8 号）文件中增值税增量留抵退税政策的纳税人应当在什么时间办理？

解答：《国家税务总局关于支持新型冠状病毒感染的肺炎疫情防控有关税收征收管理事项的公告》（国家税务总局公告 2020 年第 4 号）第一条规定：疫情防控重点保障物资生产企业按照《财政部　税务总局关于支持新型冠状病毒感染的肺炎疫情防控有关税收政策的公告》（财政部　税务总局公告 2020 年第 8 号）第二条规定，适用增值税增量留抵退税政策的，应当在增值税纳税申报期内，完成本期增值税纳税申报后，向主管税务机关申请退还增量留抵税额。

6. 如果甲公司既符合疫情防控重点保障物资生产企业留抵退税条件，也符合部分先进制造业留抵退税条件，应该按照哪项规定退税？可以任意选择适用吗？

解答：《财政部　税务总局关于支持新型冠状病毒感染的肺炎疫情防控有关税收政策的公告》（2020 年第 8 号，以下简称"8 号公告"）规定，疫情防控重点保障物资生产企业，可按月向主管税务机关申请全额退还 2020 年 1 月及以后形成的增量留抵税额。该项政策自 2020 年 1 月 1 日起实施，截止日期视疫情情况另行公告。

《财政部　税务总局关于明确部分先进制造业增值税期末留抵退税政策的公告》（2019 年第 84 号，以下称 84 号公告）规定，自 2019 年 6 月 1 日起，同时符合一定条件的部分先进制造业纳税人，可按月向主管税务机关申请退还 2019 年 4 月及以后形成的增量留抵税额（允许退还的增量留抵税额＝增量留抵税额 × 进项构成比例）。

在 8 号公告执行期间内，甲公司可以根据自身情况，自行选择适用上述两项增值税留抵退税政策。需要说明的是，甲公司可以在不同的纳税申报期内选择按照不同的留抵退税政策申请退税。比如，在 2020 年 1 月、3 月选择按照 84 号公告规定申请留抵退税，2 月选择按照 8 号公告规定申请留抵退税。在 8 号公告规定的留抵退税政策到期后，甲公司仍可以继续按照 84 号公告规定申请留抵退税。

7. 乙公司享受疫情防控重点保障物资生产企业增量留抵退税政策以后，还能享受增值税即征即退政策吗？

解答：8 号公告规定，疫情防控重点保障物资生产企业，可按月向主管税务机关申请全额退还 2020 年 1 月及以后形成的增量留抵税额。

《财政部　税务总局关于明确国有农用地出租等增值税政策的公告》（2020 年第 2 号，以下称 2 号公告）规定，纳税人按照《财政部　税务总局　海关总署关于深化增值税改革有关政策的公告》（2019 年第 39 号）、《财政部　税务总局关于明确部分先进制造业增值税期末留抵退税政策的公告》（2019 年第 84 号）规定取得增值税留抵退税款的，不得再申请享受增值税即征即退、先征后返（退）政策。

乙公司按照 8 号公告规定取得增值税留抵退税款的情形，不属于 2 号公告规定的退税后不得申请享受增值税即征即退、先征后返（退）政策的适用范围。

二、纳税人提供疫情防控重点保障物资运输收入免征增值税

【享受主体】

提供疫情防控重点保障物资运输服务的纳税人。

【优惠内容】

自 2020 年 1 月 1 日起，对纳税人运输疫情防控重点保障物资取得的收入，免征增值税。

疫情防控重点保障物资的具体范围，由国家发展改革委、工业和信息化部确定。

国家发展改革委疫情防控重点保障物资清单

序号	分类	物资清单
1	医疗应急物资	1. 应对疫情使用的医用防护服、隔离服、隔离面罩、医用及具有防护作用的民用口罩、医用护目镜、新型冠状病毒检测试剂盒、负压救护车、消毒机、消杀用品、红外测温仪、智能监测检测系统、相关医疗器械、酒精和药品等重要医用物资
		2. 生产上述物资所需的重要原辅材料、重要设备和相关配套设备
		3. 为应对疫情提供相关信息的通信设备
2	生活物资	1. 帐篷、棉被、棉大衣、折叠床等救灾物资
		2. 疫情防控期间市场需要重点保供的粮食、食用油、食盐、糖，以及蔬菜、肉蛋奶、水产品等"菜篮子"产品，方便和速冻食品等重要生活必需品
		3. 蔬菜种苗、仔畜雏禽及种畜禽、水产种苗、饲料、化肥、种子、农药等农用物资

工业和信息化部疫情防控重点保障物资（医疗应急）清单

序号	一级分类	二级分类	物资清单
1	一、药品	（一）一般治疗及重型、危重型病例治疗药品	α－干扰素、洛匹那韦利托那韦片（盒）、抗菌药物、甲泼尼龙、糖皮质激素等经卫生健康、药监部门依程序确认治疗有效的药品和疫苗（以国家卫健委新型冠状病毒感染的肺炎诊疗方案为准）
2		（二）中医治疗药品	藿香正气胶囊（丸、水、口服液）、金花清感颗粒、连花清瘟胶囊（颗粒）、疏风解毒胶囊（颗粒）、防风通圣丸（颗粒）、喜炎平注射剂、血必净注射剂、参附注射液、生脉注射液、苏合香丸、安宫牛黄丸等中成药（以国家卫健委新型冠状病毒感染的肺炎诊疗方案为准）。苍术、陈皮、厚朴、藿香、草果、生麻黄、羌活、生姜、槟榔、杏仁、生石膏、瓜蒌、生大黄、葶苈子、桃仁、人参、黑顺片、山茱萸、法半夏、党参、炙黄芪、茯苓、砂仁等中药饮片（以国家卫健委新型冠状病毒感染的肺炎诊疗方案为准）

（续表）

序号	一级分类	二级分类	物资清单
3	二、试剂	（一）检验检测用品	新型冠状病毒检测试剂盒等
4	三、消杀用品及其主要原料、包装材料	（一）消杀用品	医用酒精、84消毒液、过氧乙酸消毒液、过氧化氢（3%）消毒液、含氯泡腾片、免洗手消毒液、速干手消毒剂等
5		（二）消杀用品主要原料	次氯酸钠、过氧化氢、95%食品级酒精等
6		（三）消杀用品包装材料	挤压泵、塑料瓶（桶）、玻璃瓶（桶）、纸箱、标签等
7	四、防护用品及其主要原料、生产设备	（一）防护用品	医用防护口罩、医用外科口罩、医用防护服、负压防护头罩、医用靴套、医用全面型呼吸防护机（器）、医用隔离眼罩/医用隔离面罩、一次性乳胶手套、手术服（衣）、隔离衣、一次性工作帽、一次性医用帽（病人用）等
8		（二）防护用品主要原料	覆膜纺粘布、透气膜、熔喷无纺布、隔离眼罩及面罩用PET/PC防雾卷材以及片材、密封条、拉链、抗静电剂以及其他生产医用防护服、医用口罩等的重要原材料
9		（三）防护用品生产设备	防护服压条机、口罩机等
10	五、专用车辆、装备、仪器及关键元器件	（一）车辆装备	负压救护车及其他类型救护车、专用作业车辆；负压隔离舱、可快速展开的负压隔离病房、负压隔离帐篷系统；车载负压系统、正压智能防护系统；CT、便携式DR、心电图机、彩超超声仪等，电子喉镜、纤支镜等；呼吸机、监护仪、除颤仪、高流量呼吸湿化治疗仪、医用电动病床；血色分析仪、PCR仪、ACT检测仪等；注射泵、输液泵、人工心肺（ECMO）、CRRT等
11		（二）消杀装备	背负式充电超低容量喷雾机、背负式充电超低容量喷雾器、过氧化氢消毒机、等离子空气消毒机、终末空气消毒机等
12		（三）电子仪器仪表	全自动红外体温监测仪、门式体温监测仪、手持式红外测温仪等红外体温检测设备及其他智能监测检测系统
13		（四）关键元器件	黑体、温度传感器、传感器芯片、显示面板、阻容元件、探测器、电接插元件、锂电池、印制电路板等
14	六、生产上述医用物资的重要设备		

上述优惠政策适用的截止日期将视疫情情况另行公告。

纳税人运输疫情防控重点保障物资取得的收入免征增值税的，免征城市维护建设税、教育费附加、地方教育附加。

纳税人按规定享受免征增值税优惠的，可自主进行免税申报，无须办理有关免税备案手续，但应将相关证明材料留存备查。在办理增值税纳税申报时，应当填写增值税纳税申报表及《增值税减免税申报明细表》相应栏次。

纳税人按规定适用免征增值税政策的，不得开具增值税专用发票；已开具增值税专用发票的，应当开具对应红字发票或者作废原发票，再按规定适用免征增值税政策并开具普通发票。纳税人在疫情防控期间已经开具增值税专用发票，按规定应当开具对应红字发票而未及时开具的，可以先适用免征增值税政策，对应红字发票应当于相关免征增值税政策执行到期后1个月内完成开具。

纳税人已将适用免税政策的销售额、销售数量，按照征税销售额、销售数量进行增值税申报的，可以选择更正当期申报或者在下期申报时调整。已征应予免征的增值税税款，可以予以退还或者抵减纳税人以后应缴纳的增值税税款。

【政策依据】

（1）《财政部　税务总局关于支持新型冠状病毒感染的肺炎疫情防控有关税收政策的公告》（2020年第8号）。

（2）《国家税务总局关于支持新型冠状病毒感染的肺炎疫情防控有关税收征收管理事项的公告》（2020年第4号）。

【实操案例】 ···

1.甲公司是一家地方铁路运输企业，近期多次组织铁路运力，为部分地区大批量运送医用口罩、医用护目镜、医用防护服、隔离服、消毒机等重点医疗防控物资。甲公司取得的这些运输收入能否免征增值税？

解答：《财政部　税务总局关于支持新型冠状病毒感染的肺炎疫情防控有关税收政策的公告》（财政部　税务总局公告2020年第8号，以下简称8号公告）第三条规定，对纳税人运输疫情防控重点保障物资取得的收入，免征增值税。疫情防控重点保障物资的具体范围，由国家发展改革委、工业和信息化部确定。因此，甲公司运送的货物，如果属于国家发展改革委、工业和信息化部确定的疫情防控重点保障物资，则相应取得的铁路运输服务收入，可按照8号公告规定享受免征增值税优惠。

2.乙公司是一家网络平台道路货运经营企业，通过互联网平台从事无车承运业务。疫情发生以来，乙公司在全国范围内紧急调配运力，优先保障消杀用品等急需防护物资运输，分批将医用酒精、84消毒液、医用洗手液等发往湖北等地。乙公司能否享受运输疫情防控重点保障物资免征增值税政策？

解答：《销售服务、无形资产、不动产注释》（财税〔2016〕36号印发）规定，无运输工具承运业务，按照交通运输服务缴纳增值税。无运输工具承运业务，是指经营者以承运人身份与托运人签订运输服务合同，收取运费并承担承运人责任，然后委托实际承运人完成运输服务的经营活动。

乙公司提供的无运输工具承运业务，如果承运的货物属于国家发展改革委、工业和信息化部确定的疫情防控重点保障物资，则相应取得的货物运输服务收入，可按照

《财政部　税务总局关于支持新型冠状病毒感染的肺炎疫情防控有关税收政策的公告》（财政部　税务总局公告2020年第8号）第三条的规定享受免征增值税优惠。

3. 丙公司是一家航空运输企业，为应对疫情防控，丙公司近期执飞的航班，除提供旅客运输外，飞机腹舱一部分舱位用来运输医疗药品、新型冠状病毒检测试剂盒、红外测温仪、智能监测检测系统等防疫物资。丙公司上述业务可否享受运输疫情防控重点保障物资免征增值税政策？

解答：丙公司运输的医疗药品、新型冠状病毒检测试剂盒、红外测温仪、智能监测检测系统等物资，如果属于国家发展改革委、工业和信息化部确定的疫情防控重点保障物资，那么就此取得的运输服务收入可按照《关于支持新型冠状病毒感染的肺炎疫情防控有关税收政策的公告》（财政部　税务总局公告2020年第8号）第三条的规定，享受运输疫情防控重点保障物资免征增值税优惠。当然，顺便提醒的是，丙公司提供的旅客运输等其他运输服务，应按现行规定计算缴纳增值税。

4. 甲公司是一家货运公司，疫情期间承担了某市向邻市定点医院运送医疗物资的任务，享受运输疫情防控重点保障物资免征增值税政策需要先到税务机关办理什么手续吗？

解答：根据《国家税务总局关于支持新型冠状病毒感染的肺炎疫情防控有关税收征收管理事项的公告》（国家税务总局公告2020年第4号），甲公司在享受《财政部　税务总局关于支持新型冠状病毒感染的肺炎疫情防控有关税收政策的公告》（2020年第8号）第三条规定的运输疫情防控重点保障物资免征增值税政策时，可自主进行增值税免税申报，无须办理有关免税备案手续；需要提醒的是，甲公司应将疫情期间运输疫情防控重点保障物资的相关证明材料留存好，以备查验。

5. 为了支持新型冠状病毒感染的肺炎疫情防控工作，乙公司运输了一批疫情防控重点保障物资，按照《财政部　税务总局关于支持新型冠状病毒感染的肺炎疫情防控有关税收政策的公告》（2020年第8号）规定，对纳税人运输疫情防控重点保障物资取得的收入，免征增值税。对于2020年1月取得的运输疫情防控重点保障物资收入，乙公司已在1月开具了增值税专用发票，但近期难以开具对应红字发票，能不能先享受免征增值税政策再开具红字发票？

解答：根据《国家税务总局关于支持新型冠状病毒感染的肺炎疫情防控有关税收征收管理事项的公告》（2020年第4号）规定，纳税人在疫情防控期间已经开具增值税专用发票，应当开具对应红字发票而未及时开具的，可以先适用免征增值税政策，对应红字发票应当于相关免征增值税政策执行到期后1个月内完成开具。据此，乙公司可以先享受免征增值税优惠政策，随后再按规定开具对应红字发票，开具期限为相关免征增值税政策执行到期后1个月内。

6. 丙公司为一般纳税人，经营业务符合《财政部　税务总局关于支持新型冠状病毒感染的肺炎疫情防控有关税收政策的公告》（2020年第8号）免征增值税政策规定。丙公司2020年1月销售额50万元，并开具了增值税专用发票，应当如何办理增值税纳税申报？

解答：根据《国家税务总局关于支持新型冠状病毒感染的肺炎疫情防控有关税收

征收管理事项的公告》（国家税务总局公告 2020 年第 4 号）第三条规定，纳税人按照《财政部 税务总局关于支持新型冠状病毒感染的肺炎疫情防控有关税收政策的公告》（2020 年第 8 号）适用免征增值税政策的，不得开具增值税专用发票；已经开具增值税专用发票的，应当开具对应的红字发票或者作废原发票，再按规定适用免征增值税政策并开具普通发票。由于丙公司 1 月份开具的专用发票已经跨月，无法作废，只能在 2 月份及以后属期开具对应的红字发票，再按规定适用免征增值税政策。因此，丙公司在办理 2020 年 1 月属期增值税纳税申报时，仍应将当月开具的增值税专用发票中记载的销售额和销项税额，据实填写在《增值税纳税申报表附列资料（一）》征税项目的"开具增值税专用发票"对应栏次。

若丙公司在 2 月份开具了对应红字发票，并重新开具了普通发票，在办理 2020 年 2 月属期增值税纳税申报时，应将红字发票对应的负数销售额和销项税额计入《增值税纳税申报表附列资料（一）》征税项目的"开具增值税专用发票"对应栏次，将普通发票对应的免税销售额等项目计入增值税纳税申报表免税栏次和《增值税减免税申报明细表》对应栏次。

若丙公司由于购销双方沟通等原因，在 2 月份未能及时开具对应红字发票，根据《国家税务总局关于支持新型冠状病毒感染的肺炎疫情防控有关税收征收管理事项的公告》（国家税务总局公告 2020 年第 4 号）第三条第二款规定，纳税人在疫情防控期间已经开具增值税专用发票，按照本公告规定应当开具对应红字发票而未及时开具的，可以先适用免征增值税政策，对应红字发票应当于相关免征增值税政策执行到期后 1 个月内完成开具。丙公司在办理 2020 年 2 月属期增值税纳税申报时，可在《增值税纳税申报表附列资料（一）》征税项目"未开具发票"相关栏次，填报冲减 1 月增值税专用发票对应的销售额和销项税额（填为负数），在增值税纳税申报表免税栏次和《增值税减免税申报明细表》对应栏次，填报免税销售额等项目。在后期补开增值税红字发票和普通发票后，进行对应属期增值税纳税申报时，红字发票销售额和销项税额、普通发票免税销售额和免税额不应重复计入。

7. 甲公司是一家危货运输企业，与本地一家医用酒精生产企业签订长期货运协议，将其生产的医用酒精运给各地经销商，甲公司运输这些医用酒精的收入能享受这项政策吗？

解答：《财政部 税务总局关于支持新型冠状病毒感染的肺炎疫情防控有关税收政策的公告》（2020 年第 8 号，以下简称"8 号公告"）第三条规定，纳税人运输疫情防控重点保障物资取得的收入，免征增值税。疫情防控重点保障物资的具体范围，由国家发展改革委、工业和信息化部确定。该项政策自 2020 年 1 月 1 日起实施，截止日期视疫情情况另行公告。

2020 年 2 月 14 日和 2 月 18 日，工信部和国家发改委先后在官方网站公布了《疫情防控重点保障物资（医疗应急）清单》和《疫情防控重点保障物资清单》，按照 8 号公告要求确定了疫情防控重点保障物资的具体范围，其中包括医用酒精。因此，甲公司运输医用酒精取得的运输收入，可以按照 8 号公告的有关规定享受运输疫情防控重点保障物资免征增值税优惠政策。

三、纳税人提供公共交通运输服务、生活服务及居民必需生活物资快递收派服务收入免征增值税

📨 【享受主体】

提供公共交通运输服务、生活服务，以及为居民提供必需生活物资快递收派服务的纳税人。

📋 【优惠内容】

自 2020 年 1 月 1 日起，对纳税人提供公共交通运输服务、生活服务，以及为居民提供必需生活物资快递收派服务取得的收入，免征增值税。

公共交通运输服务的具体范围，按照《营业税改征增值税试点有关事项的规定》（财税〔2016〕36 号印发）执行。

生活服务、快递收派服务的具体范围，按照《销售服务、无形资产、不动产注释》（财税〔2016〕36 号印发）执行。

公共交通运输服务	包括轮客渡、公交客运、地铁、城市轻轨、出租车、长途客运、班车。其中，班车是指按固定路线、固定时间运营并在固定站点停靠的运送旅客的陆路运输服务。
生活服务	是指为满足城乡居民日常生活需求提供的各类服务活动。包括文化体育服务、教育医疗服务、旅游娱乐服务、餐饮住宿服务、居民日常服务和其他生活服务。 ■文化体育服务，包括文化服务和体育服务。（1）文化服务是指为满足社会公众文化生活需求提供的各种服务。包括：文艺创作、文艺表演、文化比赛，图书馆的图书和资料借阅，档案馆的档案管理，文物及非物质遗产保护，组织举办宗教活动、科技活动、文化活动，提供游览场所。（2）体育服务是指组织举办体育比赛、体育表演、体育活动，以及提供体育训练、体育指导、体育管理的业务活动。 ■教育医疗服务，包括教育服务和医疗服务。（1）教育服务是指提供学历教育服务、非学历教育服务、教育辅助服务的业务活动。学历教育服务是指根据教育行政管理部门确定或者认可的招生和教学计划组织教学，并颁发相应学历证书的业务活动，包括初等教育、初级中等教育、高级中等教育、高等教育等。非学历教育服务包括学前教育、各类培训、演讲、讲座、报告会等。教育辅助服务包括教育测评、考试、招生等服务。（2）医疗服务是指提供医学检查、诊断、治疗、康复、预防、保健、接生、计划生育、防疫服务等方面的服务，以及与这些服务有关的提供药品、医用材料器具、救护车、病房住宿和伙食的业务。 ■旅游娱乐服务，包括旅游服务和娱乐服务。（1）旅游服务是指根据旅游者的要求，组织安排交通、游览、住宿、餐饮、购物、文娱、商务等服务的业务活动。（2）娱乐服务是指为娱乐活动同时提供场所和服务的业务，具体包括：歌厅、舞厅、夜总会、酒吧、台球、高尔夫球、保龄球、游艺（包括射击、狩猎、跑马、游戏机、蹦极、卡丁车、热气球、动力伞、射箭、飞镖）。 ■餐饮住宿服务，包括餐饮服务和住宿服务。（1）餐饮服务是指通过同时提供饮食和饮食场所的方式为消费者提供饮食消费服务的业务活动。（2）住宿服务是指提供住宿场所及配套服务等的活动。包括宾馆、旅馆、旅社、度假村和其他经营性住宿场所提供的住宿服务。

（续表）

生活服务	■居民日常服务是指主要为满足居民个人及其家庭日常生活需求提供的服务，包括市容市政管理、家政、婚庆、养老、殡葬、照料和护理、救助救济、美容美发、按摩、桑拿、氧吧、足疗、沐浴、洗染、摄影扩印等服务。 ■其他生活服务是指除文化体育服务、教育医疗服务、旅游娱乐服务、餐饮住宿服务和居民日常服务之外的生活服务。
收派服务	是指接受寄件人委托，在承诺的时限内完成函件和包裹的收件、分拣、派送服务的业务活动。 ■收件服务是指从寄件人收取函件和包裹，并运送到服务提供方同城的集散中心的业务活动。 ■分拣服务是指服务提供方在其集散中心对函件和包裹进行归类、分发的业务活动。 ■派送服务是指服务提供方从其集散中心将函件和包裹送达同城的收件人的业务活动。

上述优惠政策适用的截止日期将视疫情情况另行公告。

纳税人提供公共交通运输服务、生活服务，以及为居民提供必需生活物资快递收派服务取得的收入免征增值税的，免征城市维护建设税、教育费附加、地方教育附加。

纳税人按规定享受免征增值税优惠的，可自主进行免税申报，无须办理有关免税备案手续，但应将相关证明材料留存备查。在办理增值税纳税申报时，应当填写增值税纳税申报表及《增值税减免税申报明细表》相应栏次。

纳税人按规定适用免征增值税政策的，不得开具增值税专用发票；已开具增值税专用发票的，应当开具对应红字发票或者作废原发票，再按规定适用免征增值税政策并开具普通发票。纳税人在疫情防控期间已经开具增值税专用发票，按规定应当开具对应红字发票而未及时开具的，可以先适用免征增值税政策，对应红字发票应当于相关免征增值税政策执行到期后1个月内完成开具。

纳税人已将适用免税政策的销售额、销售数量，按照征税销售额、销售数量进行增值税申报的，可以选择更正当期申报或者在下期申报时调整。已征应予免征的增值税税款，可以予以退还或者抵减纳税人以后应缴纳的增值税税款。

【政策依据】

（1）《财政部　税务总局关于支持新型冠状病毒感染的肺炎疫情防控有关税收政策的公告》（2020年第8号）。

（2）《财政部　税务总局关于全面推开营业税改征增值税试点的通知》（财税〔2016〕36号）。

（3）《国家税务总局关于支持新型冠状病毒感染的肺炎疫情防控有关税收征收管理事项的公告》（2020年第4号）。

【实操案例】

1. 甲公司是一家网约车公司，通过组织自营车辆和其他车辆提供客运服务。甲公司是否可以享受公共交通运输服务免征增值税政策？

解答：可以享受。《财政部　税务总局关于支持新型冠状病毒感染的肺炎疫情防控有关税收政策的公告》（财政部　税务总局公告 2020 年第 8 号，以下简称 8 号公告）第五条规定，对纳税人提供公共交通运输服务取得的收入，免征增值税。公共交通运输服务的具体范围，按照《营业税改征增值税试点有关事项的规定》（财税〔2016〕36 号印发）执行。

公共交通运输服务包括轮客渡、公交客运、地铁、城市轻轨、出租车、长途客运、班车。依托互联网服务平台、使用符合条件的车辆和驾驶员提供的网络预约出租汽车服务，属于上述公共交通运输服务的范围。因此，你公司提供网络预约出租车服务取得的收入，可以按照 8 号公告的有关规定享受免征增值税优惠。

2. 乙公司是一家公交公司，除提供公交客运服务外，还为客户单位提供上下班的班车服务。乙公司运营公交车收入和班车收入都能享受新出台的公共交通运输服务免征增值税政策吗？

解答：可以享受。8 号公告第五条规定，对纳税人提供公共交通运输服务取得的收入，免征增值税。公共交通运输服务的具体范围，按照《营业税改征增值税试点有关事项的规定》（财税〔2016〕36 号印发）执行。公共交通运输服务包括轮客渡、公交客运、地铁、城市轻轨、出租车、长途客运、班车。其中，班车是指按固定路线、固定时间运营并在固定站点停靠的运送旅客的陆路运输服务。

公交客运、班车属于公共交通运输服务的范围。乙公司提供公交客运、班车服务取得的收入，均可以按规定享受上述免征增值税优惠。

3. 丙公司是一家服务企业，关注到近期国家出台了对生活服务收入免征增值税的优惠政策。生活服务具体包括哪些呢？

解答：8 号公告第五条规定，对纳税人提供生活服务取得的收入，免征增值税。生活服务的具体范围，按照《销售服务、无形资产、不动产注释》（财税〔2016〕36 号印发）规定执行。生活服务是指为满足城乡居民日常生活需求提供的各类服务活动，包括文化体育服务、教育医疗服务、旅游娱乐服务、餐饮住宿服务、居民日常服务和其他生活服务。你公司可对照上述增值税税目注释享受相关免税政策。

4. 甲公司是一家快捷酒店，春节期间该酒店按照市政府的安排，专门接待疫区滞留该市的旅客。甲公司按照政府安排对滞留旅客提供的住宿服务，能享受免征增值税优惠吗？

解答：可以享受。8 号公告第五条规定，对纳税人提供生活服务取得的收入，免征增值税。生活服务的具体范围，按照《销售服务、无形资产、不动产注释》（财税〔2016〕36 号印发）规定执行。住宿服务属于生活服务范围，你酒店为疫区滞留旅客提供的住宿服务，可以按照规定享受上述免征增值税优惠。

5. 乙公司是武汉市的一家餐饮企业，疫情发生后，乙公司为社区医务人员和方舱医院免费提供餐食，此外，还以优惠价格为百姓提供"爱心餐"服务。乙公司的相关业务需要交增值税吗？

解答：8 号公告第五条规定，对纳税人提供生活服务取得的收入，免征增值税。生活服务的具体范围，按照《销售服务、无形资产、不动产注释》（财税〔2016〕36 号印发）执行。

餐饮服务属于生活服务的范围。因此，乙公司向百姓提供的餐饮服务，可按规定享受上述免征增值税优惠。此外，乙公司在疫情期间向医务人员和方舱医院免费提供餐食，属于无偿提供餐饮服务用于公益事业或者以社会公众为对象，无须视同销售缴纳增值税。

6. 丙公司是一家幼儿培训教育机构，在全国各地有几十家实体店。此次新冠疫情严重冲击了丙公司的线下业务，目前只能依靠线上培训业务维持经营。在当前应对疫情的背景下，针对丙公司这样的企业，国家新出台了什么税收优惠政策吗？

解答：8号公告第五条规定，对纳税人提供生活服务取得的收入，免征增值税。生活服务的具体范围，按照《销售服务、无形资产、不动产注释》（财税〔2016〕36号印发）执行。培训等非学历教育服务属于生活服务的范围。因此，丙公司提供非学历教育服务取得的收入，可以按规定享受上述免征增值税优惠。

7. 甲公司是一家快递公司，关注到财税部门发布的《关于支持新型冠状病毒感染的肺炎疫情防控有关税收政策的公告》（财政部 税务总局公告2020年第8号）规定，为居民提供必需生活物资快递收派服务取得的收入可以免征增值税，能够享受免税的快递收派服务具体包括哪些业务呢？

解答：8号公告第五条规定，对纳税人为居民提供必需生活物资快递收派服务取得的收入，免征增值税。快递收派服务的具体范围，按照《销售服务、无形资产、不动产注释》（财税〔2016〕36号印发）规定执行。

为居民提供必需生活物资快递收派服务，是指为居民个人快递货物提供的收派服务。收派服务是指接受寄件人委托，在承诺的时限内完成函件和包裹的收件、分拣、派送服务的业务活动。其中，收件服务是指从寄件人收取函件和包裹，并运送到服务提供方同城的集散中心的业务活动。分拣服务是指服务提供方在其集散中心对函件和包裹进行归类、分发的业务活动。派送服务是指服务提供方从其集散中心将函件和包裹送达同城的收件人的业务活动。

8. 乙公司是一家快递公司，享受免税的快递收入具体包括哪些呢？

解答：8号公告第五条规定，对纳税人为居民提供必需生活物资快递收派服务取得的收入，免征增值税。为居民提供必需生活物资快递收派服务取得的收入，是指为居民个人快递货物提供的收派服务取得的收入。因此，乙公司取得的上述收派服务收入，可以按照8号公告的有关规定享受免征增值税优惠。

9. 丙公司旗下有一家连锁酒店提供住宿服务，按照《财政部 税务总局关于支持新型冠状病毒感染的肺炎疫情防控有关税收政策的公告》（2020年第8号）规定，可以享受免征增值税的政策。丙公司对2020年1月份收取的住宿费开具了3张增值税专用发票，应该如何处理？

解答：根据《国家税务总局关于支持新型冠状病毒感染的肺炎疫情防控有关税收征收管理事项的公告》（2020年第4号）规定，纳税人按照8号公告和《财政部 税务总局关于支持新型冠状病毒感染的肺炎疫情防控有关捐赠税收政策的公告》（2020年第9号）有关规定适用免征增值税政策的，不得开具增值税专用发票；已开具增值税专用发票的，应当开具对应的红字发票或者作废原发票，再按规定适用免征增值税政策并开具普通发票。如你公司需要享受2020年8号公告规定的免征增值税政策，由于1月份开具的3张增值税专用发票已经跨月，无法作废了，因此，应当开具对应的红字发票后，再按规定开具普通发票。

10. 甲公司是一家生活服务公司，甲公司2020年1月的销售额为35万元，尚未开具增值税发票，按照《国家税务总局关于支持新型冠状病毒感染的肺炎疫情防控有关税收征收管理事项的公告》（国家税务总局公告2020年第4号）规定，可以适用免征增值税政策。甲公司在办理纳税申报时，免税销售额应当如何申报？

解答：根据《国家税务总局关于支持新型冠状病毒感染的肺炎疫情防控有关税收征收管理事项的公告》（国家税务总局公告2020年第4号）规定，若公司为一般纳税人，在办理2020年1月属期增值税纳税申报时，应将当期适用免税政策的销售额等项目填写在《增值税纳税申报表》（一般纳税人适用）第8栏"免税销售额"、《增值税纳税申报表附列资料（一）》第19栏免税项目"服务、不动产和无形资产"对应栏次。

若公司为小规模纳税人，在办理2020年1月属期增值税纳税申报时，应将当期适用免税政策的销售额和免税额分别填入《增值税纳税申报表》（小规模纳税人适用）第12栏"其他免税销售额"、第17栏"本期免税额"对应栏次。

适用免税政策的一般纳税人和小规模纳税人，在纳税申报时，还应当填报《增值税减免税申报明细表》，填写时应准确选择减免税代码，准确填写免税销售额等项目。

11. 乙公司属于按月申报小规模纳税人，2020年2月销售额合计超过了10万元，但是其中5万元销售额归属于适用免税政策的生活服务业务。乙公司是否可以享受月销售额10万元以下免征增值税政策？

解答：《财政部　税务总局关于实施小微企业普惠性税收减免政策的通知》（财税〔2019〕13号）第一条及《国家税务总局关于小规模纳税人免征增值税政策有关征管问题的公告》（2019年第4号）第一条规定：小规模纳税人发生增值税应税销售行为，合计月销售额未超过10万元（以1个季度为1个纳税期的，季度销售额未超过30万元）的，免征增值税。其中月销售额包含免税销售收入。

8号公告第五条规定，对纳税人提供生活服务取得的收入，免征增值税。

乙公司提供生活服务取得的5万元收入可以按照8号公告的规定享受免征增值税优惠，但由于乙公司2月销售额合计超过了10万元，其余收入应按规定计算缴纳增值税。

12. 丙医院是一家新成立的民营医院，为应对新冠肺炎疫情，主动承担社会责任，开设了24小时发热门诊，为患者就近提供化验检查、影像学诊断、临床治疗等诊疗服务。丙医院能否享受医疗服务免征增值税政策？

解答：《营业税改征增值税试点过渡政策的规定》（财税〔2016〕36号附件3，以下称"36号文件"）第一条第（七）项规定，医疗机构提供的医疗服务免征增值税。

所称医疗机构是指依据国务院《医疗机构管理条例》（国务院令第149号）及卫生部《医疗机构管理条例实施细则》（卫生部令第35号）的规定，经登记取得《医疗机构执业许可证》的机构，以及军队、武警部队各级各类医疗机构。所称医疗服务是指医疗机构按照不高于地（市）级以上价格主管部门会同同级卫生主管部门及其他相关部门制定的医疗服务指导价格（包括政府指导价和按照规定由供需双方协商确定的价格等）为就医者提供《全国医疗服务价格项目规范》所列的各项服务，以及医疗机构向社会提供卫生防疫、卫生检疫的服务。该项优惠政策自2016年5月1日起实施，在营改增试点期间执行。

需要说明的是，为进一步做好新型冠状病毒感染的肺炎疫情防控工作，税务总局会同财政部联合发布的8号公告第三条明确，对纳税人提供生活服务取得的收入免征增值税。生活服务的具体范围，按照《销售服务、无形资产、不动产注释》（财税〔2016〕36号印发）执行。医疗服务属于生活服务的范围。该项优惠政策自2020年1月1日起实施，截止日期视疫情情况另行公告。

因此，丙医院可以对照上述政策规定，在8号公告规定的执行期限内，享受生活服务（包括医疗服务）免征增值税政策；8号公告执行到期后，可以按照36号文件的规定及其执行期限，享受医疗机构提供医疗服务免征增值税优惠政策。

13. 甲公司是一家取得了《医疗机构执业许可证》的第三方检验机构，被列为开展新型冠状病毒核酸检测工作的定点医疗机构。甲公司为其他医疗机构提供新型冠状病毒核酸检测，以及生化检测、免疫检测、微生物检测等服务，是否需要缴纳增值税？

解答：《财政部 税务总局关于明确养老机构免征增值税等政策的通知》（财税〔2019〕20号，以下称"20号文件"）第二条规定，自2019年2月1日至2020年12月31日，医疗机构接受其他医疗机构委托，按照不高于地（市）级以上价格主管部门会同同级卫生主管部门及其他相关部门制定的医疗服务指导价格（包括政府指导价和按照规定由供需双方协商确定的价格等），提供《全国医疗服务价格项目规范》所列的各项服务，可适用《营业税改征增值税试点过渡政策的规定》（财税〔2016〕36号附件3）第一条第（七）项规定的免征增值税政策。

需要说明的是，为进一步做好新型冠状病毒感染的肺炎疫情防控工作，税务总局会同财政部联合发布的8号公告第三条明确，对纳税人提供生活服务取得的收入免征增值税。生活服务的具体范围，按照《销售服务、无形资产、不动产注释》（财税〔2016〕36号印发）执行。医疗服务属于生活服务的范围。该项优惠政策自2020年1月1日起实施，截止日期视疫情情况另行公告。

因此，甲公司可以对照上述政策规定，在8号公告规定的执行期限内，享受生活服务（包括医疗服务）免征增值税政策；8号公告执行到期后，可以按照20号文件的规定及其执行期限，享受医疗机构提供医疗服务免征增值税优惠政策。

14. 乙血站为了抗击新冠肺炎疫情，向本地各大医院供应临床用血，是否需要缴纳增值税？

解答：《财政部　国家税务总局关于血站有关税收问题的通知》（财税字〔1999〕264号）规定，对血站供应给医疗机构的临床用血免征增值税。乙血站供应给医疗机构的临床用血，可按规定享受上述免征增值税政策。

15. 丙公司是一家疾控中心，为抗击新冠肺炎疫情，现在科研人员正抓紧研发疫苗。若疫苗研发成功，丙公司调拨或者发放由政府财政负担的免费防疫苗，是否需要缴纳增值税？

解答：《国家税务总局关于卫生防疫站调拨生物制品及药械征收增值税的批复》（国税函〔1999〕191号）规定，对卫生防疫站调拨或发放的由政府财政负担的免费防疫苗不征收增值税。我国实行疾病控制与卫生监督体制改革后，自2002年起，各级卫生防疫站陆续分离出卫生监督所（局），后改称为"疾病预防控制中心（CDC）"。因此，疾病预防控制中心同样适用上述政策，其调拨或者发放由政府财政负担的免费防疫苗，不需要缴纳增值税。

16. 甲公司是东北一家国有农场，为支持国家在防疫抗疫过程中农产品稳产保供，做好春耕备耕工作，甲公司准备将自有2000亩国有农用地出租给某农业合作社，用于机械化种植玉米、高粱等经济作物。甲公司可以享受增值税优惠政策吗？

解答：可以享受。《财政部　税务总局关于明确国有农用地出租等增值税政策的公告》（财政部　税务总局公告2020年第2号）第一条规定，纳税人将国有农用地出租给农业生产者用于农业生产，免征增值税。

甲公司将国有农用地出租给农业合作社用于农业种植，可按上述规定享受免征增值税政策。

17. 乙公司将一栋写字楼以及地下车库对外出租，针对新冠肺炎疫情防控形势，公司与租户签订补充协议，约定免收租户1个月的租金，以及长租车位1个月的停车费。乙公司免收的租金和停车费，需要视同销售缴纳增值税吗？

解答：按照《国家税务总局关于土地价款扣除时间等增值税征管问题的公告》（2016年第86号）规定，纳税人出租不动产，租赁合同中约定免租期的，不属于《营业税改征增值税试点实施办法》（财税〔2016〕36号文件附件1）第十四条规定的视同销售服务，不征收增值税。

《销售服务、无形资产、不动产注释》（财税〔2016〕36号印发）规定，车辆停放服务按照不动产经营租赁服务缴纳增值税。

乙公司通过签订租赁补充协议约定免租期，免收租户1个月的租金和停车费，均无须视同销售，不用缴纳增值税。

18. 丙公司将一栋废弃仓库无偿转让给定点治疗医院，用于改造成负压隔离病房，收治新冠肺炎患者。无偿转让废弃仓库是否需要视同销售缴纳增值税？

解答：《营业税改征增值税试点实施办法》（财税〔2016〕36号附件1）第十四条规定，单位或者个人向其他单位或者个人无偿转让不动产用于公益事业或者以社会公众为对象的，无须视同销售不动产，不缴纳增值税。

丙公司向医院无偿转让废弃仓库用于收治新冠肺炎患者，属于无偿转让不动产用于公益事业或者以社会公众为对象，无须视同销售，不用缴纳增值税。

19. 甲公司是湖北省襄阳市一家承担粮食收储任务的国有粮食购销企业，在此次抗击新冠肺炎疫情过程中，为保障市民生活物资供应，稳定市场物价，按照政府部署向市场投放了大量储备粮食，此类业务是否需要缴纳增值税？

解答：《财政部　国家税务总局关于粮食企业增值税征免问题的通知》（财税字〔1999〕198 号）规定，对承担粮食收储任务的国有粮食购销企业销售的粮食免征增值税。甲公司属于承担粮食收储任务的国有购销企业，甲公司销售的储备粮食，可以按规定享受上述免征增值税优惠。

四、对疫情防控重点物资生产企业扩大产能购置设备允许企业所得税税前一次性扣除

【享受主体】

疫情防控重点保障物资生产企业。

【优惠内容】

自 2020 年 1 月 1 日起，对疫情防控重点保障物资生产企业为扩大产能新购置的相关设备，允许一次性计入当期成本费用在企业所得税税前扣除。

疫情防控重点保障物资生产企业名单，由省级及省级以上发展改革部门、工业和信息化部门确定。

上述优惠政策适用的截止日期将视疫情情况另行公告。

疫情防控重点保障物资生产企业适用一次性企业所得税税前扣除政策的，在优惠政策管理等方面参照《国家税务总局关于设备器具扣除有关企业所得税政策执行问题的公告》（2018 年第 46 号）的规定执行。企业在纳税申报时将相关情况填入企业所得税纳税申报表"固定资产一次性扣除"行次。

【政策依据】

（1）《财政部　税务总局关于支持新型冠状病毒感染的肺炎疫情防控有关税收政策的公告》（2020 年第 8 号）。

（2）《国家税务总局关于支持新型冠状病毒感染的肺炎疫情防控有关税收征收管理事项的公告》（2020 年第 4 号）。

【实操案例】

1. 疫情防控重点保障物资生产企业新购置生产设备的，可以适用什么税收优惠政策吗？

解答：为有效应对疫情，鼓励企业扩大产能，政策规定对疫情防控重点保障物资

生产企业为扩大产能新购置的相关设备，允许一次性计入当期成本费用在企业所得税税前扣除。

2. 疫情防控重点保障物资生产企业如何确定？

解答：疫情防控重点保障物资生产企业名单，由省级及以上发展改革部门、工业和信息化部门确定。

3. 疫情防控重点保障物资生产企业享受一次性扣除政策的，如何填报纳税申报表？

解答：疫情防控重点保障物资生产企业享受一次性税前扣除政策的，在现行企业所得税纳税申报表"固定资产一次性扣除"行次填报相关数据。

4. 疫情防控重点保障物资生产企业享受一次性扣除政策的，需办理什么手续？

解答：为贯彻落实税务系统"放管服"改革，优化税收环境，有效落实企业所得税各项优惠政策，税务总局于 2018 年制发了《关于发布修订后的〈企业所得税优惠政策事项办理办法〉的公告》（国家税务总局公告 2018 年 23 号），修订完善《企业所得税优惠政策事项办理办法》。新的办理办法规定，企业所得税优惠事项全部采用"自行判别、申报享受、相关资料留存备查"的办理方式。因此，疫情防控重点保障物资生产企业享受一次性扣除政策的，无须履行相关手续，按规定归集和留存备查资料即可。留存备查资料暂可参照《国家税务总局关于设备 器具扣除有关企业所得税政策执行问题的公告》（国家税务总局公告 2018 年第 46 号）规定执行。

5. 疫情防控重点保障物资生产企业为扩大产能新购置相关设备，可以适用什么税收政策？

解答：根据《关于支持新型冠状病毒感染的肺炎疫情防控有关税收政策的公告》（财政部 税务总局公告 2020 年第 8 号）第一条规定，对疫情防控重点保障物资生产企业为扩大产能新购置的相关设备，允许一次性计入当期成本费用在企业所得税前扣除。疫情防控重点保障物资生产企业名单，由省级及以上发展改革部门、工业和信息化部门确定。第六条规定，本公告自 2020 年 1 月 1 日起实施，截止日期视疫情情况另行公告。

6. 甲公司下设国家级企业技术中心，参与新型冠状病毒感染的肺炎疫苗的研制工作。因研发工作需要，甲公司近期在国内购买部分研发设备，设备所含增值税进项税额能否退还？

解答：根据《财政部 商务部 税务总局关于继续执行研发机构采购设备增值税政策的公告》（2019 年第 91 号），在 2020 年 12 月 31 日前，对经有关部门核定企业技术中心、国家重点实验室等研发机构采购国产设备全额退还增值税。因此，甲公司如符合上述政策适用条件，可以凭相关证明资料向主管税务机关申请退还研发设备的增值税进项税额。

7. 甲公司属于财政部、税务总局 2020 年第 8 号公告中的疫情防控重点保障物资生产企业，为扩大产能新购置的相关设备，主要生产保障物资同时也生产与疫情无关的一些其他物资，是否允许一次性计入当期成本费用在企业所得税税前扣除？

解答：可以一次性计入当期成本费用在企业所得税税前扣除。

8. 疫情期间，乙公司给员工发放的购买口罩的费用，能否进行企业所得税税前扣除？

解答：乙公司给员工发放的购买口罩的费用，可以在企业所得税税前扣除。如果发放现金补贴，可以作为职工福利费税前扣除。

9. 丙公司是一家餐饮企业，受疫情影响，部分年前预定的酒席被退订，已经采购的食材无法售出并已经变质，能否作为损失在企业所得税税前扣除？

解答：食材属于餐饮企业的存货，发生变质的情况，可以根据《国家税务总局关于发布〈企业资产损失所得税税前扣除管理办法〉的公告》（国家税务总局公告2011年第25号）的相关规定进行税前扣除。并且，根据《国家税务总局关于企业所得税资产损失资料留存备查有关事项的公告》（国家税务总局公告2018年第15号）规定，企业发生资产损失，仅需填报企业所得税年度纳税申报表《资产损失税前扣除及纳税调整明细表》，不再报送资产损失相关资料。相关资料由企业留存备查。

10. 疫情期间，为了保证工作场所安全干净卫生，甲公司在网上购买了一批消毒液，但是拿不到增值税发票，这种情况还能以什么作为凭证税前扣除？

解答：根据《国家税务总局关于发布〈企业所得税税前扣除凭证管理办法〉的公告》（国家税务总局公告2018年第28号）规定，企业在境内发生的支出项目属于增值税应税项目（以下简称"应税项目"）的，对方为已办理税务登记的增值税纳税人，其支出以发票（包括按照规定由税务机关代开的发票）作为税前扣除凭证；对方为依法无须办理税务登记的单位或者从事小额零星经营业务的个人，其支出以税务机关代开的发票或者收款凭证及内部凭证作为税前扣除凭证，收款凭证应载明收款单位名称、个人姓名及身份证号、支出项目、收款金额等相关信息。

五、对卫生健康主管部门组织进口的直接用于防控疫情物资免征关税

【享受主体】

卫生健康主管部门组织进口的直接用于防控疫情物资。

【优惠内容】

自2020年1月1日至2020年3月31日，对卫生健康主管部门组织进口的直接用于防控疫情物资免征关税。

免税进口物资，可按照或比照海关总署公告2020年第17号，先登记放行，再按规定补办相关手续。

【政策依据】

《财政部　海关总署　税务总局关于防控新型冠状病毒感染的肺炎疫情进口物资免税政策的公告》（2020年第6号）。

第三节　鼓励公益捐赠税收优惠政策

一、通过公益性社会组织或县级以上人民政府及其部门等国家机关捐赠应对疫情的现金和物品允许企业所得税或个人所得税税前全额扣除

【享受主体】

通过公益性社会组织或者县级以上人民政府及其部门等国家机关对应对新型冠状病毒感染的肺炎疫情进行捐赠的企业和个人。

【优惠内容】

自 2020 年 1 月 1 日起，企业和个人通过公益性社会组织或者县级以上人民政府及其部门等国家机关，捐赠用于应对新型冠状病毒感染的肺炎疫情的现金和物品，允许在计算企业所得税或个人所得税应纳税所得额时全额扣除。

国家机关、公益性社会组织接受的捐赠，应专项用于应对新型冠状病毒感染的肺炎疫情工作，不得挪作他用。

上述优惠政策适用的截止日期将视疫情情况另行公告。

"公益性社会组织"是指依法取得公益性捐赠税前扣除资格的社会组织。企业享受规定的全额税前扣除政策的，采取"自行判别、申报享受、相关资料留存备查"的方式，并将捐赠全额扣除情况填入企业所得税纳税申报表相应行次。个人享受规定的全额税前扣除政策的，按照《财政部　税务总局关于公益慈善事业捐赠个人所得税政策的公告》（2019 年第 99 号）有关规定执行。

【政策依据】

（1）《财政部　税务总局关于支持新型冠状病毒感染的肺炎疫情防控有关捐赠税收政策的公告》（2020 年第 9 号）。

（2）《国家税务总局关于支持新型冠状病毒感染的肺炎疫情防控有关税收征收管理事项的公告》（2020 年第 4 号）。

【实操案例】

1. 此次支持疫情防控捐赠所得税政策有哪些亮点？

解答：相较于现行政策，为鼓励企业、个人等社会力量积极向疫情防控事业捐赠，

尽快战胜疫情，这次出台的疫情捐赠所得税政策主要有两个方面的突破。

第一个方面主要是突破了比例的限制。政策明确，企业和个人通过公益性社会组织或者县级以上人民政府及其部门等国家机关，捐赠应对疫情的现金和物品，允许在计算应纳税所得额时全额扣除。

第二个方面主要是突破了程序的限制。考虑到疫情紧急，政策规定，企业和个人直接向承担疫情防控任务的医院捐赠用于应对疫情的物品，允许在计算应纳税所得额时全额扣除。

2. 甲公司组织员工向公益性社会组织捐款用于疫情防控，公益性社会组织没有为每个人开具捐赠票据，而是统一为公司开具了捐赠票据，这种情况下员工可以进行个税税前扣除吗？

解答：可以。个人在享受应对新冠肺炎疫情捐赠全额扣除政策时，具体操作办法应按照《财政部　税务总局关于公益慈善事业捐赠个人所得税政策的公告》（财政部　税务总局公告 2019 年第 99 号）执行，即机关、企事业单位统一组织员工开展公益捐赠的，纳税人可以凭汇总开具的捐赠票据和员工明细单扣除。

3. 李先生通过公益性社会组织向疫情防控的地区进行了捐赠，由于公益性社会组织因故无法及时开具票据，但承诺过一段时间再给开具票据，这种情况李先生还能享受个税扣除政策吗？

解答：可以。个人在享受应对新冠肺炎疫情捐赠全额扣除政策时，具体操作办法应按照《财政部　税务总局关于公益慈善事业捐赠个人所得税政策的公告》（财政部　税务总局公告 2019 年第 99 号）执行。根据财税 2019 年第 99 号公告规定，如果个人在捐赠时不能及时取得捐赠票据的，可以暂凭捐赠银行支付凭证享受扣除政策，并在捐赠之日起的 90 日内取得捐赠票据即可。

4. 乙公司外购酒精进行分装，然后直接向承担疫情防治任务的医院捐赠用于应对新型冠状病毒感染的肺炎疫情，并且制作了宣传横幅。酒精分装费和制作宣传横幅的费用能否按照财政部、税务总局 2020 年第 9 号公告在计算应纳税所得额时全额扣除？

解答：酒精分装与宣传横幅所发生的费用，凡包含在捐赠物价值内的，可以作为捐赠全额扣除。不能计入捐赠物价值的，则应计入企业相关费用，按照税法规定处理。但不能重复扣除。

5. 财政部、税务总局 2020 年第 9 号公告规定的关于支持新型冠状病毒感染的肺炎疫情防控有关捐赠税收问题，涉及的征管、政策问题是否可以参照财政部、税务总局 2019 年第 99 号公告执行？如果单位员工把捐款给公司，由公司统一捐赠，个人如何在计算个税时税前扣除？个人捐赠的口罩等物资如何确认金额？

解答：可以参照。本次疫情个人捐赠全额扣除政策的具体操作办法，按照《财政部　税务总局关于公益慈善事业捐赠个人所得税政策的公告》（财政部 税务总局公告 2019 年第 99 号）执行，即机关、企事业单位统一组织员工开展公益捐赠的，纳税人可以凭汇总开具的捐赠票据和员工明细单扣除。

6. 财政部、税务总局 2020 年第 9 号公告中提到的物品和货物是否有具体范围？

解答：根据财政部、税务总局 2020 年第 9 号公告规定，企业和个人只要通过符合条件的公益性社会组织、国家机关捐赠，或者直接向承担疫情防治任务的医院捐赠，并且这些捐赠的用途是用于应对新冠肺炎疫情的，即可享受全额扣除政策。即税收政策只强调捐赠的用途，而不限制捐赠了什么物品和货物。

二、直接向承担疫情防治任务的医院捐赠应对疫情物品允许企业所得税或个人所得税税前全额扣除

【享受主体】

直接向承担疫情防治任务的医院捐赠用于应对新型冠状病毒感染的肺炎疫情物品的企业和个人。

【优惠内容】

自 2020 年 1 月 1 日起，企业和个人直接向承担疫情防治任务的医院捐赠用于应对新型冠状病毒感染的肺炎疫情的物品，允许在计算企业所得税或个人所得税应纳税所得额时全额扣除。

捐赠人凭承担疫情防治任务的医院开具的捐赠接收函办理税前扣除事宜。

承担疫情防治任务的医院接受的捐赠，应专项用于应对新型冠状病毒感染的肺炎疫情工作，不得挪作他用。

上述优惠政策适用的截止日期将视疫情情况另行公告。

企业享受规定的全额税前扣除政策的，采取"自行判别、申报享受、相关资料留存备查"的方式，并将捐赠全额扣除情况填入企业所得税纳税申报表相应行次。个人享受规定的全额税前扣除政策的，按照《财政部 税务总局关于公益慈善事业捐赠个人所得税政策的公告》（2019 年第 99 号）有关规定执行；在办理个人所得税税前扣除、填写《个人所得税公益慈善事业捐赠扣除明细表》时，应当在备注栏注明"直接捐赠"。

企业和个人取得承担疫情防治任务的医院开具的捐赠接收函，作为税前扣除依据自行留存备查。

【政策依据】

（1）《财政部 税务总局关于支持新型冠状病毒感染的肺炎疫情防控有关捐赠税收政策的公告》（2020 年第 9 号）。

（2）《国家税务总局关于支持新型冠状病毒感染的肺炎疫情防控有关税收征收管理事项的公告》（2020 年第 4 号）。

【实操案例】

1. 张先生个人通过公益性社会组织或者县级以上人民政府及其部门等国家机关的捐赠，以及直接向承担疫情防治任务的医院捐赠用于应对新型冠状病毒感染的肺炎疫

情的物品，如何办理个人所得税税前扣除？

解答：个人通过公益性社会组织或者县级以上人民政府及其部门等国家机关的捐赠，以及个人直接向承担疫情防治任务的医院捐赠的办理，按照《财政部　税务总局关于公益慈善事业捐赠个人所得税政策的公告》（财政部　税务总局公告 2019 年第 99 号）规定执行。可以在预扣预缴环节中的工薪所得、分类所得中扣除，也可以在汇算清缴期间统一进行扣除。其中，个人直接向承担疫情防治任务的医院捐赠用于应对新型冠状病毒感染的肺炎疫情的物品，在办理个人所得税税前扣除时，需在填写《个人所得税公益慈善事业捐赠扣除明细表》时，在备注栏注明"直接捐赠"。

2. 甲公司月（季）度预缴申报时能否享受疫情防控捐赠支出全额扣除政策？

解答：《企业所得税法》及其实施条例规定，企业分月或分季预缴企业所得税时，原则上应当按照月度或者季度的实际利润额预缴。企业在计算会计利润时，按照会计核算相关规定，疫情防控捐赠支出已经全额列支，企业按实际会计利润进行企业所得税预缴申报，疫情防控捐赠支出在税收上也实现了全额据实扣除。因此，企业月（季）度预缴申报时就能享受到该政策。

3. 王女士购买并捐赠的口罩防护服等医疗物资，按照什么金额在计算个人所得税时扣除？

解答：个人在享受应对新冠肺炎疫情捐赠全额扣除政策时，具体操作办法应按照《财政部　税务总局关于公益慈善事业捐赠个人所得税政策的公告》（财政部　税务总局公告 2019 年第 99 号）执行。根据财税 2019 年第 99 号公告规定，捐赠口罩、防护服等物资的，应按照市场价格确定捐赠额，享受税前扣除政策。同时，根据公益捐赠的有关制度要求，接受物资捐赠的公益性社会组织会按照相应的办法确认捐赠物资的市场价格。如，在个人购买物资的时间与实际捐赠的时间很接近的情况下，公益性社会组织会按照购买价格确定物资市场价格。需要说明的是这个市场价格会取得捐赠者的确认。因此，捐赠者可以按照与公益性社会组织确认的物资市场价格确定捐赠额。

4. 赵先生在当月发生疫情相关的捐赠，可不可以选择捐赠当月先不扣除，等以后自主选择相关月份再扣除？

解答：可以。根据财税 2019 年第 99 号公告规定，纳税人的捐赠可以在当月的分类所得中扣除，或者在当年的综合所得、经营所得的应纳税所得额中扣除。因此，在综合所得、经营所得中扣除捐赠的，可以选择当年的以后月份扣除。在分类所得中扣除捐赠的，则不可以选择到以后的月份扣除。

5. 苏女士当月捐赠了疫情物资，可以全额扣除，经过咨询相关人员了解到，当月应纳所得额不足以扣除的，可以结转到下月综合所得、经营所得应纳税所得额中扣除。如果下月还是不足以扣除，是否可以继续在以后月份依次扣除直至 12 月？例如，苏女士 3 月捐赠，但是 3 月、4 月都不足以扣除，可以继续依次结转至 5 月、6 月甚至 12 月的综合所得、经营所得应纳税所得额中扣除吗？

解答：可以。根据财税 2019 年第 99 号公告第三条规定，居民个人在当期一个项目扣除不完的公益捐赠支出，可以按规定在其他所得项目中继续扣除。同时，综合财税 2019 年第 99 号公告第四、五、六条规定，居民个人发生公益捐赠支出可在当年的综合所得、经营所得，以及当月的分类所得中扣除。

因此，当月应纳税所得额不足以扣除的，可以根据实际情况一直依次结转至以后月份综合所得、经营所得应纳税所得额中扣除直至汇算清缴扣除。汇算清缴仍然扣除不完的，不得结转以后年度扣除。

6. 钱先生针对此次疫情捐了款，但是他把钱给了深圳一家公司，该公司直接采购防疫物资捐赠给金银潭医院，但钱先生不是这家公司的员工，钱先生捐款的金额还可以在个人所得税税前扣除吗？

解答：本次防疫捐赠全额扣除范围包括两个方面：一是个人通过公益性社会组织或者县级以上人民政府及其部门等国家机关，捐赠用于新冠肺炎疫情的现金和物品，可以享受防疫捐赠全额扣除政策；二是个人直接向承担疫情防治任务的医院，捐赠用于新冠肺炎疫情的物品，可以享受防疫捐赠全额扣除政策。

根据上述政策规定，个人通过企业进行的捐赠，不能在税前扣除。

7. 甲公司和员工个人发生符合条件的捐赠，全额扣除时，应纳税所得额不足以扣除，超过部分是否可以结转？

解答：企业所得税方面，企业发生的符合条件的捐赠支出，在计算应纳税所得额时已全额扣除，不存在不足扣除问题。如果出现亏损的，可以按照规定亏损正常结转。个人所得税方面，在现行个人所得税法政策体系框架下，尚无结转以后年度扣除的相关规定。因此，个人捐赠是不可以结转以后年度扣除的。

三、无偿捐赠应对疫情的货物免征增值税、消费税、城市维护建设税、教育费附加、地方教育附加

【享受主体】

无偿捐赠应对疫情货物的单位和个体工商户。

【优惠内容】

自 2020 年 1 月 1 日起，单位和个体工商户将自产、委托加工或购买的货物，通过公益性社会组织和县级以上人民政府及其部门等国家机关，或者直接向承担疫情防治任务的医院，无偿捐赠用于应对新型冠状病毒感染的肺炎疫情的，免征增值税、消费税、城市维护建设税、教育费附加、地方教育附加。

上述优惠政策适用的截止日期将视疫情情况另行公告。

纳税人按规定享受免征增值税、消费税优惠的，可自主进行免税申报，无须办理有关免税备案手续，但应将相关证明材料留存备查。在办理增值税纳税申报时，应当填写增值税纳税申报表及《增值税减免税申报明细表》相应栏次；在办理消费税纳税申报时，应当填写消费税纳税申报表及《本期减（免）税额明细表》相应栏次。

纳税人按规定适用免征增值税政策的，不得开具增值税专用发票；已开具增值税专用发票的，应当开具对应红字发票或者作废原发票，再按规定适用免征增值税政策

并开具普通发票。纳税人在疫情防控期间已经开具增值税专用发票，按规定应当开具对应红字发票而未及时开具的，可以先适用免征增值税政策，对应红字发票应当于相关免征增值税政策执行到期后1个月内完成开具。

纳税人已将适用免税政策的销售额、销售数量，按照征税销售额、销售数量进行增值税、消费税纳税申报的，可以选择更正当期申报或者在下期申报时调整。已征应予免征的增值税、消费税税款，可以予以退还或者分别抵减纳税人以后应缴纳的增值税、消费税税款。

【政策依据】

（1）《财政部　税务总局关于支持新型冠状病毒感染的肺炎疫情防控有关捐赠税收政策的公告》（2020年第9号）。

（2）《国家税务总局关于支持新型冠状病毒感染的肺炎疫情防控有关税收征收管理事项的公告》（2020年第4号）。

【实操案例】 ••

1. 为抗击新冠肺炎疫情，甲公司购买了一批口罩、防护服等医用物资，通过红十字会无偿捐赠，该业务可以享受免征增值税优惠吗？

解答：可以享受。《财政部　税务总局关于支持新型冠状病毒感染的肺炎疫情防控有关捐赠税收政策的公告》（财政部　税务总局公告2020年第9号）第三条规定，单位和个体工商户将自产、委托加工或购买的货物，通过公益性社会组织和县级以上人民政府及其部门等国家机关，或者直接向承担疫情防治任务的医院，无偿捐赠用于应对新型冠状病毒感染的肺炎疫情的，免征增值税。红十字会属于"公益性社会组织"，甲公司通过红十字会等公益性社会组织无偿捐赠医用物资，用于新冠肺炎防治的，可以按规定享受上述免征增值税优惠。

2. 乙公司未通过公益组织或政府部门，直接向武汉协和医院捐赠了一批医用器材，用于治疗新冠肺炎，该业务可以享受免征增值税优惠吗？

解答：可以享受。《财政部　税务总局关于支持新型冠状病毒感染的肺炎疫情防控有关捐赠税收政策的公告》（财政部　税务总局公告2020年第9号）第三条规定，单位和个体工商户将自产、委托加工或购买的货物，通过公益性社会组织和县级以上人民政府及其部门等国家机关，或者直接向承担疫情防治任务的医院，无偿捐赠用于应对新型冠状病毒感染的肺炎疫情的，免征增值税。乙公司直接向武汉协和医院捐赠医用器材，用于治疗新冠肺炎，可按规定享受上述免征增值税优惠。

3. 丙公司通过武汉市人民政府相关部门向武汉市民捐赠了一批方便食品，以抗击新冠肺炎疫情，该业务可以享受免征增值税优惠吗？

解答：可以享受。《财政部　税务总局关于支持新型冠状病毒感染的肺炎疫情防控有关捐赠税收政策的公告》（财政部　税务总局公告2020年第9号，以下简称9号公告）第三条规定，单位和个体工商户将自产、委托加工或购买的货物，通过公益性社会组织和县级以上人民政府及其部门等国家机关，或者直接向承担疫情防治任务的医院，无偿捐赠用于应对新型冠状病毒感染的肺炎疫情的，免征增值税。9号公告第三条规定中的"货物"不仅限于医疗防护物资。丙公司通过武汉市人民政府，向武汉市民捐赠方便食品，抗击新冠肺炎疫情，可按规定享受上述免征增值税优惠。

4. 甲公司是一家汽车生产企业，为支援新冠肺炎疫情防控，向武汉市几家疫情防治定点医院捐赠了一批中轻型商用客车和小汽车用于防疫，可以享受免征增值税和消费税优惠吗？

解答：可以享受。根据《财政部 税务总局关于支持新型冠状病毒感染的肺炎疫情防控有关捐赠税收政策的公告》（财政部 税务总局公告 2020 年第 9 号）第三条规定，单位和个体工商户将自产、委托加工或购买的货物，通过公益性社会组织和县级以上人民政府及其部门等国家机关，或者直接向承担疫情防治任务的医院，无偿捐赠用于应对新型冠状病毒感染的肺炎疫情的，免征增值税、消费税及其附加。因此，甲公司向武汉市疫情防治定点医院捐赠了中轻型商用客车和小汽车用于防疫，可按规定享受上述免税优惠。

5. 乙集团是一家综合性集团公司，下属各公司分别经营石油化工、房地产开发、建筑施工、商贸、物流等。为支援新冠肺炎疫情防控工作，集团公司拟向市慈善总会捐赠一批汽油，用于防疫车辆使用，可以享受免征增值税和消费税优惠吗？

解答：可以享受。根据《财政部 税务总局关于支持新型冠状病毒感染的肺炎疫情防控有关捐赠税收政策的公告》（财政部 税务总局公告 2020 年第 9 号）第三条规定，单位和个体工商户将自产、委托加工或购买的货物，通过公益性社会组织和县级以上人民政府及其部门等国家机关，或者直接向承担疫情防治任务的医院，无偿捐赠用于应对新型冠状病毒感染的肺炎疫情的，免征增值税、消费税及其附加。

汽油属于消费税征税范围，在生产、进口环节征收，为充分享受税收优惠政策，建议通过集团公司下属生产汽油的石油化工企业直接向市慈善总会捐赠汽油。

6. 适用《财政部 税务总局关于支持新型冠状病毒感染的肺炎疫情防控有关税收政策的公告》（财政部 税务总局公告 2020 年第 8 号）及《财政部 税务总局关于支持新型冠状病毒感染的肺炎疫情防控有关捐赠税收政策的公告》（财政部 税务总局公告 2020 年第 9 号）文件免征增值税、消费税优惠是否需要备案？如何填写申报表？

解答：《国家税务总局关于支持新型冠状病毒感染的肺炎疫情防控有关税收征收管理事项的公告》（国家税务总局公告 2020 年第 4 号）第二条规定：纳税人按照 8 号公告和《财政部 税务总局关于支持新型冠状病毒感染的肺炎疫情防控有关捐赠税收政策的公告》（2020 年第 9 号，以下简称'9 号公告'）有关规定享受免征增值税、消费税优惠的，可自主进行免税申报，无须办理有关免税备案手续，但应将相关证明材料留存备查。

适用免税政策的纳税人在办理增值税纳税申报时，应当填写增值税纳税申报表及《增值税减免税申报明细表》相应栏次；在办理消费税纳税申报时，应当填写消费税纳税申报表及《本期减（免）税额明细表》相应栏次。

7. 适用《财政部　税务总局关于支持新型冠状病毒感染的肺炎疫情防控有关税收政策的公告》（财政部　税务总局公告 2020 年第 8 号）及《财政部　税务总局关于支持新型冠状病毒感染的肺炎疫情防控有关捐赠税收政策的公告》（财政部　税务总局公告 2020 年第 9 号）文件免征增值税如何开具发票？

解答：《国家税务总局关于支持新型冠状病毒感染的肺炎疫情防控有关税收征收管理事项的公告》（国家税务总局公告 2020 年第 4 号）第三条规定：纳税人按照 8 号公告和 9 号公告有关规定适用免征增值税政策的，不得开具增值税专用发票；已开具增值税专用发票的，应当开具对应红字发票或者作废原发票，再按规定适用免征增值税政策并开具普通发票。

纳税人在疫情防控期间已经开具增值税专用发票，按照该公告规定应当开具对应红字发票而未及时开具的，可以先适用免征增值税政策，对应红字发票应当于相关免征增值税政策执行到期后 1 个月内完成开具。

8. 纳税人适用《财政部　税务总局关于支持新型冠状病毒感染的肺炎疫情防控有关税收政策的公告》（财政部　税务总局公告 2020 年第 8 号）及《财政部　税务总局关于支持新型冠状病毒感染的肺炎疫情防控有关捐赠税收政策的公告》（财政部　税务总局公告 2020 年第 9 号）文件，但是已经按照征税申报应如何处理？

解答：《国家税务总局关于支持新型冠状病毒感染的肺炎疫情防控有关税收征收管理事项的公告》（国家税务总局公告 2020 年第 4 号）第四条规定：在本公告发布前，纳税人已将适用免税政策的销售额、销售数量，按照征税销售额、销售数量进行增值税、消费税纳税申报的，可以选择更正当期申报或者在下期申报时调整。已征应予免征的增值税、消费税税款，可以予以退还或者分别抵减纳税人以后应缴纳的增值税、消费税税款。

9. 为抗击新冠肺炎疫情，甲公司通过武汉市人民政府相关部门，无偿捐赠了一批方便食品，用于抗击新冠肺炎疫情，按照《财政部　税务总局关于支持新型冠状病毒感染的肺炎疫情防控有关捐赠税收政策的公告》（2020 年第 9 号）规定，可以享受免征增值税优惠。甲公司是不是要先办理增值税免税备案手续才可以享受免税政策？

解答：《国家税务总局关于支持新型冠状病毒感染的肺炎疫情防控有关税收征收管理事项的公告》（国家税务总局公告 2020 年第 4 号）规定，纳税人按照《财政部　税务总局关于支持新型冠状病毒感染的肺炎疫情防控有关税收政策的公告》（2020 年第 8 号）和《财政部　税务总局关于支持新型冠状病毒感染的肺炎疫情防控有关捐赠税收政策的公告》（2020 年第 9 号）有关规定享受免征增值税、消费税优惠的，可自主进行免税申报，无须办理有关免税备案手续，但应将相关证明材料留存备查。因此，甲公司无须办理增值税免税备案手续，自主进行免税申报即可享受免征增值税优惠；需要提醒的是，甲公司应将证明已捐赠的相关材料留存好，以备查验。

10. 2020 年 2 月初，乙公司购买了一批口罩、消毒酒精等医用物资，通过红十字会无偿捐赠，用于抗击疫情，按照《财政部　税务总局关于支持新型冠状病毒感染的肺炎疫情防控有关捐赠税收政策的公告》（2020 年第 9 号）规定，可以享受免征增值税优惠。红十字会给乙公司开了一张接受捐赠票据，该票据可以作为无偿捐赠的证明材料吗？

解答：可以。根据《国家税务总局关于支持新型冠状病毒感染的肺炎疫情防控有关税收征收管理事项的公告》（国家税务总局公告 2020 年第 4 号）规定，纳税人按照《财政部　税务总局关于支持新型冠状病毒感染的肺炎疫情防控有关税收政策的公告》（2020 年第 8 号）和《财政部　税务总局关于支持新型冠状病毒感染的肺炎疫情防控有关捐赠税收政策的公告》（2020 年第 9 号）有关规定享受免征增值税、消费税优惠的，可自主进行免税申报，无须办理有关免税备案手续，但应将相关证明材料留存备查。乙公司取得了红十字会开具的接受捐赠票据，能够证明乙公司的无偿捐赠行为，因此可以作为无偿捐赠的证明材料。请乙公司将接受捐赠的票据留存好，以备查验。

11. 丙公司是武汉市的一家企业，直接将自产的一批防护服送到了武汉市金银潭医院，无偿捐赠给他们用于抗击新冠肺炎疫情，按照《财政部　税务总局关于支持新型冠状病毒感染的肺炎疫情防控有关捐赠税收政策的公告》（2020 年第 9 号）规定，可以享受免征增值税优惠。丙公司取得的武汉金银潭医院加盖公章的接受捐赠说明，可以作为无偿捐赠的证明材料吗？

解答：可以。根据《国家税务总局关于支持新型冠状病毒感染的肺炎疫情防控有关税收征收管理事项的公告》（国家税务总局公告 2020 年第 4 号）规定，纳税人按照《财政部　税务总局关于支持新型冠状病毒感染的肺炎疫情防控有关税收政策的公告》（2020 年第 8 号）和《财政部　税务总局关于支持新型冠状病毒感染的肺炎疫情防控有关捐赠税收政策的公告》（2020 年第 9 号）有关规定享受免征增值税、消费税优惠的，可自主进行免税申报，无须办理有关免税备案手续，但应将相关证明材料留存备查。丙公司取得的武汉金银潭医院加盖公章的接受捐赠说明，能够证明丙公司的无偿捐赠行为，因此可以作为无偿捐赠的证明材料。请丙公司将接受捐赠说明留存好，以备查验。

12. 甲公司直接向承担疫情防治任务的医院无偿捐赠了一批自产的护目镜，用于防控新冠疫情，按照《财政部　税务总局关于支持新型冠状病毒感染的肺炎疫情防控有关捐赠税收政策的公告》（2020 年第 9 号）规定，可以享受免征增值税优惠。甲公司应当如何开发票？

解答：《增值税暂行条例》第二十一条规定，纳税人发生应税销售行为适用免税规定的，不得开具增值税专用发票。甲公司发生符合《财政部　税务总局关于支持新型冠状病毒感染的肺炎疫情防控有关捐赠税收政策的公告》（2020 年第 9 号）规定的免征增值税行为，不能开具增值税专用发票，但是可以开具普通发票。如果甲公司开的是注明税率或征收率栏次的普通发票，应当在税率或征收率栏次填写"免税"字样。

13. 乙公司是一家汽车厂，拟向湖北省几家疫情防治定点医院捐赠一批中轻型商用客车用于防疫，如何享受消费税优惠？

解答：根据《国家税务总局关于支持新型冠状病毒感染的肺炎疫情防控有关税

收征收管理事项的公告》（国家税务总局公告 2020 年第 4 号）规定，纳税人按照《财政部 税务总局关于支持新型冠状病毒感染的肺炎疫情防控有关捐赠税收政策的公告》（2020 年第 9 号）规定享受消费税免税优惠的，自主进行消费税申报，填写消费税纳税申报表及《本期减（免）税额明细表》相应栏次，无须办理税收优惠备案，但应将相关证明材料留存备查。因此，如乙公司向定点医院捐赠中轻型商用客车用于防疫，自主进行消费税免税申报即可享受免税优惠，不需要办理免税备案手续。需要提醒的是，乙公司应将捐赠中轻型商用客车用于防疫的相关证明材料留存好，以备查验。

14. 丙公司是一家石化企业，为支援新冠肺炎疫情防控工作，2020 年 1 月底向市慈善总会捐赠了一批汽油，用于防疫车辆使用，2 月 5 日已按照征税销售数量申报消费税，后续应该如何处理？

解答：《财政部 税务总局关于支持新型冠状病毒感染的肺炎疫情防控有关捐赠税收政策的公告》（2020 年第 9 号）规定的有关捐赠税收政策自 2020 年 1 月 1 日起施行。《国家税务总局关于支持新型冠状病毒感染的肺炎疫情防控有关税收征收管理事项的公告》（国家税务总局公告 2020 年第 4 号）规定，在本公告发布前，纳税人已将适用免税政策的销售额、销售数量按照征税销售额、销售数量进行消费税纳税申报的，可以选择更正当期申报或者在下期申报时调整。已征应予免征的消费税税款，可以向税务机关申请予以退还或者抵减纳税人以后应缴纳的消费税税款。因此，丙公司 1 月捐赠汽油是可以享受消费税免税优惠的。如果在 2 月纳税申报期已按照征税销售数量申报了消费税，可以选择在 2 月纳税申报期更正当期申报或者在下期申报时调整。如果应予免征的消费税税款已缴纳，丙公司可以申请办理退税或者抵减以后应缴纳的消费税税款。需要提醒的是，丙公司进行消费税免税申报时，需填写消费税纳税申报表及《本期减（免）税额明细表》相应栏次。

15. 甲公司是一家汽车生产企业，2020 年 1 月底向市防疫指挥部捐赠了几辆小汽车用于防疫指挥调度，2 月初已按照征税销售额申报消费税，是否还可以享受消费税优惠？后续应该如何处理？

解答：《财政部 税务总局关于支持新型冠状病毒感染的肺炎疫情防控有关捐赠税收政策的公告》（2020 年第 9 号）规定的有关捐赠税收政策自 2020 年 1 月 1 日起施行。《国家税务总局关于支持新型冠状病毒感染的肺炎疫情防控有关税收征收管理事项的公告》（国家税务总局公告 2020 年第 4 号）规定，在本公告发布前，纳税人已将适用免税政策的销售额、销售数量按照征税销售额、销售数量进行消费税纳税申报的，可以选择更正当期申报或者在下期申报时调整，已征应予免征的消费税税款可以予以退还或者抵减纳税人以后应缴纳的消费税税款。因此，甲公司 1 月捐赠小汽车是可以享受消费税免税优惠的。甲公司 2 月纳税申报期已按照征税销售额申报消费税的，可以选择在 2 月纳税申报期更正当期申报或者在下期申报时调整。对于已征的应予免征的消费税税款，甲公司可以申请办理退税或者抵减以后应缴纳的消费税税款。需要提醒的是，甲公司进行消费税免税申报时，需填写消费税纳税申报表及《本期减（免）税额明细表》相应栏次。

16. **甲保险公司直接捐赠给疫情防治任务医院的团体医疗伤害保险（保险是给医护人员的），可以享受财政部、税务总局 2020 年第 9 号公告的免征增值税优惠吗？**

解答：按照《营业税改征增值税试点实施办法》（财税〔2016〕36 号附件 1，以下简称 36 号文件）规定，纳税人向其他单位或者个人无偿提供服务，用于公益事业或者以社会公众为对象的，不属于视同销售服务，不征收增值税。

保险公司向承担疫情防治的医院无偿提供保险服务，不属于财政部、税务总局 2020 年第 9 号公告规定的货物捐赠范畴，但可以按照 36 号文件有关规定，对其用于公益事业或者以社会公众为对象的无偿提供服务，不视同销售征收增值税。

四、扩大捐赠免税进口范围

【享受主体】

防控疫情捐赠进口物资。

【优惠内容】

自 2020 年 1 月 1 日至 2020 年 3 月 31 日，适度扩大《慈善捐赠物资免征进口税收暂行办法》规定的免税进口范围，对捐赠用于疫情防控的进口物资，免征进口关税和进口环节增值税、消费税。

（1）进口物资增加试剂，消毒物品，防护用品，救护车、防疫车、消毒用车、应急指挥车。

（2）免税范围增加国内有关政府部门、企事业单位、社会团体、个人以及来华或在华的外国公民从境外或海关特殊监管区域进口并直接捐赠；境内加工贸易企业捐赠。捐赠物资应直接用于防控疫情且符合前述第（1）项或《慈善捐赠物资免征进口税收暂行办法》规定。

（3）受赠人增加省级民政部门或其指定的单位。省级民政部门将指定的单位名单函告所在地直属海关及省级税务部门。

财政部、海关总署、税务总局公告 2020 年第 6 号项下免税进口物资，已征收的应免税款予以退还。其中，已征税进口且尚未申报增值税进项税额抵扣的，可凭主管税务机关出具的《防控新型冠状病毒感染的肺炎疫情进口物资增值税进项税额未抵扣证明》，向海关申请办理退还已征进口关税和进口环节增值税、消费税手续；已申报增值税进项税额抵扣的，仅向海关申请办理退还已征进口关税和进口环节消费税手续。有关进口单位应在 2020 年 9 月 30 日前向海关办理退税手续。

免税进口物资，可按照或比照海关总署公告 2020 年第 17 号，先登记放行，再按规定补办相关手续。

【政策依据】

（1）《慈善捐赠物资免征进口税收暂行办法》（财政部海关总署税务总局公告 2015 年第 102 号发布）。

（2）《财政部　海关总署　税务总局关于防控新型冠状病毒感染的肺炎疫情进口物资免税政策的公告》（2020年第6号）。

第四节　支持复工复产税收优惠政策

一、受疫情影响较大的困难行业企业2020年度发生的亏损最长结转年限延长至8年

【享受主体】

受疫情影响较大的困难行业企业。

【优惠内容】

自2020年1月1日起，受疫情影响较大的困难行业企业2020年度发生的亏损，最长结转年限由5年延长至8年。

困难行业企业包括交通运输、餐饮、住宿、旅游（指旅行社及相关服务、游览景区管理两类）四大类，具体判断标准按照现行《国民经济行业分类》执行。困难行业企业2020年度主营业务收入须占收入总额（剔除不征税收入和投资收益）的50%以上。

受疫情影响较大的困难行业企业按规定适用延长亏损结转年限政策的，应当在2020年度企业所得税汇算清缴时，通过电子税务局提交《适用延长亏损结转年限政策声明》。

【政策依据】

（1）《财政部　税务总局关于支持新型冠状病毒感染的肺炎疫情防控有关税收政策的公告》（2020年第8号）。

（2）《国家税务总局关于支持新型冠状病毒感染的肺炎疫情防控有关税收征收管理事项的公告》（2020年第4号）。

【实操案例】

1. 此次出台的对受疫情影响较大的困难行业企业支持政策的具体内容是什么？

解答：当前，新型冠状病毒感染的肺炎疫情防控形势严峻，部分行业企业经营受到了较大冲击。为了缓解这些困难行业企业的经营困难，政策规定对受疫情影响较大的困难行业企业2020年度发生的亏损，最长结转年限由5年延长至8年。

2. 受疫情影响较大的困难行业企业包括哪几类?

解答：这次政策规定，困难行业企业包括交通运输、餐饮、住宿、旅游（指旅行社及相关服务、游览景区管理两类）四大类，具体判断标准按照现行《国民经济行业分类》执行。在政策执行过程中，企业可参考《国民经济行业分类》（GB/T 4754－2017）中的行业分类标准进行判定。

3. 对困难行业企业主营业务收入占比有何要求?

解答：困难行业企业享受此项政策的，2020 年主营收入占收入总额扣除不征税收入和投资收益后余额的比例，应在 50%（不含）以上。

4. 受疫情影响较大的困难行业企业按照财政部、税务总局公告 2020 年第 8 号文件第四条规定，适用延长亏损结转年限政策的，需要提交资料吗?

解答：《国家税务总局关于支持新型冠状病毒感染的肺炎疫情防控有关税收征收管理事项的公告》（国家税务总局公告 2020 年第 4 号）第十条规定：受疫情影响较大的困难行业企业按照 8 号公告第四条规定，适用延长亏损结转年限政策的，应当在 2020 年度企业所得税汇算清缴时，通过电子税务局提交《适用延长亏损结转年限政策声明》。

二、阶段性减免增值税小规模纳税人增值税

【享受主体】

增值税小规模纳税人。

【优惠内容】

自 2020 年 3 月 1 日至 5 月 31 日，对湖北省增值税小规模纳税人，适用 3% 征收率的应税销售收入，免征增值税；适用 3% 预征率的预缴增值税项目，暂停预缴增值税。

自 2020 年 3 月 1 日至 5 月 31 日，除湖北省外，其他省、自治区、直辖市的增值税小规模纳税人，适用 3% 征收率的应税销售收入，减按 1% 征收率征收增值税，按以下公式计算销售额：销售额＝含税销售额/（1＋1%）；适用 3% 预征率的预缴增值税项目，减按 1% 预征率预缴增值税。

增值税小规模纳税人在办理增值税纳税申报时，按照上述规定，免征增值税的销售额等项目应当填写在《增值税纳税申报表（小规模纳税人适用）》及《增值税减免税申报明细表》免税项目相应栏次；减按 1% 征收率征收增值税的销售额应当填写在《增值税纳税申报表（小规模纳税人适用）》"应征增值税不含税销售额（3% 征收率）"相应栏次，对应减征的增值税应纳税额按销售额的 2% 计算填写在《增值税纳税申报表（小规模纳税人适用）》"本期应纳税额减征额"及《增值税减免税申报明细表》减税项目相应栏次。

《增值税纳税申报表（小规模纳税人适用）附列资料》第 8 栏"不含税销售额"计算公式调整为：第 8 栏＝第 7 栏÷（1＋征收率）。

【政策依据】

（1）《财政部　税务总局关于支持个体工商户复工复业增值税政策的公告》（财政部　税务总局公告2020年第13号）。

（2）《国家税务总局关于支持个体工商户复工复业等税收征收管理事项的公告》（国家税务总局公告2020年第5号）。

【实操案例】

1. **甲公司是小规模纳税人，《财政部　税务总局关于支持个体工商户复工复业增值税政策的公告》将小规模纳税人3%征收率调减至1%。在计算公路旅客运输进项抵扣时，抵扣率需要调整吗？**

解答：《财政部　税务总局关于支持个体工商户复工复业增值税政策的公告》（财政部　税务总局公告2020年第13号，以下称13号公告）规定，自2020年3月1日至2020年5月31日，湖北省增值税小规模纳税人，适用3%征收率的应税销售收入，免征增值税；适用3%预征率的预缴增值税项目，暂停预缴增值税。除湖北省外，其他省、自治区、直辖市的增值税小规模纳税人，适用3%征收率的应税销售收入，减按1%征收率征收增值税；适用3%预征率的预缴增值税项目，减按1%预征率预缴增值税。

《财政部　税务总局　海关总署关于深化增值税改革有关政策的公告》（2019年第39号）规定，纳税人购进国内旅客运输服务，其进项税额允许从销项税额中抵扣。纳税人取得注明旅客身份信息的公路、水路等其他客票的，按照下列公式计算进项税额：

公路、水路等其他旅客运输进项税额＝票面金额÷（1＋3%）×3%

综上，13号公告规定的3%征收率（预征率）相关调整事项，不影响纳税人按照39号公告的规定，凭取得注明旅客身份信息的公路、水路等其他客票计算抵扣旅客运输进项税额。

2. **甲公司是北京一家房地产开发企业（一般纳税人），2015年8月开发A房地产项目，同年10月完成土地平整并开始建设项目配套工程，相关建筑施工合同开工时间在2016年4月30日前，后因资金问题停工，期间没有取得建筑施工许可证。2019年底引入新股东后恢复开工，并取得建筑施工许可证，新冠疫情缓解后甲公司准备加快项目建设，这个项目建设完成后对外销售，能适用房地产老项目增值税简易计税政策吗？疫情期间，征收率是下调到1%了吗？**

解答：可以适用房地产老项目增值税简易计税政策，征收率为5%。《国家税务总局关于发布〈房地产开发企业销售自行开发的房地产项目增值税征收管理暂行办法〉的公告》（国家税务总局公告2016年第18号）第八条规定，一般纳税人销售自行开发的房地产老项目，可以选择适用简易计税方法按照5%的征收率计税。一经选择简易计税方法计税的，36个月内不得变更为一般计税方法计税。房地产老项目是指：（1）《建筑工程施工许可证》注明的合同开工日期在 2016 年 4 月 30 日前的房地产项目；（2）《建筑工程施工许可证》未注明合同开工日期或者未取得《建筑工程施工许可证》，但建筑工程承包合同注明的开工日期在 2016 年 4 月 30 日前的建筑工程项目。

按照上述规定，甲公司在 2016 年 4 月 30 日前未取得《建筑工程施工许可证》，但签订的建筑工程承包合同注明的开工日期在 2016 年 4 月 30 日前的建筑工程项目，属于房地产老项目，可以按照上述规定适用房地产老项目增值税简易计税政策。

另外，需要说明的是，《财政部　税务总局关于支持个体工商户复工复业增值税政策的公告》（财政部　税务总局公告 2020 年第 13 号）调整了增值税小规模纳税人的征收率，鉴于甲公司为增值税一般纳税人，不适用该项政策规定，因此，甲公司如果选择适用房地产老项目简易计税政策，仍应适用 5% 的征收率。

3. 2020 年 3 月，山东一家个体户想代开货物运输服务增值税发票，个人所得税需要按多少比例预征？

解答：根据《国家税务总局关于代开货物运输业发票个人所得税预征率问题的公告》（国家税务总局公告 2011 年第 44 号）规定，代开货运发票的个人所得税纳税人，统一按开票金额的 1.5% 预征个人所得税。

为统筹推进新冠肺炎疫情防控和经济社会发展工作，支持个体工商户复工复业，根据《国家税务总局关于支持个体工商户复工复业等税收征收管理事项的公告》（国家税务总局公告 2020 年第 5 号）规定，自 2020 年 3 月 1 日至 5 月 31 日，对湖北省境内的个体工商户、个人独资企业和合伙企业，代开货物运输服务增值税发票时，暂不预征个人所得税；对其他地区的上述纳税人统一按代开发票金额的 0.5% 预征个人所得税。

4. 北京地区某企业为增值税小规模纳税人，提供鉴证咨询服务，选择 1 个季度为纳税期限。2020 年 1 月份提供鉴证咨询服务自行开具增值税普通发票价税合计 15.45 万元，2 月份提供鉴证咨询服务取得未开具发票含税收入 10.30 万元，3 月份提供鉴证咨询服务自行开具增值税普通发票价税合计 10.10 万元。该企业如何开具发票，如何填写纳税申报表？

解答：根据 2020 年 13 号公告规定"自 2020 年 3 月 1 日至 5 月 31 日，除湖北省外，其他省、自治区、直辖市的增值税小规模纳税人，适用 3% 征收率的应税销售收入，减按 1% 征收率征收增值税"，及 5 号公告第一条规定"增值税小规模纳税人取得应税销售收入，纳税义务发生时间在 2020 年 2 月底以前，适用 3% 征收率征收增值税的，按照 3% 征收率开具增值税发票；纳税义务发生时间在 2020 年 3 月 1 日至 5 月 31 日，适用减按 1% 征收率征收增值税的，按照 1% 征收率开具增值税发票"，该企业 2020 年 1 月取得收入适用 3% 征收率，开具相应增值税普通发票选择 3% 征收率；2 月取得未开票收入适用 3% 征收率；3 月取得收入可减按 1% 征收率征收增值税，开具相应增值税普通发票可选择 1% 征收率。

根据 5 号公告第二条及第三条规定"减按 1% 征收率征收增值税的，按下列公式计算销售额：销售额＝含税销售额/（1＋1%）""减按 1% 征收率征收增值税的销售额应当填写在《增值税纳税申报表（小规模纳税人适用）》'应征增值税不含税销售额

（3%征收率）'相应栏次，对应减征的增值税应纳税额按销售额的2%计算填写在《增值税纳税申报表（小规模纳税人适用）》'本期应纳税额减征额'及《增值税减免税申报明细表》减税项目相应栏次"，该企业2020年一季度销售额＝154 500÷（1＋3%）＋103 000÷（1＋3%）＋101 000÷（1＋1%）＝350 000（元），减征的增值税应纳税额＝减按1%征收率征收增值税的不含税销售额×2%＝101 000÷（1＋1%）×2%＝2 000（元）。

根据《财政部 税务总局关于实施小微企业普惠性税收减免政策的通知》（财税〔2019〕13号，以下称2019年13号公告）政策规定"2019年1月1日至2021年12月31日小规模纳税人发生增值税应税销售行为，合计月销售额未超过10万元（以1个季度为1个纳税期的，季度销售额未超过30万元）的，免征增值税。"该纳税人2020年一季度不含税销售收入为35万元，超过30万元，不可以享受小微企业免征增值税优惠政策。

（1）《增值税减免税申报明细表》

第2行"减税性质代码及名称"选择"0001011608|SXA031901121对湖北省外的小规模纳税人减按1%征收率征收增值税"。

第2行"本期发生额"＝101 000÷（1＋1%）×2%＝2 000（元）

第2行"本期应抵减税额"＝"期初余额"＋"本期发生额"＝0＋2 000＝2 000（元）

第2行"本期实际抵减税额"根据填表说明规定，小规模纳税人填写时，第1行"合计"本列数＝申报表主表第16栏"本期应纳税额减征额""本期数"，而申报表主表第16栏"本期应纳税额减征额""本期数"小于或等于第15栏"本期应纳税额"时，按本期减征额实际填写；当本期减征额大于第15栏"本期应纳税额"时，按本期第15栏填写，本期减征额不足抵减部分结转下期继续抵减。该纳税人当期仅有此一项减征项目，申报表主表第15栏＝10 500，大于2 000，因此第2行"本期实际抵减税额"＝2 000（元）。

（2）《增值税纳税申报表（小规模纳税人适用）》

该企业提供鉴证咨询服务应填写至"服务、不动产和无形资产"列对应的相关栏次。

第1栏"应征增值税不含税销售额（3%征收率）"＝350 000（元）

第3栏"税控器具开具的普通发票不含税销售额"＝154 500÷（1＋3%）＋101 000÷（1＋1%）＝250 000（元）

第15栏"本期应纳税额"＝350 000×3%＝10 500（元）

第16栏"本期应纳税额减征额"＝2 000（元）

第20栏"应纳税额合计"＝10 500－2 000＝8 500（元）

第22栏"本期应补（退）税额"＝8 500（元）

该企业2020年一季度需缴纳增值税8 500元。

5.北京地区某企业为增值税小规模纳税人，选择1个季度为纳税期限。2020年1月份销售货物自行开具增值税普通发票价税合计10.30万元，2月份销售货物取得未开

具发票含税收入 5.15 万元，3 月份销售货物自行开具增值税普通发票价税合计 10.10 万元。该企业如何开具发票，如何填写纳税申报表？

解答：根据 2020 年 13 号公告规定及 5 号公告第一条规定，该企业 2020 年 1 月取得收入适用 3% 征收率，开具相应增值税普通发票选择 3% 征收率；2 月取得未开票收入适用 3% 征收率；3 月取得收入可减按 1% 征收率征收增值税，开具相应增值税普通发票可选择 1% 征收率。

根据 5 号公告第二条及第三条规定，该企业 2020 年一季度销售额＝ 103 000÷（1＋3%）＋51 500÷（1＋3%）＋101 000÷（1＋1%）＝250 000（元）。

根据 2019 年 13 号公告政策规定，该纳税人 2020 年一季度不含税销售收入为 25 万元，未超过 30 万元，符合政策规定，可以享受免征增值税优惠政策。需要注意的是，计算小微企业免税销售额对应的小微免税额时仍应按照 3% 征收率计算。因此，该纳税人本期小微企业免税销售额＝250 000 元，小微免税额＝250 000×3%＝7 500 元。

《增值税纳税申报表（小规模纳税人适用）》：

该企业销售货物应填写至"货物及劳务"列对应的相关栏次。

第 9 栏"免税销售额"＝250 000（元）

第 10 栏"小微企业免税销售额"＝250 000（元）

第 17 栏"本期免税额"＝250 000×3%＝7 500（元）

第 18 栏"小微企业免税额"＝7 500（元）

第 22 栏"本期应补（退）税额"＝0（元）

该企业 2020 年一季度无须缴纳增值税税款。

6. 北京地区某企业为增值税小规模纳税人，选择 1 个季度为纳税期限。2020 年 1 月份销售货物自行开具增值税普通发票价税合计 5.15 万元，2 月份销售货物自行开具增值税专用发票价税合计 10.30 万元，3 月份销售货物自行开具增值税专用发票价税合计 10.10 万元。该企业如何开具发票，如何填写纳税申报表？

解答：根据 2020 年 13 号公告规定及 5 号公告第一条规定，该企业 2020 年 1 月取得收入适用 3% 征收率，开具相应增值税普通发票选择 3% 征收率；2 月取得收入适用 3% 征收率，开具相应增值税专用发票选择 3% 征收率；3 月取得收入可减按 1% 征收率征收增值税，开具相应增值税专用发票可选择 1% 征收率。

根据 5 号公告第二条及第三条规定，该企业 2020 年一季度销售额＝ 51 500÷（1＋3%）＋103 000÷（1＋3%）＋101 000÷（1＋1%）＝250 000（元），其中，开具增值税专用发票不含税销售收入 103 000÷（1＋3%）＋101 000÷（1＋1%）＝200 000（元），减征的增值税应纳税额＝减按 1% 征收率征收增值税的不含税销售额×2%＝101 000÷（1＋1%）×2%＝2 000（元）。

根据 2019 年 13 号公告政策规定，该纳税人 2020 年一季度不含税销售收入为 25 万元，未超过 30 万元，符合政策规定，可以享受免征增值税优惠政策。其中，开具增值税专用发票不含税销售收入 20 万元，该纳税人本期小微企业免税销售额为 5 万元，需要注意的是，对应的小微免税额仍按照 3% 征收率计算，为 50 000×3%＝1 500 元。

（1）《增值税减免税申报明细表》

"一、减税项目"第2行"减税性质代码及名称"选择选择"0001011608|SXA031901121 对湖北省外的小规模纳税人减按1%征收率征收增值税"。

第2行"本期发生额"＝101 000÷（1＋1%）×2%＝2 000（元）

第2行"本期应抵减税额"＝"期初余额"＋"本期发生额"＝0＋2 000＝2 000（元）

第2行"本期实际抵减税额"根据填表说明规定，小规模纳税人填写时，第2行"合计"本列数＝申报表主表第16栏"本期应纳税额减征额""本期数"，而申报表主表第16栏"本期应纳税额减征额""本期数"小于或等于第15栏"本期应纳税额"时，按本期减征额实际填写；当本期减征额大于第15栏"本期应纳税额"时，按本期第15栏填写，本期减征额不足抵减部分结转下期继续抵减。该纳税人当期仅有此一项减征项目，申报表主表第15栏＝6 000，大于2 000，因此第2行"本期实际抵减税额"＝2 000（元）。

（2）《增值税纳税申报表（小规模纳税人适用）》

该企业销售货物应填写至"货物及劳务"列对应的相关栏次。

第1栏"应征增值税不含税销售额（3%征收率）"＝200 000（元）

第2栏"税务机关代开的增值税专用发票不含税销售额"＝103 000÷（1＋3%）＋101 000÷（1＋1%）＝200 000（元）

第9栏"免税销售额"＝50 000（元）

第10栏"小微企业免税销售额"＝50 000（元）

第15栏"本期应纳税额"＝200 000×3%＝6 000（元）

第16栏"本期应纳税额减征额"＝2 000（元）

第17栏"本期免税额"＝50 000×3%＝1 500（元）

第18栏"小微企业免税额"＝1 500（元）

第20栏"应纳税额合计"＝6 000－2 000＝4 000（元）

第22栏"本期应补（退）税额"＝4 000（元）

该企业2020年一季度需缴纳增值税4 000元。

7. 北京地区某企业为增值税小规模纳税人，提供旅游服务并享受差额征税政策，选择1个季度为纳税期限。2020年1月份提供旅游服务取得含税收入20.30万元，其中按政策规定可扣除金额10万元。1月收入共开具两张发票，其中由税务机关代开增值税专用发票一张，票面金额10万元，税额0.30万元，并同时预缴税款0.30万元；自行开具增值税普通发票一张，价税合计为10万元。2月份提供旅游服务取得含税收入23.45万元，其中按政策规定可扣除金额8万元，开具增值税普通发票；3月份提供旅游服务取得含税收入15.10万元，其中按政策规定可扣除金额5万元，未开具发票。假设扣除额无期初余额。该企业如何开具发票，如何填写纳税申报表？

解答：根据2020年13号公告规定及5号公告第一条规定，该企业2020年1月及2月取得收入适用差额扣除后按3%征收率征收增值税，开具发票选择3%征收率，3月取得收入差额扣除后可减按1%征收率征收增值税。

根据 5 号公告第二条及第三条规定，该企业 2020 年一季度差额扣除后不含税销售额＝（ 203 000 － 100 000 ）÷（ 1 ＋ 3% ）＋（ 234 500 － 80 000 ）÷（ 1 ＋ 3% ）＋（ 151 000 － 50 000 ）÷（ 1 ＋ 1% ）＝ 350 000 （元），减征的增值税应纳税额＝减按 1% 征收率征收增值税的不含税销售额 ×2%，根据财税〔2016〕36 号文件规定，试点纳税人提供旅游服务，可以选择以取得的全部价款和价外费用，扣除向旅游服务购买方收取并支付给其他单位或者个人的住宿费、餐饮费、交通费、签证费、门票费和支付给其他接团旅游企业的旅游费用后的余额为销售额，因此，减征的增值税应纳税额＝（ 151 000 － 50 000 ）÷（ 1 ＋ 1% ）×2%＝ 2 000 （元）。

根据 2019 年 13 号公告政策规定及《国家税务总局关于小规模纳税人免征增值税政策有关征管问题的公告》（国家税务总局公告 2019 年第 4 号，以下称 4 号公告）第二条规定"适用增值税差额征税政策的小规模纳税人，以差额后的销售额确定是否可以享受本公告规定的免征增值税政策。"该纳税人 2020 年一季度差额后的销售额为 35 万元，超过 30 万元，不可以享受小微企业免征增值税优惠政策。

（1）《差额征税小规模纳税人纳税申报辅助填报工具》（本表仅适用北京地区电子税务局填报）第 2 行"3% 征收率的服务、不动产和无形资产"

本行"开具增值税专用发票""销售额"列＝ 100 000 （元）

本行"开具增值税专用发票""销项（应纳）税额"列＝ 3 000 （元）

本行"开具增值税普通发票""销售额"列＝（ 100 000 ＋ 234 500 ）÷（ 1 ＋ 3% ）＝ 324 757.28 （元）

本行"开具增值税普通发票""销项（应纳）税额"列＝ 324 757.28×3%＝ 9 742.72 （元）

本行"未开具发票""销售额"列＝ 151 000÷（ 1 ＋ 1% ）＝ 149 504.95 （元）

本行"未开具发票""销项（应纳）税额"列＝ 149 504.95×1%＝ 1 495.05 （元）

本行"合计""销售额"＝ 100 000 ＋ 324 757.28 ＋ 149 504.95 ＝ 574 262.23 （元）

本行"合计""应纳税额"＝ 3 000 ＋ 9 742.72 ＋ 1 495.05 ＝ 14 237.77 （元）

本行"合计""价税合计"＝ 574 262.23 ＋ 14 237.77 ＝ 588 500 （元）

本行"服务、不动产和无形资产扣除项目本期实际扣除金额"＝ 100 000 ＋ 80 000 ＋ 50 000 ＝ 230 000 （元）

本行"扣除后""含税（免税）销售额"＝ 358 500 （元）

本行"扣除后""应纳税额"＝（ 203 000 － 100 000 ）÷（ 1 ＋ 3% ）×3% ＋（ 234 500 － 80 000 ）÷（ 1 ＋ 3% ）×3% ＋（ 151 000 － 50 000 ）÷（ 1 ＋ 1% ）×1%＝ 3 000 ＋ 4 500 ＋ 1 000 ＝ 8 500 （元）

（2）《增值税纳税申报表（小规模纳税人适用）附列资料》

第 1 栏"应税行为（3% 征收率）扣除额计算""期初余额"＝ 0 （元）

第 2 栏"应税行为（3% 征收率）扣除额计算""本期发生额"＝ 230 000 （元）

第 3 栏"应税行为（3% 征收率）扣除额计算""本期扣除额"＝ 230 000 （元）

第 4 栏"应税行为（3% 征收率）扣除额计算""期末余额"＝ 230 000 － 230 000 ＝ 0 （元）

第 5 栏"应税行为（3% 征收率）计税销售额计算""全部含税收入（适用 3% 征收率）" = 588 500（元）

第 6 栏"应税行为（3% 征收率）计税销售额计算""本期扣除额" = 230 000（元）

第 7 栏"应税行为（3% 征收率）计税销售额计算""含税销售额" = 588 500 − 230 000 = 358 500（元）

第 8 栏"应税行为（3% 征收率）计税销售额计算""不含税销售额" =（203 000 − 100 000）÷（1 + 3%）+（234 500 − 80 000）÷（1 + 3%）+（151 000 − 50 000）÷（1 + 1%）= 350 000（元）

需要注意的是：第 8 栏不含税销售额 + 差额辅助工具第 2 行"3% 征收率的服务、不动产和无形资产""扣除后""应纳税额" = 差额辅助工具第 2 行"3% 征收率的服务、不动产和无形资产""扣除后""含税（免税）销售额"。

（3）《增值税减免税申报明细表》

第 2 行"减税性质代码及名称"选择"0001011608|SXA031901121 对湖北省外的小规模纳税人减按 1% 征收率征收增值税"

第 2 行"本期发生额" =（151 000 − 50 000）÷（1 + 1%）× 2% = 2 000（元）

第 2 行"本期应抵减税额" = "期初余额" + "本期发生额" = 0 + 2 000 = 2 000（元）

第 2 行"本期实际抵减税额"根据填表说明规定，小规模纳税人填写时，第 1 行"合计"本列数 = 申报表主表第 16 栏"本期应纳税额减征额""本期数"，而申报表主表第 16 栏"本期应纳税额减征额""本期数"小于或等于第 15 栏"本期应纳税额"时，按本期减征额实际填写；当本期减征额大于第 15 栏"本期应纳税额"时，按本期第 15 栏填写，本期减征额不足抵减部分结转下期继续抵减。该纳税人当期仅有此一项减征项目，申报表主表第 15 栏 = 10 500，大于 2 000，因此第 2 行"本期实际抵减税额" = 2 000（元）。

（4）《增值税纳税申报表（小规模纳税人适用）》

该企业提供旅游服务应填写至"服务、不动产和无形资产"列对应的相关栏次。

第 1 栏"应征增值税不含税销售额（3% 征收率）" = 附列资料第 8 栏"应税行为（3% 征收率）计税销售额计算""不含税销售额" 350 000（元）

第 2 栏"税务机关代开的增值税专用发票不含税销售额" = 100 000（元）

第 3 栏"税控器具开具的普通发票不含税销售额" = 324 757.28（元）

第 15 栏"本期应纳税额" = 350 000 × 3% = 10 500（元）

第 16 栏"本期应纳税额减征额" = 2 000（元）

第 20 栏"应纳税额合计" = 10 500 − 2 000 = 8 500（元）

第 21 栏"本期预缴税额" = 3 000（元）

第 22 栏"本期应补（退）税额" = 8 500 − 3 000 = 5 500（元）

该企业 2020 年一季度共需缴纳增值税 8 500 元，代开发票时已预缴增值税 3 000 元，申报后仍需缴纳增值税 5 500 元。

8.北京地区某企业为增值税小规模纳税人，提供旅游服务，选择 1 个季度为纳税期限。2020 年 1 月份提供旅游服务取得含税收入 20.30 万元，其中按政策规定可扣除金额 10 万元，开具增值税普通发票；2 月份提供旅游服务取得含税收入 10.15 万元，其中按政策规定可扣除金额 5 万元，开具增值税普通发票；3 月份提供旅游服务取得含税收入 15.10 万元，其中按政策规定可扣除金额 5 万元，未开具发票。假设扣除额无期初余额。如何开具增值税发票以及填写纳税申报表？

解答：根据 2020 年 13 号公告规定及 5 号公告第一条规定，该企业 2020 年 1 月及 2 月取得收入适用差额扣除后按 3% 征收率征收增值税，开具增值税普通发票选择 3% 征收率，3 月取得收入差额扣除后可减按 1% 征收率征收增值税。

根据 5 号公告第二条及第三条规定，该企业 2020 年一季度销售额 =（203 000 - 100 000）÷（1 + 3%）+（101 500 - 50 000）÷（1 + 3%）+（151 000 - 50 000）÷（1 + 1%）= 250 000（元）。

根据 2019 年 13 号公告政策规定，"2019 年 1 月 1 日至 2021 年 12 月 31 日小规模纳税人发生增值税应税销售行为，合计月销售额未超过 10 万元（以 1 个季度为 1 个纳税期的，季度销售额未超过 30 万元）的，免征增值税"，及 4 号公告第二条规定"适用增值税差额征税政策的小规模纳税人，以差额后的销售额确定是否可以享受本公告规定的免征增值税政策"。该纳税人 2020 年一季度差额后的销售额为 25 万元，未超过 30 万元，符合政策规定，可以享受免征增值税优惠政策。需要注意的是，计算小微企业免税销售额对应的小微免税额时仍应按照 3% 征收率计算。因此，该纳税人本期小微企业免税销售额 = 250 000 元，小微免税额 = 250 000×3% = 7 500 元。

（1）《差额征税小规模纳税人纳税申报辅助填报工具》（本表仅适用北京地区电子税务局填报）第 2 行"3% 征收率的服务、不动产和无形资产"

本行"开具增值税普通发票""销售额"列 =（203 000 + 101 500）÷（1 + 3%）= 295 631.07（元）

本行"开具增值税普通发票""销项（应纳）税额"列 = 295 631.07×3% = 8 868.93（元）

本行"未开具发票""销售额"列 = 151 000÷（1 + 1%）= 149 504.95（元）

本行"未开具发票""销项（应纳）税额"列 = 149 504.95×1% = 1 495.05（元）

本行"合计""销售额" = 295 631.07 + 149 504.95 = 445 136.02（元）

本行"合计""应纳税额" = 8 868.93 + 1 495.05 = 10 363.98（元）

本行"合计""价税合计" = 445 136.02 + 10 363.98 = 455 500（元）

本行"服务、不动产和无形资产扣除项目本期实际扣除金额" = 100 000 + 50 000 + 50 000 = 200 000（元）

本行"扣除后""含税（免税）销售额" = 255 500（元）

本行"扣除后""应纳税额" =（203 000 - 100 000）÷（1 + 3%）×3% +（101 500 - 50 000）÷（1 + 3%）×3% +（151 000 - 50 000）÷（1 + 1%）×1% = 3 000 + 1 500 + 1 000 = 5 500（元）

（2）《增值税纳税申报表（小规模纳税人适用）附列资料》

第1栏"应税行为（3%征收率）扣除额计算""期初余额"＝0（元）

第2栏"应税行为（3%征收率）扣除额计算""本期发生额"＝200 000（元）

第3栏"应税行为（3%征收率）扣除额计算""本期扣除额"＝200 000（元）

第4栏"应税行为（3%征收率）扣除额计算""期末余额"＝200 000－200 000 ＝0（元）

第5栏"应税行为（3%征收率）计税销售额计算""全部含税收入（适用3%征收率）" ＝455 500（元）

第6栏"应税行为（3%征收率）计税销售额计算""本期扣除额"＝200 000（元）

第7栏"应税行为（3%征收率）计税销售额计算""含税销售额"＝455 500－ 200 000＝255 500（元）

第8栏"应税行为（3%征收率）计税销售额计算""不含税销售额"＝（203 000－ 100 000）÷（1＋3%）＋（101 500－50 000）÷（1＋3%）＋（151 000－50 000）÷（1 ＋1%）＝250 000（元）

需要注意的是，第8栏不含税销售额＋差额辅助工具第2行"3%征收率的服务、不动产和无形资产""扣除后""应纳税额"＝差额辅助工具第2行"3%征收率的服务、不动产和无形资产""扣除后""含税（免税）销售额"。

（3）《增值税纳税申报表（小规模纳税人适用）》

该企业销售货物应填写至"货物及劳务"列对应的相关栏次。

第9栏"免税销售额"＝250 000（元）

第10栏"小微企业免税销售额"＝250 000（元）

第17栏"本期免税额"＝250 000×3%＝7 500（元）

第18栏"小微企业免税额"＝7 500（元）

第22栏"本期应补（退）税额"＝0（元）

该企业2020年一季度无须缴纳增值税税款。

9. 北京地区某企业为增值税小规模纳税人，2020年1－2月销售货物取得收入41.2万元，自行开具增值税专用发票，金额400 000元，税额12 000元；3月因去年销售货物业务取消，开具红字增值税专用发票，金额－100 000元，税额－3 000元；销售货物取得收入202 000元，开具增值税专用发票；提供鉴证咨询服务取得销售收入202 000元，开具增值税专用发票；提供研发和技术服务取得销售收入303 000元，开具增值税普通发票。如何开具增值税发票以及填写纳税申报表？

解答：根据2020年13号公告规定及2020年5号公告第一条、第二条规定，该企业纳税义务发生时间在3月的各项收入，应按照1%征收率开具增值税发票……减按1%征收率征收增值税的，按下列公式计算销售额：销售额＝含税销售额/（1＋1%）。因此该企业3月销售货物不含税销售额＝202 000÷（1＋1%）＝200 000（元）；提供鉴证咨询服务不含税销售额＝202 000÷（1＋1%）＝200 000（元）；提供研发和技术服务不含税销售额＝303 000÷（1＋1%）＝300 000（元）。

根据2020年5号公告规定："增值税小规模纳税人取得应税销售收入，纳税义务发生时间在 2020 年 2 月底以前，已按 3% 征收率开具增值税发票，发生销售折让、中止或者退回等情形需要开具红字发票的，按照 3% 征收率开具红字发票；开票有误需要重新开具的，应按照 3% 征收率开具红字发票，再重新开具正确的蓝字发票。"因此该企业 3 月发生去年销货退回应按照原 3% 征收率开具红字专用发票。

该企业 2020 年第一季度销售额为 = 412 000 ÷（1 + 3%）－ 103 000 ÷（1 + 3%）+ 202 000 ÷（1 + 1%）+ 202 000 ÷（1 + 1%）+ 303 000 ÷（1 + 1%）= 1 000 000（元）

根据 2020 年 5 号公告第三条规定：减按 1% 征收率征收增值税的销售额应当填写在《增值税纳税申报表（小规模纳税人适用）》"应征增值税不含税销售额（3% 征收率）"相应栏次，对应减征的增值税应纳税额按销售额的 2% 计算填写在《增值税纳税申报表（小规模纳税人适用）》"本期应纳税额减征额"及《增值税减免税申报明细表》减税项目相应栏次。因此，该企业 3 月销售货物应纳税额减征额 = 200 000 × 2% = 4 000（元）；鉴证咨询服务应纳税额减征额 = 200 000 × 2% = 4 000（元）；研发和技术服务应纳税额减征额 = 300 000 × 2% = 6 000（元）。

根据 2019 年 13 号公告政策规定"2019 年 1 月 1 日至 2021 年 12 月 31 日小规模纳税人发生增值税应税销售行为，合计月销售额未超过 10 万元（以 1 个季度为 1 个纳税期的，季度销售额未超过 30 万元）的，免征增值税。"该纳税人 2020 年一季度不含税销售收入为 100 万元，超过 30 万元，不可以享受小微企业免征增值税优惠政策。

（1）《增值税减免税申报明细表》

第 2 行"减税性质代码及名称"选择"0001011608|SXA031901121 对湖北省外的小规模纳税人减按 1% 征收率征收增值税"。

第 2 行"本期发生额" = 200 000 × 2% + 200 000 × 2% + 300 000 × 2% = 14 000（元）

第 2 行"本期应抵减税额" = "期初余额" + "本期发生额" = 0 + 14 000 = 14 000（元）

第 2 行"本期实际抵减税额"根据填表说明规定，小规模纳税人填写时，第 1 行"合计"本列数 = 申报表主表第 16 栏"本期应纳税额减征额""本期数"，而申报表主表第 16 栏"本期应纳税额减征额""本期数"小于或等于第 15 栏"本期应纳税额"时，按本期减征额实际填写；当本期减征额大于第 15 栏"本期应纳税额"时，按本期第 15 栏填写，本期减征额不足抵减部分结转下期继续抵减。该纳税人当期仅有此一项减征项目，申报表主表第 15 栏"货物及劳务"列 = 15 000，大于销售货物所产生的减征额 4 000 元，申报表主表第 15 栏"服务、不动产和无形资产"列 = 15 000 元，大于服务所产生的减征额 10 000 元，因此第 2 行"本期实际抵减税额" = 4 000 + 10 000 = 14 000（元）。

（2）《增值税纳税申报表（小规模纳税人适用）》

该企业提供销售货物收入应填写至"货物及劳务"列对应的相关栏次，鉴证咨询服务、研发和技术服务应填写至"服务、不动产和无形资产"列对应的相关栏次。

第 1 栏"应征增值税不含税销售额（3% 征收率）""货物及劳务"列次 = 400 000 － 100 000 + 200 000 = 500 000（元）

第 1 栏"应征增值税不含税 销售额（3% 征收率）""服务、不动产和无形资产"列次 = 200 000 + 300 000 = 500 000（元）

第 2 栏"税务机关代开的增值税专用发票不含税销售额""货物及劳务"列次 = 400 000 - 100 000 + 200 000 = 500 000（元）

第 2 栏"税务机关代开的增值税专用发票不含税销售额""服务、不动产和无形资产"列次 = 200 000（元）

第 3 栏"税控器具开具的普通发票不含税销售额""服务、不动产和无形资产"列次 = 300 000（元）

第 15 栏"本期应纳税额""货物及劳务"列次 = 500 000×3% = 15 000（元）

第 15 栏"本期应纳税额""服务、不动产和无形资产"列次 = 500 000×3% = 15 000（元）

第 16 栏"本期应纳税额减征额""货物及劳务"列次 = 200 000×2% = 4 000（元）

第 16 栏"本期应纳税额减征额""服务、不动产和无形资产"列次 = 200 000×2% + 300 000×2% = 10 000（元）

第 20 栏"应纳税额合计""货物及劳务"列次 = 15 000 - 4 000 = 11 000（元）

第 20 栏"应纳税额合计""服务、不动产和无形资产"列次 = 15 000 - 10 000 = 5 000（元）

第 22 栏"本期应补（退）税额""货物及劳务"列次 = 11 000（元）

第 22 栏"本期应补（退）税额""服务、不动产和无形资产"列次 = 5 000（元）

10. 北京地区某企业为增值税小规模纳税人，主营业务为销售货物，选择 1 个季度为纳税期限。2020 年 1 月份销售一批货物，自行开具增值税普通发票价税合计 20.60 万元；2 月份发生一批退货，自行开具红字增值税普通发票价税合计为 46.35 万元；3 月份销售一批货物，自行开具增值税普通发票价税合计为 60.60 万元。如何开具增值税发票以及填写纳税申报表？

解答：根据 2020 年 13 号公告规定、5 号公告第一条及第四条规定"增值税小规模纳税人取得应税销售收入，纳税义务发生时间在 2020 年 2 月底以前，适用 3% 征收率征收增值税的，按照 3% 征收率开具增值税发票；纳税义务发生时间在 2020 年 3 月 1 日至 5 月 31 日，适用减按 1% 征收率征收增值税的，按照 1% 征收率开具增值税发票"；"增值税小规模纳税人取得应税销售收入，纳税义务发生时间在 2020 年 2 月底以前，已按 3% 征收率开具增值税发票，发生销售折让、中止或者退回等情形需要开具红字发票的，按照 3% 征收率开具红字发票"。该企业 2020 年 1 月取得收入适用 3% 征收率，开具相应增值税普通发票选择 3% 征收率，2 月发生销售退回，开具相应红字增值税普通发票选择 3% 征收率，3 月取得收入可减按 1% 征收率征收增值税，开具相应增值税普通发票可选择 1% 征收率。

根据 5 号公告第二条及第三条规定，该企业 2020 年一季度销售额 = 206 000÷（1 + 3%）- 463 500÷（1 + 3%）+ 606 000÷（1 + 1%）= 350 000（元），减征额本期发生额 = 606 000÷（1 + 1%）×2% = 12 000（元）。

根据 2019 年 13 号公告政策规定，该纳税人 2020 年一季度不含税销售收入为 35 万元，超过 30 万元，不可以享受小微企业免征增值税优惠政策。

（1）《增值税减免税申报明细表》

第 2 行"减税性质代码及名称"选择"0001011608|SXA031901121 对湖北省外的小规模纳税人减按 1% 征收率征收增值税"。

第 2 行"本期发生额"＝ 12 000（元）

第 2 行"本期应抵减税额"＝"期初余额"＋"本期发生额"＝ 0 ＋ 12 000 ＝ 12 000（元）

第 2 行"本期实际抵减税额"根据填表说明规定，小规模纳税人填写时，第 1 行"合计"本列数＝申报表主表第 16 栏"本期应纳税额减征额""本期数"，而申报表主表第 16 栏"本期应纳税额减征额""本期数"小于或等于第 15 栏"本期应纳税额"时，按本期减征额实际填写；当本期减征额大于第 15 栏"本期应纳税额"时，按本期第 15 栏填写，本期减征额不足抵减部分结转下期继续抵减。该纳税人当期仅有此一项减征项目，申报表主表第 15 栏＝ 10 500，小于 12 000，因此第 2 行"本期实际抵减税额"＝ 10 500（元）。

第 2 行"期末余额"＝本期应抵减税额－本期实际抵减税额＝ 12 000 － 10 500 ＝ 1 500（元）

（2）《增值税纳税申报表（小规模纳税人适用）》

该企业销售货物应填写至"货物及劳务"列对应的相关栏次。

第 1 栏"应征增值税不含税销售额（3% 征收率）"＝ 350 000（元）

第 3 栏"税控器具开具的普通发票不含税销售额"＝ 206 000÷（1 ＋ 3%）－ 463 500÷（1 ＋ 3%）＋ 606 000÷（1 ＋ 1%）＝ 350 000（元）

第 15 栏"本期应纳税额"＝ 350 000×3% ＝ 10 500（元）

第 16 栏"本期应纳税额减征额"＝ 10 500（元）

第 20 栏"应纳税额合计"＝ 0（元）

第 22 栏"本期应补（退）税额"＝ 0（元）

该企业 2020 年一季度无须缴纳增值税税款。

11. 北京地区某企业为增值税小规模纳税人，选择 1 个季度为纳税期限。2020 年 4 月，有一批 3 月销售的货物发生退货，企业自行开具红字增值税专用发票，金额－ 100 000 元，税额－ 1 000 元；5 月无业务发生；6 月销售一批电脑自行开具增值税专用发票，金额 410 000 元，税额 12 300 元。假设减征额无期初余额。如何开具增值税发票以及填写纳税申报表？

解答：根据 2020 年 13 号公告规定及 5 号公告第一条规定，该企业 2020 年 3 月取得收入可减按 1% 征收率征收增值税，开具相应发票可选择 1% 征收率，4 月发生退货，开具相应红字增值税专用发票选择 1% 征收率，6 月取得收入适用 3% 征收率，开具相应增值税专用发票选择 3% 征收率。

根据 5 号公告第二条及第三条规定，该企业 2020 年二季度销售额＝－ 101 000÷（1

＋1％）＋422 300÷（1＋3％）＝310 000（元），减征的增值税应纳税额＝减按1％征收率征收增值税的不含税销售额×2％，因此，减征的增值税应纳税额＝－101 000÷（1＋1％）×2％＝－2 000（元）。

根据2019年13号公告，该纳税人2020年二季度不含税销售收入为31万元，超过30万元，不可以享受小微企业免征增值税优惠政策。

（1）《增值税减免税申报明细表》

第2行"减税性质代码及名称"选择"0001011608|SXA031901121对湖北省外的小规模纳税人减按1％征收率征收增值税"。

第2行"期初余额"＝0（元）

第2行"本期发生额"＝－101 000÷（1＋1％）×2％＝－2 000（元）

第2行"本期应抵减税额"＝"期初余额"＋"本期发生额"＝0＋（－2 000）＝－2 000（元）

第2行"本期实际抵减税额"根据填表说明规定，小规模纳税人填写时，第1行"合计"本列数＝申报表主表第16栏"本期应纳税额减征额""本期数"，而申报表主表第16栏"本期应纳税额减征额""本期数"小于或等于第15栏"本期应纳税额"时，按本期减征额实际填写；当本期减征额大于第15栏"本期应纳税额"时，按本期第15栏填写，本期减征额不足抵减部分结转下期继续抵减。该纳税人当期仅有此一项减征项目，申报表主表第15栏＝9 300，大于－2 000，因此第2行"本期实际抵减税额"＝－2 000（元）。

（2）《增值税纳税申报表（小规模纳税人适用）》

该企业提供销售货物服务应填写至"货物及劳务"列对应的相关栏次。

第1栏"应征增值税不含税销售额（3％征收率）"＝310 000（元）

第2栏"税务机关代开的增值税专用发票不含税销售额"＝－101 000÷（1＋1％）＋422 300÷（1＋3％）＝310 000（元）

第15栏"本期应纳税额"＝310 000×3％＝9 300（元）

第16栏"本期应纳税额减征额"＝－2 000（元）

第20栏"应纳税额合计"＝9 300－（－2 000）＝11 300（元）

第22栏"本期应补（退）税额"＝11 300（元）

该企业2020年二季度需缴纳增值税11 300元。

12. 北京地区某企业为增值税小规模纳税人，选择1个季度为纳税期限。2020年3月将不动产出租给本区一公司，取得收入42万，如何开具增值税发票以及填写纳税申报表？

解答：根据《国家税务总局关于发布〈纳税人提供不动产经营租赁服务增值税征收管理暂行办法〉的公告》（国家税务总局公告2016年16号）第四条规定，小规模纳税人出租不动产，按照5％的征收率计算应纳税额。应纳税款＝含税销售额÷（1＋5％）×5％。

2020年第13号公告规定，自2020年3月1日至5月31日，除湖北省外，其他省、自治区、直辖市的增值税小规模纳税人，适用3%征收率的应税销售收入，减按1%征收率征收增值税。

由于该企业适用5%的征收率，不属于2020年第13号公告规定的可减按1%征收率征收增值税的纳税人，所以仍按照2016年第16号公告规定进行计算。

该企业2019年1季度（税款所属期）《增值税纳税申报表（小规模纳税人适用）》（以下称主表）填报：

第4行"（二）应征增值税不含税销售额（5%征收率）""本期服务、不动产和无形资产"列＝400 000

第5行"税务机关代开的增值税专用发票不含税销售额""本期服务、不动产和无形资产"列＝400 000

第15行"本期应纳税额""本期服务、不动产和无形资产"列＝20 000

第20行"应纳税额合计"，第22行"本期应补（退）税额""本期服务、不动产和无形资产"列＝20 000

13. 北京市朝阳区某建筑企业为增值税小规模纳税人，主要在北京市海淀区开展建筑施工业务，其在2020年3月收到建筑服务预收款201万，同时向分包方支付款项100万，其预缴增值税时如何填写《增值税预缴申报表》？

解答：根据《国家税务总局关于发布〈纳税人跨县（市、区）提供建筑服务增值税征收管理暂行办法〉的公告》（国家税务总局公告2016年17号）规定，小规模纳税人跨县（市、区）提供建筑服务，以取得的全部价款和价外费用扣除支付的分包款后的余额，按照3%的征收率计算应预缴税款。应预缴税款＝（全部价款和价外费用－支付的分包款）÷（1＋3%）×3%。

根据2020年13号公告规定"除湖北省外，其他省、自治区、直辖市的增值税小规模纳税人，适用3%征收率的应税销售收入，减按1%征收率征收增值税；适用3%预征率的预缴增值税项目，减按1%预征率预缴增值税。"

其含税销售额201万，填列在《增值税预缴申报表》第一行"建筑服务""销售额"列；其向分包方支付款项100万填列在《增值税预缴申报表》第一行"建筑服务""扣除金额"列；预征税额＝（含税销售额－扣除金额）÷1.01×1%＝（201万－100万）÷1.01×1%＝1万填列在《增值税预缴申报表》第一行"建筑服务""预征税额"列。

14. 北京市海淀区某房地产开发企业为增值税小规模纳税人，其在2020年3月收到房地产预收款105万，其预缴增值税时如何填写《增值税预缴申报表》？

解答：《国家税务总局关于发布〈房地产开发企业销售自行开发的房地产项目增值税征收管理暂行办法〉的公告》（国家税务总局公告2016年18号）规定，房地产开发企业中的小规模纳税人（以下简称小规模纳税人）采取预收款方式销售自行开发的房地产项目，应在收到预收款时按照3%的预征率预缴增值税。应预缴税款按照以下公式计算：应预缴税款＝预收款÷（1＋5%）×3%。

根据2020年13号公告规定"除湖北省外，其他省、自治区、直辖市的增值税小规模纳税人，适用 3% 征收率的应税销售收入，减按 1% 征收率征收增值税；适用 3% 预征率的预缴增值税项目，减按 1% 预征率预缴增值税。"

其含税销售额 105 万，填列在《增值税预缴申报表》第一行"销售不动产""销售额"列；预征税额＝含税销售额÷1.05×1%＝105 万÷1.05×1%＝1 万填列在《增值税预缴申报表》第一行"销售不动产""预征税额"列。

三、阶段性减免企业养老、失业、工伤保险单位缴费

【享受主体】

除机关事业单位外的基本养老保险、失业保险、工伤保险（以下简称三项社会保险）参保单位。

【优惠内容】

自 2020 年 2 月起，湖北省可免征各类参保单位（不含机关事业单位）三项社会保险单位缴费部分，免征期限不超过 5 个月。

自 2020 年 2 月起，各省、自治区、直辖市（除湖北省外）及新疆生产建设兵团（以下统称省）可根据受疫情影响情况和基金承受能力，免征中小微企业三项社会保险单位缴费部分，免征期限不超过 5 个月；对大型企业等其他参保单位（不含机关事业单位）三项社会保险单位缴费部分可减半征收，减征期限不超过 3 个月。

受疫情影响生产经营出现严重困难的企业，可申请缓缴社会保险费，缓缴期限原则上不超过 6 个月，缓缴期间免收滞纳金。

各省根据工业和信息化部、统计局、发展改革委、财政部《关于印发中小企业划型标准规定的通知》（工信部联企业〔2011〕300 号）等有关规定，结合本省实际确定减免企业对象，并加强部门间信息共享，不增加企业事务性负担。

各省税务局要对 2020 年 2 月份已经征收的社保费进行分类，确定应退（抵）的企业和金额；要按照人力资源社会保障部、财政部、税务总局共同明确的处理原则，优化流程，提高效率，及时为应该退费的参保单位依职权办理退费，切实缓解企业特别是中小微企业经营困难。对采取以 2 月份已缴费款冲抵以后月份应缴费款的参保单位，要明确冲抵流程和操作办法，有序办理费款冲抵业务。

各级税务机关要会同有关部门落实好缓缴社保费政策，结合本地实际，进一步优化业务流程，从快办理缓缴相关业务。要严格落实缓缴期限原则上不超过 6 个月、缓缴期间免收滞纳金等政策要求，确保缴费人应享尽享。

【政策依据】

（1）《人力资源社会保障部　财政部　税务总局关于阶段性减免企业社会保险费的通知》（人社部发〔2020〕11 号）。

（2）《国家税务总局关于贯彻落实阶段性减免企业社会保险费政策的通知》（税

总函〔2020〕33 号）。

【实操案例】 --

1. 甲公司享受阶段性减免社会保险费政策，需要申请提交什么材料吗？

解答：企业享受社保费减免优惠政策无须办理任何手续，无须提供任何材料，只需按原规定申报缴纳社会保险费即可直接享受。

2. 乙公司社保费减免单位缴纳部分，是直接减免还是先缴后返？

解答：符合此次阶段性减免社保费的企业，在申报时直接享受减免政策，不需要先缴后返。

3. 丙公司在厦门，2020 年 2 月的社会保险费丙公司已申报，但未缴款，这个月应如何处理？是否需要作废申报记录？

解答：对于 2 月份已申报未缴款的社保费，丙公司无须做任何处理，税务机关会根据单位享受的减免政策重新生成应缴账目，丙公司核对无误后直接申报即可。

4. 甲公司社保费减免 5 个月，是每个月都需要提出申请吗？

解答：对于减免政策享受，甲公司不用额外提出减免申请，更不用每月都提出申请，只需要按照正常程序如实申报缴费基数、适用费率即可。

5. 乙公司是大型国企，可享受此次企业基本养老保险的减半征收优惠，即便如此，受疫情影响，财务压力依然较大，准备按规定申请缓缴。缓缴也仅限于企业缴纳部分吗？

解答：乙公司不仅可以申请缓缴企业基本养老保险的单位缴纳部分，如果与职工协商一致，也可申请缓缴个人缴纳部分。

6. 丙公司养老、失业、工伤社保费可以缓缴多久？

解答：受疫情影响生产经营出现严重困难的企业，可按规定对应缴的企业基本养老、工伤、失业保险费申请缓缴。缓缴期限原则上不超过 6 个月，缓缴期间免收滞纳金。

7. 刘先生是外地户口，孩子入学条件是家长要在工作地连续缴纳社保满 3 年，这次减免企业社保费，个人社保缴费会中断吗？

解答：此次阶段性减免企业社保费，只针对单位缴纳部分，企业仍应依法履行代扣代缴个人缴费的义务。同时，为确保缴费人的社保权益，有关部门也已经明确，实施减免或缓缴政策，不影响缴费人社会保险权益。因此，刘先生的缴费记录会连续计算，其权益不受影响。

8. 企业怎么知道自己被划成什么类型了？

解答：各地会按照规定公开企业的划型结果，方便企业及时知晓。如果企业对划型结果有异议，还可以向有关部门提起变更申请。

9. 甲公司享受免征 2020 年 2 月至 6 月工伤保险费政策，而工伤保险不存在个人缴纳部分，是不是无须申报工伤保险费？

解答：甲公司还是要继续申报工伤保险的。虽然工伤保险没有个人缴纳部分，但是只有用人单位办理了参保登记、增员和申报缴费业务，社保经办机构才能掌握参加工伤保险的员工明细。因此，为了不影响职工个人待遇的享受，用人单位仍然要按照原有的做法为员工办理参保登记、增员，并进行申报缴费操作，符合免征政策的无须缴纳工伤保险费。

10. 武汉哪些工程建设项目可以享受阶段性免征工伤保险费？

解答：2020 年 2 月 1 日至 2020 年 6 月 30 日期间，武汉市新开工的工程建设项目，可以享受阶段性免征工伤保险费，即备案的工程施工合同中"开工日期"为 2020 年 2 月 1 日至 2020 年 6 月 30 日期间的工程建设项目，均可享受阶段性免征工伤保险费。

11. 灵活就业人员能否享受阶段性减免基本养老保险和基本医疗保险？

解答：此次阶段性减免社保费政策针对的是参保单位。灵活就业人员是以个人身份参保，不属于此次减免政策的适用对象。

12. 乙公司是新设立的企业，是否能享受这次社保费减免政策？

解答：新设企业要按时办理参保手续，可按规定享受相关减免政策。

四、阶段性减免以单位方式参保的个体工商户职工养老、失业、工伤保险

【享受主体】

以单位方式参保养老保险、失业保险、工伤保险的个体工商户。

【优惠内容】

自 2020 年 2 月起，免征以单位方式参保的个体工商户三项社会保险单位缴费部分，免征期限不超过 5 个月。

【政策依据】

《人力资源社会保障部　财政部　税务总局关于阶段性减免企业社会保险费的通知》（人社部发〔2020〕11 号）。

五、阶段性减征职工基本医疗保险单位缴费

【享受主体】

基本医疗保险参保单位。

【优惠内容】

自 2020 年 2 月起，各省、自治区、直辖市及新疆生产建设兵团（以下统称省）可指导统筹地区根据基金运行情况和实际工作需要，在确保基金收支中长期平衡的前提

下，对职工医保单位缴费部分实行减半征收，减征期限不超过 5 个月。

原则上，统筹基金累计结存可支付月数大于 6 个月的统筹地区，可实施减征；可支付月数小于 6 个月但确有必要减征的统筹地区，由各省指导统筹考虑安排。缓缴政策可继续执行，缓缴期限原则上不超过 6 个月，缓缴期间免收滞纳金。

各省税务局要对 2020 年 2 月份已经征收的社保费进行分类，确定应退（抵）的企业和金额；要按照税务总局、国家医保局共同明确的处理原则，优化流程，提高效率，及时为应该退费的参保单位依职权办理退费，切实缓解企业特别是中小微企业经营困难。对采取以 2 月份已缴费款冲抵以后月份应缴费款的参保单位，要明确冲抵流程和操作办法，有序办理费款冲抵业务。

各级税务机关要会同有关部门落实好缓缴社保费政策，结合本地实际，进一步优化业务流程，从快办理缓缴相关业务。要严格落实缓缴期限原则上不超过 6 个月、缓缴期间免收滞纳金等政策要求，确保缴费人应享尽享。

【政策依据】

（1）《国家医保局　财政部　税务总局关于阶段性减征职工基本医疗保险费的指导意见》（医保发〔2020〕6 号）。

（2）《国家税务总局关于贯彻落实阶段性减免企业社会保险费政策的通知》（税总函〔2020〕33 号）。

【实操案例】••

1. 在新冠肺炎疫情期间，甲公司所在地区对医保缴费执行了缓缴政策，还能享受减半征收政策吗？

解答：如果甲公司所在地区出台了职工医保费减征政策，而且对医保缴费执行缓缴政策，减征政策和缓缴政策可以叠加使用。

2. 乙公司已经缴纳了 2020 年 2 月的职工医保费，如果 2 月实施减半征收，能不能把多缴的费款退还？

解答：首先要确定乙公司所在地区是否执行职工医保减征政策。如果执行职工医保减征政策，相关部门将重新核定乙公司的应缴费额，在准确确定减征金额后进行退费或者冲抵处理。

3. 社保退费是退到企业缴费账户吗？是否需要提供给税务局退费账号？

解答：各地税务、人社、医保等部门采取直接退费的，会将企业多缴的费款自动退到单位的原缴费账户，不用企业再次提供退费账号。如因账号原因退费失败，有关部门会及时和企业联系，也请企业及时反馈新的退费账号。

4. 国家的政策很给力，2020 年 2 月已经缴的费也可以退还，需要什么手续？如果不选择退费，能不能抵缴 3 月的应缴费款？

解答：为了切实缓解企业资金压力，对于已缴纳的符合减免条件的费款，相关部门将优先选择直接退费。

对于多缴的企业养老、失业、工伤保险费。如果是中小微企业，各地人社、税务部门会根据当地实际，直接发起退费，无须企业提交申请及报送相关资料。如果是大型企业，会根据企业的选择，直接退费或者冲抵以后月份的缴费。

对于多缴的职工医保费，各地医保、税务部门会根据当地实际直接发起退费，或者根据企业的意愿冲抵以后月份的缴费。

第五节　非接触式网上办税政策

一、"非接触式"网上办税缴费事项清单

为深入贯彻习近平总书记关于新冠肺炎疫情防控的一系列重要指示批示精神，全面落实党中央、国务院部署，税务部门积极拓展"非接触式"办税缴费事项，在为纳税人、缴费人提供安全、高效、便利服务的同时，切实降低疫情传播风险。

按照"尽可能网上办"的原则，税务总局共梳理了185个涉税缴费事项可在网上办理。在此基础上，税务部门还将进一步依托电子税务局、手机App、微信公众号、邮寄、传真、电子邮件等，不断拓宽"非接触式"办税缴费渠道，更好地为纳税人、缴费人服务。

"非接触式"网上办税缴费事项清单如下：

1. 一照一码户登记信息确认
2. 两证整合个体工商户登记信息确认
3. 两证整合个体工商户信息变更
4. 一照一码户信息变更
5. 税务登记信息变更（非"多证合一""两证整合"纳税人）
6. 增值税一般纳税人登记
7. 选择按小规模纳税人纳税的情况说明
8. 一般纳税人转登记小规模纳税人
9. 货物运输业小规模纳税人异地代开增值税专用发票备案
10. 出口退（免）税企业备案信息报告
11. 退税商店资格信息报告
12. 出口企业放弃退（免）税权报告
13. 其他出口退（免）税备案
14. 增值税适用加计抵减政策声明
15. 存款账户账号报告
16. 财务会计制度及核算软件备案报告
17. 银税三方（委托）划缴协议

18. 综合税源信息报告

19. 环境保护税税源信息采集

20. 增量房房源信息报告

21. 水资源税税源信息报告

22. 建筑业项目报告

23. 注销建筑业项目报告

24. 不动产项目报告

25. 注销不动产项目报告

26. 房地产税收一体化信息报告

27. 跨区域涉税事项报告

28. 跨区域涉税事项报验

29. 跨区域涉税事项信息反馈

30. 税收减免备案

31. 停业登记

32. 复业登记

33. 企业所得税清算报备

34. 税务注销即时办理

35. 注销扣缴税款登记

36. 发票遗失、损毁报告

37. 车辆生产企业报告

38. 税务证件增补发

39. 文化事业建设费缴费信息报告

40. 发票票种核定

41. 发票验（交）旧

42. 红字增值税专用发票开具及作废

43. 增值税税控系统专用设备变更发行

44. 增值税预缴申报

45. 增值税一般纳税人申报

46. 原油天然气增值税申报

47. 增值税小规模纳税人申报

48. 航空运输企业年度清算申报

49. 消费税申报

50. 居民企业（查账征收）企业所得税月（季）度申报

51. 居民企业（查账征收）企业所得税年度申报

52. 居民企业（核定征收）企业所得税月（季）度申报

53. 居民企业（核定征收）企业所得税年度申报

54. 清算企业所得税申报

55. 企业所得税汇总纳税信息报告

56. 非居民企业企业所得税自行申报

57. 非居民企业企业所得税预缴申报

58. 非居民企业企业所得税年度申报

59. 关联业务往来年度报告申报

60. 扣缴企业所得税报告

61. 车辆购置税申报

62. 城镇土地使用税、房产税申报

63. 车船税申报

64. 印花税申报

65. 印花税票代售报告

66. 委托代征证券交易印花税报告

67. 代扣代缴证券交易印花税申报

68. 烟叶税申报

69. 耕地占用税申报

70. 契税申报

71. 资源税申报

72. 水资源税申报

73. 土地增值税预征申报

74. 房地产项目尾盘销售土地增值税申报

75. 其他情况土地增值税申报

76. 土地增值税清算申报

77. 环境保护税一般申报

78. 环境保护税抽样测算及按次申报

79. 附加税（费）申报

80. 文化事业建设费申报

81. 废弃电器电子产品处理基金申报

82. 石油特别收益金申报

83. 油价调控风险准备金申报

84. 残疾人就业保障金申报

85. 非税收入通用申报

86. 通用申报（税及附征税费）

87. 定期定额户自行申报

88. 委托代征报告

89. 房产交易申报

90. 申报错误更正

91. 申报作废

92. 逾期申报

93. 财务报表数据转换

94. 财务报表报送与信息采集（企业会计准则）

95. 财务报表报送与信息采集（小企业会计准则）

96. 财务报表报送与信息采集（企业会计制度）

97. 财务报表报送与信息采集（政府会计准则制度）

98. 财务报表报送与信息采集（其他会计制度）

99. 企业集团合并财务报表报送与信息采集

100. 税收统计调查数据采集

101. 对外合作开采石油企业信息采集

102. 欠税人处置不动产或者大额资产报告

103. 境内机构和个人发包工程作业或劳务项目备案

104. 税费缴纳

105. 开具税收完税证明

106. 转开印花税票销售凭证

107. 转开税收缴款书（出口货物劳务专用）

108. 中国税收居民身份证明

109. 服务贸易等项目对外支付税务备案

110. 出口退（免）税证明开具

111. 来料加工免税证明及核销办理

112. 出口卷烟相关证明及免税核销办理

113. 作废出口退（免）税证明

114. 补办出口退（免）税证明

115. 开具中央非税收入统一票据

116. 企业印制发票审批

117. 对纳税人延期缴纳税款核准

118. 对纳税人延期申报核准

119. 对纳税人变更纳税定额的核准

120. 增值税专用发票（增值税税控系统）最高开票限额审批

121. 对采取实际利润额预缴以外的其他企业所得税预缴方式的核定

122. 变更税务行政许可

123. 税收减免核准

124. 定期定额户申请核定及调整定额

125. 农产品增值税进项税额扣除标准核定

126. 误收多缴退抵税

127. 入库减免退抵税

128. 汇算清缴结算多缴退抵税

129. 车辆购置税退税

130. 车船税退抵税

131. 增值税期末留抵税额退税

132. 石脑油、燃料油消费税退税

133. 逾期增值税抵扣凭证抵扣管理

134. 未按期申报抵扣增值税扣税凭证抵扣管理

135. 出口货物劳务免退税申报核准

136. 外国驻华使（领）馆及其馆员在华购买货物和服务增值税退税申报核准

137. 外贸企业外购应税服务免退税申报核准

138. 外贸综合服务企业代办退税申报核准

139. 购进自用货物免退税申报核准

140. 出口已使用过设备免退税申报核准

141. 退税代理机构结算核准

142. 航天发射业务免退税申报核准

143. 生产企业出口非自产货物消费税退税申报核准

144. 出口货物劳务免抵退税申报核准

145. 增值税零税率应税服务免抵退税申报核准

146. 生产企业进料加工业务免抵退税核销

147. 出口退（免）税延期申报核准

148. 出口退（免）税凭证信息查询

149. 出口退（免）税凭证无相关电子信息申报

150. 出口退税资料报送与信息采集

151. 纳税信用补评

152. 纳税信用复评

153. 延（分）期缴纳罚款申请审批

154. 涉税专业服务协议信息采集

155. 涉税专业服务协议信息变更及终止

156. 涉税专业服务业务信息采集

157. 涉税专业服务机构（人员）基本信息采集

158. 合并分立报告

159. 一照一码户清税申报

160. 两证整合个体工商户清税申报

161. 注销税务登记

162. 发票领用

163. 代开增值税专用发票

164. 代开增值税普通发票

165. 代开发票作废

166. 发票缴销

167. 特别纳税调整数据采集

168. 税务代保管资金收取

169. 预约定价安排谈签与执行

170. 纳税担保申请确认

171. 复议申请管理

172. 赔偿申请处理

173. 税务行政补偿

174. 中国居民（国民）申请启动的相互协商程序

175. 税务师事务所行政登记

176. 税务师事务所行政登记变更及终止

177. 逾期抄报税远程解锁税控设备

178. 个人所得税代扣代缴（预扣预缴）申报

179. 个人所得税股权奖励、转增股本分期纳税，股权激励、技术成果投资入股递延纳税，科技成果转化现金奖励等个人所得税备案

180. 个人所得税扣缴手续费申请

181. 经营所得个人所得税月（季）度申报（A 表）

182. 经营所得个人所得税年度申报（B 表）

183. 多处经营所得个人所得税汇总年度申报（C 表）

184. 专项附加扣除信息填报

185. 查询本人 2019 年 1 月 1 日起的收入纳税明细

二、电子税务局"非接触式"办税缴费相关问题解答

为积极应对新型冠状病毒感染肺炎疫情，最大程度降低疫情传播风险，国家税务总局按照"尽可能网上办"的原则，针对纳税人关注的网上办税重点问题，编制了《电子税务局非接触式办税相关问题解答》。纳税人可依托各省电子税务局等各类"非接触式"办税缴费服务渠道，办理各项主要涉税事宜。

1. **如何快速进入电子税务局办理涉税业务？**

答：纳税人通过浏览器访问税务总局官网（www.chinatax.gov.cn）后选择自身所在省级税务局的官网链接，或者直接进入纳税人所在省级税务局官网，点击首页中的"电子税务局"即可跳转进入。使用过程中如遇问题，可直接拨打电子税务局首页下方标注的热线电话进行咨询。

一些省级税务机关还可提供手机 App 办税、微信、公众号等其他方式的"非接触式"办税通道办理涉税业务，纳税人可根据需要自行选择。

2. **电子税务局主要包括哪些办税功能？**

答：电子税务局主要包括"我的信息""我要办税""我要查询""互动中心""公众服务"等五类功能。

"我的信息"用于向纳税人提供自身基本信息和账户管理，包括纳税人信息、纳税人电子资料查阅和维护、用户管理和用户登录等具体功能。

"我要办税"用于向纳税人提供涉税事项的办理，包括纳税人综合信息报告、发票使用、各税费种申报与缴纳、税收减免、证明开具、退税办理、税务行政许可、核定办理、增值税抵扣凭证管理、税务代保管资金收取、预约定价安排谈签申请、纳税信用、涉税专业服务机构管理以及法律追责与救济事项等具体功能。

"我要查询"用于向纳税人提供状态查询，包括办税进度及结果信息、发票信息、申报信息、缴款信息、欠税信息、优惠信息、定额核定、违法违规、证明信息、涉税中介机构信息、纳税信用状态、电子资料等具体功能。

"互动中心"用于税务机关同纳税人之间信息互动。纳税人可获取税务机关推送及纳税人定制的各类消息，以及涉及风险、信用、待办事项提醒信息，并实现在线预约办税和征纳交互，包括我的待办、我的提醒、预约办税、在线交互、办税评价、纳税人需求等具体功能。

"公众服务"用于向纳税人提供税务机关通知公告、咨询辅导以及公开信息查询等服务，无须注册登录即可直接使用，包括公告类，主要有政策法规通知公告、重大税收违法案件公告、信用级别 A 级纳税人公告、欠税公告、涉税专业服务机构信息公告；辅助办税类，主要有纳税人学堂、税收政策及解读、办税指南、操作规程、下载服务、热点问题、重点专题、办税地图、办税日历；公开信息查询类，主要有发票状态、重大税收违法案件查询、信用级别 A 级纳税人查询、欠税查询、证明信息查询、涉税专业服务机构信息查询等具体功能。

此外，电子税务局还提供部分一键办理入口：

"我的待办"中可获取税务机关向纳税人主动推送的消息、通知、待办事项提醒等信息。

"我要预约"中可预约线上线下办税事项。

"通知公告"中可直接查询税务机关向纳税人和社会公众发布的涉税通知、重要提醒、公告等文件、资讯等信息。

"个性服务"中可办理办税套餐等个性化办税事项、定制服务事项和创新服务事项。

3. 如何查看各税费种的征期以及申报期的最新变化情况？

答：纳税人无须注册登录，可通过选择"公众服务"，进入"咨询辅导"，再选择"办税日历"，查看各税费种税款申报缴纳起止日期。部分省电子税务局还可向纳税人提供征期截止日的倒计时提醒。

4. 纳税人申报若有困难，如何申请延期申报？

答：纳税人可登录后通过选择"我要办税"，进入"对纳税人延期申报核准"，填写并提交延期申报申请使用的《税务行政许可申请表》。税务机关审批完成后，纳税人即可获取审批结果信息，并查询和打印受理结果。纳税人也可登录后通过选择"我要查询"，进入"办税进度及结果信息查询"，查询办理进度和结果。

5. 纳税人缴纳税款若有困难，如何申请延期缴纳税款？

答：纳税人可登录后通过选择"我要办税"，进入"对纳税人延期缴纳税款核准"，填写并提交延期缴纳税款申请使用的《税务行政许可申请表》。税务机关审批完成后，纳税人即可获取审批结果信息，并查询和打印受理结果。纳税人也可登录后通过选择"我要查询"，进入"办税进度及结果信息查询"，查询办理进度和结果。

6. 纳税人如何申请享受税收减免优惠？

答：纳税人可登录后通过选择"我要办税"，进入"税收减免"，办理税收减免备案以及税收减免核准事项。税务机关办理完成后，纳税人即可获取结果信息，并查询和打印受理结果。纳税人也可登录后通过选择"我要查询"，进入"办税进度及结果信息查询"，查询办理进度和结果。

7. 纳税人如何申请不予加收滞纳金？

答：纳税人可登录后通过选择"我要办税"，进入"一般退（抵）税管理"，再选择"不予加收滞纳金申请"，根据系统提示，填写并提交相关信息，上传所需的资料，税务机关审核完成后，纳税人即可获取结果信息。纳税人也可登录后通过选择"我要查询"，进入"办税进度及结果信息查询"，查询办理进度和结果。

8. 新开业纳税人哪些事项可以"非接触式"办理？

答：新开业纳税人可通过电子税务局，选择进入"新办纳税人套餐服务"，办理电子税务局注册开户、登记信息确认、财务会计制度及核算软件备案、纳税人存款账户账号报告、增值税一般纳税人登记、发票票种核定、增值税专用发票最高开票限额审批、实名办税、增值税税控系统专用设备初始发行、发票领用等。具体办理中，纳税人可依据自身情况，按照相关提示，有选择性地完成上述等事项。

9. 纳税人如何领用发票以及办理发票相关业务？

答：纳税人可登录后通过选择"我要办税"，进入"发票领用"，申请发票。如需同时办理发票票种核定、最高开票限额审批等相关业务，可在电子税务局中选择对应功能办理，或直接选择"发票套餐"办理。套餐中主要包括发票票种核定、增值税专用发票（增值税税控系统）最高开票限额审批、发票领用、发票验（交）旧、发票缴销等。纳税人提交申请，税务机关完成处理后，纳税人可获取相关回执。部分无法全程在线办结的事项，线下办理部分按照相关提示进行办理。

10. 新开业纳税人是否能够"非接触式"领用发票？

答：新开业纳税人可通过电子税务局，选择进入"新办纳税人套餐"，填写完成相关税务信息报告后，根据系统提示，完成"发票票种核定""增值税税控系统专用设备初始发行"和"发票申领"等业务申请。税务机关审批完成后，即可领用发票。发票及税控设备发放可咨询当地税务机关。

11. 纳税人如何申请代开发票和作废代开发票？

答：已办理税务登记的小规模纳税人（包括个体经营者）以及其他可代开增值税专用发票的纳税人，如发生增值税应税行为、需要开具增值税专用发票的，可登录后通过选择"我要办税"，进入"代开增值税专用发票"，申请代开增值税专用发票。

对符合代开增值税普通发票条件的单位纳税人，可登录后通过选择"我要办税"，进入"代开增值税普通发票"，申请代开增值税普通发票。

开具完成后电子税务局推送信息通知纳税人领取发票。若采取邮寄方式，税务机关向纳税人推送配送信息。

税务机关为纳税人代开发票后，如果纳税人发生销货退回或销售折让等情形，需要作废代开发票的，可登录后通过选择"我要办税"，进入"代开发票作废"，提交作废代开发票申请及相关附报资料，待税务机关审核完成后即可作废。

12. 如何进行增值税及附加税费申报缴税？

答：纳税人可登录后通过选择"我要办税"，进入"税费申报及缴纳"，再选择"增值税及附加税（费）申报"，完成增值税和附加税费申报缴税。如涉及增值税、消费税、附加税（费）、文化事业建设费等多个税费种申报和税款缴纳，可选择进入"主附税联合申报缴纳套餐"，完成增值税申报、消费税申报、附加税（费）申报、文化事业建设费申报以及相应的税（费）款缴纳。

13. 如何进行消费税及附加税费申报缴税？

答：纳税人可登录后通过选择"我要办税"，进入"税费申报及缴纳"，再选择"消费税及附加税（费）申报"，完成消费税和附加税费申报缴税。

14. 如何进行车辆购置税申报缴税？

答：纳税人可登录后通过选择"我要办税"，进入"税费申报及缴纳"，再选择"其他申报"，进入"车购税申报"，完成一般车辆购置税申报及缴款业务。

15. 如何办理网签三方协议？

答：纳税人可登录后通过选择"我要办税"，进入"综合信息报告"，再选择"制度信息报告"，进入"网签三方协议"，填写并提交相关开户行信息及纳税人信息。纳税人根据提示信息，联系开户银行完成后续业务办理。目前部分开户银行可全程完成三方协议网签。

16. 纳税人如何变更税务登记信息？

答：纳税人可登录后通过选择"我要办税"，依据纳税人类别，对应进入"一照一码户信息变更""两证整合个体工商户信息变更"或者"税务登记信息变更"，填写并提交《变更税务登记表》及相关附报资料，即可完成税务登记信息的变更。

17. 纳税人如何申请办理增值税一般纳税人资格登记？

答：纳税人可登录后通过选择"我要办税"，进入"综合信息报告"，再选择"资格信息报告"，进入"增值税一般纳税人登记"，填写并提交《增值税一般纳税人登记表》，完成增值税一般纳税人登记业务办理。纳税人可登录后通过选择"我的信息"，进入"纳税人信息"，查看已生效的资格信息。

18. 纳税人如何申请办理注销？

答：纳税人可通过登录电子税务局，选择进入"清税注销税（费）申报及缴纳套餐"，根据纳税人类型，分别完成"企业所得税清算报备""增值税及附加税费申报""消费税及附加税费申报""企业所得税申报""其他申报""综合申报""财务报表报送"及"税费缴纳"等业务的办理，其中"企业所得税清算报备"仅针对除分支机构以外的已认定企业所得税税种的纳税人办理，其他类型纳税人无须办理。

19. 需注销的纳税人如何办理注销所属期应申报税（费）种的申报及税款缴纳？

答：无未结欠税及罚款、无逾期未申报的纳税人，可通过登录各省电子税务局，选择进入"清税注销税（费）申报及缴纳套餐"，办理当期 [注销当月（季、年）的上一所属期，且注销申请日期在上期申报的征期内]，以及注销所属期 [注销当月（季、年）的所属期] 应申报税（费）种的申报及税款缴纳。同时，对已认定企业所得税税种的纳税人，除分支机构外，还可完成企业清算所得税申报。

20. 纳税人如需调整定期定额如何办理？

答：纳税人如需调整定期定额，可登录后通过选择"我要办税"，进入"定期定额户申请核定及调整定额"，填写并提交《个体工商户定额核定审批表》及相关附报资料。税务机关审批完成后，纳税人即可获取审批结果信息，并在电子税务局查看和打印受理结果。

21. 纳税人如何申请退税？

答：纳税人可登录后通过选择"我要办税"，进入"一般退（抵）税管理"，填写并提交《退（抵）税申请表》。税务机关审批完成后，纳税人即可获取审批结果信息。纳税人也可登录后通过选择电子税务局"我要查询"，进入"办税进度及结果信息查询"，查询办理进度和结果。

纳税人可申请的退税主要包括：误收多缴退抵税，入库减免退抵税，汇算清缴结算多缴退抵税，车辆购置税退税，车船税退抵税，增值税期末留抵税额退税，以及石脑油、燃料油消费税退税等。

22. 纳税人如需开具涉税证明如何办理？

答：需要开具涉税证明的纳税人，可登录后通过选择"我要办税"，进入"证明开具"，申请开具涉税证明。

纳税人可开具的涉税证明主要包括：税收完税证明（文书式）、税收完税证明（表格式）、中国税收居民身份证明、服务贸易等项目对外支付税务备案、转开印花税票销售凭证、转开税收缴款书（出口货物劳务专用）、出口退（免）税相关证明等。

23. 税务代理机构如何向税务机关报送相关信息和资料？

答：税务代理机构可通过登录电子税务局，选择进入"涉税专业服务机构管理套餐"，向税务机关报送机构、人员、委托协议等信息。

涉税专业服务机构管理套餐包括：税务师事务所行政登记，税务师事务所行政登记变更及终止，涉税专业服务机构（人员）基本信息采集，涉税专业服务协议信息采集，涉税专业服务业务信息采集，涉税专业服务协议信息变更及终止等。

24. 如何通过电子税务局与税务机关进行交互？

答：纳税人可登录后通过选择"互动中心"，进入"在线交互"，同税务机关进行实时在线交互。

25. 如何通过电子税务局进行预约办税？

答：纳税人可登录后通过选择"我要预约"，或登录后通过选择"互动中心"并进入"预约办税"，进行预约办税，具体分为线下预约及线上预约。线下预约用于办税服务厅预约办税，服务事项类型包括税政政策咨询、业务办理辅导、预约排号服务等，纳税人可根据预约事项选择预约地点、预约时间等；线上预约用于电子税务局预约办税，服务事项类型包括在线辅导、在线座谈、在线约谈、在线培训等。部分省电子税务局还可查看各办税服务厅实际排队情况。

26. 如何通过电子税务局获取税务机关的各类通知公告？

答：纳税人无须注册登录，可通过选择"公众服务"，进入"通知公告"，获取税务机关发布的各类通知公告。

电子税务局提供的通知公告主要包括政策法规通知公告、重大税收违法案件公告、信用级别 A 级纳税人公告以及欠税公告等。

27. 如何通过电子税务局查看税务机关发布的线上培训？

答：纳税人无须注册登录，可通过选择"公众服务"，进入"咨询辅导"，再选择"纳税人学堂"，查看税务机关发布的线上培训计划。纳税人可在此功能下设置开课提醒，及时参与线上培训。

28. 如何通过电子税务局查看涉税政策及解读文件？

答：纳税人无须注册登录，可通过选择"公众服务"，进入"咨询辅导"，再选择"税收政策及解读"，查看税务机关各类涉税政策及解读文件。

29. 纳税人在电子税务局中如找不到所需业务功能或不熟悉具体操作，如何处理？

答：纳税人无须注册登录，可通过选择"公众服务"，进入"咨询辅导"，再选择"操作规程"，查看各省电子税务局所提供的各类具体业务功能及操作流程。

30. 如何查看疫情防控期间税务相关的热点问题？

答：纳税人无须注册登录，可通过选择"公众服务"，进入"咨询辅导"，再选择"热点问题"，查看当前税务相关的热点问题。部分省电子税务局向纳税人提供全文模糊查询检索功能，可便捷获取想要了解的热点问题。

31. 纳税人如何通过电子税务局上传、下载、打印自身的各类电子资料？

答：纳税人可登录后通过选择"我的信息"，进入"电子资料"，随时查阅、下载、打印自身通过电子税务局办税产生的相关电子资料。纳税人在办理涉税业务过程中，如需上传附报资料，电子税务局会智能关联纳税人过去已经提交或产生的电子资料，提示在电子资料库中已有的资料供纳税人选择；同时，对于需补充的电子资料，提供资料上传功能。

32. 纳税人不去办税服务厅如何查询所申请的涉税事项的办理进度？

答：纳税人可登录后通过选择"我要查询"，进入"办税进度及结果信息查询"，进行办税进度及结果查询。办税进度按状态分别显示为待提交、待受理、受理中、已退回、已作废、已完成等。其中，"待提交"表示涉税事项申请尚未提交或提交后撤回；"待受理"表示涉税事项申请已提交至税务机关，尚未受理；"受理中"表示涉税事项申请已被税务机关受理，尚未终审；"已退回"表示涉税事项申请不满足办理条件，税务机关不予受理或者退回纳税人补正资料；"已作废"表示涉税事项申请由纳税人主动作废，或由于税务机关因各种原因不能正常办结作废；"已完成"表示涉税事项申请满足办理条件，已完成办理。

33. 纳税人不去办税服务厅如何查询发票信息？

答：纳税人可登录后通过选择"我要查询"，进入"发票信息查询"，选定开具日期起止、发票种类名称等条件，对已开具的发票信息进行查询，同时可对某一条或某几条发票信息进行导出或打印。

34. 纳税人如何通过电子税务局查询申报明细信息？

答：纳税人可登录后通过选择"我要查询"，进入"申报信息查询"，选择申报日期、税款所属日期、申报表类型等条件，查询相应时间的申报信息情况。同时，可进一步点击查看该张申报表及附列资料，并可进行打印或导出。

35. 纳税人如何通过电子税务局查看税费缴纳情况？

答：纳税人可登录后通过选择"我要查询"，进入"缴款信息查询"或"欠税信息查询"，输入查询条件查询到具体缴款情况或欠税情况。如有欠税情况，可通过系统提供的"欠税缴纳"链接，跳转到相应税（费）种缴纳功能模块缴纳欠税。

第十一章

2019 年最新税收优惠政策解读

导读

本章介绍 2019 年最新税收优惠政策解读，分为五节内容，分别介绍增值税优惠政策解读、企业所得税优惠政策解读、个人所得税优惠政策解读、其他税费优惠政策解读以及简化税收征管政策解读。

第一节　增值税优惠政策解读

一、小微企业普惠性税收减免政策

（一）基本政策

根据《财政部　税务总局关于实施小微企业普惠性税收减免政策的通知》（财税〔2019〕13 号）的规定，为贯彻落实党中央、国务院决策部署，进一步支持小微企业发展，现就实施小微企业普惠性税收减免政策有关事项通知如下：

1. 对月销售额 10 万元以下（含本数）的增值税小规模纳税人，免征增值税。

2. 对小型微利企业年应纳税所得额不超过 100 万元的部分，减按 25% 计入应纳税所得额，按 20% 的税率缴纳企业所得税；对年应纳税所得额超过 100 万元但不超过 300 万元的部分，减按 50% 计入应纳税所得额，按 20% 的税率缴纳企业所得税。

上述小型微利企业是指从事国家非限制和禁止行业，且同时符合年度应纳税所得额不超过 300 万元、从业人数不超过 300 人、资产总额不超过 5 000 万元等三个条件的企业。

从业人数，包括与企业建立劳动关系的职工人数和企业接受的劳务派遣用工人数。所称从业人数和资产总额指标，应按企业全年的季度平均值确定。具体计算公式如下：

季度平均值＝（季初值＋季末值）÷2

全年季度平均值＝全年各季度平均值之和 ÷4

年度中间开业或者终止经营活动的，以其实际经营期作为一个纳税年度确定上述相关指标。

3. 由省、自治区、直辖市人民政府根据本地区实际情况，以及宏观调控需要确定，对增值税小规模纳税人可以在50%的税额幅度内减征资源税、城市维护建设税、房产税、城镇土地使用税、印花税（不含证券交易印花税）、耕地占用税和教育费附加、地方教育附加。

4. 增值税小规模纳税人已依法享受资源税、城市维护建设税、房产税、城镇土地使用税、印花税、耕地占用税、教育费附加、地方教育附加其他优惠政策的，可叠加享受本通知第三条规定的优惠政策。

5.《财政部　税务总局关于创业投资企业和天使投资个人有关税收政策的通知》（财税〔2018〕55号）第二条第（一）项关于初创科技型企业条件中的"从业人数不超过200人"调整为"从业人数不超过300人"，"资产总额和年销售收入均不超过3 000万元"调整为"资产总额和年销售收入均不超过5 000万元"。

2019年1月1日至2021年12月31日期间发生的投资，投资满2年且符合本通知规定和财税〔2018〕55号文件规定的其他条件的，可以适用财税〔2018〕55号文件规定的税收政策。

2019年1月1日前2年内发生的投资，自2019年1月1日起投资满2年且符合本通知规定和财税〔2018〕55号文件规定的其他条件的，可以适用财税〔2018〕55号文件规定的税收政策。

6. 本通知执行期限为2019年1月1日至2021年12月31日。《财政部　税务总局关于延续小微企业增值税政策的通知》（财税〔2017〕76号）、《财政部　税务总局关于进一步扩大小型微利企业所得税优惠政策范围的通知》（财税〔2018〕77号）同时废止。

7. 各级财税部门要切实提高政治站位，深入贯彻落实党中央、国务院减税降费的决策部署，充分认识小微企业普惠性税收减免的重要意义，切实承担起抓落实的主体责任，将其作为一项重大任务，加强组织领导，精心筹划部署，不折不扣落实到位；要加大力度、创新方式，强化宣传辅导，优化纳税服务，增进办税便利，确保纳税人和缴费人实打实享受到减税降费的政策红利；要密切跟踪政策执行情况，加强调查研究，对政策执行中各方反映的突出问题和意见建议；要及时向财政部和税务总局反馈。

（二）财政部税政司、税务总局政策法规司有关负责人就小微企业普惠性税收减免政策问答

1. 1月9日国务院常务会议决定再推出一批小微企业普惠性税收减免措施，政策重点聚焦在哪些方面，在当前形势下有何重要意义？

解答：习近平总书记在中央经济工作会议上强调，要实施更大规模的减税降费，在新年贺词中明确提出了"减税降费政策措施要落地生根"的要求。1月9日国务院常务会议决定再推出一批小微企业普惠性税收减免措施。这是今年减税降费政策的重要内容，也是更大力度减税的重要体现。总体上看，此次推出的小微企业普惠性税收减免政策重点聚焦在三个方面：

一是突出普惠性实质性降税。在小微企业减税政策中，进一步放宽小型微利企业条件，与工业和信息化部等四部委小微企业标准高值衔接。这次小微企业的企业所得税减税，惠及 1798 万家企业，占全国纳税企业总数的 95% 以上，其中 98% 是民营企业，也就是说，我国绝大部分企业主体都能够从这个政策受惠。

二是实打实、硬碰硬，增强企业获得感。将现行小微企业优惠税种由企业所得税、增值税，扩大至资源税、城市维护建设税、城镇土地使用税等 8 个税种和 2 项附加。同时，在降低小微企业实际税负的同时，引入超额累进计税办法，小微企业年应税所得不超过 100 万元、100 万元到 300 万元的部分，实际税负降至 5% 和 10%，年应纳税所得不超过 300 万的企业税负降低 50% 以上。小微企业四项政策均可追溯享受，自今年 1 月 1 日起实施。

三是切实可行、简明易行。在小微企业所得税政策方面，通过扩范围、加力度，直接降低实际税负，增强小微企业享受优惠的确定性和便捷度，减少税收遵从成本。小规模纳税人增值税免税标准，直接由月销售额 3 万元提高到 10 万元。初创科技型企业优惠政策，也是直接提高标准、放宽范围。同时，兼顾地方财力差异，采取了允许地方可在 50% 幅度内减征 6 项地方税种和 2 项附加的措施。

小微企业是发展的生力军、就业的主渠道、创新的重要源泉。当前我国经济运行稳中有变、变中有忧，外部环境复杂严峻，再推出一批小微企业普惠性税收减免措施，有利于降低创业创新成本，增强小微企业发展动力，促进扩大就业。下一步，财政部、税务总局等部门将按照党中央、国务院决策部署，抓紧按程序推出增值税改革等其他减税降费措施，增强社会获得感，推动形成积极稳定的社会预期。

2. 为什么将增值税小规模纳税人免税标准提高至月销售额 10 万元?

解答：近年来，我国不断加大对增值税小规模纳税人的税收优惠力度，逐步将其免税标准提高至月销售额 3 万元。本次进一步提高至月销售额 10 万元，免税政策受益面大幅扩大，且税收优惠方式简明易行好操作，将明显增强企业获得感，更大激发市场活力，支持小微企业发展壮大，更好发挥小微企业吸纳就业主渠道的关键性作用。

3. 与此前相比，这次出台的小型微利企业所得税优惠政策有何变化?

解答：第一，放宽小型微利企业标准，扩大小型微利企业的覆盖面。政策调整前，小型微利企业年应纳税所得额、从业人数和资产总额标准上限分别为 100 万元、工业企业 100 人（其他企业 80 人）和工业企业 3 000 万元（其他企业 1 000 万元）。此次调整明确将上述三个标准上限分别提高到 300 万元、300 人和 5 000 万元。

第二，引入超额累进计算方法，加大企业所得税减税优惠力度。政策调整前，对年应纳税所得额不超过 100 万元的小型微利企业，减按 50% 计入应纳税所得额，并按 20% 优惠税率缴纳企业所得税，即实际税负为 10%。此次调整引入超额累进计税办法，对年应纳税所得额不超过 300 万元的小型微利企业，按应纳税所得额分为两段计算，一是对年应纳税所得额不超过 100 万元的部分，减按 25% 计入应纳税所得额，并按 20% 的税率计算缴纳企业所得税，实际税负为 5%；二是对年应纳税所得额超过 100 万元但不超过 300 万元的部分，减按 50% 计入应纳税所得额，并按 20% 的税率计算缴纳企业所得税，实际税负 10%。

举例说明，一个年应纳税所得额为 300 万元的企业，此前不在小型微利企业范围之内，需要按 25% 的法定税率缴纳企业所得税 75 万元（300×25% = 75 万元），按照新出台的优惠政策，如果其从业人数和资产总额符合条件，其仅需缴纳企业所得税 25 万元（100×25%×20% + 200×50%×20% = 25 万元），所得税负担大幅减轻。

4. 初创科技型企业相关的优惠政策是什么？此次政策有什么调整？

解答：创投企业和天使投资个人投向初创科技型企业可按投资额的 70% 抵扣应纳税所得额。政策调整前，初创科技型企业的主要条件包括从业人数不超过 200 人、资产总额和年销售收入均不超过 3 000 万元等。此次调整将享受创业投资税收优惠的被投资对象范围，进一步扩展到从业人数不超过 300 人、资产总额和年销售收入均不超过 5 000 万元的初创科技型企业，与调整后的企业所得税小型微利企业相关标准保持一致，从而进一步扩大了创投企业和天使投资人享受投资抵扣优惠的投资对象范围。

5. 此次部分地方税种和相关附加减征的政策是否可以和原有地方税种优惠政策同时享受？

解答：已经享受了原有地方税种优惠政策的增值税小规模纳税人，可以进一步享受本次普惠性税收减免政策，也就是说两类政策可以叠加享受。以城镇土地使用税为例，根据《财政部　国家税务总局关于房产税城镇土地使用税有关问题的通知》（财税〔2009〕128 号），对在城镇土地使用税征税范围内单独建造的地下建筑用地，暂按应征税款的 50% 征收城镇土地使用税。在此基础上，如果各省（自治区、直辖市）进一步对城镇土地使用税采取减征 50% 的措施，则最高减免幅度可达 75%。

（三）总局增值税公告

根据《国家税务总局关于小规模纳税人免征增值税政策有关征管问题的公告》（国家税务总局公告 2019 年第 4 号）的规定，按照《财政部　税务总局关于实施小微企业普惠性税收减免政策的通知》（财税〔2019〕13 号）的规定，现将小规模纳税人月销售额 10 万元以下（含本数）免征增值税政策若干征管问题公告如下：

1. 小规模纳税人发生增值税应税销售行为，合计月销售额未超过 10 万元（以 1 个季度为 1 个纳税期的，季度销售额未超过 30 万元，下同）的，免征增值税。

小规模纳税人发生增值税应税销售行为，合计月销售额超过 10 万元，但扣除本期发生的销售不动产的销售额后未超过 10 万元的，其销售货物、劳务、服务、无形资产取得的销售额免征增值税。

2. 适用增值税差额征税政策的小规模纳税人，以差额后的销售额确定是否可以享受本公告规定的免征增值税政策。

《增值税纳税申报表（小规模纳税人适用）》中的"免税销售额"相关栏次，填写差额后的销售额。

3. 按固定期限纳税的小规模纳税人可以选择以 1 个月或 1 个季度为纳税期限，一经选择，一个会计年度内不得变更。

4.《中华人民共和国增值税暂行条例实施细则》第九条所称的其他个人，采取一次性收取租金形式出租不动产取得的租金收入，可在对应的租赁期内平均分摊，分摊后的月租金收入未超过 10 万元的，免征增值税。

5. 转登记日前连续 12 个月（以 1 个月为 1 个纳税期）或者连续 4 个季度（以 1 个季度为 1 个纳税期）累计销售额未超过 500 万元的一般纳税人，在 2019 年 12 月 31

日前，可选择转登记为小规模纳税人。

一般纳税人转登记为小规模纳税人的其他事宜，按照《国家税务总局关于统一小规模纳税人标准等若干增值税问题的公告》（国家税务总局公告 2018 年第 18 号）、《国家税务总局关于统一小规模纳税人标准有关出口退（免）税问题的公告》（国家税务总局公告 2018 年第 20 号）的相关规定执行。

6. 按照现行规定应当预缴增值税税款的小规模纳税人，凡在预缴地实现的月销售额未超过 10 万元的，当期无须预缴税款。本公告下发前已预缴税款的，可以向预缴地主管税务机关申请退还。

7. 小规模纳税人中的单位和个体工商户销售不动产，应按其纳税期、本公告第六条以及其他现行政策规定确定是否预缴增值税；其他个人销售不动产，继续按照现行规定征免增值税。

8. 小规模纳税人月销售额未超过 10 万元的，当期因开具增值税专用发票已经缴纳的税款，在增值税专用发票全部联次追回或者按规定开具红字专用发票后，可以向主管税务机关申请退还。

9. 小规模纳税人 2019 年 1 月份销售额未超过 10 万元（以 1 个季度为 1 个纳税期的，2019 年第一季度销售额未超过 30 万元），但当期因代开普通发票已经缴纳的税款，可以在办理纳税申报时向主管税务机关申请退还。

10. 小规模纳税人月销售额超过 10 万元的，使用增值税发票管理系统开具增值税普通发票、机动车销售统一发票、增值税电子普通发票。

已经使用增值税发票管理系统的小规模纳税人，月销售额未超过 10 万元的，可以继续使用现有税控设备开具发票；已经自行开具增值税专用发票的，可以继续自行开具增值税专用发票，并就开具增值税专用发票的销售额计算缴纳增值税。

11. 本公告自 2019 年 1 月 1 日起施行。《国家税务总局关于全面推开营业税改征增值税试点有关税收征收管理事项的公告》（国家税务总局公告 2016 年第 23 号）第三条第二项和第六条第四项、《国家税务总局关于明确营改增试点若干征管问题的公告》（国家税务总局公告 2016 年第 26 号）第三条、《国家税务总局关于营改增试点若干征管问题的公告》（国家税务总局公告 2016 年第 53 号）第二条和《国家税务总局关于小微企业免征增值税有关问题的公告》（国家税务总局公告 2017 年第 52 号）同时废止。

（四）总局增值税公告解读

2019 年 1 月 9 日国务院常务会议决定，将增值税小规模纳税人免税标准由月销售额 3 万元提高到 10 万元。为确保该项优惠政策顺利实施，税务总局制发公告，就若干征管问题进行了明确，具体包括：

1. 关于月（季）销售额的执行口径

明确纳税人以所有增值税应税销售行为（包括销售货物、劳务、服务、无形资产和不动产）合并计算销售额，判断是否达到免税标准。同时，小规模纳税人在扣除本期发生的销售不动产的销售额后仍未超过 10 万元的，其销售货物、劳务、服务、无形资产取得的销售额，可享受小规模纳税人免税政策。举例说明：

例1：A小规模纳税人2019年1月销售货物4万元，提供服务3万元，销售不动产2万元，合计销售额为9（＝4＋3＋2）万元，未超过10万元免税标准，因此，该纳税人销售货物、服务和不动产取得的销售额9万元，可享受小规模纳税人免税政策。

例2：A小规模纳税人2019年1月销售货物4万元，提供服务3万元，销售不动产10万元，合计销售额为17（＝4＋3＋10）万元，剔除销售不动产后的销售额为7（＝4＋3）万元，因此，该纳税人销售货物和服务相对应的销售额7万元可以享受小规模纳税人免税政策，销售不动产10万元应照章纳税。

2. 差额征税政策适用问题

营改增以来，延续了营业税的一些差额征税政策。比如，建筑业小规模纳税人，以取得的全部价款和价外费用扣除对外支付的分包款后的余额为销售额，计算缴纳增值税。公告明确适用增值税差额征税政策的，以差额后的余额为销售额，确定其是否可享受小规模纳税人免税政策。同时，明确了小规模纳税人《增值税纳税申报表》中"免税销售额"的填报口径。举例说明，2019年1月，某建筑业小规模纳税人（按月纳税）取得建筑服务收入20万元，同时向其他建筑企业支付分包款12万元，则该小规模纳税人当月扣除分包款后的销售额为8万元，未超过10万元免税标准，因此，当月可享受小规模纳税人免税政策。

3. 关于小规模纳税人纳税期的选择

小规模纳税人，纳税期限不同，其享受免税政策的效果可能存在差异。举例说明：

情况1：某小规模纳税人2019年1－3月的销售额分别是5万元、11万元和12万元。如果按月纳税，则只有1月的5万元能够享受免税；如果按季纳税，由于该季度销售额为28万元，未超过免税标准，因此，28万元全部能享受免税。在这种情况下，小规模纳税人更愿意实行按季纳税。

情况2：某小规模纳税人2019年1－3月的销售额分别是8万元、11万元和12万元，如果按月纳税，1月份的8万元能够享受免税，如果按季纳税，由于该季度销售额31万元已超过免税标准，因此，31万元均无法享受免税。在这种情况下，小规模纳税人更愿意实行按月纳税。

基于以上情况，为确保小规模纳税人充分享受政策，公告明确，按照固定期限纳税的小规模纳税人可以根据自己的实际经营情况选择实行按月纳税或按季纳税。为确保年度内纳税人的纳税期限相对稳定，同时也明确了一经选择，一个会计年度内不得变更。

4. 其他个人出租不动产的政策适用问题

税务总局在2016年制发了23号公告和53号公告，对《中华人民共和国增值税暂行条例实施细则》第九条所称的其他个人，采取一次性收取租金（包括预收款）形式出租不动产取得的租金收入，可在对应的租赁期内平均分摊，分摊后的月租金收入不超过3万元的，可享受小规模纳税人免税政策。为确保纳税人充分享受政策，在上调免税标准至10万元后，该政策继续执行。

5. 一般纳税人转登记问题

2018年，将小规模纳税人标准统一至500万元时，允许此前按照较低标准认定（登记）的一般纳税人，在2018年年底前自愿选择转登记为小规模纳税人。此次提高增值税免税标准至10万元，相当于年销售额120万元以下的小规模纳税人都可以享受免税政策。在这种情况下，可能会有一般纳税人提出转登记为小规模纳税人，以享受免税政策的诉求。为确保纳税人充分享受税收减免政策，公告明确一般纳税人如果年销售额不超过 500 万元的，可在 2019 年度选择转登记为小规模纳税人，转登记后可享受免税政策。需要注意的是，曾在 2018 年选择过转登记的纳税人，在 2019 年仍可选择转登记，但是，2019 年选择转登记的，再次登记为一般纳税人后，不得再转登记为小规模纳税人。

6. 预缴增值税政策的适用问题

现行增值税实施了若干预缴税款的征管措施，比如跨地区提供建筑服务、销售不动产、出租不动产等等。考虑到免税标准由 3 万元提高至 10 万元，纳税人的政策受益面和受益程度均有大幅提高，公告明确，按照现行规定应当预缴增值税税款的小规模纳税人，凡在预缴地实现的月销售额未超过 10 万元的，当期无须预缴税款。本公告下发前已经预缴税款的，可以向预缴地主管税务机关申请退还。

7. 关于销售不动产政策适用问题

小规模纳税人中的单位和个体工商户销售不动产，涉及纳税人在不动产所在地预缴税款的事项。增值税免税标准提高至 10 万元后，如果销售不动产销售额为 20 万元，则：第一种情况，如果某个体工商户选择按月纳税，销售不动产销售额超过月销售额 10 万元免税标准，则仍应在不动产所在地预缴税款；第二种情况，如果该个体工商户选择按季纳税，销售不动产销售额未超过季度销售额 30 万元的免税标准，则无须在不动产所在地预缴税款。因此，公告明确小规模纳税人中的单位和个体工商户销售不动产，应按其纳税期、公告第六条以及其他现行政策规定确定是否预缴增值税。其他个人偶然发生销售不动产的行为，应当按照现行政策规定实行按次纳税。因此，公告明确其他个人销售不动产，继续按照现行政策规定征免增值税。比如，如果其他个人销售住房满 2 年符合免税条件的，仍可继续享受免税；如不符合免税条件，则应照章纳税。

8. 已缴纳税款并开具专用发票的处理问题

按照现行政策规定，纳税人自行开具或申请代开增值税专用发票，应就其开具的增值税专用发票相对应的应税行为计算缴纳增值税。公告明确，如果小规模纳税人月销售额未超过 10 万元的，当期因开具增值税专用发票已经缴纳的税款，在增值税专用发票全部联次追回或者按规定开具红字专用发票后，可以向主管税务机关申请退还已缴纳的增值税。

9. 2019 年 1 月（季度）涉税事项的追溯适用问题

考虑到免税文件下发时间晚于免税政策开始执行的时间（2019 年 1 月 1 日），为确保小规模纳税人足额享受 10 万元免税政策，公告对小规模纳税人 2019 年第一个税款所属期已缴纳税款的追溯处理问题进行了明确，即小规模纳税人 2019 年 1 月份销售额未超过 10 万元（第 1 季度未超过 30 万元）的，当期因代开普通发票已经缴纳的税款，可以在办理纳税申报时向主管税务机关申请退还。

10. 关于发票开具问题

为了便利纳税人开具使用发票，已经使用增值税发票管理系统开具发票的小规模纳税人，在免税标准调整后，月销售额未超过 10 万元的，可以继续使用现有税控设备开具发票。如果小规模纳税人已经自行开具增值税专用发票，同样可以使用现有税控设备继续开具。除上述情况和销售额标准同步调整外，小规模纳税人自行开具增值税专用发票其他事宜按照现行规定执行。

二、支持和促进重点群体创业就业税收优惠政策

（一）基本政策

根据《财政部　税务总局　人力资源社会保障部　国务院扶贫办关于进一步支持和促进重点群体创业就业有关税收政策的通知》（财税〔2019〕22号）的规定，为进一步支持和促进重点群体创业就业，现将有关税收政策通知如下：

1. 建档立卡贫困人口、持《就业创业证》（注明"自主创业税收政策"或"毕业年度内自主创业税收政策"）或《就业失业登记证》（注明"自主创业税收政策"）的人员，从事个体经营的，自办理个体工商户登记当月起，在3年（36个月，下同）内按每户每年12 000元为限额依次扣减其当年实际应缴纳的增值税、城市维护建设税、教育费附加、地方教育附加和个人所得税。限额标准最高可上浮20%，各省、自治区、直辖市人民政府可根据本地区实际情况在此幅度内确定具体限额标准。

纳税人年度应缴纳税款小于上述扣减限额的，减免税额以其实际缴纳的税款为限；大于上述扣减限额的，以上述扣减限额为限。

上述人员具体包括：①纳入全国扶贫开发信息系统的建档立卡贫困人口；②在人力资源社会保障部门公共就业服务机构登记失业半年以上的人员；③零就业家庭、享受城市居民最低生活保障家庭劳动年龄内的登记失业人员；④毕业年度内高校毕业生。高校毕业生是指实施高等学历教育的普通高等学校、成人高等学校应届毕业的学生；毕业年度是指毕业所在自然年，即1月1日至12月31日。

2. 企业招用建档立卡贫困人口，以及在人力资源社会保障部门公共就业服务机构登记失业半年以上且持《就业创业证》或《就业失业登记证》（注明"企业吸纳税收政策"）的人员，与其签订1年以上期限劳动合同并依法缴纳社会保险费的，自签订劳动合同并缴纳社会保险当月起，在3年内按实际招用人数予以定额依次扣减增值税、城市维护建设税、教育费附加、地方教育附加和企业所得税优惠。定额标准为每人每年6 000元，最高可上浮30%，各省、自治区、直辖市人民政府可根据本地区实际情况在此幅度内确定具体定额标准。城市维护建设税、教育费附加、地方教育附加的计税依据是享受本项税收优惠政策前的增值税应纳税额。

按上述标准计算的税收扣减额应在企业当年实际应缴纳的增值税、城市维护建设税、教育费附加、地方教育附加和企业所得税税额中扣减，当年扣减不完的，不得结转下年使用。

本通知所称企业是指属于增值税纳税人或企业所得税纳税人的企业等单位。

3. 国务院扶贫办在每年1月15日前将建档立卡贫困人口名单及相关信息提供给人力资源社会保障部、税务总局，税务总局将相关信息转发给各省、自治区、直辖市税务部门。人力资源社会保障部门依托全国扶贫开发信息系统核实建档立卡贫困人口身份信息。

4. 企业招用就业人员既可以适用本通知规定的税收优惠政策，又可以适用其他扶

持就业专项税收优惠政策的，企业可以选择适用最优惠的政策，但不得重复享受。

5. 本通知规定的税收政策执行期限为 2019 年 1 月 1 日至 2021 年 12 月 31 日。纳税人在 2021 年 12 月 31 日享受本通知规定税收优惠政策未满 3 年的，可继续享受至 3 年期满为止。《财政部　税务总局　人力资源社会保障部关于继续实施支持和促进重点群体创业就业有关税收政策的通知》（财税〔2017〕49 号）自 2019 年 1 月 1 日起停止执行。

本通知所述人员，以前年度已享受重点群体创业就业税收优惠政策满 3 年的，不得再享受本通知规定的税收优惠政策；以前年度享受重点群体创业就业税收优惠政策未满 3 年且符合本通知规定条件的，可按本通知规定享受优惠至 3 年期满。

各地财政、税务、人力资源社会保障部门、扶贫办要加强领导、周密部署，把大力支持和促进重点群体创业就业工作作为一项重要任务，主动做好政策宣传和解释工作，加强部门间的协调配合，确保政策落实到位。同时，要密切关注税收政策的执行情况，对发现的问题及时逐级向财政部、税务总局、人力资源社会保障部、国务院扶贫办反映。

（二）实施公告

根据《国家税务总局　人力资源社会保障部　国务院扶贫办　教育部关于实施支持和促进重点群体创业就业有关税收政策具体操作问题的公告》（国家税务总局公告 2019 年第 10 号）的规定，为贯彻落实《财政部　税务总局　人力资源社会保障部　国务院扶贫办关于进一步支持和促进重点群体创业就业有关税收政策的通知》（财税〔2019〕22 号）精神，现就具体操作问题公告如下：

1. 重点群体个体经营税收政策

（1）申请

①建档立卡贫困人口从事个体经营的，向主管税务机关申报纳税时享受优惠。

②登记失业半年以上的人员，零就业家庭、享受城市居民最低生活保障家庭劳动年龄的登记失业人员，以及毕业年度内高校毕业生，可持《就业创业证》（或《就业失业登记证》，下同）、个体工商户登记执照（未完成"两证整合"的还须持《税务登记证》）向创业地县以上（含县级，下同）人力资源社会保障部门提出申请。县以上人力资源社会保障部门应当按照财税〔2019〕22 号文件的规定，核实其是否享受过重点群体创业就业税收优惠政策。对符合财税〔2019〕22 号文件规定条件的人员在《就业创业证》上注明"自主创业税收政策"或"毕业年度内自主创业税收政策"。

（2）税款减免顺序及额度

重点群体从事个体经营的，按照财税〔2019〕22 号文件第一条的规定，在年度减免税限额内，依次扣减增值税、城市维护建设税、教育费附加、地方教育附加和个人所得税。城市维护建设税、教育费附加、地方教育附加的计税依据是享受本项税收优惠政策前的增值税应纳税额。

纳税人的实际经营期不足 1 年的，应当以实际月数换算其减免税限额。

换算公式为：减免税限额＝年度减免税限额÷12×实际经营月数

纳税人实际应缴纳的增值税、城市维护建设税、教育费附加、地方教育附加和个人所得税小于减免税限额的，以实际应缴纳的增值税、城市维护建设税、教育费附加、地方教育附加和个人所得税税额为限；实际应缴纳的增值税、城市维护建设税、教育费附加、地方教育附加和个人所得税大于减免税限额的，以减免税限额为限。

（3）税收减免管理

登记失业半年以上的人员，零就业家庭、城市低保家庭的登记失业人员，以及毕业年度内高校毕业生享受本项税收优惠的，由其留存《就业创业证》（注明"自主创业税收政策"或"毕业年度内自主创业税收政策"）备查，建档立卡贫困人口无须留存资料备查。

2. 企业招用重点群体税收政策

（1）申请

享受招用重点群体就业税收优惠政策的企业，持下列材料向县以上人力资源社会保障部门递交申请：

①招用人员持有的《就业创业证》（建档立卡贫困人口不需提供）。

②企业与招用重点群体签订的劳动合同（副本），企业依法为重点群体缴纳的社会保险记录。通过内部信息共享、数据比对等方式审核的地方，可不再要求企业提供缴纳社会保险记录。

县以上人力资源社会保障部门接到企业报送的材料后，重点核实以下情况：

①招用人员是否属于享受税收优惠政策的人员范围，以前是否已享受过重点群体创业就业税收优惠政策。

②企业是否与招用人员签订了1年以上期限劳动合同，并依法为招用人员缴纳社会保险。

核实后，对持有《就业创业证》的重点群体，在其《就业创业证》上注明"企业吸纳税收政策"；对符合条件的企业核发《企业吸纳重点群体就业认定证明》。招用人员发生变化的，应向人力资源社会保障部门办理变更申请。

本公告所称企业是指属于增值税纳税人或企业所得税纳税人的企业等单位。

（2）税款减免顺序及额度

①纳税人按本单位招用重点群体的人数及其实际工作月数核算本单位减免税总额，在减免税总额内每月依次扣减增值税、城市维护建设税、教育费附加和地方教育附加。城市维护建设税、教育费附加、地方教育附加的计税依据是享受本项税收优惠政策前的增值税应纳税额。

纳税人实际应缴纳的增值税、城市维护建设税、教育费附加和地方教育附加小于核算的减免税总额的，以实际应缴纳的增值税、城市维护建设税、教育费附加、地方教育附加为限；实际应缴纳的增值税、城市维护建设税、教育费附加和地方教育附加大于核算的减免税总额的，以核算的减免税总额为限。纳税年度终了，如果纳税人实际减免的增值税、城市维护建设税、教育费附加和地方教育附加小于核算的减免税总额，纳税人在企业所得税汇算清缴时，以差额部分扣减企业所得税。当年扣减不完的，不再结转以后年度扣减。

享受优惠政策当年，重点群体人员工作不满1年的，应当以实际月数换算其减免税总额。

减免税总额=∑每名重点群体人员本年度在本企业工作月数÷12×具体定额标准

②第 2 年及以后年度当年新招用人员、原招用人员及其工作时间按上述程序和办法执行。计算每名重点群体人员享受税收优惠政策的期限最长不超过 36 个月。

（3）税收减免管理

企业招用重点群体享受本项优惠的，由企业留存以下材料备查：

①享受税收优惠政策的登记失业半年以上的人员，零就业家庭、城市低保家庭的登记失业人员，以及毕业年度内高校毕业生的《就业创业证》（注明"企业吸纳税收政策"）。

②县以上人力资源社会保障部门核发的《企业吸纳重点群体就业认定证明》。

③《重点群体人员本年度实际工作时间表》。

3. 凭《就业创业证》享受上述优惠政策的人员，按以下规定申领《就业创业证》

（1）失业人员在常住地公共就业服务机构进行失业登记，申领《就业创业证》。对其中的零就业家庭、城市低保家庭的登记失业人员，公共就业服务机构应在其《就业创业证》上予以注明。

（2）毕业年度内高校毕业生在校期间凭学生证向公共就业服务机构申领《就业创业证》，或委托所在高校就业指导中心向公共就业服务机构代为申领《就业创业证》；毕业年度内高校毕业生离校后可凭毕业证直接向公共就业服务机构按规定申领《就业创业证》。

4. 税收优惠政策管理

（1）严格各项凭证的审核发放。任何单位或个人不得伪造、涂改、转让、出租相关凭证，违者将依法予以惩处；对出借、转让《就业创业证》的人员，主管人力资源社会保障部门要收回其《就业创业证》并记录在案；对采取上述手段已经获取减免税的企业和个人，主管税务机关要追缴其已减免的税款，并依法予以处理。

（2）《就业创业证》采用实名制，限持证者本人使用。创业人员从事个体经营的，《就业创业证》由本人保管；被用人单位招用的，享受税收优惠政策期间，证件由用人单位保管。《就业创业证》由人力资源社会保障部统一样式，各省、自治区、直辖市人力资源社会保障部门负责印制，作为审核劳动者就业失业状况和享受政策情况的有效凭证。

（3）《企业吸纳重点群体就业认定证明》由人力资源社会保障部统一样式，各省、自治区、直辖市人力资源社会保障部门统一印制，统一编号备案，相关信息由当地人力资源社会保障部门按需提供给税务部门。

（4）县以上人力资源社会保障、税务部门及扶贫办要建立劳动者就业信息交换和协查制度。人力资源社会保障部建立全国《就业创业证》查询系统（http：//jyjc.mohrss.gov.cn），供各级人力资源社会保障、财政、税务部门查询《就业创业证》信息。国务院扶贫办建立全国统一的全国扶贫开发信息系统，供各级扶贫办、人力资源社会保障、财政、税务部门查询建档立卡贫困人口身份等相关信息。

（5）各级税务机关对《就业创业证》或建档立卡贫困人口身份有疑问的，可提请同级人力资源社会保障部门、扶贫办予以协查，同级人力资源社会保障部门、扶贫办应根据具体情况规定合理的工作时限，并在时限内将协查结果通报提请协查的税务机关。

5. 本公告自 2019 年 1 月 1 日起施行。《国家税务总局　财政部　人力资源社会保

障部　教育部　民政部关于继续实施支持和促进重点群体创业就业有关税收政策具体操作问题的公告》（国家税务总局公告 2017 年第 27 号）同时废止。

（三）公告解读

近日，国家税务总局、人力资源社会保障部、国务院扶贫办、教育部印发了《关于实施支持和促进重点群体创业就业有关税收政策具体操作问题的公告》（国家税务总局公告 2019 年第 10 号，以下简称《公告》）。现解读如下：

1. 背景情况

就业是 13 亿多人口最大的民生，也是经济发展最基本的支撑。党中央、国务院坚持把就业放在经济社会发展的优先位置。为进一步支持和促进重点群体创业就业，财政部、税务总局、人力资源社会保障部、国务院扶贫办联合印发了《关于进一步支持和促进重点群体创业就业有关税收政策的通知》（财税〔2019〕22 号），调整和完善了相关政策内容：

一是提高扣减标准。将登记失业半年以上的人员，零就业家庭、享受城市居民最低生活保障家庭劳动年龄内的登记失业人员，高校毕业生，农村建档立卡贫困人口等重点群体从事个体经营扣减税款的标准由每户每年 8 000 元提高到每户每年 12 000 元。将企业招用重点群体人员扣减标准由每人每年 4 000 元提高到每人每年 6 000 元。

二是取消行业限制。将享受优惠的招用重点群体就业企业的行业范围由商贸企业、服务型企业、劳动就业服务企业中的加工型企业和街道社区具有加工性质的小型企业实体，放宽到所有增值税纳税人或企业所得税纳税人的企业等单位，为各市场主体吸纳就业提供统一的税收政策。

2. 享受优惠政策方式

《公告》明确了个体经营和企业招用重点群体适用税收优惠政策的方式：

（1）个体经营享受税收优惠

建档立卡贫困人口从事个体经营的，自行申报纳税并享受税收优惠。

登记失业半年以上的人员，零就业家庭、城市低保家庭的登记失业人员，以及毕业年度内高校毕业生，可持《就业创业证》（或《就业失业登记证》，下同）、个体工商户登记执照（未完成"两证整合"的还须持《税务登记证》）向创业地县以上（含县级，下同）人力资源社会保障部门提出申请。符合条件的人员从事个体经营的，自行申报纳税并享受税收优惠。

（2）企业吸纳重点群体就业享受税收优惠

享受招用重点群体就业税收优惠政策的企业，向县以上人力资源社会保障部门递交申请。人力资源社会保障部门经核实后，对持有《就业创业证》的重点群体，在其《就业创业证》上注明"企业吸纳税收政策"；对符合条件的企业核发《企业吸纳重点群体就业认定证明》。

符合条件的企业自行申报纳税并享受税收优惠。

3. 管理方式

《公告》将优惠政策管理方式由备案改为备查：

建档立卡贫困人口从事个体经营享受优惠的，直接向主管税务机关申报纳税时享受优惠，无备查材料留存；登记失业半年以上的人员，零就业家庭、享受城市居民最低生活保障家庭劳动年龄内的登记失业人员，高校毕业生从事个体经营享受优惠的，留存《就业创业证》备查；招用重点群体就业的企业享受优惠的，留存《就业创业证》《企业吸纳重点群体就业认定证明》《重点群体人员本年度实际工作时间表》备查。

三、深化增值税改革有关政策

（一）基本政策

根据《国家税务总局关于深化增值税改革有关事项的公告》（国家税务总局公告 2019 年第 14 号）的规定，现将深化增值税改革有关事项公告如下：

1. 增值税一般纳税人（以下称纳税人）在增值税税率调整前已按原 16%、10% 适用税率开具的增值税发票，发生销售折让、中止或者退回等情形需要开具红字发票的，按照原适用税率开具红字发票；开票有误需要重新开具的，先按照原适用税率开具红字发票后，再重新开具正确的蓝字发票。

2. 纳税人在增值税税率调整前未开具增值税发票的增值税应税销售行为，需要补开增值税发票的，应当按照原适用税率补开。

3. 增值税发票税控开票软件税率栏次默认显示调整后税率，纳税人发生本公告第一条、第二条所列情形的，可以手工选择原适用税率开具增值税发票。

4. 税务总局在增值税发票税控开票软件中更新了《商品和服务税收分类编码表》，纳税人应当按照更新后的《商品和服务税收分类编码表》开具增值税发票。

5. 纳税人应当及时完成增值税发票税控开票软件升级和自身业务系统调整。

6. 已抵扣进项税额的不动产，发生非正常损失，或者改变用途，专用于简易计税方法计税项目、免征增值税项目、集体福利或者个人消费的，按照下列公式计算不得抵扣的进项税额，并从当期进项税额中扣减：

不得抵扣的进项税额＝已抵扣进项税额 × 不动产净值率

不动产净值率＝（不动产净值 ÷ 不动产原值）×100%

7. 按照规定不得抵扣进项税额的不动产，发生用途改变，用于允许抵扣进项税额项目的，按照下列公式在改变用途的次月计算可抵扣进项税额。

可抵扣进项税额＝增值税扣税凭证注明或计算的进项税额 × 不动产净值率

8. 按照《财政部　税务总局　海关总署关于深化增值税改革有关政策的公告》（财政部　税务总局　海关总署公告 2019 年第 39 号）规定，适用加计抵减政策的生产、生活性服务业纳税人，应在年度首次确认适用加计抵减政策时，通过电子税务局（或前往办税服务厅）提交《适用加计抵减政策的声明》（见附件）。适用加计抵减政策的纳税人，同时兼营邮政服务、电信服务、现代服务、生活服务的，应按照四项服务中收入占比最高的业务在《适用加计抵减政策的声明》中勾选确定所属行业。

9. 本公告自 2019 年 4 月 1 日起施行。《不动产进项税额分期抵扣暂行办法》（国家税务总局公告 2016 年第 15 号发布）同时废止。

附件

适用加计抵减政策的声明

纳税人名称：

纳税人识别号（统一社会信用代码）：

本纳税人符合《财政部　税务总局　海关总署关于深化增值税改革有关政策的公告》（财政部　税务总局　海关总署公告 2019 年第 39 号）规定，确定适用加计抵减政策。行业属于（请从下表勾选，只能选择其一）：

行业	选项
邮政服务业	
电信服务业	——
其中：1. 基础电信业	
2. 增值电信业	
现代服务业	——
其中：1. 研发和技术服务业	
2. 信息技术服务业	
3. 文化创意服务业	
4. 物流辅助服务	
5. 有形动产租赁服务业	
6. 鉴证咨询服务业	
7. 广播影视服务	
生活服务业	——
其中：1. 文化艺术业	
2. 体育业	
3. 教育	
4. 卫生	
5. 旅游业	
6. 娱乐业	
7. 餐饮业	
8. 住宿业	

（续表）

行业	选项
9. 居民服务业	
10. 社会工作	
11. 公共设施管理业	
12. 不动产出租	
13. 商务服务业	
14. 专业技术服务业	
15. 代理业	
16. 其他生活服务业	

本纳税人用于判断是否符合加计抵减政策条件的销售额占比计算期为_____年_____月至_____年_____月，此期间提供邮政服务、电信服务、现代服务、生活服务销售额合计_____元，全部销售额_____元，占比为_____%。

以上声明根据实际经营情况作出，我确定它是真实的、准确的、完整的。

年　月　日

（纳税人签章）

（二）政策解读

1. 公告出台背景

《财政部　税务总局　海关总署关于深化增值税改革有关政策的公告》（财政部　税务总局　海关总署公告 2019 年第 39 号，以下简称 39 号公告）出台后，纳税人开具发票衔接、不动产一次性抵扣、适用加计抵减政策所需填报资料等问题，需要进一步明确，因此出台该公告。

2.2019 年 4 月 1 日降低增值税税率政策实施后，纳税人发生销售折让、中止或者退回等情形的，如何开具红字发票及蓝字发票？

本公告第一条明确，增值税一般纳税人在增值税税率调整前已按原 16%、10% 适用税率开具的增值税发票，发生销售折让、中止或者退回等情形需要开具红字发票的，按照原适用税率开具红字发票；开票有误需要重新开具的，先按照原适用税率开具红字发票后，再重新开具正确的蓝字发票。

需要说明的是，如纳税人此前已按原 17%、11% 适用税率开具了增值税发票，发生销售折让、中止或者退回等情形需要开具红字发票的，应按照《国家税务总局关于统一小规模纳税人标准等若干增值税问题的公告》（国家税务总局公告 2018 年第 18 号，以下简称 18 号公告）相关规定执行。

3.2019 年 4 月 1 日降低增值税税率政策实施后，纳税人需要补开增值税发票的，

如何处理?

本公告第二条明确,纳税人在增值税税率调整前未开具增值税发票的增值税应税销售行为,需要补开增值税发票的,应当按照原16%、10%适用税率补开。需要说明的是,如果纳税人还存在2018年税率调整前未开具增值税发票的应税销售行为,需要补开增值税发票的,可根据18号公告相关规定,按照原17%、11%适用税率补开。

4. 自2019年4月1日起,纳税人购入不动产,持有期间用途发生改变的,进项税额应如何处理?

本公告第六条明确,已抵扣进项税额的不动产,发生非正常损失,或者改变用途,专用于简易计税方法计税项目、免征增值税项目、集体福利或者个人消费的,按照下列公式计算不得抵扣的进项税额,并从当期进项税额中扣减:

不得抵扣的进项税额＝已抵扣进项税额 × 不动产净值率

不动产净值率＝(不动产净值 ÷ 不动产原值)×100%

本公告第七条明确,按照规定不得抵扣进项税额的不动产,发生用途改变,用于允许抵扣进项税额项目的,按照下列公式在改变用途的次月计算可抵扣进项税额。

可抵扣进项税额＝增值税扣税凭证注明或计算的进项税额 × 不动产净值率

5. 此次税率调整,适用加计抵减政策的纳税人,需要提供什么资料?

本公告第八条明确,按照39号公告规定,适用加计抵减政策的生产、生活性服务业纳税人,应在年度首次确认适用加计抵减政策时,通过电子税务局(或前往办税服务厅)提交《适用加计抵减政策的声明》。适用加计抵减政策的纳税人,同时兼营邮政服务、电信服务、现代服务、生活服务的,应按照四项服务中收入占比最高的业务在《适用加计抵减政策的声明》中勾选确定所属行业。

需要说明的是,按照39号公告规定,纳税人确定适用加计抵减政策,以后年度是否继续适用,需要根据上年度销售额计算确定。已经提交《适用加计抵减政策的声明》并享受加计抵减政策的纳税人,在2020年、2021年,是否继续适用,应分别根据其2019年、2020年销售额确定,如果符合规定,需再次提交《适用加计抵减政策的声明》。

四、调整增值税纳税申报表

(一)基本政策

根据《国家税务总局关于调整增值税纳税申报有关事项的公告》(国家税务总局公告2019年第15号)的规定,为贯彻落实党中央、国务院关于减税降费的决策部署,进一步优化纳税服务,减轻纳税人负担,现将调整增值税纳税申报有关事项公告如下:

1. 根据国务院关于深化增值税改革的决定,修订并重新发布《增值税纳税申报表(一般纳税人适用)》《增值税纳税申报表附列资料(一)》《增值税纳税申报表附列资料(二)》《增值税纳税申报表附列资料(三)》《增值税纳税申报表附列资料(四)》。

2. 截至 2019 年 3 月税款所属期，《国家税务总局关于全面推开营业税改征增值税试点后增值税纳税申报有关事项的公告》（国家税务总局公告 2016 年第 13 号）附件 1 中《增值税纳税申报表附列资料（五）》第 6 栏"期末待抵扣不动产进项税额"的期末余额，可以自本公告施行后结转填入《增值税纳税申报表附列资料（二）》第 8b 栏"其他"。

3. 本公告施行后，纳税人申报适用 16%、10% 等原增值税税率应税项目时，按照申报表调整前后的对应关系，分别填写相关栏次。

4. 修订后的《增值税纳税申报表（一般纳税人适用）》及其附列资料见附件 1，相关填写说明见附件 2（略）。

5. 本公告自 2019 年 5 月 1 日起施行，国家税务总局公告 2016 年第 13 号附件 1 中《增值税纳税申报表附列资料（五）》《国家税务总局关于营业税改征增值税部分试点纳税人增值税纳税申报有关事项调整的公告》（国家税务总局公告 2016 年第 30 号）、《国家税务总局关于调整增值税纳税申报有关事项的公告》（国家税务总局公告 2017 年第 19 号）、《国家税务总局关于调整增值税纳税申报有关事项的公告》（国家税务总局公告 2018 年第 17 号）同时废止。

（二）政策解读

为贯彻落实党中央、国务院关于减税降费的决策部署，进一步优化纳税服务，减轻纳税人负担，国家税务总局制发《国家税务总局关于调整增值税纳税申报有关事项的公告》（以下简称公告），现将公告解读如下：

1. 增值税纳税申报表调整情况

（1）调整部分申报表附列资料表式内容

一是将原《增值税纳税申报表附列资料（一）》中的第 1 栏、第 2 栏项目名称分别调整为"13% 税率的货物及加工修理修配劳务"和"13% 税率的服务、不动产和无形资产"；删除第 3 栏"13% 税率"；第 4a 栏、第 4b 栏序号分别调整为第 3 栏、第 4 栏，项目名称分别调整为"9% 税率的货物及加工修理修配劳务"和"9% 税率的服务、不动产和无形资产"。

二是将原《增值税纳税申报表附列资料（二）》［以下简称《附列资料（二）》］中的第 10 栏项目名称调整为"（四）本期用于抵扣的旅客运输服务扣税凭证"；第 12 栏"当期申报抵扣进项税额合计"计算公式调整为"12 ＝ 1 ＋ 4 ＋ 11"。

三是将原《增值税纳税申报表附列资料（三）》中的第 1 栏、第 2 栏项目名称分别调整为"13% 税率的项目"和"9% 税率的项目"。

四是在原《增值税纳税申报表附列资料（四）》表式内容中，增加"二、加计抵减情况"相关栏次。

（2）废止部分申报表附列资料

一是废止原《增值税纳税申报表附列资料（五）》［以下简称《附列资料（五）》］。

二是废止原《营改增税负分析测算明细表》。

纳税人自 2019 年 5 月 1 日起无须填报上述两张附表。

2.本公告施行后需注意的事项

（1）纳税人申报适用 16%、10% 等原增值税税率应税项目时，按照申报表调整前后的对应关系，分别填写相关栏次。

（2）截至 2019 年 3 月税款所属期，《附列资料（五）》第 6 栏"期末待抵扣不动产进项税额"的期末余额，可以自本公告施行后结转填入《附列资料（二）》第 8b 栏"其他"。

五、增值税期末留抵税额退税

（一）基本政策

根据《国家税务总局关于办理增值税期末留抵税额退税有关事项的公告》（国家税务总局公告 2019 年第 20 号）的规定，《财政部　税务总局　海关总署关于深化增值税改革有关政策的公告》（财政部　税务总局　海关总署公告 2019 年第 39 号）规定，自 2019 年 4 月 1 日起，试行增值税期末留抵税额退税（以下称留抵退税）制度。为方便纳税人办理留抵退税业务，现将有关事项公告如下：

1.同时符合以下条件（以下称符合留抵退税条件）的纳税人，可以向主管税务机关申请退还增量留抵税额：

（1）自 2019 年 4 月税款所属期起，连续 6 个月（按季纳税的，连续两个季度）增量留抵税额均大于零，且第六个月增量留抵税额不低于 50 万元。

（2）纳税信用等级为 A 级或者 B 级。

（3）申请退税前 36 个月未发生骗取留抵退税、出口退税或虚开增值税专用发票情形的。

（4）申请退税前 36 个月未因偷税被税务机关处罚两次及以上的。

（5）自 2019 年 4 月 1 日起未享受即征即退、先征后返（退）政策的。

增量留抵税额，是指与 2019 年 3 月底相比新增加的期末留抵税额。

2.纳税人当期允许退还的增量留抵税额，按照以下公式计算：

允许退还的增量留抵税额＝增量留抵税额 × 进项构成比例 ×60%

进项构成比例，为 2019 年 4 月至申请退税前一税款所属期内已抵扣的增值税专用发票（含税控机动车销售统一发票）、海关进口增值税专用缴款书、解缴税款完税凭证注明的增值税额占同期全部已抵扣进项税额的比重。

3.纳税人申请办理留抵退税，应于符合留抵退税条件的次月起，在增值税纳税申报期（以下称申报期）内，完成本期增值税纳税申报后，通过电子税务局或办税服务厅提交《退（抵）税申请表》（见附件）。

4.纳税人出口货物劳务、发生跨境应税行为，适用免抵退税办法的，可以在同一申报期内，既申报免抵退税又申请办理留抵退税。

5.申请办理留抵退税的纳税人，出口货物劳务、跨境应税行为适用免抵退税办法的，应当按期申报免抵退税。当期可申报免抵退税的出口销售额为零的，应办理免抵退税零申报。

6.纳税人既申报免抵退税又申请办理留抵退税的，税务机关应先办理免抵退税。

办理免抵退税后，纳税人仍符合留抵退税条件的，再办理留抵退税。

7. 税务机关按照"窗口受理、内部流转、限时办结、窗口出件"的原则办理留抵退税。税务机关对纳税人是否符合留抵退税条件、当期允许退还的增量留抵税额等进行审核确认，并将审核结果告知纳税人。

8. 纳税人符合留抵退税条件且不存在本公告第十二条所列情形的，税务机关应自受理留抵退税申请之日起 10 个工作日内完成审核，并向纳税人出具准予留抵退税的《税务事项通知书》。

纳税人发生本公告第九条第二项所列情形的，上述 10 个工作日，自免抵退税应退税额核准之日起计算。

9. 纳税人在办理留抵退税期间发生下列情形的，按照以下规定确定允许退还的增量留抵税额：

（1）因纳税申报、稽查查补和评估调整等原因，造成期末留抵税额发生变化的，按最近一期《增值税纳税申报表（一般纳税人适用）》期末留抵税额确定允许退还的增量留抵税额。

（2）纳税人在同一申报期既申报免抵退税又申请办理留抵退税的，或者在纳税人申请办理留抵退税时存在尚未经税务机关核准的免抵退税应退税额的，应待税务机关核准免抵退税应退税额后，按最近一期《增值税纳税申报表（一般纳税人适用）》期末留抵税额，扣减税务机关核准的免抵退税应退税额后的余额确定允许退还的增量留抵税额。

税务机关核准的免抵退税应退税额，是指税务机关当期已核准，但纳税人尚未在《增值税纳税申报表（一般纳税人适用）》第 15 栏"免、抵、退应退税额"中填报的免抵退税应退税额。

（3）纳税人既有增值税欠税，又有期末留抵税额的，按最近一期《增值税纳税申报表（一般纳税人适用）》期末留抵税额，抵减增值税欠税后的余额确定允许退还的增量留抵税额。

10. 在纳税人办理增值税纳税申报和免抵退税申报后、税务机关核准其免抵退税应退税额前，核准其前期留抵退税的，以最近一期《增值税纳税申报表（一般纳税人适用）》期末留抵税额，扣减税务机关核准的留抵退税额后的余额，计算当期免抵退税应退税额和免抵税额。

税务机关核准的留抵退税额，是指税务机关当期已核准，但纳税人尚未在《增值税纳税申报表附列资料（二）（本期进项税额明细）》第 22 栏"上期留抵税额退税"填报的留抵退税额。

11. 纳税人不符合留抵退税条件的，不予留抵退税。税务机关应自受理留抵退税申请之日起 10 个工作日内完成审核，并向纳税人出具不予留抵退税的《税务事项通知书》。

12. 税务机关在办理留抵退税期间，发现符合留抵退税条件的纳税人存在以下情形，暂停为其办理留抵退税：

（1）存在增值税涉税风险疑点的。

（2）被税务稽查立案且未结案的。

（3）增值税申报比对异常未处理的。

（4）取得增值税异常扣税凭证未处理的。

（5）国家税务总局规定的其他情形。

13. 本公告第十二条列举的增值税涉税风险疑点等情形已排除，且相关事项处理完毕后，按以下规定办理：

（1）纳税人仍符合留抵退税条件的，税务机关继续为其办理留抵退税，并自增值税涉税风险疑点等情形排除且相关事项处理完毕之日起 5 个工作日内完成审核，向纳税人出具准予留抵退税的《税务事项通知书》。

（2）纳税人不再符合留抵退税条件的，不予留抵退税。税务机关应自增值税涉税风险疑点等情形排除且相关事项处理完毕之日起 5 个工作日内完成审核，向纳税人出具不予留抵退税的《税务事项通知书》。

税务机关对发现的增值税涉税风险疑点进行排查的具体处理时间，由各省（自治区、直辖市和计划单列市）税务局确定。

14. 税务机关对增值税涉税风险疑点进行排查时，发现纳税人涉嫌骗取出口退税、虚开增值税专用发票等增值税重大税收违法行为的，终止为其办理留抵退税，并自作出终止办理留抵退税决定之日起 5 个工作日内，向纳税人出具终止办理留抵退税的《税务事项通知书》。

税务机关对纳税人涉嫌增值税重大税收违法行为核查处理完毕后，纳税人仍符合留抵退税条件的，可按照本公告的规定重新申请办理留抵退税。

15. 纳税人应在收到税务机关准予留抵退税的《税务事项通知书》当期，以税务机关核准的允许退还的增量留抵税额冲减期末留抵税额，并在办理增值税纳税申报时，相应填写《增值税纳税申报表附列资料（二）（本期进项税额明细）》第 22 栏"上期留抵税额退税"。

16. 纳税人以虚增进项、虚假申报或其他欺骗手段骗取留抵退税的，由税务机关追缴其骗取的退税款，并按照《中华人民共和国税收征收管理法》等有关规定处理。

17. 本公告自 2019 年 5 月 1 日起施行。

（二）政策解读

1.《公告》出台的背景

《财政部　税务总局　海关总署关于深化增值税改革有关政策的公告》（财政部　税务总局　海关总署公告 2019 年第 39 号，以下称 39 号公告）出台后，为方便纳税人办理留抵退税业务，税务总局制发了《国家税务总局关于办理增值税期末留抵税额退税有关事项的公告》（以下称《公告》），就留抵退税政策实施过程中涉及的相关征管事项进一步予以明确。

2. 符合什么条件的纳税人可以向主管税务机关申请留抵退税？

同时符合以下条件的纳税人，可以向主管税务机关申请退还增量留抵税额：

（1）自 2019 年 4 月税款所属期起，连续 6 个月（按季纳税的，连续两个季度）增量留抵税额均大于零，且第六个月增量留抵税额不低于 50 万元。

（2）纳税信用等级为 A 级或者 B 级。

（3）申请退税前 36 个月未发生骗取留抵退税、出口退税或虚开增值税专用发票情形的。

（4）申请退税前 36 个月未因偷税被税务机关处罚两次及以上的。

（5）自 2019 年 4 月 1 日起未享受即征即退、先征后返（退）政策的。

增量留抵税额，是指与 2019 年 3 月底相比新增加的期末留抵税额。

3. 允许退还的增量留抵税额如何计算？

纳税人当期允许退还的增量留抵税额，按照以下公式计算：

允许退还的增量留抵税额＝增量留抵税额 × 进项构成比例 ×60%

进项构成比例，为 2019 年 4 月至申请退税前一税款所属期内已抵扣的增值税专用发票（含税控机动车销售统一发票）、海关进口增值税专用缴款书、解缴税款完税凭证注明的增值税额占同期全部已抵扣进项税额的比重。

4. 纳税人如何向税务机关申请办理留抵退税？

《公告》明确，纳税人申请办理留抵退税，应在符合条件的次月起，在申报期内完成本期申报后，通过电子税务局或办税服务厅提交《退（抵）税申请表》，并对如何填写该表进行了详细说明。

此外，《公告》明确了留抵退税申请和出口退税申报的衔接问题，即纳税人适用免抵退税办法的，可以在同一申报期内，既申报免抵退税又申请留抵退税；当期可申报免抵退税的出口销售额为零的，应办理免抵退税零申报。

5. 税务机关是否需要对纳税人进行审核确认？如何审核？

在办理留抵退税过程中，税务机关对纳税人是否符合留抵退税条件、当期可退还增量留抵税额等进行审核确认，并区分不同情形进行处理：

（1）准予办理留抵退税。对于符合退税条件，且不存在公告所列情形的，税务机关应在一定期限内完成审核，并向纳税人出具准予留抵退税的《税务事项通知书》。

（2）暂停（终止）办理留抵退税。对于符合退税条件，但纳税人存在增值税涉税风险疑点，或存在未处理的相关涉税事项等情形的，明确先暂停为其办理留抵退税。

①如果风险疑点排除且相关事项处理完毕，仍符合留抵退税条件的，税务机关继续为其办理留抵退税。

②如果风险疑点排除且相关事项处理完毕后，不再符合留抵退税条件的，税务机关不予办理留抵退税。

③如果在进行风险排查时，发现纳税人涉嫌增值税重大税收违法的，终止为其办理留抵退税。在税务机关对纳税人涉嫌增值税重大税收违法问题核实处理完毕后，纳税人仍符合留抵退税条件的，可重新申请办理留抵退税。

（3）不予办理留抵退税。经税务机关审核，对不符合留抵退税条件的纳税人，不予办理留抵退税，并向纳税人出具不予留抵退税的《税务事项通知书》。

6. 在税务机关准予留抵退税后，纳税人应如何进行相关税务处理？

《公告》明确，纳税人应在收到税务机关准予留抵退税的《税务事项通知书》当期，按照税务机关核准的允许退还的增量留抵税额，冲减期末留抵税额，并在办理增值税纳税申报时，相应填写《增值税纳税申报表附列资料（二）（本期进项税额明细）》第 22 栏"上期留抵税额退税"。

7. 如果发现纳税人骗取留抵退税，如何追责？

纳税人以虚增进项、虚假申报或其他欺骗手段，骗取留抵退税的，由税务机关追缴其骗取的退税款，并按照《中华人民共和国税收征收管理法》等有关规定处理。

六、在综合保税区推广增值税一般纳税人资格试点

（一）基本政策

根据《国家税务总局 财政部 海关总署关于在综合保税区推广增值税一般纳税人资格试点的公告》（国家税务总局公告 2019 年第 29 号）的规定，根据《国务院关于促进综合保税区高水平开放高质量发展的若干意见》（国发〔2019〕3 号），国家税务总局、财政部、海关总署决定在综合保税区推广增值税一般纳税人资格试点，现就有关事项公告如下：

1. 综合保税区增值税一般纳税人资格试点（以下简称"一般纳税人资格试点"）实行备案管理。符合下列条件的综合保税区，由所在地省级税务、财政部门和直属海关将一般纳税人资格试点实施方案（包括综合保税区名称、企业申请需求、政策实施准备条件等情况）向国家税务总局、财政部和海关总署备案后，可以开展一般纳税人资格试点：

（1）综合保税区内企业确有开展一般纳税人资格试点的需求。

（2）所在地市（地）级人民政府牵头建立了综合保税区行政管理机构、税务、海关等部门协同推进试点的工作机制。

（3）综合保税区主管税务机关和海关建立了一般纳税人资格试点工作相关的联合监管和信息共享机制。

（4）综合保税区主管税务机关具备在综合保税区开展工作的条件，明确专门机构或人员负责纳税服务、税收征管等相关工作。

2. 综合保税区完成备案后，区内符合增值税一般纳税人登记管理有关规定的企业，可自愿向综合保税区所在地主管税务机关、海关申请成为试点企业，并按规定向主管税务机关办理增值税一般纳税人资格登记。

3. 试点企业自增值税一般纳税人资格生效之日起，适用下列税收政策：

（1）试点企业进口自用设备（包括机器设备、基建物资和办公用品）时，暂免征收进口关税和进口环节增值税、消费税（以下简称进口税收）。

上述暂免进口税收按照该进口自用设备海关监管年限平均分摊到各个年度，每年年终对本年暂免的进口税收按照当年内外销比例进行划分，对外销比例部分执行试点企业所在海关特殊监管区域的税收政策，对内销比例部分比照执行海关特殊监管区域外（以下简称区外）税收政策补征税款。

（2）除进口自用设备外，购买的下列货物适用保税政策：

①从境外购买并进入试点区域的货物。

②从海关特殊监管区域（试点区域除外）或海关保税监管场所购买并进入试点区域的保税货物。

③从试点区域内非试点企业购买的保税货物。

④从试点区域内其他试点企业购买的未经加工的保税货物。

（3）销售的下列货物，向主管税务机关申报缴纳增值税、消费税：

①向境内区外销售的货物。

②向保税区、不具备退税功能的保税监管场所销售的货物（未经加工的保税货物除外）。

③向试点区域内其他试点企业销售的货物（未经加工的保税货物除外）。

试点企业销售上述货物中含有保税货物的，按照保税货物进入海关特殊监管区域时的状态向海关申报缴纳进口税收，并按照规定补缴缓税利息。

（4）向海关特殊监管区域或者海关保税监管场所销售的未经加工的保税货物，继续适用保税政策。

（5）销售的下列货物（未经加工的保税货物除外），适用出口退（免）税政策，主管税务机关凭海关提供的与之对应的出口货物报关单电子数据审核办理试点企业申报的出口退（免）税。

①离境出口的货物。

②向海关特殊监管区域（试点区域、保税区除外）或海关保税监管场所（不具备退税功能的保税监管场所除外）销售的货物。

③向试点区域内非试点企业销售的货物。

（6）未经加工的保税货物离境出口实行增值税、消费税免税政策。

（7）除财政部、海关总署、国家税务总局另有规定外，试点企业适用区外关税、增值税、消费税的法律、法规等现行规定。

4. 区外销售给试点企业的加工贸易货物，继续按现行税收政策执行；销售给试点企业的其他货物（包括水、蒸汽、电力、燃气）不再适用出口退税政策，按照规定缴纳增值税、消费税。

5. 税务、海关两部门要加强税收征管和货物监管的信息交换。对适用出口退税政策的货物，海关向税务部门传输出口报关单结关信息电子数据。

6. 本公告自发布之日起施行。《国家税务总局　财政部　海关总署关于开展赋予海关特殊监管区域企业增值税一般纳税人资格试点的公告》（国家税务总局　财政部　海关总署公告 2016 年第 65 号）、《国家税务总局　财政部　海关总署关于扩大赋予海关特殊监管区域企业增值税一般纳税人资格试点的公告》（国家税务总局　财政部　海关总署公告 2018 年第 5 号）和《国家税务总局　财政部　海关总署关于进一步扩大赋予海关特殊监管区域企业增值税一般纳税人资格试点的公告》（国家税务总局　财政部　海关总署公告 2019 年第 6 号）同时废止。上述公告列名的昆山综合保税区等 48 个海关特殊监管区域按照本公告继续开展一般纳税人资格试点。

（二）政策解读

为促进综合保税区高水平开放高质量发展，支持综合保税区企业拓展两个市场，国家税务总局、财政部和海关总署决定在综合保税区推广赋予企业增值税一般纳税人资格试点（以下简称"一般纳税人资格试点"），并共同制定了《关于在综合保税区推广增值税一般纳税人资格试点的公告》（以下简称《公告》）。为便于政策理解和执行，现对《公告》解读如下：

1.《公告》出台的背景

2019 年 1 月 12 日，国务院印发《关于促进综合保税区高水平开放高质量发展的若干意见》（国发〔2019〕3 号），提出"积极稳妥地在综合保税区推广增值税一般纳税人资格试点"。为贯彻落实国务院决策部署，推动综合保税区创新升级，打造对外开放新高地，支持综合保税区企业更好地统筹利用国际国内两个市场、两种资源，培育和提升国际竞争新优势，国家税务总局、财政部和海关总署决定在综合保税区推广一般纳税人资格试点。

2.《公告》的主要内容

（1）一般纳税人资格试点推广实行备案管理。符合下列条件的综合保税区，由所在地省级税务、财政部门和直属海关将一般纳税人资格试点实施方案（包括综合保税区名称、企业申请需求、政策实施准备条件等情况）向国家税务总局、财政部和海关总署备案后，可以开展一般纳税人资格试点：

一是综合保税区内企业确有开展一般纳税人资格试点的需求。

二是所在地市（地）级人民政府牵头建立了综合保税区行政管理机构、税务、海关等部门协同推进试点的工作机制。

三是综合保税区主管税务机关和海关建立了一般纳税人资格试点联系配合工作机制。

四是综合保税区主管税务机关具备开展业务的工作条件，明确专门机构或人员负责纳税服务、税收征管等相关工作。

（2）试点的政策内容。试点继续坚持企业自愿的原则，税收政策按前期试点时国务院确立的相关规定执行。具体为：

一是赋予海关特殊监管区域试点企业增值税一般纳税人资格。试点企业内销货物（包括销售给其他试点企业的货物）可以按规定开具增值税专用发票，并按规定申报缴纳增值税、消费税。

二是试点企业从海关特殊监管区域外（以下简称"区外"）购进货物，可索取增值税专用发票，作为增值税进项税额的抵扣凭证或者出口退税凭证；试点企业以加工贸易方式从区外购进的货物，继续按现行税收政策执行。

三是试点企业进口货物继续适用保税政策；内销货物中含有保税货物的，或向区外直接销售未经加工的保税货物，按照保税货物进入海关特殊监管区域时的状态，向海关申报缴纳保税货物的进口关税、增值税和消费税，并按照规定补缴缓税利息；试点企业向试点区域内非试点企业购买货物，比照进口货物适用税收政策。试点区域内企业之间销售未经加工的保税货物不征税，由购货方继续适用保税政策。

四是试点企业出口货物，在货物实际离境后申请退税；试点企业向试点区域内非试点企业销售货物，除未经加工的保税货物外，视同出口办理退税。

五是试点企业进口自用设备（包括机器设备、基建物资和办公用品）时，暂免征收进口关税、进口环节增值税、消费税（以下简称"进口税收"）。上述暂免进口税收按照该进口自用设备海关监管年限平均分摊到各个年度，每年年终对本年暂免的进口税收按照当年内外销比例进行划分，对外销比例部分执行试点企业所在海关特殊监管区域税收政策，对内销比例部分比照执行区外税收政策补征税款。

（3）其他内容。《国家税务总局　财政部　海关总署关于开展赋予海关特殊监管区域企业增值税一般纳税人资格试点的公告》（国家税务总局　财政部　海关总署公告 2016 年第 65 号）、《国家税务总局　财政部　海关总署关于扩大赋予海关特殊监管区域企业增值税一般纳税人资格试点的公告》（国家税务总局　财政部　海关总署公告 2018 年第 5 号）和《国家税务总局　财政部　海关总署关于进一步扩大赋予海关特殊监管区域企业增值税一般纳税人资格试点的公告》（国家税务总局　财政部　海关总署公告 2019 年第 6 号）同时废止。上述公告列名的昆山综合保税区等 48 个海关特殊监管区域按照本公告继续开展一般纳税人资格试点。

3. 执行时间

《公告》自发布之日起施行。

七、国内旅客运输服务进项税抵扣等增值税征管制度

（一）基本政策

根据《国家税务总局关于国内旅客运输服务进项税抵扣等增值税征管问题的公告》（国家税务总局公告 2019 年第 31 号）的规定，现将国内旅客运输服务进项税抵扣等增值税征管问题公告如下：

1. 关于国内旅客运输服务进项税抵扣

（1）《财政部　税务总局　海关总署关于深化增值税改革有关政策的公告》（财政部　税务总局　海关总署公告 2019 年第 39 号）第六条所称"国内旅客运输服务"，限于与本单位签订了劳动合同的员工，以及本单位作为用工单位接受的劳务派遣员工发生的国内旅客运输服务。

（2）纳税人购进国内旅客运输服务，以取得的增值税电子普通发票上注明的税额为进项税额的，增值税电子普通发票上注明的购买方"名称""纳税人识别号"等信息，应当与实际抵扣税款的纳税人一致，否则不予抵扣。

（3）纳税人允许抵扣的国内旅客运输服务进项税额，是指纳税人 2019 年 4 月 1 日及以后实际发生，并取得合法有效增值税扣税凭证注明的或依据其计算的增值税税额。以增值税专用发票或增值税电子普通发票为增值税扣税凭证的，为 2019 年 4 月 1 日及以后开具的增值税专用发票或增值税电子普通发票。

2. 关于加计抵减

（1）《财政部　税务总局　海关总署关于深化增值税改革有关政策的公告》（财政部　税务总局　海关总署公告 2019 年第 39 号）第七条关于加计抵减政策适用所称"销售额"，包括纳税申报销售额、稽查查补销售额、纳税评估调整销售额。其中，纳税申报销售额包括一般计税方法销售额，简易计税方法销售额，免税销售额，税务机关代开发票销售额，免、抵、退办法出口销售额，即征即退项目销售额。

稽查查补销售额和纳税评估调整销售额，计入查补或评估调整当期销售额确定适用加计抵减政策；适用增值税差额征收政策的，以差额后的销售额确定适用加计抵减政策。

（2）2019 年 3 月 31 日前设立，且 2018 年 4 月至 2019 年 3 月期间销售额均为零的纳税人，以首次产生销售额当月起连续 3 个月的销售额确定适用加计抵减政策。

2019 年 4 月 1 日后设立，且自设立之日起 3 个月的销售额均为零的纳税人，以首次产生销售额当月起连续 3 个月的销售额确定适用加计抵减政策。

（3）经财政部和国家税务总局或者其授权的财政和税务机关批准，实行汇总缴纳增值税的总机构及其分支机构，以总机构本级及其分支机构的合计销售额，确定总机构及其分支机构适用加计抵减政策。

3. 关于部分先进制造业增值税期末留抵退税

自 2019 年 6 月 1 日起，符合《财政部　税务总局关于明确部分先进制造业增值税期末留抵退税政策的公告》（财政部　税务总局公告 2019 年第 84 号）规定的纳税人申请退还增量留抵税额，应按照《国家税务总局关于办理增值税期末留抵税额退税有关事项的公告》（国家税务总局公告 2019 年第 20 号）的规定办理相关留抵退税业务。《退（抵）税申请表》（国家税务总局公告 2019 年第 20 号附件）修订并重新发布（附件 1）。

4. 关于经营期不足一个纳税期的小规模纳税人免税政策适用

自 2019 年 1 月 1 日起，以 1 个季度为纳税期限的增值税小规模纳税人，因在季度中间成立或注销而导致当期实际经营期不足 1 个季度，当期销售额未超过 30 万元的，免征增值税。《国家税务总局关于全面推开营业税改征增值税试点有关税收征收管理事项的公告》（国家税务总局公告 2016 年第 23 号发布，国家税务总局公告 2018 年第 31 号修改）第六条第（三）项同时废止。

5. 关于货物运输业小规模纳税人申请代开增值税专用发票

适用《货物运输业小规模纳税人申请代开增值税专用发票管理办法》（国家税务总局公告 2017 年第 55 号发布，国家税务总局公告 2018 年第 31 号修改并发布）的增值税纳税人、《国家税务总局关于开展互联网物流平台企业代开增值税专用发票试点工作的通知》（税总函〔2017〕579 号）规定的互联网物流平台企业为其代开增值税专用发票并代办相关涉税事项的货物运输业小规模纳税人，应符合以下条件：

提供公路货物运输服务的（以 4.5 吨及以下普通货运车辆从事普通道路货物运输经营的除外），取得《中华人民共和国道路运输经营许可证》和《中华人民共和国道路运输证》；提供内河货物运输服务的，取得《国内水路运输经营许可证》和《船舶营业运输证》。

6. 关于运输工具舱位承包和舱位互换业务适用税目

（1）在运输工具舱位承包业务中，发包方以其向承包方收取的全部价款和价外费用为销售额，按照"交通运输服务"缴纳增值税。承包方以其向托运人收取的全部价款和价外费用为销售额，按照"交通运输服务"缴纳增值税。

运输工具舱位承包业务，是指承包方以承运人身份与托运人签订运输服务合同，收取运费并承担承运人责任，然后以承包他人运输工具舱位的方式，委托发包方实际完成相关运输服务的经营活动。

（2）在运输工具舱位互换业务中，互换运输工具舱位的双方均以各自换出运输工具舱位确认的全部价款和价外费用为销售额，按照"交通运输服务"缴纳增值税。

运输工具舱位互换业务，是指纳税人之间签订运输协议，在各自以承运人身份承揽的运输业务中，互相利用对方交通运输工具的舱位完成相关运输服务的经营活动。

7. 关于建筑服务分包款差额扣除

纳税人提供建筑服务，按照规定允许从其取得的全部价款和价外费用中扣除的分包款，是指支付给分包方的全部价款和价外费用。

8. 关于取消建筑服务简易计税项目备案

提供建筑服务的一般纳税人按规定适用或选择适用简易计税方法计税的，不再实行备案制。以下证明材料无需向税务机关报送，改为自行留存备查：

（1）为建筑工程老项目提供的建筑服务，留存《建筑工程施工许可证》或建筑工程承包合同。

（2）为甲供工程提供的建筑服务、以清包工方式提供的建筑服务，留存建筑工程承包合同。

9. 关于围填海开发房地产项目适用简易计税

房地产开发企业中的一般纳税人以围填海方式取得土地并开发的房地产项目，围填海工程《建筑工程施工许可证》或建筑工程承包合同注明的围填海开工日期在 2016 年 4 月 30 日前的，属于房地产老项目，可以选择适用简易计税方法按照 5% 的征收率计算缴纳增值税。

10. 关于限售股买入价的确定

（1）纳税人转让因同时实施股权分置改革和重大资产重组而首次公开发行股票并上市形成的限售股，以及上市首日至解禁日期间由上述股份孳生的送、转股，以该上市公司股票上市首日开盘价为买入价，按照"金融商品转让"缴纳增值税。

（2）上市公司因实施重大资产重组多次停牌的，《国家税务总局关于营改增试点若干征管问题的公告》（国家税务总局公告 2016 年第 53 号发布，国家税务总局公告 2018 年第 31 号修改）第五条第（三）项所称的"股票停牌"，是指中国证券监督管理委员会就上市公司重大资产重组申请作出予以核准决定前的最后一次停牌。

11. 关于保险服务进项税抵扣

（1）提供保险服务的纳税人以实物赔付方式承担机动车辆保险责任的，自行向车辆修理劳务提供方购进的车辆修理劳务，其进项税额可以按规定从保险公司销项税额中抵扣。

（2）提供保险服务的纳税人以现金赔付方式承担机动车辆保险责任的，将应付给被保险人的赔偿金直接支付给车辆修理劳务提供方，不属于保险公司购进车辆修理劳务，其进项税额不得从保险公司销项税额中抵扣。

（3）纳税人提供的其他财产保险服务，比照上述规定执行。

12. 关于餐饮服务税目适用

纳税人现场制作食品并直接销售给消费者，按照"餐饮服务"缴纳增值税。

13. 关于开具原适用税率发票

（1）自 2019 年 9 月 20 日起，纳税人需要通过增值税发票管理系统开具 17%、16%、11%、10% 税率蓝字发票的，应向主管税务机关提交《开具原适用税率发票承诺书》（附件 2），办理临时开票权限。临时开票权限有效期限为 24 小时，纳税人应在获取临时开票权限的规定期限内开具原适用税率发票。

（2）纳税人办理临时开票权限，应保留交易合同、红字发票、收讫款项证明等相关材料，以备查验。

（3）纳税人未按规定开具原适用税率发票的，主管税务机关应按照现行有关规定进行处理。

14. 关于本公告的执行时间

本公告第一条、第二条自公告发布之日起施行，本公告第五条至第十二条自2019年10月1日起施行。此前已发生未处理的事项，按照本公告执行，已处理的事项不再调整。《货物运输业小规模纳税人申请代开增值税专用发票管理办法》（国家税务总局公告2017年第55号发布，国家税务总局公告2018年第31号修改并发布）第二条第（二）项、《国家税务总局关于开展互联网物流平台企业代开增值税专用发票试点工作的通知》（税总函〔2017〕579号）第一条第（二）项、《国家税务总局关于简化建筑服务增值税简易计税方法备案事项的公告》（国家税务总局公告2017年第43号发布，国家税务总局公告2018年第31号修改）自2019年10月1日起废止。

（二）政策解读

近期，国家税务总局接到各方反映的一些增值税征管操作问题。为统一征管口径，便于纳税人执行，税务总局发布了《国家税务总局关于国内旅客运输服务进项税抵扣等增值税征管问题的公告》（以下称《公告》），对相关问题进行了明确。现就《公告》的主要内容解读如下：

1. 关于国内旅客运输服务进项税抵扣

（1）关于国内旅客运输服务的抵扣范围。

《公告》明确，允许抵扣的国内旅客运输服务，限于与本单位签订了劳动合同的员工，以及本单位作为用工单位接受的劳务派遣员工发生的国内旅客运输服务，主要考虑：一是遵循增值税基本规定。纳税人实际接受或负担的、与其生产经营相关的购进项目，才允许抵扣进项税额。员工以其单位经营活动为目的发生的旅客运输服务，与本单位生产经营相关。二是遵循经济业务实际。考虑到实际业务中，以劳务派遣形式用工时，派遣人员直接受用工单位指派进行业务活动，与单位员工工作性质一致。

（2）关于旅客运输服务增值税电子普通发票的开具要求。

增值税电子普通发票通过增值税电子发票系统开具，可以选择开具给个人或单位。《公告》明确了纳税人购进国内旅客运输服务，以增值税电子普通发票作为抵扣凭证的相关要求。即纳税人购进国内旅客运输服务，以取得的增值税电子普通发票上注明的税额为进项税额的，增值税电子普通发票上注明的购买方"名称""纳税人识别号"等信息，应当与实际抵扣税款的纳税人一致。

（3）关于旅客运输服务进项税抵扣的衔接。

按照现行政策规定，自2019年4月1日起，一般纳税人购进国内旅客运输服务，其进项税额允许从销项税额中抵扣。遵循纳税义务发生时间的基本原则，《公告》明确，纳税人允许抵扣的国内旅客运输服务进项税额，是指纳税人2019年4月1日及以后实际发生，并取得现行合法有效的增值税扣税凭证抵扣的增值税税额。其中，以增值税专用发票或增值税电子普通发票为增值税扣税凭证的，增值税专用发票或增值税电子普通发票的开具时间应为2019年4月1日及以后。

2. **关于加计抵减**

（1）关于适用加计抵减政策的销售额定义。

按照现行政策规定，一般纳税人提供邮政服务、电信服务、现代服务、生活服务销售额占全部销售额的比重超过 50% 的，可按规定适用加计抵减政策。《公告》明确，参与计算适用加计抵减政策的"销售额"，包括纳税申报销售额、稽查查补销售额、纳税评估调整销售额。同时明确，稽查查补销售额和纳税评估调整销售额，计入查补或评估调整当期销售额确定适用加计抵减政策；适用增值税差额征收政策的，以差额后的销售额确定适用加计抵减政策。

（2）关于暂无销售收入的纳税人如何适用加计抵减政策。

纳税人以一定时间区间内邮政服务、电信服务、现代服务、生活服务销售额占比是否超过 50% 确定适用加计抵减政策。对纳税人在上述区间内销售额为零的特殊情形，应如何适用加计抵减政策，《公告》进行了明确，具体为：（1）2019 年 3 月 31日前设立，且 2018 年 4 月至 2019 年 3 月期间销售额均为零的纳税人，以首次产生销售额当月起连续 3 个月的销售额确定适用加计抵减政策；（2）2019 年 4 月 1 日后设立，且自设立之日起 3 个月的销售额均为零的纳税人，以首次产生销售额当月起连续 3个月的销售额确定适用加计抵减政策。

（3）关于汇总纳税的总分支机构如何适用加计抵减政策。

按照现行政策规定，经财政部和税务总局或者省级财税部门批准，总机构及其分支机构可以实行汇总缴纳增值税。《公告》明确，经财政部和国家税务总局或者其授权的财政和税务机关批准，实行汇总缴纳增值税的总机构及其分支机构，在判断是否适用加计抵减政策时，以总机构及其分支机构的合计销售额计算四项服务销售额占比。需要注意的是，如果符合加计抵减政策的适用标准，则汇总纳税范围内的总机构及其分支机构均可适用加计抵减政策。否则，总机构及其分支机构均无法适用。

3. **关于部分先进制造业增值税期末留抵退税**

为加大对制造业的支持力度，进一步优化我国营商环境，经国务院批准，税务总局和财政部联合下发《财政部　税务总局关于明确部分先进制造业增值税期末留抵退税政策的公告》（财政部　税务总局公告 2019 年第 84 号），放宽了部分先进制造业留抵退税条件。因此，《公告》进一步明确，上述制造业纳税人继续按照《国家税务总局关于办理增值税期末留抵税额退税有关事项的公告》（国家税务总局公告 2019 年第 20 号，以下称 20 号公告）的规定办理留抵退税业务。同时，根据调整后的退税条件，同步修订并重新发布了 20 号公告附件《退（抵）税申请表》。

4. **关于经营期不足一个纳税期的小规模纳税人免税政策适用**

《公告》明确，在小规模纳税人免税标准提高至月（季）销售额 10（30）万元后，以季度为纳税期限的增值税小规模纳税人，因在季度中间成立或者注销而导致当期实际经营期不足一个季度的，只要当期销售额未超过 30 万元，即符合《财政部　税务总局关于实施小微企业普惠性税收减免政策的通知》（财税〔2019〕13 号）第一条的规定，可以按规定免征增值税。比如，某小规模纳税人 2019 年 2 月成立，实行按季纳税，2 月～3 月累计销售额为 25 万元，未超过季销售额 30 万元的免税标准，则该小规模纳税人当期可以按规定享受相关免税政策。

5.关于货物运输业小规模纳税人申请代开增值税专用发票

2017年，税务总局先后下发《国家税务总局关于发布〈货物运输业小规模纳税人申请代开增值税专用发票管理办法〉的公告》（国家税务总局公告2017年第55号发布，国家税务总局公告2018年第31号修改并发布）和《国家税务总局关于开展互联网物流平台企业代开增值税专用发票试点工作的通知》（税总函〔2017〕579号），允许税务机关为货物运输业小规模纳税人异地代开增值税专用发票，以及由符合条件的互联网物流平台企业为货物运输业小规模纳税人代开增值税专用发票，为个体司机提供开票便利。同时，按照当时交通管理部门的要求，明确了货物运输业小规模纳税人申请代开专用发票需要取得相关运输资质。由于交通管理部门对运输资质要求进行了调整，因此，《公告》对代开发票的条件也相应调整为：提供公路货物运输服务的（以4.5吨及以下普通货运车辆从事普通道路货物运输经营的除外），应取得《中华人民共和国道路运输经营许可证》和《中华人民共和国道路运输证》；提供内河货物运输服务的，应取得《国内水路运输经营许可证》和《船舶营业运输证》。

6.关于运输工具舱位承包和舱位互换业务适用税目

舱位承包业务中，承包方以承运人身份对外承揽运输业务，然后通过承包他人运输工具舱位的方式委托对方实际完成相关运输服务，属于提供无运输工具承运业务，应以承揽该运输业务向托运人收取的全部价款和价外费用为销售额，按照"交通运输服务"缴纳增值税。发包方以运输工具舱位承包的方式，使用自有运输工具实际提供了运输服务，因此，发包方应以其向运输工具舱位承包人收取的全部价款和价外费用为销售额，按照"交通运输服务"缴纳增值税。

舱位互换业务中，互换舱位的双方均以承运人身份与托运人签订运输服务合同，收取运费并承担承运人责任，然后通过互换运输工具舱位的方式，委托对方实际完成相关运输服务，因此，双方均以换出舱位的方式向对方提供了交通运输服务，各自应以换出运输工具舱位确认的全部价款和价外费用为销售额，按照"交通运输服务"缴纳增值税。

7.关于建筑服务分包款差额扣除

纳税人提供特定建筑服务，可按照现行政策规定，以取得的全部价款和价外费用扣除支付的分包款后的余额为销售额计税。总包方支付的分包款是打包支出的概念，即其中既包括货物价款，也包括建筑服务价款。因此，《公告》明确，纳税人提供建筑服务，按照规定允许从取得的全部价款和价外费用中扣除的分包款，是指支付给分包方的全部价款和价外费用。

8.关于取消建筑服务简易计税项目备案

为简化办税流程，优化税收环境，落实"放管服"改革工作要求，《公告》明确，增值税一般纳税人提供建筑服务，按规定适用或选择适用简易计税方法计税的，不再实行备案制。相关证明材料无需向税务机关报送，改为自行留存备查。《国家税务总局关于简化建筑服务增值税简易计税方法备案事项的公告》（国家税务总局公告2017年第43号发布，国家税务总局公告2018年第31号修改）同时废止。

9.关于围填海开发房地产项目适用简易计税

以围填海方式取得土地的房地产项目，其围填海的开工日期可能早于房地产项目《建筑工程施工许可证》上注明的开工日期。为体现房地产老项目简易计税的政策精神，公平税负，《公告》明确，以围填海方式取得土地的房地产项目，围填海工程《建筑工程施工许可证》或建筑工程承包合同注明的围填海开工日期在 2016 年 4 月 30 日前的，均属于房地产老项目，可以选择适用简易计税方法按照 5% 的征收率计算缴纳增值税。

10. 关于限售股买入价的确定

（1）关于多情形形成限售股的买入价确定

《国家税务总局关于营改增试点若干征管问题的公告》（国家税务总局 2016 年第 53 号公告发布，国家税务总局公告 2018 年第 31 号修改，下称 53 号公告）第五条分别针对上市公司股权分置改革、首次公开发行股票并上市和重大资产重组三种不同情形形成的限售股，如何在转让时确定其限售股买入价做出了明确规定。此外，还存在一种特殊情形，即因同时实施股权分置改革和重大资产重组而首次公开发行股票并上市而形成限售股。因此，《公告》明确，纳税人转让因同时实施股权分置改革和重大资产重组而首次公开发行股票并上市而形成的限售股，以及上市首日至解禁日期间由上述股份孳生的送、转股，以该上市公司股票上市首日开盘价为买入价，按照"金融商品转让"缴纳增值税。

（2）关于重大资产重组形成限售股的买入价确定

53 号公告第五条规定，因上市公司实施重大资产重组形成的限售股，以及股票复牌首日至解禁日期间由上述股份孳生的送、转股，以该上市公司因重大资产重组股票停牌前一交易日的收盘价为买入价。实践中，上市公司实施重大资产重组可能出现多次停牌。《公告》明确，上述"股票停牌"是指证监会就其申请作出予以核准决定前的最后一次停牌。

举例说明：A 上市公司于 2017 年 8 月 7 日宣布实施重大资产重组，并于当天停牌。2018 年 4 月 18 日股票复牌。2018 年 7 月 24 日，A 上市公司因收到证监会并购重组委会议审核其申请重大资产重组的通知后停牌。2018 年 8 月 29 日，重组委表决通过 A 上市公司重大资产重组的申请，8 月 30 日 A 上市公司股票复牌。9 月 5 日中国证监会就 A 上市公司重大资产重组申请作出予以核准的决定。鉴于证监会就该上市公司重大资产重组申请作出予以核准决定前最后一次停牌时间是 2018 年 7 月 24 日，因此，纳税人转让 A 上市公司限售股，应以证监会就其申请作出予以核准决定前最后一次停牌前一交易日的收盘价为买入价，即 7 月 23 日 A 上市公司的股票收盘价为买入价。

11. 关于保险服务进项税抵扣

进项税抵扣，应遵循统一的扣税原则，即纳税人购进货物或服务所负担或支付的增值税额，凭合法有效扣税凭证从销项税额中抵扣。在实际操作中，所有行业，所有纳税人，都应按照上述普遍性规定自行适用抵扣政策，保险公司的赔付支出也不例外。在实践中，保险赔付支出有不同的形式，其进项税抵扣问题应具体问题具体分析并适用政策。

以车险为例，不同的车险业务，保险公司、投保人和修理厂之间的交易实质和权利义务不一样，适用的抵扣政策也不一样。目前主要存在两种情况：

第一种是行业所称的"实物赔付"。保险合同约定，保险公司的赔付方式是由保险公司将投保车辆修理至恢复原状。在车辆出险后，保险公司以自己的名义向修理厂购买修理服务并支付修理费。这种情况下，由于修理服务的实际购买方为保险公司，因此，保险公司可以凭修理厂向其开具的修理费专用发票行使抵扣权。

第二种是行业所称的"现金赔付"。保险合同约定，在车辆出险后，保险公司向被保险人支付赔偿金，由被保险人自行修理。在实际操作中，保险公司为了提高客户满意度，替被保险人联系修理厂对出险车辆进行维修，并将原应支付给被保险人的赔偿金转付给修理厂。这种情形下，由于修理服务的接受方是被保险人而不是保险公司，即使保险公司代被保险人向修理厂支付了修理费并取得相关发票，也不能将其作为保险公司的进项税额进行抵扣。

《公告》明确了上述两种情况下车险赔付支出的进项税抵扣问题，同时，保险公司开展的其他财产保险业务，也可以比照执行。

12. 关于餐饮服务税目适用

随着经济社会发展，消费模式的不断创新，消费者不直接就餐而是购买食品后打包带走的这种快速消费方式越来越普遍，但这一消费方式的改变，并不影响纳税人向消费者提供餐饮服务这一行为本质。因此，为统一征管口径，确保"堂食"和"外卖"税收处理的一致性，《公告》明确，纳税人现场制作食品并直接销售给消费者的行为，应按照"餐饮服务"缴纳增值税。

13. 关于开具原适用税率发票

为确保纳税人按规定正确开具发票，准确适用政策，《公告》对纳税人通过增值税发票管理系统，自行开具原适用税率发票的权限进行了规范：自 2019 年 9 月 20 日起，关闭增值税发票管理系统纳税人端自行开具 17%、16%、11%、10% 原适用税率发票权限；同时，为充分保障纳税人合法权益，对于符合开具原适用税率发票条件的纳税人，到主管税务机关办理临时开票权限后，可在 24 小时的规定期限内开具原适用税率发票。

为明晰税企责任，确保简明易行好操作，《公告》规定，纳税人到主管税务机关办理原适用税率发票临时开票权限时，只需提交《开具原适用税率发票承诺书》即可，但纳税人需要保留交易合同、红字发票、收讫款项证明等相关材料，以备查验。

纳税人若未按规定开具原适用税率发票，由主管税务机关按照现行有关规定进行处理：若纳税义务发生时间在 2019 年 4 月 1 日前，未进行申报而开具发票的，纳税人应进行补充申报或者更正申报，涉及缴纳滞纳金的，按规定缴纳；若纳税义务发生时间在 2019 年 4 月 1 日后，不得开具原适用税率发票，已经开具的，按规定作废，不符合作废条件的，按规定开具红字发票后，按照新适用税率开具正确的蓝字发票。

八、增值税发票管理改革

（一）基本政策

根据《国家税务总局关于增值税发票管理等有关事项的公告》（国家税务总局公告 2019 年第 33 号）的规定，现将增值税发票管理等有关事项公告如下：

1. 符合《财政部　税务总局关于明确生活性服务业增值税加计抵减政策的公告》（财政部　税务总局公告 2019 年第 87 号）规定的生活性服务业纳税人，应在年度首次确认适用 15% 加计抵减政策时，通过电子税务局（或前往办税服务厅）提交《适用 15% 加计抵减政策的声明》。

2. 增值税一般纳税人取得海关进口增值税专用缴款书（以下简称"海关缴款书"）后如需申报抵扣或出口退税，按以下方式处理：

（1）增值税一般纳税人取得仅注明一个缴款单位信息的海关缴款书，应当登录本省（区、市）增值税发票选择确认平台（以下简称"选择确认平台"）查询、选择用于申报抵扣或出口退税的海关缴款书信息。通过选择确认平台查询到的海关缴款书信息与实际情况不一致或未查询到对应信息的，应当上传海关缴款书信息，经系统稽核比对相符后，纳税人登录选择确认平台查询、选择用于申报抵扣或出口退税的海关缴款书信息。

（2）增值税一般纳税人取得注明两个缴款单位信息的海关缴款书，应当上传海关缴款书信息，经系统稽核比对相符后，纳税人登录选择确认平台查询、选择用于申报抵扣或出口退税的海关缴款书信息。

3. 稽核比对结果为不符、缺联、重号、滞留的异常海关缴款书按以下方式处理：

（1）稽核比对结果为不符、缺联的海关缴款书，纳税人应当持海关缴款书原件向主管税务机关申请数据修改或核对。属于纳税人数据采集错误的，数据修改后再次进行稽核比对；不属于数据采集错误的，纳税人可向主管税务机关申请数据核对，主管税务机关会同海关进行核查。经核查，海关缴款书票面信息与纳税人实际进口货物业务一致的，纳税人登录选择确认平台查询、选择用于申报抵扣或出口退税的海关缴款书信息。

（2）稽核比对结果为重号的海关缴款书，纳税人可向主管税务机关申请核查。经核查，海关缴款书票面信息与纳税人实际进口货物业务一致的，纳税人登录选择确认平台查询、选择用于申报抵扣或出口退税的海关缴款书信息。

（3）稽核比对结果为滞留的海关缴款书，可继续参与稽核比对，纳税人不需申请数据核对。

4. 增值税一般纳税人取得的 2017 年 7 月 1 日及以后开具的海关缴款书，应当自开具之日起 360 日内通过选择确认平台进行选择确认或申请稽核比对。

5. 增值税小规模纳税人（其他个人除外）发生增值税应税行为，需要开具增值税专用发票的，可以自愿使用增值税发票管理系统自行开具。选择自行开具增值税专用发票的小规模纳税人，税务机关不再为其代开增值税专用发票。

增值税小规模纳税人应当就开具增值税专用发票的销售额计算增值税应纳税额，并在规定的纳税申报期内向主管税务机关申报缴纳。在填写增值税纳税申报表时，应当将当期开具增值税专用发票的销售额，按照 3% 和 5% 的征收率，分别填写在《增值税纳税申报表》（小规模纳税人适用）第 2 栏和第 5 栏"税务机关代开的增值税专用发票不含税销售额"的"本期数"相应栏次中。

6. 本公告第一条自 2019 年 10 月 1 日起施行，本公告第二条至第五条自 2020 年 2 月 1 日起施行。《国家税务总局　海关总署关于实行海关进口增值税专用缴款书"先比对后抵扣"管理办法有关问题的公告》（国家税务总局　海关总署公告 2013 年第 31 号）第二条和第六条、《国家税务总局关于扩大小规模纳税人自行开具增值税专用发票试点范围等事项的公告》（国家税务总局公告 2019 年第 8 号）第一条自 2020 年 2 月 1 日起废止。

（二）政策解读

1.《公告》出台的背景

为进一步优化营商环境，落实有关税收政策，规范税收秩序，保护纳税人合法权益，发布本公告。

2. 按照《公告》规定，适用 15% 加计抵减政策纳税人应提交的填报资料是什么？

近期，我局会同财政部发布了《关于明确生活性服务业增值税加计抵减政策的公告》（财政部 税务总局公告 2019 年第 87 号，以下简称 87 号公告）自 2019 年 10 月 1 日起，符合条件的生活性服务业纳税人可以适用 15% 加计抵减政策。按照纳税人自主判断、自主申报、自主享受的原则，本公告明确，符合 87 号公告规定的生活性服务业纳税人，应在本年首次适用 15% 加计抵减政策时，向税务机关提交《适用 15% 加计抵减政策的声明》。其他仍适用 10% 加计抵减政策的纳税人，继续按照现行规定适用政策。

需要说明的是，按照 87 号公告规定，纳税人以后年度是否继续适用 15% 加计抵减政策，需要根据上年度销售额计算确定。已经提交《适用 15% 加计抵减政策的声明》并享受 15% 加计抵减政策的纳税人，在 2020 年、2021 年，是否继续适用，应分别根据其 2019 年、2020 年销售额确定。如果符合规定，需再次在当年首次适用政策时，提交《适用 15% 加计抵减政策的声明》。

3. 通过选择确认平台查询到的海关缴款书信息与实际情况不一致或未查询到对应信息的，税务机关提供了哪些方式让纳税人上传海关缴款书信息？

纳税人通过选择确认平台查询到的海关缴款书信息与实际情况不一致或未查询到对应信息的，可通过选择确认平台上传海关缴款书信息，也可通过向主管税务机关报送海关缴款书电子数据的方式申请稽核比对。

4. 对于稽核比对异常的海关缴款书，是否还有申请数据修改或者核对的时间限制？

本公告取消了《国家税务总局 海关总署关于实行海关进口增值税专用缴款书"先比对后抵扣"管理办法有关问题的公告》（国家税务总局 海关总署公告 2013 年第 31 号）中关于"对于稽核比对结果为不符、缺联的海关缴款书，纳税人应于产生稽核结果的 180 日内，持海关缴款书原件向主管税务机关申请数据修改或者核对，逾期的其进项税额不予抵扣"的规定。本公告实施前，因申请数据修改或者核对超过 180 日限制导致不能抵扣的纳税人，可以向主管税务机关重新申请数据修改或核对，并按照规定流程进行后续处理。

5. 小规模纳税人自行开具增值税专用发票有什么注意事项？

（1）所有小规模纳税人（其他个人除外）均可以选择使用增值税发票管理系统自行开具增值税专用发票。

（2）自愿选择自行开具增值税专用发票的小规模纳税人，税务机关不再为其代开。需要特别说明的是，货物运输业小规模纳税人可以根据自愿原则选择自行开具增值税专用发票；未选择自行开具增值税专用发票的纳税人，按照《国家税务总局关于发布 < 货物运输业小规模纳税人申请代开增值税专用发票管理办法 > 的公告》（国家税务总局公告 2017 年第 55 号，国家税务总局公告 2018 年第 31 号修改并发布）相关规定，向税务机关申请代开。

（3）自愿选择自行开具增值税专用发票的小规模纳税人销售其取得的不动产，需要开具增值税专用发票的，税务机关不再为其代开。

九、异常增值税扣税凭证管理

（一）基本政策

根据《国家税务总局关于异常增值税扣税凭证管理等有关事项的公告》（国家税务总局公告 2019 年第 38 号）的规定，现将异常增值税扣税凭证（以下简称"异常凭证"）管理等有关事项公告如下：

1. 符合下列情形之一的增值税专用发票，列入异常凭证范围：

（1）纳税人丢失、被盗税控专用设备中未开具或已开具未上传的增值税专用发票。

（2）非正常户纳税人未向税务机关申报或未按规定缴纳税款的增值税专用发票。

（3）增值税发票管理系统稽核比对发现"比对不符""缺联""作废"的增值税专用发票。

（4）经税务总局、省税务局大数据分析发现，纳税人开具的增值税专用发票存在涉嫌虚开、未按规定缴纳消费税等情形的。

（5）属于《国家税务总局关于走逃（失联）企业开具增值税专用发票认定处理有关问题的公告》（国家税务总局公告 2016 年第 76 号）第二条第（一）项规定情形的增值税专用发票。

2. 增值税一般纳税人申报抵扣异常凭证，同时符合下列情形的，其对应开具的增值税专用发票列入异常凭证范围：

（1）异常凭证进项税额累计占同期全部增值税专用发票进项税额 70%（含）以上的。

（2）异常凭证进项税额累计超过 5 万元的。

纳税人尚未申报抵扣、尚未申报出口退税或已作进项税额转出的异常凭证，其涉及的进项税额不计入异常凭证进项税额的计算。

3. 增值税一般纳税人取得的增值税专用发票列入异常凭证范围的，应按照以下规定处理：

（1）尚未申报抵扣增值税进项税额的，暂不允许抵扣。已经申报抵扣增值税进项税额的，除另有规定外，一律作进项税额转出处理。

（2）尚未申报出口退税或者已申报但尚未办理出口退税的，除另有规定外，暂不允许办理出口退税。适用增值税免抵退税办法的纳税人已经办理出口退税的，应根据列入异常凭证范围的增值税专用发票上注明的增值税额作进项税额转出处理；适用增值税免退税办法的纳税人已经办理出口退税的，税务机关应按照现行规定对列入异常凭证范围的增值税专用发票对应的已退税款追回。

纳税人因骗取出口退税停止出口退（免）税期间取得的增值税专用发票列入异常凭证范围的，按照本条第（1）项规定执行。

（3）消费税纳税人以外购或委托加工收回的已税消费品为原料连续生产应税消费品，尚未申报扣除原料已纳消费税税款的，暂不允许抵扣；已经申报抵扣的，冲减当期允许抵扣的消费税税款，当期不足冲减的应当补缴税款。

（4）纳税信用 A 级纳税人取得异常凭证且已经申报抵扣增值税、办理出口退税或抵扣消费税的，可以自接到税务机关通知之日起 10 个工作日内，向主管税务机关提出核实申请。经税务机关核实，符合现行增值税进项税额抵扣、出口退税或消费税抵扣相关规定的，可不作进项税额转出、追回已退税款、冲减当期允许抵扣的消费税税款等处理。纳税人逾期未提出核实申请的，应于期满后按照本条第（1）项、第（2）项、第（3）项规定作相关处理。

（5）纳税人对税务机关认定的异常凭证存有异议，可以向主管税务机关提出核实申请。经税务机关核实，符合现行增值税进项税额抵扣或出口退税相关规定的，纳税人可继续申报抵扣或者重新申报出口退税；符合消费税抵扣规定且已缴纳消费税税款的，纳税人可继续申报抵扣消费税税款。

4. 经税务总局、省税务局大数据分析发现存在涉税风险的纳税人，不得离线开具发票，其开票人员在使用开票软件时，应当按照税务机关指定的方式进行人员身份信息实名验证。

5. 新办理增值税一般纳税人登记的纳税人，自首次开票之日起 3 个月内不得离线开具发票，按照有关规定不使用网络办税或不具备风险条件的特定纳税人除外。

6. 本公告自 2020 年 2 月 1 日起施行。《国家税务总局关于走逃（失联）企业开具增值税专用发票认定处理有关问题的公告》（国家税务总局公告 2016 年第 76 号）第二条第（二）项、《国家税务总局关于建立增值税失控发票快速反应机制的通知》（国税发〔2004〕123 号文件印发，国家税务总局公告 2018 年第 31 号修改）、《国家税务总局关于金税工程增值税征管信息系统发现的涉嫌违规增值税专用发票处理问题的通知》（国税函〔2006〕969 号）第一条第（二）项和第二条、《国家税务总局关于认真做好增值税失控发票数据采集工作有关问题的通知》（国税函〔2007〕517 号）、《国家税务总局关于失控增值税专用发票处理的批复》（国税函〔2008〕607 号）、《国家税务总局关于外贸企业使用增值税专用发票办理出口退税有关问题的公告》（国家税务总局公告 2012 年第 22 号）第二条第（二）项同时废止。

（二）政策解读

1. 公告出台的背景

近年来，为深入贯彻落实党中央、国务院部署，税务系统持续推进"放管服"改革，优化营商环境，使市场主体创业创新活力得到进一步激发，广大纳税人的获得感不断提升。但与此同时，少数不法分子利用办税便利化措施，注册没有实际经营业务、只为虚开发票的"假企业"骗领增值税专用发票，并在实施违法虚开行为后快速走逃（失联），恶意逃避税收监管，既严重扰乱了税收秩序，也极大损害了守法经营纳税人的权益。为推进税收治理体系和治理能力现代化，健全税收监管体系，进一步遏制虚开发票行为，维护税收秩序，优化营商环境，保护纳税人合法权益，特制定本公告。

2. 按照规定，哪些增值税专用发票列入异常增值税扣税凭证（以下简称"异常凭证"）范围？

（1）纳税人丢失、被盗税控专用设备中未开具或已开具未上传的增值税专用发票。

（2）非正常户纳税人未向税务机关申报或未按规定缴纳税款的增值税专用发票。

（3）增值税发票管理系统稽核比对发现"比对不符""缺联""作废"的增值税专用发票。

（4）经税务总局、省税务局大数据分析发现，纳税人开具的增值税专用发票存在涉嫌虚开、未按规定缴纳消费税等情形的。

（5）属于《国家税务总局关于走逃（失联）企业开具增值税专用发票认定处理有关问题的公告》（国家税务总局公告 2016 年第 76 号）第二条第（一）项规定情形的增值税专用发票。

（6）增值税一般纳税人申报抵扣异常凭证，同时符合下列情形的，其对应开具的增值税专用发票列入异常凭证范围：

①异常凭证进项税额累计占同期全部增值税专用发票进项税额 70%（含）以上的。

②异常凭证进项税额累计超过 5 万元的。

3. 增值税一般纳税人取得增值税专用发票列入异常凭证范围的，应怎样处理？

增值税一般纳税人取得的增值税专用发票列入异常凭证范围的，应按照以下规定处理：

（1）尚未申报抵扣增值税进项税额的，暂不允许抵扣。已经申报抵扣增值税进项税额的，除另有规定外，一律作进项税额转出处理。

（2）尚未申报出口退税或者已申报但尚未办理出口退税的，除另有规定外，暂不允许办理出口退税。适用增值税免抵退税办法的纳税人已经办理出口退税的，应根据列入异常凭证范围的增值税专用发票上注明的增值税额作进项税额转出处理；适用增值税免退税办法的纳税人已经办理出口退税的，税务机关应按照现行规定对列入异常凭证范围的增值税专用发票对应的已退税款追回。

纳税人因骗取出口退税停止出口退（免）税期间取得的增值税专用发票列入异常凭证范围的，按照本条第（1）项规定执行。

（3）消费税纳税人以外购或委托加工收回的已税消费品为原料连续生产应税消费品，尚未申报扣除原料已纳消费税税款的，暂不允许抵扣；已经申报抵扣的，冲减当期允许抵扣的消费税税款，当期不足冲减的应当补缴税款。

4. 增值税一般纳税人取得的增值税专用发票列入异常凭证范围且已经申报抵扣增值税进项税额的，是否一律做进项税额转出处理？

按照公告规定，纳税信用 A 级纳税人取得异常凭证且已经申报抵扣增值税、办理出口退税或抵扣消费税的，可以自接到税务机关通知之日起 10 个工作日内，向主管税务机关提出核实申请。经税务机关核实，符合现行增值税进项税额抵扣、出口退税或消费税抵扣相关规定的，可不做进项税额转出、追回已退税款、冲减当期允许抵扣的消费税税款等处理，纳税人逾期未提出核实申请的，应于期满后按照本公告第三条第（1）（2）（3）项规定做相关处理。

5. 若纳税人对税务机关认定的异常凭证存有异议，该如何处理？

按照公告规定，纳税人对税务机关认定的异常凭证存有异议，可以向主管税务机关提出核实申请。经税务机关核实，符合现行增值税进项税额抵扣或出口退税相关规定的，纳税人可继续申报抵扣或者重新申报出口退税；符合消费税抵扣规定且已缴纳消费税税款的，纳税人可继续申报抵扣消费税税款。

6. 对经税务机关大数据分析发现存在涉税风险的纳税人、新办理增值税一般纳税

人登记的纳税人，有什么规定？

按照公告规定，经税务总局、省税务局大数据分析发现存在涉税风险的纳税人，不得离线开具发票，其开票人员在使用开票软件时，应当按照税务机关指定的方式进行人员身份信息实名验证。新办理增值税一般纳税人登记的纳税人，自首次开票之日起3个月内不得离线开具发票，按照有关规定不使用网络办税或不具备风险条件的特定纳税人除外。

十、取消增值税扣税凭证认证确认期限等事项管理

（一）基本政策

根据《国家税务总局关于取消增值税扣税凭证认证确认期限等增值税征管问题的公告》（国家税务总局公告2019年第45号）的规定，现将取消增值税扣税凭证认证确认期限等增值税征管问题公告如下：

1.增值税一般纳税人取得2017年1月1日及以后开具的增值税专用发票、海关进口增值税专用缴款书、机动车销售统一发票、收费公路通行费增值税电子普通发票，取消认证确认、稽核比对、申报抵扣的期限。纳税人在进行增值税纳税申报时，应当通过本省（自治区、直辖市和计划单列市）增值税发票综合服务平台对上述扣税凭证信息进行用途确认。

增值税一般纳税人取得2016年12月31日及以前开具的增值税专用发票、海关进口增值税专用缴款书、机动车销售统一发票，超过认证确认、稽核比对、申报抵扣期限，但符合规定条件的，仍可按照《国家税务总局关于逾期增值税扣税凭证抵扣问题的公告》（2011年第50号，国家税务总局公告2017年第36号、2018年第31号修改）、《国家税务总局关于未按期申报抵扣增值税扣税凭证有关问题的公告》（2011年第78号，国家税务总局公告2018年第31号修改）规定，继续抵扣进项税额。

2.纳税人享受增值税即征即退政策，有纳税信用级别条件要求的，以纳税人申请退税税款所属期的纳税信用级别确定。申请退税税款所属期内纳税信用级别发生变化的，以变化后的纳税信用级别确定。

纳税人适用增值税留抵退税政策，有纳税信用级别条件要求的，以纳税人向主管税务机关申请办理增值税留抵退税提交《退（抵）税申请表》时的纳税信用级别确定。

3.按照《财政部 税务总局 海关总署关于深化增值税改革有关政策的公告》（2019年第39号）和《财政部 税务总局关于明确部分先进制造业增值税期末留抵退税政策的公告》（2019年第84号）的规定，在计算允许退还的增量留抵税额的进项构成比例时，纳税人在2019年4月至申请退税前一税款所属期内按规定转出的进项税额，无须从已抵扣的增值税专用发票、机动车销售统一发票、海关进口增值税专用缴款书、解缴税款完税凭证注明的增值税额中扣减。

4.中华人民共和国境内（以下简称"境内"）单位和个人作为工程分包方，为施工地点在境外的工程项目提供建筑服务，从境内工程总承包方取得的分包款收入，属于《国家税务总局关于发布〈营业税改征增值税跨境应税行为增值税免税管理办法（试行）〉的公告》（2016年第29号，国家税务总局公告2018年第31号修改）第六条规

定的"视同从境外取得收入"。

5. 动物诊疗机构提供的动物疾病预防、诊断、治疗和动物绝育手术等动物诊疗服务，属于《营业税改征增值税试点过渡政策的规定》（财税〔2016〕36 号附件 3）第一条第十项所称"家禽、牲畜、水生动物的配种和疾病防治"。

动物诊疗机构销售动物食品和用品，提供动物清洁、美容、代理看护等服务，应按照现行规定缴纳增值税。

动物诊疗机构是指依照《动物诊疗机构管理办法》（农业部令第 19 号公布，农业部令 2016 年第 3 号、2017 年第 8 号修改）规定，取得动物诊疗许可证，并在规定的诊疗活动范围内开展动物诊疗活动的机构。

6.《货物运输业小规模纳税人申请代开增值税专用发票管理办法》（2017 年第 55 号发布，国家税务总局公告 2018 年第 31 号修改）第二条修改为：

"第二条同时具备以下条件的增值税纳税人（以下简称纳税人）适用本办法：

（一）在中华人民共和国境内（以下简称境内）提供公路或内河货物运输服务，并办理了税务登记（包括临时税务登记）。

（二）提供公路货物运输服务的（以 4.5 吨及以下普通货运车辆从事普通道路货物运输经营的除外），取得《中华人民共和国道路运输经营许可证》和《中华人民共和国道路运输证》；提供内河货物运输服务的，取得《国内水路运输经营许可证》和《船舶营业运输证》。

（三）在税务登记地主管税务机关按增值税小规模纳税人管理。"

7. 纳税人取得的财政补贴收入，与其销售货物、劳务、服务、无形资产、不动产的收入或者数量直接挂钩的，应按规定计算缴纳增值税。纳税人取得的其他情形的财政补贴收入，不属于增值税应税收入，不征收增值税。

本公告实施前，纳税人取得的中央财政补贴继续按照《国家税务总局关于中央财政补贴增值税有关问题的公告》（2013 年第 3 号）执行；已经申报缴纳增值税的，可以按现行红字发票管理规定，开具红字增值税发票将取得的中央财政补贴从销售额中扣减。

8. 本公告第一条自 2020 年 3 月 1 日起施行，第二条至第七条自 2020 年 1 月 1 日起施行。此前已发生未处理的事项，按照本公告执行，已处理的事项不再调整。《国家税务总局关于中央财政补贴增值税有关问题的公告》（2013 年第 3 号）、《国家税务总局关于国内旅客运输服务进项税抵扣等增值税征管问题的公告》（2019 年第 31 号）第五条自 2020 年 1 月 1 日起废止。《国家税务总局关于增值税一般纳税人取得防伪税控系统开具的增值税专用发票进项税额抵扣问题的通知》（国税发〔2003〕第 17 号）第二条、《国家税务总局关于调整增值税扣税凭证抵扣期限有关问题的通知》（国税函〔2009〕617 号）、《国家税务总局关于增值税一般纳税人抗震救灾期间增值税扣税凭证认证稽核有关问题的通知》（国税函〔2010〕173 号）、《国家税务总局关于进一步明确营改增有关征管问题的公告》（2017 年第 11 号，国家税务总局公告 2018 年第 31 号修改）第十条、《国家税务总局关于增值税发票管理等有关事项的公告》（2019 年第 33 号）第四条自 2020 年 3 月 1 日起废止。《货物运输业小规模纳税人申请代开增值税专用发票管理办法》（2017 年第 55 号发布，国家税务总局公告 2018 年第 31 号修改）根据本公告作相应修改，重新发布。

货物运输业小规模纳税人申请代开增值税
专用发票管理办法

（国家税务总局公告 2017 年第 55 号发布，根据国家税务总局公告 2018 年第 31 号、2019 年第 45 号修正）

第一条 为进一步优化纳税服务，简化办税流程，方便货物运输业小规模纳税人代开增值税专用发票，根据《中华人民共和国税收征收管理法》及其实施细则、《中华人民共和国发票管理办法》及其实施细则等规定，制定本办法。

第二条 同时具备以下条件的增值税纳税人（以下简称纳税人）适用本办法：

（一）在中华人民共和国境内（以下简称境内）提供公路或内河货物运输服务，并办理了税务登记（包括临时税务登记）。

（二）提供公路货物运输服务的（以 4.5 吨及以下普通货运车辆从事普通道路货物运输经营的除外），取得《中华人民共和国道路运输经营许可证》和《中华人民共和国道路运输证》；提供内河货物运输服务的，取得《国内水路运输经营许可证》和《船舶营业运输证》。

（三）在税务登记地主管税务机关按增值税小规模纳税人管理。

第三条 纳税人在境内提供公路或内河货物运输服务，需要开具增值税专用发票的，可在税务登记地、货物起运地、货物到达地或运输业务承揽地（含互联网物流平台所在地）中任何一地，就近向税务机关（以下称代开单位）申请代开增值税专用发票。

第四条 纳税人应将营运资质和营运机动车、船舶信息向主管税务机关进行备案。

第五条 完成上述备案后，纳税人可向代开单位申请代开增值税专用发票，并向代开单位提供以下资料：

（一）《货物运输业代开增值税专用发票缴纳税款申报单》（以下简称《申报单》，见附件）。

（二）加载统一社会信用代码的营业执照（或税务登记证或组织机构代码证）复印件。

（三）经办人身份证件及复印件。

第六条 纳税人申请代开增值税专用发票时，应按机动车号牌或船舶登记号码分别填写《申报单》，挂车应单独填写《申报单》。《申报单》中填写的运输工具相关信息，必须与其向主管税务机关备案的信息一致。

第七条 纳税人对申请代开增值税专用发票时提交资料的真实性和合法性承担责任。

第八条 代开单位对纳税人提交资料的完整性和一致性进行核对。资料不符合要求的，应一次性告知纳税人补正资料；符合要求的，按规定代开增值税专用发票。

第九条 纳税人申请代开增值税专用发票时，应按照所代开增值税专用发票上注明的税额向代开单位全额缴纳增值税。

第十条　纳税人代开专用发票后，如发生服务中止、折让、开票有误等情形，需要作废增值税专用发票、开具增值税红字专用发票、重新代开增值税专用发票、办理退税等事宜的，应由原代开单位按照现行规定予以受理。

第十一条　纳税人在非税务登记地申请代开增值税专用发票，不改变主管税务机关对其实施税收管理。

第十二条　纳税人应按照主管税务机关核定的纳税期限，按期计算增值税应纳税额，抵减其申请代开增值税专用发票缴纳的增值税后，向主管税务机关申报缴纳增值税。

第十三条　纳税人代开增值税专用发票对应的销售额，一并计入该纳税人月（季、年）度销售额，作为主管税务机关对其实施税收管理的标准和依据。

第十四条　增值税发票管理新系统定期将纳税人异地代开发票、税款缴纳等数据信息清分至主管税务机关。主管税务机关应加强数据比对分析，对纳税人申请代开增值税专用发票金额明显超出其实际运输能力的，主管税务机关可暂停其在非税务登记地代开增值税专用发票并及时约谈纳税人。经约谈排除疑点的，纳税人可继续在非税务登记地申请代开增值税专用发票。

第十五条　各省、自治区、直辖市和计划单列市税务局可根据本办法制定具体实施办法。

第十六条　本办法未明确事项，按现行增值税专用发票使用规定及税务机关代开增值税专用发票有关规定执行。

第十七条　本办法自 2018 年 1 月 1 日起施行。《国家税务总局关于在全国开展营业税改征增值税试点有关征收管理问题的公告》（国家税务总局公告 2013 年第 39 号）第一条第（一）项和附件 1 同时废止。

（二）政策解读

近期，国家税务总局接到各方反映的一些增值税征管问题。为统一执行口径，便于纳税人操作，国家税务总局发布了《国家税务总局关于取消增值税扣税凭证认证确认期限等增值税征管问题的公告》（以下称《公告》），对相关问题进行了明确。现就《公告》的主要内容解读如下：

1. 取消增值税扣税凭证的认证确认等期限

增值税一般纳税人取得的 2017 年 1 月 1 日及以后开具的增值税专用发票、海关进口增值税专用缴款书、机动车销售统一发票、收费公路通行费增值税电子普通发票，不再需要在 360 日内认证确认等，已经超期的，也可以自 2020 年 3 月 1 日后，通过本省（自治区、直辖市和计划单列市）增值税发票综合服务平台进行用途确认。

增值税一般纳税人取得的 2016 年 12 月 31 日及以前开具的增值税专用发票、海关进口增值税专用缴款书、机动车销售统一发票，超过认证确认等期限，但符合相关条件的，仍可按照《国家税务总局关于逾期增值税扣税凭证抵扣问题的公告》（2011 年第 50 号，国家税务总局公告 2017 年第 36 号、2018 年第 31 号修改）、《国家税务总局关于未按期申报抵扣增值税扣税凭证有关问题的公告》（2011 年第 78 号，国家税务总局公告 2018 年第 31 号修改）规定，继续抵扣其进项税额。

2. 即征即退、留抵退税政策中纳税信用级别的适用

（1）纳税人享受增值税即征即退政策，需要符合纳税信用级别条件的，以纳税人申请退税税款所属期的纳税信用级别确定。申请退税税款所属期内纳税信用级别发生变化的，以变化后的纳税信用级别确定。

例如：2020年4月，某纳税人纳税信用级别被评定为D级，而此前该纳税人纳税信用级别为A级。2020年6月，纳税人向税务机关提出即征即退申请，申请退还2019年12月至2020年5月间（6个月）资源综合利用项目的应退税款。按照规定，如纳税人符合其他相关条件，税务机关应为其办理2019年12月至2020年3月所属期的退税，而2020年4月至5月所属期对应的税款，不应给予退还。

（2）纳税人申请增值税留抵退税，判断其是否符合纳税信用级别为A级或者B级的条件，以纳税人向主管税务机关申请退税提交《退（抵）税申请表》时的纳税信用级别确定。

例如：2020年4月，某纳税人纳税信用级别被评定为B级，而此前该纳税人纳税信用级别为M级。2020年5月，该纳税人向主管税务机关申请留抵退税并提交《退（抵）税申请表》时，已满足纳税信用级别为A级或者B级的条件，因此，如纳税人符合其他留抵退税条件，税务机关应按规定为其办理留抵退税。

3. 留抵退税额中"进项构成比例"的计算

《财政部　税务总局　海关总署关于深化增值税改革有关政策的公告》（2019年第39号）和《财政部　税务总局关于明确部分先进制造业增值税期末留抵退税政策的公告》（2019年第84号）规定的"进项构成比例"，为2019年4月至申请退税前一税款所属期内已抵扣的增值税专用发票、机动车销售统一发票、海关进口增值税专用缴款书、解缴税款完税凭证注明的增值税额占同期全部已抵扣进项税额的比重。

《公告》明确，在计算允许退还的增量留抵税额的"进项构成比例"时，无须就纳税人在2019年4月至申请退税前一税款所属期内按规定转出的进项税额部分进行调整。

4. 跨境建筑服务分包款收入适用"视同从境外取得收入"规定的问题

《国家税务总局关于发布〈营业税改征增值税跨境应税行为增值税免税管理办法（试行）〉的公告》（2016年第29号，国家税务总局公告2018年第31号修改）规定，工程分包方为施工地点在境外的工程项目提供建筑服务，属于工程项目在境外的建筑服务。按照建筑工程总分包模式的经营特点，可能出现由境内工程总承包方统一从境外取得境外工程项目款，再由总承包方向分包方支付分包款的情况。鉴于这一结算方式不改变境内分包方收入来源的本质，因此，《公告》明确，境内的单位和个人作为工程分包方，为施工地点在境外的工程项目提供的建筑服务，从境内的工程总承包方取得的分包款收入，属于"视同从境外取得收入"，可按现行规定适用跨境服务免征增值税政策。

5. 动物诊疗机构提供动物诊疗服务免税政策的适用

《营业税改征增值税试点过渡政策的规定》（财税〔2016〕36 号附件 3）中规定，"家禽、牲畜、水生动物的配种和疾病防治"，属于免征增值税范围。《公告》明确，符合规定的动物诊疗机构提供的动物疾病预防、诊断、治疗和动物绝育手术等动物诊疗服务，属于上述免税范围；除此之外，动物诊疗机构销售动物食品和用品，提供动物清洁、美容、代理看护等业务，应按规定缴纳增值税。

6. 修改《货物运输业小规模纳税人申请代开增值税专用发票管理办法》相关内容

《货物运输业小规模纳税人申请代开增值税专用发票管理办法》（2017 年第 55 号发布，国家税务总局公告 2018 年第 31 号修改，以下简称 55 号公告）规定，向税务机关申请代开增值税专用发票的货物运输业小规模纳税人，需要符合"办理了工商登记和税务登记"等条件。为更加便利地满足货物运输业小规模纳税人代开增值税发票的需求，《公告》修改了 55 号公告规定的代开条件，明确在境内提供公路或内河货物运输服务并办理了税务登记（包括临时税务登记）的纳税人，可以按规定向税务机关申请代开增值税专用发票，其他条件未发生变化，并重新发布了《货物运输业小规模纳税人申请代开增值税专用发票管理办法》。

7. 财政补贴收入是否缴纳增值税

《中华人民共和国增值税暂行条例》第六条明确"销售额为纳税人销售货物或者应税劳务向购买方收取的全部价款和价外费用"，由于中央财政补贴不属于向"购买方收取"，《国家税务总局关于中央财政补贴增值税有关问题的公告》（2013 年第 3 号）明确"纳税人取得的中央财政补贴，不属于增值税应税收入，不征收增值税"。

2017 年底，《国务院关于废止〈中华人民共和国营业税暂行条例〉和修改〈中华人民共和国增值税暂行条例〉的决定》（国务院令第 691 号）对《中华人民共和国增值税暂行条例》进行了修改，将第六条修改为"销售额为纳税人发生应税销售行为收取的全部价款和价外费用"。因此，纳税人取得的财政补贴收入，与其销售货物、劳务、服务、无形资产、不动产的收入或者数量直接挂钩的，应按规定计算缴纳增值税。纳税人取得的其他情形的财政补贴收入，不属于增值税应税收入，不征收增值税。

第二节 企业所得税优惠政策解读

一、小型微利企业普惠性所得税减免政策

（一）总局普惠性所得税减免政策公告

根据《国家税务总局关于实施小型微利企业普惠性所得税减免政策有关问题的公告》（国家税务总局公告 2019 年第 2 号）的规定，根据《中华人民共和国企业所

得税法》及其实施条例、《财政部 税务总局关于实施小微企业普惠性税收减免政策的通知》（财税〔2019〕13号，以下简称《通知》）等规定，现就小型微利企业普惠性所得税减免政策有关问题公告如下：

1. 自2019年1月1日至2021年12月31日，小型微利企业年应纳税所得额不超过100万元的部分，减按25%计入应纳税所得额，按20%的税率缴纳企业所得税；年应纳税所得额超过100万元但不超过300万元的部分，减按50%计入应纳税所得额，按20%的税率缴纳企业所得税。

小型微利企业无论按查账征收方式或核定征收方式缴纳企业所得税，均可享受上述优惠政策。

2. 本公告所称小型微利企业是指从事国家非限制和禁止行业，且同时符合年度应纳税所得额不超过300万元、从业人数不超过300人、资产总额不超过5 000万元等三个条件的企业。

3. 小型微利企业所得税统一实行按季度预缴。

预缴企业所得税时，小型微利企业的资产总额、从业人数、年度应纳税所得额指标，暂按当年度截至本期申报所属期末的情况进行判断。其中，资产总额、从业人数指标比照《通知》第二条中"全年季度平均值"的计算公式，计算截至本期申报所属期末的季度平均值；年度应纳税所得额指标暂按截至本期申报所属期末不超过300万元的标准判断。

4. 原不符合小型微利企业条件的企业，在年度中间预缴企业所得税时，按本公告第三条规定判断符合小型微利企业条件的，应按照截至本期申报所属期末累计情况计算享受小型微利企业所得税减免政策。当年度此前期间因不符合小型微利企业条件而多预缴的企业所得税税款，可在以后季度应预缴的企业所得税税款中抵减。

按月度预缴企业所得税的企业，在当年度4月、7月、10月预缴申报时，如果按照本公告第三条规定判断符合小型微利企业条件的，下一个预缴申报期起调整为按季度预缴申报，一经调整，当年度内不再变更。

5. 小型微利企业在预缴和汇算清缴企业所得税时，通过填写纳税申报表相关内容，即可享受小型微利企业所得税减免政策。

6. 实行核定应纳所得税额征收的企业，根据小型微利企业所得税减免政策规定需要调减定额的，由主管税务机关按照程序调整，并及时将调整情况告知企业。

7. 企业预缴企业所得税时已享受小型微利企业所得税减免政策，汇算清缴企业所得税时不符合《通知》第二条规定的，应当按照规定补缴企业所得税税款。

8. 《国家税务总局关于贯彻落实进一步扩大小型微利企业所得税优惠政策范围有关征管问题的公告》（国家税务总局公告2018年第40号）在2018年度企业所得税汇算清缴结束后废止。

（二）总局普惠性所得税减免政策公告解读

为落实好小型微利企业普惠性所得税减免政策，税务总局发布了《关于实施小型微利企业普惠性所得税减免政策有关问题的公告》（以下简称《公告》）。现解读如下：

1. 制定《公告》的背景

为了贯彻习近平总书记关于减税降费工作的重要指示精神，落实党中央、国务院关于支持小微企业发展的决策部署，近日，财政部、税务总局发布《关于实施小微企业普惠性税收减免政策的通知》（财税〔2019〕13 号，以下简称《通知》），进一步加大企业所得税优惠力度，放宽小型微利企业标准。《通知》规定，自 2019 年 1 月 1 日至 2021 年 12 月 31 日，从事国家非限制和禁止行业，且同时符合年度应纳税所得额不超过 300 万元、从业人数不超过 300 人、资产总额不超过 5 000 万元等三个条件的企业，对其年应纳税所得额不超过 100 万元的部分，减按 25% 计入应纳税所得额，按 20% 的税率缴纳企业所得税；对年应纳税所得额超过 100 万元但不超过 300 万元的部分，减按 50% 计入应纳税所得额，按 20% 的税率缴纳企业所得税。为确保广大企业能够及时、准确享受上述政策，税务总局制定了《公告》。

2.《公告》的主要内容

（1）明确小型微利企业普惠性所得税减免政策的适用范围

为了确保小型微利企业应享尽享普惠性所得税减免政策，《公告》明确了无论企业所得税实行查账征收方式还是核定征收方式的企业，只要符合条件，均可以享受小型微利企业普惠性所得税减免政策。

（2）明确预缴企业所得税时小型微利企业的判断方法

从 2019 年度开始，在预缴企业所得税时，企业可直接按当年度截至本期末的资产总额、从业人数、应纳税所得额等情况判断是否为小型微利企业。与此前需要结合企业上一个纳税年度是否为小型微利企业的情况进行判断相比，方法更简单、确定性更强。

具体判断方法为：资产总额、从业人数指标比照《通知》第二条规定中"全年季度平均值"的计算公式，计算截至本期末的季度平均值；年应纳税所得额指标按截至本期末不超过 300 万元的标准判断。示例如下：

例1　A 企业 2017 年成立，从事国家非限制和禁止行业，2019 年各季度的资产总额、从业人数以及累计应纳税所得额情况如下表所示：

季度	从业人数		资产总额（万元）		应纳税所得额（累计值，万元）
	期初	期末	期初	期末	
第一季度	120	200	2 000	4 000	150
第二季度	400	500	4 000	6 600	200
第三季度	350	200	6 600	7 000	280
第四季度	220	210	7 000	2 500	350

解析：A 企业在预缴 2019 年度企业所得税时，判断是否符合小型微利企业条件的具体过程如下：

指标		第一季度	第二季度	第三季度	第四季度
从业人数	季初	120	400	350	220
	季末	200	500	200	210
	季度平均值	（120＋200）÷2＝160	（400＋500）÷2＝450	（350＋200）÷2＝275	（220＋210）÷2＝215
	截至本期末季度平均值	160	（160＋450）÷2＝305	（160＋450＋275）÷3＝295	（160＋450＋275＋215）÷4＝275
资产总额（万元）	季初	2 000	4 000	6 600	7 000
	季末	4 000	6 600	7 000	2 500
	季度平均值	（2 000＋4 000）÷2＝3 000	（4 000＋6 600）÷2＝5300	（6 600＋7 000）÷2＝6 800	（7 000＋2 500）÷2＝4 750
	截至本期末季度平均值	3 000	（3 000＋5 300）÷2＝4 150	（3 000＋5 300＋6 800）÷3＝5 033.33	（3 000＋5 300＋6 800＋4 750）÷4＝4 962.5
应纳税所得额（累计值，万元）		150	200	280	350
判断结果		符合	不符合（从业人数超标）	不符合（资产总额超标）	不符合（应纳税所得额超标）

例2 B企业2019年5月成立，从事国家非限制和禁止行业，2019年各季度的资产总额、从业人数以及累计应纳税所得额情况如下表所示：

季度	从业人数		资产总额（万元）		应纳税所得额（累计值，万元）
	期初	期末	期初	期末	
第2季度	100	200	1 500	3 000	200
第3季度	260	300	3 000	5 000	350
第4季度	280	330	5 000	6 000	280

解析：B企业在预缴2019年度企业所得税时，判断是否符合小型微利企业条件的具体过程如下：

指标		第二季度	第三季度	第四季度
从业人数	季初	100	260	280
	季末	200	300	330
	季度平均值	（100＋200）÷2＝150	（260＋300）÷2＝280	（280＋330）÷2＝305
	截至本期末季度平均值	150	（150＋280）÷2＝215	（150＋280＋305）÷3＝245
资产总额（万元）	季初	1 500	3 000	5 000
	季末	3 000	5 000	6 000
	季度平均值	（1 500＋3 000）÷2＝2 250	（3 000＋5 000）÷2＝4 000	（5 000＋6 000）÷2＝5 500
	截至本期末季度平均值	2250	（2 250＋4 000）÷2＝3 125	（2 250＋4 000＋5 500）÷3＝3 916.67
应纳税所得额（累计值，万元）		200	350	280
判断结果		符合	不符合（应纳税所得额超标）	符合

（3）明确预缴企业所得税时小型微利企业实际应纳所得税额和减免税额的计算方法

根据《通知》规定，小型微利企业年应纳税所得额不超过 100 万元、超过 100 万元但不超过 300 万元的部分，分别减按 25%、50% 计入应纳税所得额，按 20% 的税率缴纳企业所得税。示例如下：

例 3　C 企业 2019 年第 1 季度预缴企业所得税时，经过判断不符合小型微利企业条件，但是此后的第 2 季度和第 3 季度预缴企业所得税时，经过判断符合小型微利企业条件。第 1 季度至第 3 季度预缴企业所得税时，相应的累计应纳税所得额分别为 50 万元、100 万元、200 万元。

解析：C 企业在预缴 2019 年第 1 季度至第 3 季度企业所得税时，实际应纳所得税额和减免税额的计算过程如下：

计算过程	第一季度	第二季度	第三季度
预缴时，判断是否为小型微利企业	不符合小型微利企业条件	符合小型微利企业条件	符合小型微利企业条件
应纳税所得额（累计值，万元）	50	100	200

（续表）

计算过程	第一季度	第二季度	第三季度
实际应纳所得税额（累计值，万元）	$50 \times 25\%$ $= 12.5$	$100 \times 25\% \times 20\% = 5$	$100 \times 25\% \times 20\% + （200 - 100）$ $\times 50\% \times 20\% = 15$
本期应补（退）所得税额（万元）	12.5	0 （$5 - 12.5 < 0$，本季度应缴税款为0）	$15 - 12.5 = 2.5$
已纳所得税额（累计值，万元）	12.5	$12.5 + 0 = 12.5$	$12.5 + 0 + 2.5 = 15$
减免所得税额（累计值，万元）	$50 \times 25\%$ $- 12.5 = 0$	$100 \times 25\% - 5 = 20$	$200 \times 25\% - 15 = 35$

（4）明确小型微利企业的企业所得税预缴期限

为了推进办税便利化改革，从2016年4月开始，小型微利企业统一实行按季度预缴企业所得税。因此，按月度预缴企业所得税的企业，在年度中间4月、7月、10月的纳税申报期进行预缴申报时，按照规定判断为小型微利企业的，其纳税期限将统一调整为按季度预缴。同时，为了避免年度内频繁调整纳税期限，《公告》规定，一经调整为按季度预缴，当年度内不再变更。

（5）明确实行核定应纳所得税额征收方式的企业也可以享受小型微利企业普惠性所得税减免政策

与实行查账征收方式和实行核定应税所得率征收方式的企业通过填报纳税申报表计算享受税收优惠不同，实行核定应纳所得税额征收方式的企业，由主管税务机关根据小型微利企业普惠性所得税减免政策的条件与企业的情况进行判断，符合条件的，由主管税务机关按照程序调整企业的应纳所得税额。相关调整情况，主管税务机关应当及时告知企业。

3.《公告》执行时间

《公告》是与《通知》相配套的征管办法，执行时间与其一致。

二、企业扶贫捐赠所得税税前扣除政策

（一）基本政策

根据《财政部　税务总局　国务院扶贫办关于企业扶贫捐赠所得税税前扣除政策的公告》（财政部　税务总局　国务院扶贫办公告2019年第49号）的规定，为支持脱贫攻坚，现就企业扶贫捐赠支出的所得税税前扣除政策公告如下：

1. 自2019年1月1日至2022年12月31日，企业通过公益性社会组织或者县级（含县级）以上人民政府及其组成部门和直属机构，用于目标脱贫地区的扶贫捐赠支出，准予在计算企业所得税应纳税所得额时据实扣除。在政策执行期限内，目标脱贫地区实现脱贫的，可继续适用上述政策。

"目标脱贫地区"包括 832 个国家扶贫开发工作重点县、集中连片特困地区县（新疆阿克苏地区 6 县 1 市享受片区政策）和建档立卡贫困村。

2. 企业同时发生扶贫捐赠支出和其他公益性捐赠支出，在计算公益性捐赠支出年度扣除限额时，符合上述条件的扶贫捐赠支出不计算在内。

3. 企业在 2015 年 1 月 1 日至 2018 年 12 月 31 日期间已发生的符合上述条件的扶贫捐赠支出，尚未在计算企业所得税应纳税所得额时扣除的部分，可执行上述企业所得税政策。

（二）政策解读

日前，财政部、税务总局、国务院扶贫办联合发布了《关于企业扶贫捐赠所得税税前扣除政策的公告》（财政部　税务总局　国务院扶贫办公告 2019 年第 49 号，以下简称《公告》），明确了落实企业扶贫捐赠所得税税前扣除政策有关问题。税务总局据此起草了政策宣传问解答：

1. 此次出台的扶贫捐赠所得税政策背景及意义是什么？

党的十九大报告提出坚决打赢脱贫攻坚战，要求动员全党全国全社会力量，坚持精准扶贫，精准脱贫，确保到 2020 年我国现行标准下农村贫困人口实现脱贫，贫困县全部摘帽，解决区域性整体贫困，做到脱真贫、真脱贫。在脱贫攻坚中，一些企业、社会组织积极承担社会责任，通过开展产业扶贫、公益扶贫等方式参与脱贫攻坚。企业对贫困地区进行大额捐赠，按照以往企业所得税政策规定，其捐赠支出在当年未完全扣除的可能需要结转 3 年扣除，有的甚至超过 3 年仍得不到全额扣除。为落实中央精准扶贫精神，切实减轻参与脱贫攻坚企业的税收负担，调动社会力量积极参与脱贫攻坚事业，财政部、税务总局和国务院扶贫办研究出台了扶贫捐赠企业所得税政策，对企业发生的符合条件的扶贫捐赠支出准予税前据实扣除，为打赢脱贫攻坚战提供税收政策支持。

2. 企业在 2019 年度同时发生扶贫捐赠和其他公益性捐赠，如何进行税前扣除处理？

企业所得税法规定，企业发生的公益性捐赠支出准予按年度利润总额的 12% 在税前扣除，超过部分准予结转以后 3 年内扣除。《公告》明确企业发生的符合条件的扶贫捐赠支出准予据实扣除。企业同时发生扶贫捐赠支出和其他公益性捐赠支出时，符合条件的扶贫捐赠支出不计算在公益性捐赠支出的年度扣除限额内。如，企业 2019 年度的利润总额为 100 万元，当年度发生符合条件的扶贫方面的公益性捐赠 15 万元，发生符合条件的教育方面的公益性捐赠 12 万元。则 2019 年度该企业的公益性捐赠支出税前扣除限额为 12 万元（100×12%），教育捐赠支出 12 万元在扣除限额内，可以全额扣除；扶贫捐赠无须考虑税前扣除限额，准予全额税前据实扣除。2019 年度，该企业的公益性捐赠支出共计 27 万元，均可在税前全额扣除。

3. 企业通过哪些途径进行扶贫捐赠可以据实扣除？

考虑到扶贫捐赠的公益性捐赠性质，为与企业所得税法有关公益性捐赠税前扣除的规定相衔接，《公告》明确，企业通过公益性社会组织或者县级（含县级）以上人民政府及其组成部门和直属机构，用于目标脱贫地区的扶贫捐赠支出，准予据实扣除。

4. 如何获知目标脱贫地区的具体名单？

"目标脱贫地区"包括 832 个国家扶贫开发工作重点县、集中连片特困地区县（新疆阿克苏地区 6 县 1 市享受片区政策）和建档立卡贫困村。目标脱贫地区的具体名单由县级以上政府的扶贫工作部门掌握。考虑到建档立卡贫困村数量众多，且实施动态管理，因此《公告》未附"目标脱贫地区"的具体名单，企业如有需要可向当地扶贫工作部门查阅或问询。

5.2020 年目标脱贫地区脱贫后，企业还可以适用扶贫捐赠所得税政策吗？

虽然党中央、国务院关于打赢脱贫攻坚战 3 年行动的时间安排到 2020 年，但为巩固脱贫效果，《公告》将政策执行期限规定到 2022 年，即 2019 年 1 月 1 日至 2022 年 12 月 31 日共四年。并明确，在政策执行期限内，目标脱贫地区实现脱贫后，企业发生的对上述地区的扶贫捐赠支出仍可继续适用该政策。

6. 企业月（季）度预缴申报时能否享受扶贫捐赠支出税前据实扣除政策？

企业所得税法及其实施条例规定，企业分月或分季预缴企业所得税时，原则上应当按照月度或者季度的实际利润额预缴。企业在计算会计利润时，按照会计核算相关规定，扶贫捐赠支出已经全额列支，企业按实际会计利润进行企业所得税预缴申报，扶贫捐赠支出在税收上也实现了全额据实扣除。因此，企业月（季）度预缴申报时就能享受到扶贫捐赠支出所得税前据实扣除政策。

7. 企业 2019 年度汇算清缴申报时如何填报扶贫捐赠支出？

扶贫捐赠支出所得税前据实扣除政策自 2019 年施行。2019 年度汇算清缴开始前，税务总局将统筹做好年度纳税申报表的修订和纳税申报系统升级工作，拟在《捐赠支出及纳税调整明细表》（A105070）表中"全额扣除的公益性捐赠"行次下单独增列一行，作为扶贫捐赠支出据实扣除的填报行次，以方便企业自行申报。

8.2019 年以前企业发生的尚未扣除的扶贫捐赠支出能否适用税前据实扣除政策？

早在 2015 年 11 月底，党中央、国务院就做出了打赢脱贫攻坚战的决策部署，提出广泛动员全社会力量，合力推进脱贫攻坚。因此，《公告》明确，企业在 2015 年 1 月 1 日至 2018 年 12 月 31 日期间，发生的尚未扣除的符合条件的扶贫捐赠支出，也可执行所得税前据实扣除政策。

9. 企业在 2019 年以前发生的尚未扣除的扶贫捐赠支出如何享受税前据实扣除政策？

虽然《公告》规定企业的扶贫捐赠支出所得税前据实扣除政策自 2019 年施行，但考虑到《公告》出台于 2019 年 4 月 2 日，正处于 2018 年度的汇算清缴期。为让企业尽快享受到政策红利，同时减轻企业申报填写负担，企业在 2015 年 1 月 1 日至 2018 年 12 月 31 日期间，发生的尚未全额扣除的符合条件的扶贫捐赠支出，可在 2018 年度汇算清缴时，通过填写年度申报表的《纳税调整项目明细表》（A105000）"六、其他"行次第 4 列"调减金额"，实现全额扣除。

10.2019 年以前，企业发生的包括扶贫捐赠在内的各种公益性捐赠支出，在 2018 年度汇算清缴享受扶贫捐赠的税前据实扣除政策时可如何进行实务处理？

对企业在 2015 年 1 月 1 日至 2018 年 12 月 31 日期间，发生的尚未全额扣除的符合条件的扶贫捐赠支出，以及其他尚在结转扣除期限内公益性捐赠支出，在 2018 年度汇算清缴时，本着有利于纳税人充分享受政策红利的考虑，可以比照如下示例申报扣除。

例 1　某企业 2017 年共发生公益性捐赠支出 90 万元，其中符合条件的扶贫捐赠 50 万元，其他公益性捐赠 40 万元。当年利润总额 400 万元，则 2017 年度公益性捐赠税前扣除限额 48 万元（400×12%），当年税前扣除 48 万，其余 42 万元向 2018 年度结转。

2018 年度，该企业共发生公益性捐赠支出 120 万元，其中符合条件的扶贫捐赠 50 万元，其他公益性捐赠 70 万元。当年利润总额 500 万元，则 2018 年度公益性捐赠税前扣除限额 60 万元（500×12%）。

《公告》下发后，该企业在 2018 年度汇算清缴申报时，2017 年度结转到 2018 年度扣除的 42 万元公益性捐赠支出，在 2018 年度的公益性捐赠扣除限额 60 万元内，可以扣除，填写在《捐赠支出及纳税调整明细表》（A105070）"纳税调减金额"栏次 42 万元；2018 年的公益性捐赠税前扣除限额还有 18 万元，则 2018 年发生公益性捐赠 120 万元中有 102 万元不能税前扣除金额，填写在《捐赠支出及纳税调整明细表》（A105070）"纳税调增金额"栏次 102 万元。

按照《公告》规定，2017 年、2018 年发生的符合条件的扶贫捐赠支出，未在计算企业所得税应纳税所得额时扣除的部分，可在 2018 年度汇算清缴时全额税前扣除。因此，2018 年度的纳税调增金额 102 万元和纳税调减金额 42 万元需综合分析，将其中属于 2017 年和 2018 年发生的符合条件的扶贫捐赠支出而尚未得到全额扣除的部分，应通过填写年度申报表的《纳税调整项目明细表》（A105000）"六、其他"行次第 4 列"调减金额"，实现全额扣除。具体分析如下：

本着有利于纳税人充分享受政策红利的考虑，对于 2017 年度的其他公益性捐赠 40 万元，由于在当年限额扣除范围内，可在 2017 年度税前全额扣除，限额范围内的 8 万元可作为扶贫捐赠扣除，则 2017 年度尚有 42 万元的扶贫捐赠支出未全额税前扣除需结转到 2018 年。对于 2018 年发生的其他公益性捐赠 70 万元，有 60 万元在扣除限额内，超过扣除限额的 10 万元需结转以后年度扣除，而 2018 年发生的扶贫捐赠 50 万元未得到全额扣除。因此 2017 年度和 2018 年度共有 92 万元的扶贫捐赠支出尚未得到全额扣除，需填写年度申报表的《纳税调整项目明细表》（A105000）"六、其他"行次第 4 列"调减金额"栏次 92 万元，实现全额扣除。

例 2　某企业 2015 年发生扶贫捐赠 100 万元，其他公益性捐赠 50 万元，当年利润总额 1 000 万元。公益性捐赠税前扣除限额 120 万元（1 000×12%），当年税前扣除 120 万元。2016 年度、2017 年度、2018 年度该企业均未发生公益性捐赠支出。由于《财政部　税务总局关于公益性捐赠支出企业所得税税前结转扣除有关政策的通知》（财税〔2018〕15 号）规定，对 2016 年 9 月 1 日以后发生的公益性捐赠支出才准予结转以后三年内扣除，所以 2015 年度发生的公益性捐赠支出，超过税前扣除限额的扶贫捐赠支出 30 万元，无法在 2015 年度税前扣除，2016 年度、2017 年度申报时均无法税前扣除。

《公告》下发后，该企业在 2018 年度汇算清缴时，2015 年度的其他公益性捐赠 50 万元，由于在 2015 年度的扣除限额范围内，可在 2015 年度税前全额扣除，扣除限额范围内的其余 70 万元可作为扶贫捐赠扣除，则 2015 年度尚有 30 万元的扶贫捐赠支出未全额税前扣除。此项金额，通过填写 2018 年度申报表的《纳税调整项目明细表》（A105000）"其他"行次第 4 列"调减金额"30 万元，实现全额扣除。

11. 企业进行扶贫捐赠后在取得捐赠票据方面应注意什么？

根据《公益事业捐赠票据使用管理暂行办法》（财综〔2010〕112 号）规定，各级人民政府及其部门、公益性事业单位、公益性社会团体及其他公益性组织，依法接受并用于公益性事业的捐赠财物时，应当向提供捐赠的法人和其他组织开具凭证。企业发生对"目标脱贫地区"的捐赠支出时，应及时要求开具方在公益事业捐赠票据中注明目标脱贫地区的具体名称，并妥善保管该票据。

三、修订 2018 年版企业所得税预缴纳税申报表

（一）基本政策

根据《国家税务总局关于修订 2018 年版企业所得税预缴纳税申报表部分表单及填报说明的公告》（国家税务总局公告 2019 年第 23 号）的规定，为贯彻落实从事污染防治的第三方企业减按 15% 税率征收企业所得税、扩大固定资产加速折旧优惠政策适用范围等企业所得税优惠政策，税务总局对《中华人民共和国企业所得税月（季）度预缴纳税申报表（A 类，2018 年版）》《中华人民共和国企业所得税月（季）度预缴和年度纳税申报表（B 类，2018 年版）》的部分表单和填报说明进行了修订。现将有关事项公告如下：

1. 对《免税收入、减计收入、所得减免等优惠明细表》（A201010）、《减免所得税优惠明细表》（A201030）、《中华人民共和国企业所得税月（季）度预缴和年度纳税申报表（B 类，2018 年版）》（B100000）的表单样式和填报说明进行修订。

2. 对《中华人民共和国企业所得税月（季）度预缴纳税申报表（A 类）》（A200000）、《固定资产加速折旧（扣除）优惠明细表》（A201020）填报说明进行修订。

3. 本公告自 2019 年 7 月 1 日起施行。《国家税务总局关于发布〈中华人民共和国企业所得税月（季）度预缴纳税申报表（A 类，2018 年版）〉等报表的公告》（国家税务总局公告 2018 年第 26 号）和《国家税务总局关于修订〈中华人民共和国企业所得税月（季）度预缴纳税申报表（A 类，2018 年版）〉等部分表单样式及填报说明的公告》（国家税务总局公告 2019 年第 3 号）中的上述表单和填报说明同时废止。

（二）政策解读

近日，税务总局发布《国家税务总局关于修订 2018 年版企业所得税预缴纳税申报表部分表单及填报说明的公告》（以下简称《公告》）。现解读如下：

1. 修订背景

按照党中央、国务院减税降费决策部署，2019 年 2 月以来，财政部联合税务总局和相关部门发布了促进实体经济发展、支持实施创新驱动发展战略、支持生态文明建设等方面的多项企业所得税政策。如：从事污染防治的第三方企业减按 15% 的税率

征收企业所得税，扩大固定资产加速折旧优惠政策适用范围、社区家庭服务收入减按90% 计入应纳税所得额等。为了及时、全面落实相关优惠政策，税务总局对《中华人民共和国企业所得税月（季）度预缴纳税申报表（A 类，2018 年版）》《中华人民共和国企业所得税月（季）度预缴和年度纳税申报表（B 类，2018 年版）》的部分表单进行了修订。

2. 修订内容

本次修订共涉及 5 张表单，其中 3 张表单调整表单样式，2 张表单仅修改填报说明。

（1）表样调整情况。

①《免税收入、减计收入、所得减免等优惠明细表》（A201010）

一是简并填报。删除原表第 7 行"（四）符合条件的非营利组织（科技企业孵化器）的收入免征企业所得税"和第 8 行"（五）符合条件的非营利组织（国家大学科技园）的收入免征企业所得税"。表样调整后，符合条件的非营利组织的收入免征企业所得税优惠政策事项，不再划分不同类别，而是一并填入"（三）符合条件的非营利组织的收入免征企业所得税"行次，同时该行次从第 6 行调整至第 8 行。

二是在原表"（二）符合条件的居民企业之间的股息、红利等权益性投资收益免征企业所得税"项目下，增加两个"其中"项内容，分别是"居民企业持有创新企业CDR 取得的股息红利所得免征企业所得税""符合条件的居民企业之间属于股息、红利性质的永续债利息收入免征企业所得税"，作为调整后表样的第 6 行和第 7 行，用于纳税人填报享受居民企业持有创新企业 CDR 取得的股息红利所得征免企业所得税政策和永续债利息收入适用企业所得税法规定的居民企业之间的股息、红利等权益性投资收益免征企业所得税规定政策的税收优惠情况。

三是在原表第 23 行"（四）其他"项目下，增加两项内容，分别是"1. 取得的社区家庭服务收入在计算应纳税所得额时减计收入"和"2. 其他"，作为调整后表样的第 23.1 行和第 23.2 行，用于纳税人填报享受社区家庭服务收入减按 90% 计入应纳税所得额政策的税收优惠情况和申报表未列明的其他减计收入的税收优惠情况。

四是在原表第 33 行"（二）从事国家重点扶持的公共基础设施项目投资经营的所得定期减免企业所得税"项目下，增加 1 个"其中"项内容"其中：从事农村饮水安全工程新建项目投资经营的所得定期减免企业所得税"，用于农村饮水安全工程运营管理单位填报享受从事农村饮水安全工程新建项目投资经营的所得定期减免企业所得税政策的税收优惠情况。

②《减免所得税优惠明细表》（A201030）

在原表第 28 行"二十八、其他"项目下，增加两项内容，分别是"1. 从事污染防治的第三方企业减按 15% 的税率征收企业所得税"和"2. 其他"，作为调整后表样的第 28.1 行和第 28.2 行，用于从事污染防治的第三方企业填报享受减按 15% 的税率征收企业所得税政策的税收优惠情况和其他优惠情况填报。

③《中华人民共和国企业所得税月（季）度预缴和年度纳税申报表（B 类，2018年版）》（B100000）

一是在原表"符合条件的居民企业之间的股息、红利等权益性投资收益免征企业所得税"项目下，增加两个"其中"项内容，分别是"居民企业持有创新企业 CDR 取得的股息红利所得免征企业所得税""符合条件的居民企业之间属于股息、红利性质的永续债利息收入免征企业所得税",作为调整后表样的第 8 行和第 9 行,用于纳税人填报享受居民企业持有创新企业 CDR 取得的股息红利所得免征企业所得税政策和永续债利息收入适用企业所得税法规定的居民企业之间的股息、红利等权益性投资收益免征企业所得税规定政策的税收优惠情况。

二是将原表第 8 行至第 17 行顺延调整为第 10 行至第 19 行。

三是为了满足纳税人填报享受民族自治地方的自治机关对本民族自治地方的企业应缴纳的企业所得税中属于地方分享的部分减征或免征政策的税收优惠情况,增加第 20 行"民族自治地方的自治机关对本民族自治地方的企业应缴纳的企业所得税中属于地方分享的部分减征或免征"。

四是为了满足纳税人计算当期实际应补(退)所得税额的需要,增加第 21 行"本期实际应补(退)所得税额"。

(2)填报说明调整情况。

一是以上表样需要调整的行次,对其相应的填报说明进行了修改。

二是为落实扩大固定资产加速折旧优惠政策适用范围政策,由于不涉及表单样式调整,仅对《固定资产加速折旧(扣除)优惠明细表》(A201020)的填报说明进行修改,增补最新文件依据,明确相关填报要求。

三是调整《中华人民共和国企业所得税月(季)度预缴纳税申报表(A 类)》(A200000)第 4 行"特定业务计算的应纳税所得额"填报口径。

四是 2019 年发布的经营性文化事业单位转制为企业的免征企业所得税、取得铁路债券利息收入减半征收企业所得税、集成电路设计和软件企业减免企业所得税等延续或新出台税收优惠政策,由于不涉及表样调整,仅对上述政策涉及表单相应行次的填报说明进行修改。

3. **实施时间**

《公告》自 2019 年 7 月 1 日起施行。实行按月预缴的居民企业,从 2019 年 6 月份申报所属期开始使用修订后的纳税申报表;实行按季预缴的居民企业,从 2019 年第二季度申报所属期开始使用修订后的纳税申报表。

四、跨境电子商务综合试验区零售出口企业所得税核定征收

(一)基本政策

根据《国家税务总局关于跨境电子商务综合试验区零售出口企业所得税核定征收有关问题的公告》(国家税务总局公告 2019 年第 36 号)的规定,为支持跨境电子商务健康发展,推动外贸模式创新,有效配合《财政部 税务总局 商务部 海关总署关于跨境电子商务综合试验区零售出口货物税收政策的通知》(财税〔2018〕103 号)落实工作,现就跨境电子商务综合试验区(以下简称"综试区")内的跨境电子商务零售出口企业(以下简称"跨境电商企业")核定征收企业所得税有关问题公告如下:

1. 综试区内的跨境电商企业,同时符合下列条件的,试行核定征收企业所得税办法。

（1）在综试区注册，并在注册地跨境电子商务线上综合服务平台登记出口货物日期、名称、计量单位、数量、单价、金额的。

（2）出口货物通过综试区所在地海关办理电子商务出口申报手续的。

（3）出口货物未取得有效进货凭证，其增值税、消费税享受免税政策的。

2. 综试区内核定征收的跨境电商企业应准确核算收入总额，并采用应税所得率方式核定征收企业所得税。应税所得率统一按照 4% 确定。

3. 税务机关应按照有关规定，及时完成综试区跨境电商企业核定征收企业所得税的鉴定工作。

4. 综试区内实行核定征收的跨境电商企业符合小型微利企业优惠政策条件的，可享受小型微利企业所得税优惠政策；其取得的收入属于《中华人民共和国企业所得税法》第二十六条规定的免税收入的，可享受免税收入优惠政策。

5. 本公告所称综试区，是指经国务院批准的跨境电子商务综合试验区；本公告所称跨境电商企业，是指自建跨境电子商务销售平台或利用第三方跨境电子商务平台开展电子商务出口的企业。

6. 本公告自 2020 年 1 月 1 日起施行。

（二）政策解读

近日，税务总局发布《关于跨境电子商务综合试验区零售出口企业所得税核定征收有关问题的公告》（以下简称《公告》）。现解读如下：

1. 有关背景

2018 年 9 月，财政部、税务总局、商务部、海关总署联合发布了《关于跨境电子商务综合试验区零售出口货物税收政策的通知》（财税〔2018〕103 号），对跨境电子商务综合试验区（以下简称"综试区"）内的跨境电子商务零售出口企业（以下简称"跨境电商企业"）未取得有效进货凭证的货物，凡符合规定条件的，出口免征增值税和消费税（以下简称"无票免税"政策）。为支持跨境电商新业态发展，推动外贸模式创新，配合落实"无票免税"政策，国务院常务会议决定，出台更加便利企业的所得税核定征收办法。因此，税务总局制发《公告》，进一步明确跨境电商企业所得税核定征收有关问题，促进跨境电商企业更好开展出口业务。

2. 主要内容

《公告》从核定征收范围、条件、方式、程序、优惠政策等方面对综试区内跨境电商企业核定征收企业所得税相关事项进行了规定，旨在为综试区内跨境电商企业提供更为便利的操作办法。

（1）核定征收范围。

为配合落实好"无票免税"政策，跨境电商企业是指符合财税〔2018〕103 号文件规定的企业，即自建跨境电子商务销售平台或利用第三方跨境电子商务平台开展电子商务出口的企业。

（2）核定征收条件。

跨境电商企业通过商务平台出口货物，是近几年发展的新业态。为鼓励跨境电商发展，针对跨境电商企业出口货物无法取得进货发票的实际情况，财政部、商务部、海关总署和税务总局联合发布了财税〔2018〕103 号文件，跨境电商企业符合规定条件，可以试行"无票免税"政策。这些企业符合本公告规定的，企业所得税可以试行采取核定方式征收。

（3）核定征收方式。

由于跨境电商企业可以准确核算收入，为简化纳税人和税务机关操作，综试区内核定征收的跨境电商企业统一采用核定应税所得率方式核定征收企业所得税。同时，考虑到跨境电商企业出口货物的采购、销售，主要是通过电子商务平台进行的，不同地区之间差异较小，为进一步减轻企业负担，促进出口业务发展，综试区核定征收的跨境电商企业的应税所得率按照《国家税务总局关于印发〈企业所得税核定征收办法〉（试行）的通知》（国税发〔2008〕30 号，国家税务总局公告 2018 年第 31 号修改）中批发和零售贸易业最低应税所得率确定，即统一按照 4% 执行。

（4）核定征收程序。

综试区内跨境电商企业和税务机关均应按照有关规定办理核定征收相关业务。税务机关应及时完成综试区跨境电商企业核定征收鉴定工作，跨境电商企业应按时申报纳税。

（5）优惠政策。

综试区内核定征收的跨境电商企业，主要可以享受以下两类优惠政策：

一是符合《财政部　税务总局关于实施小微企业普惠性税收减免政策的通知》（财税〔2019〕13 号）规定的小型微利企业优惠政策条件的，可享受小型微利企业所得税优惠政策。上述规定如有变化，从其规定。

二是取得的收入属于《中华人民共和国企业所得税法》第二十六条规定的免税收入的，可享受相关免税收入优惠政策。

3. 实施时间

《公告》自 2020 年 1 月 1 日起实施。

第三节　个人所得税优惠政策解读

一、粤港澳大湾区个人所得税优惠政策

（一）基本政策

根据《财政部　税务总局关于粤港澳大湾区个人所得税优惠政策的通知》（财税〔2019〕31 号）的规定，为支持粤港澳大湾区建设，现就大湾区有关个人所得税优惠政策通知如下：

1. 广东省、深圳市按内地与香港个人所得税税负差额，对在大湾区工作的境外（含

港澳台，下同）高端人才和紧缺人才给予补贴，该补贴免征个人所得税。

2. 在大湾区工作的境外高端人才和紧缺人才的认定和补贴办法，按照广东省、深圳市的有关规定执行。

3. 本通知适用范围包括广东省广州市、深圳市、珠海市、佛山市、惠州市、东莞市、中山市、江门市和肇庆市等大湾区珠三角九市。

4. 本通知自 2019 年 1 月 1 日起至 2023 年 12 月 31 日止执行。《财政部 国家税务总局关于广东横琴新区个人所得税优惠政策的通知》（财税〔2014〕23 号）、《财政部 国家税务总局关于深圳前海深港现代服务业合作区个人所得税优惠政策的通知》（财税〔2014〕25 号）自 2019 年 1 月 1 日起废止。

（二）政策解读

日前，财政部、税务总局联合印发《财政部 税务总局关于粤港澳大湾区个人所得税优惠政策的通知》（财税〔2019〕31 号，以下简称《通知》）。财政部税政司、税务总局所得税司负责人就《通知》有关问题回答了记者的提问。

1. **出台粤港澳大湾区个人所得税优惠政策的背景和重要意义是什么？**

解答：推进粤港澳大湾区建设，是以习近平同志为核心的党中央作出的重大决策，是推动"一国两制"事业发展的新实践。按照中共中央、国务院印发的《粤港澳大湾区发展规划纲要》，粤港澳大湾区不仅要建成充满活力的世界级城市群、国际科技创新中心、"一带一路"建设的重要支撑、内地与港澳深度合作示范区，还要打造成宜居宜业宜游的优质生活圈，成为高质量发展的典范。

为支持粤港澳大湾区建设，吸引境外（含港澳台）高端人才和紧缺人才来大湾区工作，按照党中央、国务院的统一部署，财政部、税务总局制定出台了粤港澳大湾区个人所得税优惠政策，对在大湾区工作的境外（含港澳台）高端人才和紧缺人才，按内地与香港个人所得税税负差额给予补贴，并对补贴免征个人所得税。这一政策的出台，使得在大湾区工作的境外人才实际的税负水平明显降低，对大湾区广聚英才将起到积极的引导和推动作用。

2. **境外（含港澳台）高端人才和紧缺人才是如何认定的？**

解答：目前，国际上和我国对于"人才"并无统一适用的判定标准，不同地区、不同行业对于"人才"的需求和界定也各不相同。为了更好地满足大湾区的实际需要，《通知》规定，在大湾区工作的境外高端人才和紧缺人才的认定办法，按照广东省、深圳市的有关规定执行，即由广东省、深圳市确定境外高端人才和紧缺人才的认定办法。这样使优惠政策与地方的实际需求相吻合，更好地发挥政策的激励效果。

3. **广东横琴、深圳前海原有的个人所得税优惠政策文件为何废止？**

解答：自 2013 年起，已在广东横琴、深圳前海，以及福建平潭实施了港澳台居民、境外高端人才个人所得税税负差额补贴政策。广东横琴、深圳前海属于粤港澳大湾区的范围，此次出台的大湾区个人所得税优惠政策实施后，将覆盖横琴、前海两地的已有政策，因此，广东横琴、深圳前海原有的两项个人所得税优惠政策文件自新政策实施之日起废止。

二、在中国境内无住所的个人居住时间判定标准

（一）基本政策

根据《财政部　税务总局关于在中国境内无住所的个人居住时间判定标准的公告》（财政部　税务总局公告 2019 年第 34 号）的规定，为贯彻落实修改后的《中华人民共和国个人所得税法》和《中华人民共和国个人所得税法实施条例》，现将在中国境内无住所的个人（以下称无住所个人）居住时间的判定标准公告如下：

1. 无住所个人一个纳税年度在中国境内累计居住满 183 天的，如果此前 6 年在中国境内每年累计居住天数都满 183 天而且没有任何一年单次离境超过 30 天，该纳税年度来源于中国境内、境外所得应当缴纳个人所得税；如果此前 6 年的任一年在中国境内累计居住天数不满 183 天或者单次离境超过 30 天，该纳税年度来源于中国境外且由境外单位或者个人支付的所得，免予缴纳个人所得税。

前款所称此前 6 年，是指该纳税年度的前 1 年至前 6 年的连续 6 个年度，此前 6 年的起始年度自 2019 年（含）以后年度开始计算。

2. 无住所个人一个纳税年度内在中国境内累计居住天数，按照个人在中国境内累计停留的天数计算。在中国境内停留的当天满 24 小时的，计入中国境内居住天数，在中国境内停留的当天不足 24 小时的，不计入中国境内居住天数。

3. 本公告自 2019 年 1 月 1 日起施行。

（二）政策解读

日前，财政部、税务总局联合印发《财政部　税务总局关于在中国境内无住所的个人居住时间判定标准的公告》（财政部　税务总局公告 2019 年第 34 号，以下简称《公告》）。财政部税政司、税务总局所得税司、税务总局国际税务司负责人就《公告》有关问题回答了记者的提问。

1. 《公告》实施后，境外人士享受境外所得免税优惠的条件有什么变化？

解答：新的个人所得税法将居民个人的时间判定标准由境内居住满 1 年调整为满 183 天，为了吸引外资和鼓励外籍人员来华工作，促进对外交流，新的个人所得税法实施条例继续保留了原条例对境外支付的境外所得免予征税优惠制度安排，并进一步放宽了免税条件：

一是将免税条件由构成居民纳税人不满 5 年，放宽到连续不满 6 年。

二是在任一年度中，只要有一次离境超过 30 天的，就重新计算连续居住年限。

三是将管理方式由主管税务机关批准改为备案，简化了流程，方便了纳税人。

《公告》还明确：在境内停留的当天不足 24 小时的，不计入境内居住天数；连续居住"满六年"的年限从 2019 年 1 月 1 日起计算，2019 年之前的年限不再纳入计算范围。

这样一来，在境内工作的境外人士（包括港澳台居民）的境外所得免税条件比原来就更为宽松了。

2. 境外人士（包括港澳台居民）在境内居住的天数如何计算？

解答：按照《公告》规定，在中国境内停留的当天满 24 小时的，计入境内居住天

数；不足 24 小时的，不计入境内居住天数。

举例来说，李先生为中国香港居民，在深圳工作，每周一早上来深圳上班，周五晚上回中国香港。周一和周五当天停留都不足 24 小时，因此不计入境内居住天数，再加上周六、周日 2 天也不计入，这样，每周可计入的天数仅为 3 天，按全年 52 周计算，李先生全年在境内居住天数为 156 天，未超过 183 天，不构成居民个人，李先生取得的全部境外所得，就可免缴个人所得税。

3. 境外人士（包括港澳台居民）在境内连续居住"满六年"，从哪一年开始起算？

解答：按照《公告》规定，在境内居住累计满 183 天的年度连续"满六年"的起点，是自 2019 年（含）以后年度开始计算，2018 年（含）之前已经居住的年度一律"清零"，不计算在内。按此规定，2024 年（含）之前，所有无住所个人在境内居住年限都不满 6 年，其取得境外支付的境外所得都能享受免税优惠。此外，自 2019 年起任一年度如果有单次离境超过 30 天的情形，此前连续年限"清零"，重新计算。

举例来说，张先生为中国香港居民，2013 年 1 月 1 日来深圳工作，2026 年 8 月 30 日回到中国香港工作，在此期间，除 2025 年 2 月 1 日至 3 月 15 日临时回中国香港处理公务外，其余时间一直停留在深圳。

张先生在境内居住累计满 183 天的年度，如果从 2013 年开始计算，实际上已经满六年，但是由于 2018 年之前的年限一律"清零"，自 2019 年开始计算，因此，2019 年至 2024 年期间，张先生在境内居住累计满 183 天的年度连续不满六年，其取得的境外支付的境外所得，就可免缴个人所得税。

2025 年，张先生在境内居住满 183 天，且从 2019 年开始计算，他在境内居住累计满 183 天的年度已经连续满 6 年（2019 年至 2024 年），且没有单次离境超过 30 天的情形，2025 年，张先生应就在境内和境外取得的所得缴纳个人所得税。

2026 年，由于张先生 2025 年有单次离境超过 30 天的情形（2025 年 2 月 1 日至 3 月 15 日），其在内地居住累计满 183 天的连续年限清零，重新起算，2026 年当年张先生取得的境外支付的境外所得，可以免缴个人所得税。

三、调整中国税收居民身份证明

（一）基本政策

根据《国家税务总局关于调整〈中国税收居民身份证明〉有关事项的公告》（国家税务总局公告 2019 年第 17 号）的规定，根据《中华人民共和国个人所得税法》及其实施条例等相关法律法规，为配合个人所得税改革，国家税务总局决定调整《中国税收居民身份证明》（以下简称《税收居民证明》）开具部分事项。现就有关事项公告如下：

1. 申请人应向主管其所得税的县税务局（以下称主管税务机关）申请开具《税收居民证明》。中国居民企业的境内、境外分支机构应由其中国总机构向总机构主管税务机关申请。合伙企业应当以其中国居民合伙人作为申请人，向中国居民合伙人主管税务机关申请。

2. 申请人申请开具《税收居民证明》应向主管税务机关提交以下资料：

（1）《中国税收居民身份证明》申请表。

（2）与拟享受税收协定待遇收入有关的合同、协议、董事会或者股东会决议、相关支付凭证等证明资料。

（3）申请人为个人且在中国境内有住所的，提供因户籍、家庭、经济利益关系而在中国境内习惯性居住的证明材料，包括申请人身份信息、住所情况说明等资料。

（4）申请人为个人且在中国境内无住所，而一个纳税年度内在中国境内居住累计满 183 天的，提供在中国境内实际居住时间的证明材料，包括出入境信息等资料。

（5）境内、境外分支机构通过其总机构提出申请时，还需提供总分机构的登记注册情况。

（6）合伙企业的中国居民合伙人作为申请人提出申请时，还需提供合伙企业登记注册情况。

上述填报或提供的资料应提交中文文本，相关资料原件为外文文本的，应当同时提供中文译本。申请人向主管税务机关提交上述资料的复印件时，应在复印件上加盖申请人印章或签字，主管税务机关核验原件后留存复印件。

3. 本公告自 2019 年 5 月 1 日起施行。《国家税务总局关于开具〈中国税收居民身份证明〉有关事项的公告》（国家税务总局公告 2016 年第 40 号发布，国家税务总局公告 2018 年第 31 号修改）第二条、第四条和附件 1、附件 2 同时废止。

（二）政策解读

现就《国家税务总局关于调整〈中国税收居民身份证明〉有关事项的公告》（以下简称《公告》）解读如下：

1.《公告》出台背景

为贯彻落实新修改的《中华人民共和国个人所得税法》及其实施条例规定，便利居民企业或居民个人开具《中国税收居民身份证明》（以下简称《税收居民证明》），帮助纳税人享受中国政府对外签署的税收协定优惠待遇，税务总局决定调整开具《中国税收居民身份证明》有关事项。

2.《公告》主要调整

结合国税地税征管体制改革和新个人所得税法规定，在现有规定基础上，主要做如下调整：

一是调整受理开具机关。根据国税地税征管体制改革要求，新税务机关挂牌后将承继原国税、地税机关征管的职责，故将《税收居民证明》的受理、开具机关调整为新的县税务机关名称，但受理、申请开具的办理流程保持不变。

二是调整部分开具事项。根据新修订的个人所得税法及其实施条例规定，税收居民个人在中国境内居住时间由 1 年调整成 183 天，故对申请开具《税收居民证明》应提交的资料进行调整和明确。

三是精简部分涉税资料。根据新修订的个人所得税法及其实施条例规定，以及精简涉税资料的要求，我们对要求提交的涉税资料进行精简，使涉税资料更加清晰明确。

四是修订调整表单样式。根据《公告》的相关调整和机构改革调整情况，结合国际惯例，对申请表和《税收居民证明》样式同步进行调整。

3.《公告》生效时间

本《公告》自 2019 年 5 月 1 日起施行。

四、非居民个人和无住所居民个人有关个人所得税政策

（一）基本政策

根据《财政部　税务总局关于非居民个人和无住所居民个人有关个人所得税政策的公告》（财政部　税务总局公告 2019 年第 35 号）的规定，为贯彻落实修改后的《中华人民共和国个人所得税法》（以下称税法）和《中华人民共和国个人所得税法实施条例》（以下称实施条例），现将非居民个人和无住所居民个人（以下统称无住所个人）有关个人所得税政策公告如下：

1. 关于所得来源地

（1）关于工资薪金所得来源地的规定。

个人取得归属于中国境内（以下称境内）工作期间的工资薪金所得为来源于境内的工资薪金所得。境内工作期间按照个人在境内工作天数计算，包括其在境内的实际工作日以及境内工作期间在境内、境外享受的公休假、个人休假、接受培训的天数。在境内、境外单位同时担任职务或者仅在境外单位任职的个人，在境内停留的当天不足 24 小时的，按照半天计算境内工作天数。

无住所个人在境内、境外单位同时担任职务或者仅在境外单位任职，且当期同时在境内、境外工作的，按照工资薪金所属境内、境外工作天数占当期公历天数的比例计算确定来源于境内、境外工资薪金所得的收入额。境外工作天数按照当期公历天数减去当期境内工作天数计算。

（2）关于数月奖金以及股权激励所得来源地的规定。

无住所个人取得的数月奖金或者股权激励所得按照本条第（一）项规定确定所得来源地的，无住所个人在境内履职或者执行职务时收到的数月奖金或者股权激励所得，归属于境外工作期间的部分，为来源于境外的工资薪金所得；无住所个人停止在境内履约或者执行职务离境后收到的数月奖金或者股权激励所得，对属于境内工作期间的部分，为来源于境内的工资薪金所得。具体计算方法为：数月奖金或者股权激励乘以数月奖金或者股权激励所属工作期间境内工作天数与所属工作期间公历天数之比。

无住所个人 1 个月内取得的境内外数月奖金或者股权激励包含归属于不同期间的多笔所得的，应当先分别按照本公告规定计算不同归属期间来源于境内的所得，然后再加总计算当月来源于境内的数月奖金或者股权激励收入额。

本公告所称数月奖金是指一次取得归属于数月的奖金、年终加薪、分红等工资薪金所得，不包括每月固定发放的奖金及一次性发放的数月工资。本公告所称股权激励包括股票期权、股权期权、限制性股票、股票增值权、股权奖励以及其他因认购股票等有价证券而从雇主取得的折扣或者补贴。

（3）关于董事、监事及高层管理人员取得报酬所得来源地的规定。

担任境内居民企业的董事、监事及高层管理职务的个人（以下统称高管人员），

无论是否在境内履行职务，取得由境内居民企业支付或者负担的董事费、监事费、工资薪金或者其他类似报酬（以下统称高管人员报酬，包含数月奖金和股权激励），属于来源于境内的所得。

本公告所称高层管理职务包括企业正、副（总）经理、各职能总师、总监及其他类似公司管理层的职务。

（4）关于稿酬所得来源地的规定。

由境内企业、事业单位、其他组织支付或者负担的稿酬所得，为来源于境内的所得。

2. 关于无住所个人工资薪金所得收入额计算

无住所个人取得工资薪金所得，按以下规定计算在境内应纳税的工资薪金所得的收入额（以下称工资薪金收入额）：

（1）无住所个人为非居民个人的情形。

非居民个人取得工资薪金所得，除本条第（三）项规定以外，当月工资薪金收入额分别按照以下两种情形计算：

①非居民个人境内居住时间累计不超过 90 天的情形。

在一个纳税年度内，在境内累计居住不超过 90 天的非居民个人，仅就归属于境内工作期间并由境内雇主支付或者负担的工资薪金所得计算缴纳个人所得税。当月工资薪金收入额的计算公式如下（公式一）：

$$\begin{array}{l}\text{当月工资} \\ \text{薪金收入额}\end{array} = \begin{array}{l}\text{当月境内外} \\ \text{工资薪金总额}\end{array} \times \dfrac{\begin{array}{c}\text{当月境内支付} \\ \text{工资薪金数额}\end{array}}{\begin{array}{c}\text{当月境内外} \\ \text{工资薪金总额}\end{array}} \times \dfrac{\begin{array}{c}\text{当月工资薪金所属} \\ \text{工作期间境内工作天数}\end{array}}{\begin{array}{c}\text{当月工资薪金所属} \\ \text{工作期间公历天数}\end{array}}$$

本公告所称境内雇主包括雇佣员工的境内单位和个人以及境外单位或者个人在境内的机构、场所。凡境内雇主采取核定征收所得税或者无营业收入未征收所得税的，无住所个人为其工作取得工资薪金所得，不论是否在该境内雇主会计账簿中记载，均视为由该境内雇主支付或者负担。本公告所称工资薪金所属工作期间的公历天数，是指无住所个人取得工资薪金所属工作期间按公历计算的天数。

本公告所列公式中当月境内外工资薪金包含归属于不同期间的多笔工资薪金的，应当先分别按照本公告规定计算不同归属期间工资薪金收入额，然后再加总计算当月工资薪金收入额。

②非居民个人境内居住时间累计超过 90 天不满 183 天的情形。

在一个纳税年度内，在境内累计居住超过 90 天但不满 183 天的非居民个人，取得归属于境内工作期间的工资薪金所得，均应当计算缴纳个人所得税；其取得归属于境外工作期间的工资薪金所得，不征收个人所得税。当月工资薪金收入额的计算公式如下（公式二）：

$$\begin{array}{l}\text{当月工资} \\ \text{薪金收入额}\end{array} = \begin{array}{l}\text{当月境内外} \\ \text{工资薪金总额}\end{array} \times \dfrac{\begin{array}{c}\text{当月工资薪金所属} \\ \text{工作期间境内工作天数}\end{array}}{\begin{array}{c}\text{当月工资薪金所属} \\ \text{工作期间公历天数}\end{array}}$$

（2）无住所个人为居民个人的情形。

在一个纳税年度内，在境内累计居住满 183 天的无住所居民个人取得工资薪金所得，当月工资薪金收入额按照以下规定计算：

①无住所居民个人在境内居住累计满 183 天的年度连续不满六年的情形。

在境内居住累计满 183 天的年度连续不满六年的无住所居民个人，符合实施条例第四条优惠条件的，其取得的全部工资薪金所得，除归属于境外工作期间且由境外单位或者个人支付的工资薪金所得部分外，均应计算缴纳个人所得税。工资薪金所得收入额的计算公式如下（公式三）：

$$
\begin{aligned}
\text{当月工资} \\
\text{薪金收入额}
\end{aligned}
=
\begin{aligned}
\text{当月境内外} \\
\text{工资薪金总额}
\end{aligned}
\times
\left[
1 -
\frac{\text{当月境内支付工资薪金数额}}{\text{当月境内外工资薪金总额}}
\times
\frac{\text{当月工资薪金所属工作期间境内工作天数}}{\text{当月工资薪金所属工作期间公历天数}}
\right]
$$

②无住所居民个人在境内居住累计满 183 天的年度连续满 6 年的情形。

在境内居住累计满 183 天的年度连续满 6 年后，不符合实施条例第四条优惠条件的无住所居民个人，其从境内、境外取得的全部工资薪金所得均应计算缴纳个人所得税。

（3）无住所个人为高管人员的情形。

无住所居民个人为高管人员的，工资薪金收入额按照本条第（二）项规定计算纳税。非居民个人为高管人员的，按照以下规定处理：

①高管人员在境内居住时间累计不超过 90 天的情形。

在一个纳税年度内，在境内累计居住不超过 90 天的高管人员，其取得由境内雇主支付或者负担的工资薪金所得应当计算缴纳个人所得税；不是由境内雇主支付或者负担的工资薪金所得，不缴纳个人所得税。当月工资薪金收入额为当月境内支付或者负担的工资薪金收入额。

②高管人员在境内居住时间累计超过 90 天不满 183 天的情形。

在一个纳税年度内，在境内居住累计超过 90 天但不满 183 天的高管人员，其取得的工资薪金所得，除归属于境外工作期间且不是由境内雇主支付或者负担的部分外，应当计算缴纳个人所得税。当月工资薪金收入额计算适用本公告公式三。

3. 关于无住所个人税款计算

（1）关于无住所居民个人税款计算的规定。

无住所居民个人取得综合所得，年度终了后，应按年计算个人所得税；有扣缴义务人的，由扣缴义务人按月或者按次预扣预缴税款；需要办理汇算清缴的，按照规定办理汇算清缴，年度综合所得应纳税额计算公式如下（公式四）：

年度综合所得应纳税额＝（年度工资薪金收入额＋年度劳务报酬收入额＋年度稿酬收入额＋年度特许权使用费收入额－减除费用－专项扣除－专项附加扣除－依法确定的其他扣除）×适用税率－速算扣除数

无住所居民个人为外籍个人的，2022 年 1 月 1 日前计算工资薪金收入额时，已经按规定减除住房补贴、子女教育费、语言训练费等八项津补贴的，不能同时享受专项附加扣除。

年度工资薪金、劳务报酬、稿酬、特许权使用费收入额分别按年度内每月工资薪金以及每次劳务报酬、稿酬、特许权使用费收入额合计数额计算。

（2）关于非居民个人税款计算的规定。

①非居民个人当月取得工资薪金所得，以按照本公告第二条规定计算的当月收入额，减去税法规定的减除费用后的余额，为应纳税所得额，适用本公告所附按月换算后的综合所得税率表（以下称月度税率表）计算应纳税额。

②非居民个人1个月内取得数月奖金，单独按照本公告第二条规定计算当月收入额，不与当月其他工资薪金合并，按6个月分摊计税，不减除费用，适用月度税率表计算应纳税额，在一个公历年度内，对每一个非居民个人，该计税办法只允许适用一次。计算公式如下（公式五）：

当月数月奖金应纳税额＝[（数月奖金收入额÷6）×适用税率－速算扣除数]×6

③非居民个人1个月内取得股权激励所得，单独按照本公告第二条规定计算当月收入额，不与当月其他工资薪金合并，按6个月分摊计税（一个公历年度内的股权激励所得应合并计算），不减除费用，适用月度税率表计算应纳税额，计算公式如下（公式六）：

当月股权激励所得应纳税额＝[（本公历年度内股权激励所得合计额÷6）×适用税率－速算扣除数]×6－本公历年度内股权激励所得已纳税额

④非居民个人取得来源于境内的劳务报酬所得、稿酬所得、特许权使用费所得，以税法规定的每次收入额为应纳税所得额，适用月度税率表计算应纳税额。

4. 关于无住所个人适用税收协定

按照我国政府签订的避免双重征税协定、内地与香港、澳门签订的避免双重征税安排（以下称税收协定）居民条款规定为缔约对方税收居民的个人（以下称对方税收居民个人），可以按照税收协定及财政部、税务总局有关规定享受税收协定待遇，也可以选择不享受税收协定待遇计算纳税。除税收协定及财政部、税务总局另有规定外，无住所个人适用税收协定的，按照以下规定执行：

（1）关于无住所个人适用受雇所得条款的规定。

①无住所个人享受境外受雇所得协定待遇。

本公告所称境外受雇所得协定待遇，是指按照税收协定受雇所得条款规定，对方税收居民个人在境外从事受雇活动取得的受雇所得，可不缴纳个人所得税。

无住所个人为对方税收居民个人，其取得的工资薪金所得可享受境外受雇所得协定待遇的，可不缴纳个人所得税。工资薪金收入额计算适用本公告公式二。

无住所居民个人为对方税收居民个人的，可在预扣预缴和汇算清缴时按前款规定享受协定待遇；非居民个人为对方税收居民个人的，可在取得所得时按前款规定享受协定待遇。

②无住所个人享受境内受雇所得协定待遇。

本公告所称境内受雇所得协定待遇，是指按照税收协定受雇所得条款规定，在税收协定规定的期间内境内停留天数不超过183天的对方税收居民个人，在境内从事受雇活动取得受雇所得，不是由境内居民雇主支付或者代其支付的，也不是由雇主在境内常设机构负担的，可不缴纳个人所得税。

无住所个人为对方税收居民个人，其取得的工资薪金所得可享受境内受雇所得协定待遇的，可不缴纳个人所得税。工资薪金收入额计算适用本公告公式一。

无住所居民个人为对方税收居民个人的，可在预扣预缴和汇算清缴时按前款规定享受协定待遇；非居民个人为对方税收居民个人的，可在取得所得时按前款规定享受协定待遇。

（2）关于无住所个人适用独立个人劳务或者营业利润条款的规定

本公告所称独立个人劳务或者营业利润协定待遇，是指按照税收协定独立个人劳务或者营业利润条款规定，对方税收居民个人取得的独立个人劳务所得或者营业利润符合税收协定规定条件的，可不缴纳个人所得税。

无住所居民个人为对方税收居民个人，其取得的劳务报酬所得、稿酬所得可享受独立个人劳务或者营业利润协定待遇的，在预扣预缴和汇算清缴时，可不缴纳个人所得税。

非居民个人为对方税收居民个人，其取得的劳务报酬所得、稿酬所得可享受独立个人劳务或者营业利润协定待遇的，在取得所得时可不缴纳个人所得税。

（3）关于无住所个人适用董事费条款的规定

对方税收居民个人为高管人员，该个人适用的税收协定未纳入董事费条款，或者虽然纳入董事费条款但该个人不适用董事费条款，且该个人取得的高管人员报酬可享受税收协定受雇所得、独立个人劳务或者营业利润条款规定待遇的，该个人取得的高管人员报酬可不适用本公告第二条第（3）项规定，分别按照本条第（1）项、第（2）项规定执行。

对方税收居民个人为高管人员，该个人取得的高管人员报酬按照税收协定董事费条款规定可以在境内征收个人所得税的，应按照有关工资薪金所得或者劳务报酬所得规定缴纳个人所得税。

（4）关于无住所个人适用特许权使用费或者技术服务费条款的规定

本公告所称特许权使用费或者技术服务费协定待遇，是指按照税收协定特许权使用费或者技术服务费条款规定，对方税收居民个人取得符合规定的特许权使用费或者技术服务费，可按照税收协定规定的计税所得额和征税比例计算纳税。

无住所居民个人为对方税收居民个人，其取得的特许权使用费所得、稿酬所得或者劳务报酬所得可享受特许权使用费或者技术服务费协定待遇的，可不纳入综合所得，在取得当月按照税收协定规定的计税所得额和征税比例计算应纳税额，并预扣预缴税款。年度汇算清缴时，该个人取得的已享受特许权使用费或者技术服务费协定待遇的所得不纳入年度综合所得，单独按照税收协定规定的计税所得额和征税比例计算年度应纳税额及补退税额。

非居民个人为对方税收居民个人，其取得的特许权使用费所得、稿酬所得或者劳务报酬所得可享受特许权使用费或者技术服务费协定待遇的，可按照税收协定规定的计税所得额和征税比例计算应纳税额。

5. 关于无住所个人相关征管规定

（1）关于无住所个人预计境内居住时间的规定

无住所个人在一个纳税年度内首次申报时，应当根据合同约定等情况预计一个纳税年度内境内居住天数以及在税收协定规定的期间内境内停留天数，按照预计情况计算缴纳税款。实际情况与预计情况不符的，分别按照以下规定处理：

①无住所个人预先判定为非居民个人，因延长居住天数达到居民个人条件的，一个纳税年度内税款扣缴方法保持不变，年度终了后按照居民个人有关规定办理汇算清缴，但该个人在当年离境且预计年度内不再入境的，可以选择在离境之前办理汇算清缴。

②无住所个人预先判定为居民个人，因缩短居住天数不能达到居民个人条件的，在不能达到居民个人条件之日起至年度终了15天内，应当向主管税务机关报告，按照非居民个人重新计算应纳税额，申报补缴税款，不加收税收滞纳金。需要退税的，按照规定办理。

③无住所个人预计一个纳税年度境内居住天数累计不超过90天，但实际累计居住天数超过90天的，或者对方税收居民个人预计在税收协定规定的期间内境内停留天数不超过183天，但实际停留天数超过183天的，待达到90天或者183天的月度终了后15天内，应当向主管税务机关报告，就以前月份工资薪金所得重新计算应纳税款，并补缴税款，不加收税收滞纳金。

（2）关于无住所个人境内雇主报告境外关联方支付工资薪金所得的规定

无住所个人在境内任职、受雇取得来源于境内的工资薪金所得，凡境内雇主与境外单位或者个人存在关联关系，将本应由境内雇主支付的工资薪金所得，部分或者全部由境外关联方支付的，无住所个人可以自行申报缴纳税款，也可以委托境内雇主代为缴纳税款。无住所个人未委托境内雇主代为缴纳税款的，境内雇主应当在相关所得支付当月终了后15天内向主管税务机关报告相关信息，包括境内雇主与境外关联方对无住所个人的工作安排、境外支付情况以及无住所个人的联系方式等信息。

6. 本公告自2019年1月1日起施行，非居民个人2019年1月1日后取得所得，按原有规定多缴纳税款的，可以依法申请办理退税。下列文件或者文件条款于2019年1月1日废止：

（1）《财政部　税务总局关于对临时来华人员按实际居住日期计算征免个人所得税若干问题的通知》（财税外字〔1988〕059号）；

（2）《国家税务总局关于在境内无住所的个人取得工资薪金所得纳税义务问题的通知》（国税发〔1994〕148号）；

（3）《财政部　国家税务总局关于在华无住所的个人如何计算在华居住满五年问题的通知》（财税字〔1995〕98号）；

（4）《国家税务总局关于在中国境内无住所的个人计算缴纳个人所得税若干具体问题的通知》（国税函发〔1995〕125号）第一条、第二条、第三条、第四条；

（5）《国家税务总局关于在中国境内无住所的个人缴纳所得税涉及税收协定若干问题的通知》（国税发〔1995〕155号）；

（6）《国家税务总局关于在中国境内无住所的个人取得奖金征税问题的通知》（国税发〔1996〕183号）；

（7）《国家税务总局关于三井物产（株）大连事务所外籍雇员取得数月奖金确定纳税义务问题的批复》（国税函〔1997〕546号）；

（8）《国家税务总局关于外商投资企业和外国企业对境外企业支付其雇员的工资薪金代扣代缴个人所得税问题的通知》（国税发〔1999〕241号）；

（9）《国家税务总局关于在中国境内无住所个人取得不在华履行职务的月份奖金确定纳税义务问题的通知》（国税函〔1999〕245号）；

（10）《国家税务总局关于在中国境内无住所个人以有价证券形式取得工资薪金所得确定纳税义务有关问题的通知》（国税函〔2000〕190号）；

（11）《国家税务总局关于在境内无住所的个人执行税收协定和个人所得税法若干问题的通知》（国税发〔2004〕97号）；

（12）《国家税务总局关于调整个人取得全年一次性奖金等计算征收个人所得税方法问题的通知》（国税发〔2005〕9号）第六条；

（13）《国家税务总局关于在境内无住所个人计算工资薪金所得缴纳个人所得税有关问题的批复》（国税函〔2005〕1041号）；

（14）《国家税务总局关于在中国境内担任董事或高层管理职务无住所个人计算个人所得税适用公式的批复》（国税函〔2007〕946号）。

附件：

按月换算后的综合所得税率表

级数	全月应纳税所得额	税率	速算扣除数
1	不超过 3 000 元的	3%	0
2	超过 3 000 元至 12 000 元的部分	10%	210
3	超过 12 000 元至 25 000 元的部分	20%	1 410
4	超过 25 000 元至 35 000 元的部分	25%	2 660
5	超过 35 000 元至 55 000 元的部分	30%	4 410
6	超过 55 000 元至 80 000 元的部分	35%	7 160
7	超过 80 000 元的部分	45%	15 160

（二）政策解读

1.无住所个人（不含高管人员）取得工资薪金所得，如何划分境内所得和境外所得？

解答：个人所得税法实施条例第三条第（一）项规定，因任职、受雇、履约等在境内提供劳务取得的所得属于来源于境内的所得。

无住所个人流动性强，可能在境内、境外同时担任职务，分别取得收入，为明确境内、境外工资薪金所得划分问题，《财政部　税务总局关于非居民个人和无住所居民个人有关个人所得税政策的公告》（财政部　税务总局公告2019年第35号，以下简称《公告》）规定，个人取得归属于境内工作期间的工资薪金所得为来源于境内的工资薪金所得。境内工作期间按照个人在境内工作天数计算，境外工作天数按照当期公历天数减去当期境内工作天数计算。无住所个人在境内、境外单位同时担任职务或者仅在境外单位任职，且当期同时在境内、境外工作的，按照工资薪金所属境内、境外工作天数占当期公历天数的比例，计算确定来源于境内、境外工资薪金所得的收入额。

另需说明，境内工作天数与在境内实际居住的天数并不是同一个概念。《公告》规定，境内工作天数包括其在境内的实际工作日以及境内工作期间在境内、境外享受的公休假、个人休假、接受培训的天数。无住所个人未在境外单位任职的，无论其是否在境外停留，都不计算境外工作天数。

2. 高管人员取得报酬，如何划分境内所得和境外所得？

解答：按照个人所得税法实施条例规定，因任职、受雇、履约等在境内提供劳务取得的所得属于境内所得，但对担任董事、监事、高层管理职务的无住所个人（以下称高管人员），其境内所得判定的规则与一般无住所雇员不同。高管人员参与公司决策和监督管理，工作地点流动性较大，不宜简单按照工作地点划分境内和境外所得。对此，《公告》规定，高管人员取得由境内居民企业支付或负担的报酬，不论其是否在境内履行职务，均属于来源于境内的所得，应在境内缴税。高管人员取得不是由境内居民企业支付或者负担的报酬，仍需按照任职、受雇、履约地点划分境内、境外所得。

3. 无住所个人取得数月奖金、股权激励所得，如何划分境内所得和境外所得？

解答：数月奖金是指无住所个人一次取得归属于数月的奖金（包括全年奖金）、年终加薪、分红等工资薪金所得，不包括每月固定发放的奖金及一次性发放的数月工资。

股权激励包括股票期权、股权期权、限制性股票、股票增值权、股权奖励以及其他因认购股票等有价证券而从雇主取得的折扣或补贴。

数月奖金和股权激励属于工资薪金所得，无住所个人取得数月奖金、股权激励，均应按照工资薪金所得来源地判定规则划分境内和境外所得。《公告》针对数月奖金和股权激励的特殊情形，在工资薪金所得来源地判定规则基础上，进一步细化规定：

一是无住所个人在境内履职或者执行职务时，收到的数月奖金或者股权激励所得，如果是归属于境外工作期间的所得，仍为来源于境外的工资薪金所得。

二是无住所个人停止在境内履约或执行职务离境后，收到归属于其在境内工作期间的数月奖金或股权激励所得，仍为来源于境内的所得。

三是无住所个人1个月内从境内、境外单位取得多笔数月奖金或者股权激励所得，且数月奖金或者股权激励分别归属于不同期间的，应当按照每笔数月奖金或者股权激励的归属期间，分别计算每笔数月奖金或者股权激励的收入额后，然后再加总计算当月境内数月奖金或股权激励收入额。

需要说明的是，高管人员取得的数月奖金、股权激励，按照高管人员工资薪金所得的规则，划分境内、境外所得。

举例：A先生为无住所个人，2020年1月，A先生同时取得2019年第四季度（公历天数92天）奖金和全年奖金。假设A先生取得季度奖金20万元，对应境内工作天数为46天；取得全年奖金50万元，对应境内工作天数为73天。两笔奖金分别由境内公司、境外公司各支付一半（不考虑税收协定因素）。

2020年度，A先生在中国境内居住天数不超过90天，为非居民个人，A先生仅就境内支付的境内所得，计算在境内应计税的收入。A先生当月取得数月奖金在境内应计税的收入额为：

$$20 \times \frac{1}{2} \times \frac{46}{92} + 50 \times \frac{1}{2} \times \frac{73}{365} = 10（万元）$$

4. 无住所个人取得工资薪金所得，如何计算在境内应计税的收入额？

解答：根据所得来源地规则，无住所个人取得的工资薪金所得，可分为境内和境外工资薪金所得；在此基础上，根据支付地不同，境内工资薪金所得可进一步分为境内雇主支付或负担（以下称境内支付）和境外雇主支付（以下称境外支付）所得；境外工资薪金所得也可分为境内支付和境外支付的所得。综上，无住所个人工资薪金所得可以划分为境内支付的境内所得、境外支付的境内所得、境内支付的境外所得、境外支付的境外所得等四个部分。

无住所个人根据其在境内居住时间的长短，确定工资薪金所得纳税义务范围。例如，境内居住不超过 90 天的无住所个人取得的工资薪金所得，仅就境内支付的境内所得计算应纳税额；居住超过 90 天不满 183 天的无住所个人取得的工薪所得，应就全部境内所得（包括境内支付和境外支付）计算应纳税额。

个人所得税法修改前，无住所个人取得工资薪金所得，采取"先税后分"方法计算应纳税额，即先按纳税人从境内和境外取得的全部工资薪金所得计算应纳税额，再根据境内外工作时间及境内外收入支付比例，对税额进行划分，计算确定应纳税额。

个人所得税法修改后，无住所居民个人的工资薪金所得应并入综合所得，不再单独计算税额，难以继续采取"先税后分"的方法，《公告》将计税方法调整为"先分后税"，即先根据境内外工作时间及境内外收入支付比例，对工资薪金收入额进行划分，计算在境内应计税的工资薪金收入额，再据此计算应纳税额。计税方法调整后，无住所个人仅就其在境内应计税的收入额确定适用税率，降低了适用税率和税负，计税方法更加合理。

无住所个人境内计税的工资薪金收入额的计算，具体分为以下四种情况：

情况一：无住所个人在境内居住不超过 90 天的，其取得由境内支付的境内工作期间工资薪金收入额为在境内应计税的工资薪金收入额。

情况二：无住所个人在境内居住时间累计超过 90 天不满 183 天的，其取得全部境内所得（包括境内支付和境外支付）为在境内应计税的工资薪金收入额。

情况三：无住所个人在境内居住累计满 183 天的年度连续不满 6 年的，符合实施条例第四条规定优惠条件的，境外支付的境外所得不计入在境内应计税的工资薪金收入额，免予缴税；全部境内所得（包括境内支付和境外支付）和境内支付的境外所得为在境内应计税的工资薪金收入额。

情况四：无住所个人在境内居住累计满 183 天的年度连续满 6 年后，不符合实施条例第四条规定优惠条件的，其从境内、境外取得的全部工资薪金所得均计入在境内应计税的工资薪金收入额。

对于无住所个人 1 个月内取得多笔对应不同归属工作期间的工资薪金所得的，应当按照每笔工资薪金所得的归属期间，分别计算每笔工资薪金在境内应计税的收入额，再加总计算为当月工资薪金收入额。

税收协定另有规定的，可以按照税收协定的规定办理。

5. 无住所个人为高管人员的，取得工资薪金所得如何计算在境内应计税的收入额？

解答：《公告》规定，高管人员取得境内支付或负担的工资薪金所得，不论其是否在境内履行职务，均属于来源于境内的所得。高管人员为居民个人的，其工资薪金在境内应计税的收入额的计算方法与其他无住所居民个人一致；高管人员为非居民个人的，取得由境内居民企业支付或负担的工资薪金所得，其在境内应计税的工资薪金收入额的计算方法，与其他非居民个人不同，具体如下：

情况一：高管人员一个纳税年度在境内居住时间不超过 90 天的，将境内支付全部所得都计入境内计税的工资薪金收入额。

情况二：高管人员一个纳税年度在境内累计居住超过 90 天不满 183 天的，就其境内支付的全部所得以及境外支付的境内所得计入境内计税的工资薪金收入额。

税收协定另有规定的，可以按照税收协定的规定办理。

6. 无住所居民个人取得综合所得，如何计算缴税？

解答：《公告》规定，无住所居民个人取得综合所得，年度终了后，应将年度工资薪金收入额、劳务报酬收入额、稿酬收入额、特许权使用费收入额汇总，计算缴纳个人所得税。需要办理汇算清缴的，依法办理汇算清缴。

无住所居民个人在计算综合所得收入额时，可以享受专项附加扣除。其中，无住所居民个人为外籍个人的，2022 年 1 月 1 日前计算工资薪金收入额时，可以选择享受住房补贴、子女教育费、语言训练费等八项津补贴优惠政策，也可以选择享受专项附加扣除政策，但二者不可同时享受。

7. 非居民个人取得数月奖金或股权激励，如何计算个人所得税？

解答：按照个人所得税法规定，非居民个人取得工资薪金所得，按月计算缴纳个人所得税。其取得数月奖金或股权激励，如果也按月征税，可能存在税负畸高的问题，从公平合理的角度出发，应允许数月奖金和股权激励在一定期间内分摊计算纳税。考虑到非居民个人在一个年度内境内累计停留时间不超过 183 天，即最长约为 6 个月，因此，《公告》规定，非居民个人取得数月奖金或股权激励，允许在 6 个月内分摊计算税额。既降低了税负，也简便易行。

非居民个人取得数月奖金的，应按照《公告》规定计算境内计税的工资薪金收入额，不与当月其他工资薪金收入合并，按 6 个月分摊，不减除费用，适用月度税率表计算应纳税额。分摊计税方法，每个非居民个人每一纳税年度只能使用一次。

非居民个人取得股权激励的，应按照《公告》规定计算境内计税的工资薪金收入额，不与当月其他工资薪金收入合并，按 6 个月分摊，不减除费用，适用月度税率表计算应纳税额。非居民个人在一个纳税年度内取得多笔股权激励所得的，应当合并计算纳税。

无住所居民个人取得全年一次性奖金或股权激励所得的，按照《财政部税务总局关于个人所得税法修改后有关优惠政策衔接问题的通知》（财税〔2018〕164 号）的有关规定执行。

举例：B 先生为无住所个人，2020 年在境内居住天数不满 90 天，2020 年 1 月，B 先生取得境内支付的股权激励所得 40 万元，其中归属于境内工作期间的所得为 12 万元，2020 年 5 月，取得境内支付的股权激励所得 70 万元，其中归属于境内工作期间的所得为 18 万元，计算 B 先生在境内股权激励所得的纳税情况。（不考虑税收协定因素）

2020 年 1 月，B 先生应纳税额 ＝ [（120 000÷6）×20% － 1 410]×6 ＝ 15 540 元

2020 年 5 月，B 先生应纳税额 ＝ {[（120 000 ＋ 180 000]÷6）×30% － 4 410}×6 － 15 540 ＝ 48 000 元

8. 无住所个人如何享受税收协定的待遇？

解答：《公告》规定，无住所个人按照税收协定（包括内地与香港、澳门签订的税收安排）居民条款为缔约对方税收居民（以下简称对方税收居民）的，即使其按照税法规定为中国税收居民，也可以按照税收协定的规定，选择享受税收协定条款的优惠待遇，主要优惠待遇包括：

一是境外受雇所得协定待遇。根据税收协定中受雇所得条款，对方税收居民个人在境外从事受雇活动取得的受雇所得，可不缴纳个人所得税，仅将境内所得计入境内计税的工资薪金收入额，计算缴纳个人所得税。

二是境内受雇所得协定待遇。根据税收协定中受雇所得条款，对方税收居民个人在税收协定规定的期间内境内停留天数不超过 183 天的，从事受雇活动取得受雇所得，只将境内支付的境内所得计入境内计税的工资薪金收入额，计算缴纳个人所得税。

三是独立个人劳务或者营业利润协定待遇。根据税收协定中独立个人劳务或者营业利润条款，对方税收居民取得独立个人劳务所得或者营业利润，符合税收协定规定条件的，可不缴纳个人所得税。

四是董事费条款规定。对方税收居民为高管人员，取得的董事费、监事费、工资薪金及其他类似报酬，应优先适用税收协定董事费条款相关规定。如果对方税收居民不适用董事费条款的，应按照税收协定中受雇所得（非独立个人劳务）、独立个人劳务或营业利润条款的规定处理。

五是特许权使用费或者技术服务费协定待遇。根据税收协定中特许权使用费条款或者技术服务费条款，对方税收居民取得特许权使用费或技术服务费，应按不超过税收协定规定的计税所得额和征税比例计算纳税。《公告》规定，无住所居民个人在根据税收协定的居民条款被判定为对方税收居民，并选择享受协定待遇时，可按照税收协定规定的计税所得额和征税比例单独计算应纳税额，不并入综合所得计算纳税。

按照国内税法判定为居民个人的，可以在预扣预缴和汇算清缴时按规定享受协定待遇，按照国内税法判定为非居民个人的，可以在取得所得时享受协定待遇。

9. 年度首次申报时，无住所个人如何判定是居民个人还是非居民个人？

解答：年度首次申报时，无住所个人在境内的实际居住天数不满 183 天，暂时无法确定其为居民个人还是非居民个人。为降低纳税人的税收遵从成本，《公告》赋予无住所个人预先选择税收居民身份的权利。具体是，无住所个人在一个纳税年度内首次申报时，应当根据合同约定等情况自行判定是居民个人或非居民个人，并按照有关规定进行申报。当预计情况与实际情况不符的，无住所个人再按照《公告》规定进行调整。

10. 无住所个人在境内任职，取得由境外单位支付的工资薪金所得，境内雇主应履行什么义务？

解答：无住所个人在境内任职、受雇取得的工资薪金所得，有的是由其境内雇主的境外关联方支付的。在此情况下，尽管境内雇主不是工资薪金的直接支付方，为便于纳税遵从，根据《公告》的有关规定，无住所个人可以选择在一个纳税年度内自行申报缴纳税款，或者委托境内雇主代为缴纳税款。无住所个人未委托境内雇主代为缴纳税款的，境内雇主负有报告义务，应当在相关所得支付当月终了后 15 日内向主管税务机关报告相关信息。

无住所个人选择委托境内雇主代为缴纳税款的，境内雇主应当比照《个人所得税扣缴申报管理办法（试行）》（国家税务总局公告 2018 年第 61 号）第六条和第九条有关规定计算应纳税款，填写《个人所得税扣缴申报表》，并于相关所得支付当月终了后 15 日内向主管税务机关办理纳税申报。无住所个人选择自行申报缴纳税款的，应当比照《个人所得税扣缴申报管理办法（试行）》（国家税务总局公告 2018 年第 61 号）第九条有关规定计算应纳税款，填写《个人所得税自行纳税申报表（A 表）》，并于取得相关所得当月终了后 15 日内向其境内雇主的主管税务机关办理自行纳税申报。

11. 在中国境内有住所个人的"住所"是如何判定的?

解答：税法上所称"住所"是一个特定概念，不等同于实物意义上的住房。按照个人所得税法实施条例第二条规定，在境内有住所的个人，是指因户籍、家庭、经济利益关系而在境内习惯性居住的个人。习惯性居住是判定纳税人是居民个人还是非居民个人的一个法律意义上的标准，并不是指实际的居住地或者在某一个特定时期内的居住地。对于因学习、工作、探亲、旅游等原因而在境外居住，在这些原因消除后仍然回到中国境内居住的个人，则中国为该纳税人的习惯性居住地，即该个人属于在中国境内有住所。

对于境外个人仅因学习、工作、探亲、旅游等原因而在中国境内居住，待上述原因消除后该境外个人仍然回到境外居住的，其习惯性居住地不在境内，即使该境外个人在境内购买住房，也不会被认定为境内有住所的个人。

五、个人取得有关收入适用个人所得税应税所得项目

（一）基本政策

根据《财政部　税务总局关于个人取得有关收入适用个人所得税应税所得项目的公告》（财政部　税务总局公告 2019 年第 74 号）的规定，为贯彻落实修改后的《中华人民共和国个人所得税法》，做好政策衔接工作，现将个人取得的有关收入适用个人所得税应税所得项目的事项公告如下：

1. 个人为单位或他人提供担保获得收入，按照"偶然所得"项目计算缴纳个人所得税。

2. 房屋产权所有人将房屋产权无偿赠与他人的，受赠人因无偿受赠房屋取得的受赠收入，按照"偶然所得"项目计算缴纳个人所得税。按照《财政部　国家税务总局关于个人无偿受赠房屋有关个人所得税问题的通知》（财税〔2009〕78 号）第一条规定，符合以下情形的，对当事双方不征收个人所得税：

（1）房屋产权所有人将房屋产权无偿赠与配偶、父母、子女、祖父母、外祖父母、孙子女、外孙子女、兄弟姐妹。

（2）房屋产权所有人将房屋产权无偿赠与对其承担直接抚养或者赡养义务的抚养人或者赡养人。

（3）房屋产权所有人死亡，依法取得房屋产权的法定继承人、遗嘱继承人或者受遗赠人。

前款所称受赠收入的应纳税所得额按照《财政部　国家税务总局关于个人无偿受

赠房屋有关个人所得税问题的通知》（财税〔2009〕78 号）第四条规定计算。

3. 企业在业务宣传、广告等活动中，随机向本单位以外的个人赠送礼品（包括网络红包，下同），以及企业在年会、座谈会、庆典以及其他活动中向本单位以外的个人赠送礼品，个人取得的礼品收入，按照"偶然所得"项目计算缴纳个人所得税，但企业赠送的具有价格折扣或折让性质的消费券、代金券、抵用券、优惠券等礼品除外。前款所称礼品收入的应纳税所得额按照《财政部　国家税务总局关于企业促销展业赠送礼品有关个人所得税问题的通知》（财税〔2011〕50 号）第三条规定计算。

4. 个人按照《财政部　税务总局 人力资源社会保障部 中国银行保险监督管理委员会 证监会关于开展个人税收递延型商业养老保险试点的通知》（财税〔2018〕22 号）的规定，领取的税收递延型商业养老保险的养老金收入，其中 25% 部分予以免税，其余 75% 部分按照 10% 的比例税率计算缴纳个人所得税，税款计入"工资、薪金所得"项目，由保险机构代扣代缴后，在个人购买税延养老保险的机构所在地办理全员全额扣缴申报。

5. 本公告自 2019 年 1 月 1 日起执行。下列文件或文件条款同时废止：

（1）《财政部　国家税务总局关于银行部门以超过国家利率支付给储户的揽储奖金征收个人所得税问题的批复》（财税字〔1995〕64 号）；

（2）《国家税务总局对中国科学院院士荣誉奖金征收个人所得税问题的复函》（国税函〔1995〕351 号）；

（3）《国家税务总局关于未分配的投资者收益和个人人寿保险收入征收个人所得税问题的批复》（国税函〔1998〕546 号）第二条；

（4）《国家税务总局关于个人所得税有关政策问题的通知》（国税发〔1999〕58 号）第三条；

（5）《国家税务总局关于股民从证券公司取得的回扣收入征收个人所得税问题的批复》（国税函〔1999〕627 号）；

（6）《财政部　国家税务总局关于个人所得税有关问题的批复》（财税〔2005〕94 号）第二条；

（7）《国家税务总局关于个人取得解除商品房买卖合同违约金征收个人所得税问题的批复》（国税函〔2006〕865 号）；

（8）《财政部　国家税务总局关于个人无偿受赠房屋有关个人所得税问题的通知》（财税〔2009〕78 号）第三条；

（9）《财政部　国家税务总局关于企业促销展业赠送礼品有关个人所得税问题的通知》（财税〔2011〕50 号）第二条第 1 项、第 2 项；

（10）《财政部　税务总局　人力资源社会保障部　中国银行保险监督管理委员会　证监会关于开展个人税收递延型商业养老保险试点的通知》（财税〔2018〕22 号）第一条第（二）项第 3 点第二段；

（11）《国家税务总局关于开展个人税收递延型商业养老保险试点有关征管问题的公告》（国家税务总局公告 2018 年第 21 号）第二条。

（二）政策解读

近日，财政部、税务总局联合印发《关于个人取得有关收入适用个人所得税应税所得项目的公告》（财政部　税务总局公告 2019 年第 74 号，以下简称《公告》），现就有关问题解答如下：

1.《公告》出台的背景是什么？

解答：个人所得税法 2018 年修改前，原税法中 11 项应税所得的最后一项为"国务院财政部门确定征税的其他所得"（以下简称"其他所得"），根据这一条款，财政部、税务总局陆续发文明确了十项按照"其他所得"征税的政策。

2018 年个人所得税法修改后，取消了"其他所得"项目，按照原税法"其他所得"项目征税的有关政策文件，需要进行相应调整。

为落实新个人所得税法，做好有关政策衔接工作，财政部、税务总局印发了《公告》，对原税法下按"其他所得"项目征税的有关收入调整了适用的应税所得项目，从 2019 年 1 月 1 日起执行。

2.《公告》对原按"其他所得"征税项目进行了哪些调整？

解答：一是将部分原按"其他所得"征税的项目调整为按照"偶然所得"项目征税。原按"其他所得"项目征税的部分收入具有一定的偶然性质，《公告》将其调整为按照"偶然所得"项目征税，偶然所得适用税率为 20%，与原"其他所得"税率相同，纳税人的税负保持不变。

调整为按照"偶然所得"项目征税的具体收入包括：

（1）个人为单位或他人提供担保获得报酬。

（2）受赠人因无偿受赠房屋取得的受赠收入，但符合《财政部　国家税务总局关于个人无偿受赠房屋有关个人所得税问题的通知》（财税〔2009〕78 号）第一条规定的情形，对当事双方不征收个人所得税，包括：一是房屋产权所有人将房屋产权无偿赠与配偶、父母、子女、祖父母、外祖父母、孙子女、外孙子女、兄弟姐妹；二是房屋产权所有人将房屋产权无偿赠与对其承担直接抚养或者赡养义务的抚养人或者赡养人；三是房屋产权所有人死亡，依法取得房屋产权的法定继承人、遗嘱继承人或者受遗赠人。

（3）企业在业务宣传、广告等活动中，随机向本单位以外的个人赠送礼品（包括网络红包），以及企业在年会、座谈会、庆典以及其他活动中向本单位以外的个人赠送礼品，但企业赠送的具有价格折扣或折让性质的消费券、代金券、抵用券、优惠券等礼品除外。

二是将税收递延型商业养老保险的养老金收入所征税款由计入"其他所得"项目调整为计入"工资、薪金所得"项目。税收递延型商业养老保险的缴费主要来源于工资薪金等综合所得，从国际上看，对个人的商业养老金收入大多纳入综合所得征税，因此《公告》将个人领取的该项养老金收入所征税款调整为计入综合所得中的"工资、薪金所得"项目。需要说明的是，《公告》并未改变该项养老金收入的税负，即个人领取的该项商业养老金收入，其中 25% 部分予以免税，其余 75% 部分按照 10% 的比例税率计算缴纳个人所得税，实际税负仍为 7.5%，纳税人的税负没有变化。

3.《公告》废止了哪些原按"其他所得"征税的政策规定？

解答：根据经济社会的发展变化，《公告》对一些原按"其他所得"征税的政策予以废止，具体包括：一是银行部门以超过国家规定利率和保值贴补率支付给储户的揽储奖金；二是以蔡冠深中国科学院院士荣誉基金会的基金利息颁发中国科学院院士荣誉奖金；三是保险公司支付给保期内未出险的人寿保险保户的利息；四是个人因任职单位缴纳有关保险费用而取得的无赔款优待收入；五是股民个人从证券公司取得的回扣收入或交易手续费返还收入；六是房地产公司因双方协商解除商品房买卖合同而向购房人支付的违约金。

4.《公告》对"网络红包"征税是如何规定的？

解答：近年来，不少企业通过发放"网络红包"开展促销业务，网络红包成为一种常见的营销方式。"网络红包"既包括现金网络红包，也包括各类消费券、代金券、抵用券、优惠券等非现金网络红包。

按照《财政部 国家税务总局关于企业促销展业赠送礼品有关个人所得税问题的通知》（财税〔2011〕50 号）规定，企业在业务宣传、广告等活动中，随机向本单位以外的个人赠送礼品，以及企业在年会、座谈会、庆典以及其他活动中向本单位以外的个人赠送礼品，个人取得的礼品收入，应征收个人所得税；企业通过价格折扣、折让方式向个人销售商品（产品）和提供服务等情形，不征收个人所得税。《公告》未改变财税〔2011〕50 号文件关于礼品的征免税规定。

从性质上看，企业发放的网络红包也属于《公告》所指礼品的一种形式，为进一步明确和细化政策操作口径，便于征纳双方执行，《公告》明确礼品的范围包括网络红包，网络红包的征免税政策按照《公告》规定的礼品税收政策执行，即企业发放的具有中奖性质的网络红包，获奖个人应缴纳个人所得税，但具有销售折扣或折让性质的网络红包，不征收个人所得税。

需要说明的是，《公告》所指"网络红包"，仅包括企业向个人发放的网络红包，不包括亲戚朋友之间互相赠送的网络红包。亲戚朋友之间互相赠送的礼品（包括网络红包），不在个人所得税征税范围之内。

六、继续执行沪港、深港股票市场交易互联互通机制和内地与香港基金互认有关个人所得税政策

根据《财政部 税务总局 证监会关于继续执行沪港、深港股票市场交易互联互通机制和内地与香港基金互认有关个人所得税政策的公告》（财政部公告 2019 年第 93 号）的规定，就继续执行沪港股票市场交易互联互通机制（以下称沪港通）、深港股票市场交易互联互通机制（以下简称深港通）以及内地与香港基金互认（以下简称基金互认）有关个人所得税政策规定如下：

对内地个人投资者通过沪港通、深港通投资香港联交所上市股票取得的转让差价所得和通过基金互认买卖香港基金份额取得的转让差价所得，自 2019 年 12 月 5 日起至 2022 年 12 月 31 日止，继续暂免征收个人所得税。

七、个人所得税综合所得汇算清缴制度

（一）基本政策

根据《财政部 税务总局关于个人所得税综合所得汇算清缴涉及有关政策问题的

公告》（财政部　税务总局公告 2019 年第 94 号）的规定，为贯彻落实修改后的《中华人民共和国个人所得税法》，进一步减轻纳税人的税收负担，现就个人所得税综合所得汇算清缴涉及有关政策问题公告如下：

1.2019 年 1 月 1 日至 2020 年 12 月 31 日居民个人取得的综合所得，年度综合所得收入不超过 12 万元且需要汇算清缴补税的，或者年度汇算清缴补税金额不超过 400 元的，居民个人可免于办理个人所得税综合所得汇算清缴。居民个人取得综合所得时存在扣缴义务人未依法预扣预缴税款的情形除外。

2. 残疾、孤老人员和烈属取得综合所得办理汇算清缴时，汇算清缴地与预扣预缴地规定不一致的，用预扣预缴地规定计算的减免税额与用汇算清缴地规定计算的减免税额相比较，按照孰高值确定减免税额。

3. 居民个人填报专项附加扣除信息存在明显错误，经税务机关通知，居民个人拒不更正或者不说明情况的，税务机关可暂停纳税人享受专项附加扣除。居民个人按规定更正相关信息或者说明情况后，经税务机关确认，居民个人可继续享受专项附加扣除，以前月份未享受扣除的，可按规定追补扣除。

4. 本公告第一条适用于 2019 年度和 2020 年度的综合所得年度汇算清缴。其他事项适用于 2019 年度及以后年度的综合所得年度汇算清缴。

（二）总局公告

根据《国家税务总局关于办理 2019 年度个人所得税综合所得汇算清缴事项的公告》（国家税务总局公告 2019 年第 44 号）的规定，为切实维护纳税人合法权益，进一步落实好专项附加扣除政策，合理有序建立个人所得税综合所得汇算清缴制度，根据个人所得税法及其实施条例（以下简称"税法"）和税收征收管理法及其实施细则有关规定，现就办理 2019 年度个人所得税综合所得汇算清缴（以下简称"年度汇算"）有关事项公告如下：

1.2019 年度汇算的内容

依据税法规定，2019 年度终了后，居民个人（以下称"纳税人"）需要汇总 2019 年 1 月 1 日至 12 月 31 日取得的工资薪金、劳务报酬、稿酬、特许权使用费等四项所得（以下称"综合所得"）的收入额，减除费用 6 万元以及专项扣除、专项附加扣除、依法确定的其他扣除和符合条件的公益慈善事业捐赠（以下简称"捐赠"）后，适用综合所得个人所得税税率并减去速算扣除数（税率表见附件），计算本年度最终应纳税额，再减去 2019 年度已预缴税额，得出本年度应退或应补税额，向税务机关申报并办理退税或补税。具体计算公式如下：

2019 年度汇算应退或应补税额 ＝ [（综合所得收入额 － 60 000 元 － "三险一金"等专项扣除 － 子女教育等专项附加扣除 － 依法确定的其他扣除 － 捐赠）× 适用税率 － 速算扣除数] － 2019 年已预缴税额

依据税法规定，2019 年度汇算仅计算并结清本年度综合所得的应退或应补税款，不涉及以前或往后年度，也不涉及财产租赁等分类所得，以及纳税人按规定选择不并入综合所得计算纳税的全年一次性奖金等所得。

2. 无须办理年度汇算的纳税人

经国务院批准，依据《财政部　税务总局关于个人所得税综合所得汇算清缴涉及有关政策问题的公告》（2019 年第 94 号）有关规定，纳税人在 2019 年度已依法预缴个人所得税且符合下列情形之一的，无须办理年度汇算：

（1）纳税人年度汇算需补税但年度综合所得收入不超过 12 万元的。

（2）纳税人年度汇算需补税金额不超过 400 元的。

（3）纳税人已预缴税额与年度应纳税额一致或者不申请年度汇算退税的。

3. 需要办理年度汇算的纳税人

依据税法规定，符合下列情形之一的，纳税人需要办理年度汇算：

（1）2019 年度已预缴税额大于年度应纳税额且申请退税的，包括 2019 年度综合所得收入额不超过 6 万元但已预缴个人所得税；年度中间劳务报酬、稿酬、特许权使用费适用的预扣率高于综合所得年适用税率；预缴税款时，未申报扣除或未足额扣除减除费用、专项扣除、专项附加扣除、依法确定的其他扣除或捐赠，以及未申报享受或未足额享受综合所得税收优惠等情形。

（2）2019 年度综合所得收入超过 12 万元且需要补税金额超过 400 元的，包括取得两处及以上综合所得，合并后适用税率提高导致已预缴税额小于年度应纳税额等情形。

4. 可享受的税前扣除

下列未申报扣除或未足额扣除的税前扣除项目，纳税人可在年度汇算期间办理扣除或补充扣除：

（1）纳税人及其配偶、未成年子女在 2019 年度发生的，符合条件的大病医疗支出。

（2）纳税人在 2019 年度未申报享受或未足额享受的子女教育、继续教育、住房贷款利息或住房租金、赡养老人专项附加扣除，以及减除费用、专项扣除、依法确定的其他扣除。

（3）纳税人在 2019 年度发生的符合条件的捐赠支出。

5. 办理时间

纳税人办理 2019 年度汇算的时间为 2020 年 3 月 1 日至 6 月 30 日。在中国境内无住所的纳税人在 2020 年 3 月 1 日前离境的，可以在离境前办理年度汇算。

6. 办理方式

纳税人可自主选择下列办理方式：

（1）自行办理年度汇算。

（2）通过取得工资薪金或连续性取得劳务报酬所得的扣缴义务人代为办理。纳税人向扣缴义务人提出代办要求的，扣缴义务人应当代为办理，或者培训、辅导纳税人通过网上税务局（包括手机个人所得税 App）完成年度汇算申报和退（补）税。由扣缴义务人代为办理的，纳税人应在 2020 年 4 月 30 日前与扣缴义务人进行书面确认，补充提供其 2019 年度在本单位以外取得的综合所得收入、相关扣除、享受税收优惠等信息资料，并对所提交信息的真实性、准确性、完整性负责。

（3）委托涉税专业服务机构或其他单位及个人（以下称"受托人"）办理，受托人需与纳税人签订授权书。

扣缴义务人或受托人为纳税人办理年度汇算后，应当及时将办理情况告知纳税人。

纳税人发现申报信息存在错误的，可以要求扣缴义务人或受托人办理更正申报，也可自行办理更正申报。

7. 办理渠道

为便利纳税人，税务机关为纳税人提供高效、快捷的网络办税渠道。纳税人可优先通过网上税务局（包括手机个人所得税 App）办理年度汇算，税务机关将按规定为纳税人提供申报表预填服务；不方便通过上述方式办理的，也可以通过邮寄方式或到办税服务厅办理。

选择邮寄申报的，纳税人需将申报表寄送至任职受雇单位（没有任职受雇单位的，为户籍或者经常居住地）所在省、自治区、直辖市、计划单列市税务局公告指定的税务机关。

8. 申报信息及资料留存

纳税人办理年度汇算时，除向税务机关报送年度汇算申报表外，如需修改本人相关基础信息，新增享受扣除或者税收优惠的，还应按规定一并填报相关信息。填报的信息，纳税人需仔细核对，确保真实、准确、完整。

纳税人以及代办年度汇算的扣缴义务人，需将年度汇算申报表以及与纳税人综合所得收入、扣除、已缴税额或税收优惠等相关资料，自年度汇算期结束之日起留存 5 年。

9. 接受年度汇算申报的税务机关

按照方便就近原则，纳税人自行办理或受托人为纳税人代为办理 2019 年度汇算的，向纳税人任职受雇单位所在地的主管税务机关申报；有两处及以上任职受雇单位的，可自主选择向其中一处单位所在地的主管税务机关申报。纳税人没有任职受雇单位的，向其户籍所在地或者经常居住地的主管税务机关申报。

扣缴义务人在年度汇算期内为纳税人办理年度汇算的，向扣缴义务人的主管税务机关申报。

10. 年度汇算的退税、补税

纳税人申请年度汇算退税，应当提供其在中国境内开设的符合条件的银行账户。税务机关按规定审核后，按照国库管理有关规定，在本公告第九条确定的接受年度汇算申报的税务机关所在地（即汇算清缴地）就地办理税款退库。纳税人未提供本人有效银行账户，或者提供的信息资料有误的，税务机关将通知纳税人更正，纳税人按要求更正后依法办理退税。

为方便纳税人获取退税，纳税人 2019 年度综合所得收入额不超过 6 万元且已预缴个人所得税的，税务机关在网上税务局（包括手机个人所得税 App）提供便捷退税功能，纳税人可以在 2020 年 3 月 1 日至 5 月 31 日期间，通过简易申报表办理年度汇算退税。

纳税人办理年度汇算补税的，可以通过网上银行、办税服务厅 POS 机刷卡、银行柜台、非银行支付机构等方式缴纳。

11. 年度汇算服务

税务机关推出系列优化服务措施，加强年度汇算的政策解读和操作辅导力度，分类编制办税指引，通俗解释政策口径、专业术语和操作流程，多渠道、多形式开展提示提醒服务，并通过手机个人所得税 App、网页端、12366 纳税服务热线等渠道提供涉税咨询，帮助纳税人解决办理年度汇算中的疑难问题，积极回应纳税人诉求。

为合理有序引导纳税人办理年度汇算，避免扎堆拥堵，主管税务机关将分批分期通知提醒纳税人在确定的时间段内办理。纳税人如需提前或延后办理的，可与税务机关预约或通过网上税务局(包括手机个人所得税 App)在法定年度汇算期内办理。因年长、行动不便等独立完成年度汇算存在特殊困难的，纳税人提出申请，税务机关可提供个性化年度汇算服务。

个人所得税税率表
（综合所得适用）

级数	全年应纳税所得额	税率（%）	速算扣除数
1	不超过 36 000 元的	3	0
2	超过 36 000 元至 144 000 元的	10	2 520
3	超过 144 000 元至 300 000 元的	20	16 920
4	超过 300 000 元至 420 000 元的	25	31 920
5	超过 420 000 元至 660 000 元的	30	52 920
6	超过 660 000 元至 960 000 元的	35	85 920
7	超过 960 000 元的	45	181 920

（三）政策解读

为贯彻党中央、国务院个人所得税改革决策部署，落实国务院常务会议精神，切实维护纳税人合法权益，确保纳税人顺利完成新税制实施后首次个人所得税综合所得汇算清缴（以下简称"年度汇算"），税务总局经过深入调研论证、借鉴国际通行做法，向社会公开征求意见并充分吸纳修改完善后，发布了《国家税务总局关于办理 2019 年度个人所得税综合所得汇算清缴事项的公告》（以下简称《公告》）。

1. 什么是年度汇算？

2019 年 1 月 1 日，新修改的个人所得税法全面实施。这次个人所得税改革，除提高"起征点"和增加六项专项附加扣除外，还在我国历史上首次建立了综合与分类相结合的个人所得税制。这样有利于平衡不同所得税负，更好发挥个人所得税收入分配调节作用。

综合税制，通俗讲就是"合并全年收入，按年计算税款"，与我国原先一直实行的分类税制相比，个人所得税的计算方法发生了改变，即将纳税人取得的工资薪金、劳务报酬、稿酬、特许权使用费四项所得合并为"综合所得"，以"年"为一个周期计算应该缴纳的个人所得税。平时取得这四项收入时，先由支付方（即扣缴义务人）依税法规定按月或者按次预扣预缴税款。年度终了，纳税人需要将上述四项所得的全年收入和可以扣除的费用进行汇总，收入额减去费用、扣除后，适用 3% ～ 45% 的综合所得年度税率表，计算全年应纳个人所得税，再减去年度内已经预缴的税款，向税务机关办理年度纳税申报并结清应退或应补税款，这个过程就是汇算清缴。简言之，就是在平时已预缴税款的基础上"查遗补漏，汇总收支，按年算账，多退少补"，这也是国际通行做法。

为便于公众理解，根据个人所得税法第二条和第十一条规定，《公告》第一条解释了年度汇算概念和内容。需要说明的是：

第一，我国个人所得税的纳税人分为居民个人和非居民个人，两者判定条件不同，所负有的纳税义务也不相同。《公告》第一条中所称"居民个人"，是指个人所得税法第一条规定的"在中国境内有住所，或者无住所而一个纳税年度内在中国境内居住累计满 183 天的个人"。也就是说，只有居民个人，才需要办理年度汇算。

第二，年度汇算之所以称为"年度"，是指仅限于计算并结清纳税年度的应退或者应补税款，不涉及以前年度，也不涉及以后年度。因此，2020 年纳税人办理年度汇算时仅需要汇总 2019 年度取得的综合所得。

第三，年度汇算的范围和内容，仅指此次个人所得税改革纳入综合所得范围的工资薪金、劳务报酬、稿酬、特许权使用费等四项所得；经营所得、利息股息红利所得、财产租赁所得、财产转让所得和偶然所得，依法均不纳入综合所得计税。同时，按照《财政部　税务总局关于个人所得税法修改后有关优惠政策衔接问题的通知》（财税〔2018〕164 号）规定，纳税人取得的可以不并入综合所得计算纳税的收入，也不在年度汇算范围内，如选择单独计税的全年一次性奖金，解除劳动关系、提前退休、内部退养取得的一次性补偿收入，等等。需要补充说明的是，纳税人若在 2019 年取得全年一次性奖金时是单独计算纳税的，年度汇算时也可选择并入综合所得计算纳税。

2. 为什么要做年度汇算？

一方面，年度汇算可以更加精准、全面落实各项税前扣除和税收优惠政策，更好保障纳税人的权益。比如，有的纳税人由于工作繁忙，可享受的税前扣除项目在平时没来得及申报享受；还有一些扣除项目，比如专项附加扣除中的大病医疗支出，只有年度结束，才能确切地知道支出金额是多少，这些扣除都可以通过年度汇算来补充享受办理。为此，《公告》专门在第四条分三类情形列出了年度汇算期间可以享受的税前扣除项目，既有平时可以扣除但纳税人未来得及申报扣除或没有足额扣除的，也有在年度汇算期间办理的扣除，提醒纳税人"查遗补漏"，充分享受改革红利。

另一方面，通过年度汇算，准确计算纳税人综合所得全年应该缴纳的个人所得税，如果预缴税额大于全年应纳税额，就要退还给纳税人。税法规定，纳税人平时取得综合所得时，仍需要依照一定的规则，先按月或按次计算并预扣预缴税款，这是世界上所有开征个人所得税国家的普遍做法。但由于实践中的情形十分复杂，因此无论采取怎样的预扣预缴方法，都不可能使所有的纳税人平时已预缴税额与年度应纳税额完全一致，此时两者之间就会产生"差额"。比如：年度中间，纳税人取得综合所得的收入波动过大或时断时续，在收入较高或有收入的月份按规定预缴了税款，但全年综合所得的收入额总计还不到 6 万元，减去全年基本减除费用 6 万元后，按年计算则无须缴纳个人所得税。这时，平时已预缴税款就需要通过年度汇算退还纳税人。

3. 哪些人不需要办理年度汇算？

一般来讲，只要纳税人平时已预缴税额与年度应纳税额不一致，都需要办理年度汇算。为切实减轻纳税人负担，持续释放改革红利，国务院专门明确对部分需补税的中低收入纳税人免除年度汇算义务，财政部、税务总局据此制发了《关于个人所得税综合所得汇算清缴涉及有关政策问题的公告》（2019 年第 94 号，以下简称"94 号财税公告"），细化明确了免予办理年度汇算的情形。《公告》第二条则根据这些规定，列明了无须办理 2019 年度汇算的纳税人：

一类是对部分本来应当办理年度汇算且需要补税的纳税人，免除其办理的义务。包括：《公告》第二条第一项所列的，纳税人只要综合所得年收入不超过 12 万元，则不论补税金额多少，均不需办理年度汇算；《公告》第二条第二项所列的，纳税人只要补税金额不超过 400 元，则不论综合所得年收入的高低，均不需办理年度汇算。需要说明的是，依据 94 号财税公告，纳税人取得综合所得时存在扣缴义务人未依法预扣预缴税款的情形，不包括在免予办理情形范围内。

第二类是《公告》第二条第三项规定的"已预缴税额与年度应纳税额一致或者不申请年度汇算退税的"纳税人。也就是说，如果纳税人平时已预缴税额与年度应纳税额完全一致，既不需要退税也不需要补税，也就无须办理年度汇算。如果纳税人自愿放弃退税，也无须办理年度汇算。

如果纳税人不太清楚自己全年收入到底有多少，或者不知晓怎样才能算出自己应该补税还是退税，具体补多少或者退多少，确定不了是否符合免予办理的条件，可以采取以下途径予以解决：一是纳税人可以向扣缴单位提出要求，按照税法规定，单位有责任将已发放的收入和已预缴税额等情况告诉纳税人；二是纳税人可以登录网上税务局（包括手机个人所得税 App），查询本人 2019 年度的收入和纳税申报明细记录；三是办理年度汇算时，税务机关将通过网上税务局，根据一定规则为纳税人提供申报表预填服务，如果纳税人对预填信息没有异议，系统就会自动计算出应补或应退税款，纳税人就可以知道自己是否符合豁免政策要求了。

4. 哪些人需要办理年度汇算？

依据税法和国务院常务会议精神，《公告》第三条明确了需要办理 2019 年度汇算的情形，分为退税、补税两类。

一类是预缴税额高于应纳税额，需要申请退税的纳税人。依法申请退税是纳税人的权利。从充分保障纳税人权益的角度出发，只要纳税人因为平时扣除不足或未申报扣除等原因导致多预缴了税款，无论收入高低，无论退税额多少，纳税人都可以申请退税。实践中有一些比较典型的情形，将产生或者可能产生退税，主要如下：

（1）2019 年度综合所得年收入额不足 6 万元，但平时预缴过个人所得税的

例：某纳税人 1 月领取工资 1 万元、个人缴付"三险一金"2 000 元，假设没有专项附加扣除，预缴个税 90 元；其他月份每月工资 4 000 元，无须预缴个税。全年看，因纳税人年收入额不足 6 万元无须缴税，因此预缴的 90 元税款可以申请退还。

（2）2019 年度有符合享受条件的专项附加扣除，但预缴税款时没有申报扣除的

例：某纳税人每月工资 1 万元、个人缴付"三险一金"2 000 元，有两个上小学的孩子，按规定可以每月享受 2 000 元（全年 24 000 元）的子女教育专项附加扣除。但因其在预缴环节未填报，使得计算个税时未减除子女教育专项附加扣除，全年预缴个税 1 080 元。其在年度汇算时填报了相关信息后可补充扣除 24 000 元，扣除后全年应纳个税 360 元，按规定其可以申请退税 720 元。

（3）因年中就业、退职或者部分月份没有收入等原因，减除费用6万元、"三险一金"等专项扣除、子女教育等专项附加扣除、企业（职业）年金以及商业健康保险、税收递延型养老保险等扣除不充分的

例：某纳税人于2019年8月底退休，退休前每月工资1万元、个人缴付"三险一金"2 000元，退休后领取基本养老金。假设没有专项附加扣除，1—8月预缴个税720元；后4个月基本养老金按规定免征个税。全年看，该纳税人仅扣除了4万元减除费用（8×5 000元/月），未充分扣除6万元减除费用。年度汇算足额扣除后，该纳税人可申请退税600元。

（4）没有任职受雇单位，仅取得劳务报酬、稿酬、特许权使用费所得，需要通过年度汇算办理各种税前扣除的
（5）纳税人取得劳务报酬、稿酬、特许权使用费所得，年度中间适用的预扣率高于全年综合所得年适用税率的

例：某纳税人每月固定一处取得劳务报酬1万元，适用20%预扣率后预缴个税1 600元，全年19 200元；全年算账，全年劳务报酬12万元，减除6万元费用（不考虑其他扣除）后，适用3%的综合所得税率，全年应纳税款1 080元。因此，可申请18 120元退税。

（6）预缴税款时，未申报享受或者未足额享受综合所得税收优惠的，如残疾人减征个人所得税优惠等
（7）有符合条件的公益慈善事业捐赠支出，但预缴税款时未办理扣除的等等
另一类是预缴税额小于应纳税额，应当补税的纳税人。依法补税是纳税人的义务。从有利于纳税人的角度出发，国务院对2019年度汇算补税作出了例外性规定，即只有综合所得年收入超过12万元且年度汇算补税金额在400元以上的纳税人，才需要办理年度汇算并补税。一些常见情形，将导致年度汇算时需要或可能需要补税，主要如下：
（1）在两个以上单位任职受雇并领取工资薪金，预缴税款时重复扣除了基本减除费用（5 000元/月）。
（2）除工资薪金外，纳税人还有劳务报酬、稿酬、特许权使用费所得，各项综合所得的收入加总后，导致适用综合所得年税率高于预扣率等。

5. 纳税人应在什么时间办理年度汇算？
依据税法规定，《公告》第五条明确了纳税人办理2019年度汇算的时间为2020年3月1日至6月30日。其中，在中国境内无住所的纳税人如果在2020年3月1日前离境的，可以在离境前办理年度汇算。

6. 纳税人可自主选择哪些办理方式？
《公告》第六条明确了办理年度汇算的三种方式：自己办、单位办、请人办。
一是自己办，即纳税人自行办理。纳税人可以自行办理年度汇算。税务机关将推出系列优化服务措施，加强年度汇算的政策解读和操作辅导力度，分类编制办税指引，

通俗解释政策口径、专业术语和操作流程，通过手机个人所得税 App、网页端、12366 纳税服务热线等渠道提供涉税咨询，解决办理年度汇算中的疑难问题，帮助纳税人顺利完成年度汇算。因年长、行动不便等独立完成年度汇算存在特殊困难的，纳税人提出申请，税务机关还可以提供个性化年度汇算服务。

二是单位办，即请任职受雇单位办理。考虑到多数纳税人主要从一个单位领取收入，单位对纳税人的涉税信息掌握的比较全面、准确，为更好地帮助纳税人办理年度汇算，《公告》第六条第二项规定，纳税人可以通过取得工资薪金或连续性取得劳务报酬所得（指保险营销员或证券经纪人）的扣缴义务人代为办理。如纳税人向这些扣缴义务人提出代办要求的，扣缴义务人应当办理，或者培训、辅导纳税人通过网上税务局自行完成年度汇算申报和退（补）税。这样有利于继续发挥源泉扣缴的传统优势，尽最大努力降低纳税人办税难度和负担。同时，税务机关将为扣缴单位提供申报软件，方便扣缴义务人为本单位职工集中办理年度汇算。

需要注意的是，纳税人选择由扣缴义务人代办年度汇算的，需在 2020 年 4 月 30 日前与扣缴义务人进行书面确认，同时将除本单位以外的 2019 年度全部综合所得收入、扣除、享受税收优惠等信息资料如实提供给扣缴义务人，并对真实性、准确性、完整性负责。

三是请人办，即委托涉税专业服务机构或其他单位及个人办理。纳税人可根据自己的情况和条件，自主委托涉税专业服务机构或其他单位、个人（以下称"受托人"）办理年度汇算。选择这种方式，受托人需与纳税人签订委托授权书，明确双方的权利、责任和义务。

需要提醒的是，扣缴义务人或者受托人为纳税人办理年度汇算后，应当及时将办理情况告知纳税人。纳税人如果发现申报信息存在错误，可以要求其办理更正申报，也可以自行办理更正申报。

7. 纳税人可通过什么渠道办理年度汇算？

《公告》第七条明确了办理年度汇算的渠道。为方便纳税人，税务机关提供了高效、快捷的网络办税渠道，纳税人可通过网上税务局办理年度汇算，税务机关还将按一定规则给纳税人提供申报表预填服务，因此建议纳税人优先选择使用网络渠道办理。如果纳税人不方便使用网络，也可以通过邮寄方式或者到办税服务厅办理。

选择邮寄申报的，各省（区、市）将指定专门受理邮寄申报的税务机关并向社会公告。纳税人如选择邮寄申报的，需根据自己实际情况，将申报表寄送至相应地址：有任职受雇单位的，需将申报表寄送至任职受雇单位所在省（区、市）税务局公告指定的税务机关；没有任职受雇单位的，寄送至户籍或者经常居住地所在省（区、市）税务局公告指定的税务机关。同时，为避免因信息填报有误或寄送地址不清而带来麻烦，纳税人应清晰、真实、准确填写本人的相关信息，尤其是姓名、纳税人识别号、有效联系方式等关键信息。为提高辩识度，寄送的申报表，建议使用电脑填报并打印、签字。

8. 纳税人办理年度汇算需要提交什么资料，保存多久？

为减轻纳税人负担，《公告》第八条明确了纳税人办理年度汇算，一般只需报送年度汇算申报表。如果修改本人相关基础信息、新增享受扣除或者税收优惠，才需一并报送修改或新增的相关信息。纳税人需仔细核对填报的信息，确保真实、准确、完整。

为便于后续服务和管理，纳税人及代办的扣缴义务人需将办理 2019 年度汇算的相关资料，自年度汇算期结束之日起留存 5 年（即至 2025 年 6 月 30 日）。

9. 纳税人向哪里的税务机关申报办理年度汇算？

按照方便就近的原则，《公告》第九条明确了接受年度汇算申报的税务机关。需要说明的是，这里的税务机关，是指接受纳税人提交的年度汇算申报并负责处理年度汇算相关事宜的税务机关，比如对纳税人提交的申报表进行必要的审核，给纳税人办理退税等等，并非等同于年度汇算"物理上的办理地点"。比如，纳税人若通过网络远程办理年度汇算，则可以不受物理空间的限制，在办公室、家里、旅途中都可以办理，但要在信息系统的提示帮助下，按照《公告》第九条的规定，在办税软件中正确选择税务机关并向其提交年度汇算申报，以便税务机关更好提供服务并处理后续相关事宜。当然，在网络办理不方便的情况下，纳税人也可以前往《公告》第九条规定的税务机关办理，此时，《公告》第九条规定的税务机关就是纳税人办理年度汇算的"实际地点"了。

负责接受纳税人年度汇算申报的税务机关，主要分为两种情形：

一是纳税人自行办理或受托人为纳税人代为办理年度汇算。（1）居民个人有任职受雇单位的，向其任职受雇单位所在地主管税务机关申报；有两处及以上任职受雇单位的，选择向其中一处单位所在地主管税务机关申报。（2）居民个人没有任职受雇单位的，向其户籍所在地或者经常居住地主管税务机关申报。居民个人已在中国境内申领居住证的，以居住证登载的居住地住址为经常居住地；没有申领居住证的，以当前实际居住地址为经常居住地。主要考虑是，上述判断标准清晰，且能在没有网络的情况下，最大程度上为纳税人提供就近办税的便利，而采用居住证的确定原则，还便于同纳税人享受基本公共服务等事项相衔接，有利于包括税务机关在内的政府各部门共同为纳税人提供便捷、高效的政务服务。

二是若由扣缴义务人在年度汇算期内为纳税人办理年度汇算，则可向扣缴义务人的主管税务机关申报。

10. 纳税人如何办理年度汇算退税、补税？

《公告》第十条明确了纳税人获取退税、办理补税的方式和渠道。如果年度汇算后有应退税额，则纳税人可以申请退税。只要纳税人在申报表的相应栏次勾选"申请退税"，即完成了申请提交。税务机关按规定履行必要的审核程序后即可为纳税人办理退税，退税款直达个人银行账户。特别需要注意的是，为确保税款及时、准确退付，纳税人一定要准确填写身份信息资料和在中国境内开设的符合条件的银行账户。

其中，对 2019 年度综合所得年收入额不足 6 万元，但因月度间工资薪金收入不均衡，或者取得劳务报酬、稿酬、特许权使用费所得，偶发性被预扣预缴了个人所得税的纳税人，税务机关将推送服务提示、预填简易申报表，纳税人只需确认已预缴税额、填写本人银行账户信息，即可通过网络实现快捷申请退税。同时，为让纳税人方便获取退税，建议这部分纳税人在 3 月 1 日至 5 月 31 日期间，通过简易方式办理退税。

纳税人办理年度汇算需要补税的，税务机关提供了多种便捷渠道，纳税人可以通过网上银行、办税服务厅 POS 机刷卡、银行柜台、非银行支付机构（即第三方支付）等方式缴纳应补税款。

最后需要说明的是，税务机关后续将会推出一系列的办税指引，通俗解释有关政策口径、专业术语和操作流程，并通过广播、电视、报刊、网络、公益广告、网上税务局、

12366纳税服务热线等渠道，不断加大年度汇算的政策解读和操作辅导力度，帮助有需要的纳税人顺利完成年度汇算。

同时，为帮助纳税人高效便捷、合理有序地完成年度汇算，避免扎堆拥堵，税务机关将通过一定方式分批分期通知提醒纳税人在确定的时间段内错峰办理。纳税人因工作繁忙等原因确不方便在此时间段内办理的，可在法定年度汇算期内，与税务机关预约或通过网上税务局办理。

八、公益慈善事业捐赠个人所得税政策

根据《财政部　税务总局关于公益慈善事业捐赠个人所得税政策的公告》（财政部　税务总局公告2019年第99号）的规定，为贯彻落实《中华人民共和国个人所得税法》及其实施条例有关规定，现将公益慈善事业捐赠有关个人所得税政策公告如下：

1.个人通过中华人民共和国境内公益性社会组织、县级以上人民政府及其部门等国家机关，向教育、扶贫、济困等公益慈善事业的捐赠（以下简称公益捐赠），发生的公益捐赠支出，可以按照个人所得税法有关规定在计算应纳税所得额时扣除。

前款所称境内公益性社会组织，包括依法设立或登记并按规定条件和程序取得公益性捐赠税前扣除资格的慈善组织、其他社会组织和群众团体。

2.个人发生的公益捐赠支出金额，按照以下规定确定：

（1）捐赠货币性资产的，按照实际捐赠金额确定。

（2）捐赠股权、房产的，按照个人持有股权、房产的财产原值确定。

（3）捐赠除股权、房产以外的其他非货币性资产的，按照非货币性资产的市场价格确定。

3.居民个人按照以下规定扣除公益捐赠支出：

（1）居民个人发生的公益捐赠支出可以在财产租赁所得、财产转让所得、利息股息红利所得、偶然所得（以下统称分类所得）、综合所得或者经营所得中扣除。在当期一个所得项目扣除不完的公益捐赠支出，可以按规定在其他所得项目中继续扣除。

（2）居民个人发生的公益捐赠支出，在综合所得、经营所得中扣除的，扣除限额分别为当年综合所得、当年经营所得应纳税所得额的30%；在分类所得中扣除的，扣除限额为当月分类所得应纳税所得额的30%。

（3）居民个人根据各项所得的收入、公益捐赠支出、适用税率等情况，自行决定在综合所得、分类所得、经营所得中扣除的公益捐赠支出的顺序。

4.居民个人在综合所得中扣除公益捐赠支出的，应按照以下规定处理：

（1）居民个人取得工资薪金所得的，可以选择在预扣预缴时扣除，也可以选择在年度汇算清缴时扣除。

居民个人选择在预扣预缴时扣除的，应按照累计预扣法计算扣除限额，其捐赠当月的扣除限额为截至当月累计应纳税所得额的30%（全额扣除的从其规定，下同）。个人从两处以上取得工资薪金所得，选择其中一处扣除，选择后当年不得变更。

（2）居民个人取得劳务报酬所得、稿酬所得、特许权使用费所得的，预扣预缴时不扣除公益捐赠支出，统一在汇算清缴时扣除。

（3）居民个人取得全年一次性奖金、股权激励等所得，且按规定采取不并入综合

所得而单独计税方式处理的，公益捐赠支出扣除比照本公告分类所得的扣除规定处理。

5.居民个人发生的公益捐赠支出，可在捐赠当月取得的分类所得中扣除。当月分类所得应扣除未扣除的公益捐赠支出，可以按照以下规定追补扣除：

（1）扣缴义务人已经代扣但尚未解缴税款的，居民个人可以向扣缴义务人提出追补扣除申请，退还已扣税款。

（2）扣缴义务人已经代扣且解缴税款的，居民个人可以在公益捐赠之日起90日内提请扣缴义务人向征收税款的税务机关办理更正申报追补扣除，税务机关和扣缴义务人应当予以办理。

（3）居民个人自行申报纳税的，可以在公益捐赠之日起90日内向主管税务机关办理更正申报追补扣除。

居民个人捐赠当月有多项多次分类所得的，应先在其中一项一次分类所得中扣除。已经在分类所得中扣除的公益捐赠支出，不再调整到其他所得中扣除。

6.在经营所得中扣除公益捐赠支出，应按以下规定处理：

（1）个体工商户发生的公益捐赠支出，在其经营所得中扣除。

（2）个人独资企业、合伙企业发生的公益捐赠支出，其个人投资者应当按照捐赠年度合伙企业的分配比例（个人独资企业分配比例为100%），计算归属于每一个人投资者的公益捐赠支出，个人投资者应将其归属的个人独资企业、合伙企业公益捐赠支出和本人需要在经营所得扣除的其他公益捐赠支出合并，在其经营所得中扣除。

（3）在经营所得中扣除公益捐赠支出的，可以选择在预缴税款时扣除，也可以选择在汇算清缴时扣除。

（4）经营所得采取核定征收方式的，不扣除公益捐赠支出。

7.非居民个人发生的公益捐赠支出，未超过其在公益捐赠支出发生的当月应纳税所得额30%的部分，可以从其应纳税所得额中扣除。扣除不完的公益捐赠支出，可以在经营所得中继续扣除。

非居民个人按规定可以在应纳税所得额中扣除公益捐赠支出而未实际扣除的，可按照本公告第五条规定追补扣除。

8.国务院规定对公益捐赠全额税前扣除的，按照规定执行。个人同时发生按30%扣除和全额扣除的公益捐赠支出，自行选择扣除次序。

9.公益性社会组织、国家机关在接受个人捐赠时，应当按照规定开具捐赠票据；个人索取捐赠票据的，应予以开具。

个人发生公益捐赠时不能及时取得捐赠票据的，可以暂时凭公益捐赠银行支付凭证扣除，并向扣缴义务人提供公益捐赠银行支付凭证复印件。个人应在捐赠之日起90日内向扣缴义务人补充提供捐赠票据，如果个人未按规定提供捐赠票据的，扣缴义务人应在30日内向主管税务机关报告。

机关、企事业单位统一组织员工开展公益捐赠的，纳税人可以凭汇总开具的捐赠票据和员工明细单扣除。

10.个人通过扣缴义务人享受公益捐赠扣除政策，应当告知扣缴义务人符合条件可扣除的公益捐赠支出金额，并提供捐赠票据的复印件，其中捐赠股权、房产的还应出示财产原值证明。扣缴义务人应当按照规定在预扣预缴、代扣代缴税款时予以扣除，并将公益捐赠扣除金额告知纳税人。

个人自行办理或扣缴义务人为个人办理公益捐赠扣除的，应当在申报时一并报送《个人所得税公益慈善事业捐赠扣除明细表》。个人应留存捐赠票据，留存期限为五年。

11. 本公告自 2019 年 1 月 1 日起施行。个人自 2019 年 1 月 1 日至本公告发布之日期间发生的公益捐赠支出，按照本公告规定可以在分类所得中扣除但未扣除的，可以在 2020 年 1 月 31 日前通过扣缴义务人向征收税款的税务机关提出追补扣除申请，税务机关应当按规定予以办理。

第四节　其他税费优惠政策解读

一、增值税小规模纳税人地方税种和相关附加减征政策

（一）总局地方税和相关附加减征公告

根据《国家税务总局关于增值税小规模纳税人地方税种和相关附加减征政策有关征管问题的公告》（国家税务总局公告 2019 年第 5 号）的规定，根据《财政部　税务总局关于实施小微企业普惠性税收减免政策的通知》（财税〔2019〕13 号），现就增值税小规模纳税人地方税种和相关附加减征政策有关征管问题公告如下：

1. 关于申报表的修订

修订《资源税纳税申报表》《城市维护建设税　教育费附加　地方教育附加申报表》《房产税纳税申报表》《城镇土地使用税纳税申报表》《印花税纳税申报（报告）表》《耕地占用税纳税申报表》，增加增值税小规模纳税人减征优惠申报有关数据项目，相应修改有关填表说明。

2. 关于纳税人类别变化时减征政策适用时间的确定

缴纳资源税、城市维护建设税、房产税、城镇土地使用税、印花税、耕地占用税、教育费附加和地方教育附加的增值税一般纳税人按规定转登记为小规模纳税人的，自成为小规模纳税人的当月起适用减征优惠。增值税小规模纳税人按规定登记为一般纳税人的，自一般纳税人生效之日起不再适用减征优惠；增值税年应税销售额超过小规模纳税人标准应当登记为一般纳税人而未登记，经税务机关通知，逾期仍不办理登记的，自逾期次月起不再适用减征优惠。

3. 关于减征优惠的办理方式

纳税人自行申报享受减征优惠，不需额外提交资料。

4. 关于纳税人未及时享受减征优惠的处理方式

纳税人符合条件但未及时申报享受减征优惠的，可依法申请退税或者抵减以后纳税期的应纳税款。

5. 施行时间

本公告自 2019 年 1 月 1 日起施行。本公告修订的表单自各省（自治区、直辖市）

人民政府确定减征比例的规定公布当日正式启用。各地启用本公告修订的表单后，不再使用《国家税务总局关于发布修订后的〈资源税纳税申报表〉的公告》（国家税务总局公告 2016 年第 38 号）中的《资源税纳税申报表》主表、《国家税务总局关于发布〈耕地占用税管理规程（试行）〉的公告》（国家税务总局公告 2016 年第 2 号，国家税务总局公告 2018 年第 31 号修改）中的《耕地占用税纳税申报表》。

（二）总局地方税和相关附加减征公告解读

为落实《财政部　税务总局关于实施小微企业普惠性税收减免政策的通知》（财税〔2019〕13 号，以下简称《通知》），税务总局发布《关于增值税小规模纳税人地方税种和相关附加减征政策有关征管问题的公告》（以下简称《公告》）。现解读如下：

1. 制定《公告》背景

为贯彻习近平总书记关于减税降费工作的重要指示精神，落实党中央、国务院关于支持小微企业发展的决策部署，财政部、税务总局联合下发了《通知》，明确由省、自治区、直辖市人民政府根据本地区实际情况，以及宏观调控需要确定，对增值税小规模纳税人可以在 50% 的税额幅度内减征资源税、城市维护建设税、房产税、城镇土地使用税、印花税、耕地占用税和教育费附加、地方教育附加。为确保广大增值税小规模纳税人能够及时、准确、便利享受减征优惠政策，税务总局制发本《公告》。

2.《公告》主要内容

（1）关于申报表的修订

本次共修订资源税、城市维护建设税、房产税、城镇土地使用税、印花税、耕地占用税、教育费附加和地方教育附加涉及的 6 张表单及填表说明。

一是落实政策要求，补充数据项目。考虑政策落地、便捷识别和计算税款的需要，在资源税、城市维护建设税、印花税、耕地占用税和教育费附加、地方教育附加涉及的 4 张纳税申报表主表上设置"本期是否适用增值税小规模纳税人减征政策""减征比例""本期增值税小规模纳税人减征额"3 个项目。在房产税、城镇土地使用税（以下简称房土税）涉及的 2 张纳税申报表主表上设置"本期是否适用增值税小规模纳税人减征政策""减征比例""本期增值税小规模纳税人减征额""本期适用增值税小规模纳税人减征政策起始时间""本期适用增值税小规模纳税人减征政策终止时间"5 个项目。

二是优化表单设计，减轻填报负担。本着减轻纳税人填报负担的原则，科学设计填报项目。上述项目中，"本期是否适用增值税小规模纳税人减征政策"项目为纳税人自主勾选项目。"减征比例"和"本期增值税小规模纳税人减征额"2 个项目为系统后台配置和自动生成数据，不需要纳税人填报。房土税纳税申报表主表中"本期适用增值税小规模纳税人减征政策起始时间""本期适用增值税小规模纳税人减征政策终止时间"2 个项目为纳税人类别发生变化时需填报项目，不发生变化，则无须填报。

同时，在 6 张表单的填表说明中对补充数据项目进行了说明，对关联数据项目"本期应补（退）税额"说明进行了相应修改。

（2）关于纳税人类别变化时减征政策适用时间的确定

为避免纳税人和税务机关对纳税人类型发生变化时享受减征优惠的具体时间产生

理解歧义，根据《增值税一般纳税人登记管理办法》（国家税务总局令第 43 号公布）和《国家税务总局关于统一小规模纳税人标准等若干增值税问题的公告》（国家税务总局公告 2018 年第 18 号），本着有利于纳税人和简化申报的原则，明确了有关规定。

缴纳资源税、城市维护建设税、房产税、城镇土地使用税、印花税、耕地占用税、教育费附加和地方教育附加的增值税一般纳税人按规定转登记为小规模纳税人的，自成为小规模纳税人的当月起适用减征优惠。增值税小规模纳税人按规定登记为一般纳税人的，自一般纳税人生效之日起不再适用减征优惠；增值税年应税销售额超过小规模纳税人标准应当登记为一般纳税人而未登记，经税务机关通知，逾期仍不办理登记的，自逾期次月起不再适用减征优惠。

（3）关于减征优惠办理方式

深入贯彻"放管服"改革要求，减轻纳税人报送资料负担，《公告》规定，本次减征优惠实行自行申报享受方式，不需额外提交资料。纳税人只要在申报表中勾选是否享受增值税小规模纳税人减征政策选项，系统自动计算减征金额，纳税人确认即可。

（4）关于纳税人未及时享受减征优惠的处理方式

《通知》规定，政策自 2019 年 1 月 1 日起执行。为确保纳税人足额享受减征优惠，《公告》规定，纳税人符合条件但未及时申报享受减征优惠的，可依法申请退税或者抵减以后纳税期的应纳税款。

3. 申报服务

税务机关将根据本次申报表修订情况，进一步升级和优化税收征管系统，通过信息推送、自动计算、自动成表等功能，提高政策落实的精准性、便利性，减轻纳税人的填报负担。

4. 施行时间

《公告》是与《通知》相配套的征管办法，自 2019 年 1 月 1 日起施行。鉴于各省（自治区、直辖市）人民政府确定减征比例的时点不同，《公告》明确，修订的表单自各省（自治区、直辖市）人民政府确定减征比例的规定公布当日正式启用。

二、降低社会保险费率

（一）国务院政策

根据《降低社会保险费率综合方案》（国办发〔2019〕13 号）的规定，为贯彻落实党中央、国务院决策部署，降低社会保险（以下简称社保）费率，完善社保制度，稳步推进社保费征收体制改革，制定本方案。

1. 降低养老保险单位缴费比例

自 2019 年 5 月 1 日起，降低城镇职工基本养老保险（包括企业和机关事业单位基本养老保险，以下简称养老保险）单位缴费比例。各省、自治区、直辖市及新疆生产建设兵团（以下统称省）养老保险单位缴费比例高于 16% 的，可降至 16%；目前低于 16% 的，要研究提出过渡办法。各省具体调整或过渡方案于 2019 年 4 月 15 日前报人力资源社会保障部、财政部备案。

2. 继续阶段性降低失业保险、工伤保险费率

自 2019 年 5 月 1 日起，实施失业保险总费率 1% 的省，延长阶段性降低失业保险费率的期限至 2020 年 4 月 30 日。自 2019 年 5 月 1 日起，延长阶段性降低工伤保险费率的期限至 2020 年 4 月 30 日，工伤保险基金累计结余可支付月数在 18 至 23 个月的统筹地区可以现行费率为基础下调 20%，累计结余可支付月数在 24 个月以上的统筹地区可以现行费率为基础下调 50%。

3. 调整社保缴费基数政策

调整就业人员平均工资计算口径。各省应以本省城镇非私营单位就业人员平均工资和城镇私营单位就业人员平均工资加权计算的全口径城镇单位就业人员平均工资，核定社保个人缴费基数上下限，合理降低部分参保人员和企业的社保缴费基数。调整就业人员平均工资计算口径后，各省要制定基本养老金计发办法的过渡措施，确保退休人员待遇水平平稳衔接。

完善个体工商户和灵活就业人员缴费基数政策。个体工商户和灵活就业人员参加企业职工基本养老保险，可以在本省全口径城镇单位就业人员平均工资的 60% 至 300% 之间选择适当的缴费基数。

4. 加快推进养老保险省级统筹

各省要结合降低养老保险单位缴费比例、调整社保缴费基数政策等措施，加快推进企业职工基本养老保险省级统筹，逐步统一养老保险参保缴费、单位及个人缴费基数核定办法等政策，2020 年底前实现企业职工基本养老保险基金省级统收统支。

5. 提高养老保险基金中央调剂比例

加大企业职工基本养老保险基金中央调剂力度，2019 年基金中央调剂比例提高至 3.5%，进一步均衡各省之间养老保险基金负担，确保企业离退休人员基本养老金按时足额发放。

6. 稳步推进社保费征收体制改革

企业职工基本养老保险和企业职工其他险种缴费，原则上暂按现行征收体制继续征收，稳定缴费方式，"成熟一省、移交一省"；机关事业单位社保费和城乡居民社保费征管职责如期划转。人力资源社会保障、税务、财政、医保部门要抓紧推进信息共享平台建设等各项工作，切实加强信息共享，确保征收工作有序衔接。妥善处理好企业历史欠费问题，在征收体制改革过程中不得自行对企业历史欠费进行集中清缴，不得采取任何增加小微企业实际缴费负担的做法，避免造成企业生产经营困难。同时，合理调整 2019 年社保基金收入预算。

7. 建立工作协调机制

国务院建立工作协调机制，统筹协调降低社保费率和社保费征收体制改革相关工作。县级以上地方政府要建立由政府负责人牵头，人力资源社会保障、财政、税务、医保等部门参加的工作协调机制，统筹协调降低社保费率以及征收体制改革过渡期间的工作衔接，提出具体安排，确保各项工作顺利进行。

8. 认真做好组织落实工作

各地区各有关部门要加强领导，精心组织实施。人力资源社会保障部、财政部、税务总局、国家医保局要加强指导和监督检查，及时研究解决工作中遇到的问题，确保各项政策措施落到实处。

（二）四部门落实政策

根据《人力资源社会保障部　财政部　税务总局　国家医保局关于贯彻落实〈降低社会保险费率综合方案〉的通知》（人社部发〔2019〕35 号）的规定，为做好《降低社会保险费率综合方案》（以下简称《方案》）的贯彻落实工作，现将有关事项通知如下：

1. 深入学习领会《方案》精神

降低社会保险费率是党中央、国务院作出的重大决策部署，是实施更大规模减税降费措施的重要内容，是应对经济下行压力的重要举措，对减轻企业负担、激发微观主体活力、促进经济增长具有重要作用，事关改革发展稳定全局。各级人力资源社会保障、财政、税务、医疗保障部门要高度重视，认真组织学习，深刻领会《方案》精神，进一步提高对降低社会保险费率重要性、必要性和紧迫性的认识，切实把思想和行动统一到党中央、国务院的决策部署上来，采取有效措施抓好落实，务必使企业特别是小微企业缴费负担有实质性下降。

2. 抓紧研究制定实施办法并做好组织实施工作

各地要根据《方案》精神和要求，结合本地实际情况，在党委、政府的领导下制定本地区实施办法，在组织领导、具体任务、政策措施、工作进度、监督检查等方面作出周密部署，层层压实责任，紧扣时间节点，对标对表加以推进。要严格执行《方案》有关规定，各地政策要规范统一，防止政策多样，严禁"边规范，边突破"。各部门要在党委（党组）领导下，紧紧围绕降费目标，统筹研究，明确职责，迅速行动，制定本部门的工作方案，并按照工作方案要求抓好组织实施，确保各项政策有效落地落细。

3. 准确把握《方案》的有关政策

（1）关于降低养老保险单位缴费比例。各地企业职工基本养老保险单位缴费比例高于 16% 的，可降至 16%；低于 16% 的，要研究提出过渡办法。省内单位缴费比例不统一的，高于 16% 的地市可降至 16%；低于 16% 的，要研究提出过渡办法。目前暂不调整单位缴费比例的地区，要按照公平统一的原则，研究提出过渡方案。各地机关事业单位基本养老保险单位缴费比例可降至 16%。

（2）关于继续阶段性降低失业保险费率。自 2019 年 5 月 1 日起，实施失业保险总费率 1% 的省份，延长阶段性降低失业保险费率的期限至 2020 年 4 月 30 日。

（3）关于继续阶段性降低工伤保险费率。按照《人力资源社会保障部　财政部关于阶段性降低社会保险费率的通知》（人社部发〔2018〕25 号）已纳入降费范围的统筹地区，原则上继续实施，保持力度不减。此前未纳入降费范围但截至 2018 年底累计结余可支付月数达到阶段性降费条件的统筹地区，要按规定下调费率，确保将符合条件的统筹地区全部纳入降费范围。阶段性降费率期间，费率确定后，一般不做调整。

（4）关于调整就业人员平均工资计算口径。各省应以本省城镇非私营单位就业人员平均工资和城镇私营单位就业人员平均工资加权计算的全口径城镇单位就业人员平均工资，核定社保个人缴费基数上下限，合理降低部分参保人员和企业的社保缴费基数。调整就业人员平均工资计算口径后，为保证新退休人员待遇水平平稳衔接，人力资源社会保障部、财政部将提出基本养老金计发办法的过渡措施，并加强对各地的指导。

（5）关于完善个体工商户和灵活就业人员缴费基数政策。个体工商户和灵活就业人员参加企业职工基本养老保险，按照调整计算口径后的本地全口径城镇单位就业人员平均工资，核定社保个人缴费基数上下限，允许缴费人在 60% 至 300% 之间选择适当的缴费基数，以减轻其缴费负担、促进参保缴费。

（6）关于加快推进企业职工基本养老保险省级统筹。各地要逐步统一养老保险政策，完善省级统筹制度，为全国统筹打好基础。2020 年底前实现企业职工基本养老保险基金省级统收统支。人力资源社会保障部、财政部将印发关于推进省级统筹的具体指导意见。

（7）关于提高企业职工基本养老保险基金中央调剂比例。为进一步均衡各省份之间养老保险基金负担，逐步提高企业职工基本养老保险基金中央调剂比例，确保企业离退休人员基本养老金按时足额发放，2019 年基金中央调剂比例提高至 3.5%。具体工作由人力资源社会保障部、财政部另行部署。

（8）关于稳步推进社保费征收体制改革。企业职工基本养老保险和企业职工其他险种缴费，原则上暂按现行征收体制继续征收，稳定缴费方式，"成熟一省、移交一省"；机关事业单位社保费和城乡居民社保费征管职责如期划转。人力资源社会保障、税务、财政、医保部门要抓紧推进信息共享平台建设等各项工作，切实加强信息共享，确保征收工作有序衔接。各地要按照要求，合理调整 2019 年社会保险基金收入预算。妥善处理好企业历史欠费问题，在征收体制改革过程中不得自行对企业历史欠费进行集中清缴，不得采取任何增加小微企业实际缴费负担的做法，避免造成企业生产经营困难，务必使企业特别是小微企业社保缴费负担有实质性下降。

4. 各部门在政府协调机制下加强协作配合

各级人力资源社会保障、财政、税务、医疗保障等部门，要在地方政府的领导下，完善降低社会保险费率及征收体制改革工作协调机制，切实加强部门协作配合，协商解决社会保险费征管工作中的重点、难点问题。畅通工作协调机制，统筹做好降低社会保险费率以及征收体制改革过渡期间的工作衔接，提出具体工作安排，确保各项工作顺利进行。

5. 科学做好降费核算工作

各地要共同做好社保降费政策落实情况的统计核算和效应分析，做到"心中有数""底账清晰"；要协同提高数据质量，为做好社保降费核算奠定数据基础；要协商建立统计核算分析体系，不断提高社保降费核算的全面性、准确性、时效性，确保客观反映降费效果；要联合开展社保降费政策实施情况评估，及时向上级部门报告政策运行及效应分析情况。

6. 全面开展宣传工作

各地要组织各方力量，紧跟时代步伐，聚焦全媒体时代和媒体融合发展，丰富宣传形式，拓宽宣传渠道，注重宣传实效，宣传好降低社会保险费率的重大意义，总体筹划，突出重点，正确引导舆论，为社保降费政策落实落地营造良好的舆论氛围。统一明确宣传口径，紧扣时间节点，确保宣传步调一致，依托权威媒体，进一步提高社会参与度和知晓度，准确解读各项政策，针对群众关切问题解疑释惑。

7. 逐级抓实培训工作

各地要充分认识进一步加强《方案》学习培训的重要性、紧迫性和长期性，针对不同类型、不同层级、不同岗位人员，做好培训安排，创新培训方式，不断增强学习培训的针对性、实效性。人力资源社会保障部、税务总局已举办落实《方案》专题培训班，对省级人力资源社会保障部门、税务部门进行联合培训，组织集中研讨。各地也要结合实际，集中组织开展不同层次的业务培训工作，帮助相关工作机构和工作人员全面、准确理解掌握政策，明确操作流程和具体要求，提高贯彻《方案》的政策水平和业务能力。

各地要加强组织领导和工作指导，周密安排部署，采取有力措施，抓好组织实施，层层压实责任，及时掌握实施情况，认真分析遇到的情况和问题，研究提出解决办法，确保各项工作平稳进行；要从本地实际出发，注重动态跟踪，认真排查风险点，制定相关预案，把工作做实做细，确保社保待遇不受影响、养老金足额发放，维护参保人合法权益，保持社会稳定；遇有重大情况和问题要及时报告人力资源社会保障部、财政部、税务总局、国家医保局。

（三）政策解读

近日，为减轻企业负担、优化营商环境、完善社会保险制度，国务院办公厅印发《降低社会保险费率综合方案》（以下简称《方案》）。人力资源社会保障部、财政部、税务总局、国家医保局等四部门有关负责人就《方案》相关问题回答记者提问。

1.《方案》的出台背景是什么？

解答：党中央、国务院高度重视降低社保费率、减轻企业缴费负担工作。2015 年以来先后 5 次降低或阶段性降低社保费率，涉及企业职工基本养老保险、失业保险、工伤保险和生育保险，预计 2015 年到今年 4 月 30 日现行阶段性降费率政策执行期满，共可减轻企业社保缴费负担近 5 000 亿元。随着我国经济发展出现一系列新形势新情况，企业对进一步降低社保费率的呼声较强，党中央、国务院提出新的要求。习近平总书记 2018 年 11 月在民营企业座谈会上强调，要根据实际情况，降低社保缴费名义费率，稳定缴费方式，确保企业社保缴费实际负担有实质性下降，在去年底的中央经济工作会议上对实施更大规模减税降费提出明确要求。李克强总理多次研究部署降低社保费率问题，在今年《政府工作报告》中明确提出各地可将养老保险单位缴费比例降至 16%。按照党中央、国务院决策部署，四部门在深入研究论证，广泛听取各方面意见的基础上，起草了《方案》，经 3 月 26 日国务院第 42 次常务会议审议通过，已由国务院办公厅正式印发。4 月 3 日，韩正副总理、胡春华副总理出席降低社会保险费率工作会议，对实施工作进行了部署，要求把降低社保费率的好事办实、把实事办好。

2.《方案》的总体考虑是什么？具体包括哪些内容？

解答：《方案》的总体考虑是统筹考虑降低社会保险费率、完善社会保险制度、稳步推进社会保险费征收体制改革，综合施策，确保企业社会保险缴费实际负担有实质性下降，确保各项社会保险待遇按时足额支付。

《方案》共分八个部分，具体包括：一是降低城镇职工基本养老保险单位缴费比例，高于 16% 的省份，可降至 16%；二是继续阶段性降低失业保险和工伤保险费率，现行的阶段性降费率政策到期后再延长一年至 2020 年 4 月 30 日；三是调整社保缴费基数政策,将城镇非私营单位和城镇私营单位就业人员平均工资加权计算的全口径城镇单位就业人员平均工资作为核定职工缴费基数上下限的指标,个体工商户和灵活就业人员可在一定范围内自愿选择适当的缴费基数;四是加快推进养老保险省级统筹,逐步统一养老保险政策,2020 年底前实现基金省级统收统支;五是提高养老保险基金中央调剂比例,今年调剂比例提高至 3.5%;六是稳步推进社保费征收体制改革,企业职工各险种原则上暂按现行征收体制继续征收,"成熟一省、移交一省",在征收体制改革过程中不得自行对企业历史欠费进行集中清缴,不得采取任何增加小微企业实际缴费负担的做法;七是建立工作协调机制。在国务院层面和县级以上各级政府建立由政府有关负责同志牵头,相关部门参加的工作协调机制;八是认真做好组织落实工作。《方案》实施到位后,预计 2019 年全年可减轻社保缴费负担 3 000 多亿元。

3.《方案》提出城镇职工基本养老保险单位缴费比例可降至 16%,这项措施会有什么效果?

解答:目前,各省份(含新疆生产建设兵团)企业缴费比例不统一,高的省份20%,多数省份阶段性降至 19%,还有个别省份 14% 左右。单位缴费比例总体较高,有一定下调空间;且地区之间差异大,不同地区企业缴费负担不同,竞争不公平,也不利于养老保险制度的长远发展。

根据《方案》,各省单位缴费比例可降至 16%,一是单位缴费比例最多可降低 4个百分点,不设条件,也不是阶段性政策,而是长期性制度安排,政策力度大,普惠性强,减负效果明显,彰显了中央减轻企业社保缴费负担的鲜明态度和坚定决心;二是各地降费率后,全国费率差异缩小,有利于均衡企业缴费负担,促进形成公平的市场竞争环境,也有利于全国费率逐步统一,促进实现养老保险全国统筹;三是降低费率后,参保缴费"门槛"下降,有利于提高企业和职工的参保积极性,将更多的职工纳入职工养老保险制度中来,形成企业发展与养老保险制度发展的良性循环。

4. 各省份城镇职工基本养老保险基金结余情况不一,有的省份基金支大于收,如何降低养老保险费率?

解答:根据《方案》,城镇职工基本养老保险单位缴费比例高于 16% 的省份,都可将养老保险单位缴费比例降到 16%。具体降低比例由各省提出,与目前省级政府承担确保养老金发放的主体责任是一致的。目前,我国养老保险基金结余分布的确存在着一定的结构性问题。受制度抚养比不同等因素影响,养老保险基金结余存在地区差异,各省份降费率面临的压力不同。一般来说,抚养比高的地区,基金结余情况较为乐观,降费率面临的困难较小;而抚养比低的地区,基金收支平衡压力较大,降费率面临着一定的现实困难,对此,中央将通过继续加大财政补助力度、提高企业职工基本养老保险基金中央调剂比例等措施给予支持,帮助这些地区降费率后能够确保养老金按时足额发放,为形成公平的市场竞争环境创造条件,促进企业发展与养老保险制度建设的良性循环。

5.《方案》提出延长阶段性降低失业保险和工伤保险费率期限,是如何考虑的?

解答:2015 年 3 月,国务院决定失业保险总费率由 3% 降至 2%;2016 年 5月,国务院决定由 2% 阶段性降至 1% ～ 1.5%;2017 年 1 月,国务院决定总费率为1.5% 的省份降至 1%,期限 1 年。2018 年 4 月,国务院决定实施 1% 费率政策的期限延长至 2019 年 4 月 30 日。2015 年至 2018 年,通过降低失业保险费率,失业保险基金共减收约 3 000 亿元。目前，失业保险基金累计结余备付能力较强，有条件继续执行阶段性降费政策，各地可以确保降费率政策落实，为企业减负的同时，可确保失业保险待遇水平不降低和按时足额发放，确保失业保险基金平稳运行。《方案》明确继续延长阶段性降低失业保险费率政策执行期限至 2020 年 4 月 30 日。我国工伤保险实行行业差别与单位浮动相结合的费率制度。2015 年，按照中央关于"适时适当降低社会保险费率"要求，人力资源社会保障部、财政部联合下发《关于调整工伤保险费率政策的通知》（人社部发〔2015〕71 号），在总体降低工伤保险费率水平的基础上，调整完善了原有的工伤保险费率政策，基准费率由原来的按三类风险行业划分细化为八类。为降低单位社保缴费成本，2018 年，人力资源社会保障部、财政部联合下发《关于继续阶段性降低社会保险费率的通知》（人社部发〔2018〕25 号），规定自 2018 年 5 月至 2019 年 4 月阶段性下调工伤保险费率。为进一步减轻企业社保缴费成本，国务院决定工伤保险阶段性降费政策执行期限延长 1 年，即自 2019 年 5 月 1 日起，延长阶段性降低工伤保险费率的期限至 2020 年 4 月 30 日，工伤保险基金累计结余可支付月数在 18 至 23 个月的统筹地区可以现行费率为基础下调 20%，累计结余可支付月数在 24 个月以上的统筹地区可以现行费率为基础下调 50%。

6.《方案》对缴费基数政策也进行了调整，与之前政策相比有什么变化？

解答：缴费基数也是影响企业和个人社保缴费负担的重要参数。根据《方案》，缴费基数政策也要进行调整：一是明确将城镇非私营单位和城镇私营单位就业人员平均工资加权计算的全口径城镇单位就业人员平均工资作为核定职工缴费基数上下限的指标；二是个体工商户和灵活就业人员参加养老保险，可在全口径城镇单位就业人员平均工资的 60% 至 300% 范围内选择适当的缴费基数。

主要考虑，全口径城镇单位就业人员平均工资，比原政策规定的非私营单位在岗职工平均工资，能够更合理地反映参保人员实际平均工资水平，以此来核定个人缴费基数上下限，工资水平较低的职工缴费基数可相应降低，缴费负担减轻。部分企业，特别是部分小微企业或劳动密集型企业，不少职工按照缴费基数下限缴费，企业缴费负担也可进一步减轻，能更多受益。举个例子，假设某地区非私营单位在岗职工平均工资为 6 000 元，则原个人缴费基数下限为 3 600 元，如某职工月工资水平为 3 000 元，需按缴费基数下限 3 600 元计算缴费金额；计算口径调整后，全口径城镇单位就业人员平均工资为 5 000 元，则个人缴费基数下限相应降低到 3 000 元，该职工就可按 3 000 元计算缴费金额，前后对比，月缴费基数减少 600 元，个人缴费比例 8%，月缴费负担相应减轻 48 元，如其所在企业以个人缴费基数之和确定单位缴费基数，则企业每月缴费基数也相应减少 600 元，缴费负担可进一步减轻。对个体工商户和灵活就业人员而言，政策调整后，不仅平均工资口径调整、标准降低，选择范围也变大，选择低基数的可以进一步减轻缴费负担，收入较高的人员也可以选择较高的缴费基数，来提高自己退休后的养老金水平。比如，按上例，如为灵活就业人员，月缴费基数可从 6 000 元改为以 3 000 元下限缴费，则月缴费基数减少 3 000 元，按 20% 比例缴费，月缴费负担相应减轻 600 元。

7. 目前，养老保险省级统筹工作进展情况如何？《方案》对此有何要求？

解答：社会保险基金的集中统筹调剂使用是发挥社会保险制度保障功能的核心，提高社会保险统筹层次是社会保险制度的内在要求，基金统筹层次越高，越有利于分散风险，增强基金保障能力。党的十九大明确要求尽快实现养老保险全国统筹。目前，各省份（含新疆生产建设兵团）已初步建立了企业职工基本养老保险省级统筹制度，但各地进展不平衡，部分省份已实现养老保险基金省级统收统支，大部分省份实行的是养老保险基金省级调剂制度，基金统筹共济作用发挥还不充分。另外，个别省份还存在省内养老保险政策不统一等问题，需要逐步统一规范。

党中央、国务院对加快推进省级统筹工作高度重视，去年底召开的中央经济工作会议和今年的《政府工作报告》都对加快推进养老保险省级统筹提出要求。加快推进省级统筹是完善养老保险制度的必然要求，也是实现养老保险全国统筹的基础。为此，《方案》要求各省份要加快推进省级统筹，逐步统一养老保险政策，2020年底前实现基金省级统收统支，为养老保险全国统筹打好坚实基础。

8. 推进企业职工基本养老保险基金中央调剂制度有什么进展？《方案》对今年的基金中央调剂工作有何安排？

解答：企业职工基本养老保险基金中央调剂制度是养老保险全国统筹的第一步，2018年7月1日起建立实施。去年调剂比例为3%，半年中央调剂基金总规模2400多亿元，7个东部省份净上解资金610亿元，22个中西部和老工业基地省份受益，对均衡地区之间养老保险基负担发挥积极作用。《方案》明确2019年基金中央调剂比例将提高到3.5%，预计全年基金调剂规模约为6 000多亿元，受益省份受益额将达到1 600亿元左右，调剂力度比2018年明显加大，将进一步均衡各省之间养老保险基金负担，为实施降低社保费率工作提供有力支持。

9. 《方案》实施后，社保费征收工作将如何开展？

解答：根据《方案》，企业职工基本养老保险和企业职工其他险种缴费，原则上暂按现行征收体制继续征收，即原由社保征收的继续由社保征收，原由税务征收的继续由税务征收，稳定缴费方式，"成熟一省、移交一省"。机关事业单位社保费和城乡居民社保费征管职责如期划转至税务部门。

10. 降低养老保险费率后，养老金按时足额发放是否会受到影响？

解答：降低养老保险费率在有效减轻企业社保缴费负担的同时，确实会减少养老保险基金收入，加大基金收支压力，但全国养老保险基金整体收大于支，滚存结余不断增加，总体上不会造成养老金支付风险，不会影响养老金按时足额发放。根据最新年报统计，2018年，企业职工基本养老保险基金各项收入3.7万亿元，支出3.2万亿元，2018年底基金累积结余约4.8万亿元，有较强的支撑能力。据测算，降费后，未来一段时期仍能保持当期收支有结余。在确保发放的同时，随着经济社会发展，国家还将继续提高退休人员养老金水平。目前，人力资源社会保障部、财政部正按照国务院部署组织实施2019年基本养老金年度调整工作，这也是连续第15年提高企业退休人员基本养老金水平，今年总体提高比例为5%，预计将有1亿左右企业退休人员受益。

11. 降低费率后，部分地区可能出现基金收支矛盾更加突出的问题，有何应对措施？

解答：从结构上看，绝大部分省份在执行降费政策后，基金收支状况比较稳健，具有较好的支撑能力。对于降费后部分地区基金收支压力加大的问题，有关部门将采取有效措施妥善应对。一是继续加大中央财政对基本养老保险基金的补助。2019年，中央财政安排企业职工基本养老保险补助资金5 285亿元，同比增长9.4%，重点向基金收支矛盾较为突出的中西部地区和老工业基地省份倾斜。二是进一步加大基本养老保险基金中央调剂力度，2019 年调剂比例提高到 3.5%，今后还将逐步提高，将进一步缓解中西部地区和老工业基地省份养老金支付压力。三是压实省级政府的主体责任。省级政府要强化责任，建立健全省、市、县基金缺口分担机制，通过盘活存量资金、处置国有资产、财政预算安排等多渠道筹措资金弥补基金缺口。对特殊困难省份，在省级政府主体责任充分落实到位的基础上，中央可通过适当的方式给予帮助。此外，相关部门还将通过继续推进划转部分国有资本充实社保基金、积极稳妥开展养老保险基金投资运营、健全激励约束机制等措施，增强养老保险基金支撑能力，促进养老保险制度可持续发展。

12. 将采取哪些措施来保障《方案》的实施？

解答：为保障参保单位和职工应享尽享降费红利，确保《方案》各项部署落地见效，打赢"降费减负"这场硬仗，将采取以下措施：一是指导各省抓紧制定调整养老保险费率的具体方案，坚持目标导向和结果导向，确保降费率政策 5 月 1 日如期落地实施，坚决兑现对企业和社会的承诺；二是建立定期调度机制，将及时跟踪各地政策制定及实施情况，指导地方实而又实、细而又细地落实好《方案》各项措施，让市场主体特别是小微企业有明显降费感受，不断增强参保单位和职工的政策获得感；三是开展政策总结评估，适时对政策实施效果开展全面评估，及时研究解决工作推进中遇到的新情况新问题，查缺补漏，努力达到政策实施的最优效果；四是强化监测预警，坚决兜牢民生底线。对《方案》实施后的基金运行情况做好后续跟踪，既要减轻企业缴费负担，又要保障职工社保待遇不变、养老金合理增长并按时足额发放，使社保基金可持续、企业与职工同受益。

三、优化房地产交易办税方式

（一）基本政策

根据《国家税务总局关于优化房地产交易办税方式的公告》（国家税务总局公告 2019 年第 19 号）的规定，为深化"放管服"改革，贯彻落实《国务院办公厅关于压缩不动产登记办理时间的通知》（国办发〔2019〕8 号）要求，打造一流营商环境，进一步增强纳税人改革获得感，现就优化房地产交易办税方式有关事项公告如下：

1. 拓宽办税渠道，推行网上预核

税务部门要充分发挥互联网优势，按照税务总局统一规范，基于电子税务局各类办税渠道，推行房地产交易税收网上预核，实现纳税人线上提交资料，税务部门预核并反馈信息，减少现场办税时间，缓解窗口压力。有条件的地区，可通过共享各部门信息，依托电子税务局实现网上计算税款、核实优惠、缴纳税款、开具凭证等功能，为纳税人提供全流程网上办税服务。

2. 推动部门合作，实行一窗受理

税务部门要积极会同自然资源、住房城乡建设等部门推行设立房地产交易、办税、登记综合窗口，一次性收取各部门业务事项所需全部资料。不具备设置综合窗口条件的地区，税务部门要主动配合相关部门整合各业务事项所需资料，推动由一个部门的窗口统一受理，通过内部流转，传递给其他部门，避免资料重复提交和纳税人多跑路。

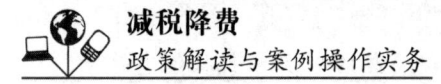

3.优化服务流程，推行业务联办

税务部门要联合自然资源、住房城乡建设等部门积极稳妥推行业务联办。可依托政府政务信息平台，推进信息共享，在此基础上，通过优化服务流程，联通业务办理系统，减少环节和手续，提升办事效率。有条件的地区，可与相关部门共同探索实施"网上业务联办"。

本公告自发布之日起施行，《国家税务总局关于征收机关直接征收契税的通知》（国税发〔2004〕137号）同时废止。

（二）政策解读

现就《国家税务总局关于优化房地产交易办税方式的公告》（以下简称《公告》）内容解读如下：

1.出台背景

为深入贯彻落实《国务院办公厅关于压缩不动产登记办理时间的通知》（国办发〔2019〕8号）有关要求，稳步推行"网上预核""一窗受理""业务联办"，优化房地产交易税收环境，提升办税效率，增强企业和群众改革获得感，税务总局制发了《公告》。

2.内容解读

（1）拓宽办税渠道，推行网上预核。税务部门要创造条件，为纳税人提供多种办税渠道，解决现场办税拥堵等问题。要结合本地实际情况，充分发挥互联网优势，依托电子税务局各类办税渠道，探索建立网上办税平台，实施网上预核。纳税人可通过网上提交相关资料，税务部门事先对资料是否齐全等情况进行核实后，通知纳税人到办税服务大厅办理相关涉税业务，以减少现场排队等候时间。已实现全流程网上办税的地区，纳税人还可直接选择网上缴税。

（2）深化部门合作，推行一窗受理。为解决纳税人在不同部门之间往返跑路及重复提交资料问题，税务部门要与相关部门积极配合，推动设置房地产交易、办税、登记综合窗口，统一受理各部门业务事项所需资料，相同资料不得重复提交。

（3）优化服务流程，推行业务联办。为解决办事环节多、时间长等问题，税务部门要加强与相关部门协作，在共享涉税信息的基础上，整合服务流程，推动实施业务联办。纳税人提交相关材料后，受理部门将资料信息录入系统，并通过共享平台传递给其他部门，由各部门并行办理相关事宜，税务部门将契税完税情况传递给不动产登记部门，方便其为当事人办理不动产登记。有条件的地区，可与相关部门共同探索开发面向纳税人的网上联办应用程序，进一步提升房地产交易办税的服务水平。此外，为进一步减少办事环节，提升契税征管效率，各地在大力推行网上预核、一窗受理、业务联办的基础上，确有必要的，可根据有利于税收管理和方便纳税的要求，依法委托房地产管理部门代征契税。为此，《公告》明确停止执行《国家税务总局关于征收机关直接征收契税的通知》（国税发〔2004〕137号）。

3.执行时间

公告自发布之日起施行。《国家税务总局关于征收机关直接征收契税的通知》（国税发〔2004〕137号）自公告发布之日起停止执行。

四、城镇土地使用税等"六税一费"优惠事项资料留存备查

（一）基本政策

根据《国家税务总局关于城镇土地使用税等"六税一费"优惠事项资料留存备查的公告》（国家税务总局公告 2019 年第 21 号）的规定，为贯彻落实党中央、国务院关于优化税务执法方式、深化"放管服"改革、改善营商环境的决策部署，切实减轻纳税人、缴费人（以下统称纳税人）负担，税务总局决定，对城镇土地使用税、房产税、耕地占用税、车船税、印花税、城市维护建设税、教育费附加（以下简称"六税一费"）享受优惠有关资料实行留存备查管理方式。现就有关事项公告如下：

1. 纳税人享受"六税一费"优惠实行"自行判别、申报享受、有关资料留存备查"办理方式，申报时无须再向税务机关提供有关资料。纳税人根据具体政策规定自行判断是否符合优惠条件，符合条件的，纳税人申报享受税收优惠，并将有关资料留存备查。

2. 纳税人对"六税一费"优惠事项留存备查资料的真实性、合法性承担法律责任。

3. 各级税务机关根据国家税收法律、法规、规章、规范性文件等规定开展"六税一费"减免税后续管理。对不应当享受减免税的，依法追缴已享受的减免税款，并予以相应处理。

4. 城镇土地使用税、房产税困难减免税不适用上述规定，仍按照现行规定办理。

5. 本公告自发布之日起施行。《印花税管理规程（试行）》（国家税务总局公告 2016 年第 77 号发布，国家税务总局公告 2018 年第 31 号修改）第二十二条、第二十三条，《耕地占用税管理规程（试行）》（国家税务总局公告 2016 年第 2 号发布，国家税务总局公告 2018 年第 31 号修改）第四十一条、四十二条、四十三条，《车船税管理规程（试行）》（国家税务总局公告 2015 年第 83 号发布，国家税务总局公告 2018 年第 31 号修改）第二十三条第三项相应废止。

（二）政策解读

1. 制定《公告》背景

为贯彻落实党中央、国务院关于优化税务执法方式、深化"放管服"改革、改善营商环境的决策部署，切实减轻纳税人、缴费人（以下统称纳税人）负担，税务总局决定改进税收优惠事项管理方式，进一步精简申报资料，对城镇土地使用税等"六税一费"优惠事项资料实行留存备查管理方式，申报时无须再向税务机关提供有关资料。

2.《公告》主要内容及有关考虑

（1）资料实行留存备查的税收优惠事项

纳入此次优惠资料留存备查范围的是城镇土地使用税、房产税、耕地占用税、车船税、印花税、城市维护建设税、教育费附加等"六税一费"优惠事项，城镇土地使用税、房产税困难减免税除外。

（2）纳税人申报享受税收优惠的方式及有关法律责任

为深入贯彻"放管服"改革要求，简化申报方式，《公告》明确纳税人享受城镇土地使用税、房产税、耕地占用税、车船税、印花税、城市维护建设税、教育费附加优惠事项实行"自行判别、申报享受、有关资料留存备查"的办理方式。纳税人对优惠事项留存备查资料的真实性、合法性承担法律责任。

（3）后续管理措施

上述优惠事项实行资料留存备查管理方式后，各级税务机关根据国家税收法律、法规、规章、规范性文件等规定开展减免税后续管理，如风险管理、税务检查等。对不应当享受减免税的，依法追缴已享受的减免税款，并予以相应处理。

3. 施行时间

为保障纳税人及早享受办税便利，减轻办税负担，《公告》自发布之日起施行。

五、城市公交企业购置公共汽电车免征车辆购置税

（一）基本政策

根据《财政部 税务总局关于车辆购置税有关具体政策的公告》（财政部 税务总局公告2019年第71号）的规定，为贯彻落实《中华人民共和国车辆购置税法》，现就车辆购置税有关具体政策公告如下：

1. 地铁、轻轨等城市轨道交通车辆，装载机、平地机、挖掘机、推土机等轮式专用机械车，以及起重机（吊车）、叉车、电动摩托车，不属于应税车辆。

2. 纳税人购买自用应税车辆实际支付给销售者的全部价款，依据纳税人购买应税车辆时相关凭证载明的价格确定，不包括增值税税款。

3. 纳税人进口自用应税车辆，是指纳税人直接从境外进口或者委托代理进口自用的应税车辆，不包括在境内购买的进口车辆。

4. 纳税人自产自用应税车辆的计税价格，按照同类应税车辆（即车辆配置序列号相同的车辆）的销售价格确定，不包括增值税税款；没有同类应税车辆销售价格的，按照组成计税价格确定。组成计税价格计算公式如下：

组成计税价格＝成本×（1＋成本利润率）

属于应征消费税的应税车辆，其组成计税价格中应加计消费税税额。

上述公式中的成本利润率，由国家税务总局各省、自治区、直辖市和计划单列市税务局确定。

5. 城市公交企业购置的公共汽电车辆免征车辆购置税中的城市公交企业，是指由县级以上（含县级）人民政府交通运输主管部门认定的，依法取得城市公交经营资格，为公众提供公交出行服务，并纳入《城市公共交通管理部门与城市公交企业名录》的企业；公共汽电车辆是指按规定的线路、站点票价营运，用于公共交通服务，为运输乘客设计和制造的车辆，包括公共汽车、无轨电车和有轨电车。

6. 车辆购置税的纳税义务发生时间以纳税人购置应税车辆所取得的车辆相关凭证上注明的时间为准。

7. 已经办理免税、减税手续的车辆因转让、改变用途等原因不再属于免税、减税范围的，纳税人、纳税义务发生时间、应纳税额按以下规定执行：

（1）发生转让行为的，受让人为车辆购置税纳税人；未发生转让行为的，车辆所有人为车辆购置税纳税人。

（2）纳税义务发生时间为车辆转让或者用途改变等情形发生之日。

（3）应纳税额计算公式如下：

应纳税额＝初次办理纳税申报时确定的计税价格×（1－使用年限×10%）×10%－已纳税额

应纳税额不得为负数。

使用年限的计算方法是，自纳税人初次办理纳税申报之日起，至不再属于免税、减税范围的情形发生之日止。使用年限取整计算，不满 1 年的不计算在内。

8. 已征车辆购置税的车辆退回车辆生产或销售企业，纳税人申请退还车辆购置税的，应退税额计算公式如下：

应退税额＝已纳税额×（1－使用年限×10%）

应退税额不得为负数。

使用年限的计算方法是，自纳税人缴纳税款之日起，至申请退税之日止。

9. 本公告自 2019 年 7 月 1 日起施行。

（二）总局公告

根据《国家税务总局　交通运输部关于城市公交企业购置公共汽电车免征车辆购置税有关问题的公告》（国家税务总局　交通运输部公告 2019 年第 22 号）的规定，根据《中华人民共和国车辆购置税法》《财政部　税务总局关于车辆购置税有关具体政策的公告》（财政部　税务总局公告 2019 年第 71 号）的相关规定，现就城市公交企业购置的公共汽电车辆免征车辆购置税有关事项公告如下：

1. 国家税务总局各省、自治区、直辖市和计划单列市税务局（以下简称"省税务局"）与本地区交通运输主管部门应当相互配合，共同做好城市公交企业购置公共汽电车辆免征车辆购置税工作。

2.《城市公共交通管理部门与城市公交企业名录》（以下简称《名录》，见附件1）是税务机关确定申报企业是否为城市公交企业的依据，各省、自治区、直辖市交通运输厅（委）（以下简称省交通厅）负责组织编制本地区《名录》。

3. 各县级以上（含县级）人民政府交通运输主管部门认定城市公交企业并逐级报送《名录》信息。省交通厅定期汇总、公示本地区城市公交企业新增、退出、变更等信息，并及时将调整后的《名录》函送省税务局。《名录》的函送时间和方式由省税务局和省交通厅共同商定。

省税务局应当及时将《名录》下发至所属各级税务机关。

4. 城市公交企业所在地县级以上（含县级）交通运输主管部门按照财政部、税务总局 2019 年第 71 号公告的有关规定，依据公共汽电车辆购置计划和采购合同等资料，为城市公交企业购置的符合《公共汽车类型划分及等级评定》标准的公共汽车、无轨电车和有轨电车出具《公共汽电车辆认定表》（见附件2）。

5. 税务机关依据《公共汽电车辆认定表》以及办理车辆购置税纳税申报需要提供的其他资料，为已经列入《名录》的城市公交企业购置的公共汽电车辆，办理车辆购置税免税手续。

6. 城市公交企业为新购置的公共汽电车辆办理免税手续后，因车辆转让、改变用途等导致免税条件消失的，纳税人应当到税务机关重新办理申报纳税手续。未按规定办理的，依据相关规定处理。

7. 本公告自 2019 年 7 月 1 日起施行。为做好本公告实施工作，省交通厅应当按照本公告《名录》格式重新汇总编制《名录》，并于 2019 年 7 月 1 日之前函送省税务局。《国家税务总局　交通运输部关于城市公交企业购置公共汽电车辆免征车辆购置税有关问题的通知》（税总发〔2016〕157 号），自 2019 年 7 月 1 日起停止执行。

（三）政策解读

1.《公告》出台的背景

《财政部　国家税务总局关于城市公交企业购置公共汽电车辆免征车辆购置税的通知》（财税〔2016〕84 号）规定，对城市公交企业自 2016 年 1 月 1 日起至 2020 年 12 月 31 日止购置的公共汽电车辆免征车辆购置税。依据该文件，我局和交通运输部下发了《国家税务总局　交通运输部关于城市公交企业购置公共汽电车辆免征车辆购置税有关问题的通知》（税总发〔2016〕157 号）等相关的配套文件。将于 2019 年 7 月 1 日实施的《中华人民共和国车辆购置税法》将这项政策性免税法定为免税项目。为实施法律、落实政策，税务总局和交通运输部联合发布了《国家税务总局 交通运输部关于城市公交企业购置公共汽电车辆免征车辆购置税有关事项的公告》（以下简称《公告》）

2. 主要内容

在明确免税依据为《中华人民共和国车辆购置税法》的同时，对现有公共汽电车辆免税有关文件进行了清理汇总，按平移的原则形成《公告》。

《公告》明确了《城市公共交通管理部门与城市公交企业名录》是税务机关确定申报企业是否为城市公交企业的依据；城市公交企业所在地县级以上（含县级）交通运输主管部门根据有关规定，依据公共汽电车辆购置计划和采购合同等资料，为城市公交企业购置的符合《公共汽车类型划分及等级评定》标准的公共汽车、无轨电车，以及有轨电车出具《公共汽电车辆认定表》；税务机关依据《公共汽电车辆认定表》以及办理车辆购置税纳税申报需要提供的其他资料，为已经列入《名录》的城市公交企业购置的公共汽电车辆，办理车辆购置税免税手续；城市公交企业为新购置的公共汽电车辆办理免税手续后，因车辆转让、改变用途等原因导致免税条件消失的，纳税人应当到税务机关重新办理申报纳税手续。未按规定办理的，依据相关规定处理。

六、调整部分政府性基金的征管

（一）基本政策

根据《财政部关于调整部分政府性基金有关政策的通知》（财税〔2019〕46 号）的规定，按照国务院决策部署，现将调整部分政府性基金政策的有关事项通知如下：

1. 自 2019 年 7 月 1 日至 2024 年 12 月 31 日，对归属中央收入的文化事业建设费，按照缴纳义务人应缴费额的 50% 减征；对归属地方收入的文化事业建设费，各省（区、市）财政、党委宣传部门可以结合当地经济发展水平、宣传思想文化事业发展等因素，在应缴费额 50% 的幅度内减征。各省（区、市）财政、党委宣传部门应当将本地区制定的减征政策文件抄送财政部、中共中央宣传部。

各级财政部门要统筹安排资金，根据宣传思想文化事业需要积极予以支持，确保相关工作顺利开展。中央财政加大对财力薄弱地方的转移支付力度，支持地方做好相关工作。各级财政用于宣传思想文化事业方面的经费继续按照现有资金管理方式使用。

2. 自 2019 年 7 月 1 日起，将国家重大水利工程建设基金征收标准降低 50%。降低后各省（区、市）征收标准见附件 1（略）。

国家重大水利工程建设基金征收至 2025 年 12 月 31 日。自 2020 年 1 月 1 日起，缴入中央国库的国家重大水利工程建设基金，根据国务院批复的相关规划，统筹用于南水北调工程和三峡后续工作等。具体资金分配根据基金年度实际征收情况，以及国务院批复的南水北调工程和三峡后续工作相关规划的资金落实情况等统筹安排。

3. 自 2019 年 1 月 1 日起，纳入产教融合型企业建设培育范围的试点企业，兴办职业教育的投资符合本通知规定的，可按投资额的 30% 比例，抵免该企业当年应缴教育费附加和地方教育附加。试点企业属于集团企业的，其下属成员单位（包括全资子公司、控股子公司）对职业教育有实际投入的，可按本通知规定抵免教育费附加和地方教育附加。

允许抵免的投资是指试点企业当年实际发生的，独立举办或参与举办职业教育的办学投资和办学经费支出，以及按照有关规定与职业院校稳定开展校企合作，对产教融合实训基地等国家规划布局的产教融合重大项目建设投资和基本运行费用的支出。

试点企业当年应缴教育费附加和地方教育附加不足抵免的，未抵免部分可在以后年度继续抵免。试点企业有撤回投资和转让股权等行为的，应当补缴已经抵免的教育费附加和地方教育附加。

4. 自 2019 年 7 月 1 日起，将《财政部关于印发〈民航发展基金征收使用管理暂行办法〉的通知》（财综〔2012〕17 号）第八条规定的航空公司应缴纳民航发展基金的征收标准降低 50%。

（二）总局公告

根据《国家税务总局关于调整部分政府性基金有关征管事项的公告》（国家税务总局公告 2019 年第 24 号）的规定，根据《财政部关于调整部分政府性基金有关政策的通知》（财税〔2019〕46 号，以下简称《通知》），现就调整文化事业建设费、国家重大水利工程建设基金、教育费附加和地方教育附加等部分政府性基金有关征管事项公告如下：

1. 关于申报表的修订

（1）为便于申报、规范管理，修订了《城市维护建设税 教育费附加 地方教育附加申报表》，完善了优惠政策减免代码选择项，修改了填表说明的相关内容（具体见附件）。

（2）修订了《国家税务总局关于营业税改征增值税试点有关文化事业建设费登记与申报事项的公告》（国家税务总局公告2013年第64号）附件2《文化事业建设费申报表》的计算公式及填表说明。将《文化事业建设费申报表》第18栏次中"18＝10－13"修改为"18＝10×（1－减征比例）－13"，将《文化事业建设费申报表》填表说明中"二、有关栏目填写说明"下"（十八）第18栏'本期应补（退）费额'"的内容，修改为"反映本期应缴费额中应补缴或退回的数额。计算公式：18＝10×归属中央收入比例×（1－50%）＋10×归属地方收入比例×（1－归属地方收入减征比例）－13"。

2.关于优惠政策的办理

（1）缴费人申报文化事业建设费、国家重大水利工程建设基金时，即可按照《通知》规定享受优惠。

（2）纳入产教融合型企业建设培育范围的试点企业申报教育费附加、地方教育附加时，2019年1月1日起形成的可抵免投资额，可按照《通知》的规定办理抵免，相关资料由企业留存备查。

3.施行时间

本公告自2019年7月1日起施行。本公告发布的申报表启用后，《国家税务总局关于增值税小规模纳税人地方税种和相关附加减征政策有关征管问题的公告》（国家税务总局公告2019年第5号）中的《城市维护建设税　教育费附加　地方教育附加申报表》同时废止。

（三）政策解读

现对《国家税务总局关于调整部分政府性基金有关征管事项的公告》（以下简称《公告》）解读如下：

1.《公告》发布背景

为贯彻落实《财政部关于调整部分政府性基金有关政策的通知》（财税〔2019〕46号，以下简称《通知》），进一步方便缴费人申报和规范税务部门征收管理，特发布此公告。

2.《公告》主要内容

一是关于申报表的修订。完善了《文化事业建设费申报表》填表说明。修订了《城市维护建设税　教育费附加　地方教育附加申报表》及填表说明，完善了优惠政策减免代码选择项，缴费人勾选并填报投资额后，即可自动带出减免性质和本期抵免金额。

二是关于优惠政策的办理。为落实"放管服"改革，采用了减免申报资料留存备查的方式，简化了优惠政策的办理，缴费人申报即可享受《通知》明确的优惠政策。

3.《公告》施行时间

《公告》自2019年7月1日起施行，并明确了《公告》发布的申报表启用后，现行《城市维护建设税　教育费附加　地方教育附加申报表》废止等事项。

七、车辆购置税征收管理政策

（一）基本政策

根据《国家税务总局关于车辆购置税征收管理有关事项的公告》（国家税务总局公告 2019 年第 26 号）的规定，为落实《中华人民共和国车辆购置税法》（以下简称《车辆购置税法》），规范车辆购置税征收管理，现就有关事项公告如下：

1. 车辆购置税实行一车一申报制度。

2.《车辆购置税法》第六条第四项所称的购置应税车辆时相关凭证，是指原车辆所有人购置或者以其他方式取得应税车辆时载明价格的凭证。无法提供相关凭证的，参照同类应税车辆市场平均交易价格确定其计税价格。

原车辆所有人为车辆生产或者销售企业，未开具机动车销售统一发票的，按照车辆生产或者销售同类应税车辆的销售价格确定应税车辆的计税价格。无同类应税车辆销售价格的，按照组成计税价格确定应税车辆的计税价格。

3. 购置应税车辆的纳税人，应当到下列地点申报纳税：

（1）需要办理车辆登记的，向车辆登记地的主管税务机关申报纳税。

（2）不需要办理车辆登记的，单位纳税人向其机构所在地的主管税务机关申报纳税，个人纳税人向其户籍所在地或者经常居住地的主管税务机关申报纳税。

4.《车辆购置税法》第十二条所称纳税义务发生时间，按照下列情形确定：

（1）购买自用应税车辆的为购买之日，即车辆相关价格凭证的开具日期。

（2）进口自用应税车辆的为进口之日，即《海关进口增值税专用缴款书》或者其他有效凭证的开具日期。

（3）自产、受赠、获奖或者以其他方式取得并自用应税车辆的为取得之日，即合同、法律文书或者其他有效凭证的生效或者开具日期。

5. 纳税人办理纳税申报时应当如实填报《车辆购置税纳税申报表》，同时提供车辆合格证明和车辆相关价格凭证。

6. 纳税人在办理车辆购置税免税、减税时，除按本公告第五条规定提供资料外，还应当根据不同的免税、减税情形，分别提供相关资料的原件、复印件。

（1）外国驻华使馆、领事馆和国际组织驻华机构及其有关人员自用车辆，提供机构证明和外交部门出具的身份证明。

（2）城市公交企业购置的公共汽电车辆，提供所在地县级以上（含县级）交通运输主管部门出具的公共汽电车辆认定表。

（3）悬挂应急救援专用号牌的国家综合性消防救援车辆，提供中华人民共和国应急管理部批准的相关文件。

（4）回国服务的在外留学人员购买的自用国产小汽车，提供海关核发的《中华人民共和国海关回国人员购买国产汽车准购单》。

（5）长期来华定居专家进口自用小汽车，提供国家外国专家局或者其授权单位核发的专家证或者 A 类和 B 类《外国人工作许可证》。

7. 免税、减税车辆因转让、改变用途等原因不再属于免税、减税范围的，纳税人在办理纳税申报时，应当如实填报《车辆购置税纳税申报表》。发生二手车交易行为的，提供二手车销售统一发票；属于其他情形的，按照相关规定提供申报材料。

8.已经缴纳车辆购置税的，纳税人向原征收机关申请退税时，应当如实填报《车辆购置税退税申请表》，提供纳税人身份证明，并区别不同情形提供相关资料。

（1）车辆退回生产企业或者销售企业的，提供生产企业或者销售企业开具的退车证明和退车发票。

（2）其他依据法律法规规定应当退税的，根据具体情形提供相关资料。

9.纳税人应当如实申报应税车辆的计税价格，税务机关应当按照纳税人申报的计税价格征收税款。纳税人编造虚假计税依据的，税务机关应当依照《税收征管法》及其实施细则的相关规定处理。

10.本公告要求纳税人提供的资料，税务机关能够通过政府信息共享等手段获取相关资料信息的，纳税人不再提交。

11.税务机关应当在税款足额入库或者办理免税手续后，将应税车辆完税或者免税电子信息，及时传送给公安机关交通管理部门。

税款足额入库包括以下情形：纳税人到银行缴纳车辆购置税税款（转账或者现金），由银行将税款缴入国库的，国库已传回《税收缴款书（银行经收专用）》联次；纳税人通过横向联网电子缴税系统等电子方式缴纳税款的，税款划缴已成功；纳税人在办税服务厅以现金方式缴纳税款的，主管税务机关已收取税款。

12.纳税人名称、车辆厂牌型号、发动机号、车辆识别代号（车架号）、证件号码等应税车辆完税或者免税电子信息与原申报资料不一致的，纳税人可以到税务机关办理完税或者免税电子信息更正，但是不包括以下情形：

（1）车辆识别代号（车架号）和发动机号同时与原申报资料不一致。

（2）完税或者免税信息更正影响到车辆购置税税款。

（3）纳税人名称和证件号码同时与原申报资料不一致。

税务机关核实后，办理更正手续，重新生成应税车辆完税或者免税电子信息，并且及时传送给公安机关交通管理部门。

13.《车辆购置税法》第九条所称"设有固定装置的非运输专用作业车辆"，是指列入国家税务总局下发的《设有固定装置的非运输专用作业车辆免税图册》（以下简称免税图册）的车辆。

纳税人在办理设有固定装置的非运输专用作业车辆免税申报时，除按照本公告第五条规定提供资料外，还应当提供车辆内、外观彩色5寸照片，主管税务机关依据免税图册办理免税手续。

14.本公告所称车辆合格证明，是指整车出厂合格证或者《车辆电子信息单》。

本公告所称车辆相关价格凭证是指：境内购置车辆为机动车销售统一发票或者其他有效凭证；进口自用车辆为《海关进口关税专用缴款书》或者海关进出口货物征免税证明，属于应征消费税车辆的还包括《海关进口消费税专用缴款书》。

本公告所称纳税人身份证明是指：单位纳税人为《统一社会信用代码证书》，或者营业执照或者其他有效机构证明；个人纳税人为居民身份证，或者居民户口簿或者入境的身份证件。

15.《车辆购置税纳税申报表》《车辆购置税退税申请表》，样式由国家税务总局统一规定，国家税务总局各省、自治区、直辖市和计划单列市税务局自行印制，纳税人也可以在税务机关网站下载、提交。

16. 纳税人 2019 年 6 月 30 日（含）前购置属于《中华人民共和国车辆购置税暂行条例》规定的应税车辆，在 2019 年 7 月 1 日前未申报纳税的，应当按照规定的申报纳税期限申报纳税。

17. 本公告自 2019 年 7 月 1 日起施行。《车辆购置税全文废止和部分条款废止的文件目录》同日生效。

（二）政策解读

为落实《中华人民共和国车辆购置税法》（以下简称《车辆购置税法》），按照党中央、国务院关于深化"放管服"改革、优化税收营商环境的部署，税务总局制发《关于车辆购置税征收管理有关事项的公告》（以下简称《公告》）。《公告》共十七条，明确了车购税"一车一申报"制度，纳税义务发生时间，申报地点，申报纳税、退税申报所附资料，计税价格核定，完税信息更正，过渡期安排等事项，最大限度方便广大纳税人。

1. 减轻纳税人负担

依据《车辆购置税法》取消最低计税价格的要求，《公告》全面废止了有关最低计税价格的规定，改按发票价格征税，减轻纳税人的负担。

2. 便利纳税人办税

落实《车辆购置税法》实现车辆购置税完税或者免税信息电子化，全面废止有关纸质完税证明的规定。税务机关和公安交管部门之间实现电子车辆购置税完税或者免税信息传输，减少了认证手续，方便了纳税人。

3. 精简办税资料

取消最低计税价格之后，机动车生产和进口企业免于向税务机关报送用于生成最低计税价格的相关信息。同时，精简各类申报资料 36 份，明确税务机关能够通过政府信息共享获取相关资料信息的，纳税人不再提供资料原件或复印件。

八、耕地占用税征收管理制度

（一）基本政策

根据《国家税务总局关于耕地占用税征收管理有关事项的公告》（国家税务总局公告 2019 年第 30 号）的规定，为落实《中华人民共和国耕地占用税法》（以下简称《耕地占用税法》）及《中华人民共和国耕地占用税法实施办法》（以下简称《实施办法》），规范耕地占用税征收管理，现就有关事项公告如下：

1. 耕地占用税以纳税人实际占用的属于耕地占用税征税范围的土地（以下简称"应税土地"）面积为计税依据，按应税土地当地适用税额计税，实行一次性征收。

耕地占用税计算公式为：应纳税额＝应税土地面积 × 适用税额

应税土地面积包括经批准占用面积和未经批准占用面积，以平方米为单位。

当地适用税额是指省、自治区、直辖市人民代表大会常务委员会决定的应税土地所在地县级行政区的现行适用税额。

2. 按照《耕地占用税法》第六条规定，加按百分之一百五十征收耕地占用税的计算公式为：应纳税额＝应税土地面积 × 适用税额 ×150%。

3. 按照《耕地占用税法》及《实施办法》的规定，免征、减征耕地占用税的部分项目按以下口径执行：

（1）免税的军事设施，是指《中华人民共和国军事设施保护法》第二条所列建筑物、场地和设备，具体包括：指挥机关，地面和地下的指挥工程、作战工程；军用机场、港口、码头；营区、训练场、试验场；军用洞库、仓库；军用通信、侦察、导航、观测台站，测量、导航、助航标志；军用公路、铁路专用线，军用通信、输电线路，军用输油、输水管道；边防、海防管控设施；国务院和中央军事委员会规定的其他军事设施。

（2）免税的社会福利机构，是指依法登记的养老服务机构、残疾人服务机构、儿童福利机构及救助管理机构、未成年人救助保护机构内专门为老年人、残疾人、未成年人及生活无着的流浪乞讨人员提供养护、康复、托管等服务的场所。

养老服务机构是指为老年人提供养护、康复、托管等服务的老年人社会福利机构，具体包括老年社会福利院、养老院（或老人院）、老年公寓、护老院、护养院、敬老院、托老所、老年人服务中心等。

残疾人服务机构是指为残疾人提供养护、康复、托管等服务的社会福利机构，具体包括为肢体、智力、视力、听力、语言、精神方面有残疾的人员提供康复和功能补偿的辅助器具，进行康复治疗、康复训练，承担教育、养护和托管服务的社会福利机构。

儿童福利机构是指为孤、弃、残儿童提供养护、康复、医疗、教育、托管等服务的儿童社会福利服务机构，具体包括儿童福利院、社会福利院、SOS 儿童村、孤儿学校、残疾儿童康复中心、社区特教班等。

社会救助机构是指为生活无着的流浪乞讨人员提供寻亲、医疗、未成年人教育、离站等服务的救助管理机构，具体包括县级以上人民政府设立的救助管理站、未成年人救助保护中心等专门机构。

（3）免税的医疗机构是指县级以上人民政府卫生健康行政部门批准设立的医疗机构内专门从事疾病诊断、治疗活动的场所及其配套设施。

（4）减税的公路线路是指经批准建设的国道、省道、县道、乡道和属于农村公路的村道的主体工程以及两侧边沟或者截水沟。具体包括高速公路、一级公路、二级公路、三级公路、四级公路和等外公路的主体工程及两侧边沟或者截水沟。

4. 根据《耕地占用税法》第八条的规定，纳税人改变原占地用途，需要补缴耕地占用税的，其纳税义务发生时间为改变用途当日，具体为：经批准改变用途的，纳税义务发生时间为纳税人收到批准文件的当日；未经批准改变用途的，纳税义务发生时间为自然资源主管部门认定纳税人改变原占地用途的当日。

5. 未经批准占用应税土地的纳税人，其纳税义务发生时间为自然资源主管部门认定其实际占地的当日。

6. 耕地占用税实行全国统一的纳税申报表。

7. 耕地占用税纳税人依法纳税申报时，应填报《耕地占用税纳税申报表》，同时依占用应税土地的不同情形分别提交下列材料：

（1）农用地转用审批文件复印件。

（2）临时占用耕地批准文件复印件。

（3）未经批准占用应税土地的，应提供实际占地的相关证明材料复印件。

其中第（1）项和第（2）项，纳税人提交的批准文书信息能够通过政府信息共享获取的，纳税人只需要提供上述材料的名称、文号、编码等信息供查询验证，不再提交材料复印件。

8.主管税务机关接收纳税人申报资料后，应审核资料是否齐全、是否符合法定形式、填写内容是否完整、项目间逻辑关系是否相符。审核无误的即时受理；审核发现问题的当场一次性告知应补正资料或不予受理原因。

9.耕地占用税减免优惠实行"自行判别、申报享受、有关资料留存备查"办理方式。纳税人根据政策规定自行判断是否符合优惠条件，符合条件的，纳税人申报享受税收优惠，并将有关资料留存备查。纳税人对留存材料的真实性和合法性承担法律责任。

符合耕地占用税减免条件的纳税人，应留存下列材料：

（1）军事设施占用应税土地的证明材料。

（2）学校、幼儿园、社会福利机构、医疗机构占用应税土地的证明材料。

（3）铁路线路、公路线路、飞机场跑道、停机坪、港口、航道、水利工程占用应税土地的证明材料。

（4）农村居民建房占用土地及其他相关证明材料。

（5）其他减免耕地占用税情形的证明材料。

10.纳税人符合《耕地占用税法》第十一条、《实施办法》第十九条的规定申请退税的，纳税人应提供身份证明查验，并提交以下材料复印件：

（1）税收缴款书、税收完税证明。

（2）复垦验收合格确认书。

11.纳税人、建设用地人符合《实施办法》第二十九条规定共同申请退税的，纳税人、建设用地人应提供身份证明查验，并提交以下材料复印件：

（1）纳税人应提交税收缴款书、税收完税证明。

（2）建设用地人应提交使用耕地用途符合免税规定的证明材料。

12.本公告自 2019 年 9 月 1 日起施行。《国家税务总局关于农业税、牧业税、耕地占用税、契税征收管理暂参照〈中华人民共和国税收征收管理法〉执行的通知》（国税发〔2001〕110 号）、《国家税务总局关于耕地占用税征收管理有关问题的通知》（国税发〔2007〕129 号）、《国家税务总局关于发布〈耕地占用税管理规程（试行）〉的公告》（国家税务总局公告 2016 年第 2 号发布，国家税务总局公告 2018 年第 31 号修改）同时废止。

（二）政策解读

1.制定《公告》背景

为落实《中华人民共和国耕地占用税法》（以下简称《耕地占用税法》）及《中

华人民共和国耕地占用税法实施办法》（以下简称《实施办法》），按照党中央、国务院关于深化"放管服"改革、优化税收营商环境的部署，税务总局起草了《关于耕地占用税征收管理有关事项的公告》（以下简称《公告》），以明确耕地占用税若干征管事项，便于基层税务机关和纳税人操作，确保耕地占用税法顺利实施。

2. 制定《公告》的指导思想

以便利纳税人理解、便于基层执行为出发点和落脚点，以准确理解掌握相关政策为要求，以规范征收管理、优化办税流程、加强信息管税为路径，细化明确征收管理措施，简化办税资料，提升纳税服务水平，在耕地占用税申报征收、减免退税管理方面为纳税人和基层税务人员提供更加明确的政策依据与操作指引。

3.《公告》主要内容

公告共十二条，内容包括耕地占用税计税公式、减免税具体内容、税收减免退补税办理、纳税申报表及申报资料提交、减免税后续管理和拟废止的规范性文件等。

（1）明确计税公式，便利纳税人申报计税。

（2）细化减免税具体内容，便利纳税人理解、便于基层执行。依据《耕地占用税法》及《实施办法》的规定，进一步明确减免税具体包括内容，纳税人可以对照占地项目与占地用途，办理申报减免，提高申报减免税准确性，减少误判。

（3）优化纳税申报表，缩短办税时间。优化申报数据项，一张申报表解决了过去需要填报多张申报表的问题，节约办税时间。

（4）简化办税资料，优化办税流程。精简办税资料，明确减免退税办税路径，明确减免税采取"自行判别、申报享受、有关资料留存备查"的办理方式。

4. 施行时间

《公告》自 2019 年 9 月 1 日起施行。

九、修订城镇土地使用税和房产税申报表单

（一）基本政策

根据《国家税务总局关于修订城镇土地使用税和房产税申报表单的公告》（国家税务总局公告 2019 年第 32 号）的规定，为减少纳税申报次数，便利纳税人办税，进一步优化营商环境，税务总局决定修订城镇土地使用税和房产税申报表单。现将有关事项公告如下：

1. 调整城镇土地使用税和房产税申报表单中部分数据项目并对个别数据项目名称进行规范。

2. 将城镇土地使用税和房产税的纳税申报表、减免税明细申报表、税源明细表分别合并为《城镇土地使用税　房产税纳税申报表》《城镇土地使用税　房产税减免税明细申报表》《城镇土地使用税　房产税税源明细表》。

3. 本公告自 2019 年 10 月 1 日起施行。《国家税务总局关于增值税小规模纳税人地方税种和相关附加减征政策有关征管问题的公告》（国家税务总局公告 2019 年第 5 号）发布的城镇土地使用税、房产税纳税申报表同时停止使用。

（二）政策解读

1.《公告》制发背景

按照党中央、国务院关于深化"放管服"改革、优化营商环境有关要求，税务总局近期下发了《国家税务总局关于实施便民办税缴费十条新举措的通知》（税总函〔2019〕223 号），明确推行城镇土地使用税和房产税合并申报，以进一步减少纳税人申报次数，提升办税便利化水平。为及时将这项便民举措落实到位，税务总局对城镇土地使用税、房产税的相关申报表单进行了修订。

2.申报表单修订内容

（1）调整部分数据项目。一是删除纳税申报表中"联系人""联系方式"，减免税明细申报表中"填表日期""纳税人声明""纳税人签章""代理人签章""代理人身份证号""受理人""受理日期""受理税务机关签章"，税源明细表中"纳税人分类""身份证件类型""身份证件号码"。二是在税源明细表中增加"不动产单元号"。

（2）规范部分数据项目名称。一是将"纳税识别号"修改为"纳税人识别号（统一社会信用代码）"。二是将"宗地的地号""地号"修改为"宗地号"。三是将"土地使用权证号""产权证书号"修改为"不动产权证号"。四是将"经核准的困难减免起止时间"修改为"减免起止时间"。

（3）合并申报表单。将城镇土地使用税和房产税的纳税申报表、减免税明细申报表、税源明细表合并为《城镇土地使用税　房产税纳税申报表》《城镇土地使用税　房产税减免税明细申报表》《城镇土地使用税　房产税税源明细表》。纳税人可使用合并后的申报表单同时完成城镇土地使用税和房产税两个税种的纳税申报、减免税申报和税源申报。

3.施行时间

《公告》自 2019 年 10 月 1 日起施行。

第五节　简化税收征管政策解读

一、取消一批税务证明事项

（一）总局决定

根据《国家税务总局关于取消一批税务证明事项的决定》（国家税务总局令 2019 年第 46 号）的规定，为贯彻落实党中央、国务院关于减税降费和减证便民决策部署，税务总局决定再取消 12 项（附件所列 1—12 项）税务证明事项，自公布之日起施行。所涉及的规章、规范性文件，按程序修改后另行公布。

根据《财政部　税务总局　科技部　教育部关于科技企业孵化器　大学科技园和

众创空间税收政策的通知》（财税〔2018〕120号）、《财政部 税务总局 中央宣传部关于继续实施文化体制改革中经营性文化事业单位转制为企业若干税收政策的通知》（财税〔2019〕16号）、《财政部 税务总局 退役军人部关于进一步扶持自主就业退役士兵创业就业有关税收政策的通知》（财税〔2019〕21号）有关规定，另有3项税务证明事项（附件所列13—15项）已自2019年1月1日起停止执行，现一并予以公布。

各级税务机关应当认真落实2018年底公布取消20项和本次公布取消15项税务证明事项的有关要求，不得保留或变相保留，并积极回应企业和人民群众关切，进一步减少涉税资料报送，确保纳税人有实实在在的获得感。

附件

取消的税务证明事项目录
（共计15项）

序号	证明名称	证明用途	取消后的办理方式
1	纳税困难证明	受严重自然灾害影响纳税困难的纳税人办理减免车船税时，需提供纳税人遭受自然灾害影响纳税困难的相关证明材料。	不再提交。税务机关根据实际需要可以采取告知承诺、主动核查、部门间信息共享等替代方式办理。
2	退税商店符合有关条件的证明	符合条件且有意向备案的企业向省税务局办理退税商店备案时，需提供主管税务机关出具的其具有增值税一般纳税人资格、纳税信用等级在B级以上、已经安装并使用增值税发票系统升级版的书面证明。	不再提交。改为部门内部核查。
3	资源税管理证明	开采销售规定范围内应税矿产品的单位和个人，在销售其矿产品时，应当向当地主管税务机关申请开具"资源税管理证明"，作为销售矿产品已申报纳税免予扣缴税款的依据。购货方（扣缴义务人）在收购矿产品时，应主动向销售方（纳税人）索要"资源税管理证明"，扣缴义务人据此不代扣资源税。	税务机关不再开具或索要资源税管理证明，并通过以下措施强化监管：（1）进一步加强开采地源泉控管，对已纳入开采地正常税务管理或者在销售矿产品时开具增值税发票的纳税人，实行纳税人自主申报，不采用代扣代缴的征管方式。（2）对于部分零散税源，确有必要的，可采用委托代征等替代管理方式。（3）加强与矿产资源管理等部门的信息共享，加强资源税源头控管和风险防控。
4	有权继承或接受遗赠的公证证明	纳税人办理个人无偿受赠不动产免征个人所得税手续时，属于继承或接受遗赠的，需提供经公证的有权继承或接受遗赠的证明资料。	取消公证要求。有关材料报送比照《国家税务总局关于土地价款扣除时间等增值税征管问题的公告》（国家税务总局公告2016年第86号）第六条执行。

（续表）

序号	证明名称	证明用途	取消后的办理方式
5	购车单位或人员身份证明	纳税人办理节约能源、使用新能源的车船减免车船税备案时，需提供购车单位或人员身份证明。	不再提交。
6	残疾人证明	残疾人个人提供加工、修理修配劳务，以及为社会提供服务，办理免征增值税备案时，需提供残疾人证明。	不再提交。改为纳税人自行留存备查。
7	外交机构、人员身份证明	外国驻华使领馆、国际组织驻华代表机构及其有关人员办理其所有的车船免征车船税备案时，需提供单位及人员身份证明。	不再提交。
8	批准经营融资租赁业务证明	经人民银行等部门批准从事融资租赁业务的试点纳税人中的一般纳税人，办理其提供有形动产融资租赁服务和有形动产融资性售后回租服务，对其增值税实际税负超过3%的部分实行增值税即征即退备案时，需提供人民银行等部门批准经营融资租赁业务证明。	不再提交。改为纳税人自行留存备查。
9	从事电影制片、发行、放映批文	从事电影制片、发行、放映的电影集团公司（含成员企业）、电影制片厂及其他电影企业，办理取得的销售电影拷贝（含数字拷贝）收入、转让电影版权（包括转让和许可使用）收入、电影发行收入以及在农村取得的电影放映收入免征增值税优惠备案时，需提供广播电影电视行政主管部门（包括中央、省、地市及县级）批准其从事电影制片、发行、放映的批文。	不再提交。改为纳税人自行留存备查。
10	捕捞、养殖船证明	纳税人办理捕捞、养殖渔船免征车船税备案时，需提供由渔业船舶管理部门出具的捕捞、养殖船证明。	不再提交。
11	车船产权证	11.1 纳税人办理捕捞、养殖渔船免征车船税备案时，需提供渔船产权证明。	不再提交。
		11.2 纳税人办理军队、武警专用车船免征车船税备案时，需提供车船产权证。	不再提交。
		11.3 纳税人办理警用车船免征车船税备案时，需提供车船产权证。	不再提交。

（续表）

序号	证明名称	证明用途	取消后的办理方式
12	总分机构证明	纳税人办理增值税、消费税汇总纳税时，需提供批准设立分支机构的文件，以及分支机构或集团子公司所在地市场监管部门出具的总分机构关系证明。	不再提交。改为纳税人自行留存备查批准设立分支机构的文件，无需由市场监管部门另外出具证明。
13	科技企业孵化器、大学科技园证明	纳税人办理科技企业孵化器、国家大学科技园按规定免征房产税、城镇土地使用税、增值税备案时，需提供国务院科技、教育行政主管部门出具的证明材料。	不再提交。通过政府部门间信息共享替代。
14	转制证明	经认定的转制文化企业，办理免征增值税、房产税备案时，需提供转制方案批复函；企业营业执照；核销事业编制、注销事业单位法人的证明；按企业办法参加社会保险制度的有关材料；相关部门对引入非公有资本和境外资本、变更资本结构的批准文件。	不再提交。改为纳税人自行留存备查。
15	退出现役证	自主就业退役士兵从事个体经营，以及企业招用自主就业退役士兵的，办理减免增值税、城市维护建设税、教育费附加、个人所得税备案时，需提供退役士兵的《中国人民解放军义务兵退出现役证》或《中国人民解放军士官退出现役证》。	不再提交。改为纳税人自行留存备查。

（二）总局决定解读

1. 制定《决定》的背景

根据《国务院办公厅关于做好证明事项清理工作的通知》（国办发〔2018〕47号）有关要求，国家税务总局对税务证明事项进行了全面清理，并于2018年底公布取消了20项税务证明事项。2019年，国家税务总局认真贯彻落实党中央、国务院关于减税降费和减证便民决策部署，将取消税务证明事项作为增进减税降费便利化重要措施，研究决定再取消12项税务证明事项，另有3项税务证明事项已根据有关政策规定自2019年1月1日起停止执行，一并予以公布。

2.《决定》有关考虑及主要内容

（1）取消税务证明事项的主要考虑

取消税务证明事项，是税务部门贯彻落实党中央、国务院关于减税降费和减证便民的部署要求，积极回应企业和人民群众关切的重要举措。通过着力精简纳税困难证明、公证证明等与企业生产经营和人民群众日常生活紧密相关的证明材料，进一步减少涉税资料报送，减轻纳税人负担，有利于深化税务系统"放管服"改革，优化税收营商环境，为市场主体增便利、添活力。

（2）取消的 12 项税务证明事项

此次决定取消的 12 项税务证明事项，从涉税领域来看，涉及出口退税 1 项、征收管理 2 项、税收优惠 9 项；从证明性质来看，涉及主体（身份）证明 4 项、资质证明 3 项、权属证明 1 项、客观事实证明 4 项；从证明来源看，需要专门为办理税务事项另行从第三方取得证明材料的共 5 项（纳税困难证明、资源税管理证明、继承权公证证明等），需要提供法定证照等已有材料的共 7 项（残疾人证、车船产权证等）。

（3）根据有关政策规定已停止执行的 3 项税务证明事项

根据有关政策规定已停止执行，此次一并公布的 3 项税务证明事项均为税收优惠事项，具体如下：

①根据财政部、税务总局、科技部、教育部联合发布的《关于科技企业孵化器 大学科技园和众创空间税收政策的通知》（财税〔2018〕120 号），"纳税人办理科技企业孵化器、国家大学科技园按规定免征房产税、城镇土地使用税、增值税备案时，需提供国务院科技、教育行政主管部门出具的证明材料"税务证明事项已经取消，取消后替代方式是部门间信息共享。新政策自 2019 年 1 月 1 日起执行。

②根据财政部、税务总局、中央宣传部联合发布的《关于继续实施文化体制改革中经营性文化事业单位转制为企业若干税收政策的通知》（财税〔2019〕16 号），"经认定的转制文化企业，办理免征增值税、房产税备案时，需提供转制方案批复函；企业营业执照；核销事业编制、注销事业单位法人的证明；按企业办法参加社会保险制度的有关材料；相关部门对引入非公有资本和境外资本、变更资本结构的批准文件"税务证明事项已经取消，取消后的替代方式是纳税人自行留存备查法定证照等已有材料。新政策自 2019 年 1 月 1 日起执行。

③根据财政部、税务总局、退役军人部联合发布的《关于进一步扶持自主就业退役士兵创业就业有关税收政策的通知》（财税〔2019〕21 号），"自主就业退役士兵从事个体经营，以及企业招用自主就业退役士兵的，办理减免增值税、城市维护建设税、教育费附加、个人所得税备案时，需提供退役士兵的《中国人民解放军义务兵退出现役证》或《中国人民解放军士官退出现役证》"税务证明事项已经取消，取消后替代方式是纳税人自行留存备查有关证件。新政策自 2019 年 1 月 1 日起执行。

按照国办发〔2018〕47 号文件关于"已取消的证明事项要及时通过互联网等向社会公布目录并做好宣传解读工作"的规定，此次一并公布上述 3 项根据有关政策规定已停止执行的税务证明事项。

（4）取消税务证明事项后的替代措施

15 项税务证明事项取消后，均不需要再提供相关证明材料。其中，部分事项通过部门内部核查替代；部分事项通过部门间信息共享替代；部分事项改为纳税人自行出具有关材料；部分事项改为纳税人自行留存有关法定证照，以备税务机关事后核查。

3.《决定》施行日期

《决定》附件所列 1—12 项税务证明事项自《决定》公布之日起停止执行，所涉及的规章、规范性文件，按程序修改后另行发布；《决定》附件所列 13—15 项税务证明事项，自 2019 年 1 月 1 日起停止执行。

二、公布已取消税务行政许可事项

（一）基本政策

根据《国家税务总局关于公布已取消税务行政许可事项的公告》（国家税务总局公告 2019 年第 11 号）的规定，2018 年 12 月 29 日，第十三届全国人民代表大会常务委员会第七次会议通过《全国人民代表大会常务委员会关于修改〈中华人民共和国电力法〉等四部法律的决定》，对《中华人民共和国企业所得税法》作出修改，将第五十一条第一款中的"非居民企业在中国境内设立两个或者两个以上机构、场所的，经税务机关审核批准"修改为"非居民企业在中国境内设立两个或者两个以上机构、场所，符合国务院税务主管部门规定条件的"。

根据修改后的《中华人民共和国企业所得税法》第五十一条第一款规定和《国务院关于取消一批行政许可事项的决定》（国发〔2017〕46 号），现将已取消的"非居民企业选择由其主要机构场所汇总缴纳企业所得税的审批"事项予以公布，并将《国家税务总局关于简化税务行政许可事项办理程序的公告》（国家税务总局公告 2017 年第 21 号发布，国家税务总局公告 2018 年第 31 号、第 67 号修改）所附税务行政许可文书样式和税务行政许可项目分项表予以更新。

各级税务机关应当全面落实取消"非居民企业选择由其主要机构场所汇总缴纳企业所得税的审批"行政许可事项有关工作，不得以任何形式保留或者变相审批；要及时修改涉及取消事项的相关规定、表证单书、征管流程和信息系统，在信息系统升级前，要辅以手工操作方式确保申报纳税事项办理顺畅，不得以信息系统不支持为由延缓取消事项落地；要进一步深化行政审批制度改革，深入推进简政放权、放管结合、优化服务，切实加强对取消税务行政许可事项的事中事后监管，不断提高税收管理科学化规范化水平。

（二）政策解读

根据《中华人民共和国企业所得税法》（以下称"企业所得税法"）及其实施条例的有关规定，现就非居民企业机构、场所（以下称机构、场所）汇总缴纳企业所得税有关问题公告如下：

1. 在境内设立多个机构、场所的非居民企业依照企业所得税法第五十一条的规定，选择由其主要机构、场所汇总其他境内机构、场所（以下称"被汇总机构、场所"）缴纳企业所得税的，相关税务处理事项适用本公告。

2. 汇总纳税的非居民企业应在汇总纳税的年度中持续符合下列所有条件：

（1）汇总纳税的各机构、场所已在所在地主管税务机关办理税务登记，并取得纳税人识别号。

（2）主要机构、场所符合企业所得税法实施条例第一百二十六条规定，汇总纳税的各机构、场所不得采用核定方式计算缴纳企业所得税。

（3）汇总纳税的各机构、场所能够按照本公告规定准确计算本机构、场所的税款分摊额，并按要求向所在地主管税务机关办理纳税申报。

3. 汇总纳税的各机构、场所实行"统一计算、分级管理、就地预缴、汇总清算、财政调库"的企业所得税征收管理办法。除本公告另有规定外，相关税款计算、税款分摊、缴库或退库地点、缴库或退库比例、征管流程等事项，比照《财政部　国家税务总局　中国人民银行关于印发〈跨省市总分机构企业所得税分配及预算管理办法〉的通知》（财预〔2012〕40 号）、《财政部　国家税务总局　中国人民银行关于〈跨省市总分机构企业所得税分配及预算管理办法〉的补充通知》（财预〔2012〕453 号）、《国家税务总局关于印发〈跨地区经营汇总纳税企业所得税征收管理办法〉的公告》（国家税务总局公告 2012 年第 57 号）等适用于居民企业汇总缴纳企业所得税的规定执行。

4. 除本公告第五条规定外，主要机构、场所比照居民企业总机构就地分摊缴纳企业所得税；被汇总机构、场所比照居民企业分支机构就地分摊缴纳企业所得税。

5. 符合本公告第二条规定的机构、场所不具有主体生产经营职能，不从纳入汇总缴纳企业所得税的其他机构、场所之外取得营业收入，仅具有内部辅助管理或服务职能的，可以纳入汇总计算缴纳企业所得税的范围，但不就地分摊缴纳企业所得税。

6. 汇总纳税的各机构、场所应在首次办理汇总缴纳企业所得税申报时，向所在地主管税务机关报送以下信息资料：

（1）主要机构、场所名称及纳税人识别号。

（2）全部被汇总机构、场所名称及纳税人识别号。

（3）符合汇总缴纳企业所得税条件的财务会计核算制度安排。

已按上款规定报送的信息资料发生变更的，汇总纳税的各机构、场所应在发生变更后首次办理汇总缴纳企业所得税申报时，向所在地主管税务机关报告变化情况。

7. 除国家税务总局另有规定外，汇总纳税的各机构、场所应按照企业所得税法第五十四条及其他有关规定，分季度预缴和年终汇算清缴企业所得税。

8. 在办理季度预缴申报时，汇总纳税的各机构、场所应向所在地主管税务机关报送以下资料：

（1）非居民企业所得税申报表。

（2）季度财务报表（限于按实际利润预缴企业所得税的情形）。

9. 在办理年度汇算清缴申报时，汇总纳税的各机构、场所应向所在地主管税务机关报送以下资料：

（1）非居民企业所得税申报表。

（2）年度财务报表。

10. 汇总纳税的各机构、场所主管税务机关对管理的机构、场所执行本公告规定负有日常管理和监督检查责任，各主管税务机关之间应及时沟通信息，协调管理。主要机构、场所主管税务机关应在每季度终了和年度汇算清缴期满后 30 日内，将主要机构、场所申报信息传递给各被汇总机构、场所主管税务机关。各被汇总机构、场所主管税务机关应在每季度终了和年度汇算清缴期满后 30 日内，将本地被汇总纳税机构、场所申报信息传递给主要机构、场所主管税务机关。

汇总纳税的各机构、场所主管税务机关不得对汇总纳税的各机构、场所同一税务处理事项作出不一致的处理决定。相关主管税务机关就有关处理事项不能达成一致的，报共同上级税务机关决定。

主要机构、场所主管税务机关发现主要机构、场所不具备本公告第二条规定条件的，在征得各被汇总机构、场所主管税务机关同意后，责令其限期改正，逾期不改正的，取消该非居民企业所有机构、场所相关年度企业所得税汇总缴纳方式，并通知各被汇总机构、场所主管税务机关。

被汇总机构、场所主管税务机关发现被汇总机构、场所不具备本公告第二条规定条件的，在征得主要机构、场所主管税务机关同意后，责令其限期改正，逾期不改正的，取消该被汇总机构、场所相关年度企业所得税汇总缴纳方式，并通知主要机构、场所及其他被汇总机构、场所主管税务机关。

11. 汇总纳税的各机构、场所全部处于同一省、自治区、直辖市或计划单列市税务机关（以下称省税务机关）管辖区域内的，该省税务机关在不改变本公告第二条规定汇总纳税适用条件的前提下，可以按照不增加纳税义务，不减少办税便利的原则规定管理办法。

12. 本公告自发布之日起施行，《国家税务总局关于印发〈非居民企业所得税汇算清缴管理办法〉的通知》（国税发〔2009〕6号）第三条第六项规定同时废止。在本公告施行前未汇总纳税的非居民企业在2018年度符合本公告第二条规定条件的，可按本公告规定办理2018年度企业所得税汇算清缴；在2018年度汇算清缴前按原规定已办理2018年度季度预缴申报的，不作调整，季度预缴税款可在2018年度汇算清缴汇总纳税应纳税款中抵减。非居民企业自2019年度起汇总纳税的，当年度各季度预缴申报和年终汇算清缴申报均应按本公告规定执行。

非居民企业在本公告施行前已经按原规定汇总纳税的，可以在本公告施行后选择按本公告规定汇总纳税，也可以选择继续按原规定办理2018和2019两个年度季度预缴申报和年度汇算清缴申报；自2020年度起，季度预缴申报和年终汇算清缴申报一律按本公告规定执行。

三、优化税务注销办理程序

（一）2018年基本政策

根据《国家税务总局关于进一步优化办理企业税务注销程序的通知》（税总发〔2018〕149号）的规定，为深入贯彻落实党中央、国务院关于优化营商环境、深化"放管服"改革要求，进一步优化办理企业税务注销程序，现就有关事项通知如下：

1. 实行清税证明免办服务

对向市场监管部门申请简易注销的纳税人，符合下列情形之一的，可免予到税务机关办理清税证明，直接向市场监管部门申请办理注销登记。

（1）未办理过涉税事宜的。

（2）办理过涉税事宜但未领用发票、无欠税（滞纳金）及罚款的。

2. 优化税务注销即办服务

对向市场监管部门申请一般注销的纳税人，税务机关在为其办理税务注销时，进一步落实限时办结规定。对未处于税务检查状态、无欠税（滞纳金）及罚款、已缴销增值税专用发票及税控专用设备，且符合下列情形之一的纳税人，优化即时办结服务，采取"承诺制"容缺办理，即纳税人在办理税务注销时，若资料不齐，可在其作出承诺后，税务机关即时出具清税文书。

（1）纳税信用级别为 A 级和 B 级的纳税人。

（2）控股母公司纳税信用级别为 A 级的 M 级纳税人。

（3）省级人民政府引进人才或经省级以上行业协会等机构认定的行业领军人才等创办的企业。

（4）未纳入纳税信用级别评价的定期定额个体工商户。

（5）未达到增值税纳税起征点的纳税人。

纳税人应按承诺的时限补齐资料并办结相关事项。若未履行承诺的，税务机关将对其法定代表人、财务负责人纳入纳税信用 D 级管理。

3. 简化税务注销办理的资料和流程

（1）简化资料。对已实行实名办税的纳税人，免予提供税务登记证件和个人身份证件。

（2）开设专门窗口。在办税服务厅设置注销业务专门服务窗口，并根据情况及时增加专门服务窗口数量。

（3）提供"套餐式"服务。整合税务注销前置事项，实行"一窗受理、内部流转、限时办结、窗口出件"的"套餐式"服务模式。

（4）强化"首问责任制"和"一次性告知"。纳税人到办税服务厅办理税务注销时，首次接待的税务人员应负责问清情况，区分事项和复杂程度，分类出具需要办理的事项告知书，并做好沟通和辅导工作。

（5）优化内部工作流程和岗责分配。对纳税人办理注销业务涉及多事项的，要创新工作方式，简并优化流程、岗责，实现联动、限时处理。

4. 工作要求

（1）提高认识，迅速落实

进一步优化办理企业税务注销程序，是积极落实党中央、国务院关于优化营商环境、深化"放管服"改革要求的重要举措。各级税务机关要提高认识，深刻领会其重要意义。同时，也应清醒认识到，税务注销是税收征收管理的最后一个环节，事关国家税收安全，尤其是在当前虚开增值税发票等涉税违法案件高发的态势下，应防止不法分子钻制度空子、造成税收流失。

各级税务机关应由主要领导负总责，结合实际抓紧制定实施方案，细化措施办法，明确责任分工，强力协调推进，确保通知要求能够迅速有序落地。

（2）加强培训，广泛宣传

各级税务机关应加强对工作人员，尤其是一线办税人员的专项业务培训，确保相关人员全面了解改革的具体措施，熟练掌握工作流程和办理要求。

各级税务机关要切实加强对纳税人的宣传辅导，通过税务网站、纳税人学堂、办税服务厅等多渠道、多角度开展解读和宣传辅导，回应纳税人和社会关切，确保纳税人享受改革红利。

（3）跟踪问效，强化督导

各级税务机关应采取多种形式，对基层改革落实情况进行督察，要及时总结创新经验或提出合理化建议，并及时上报税务总局。

税务总局将对各地税务机关改革措施落实情况进行督察督导，对纳税人实际办税感受进行走访调研、组织明察暗访，并将结果纳入绩效考评。对工作落实不力、纳税人反映强烈的问题，一经核实，将依法依规追究相关领导及人员的责任。本通知自 2018 年 10 月 1 日起执行。

（二）2019 年基本政策

根据《国家税务总局关于深化"放管服"改革 更大力度推进优化税务注销办理程序工作的通知》（税总发〔2019〕64 号）的规定，为进一步优化税务执法方式，改善税收营商环境，根据《全国税务系统深化"放管服"改革五年工作方案（2018 年－2022 年）》（税总发〔2018〕199 号），在落实《国家税务总局关于进一步优化办理企业税务注销程序的通知》（税总发〔2018〕149 号，以下简称《通知》）要求的基础上，现就更大力度推进优化税务注销办理程序有关事项通知如下：

1. 进一步扩大即办范围

（1）符合《通知》第一条第一项规定情形，即未办理过涉税事宜的纳税人，主动到税务机关办理清税的，税务机关可根据纳税人提供的营业执照即时出具清税文书。

（2）符合《通知》第一条第二项规定情形，即办理过涉税事宜但未领用发票、无欠税（滞纳金）及罚款的纳税人，主动到税务机关办理清税，资料齐全的，税务机关即时出具清税文书；资料不齐的，可采取"承诺制"容缺办理，在其作出承诺后，即时出具清税文书。

（3）经人民法院裁定宣告破产的纳税人，持人民法院终结破产程序裁定书向税务机关申请税务注销的，税务机关即时出具清税文书，按照有关规定核销"死欠"。

2. 进一步简化税务注销前业务办理流程

（1）处于非正常状态纳税人在办理税务注销前，需先解除非正常状态，补办纳税申报手续。符合以下情形的，税务机关可打印相应税种和相关附加的《批量零申报确认表》（见附件），经纳税人确认后，进行批量处理：

①非正常状态期间增值税、消费税和相关附加需补办的申报均为零申报的。

②非正常状态期间企业所得税月（季）度预缴需补办的申报均为零申报，且不存在弥补前期亏损情况的。

（2）纳税人办理税务注销前，无需向税务机关提出终止"委托扣款协议书"申请。税务机关办结税务注销后，委托扣款协议自动终止。

3. 进一步减少证件、资料报送

对已实行实名办税的纳税人，免予提供以下证件、资料：

（1）《税务登记证》正（副）本、《临时税务登记证》正（副）本和《发票领用簿》。

（2）市场监督管理部门吊销营业执照决定原件（复印件）。

（3）上级主管部门批复文件或董事会决议原件（复印件）。

（4）项目完工证明、验收证明等相关文件原件（复印件）。

更大力度推进优化税务注销办理程序，是进一步贯彻落实党中央、国务院关于深化"放管服"改革、优化营商环境要求的重要举措。各地税务机关要高度重视，抓好落实，并严格按照法律、行政法规规定的程序和本通知要求办理相关事项。

本通知自 2019 年 7 月 1 日起执行。

（三）政策解读

近期，税务总局发布了《关于深化"放管服"改革 更大力度推进优化税务注销办理程序工作的通知》（税总发〔2019〕64 号）（以下简称《通知》）。现解读如下：

1. **关于《通知》出台的背景？**

2018 年 9 月，针对企业"注销难"问题，税务总局制发了《关于进一步优化办理企业税务注销程序的通知》（税总发〔2018〕149 号，以下简称"149 号文"），推行清税证明免办、即办服务，创新推出"承诺制"容缺办理，简化资料和流程。这些措施实施以来，企业办理税务注销大幅提速，纳税人获得感进一步增强。随着"放管服"改革深入推进，适应当前新形势，为进一步优化营商环境，税务总局制发本《通知》，推出更大力度优化企业注销办理程序的措施。

2. **《通知》与 149 号文是什么关系？**

《通知》以 149 号文规定的框架为基础，对其部分内容进行了细化、补充和完善，主要从扩大即办范围、简化税务注销前业务办理流程、减少资料报送 3 个方面推出更大力度优化企业税务注销举措。因此，各地税务机关需将这两个文件结合起来、一并落实，指导纳税人办理税务注销业务。

3. **未办理过涉税事宜的纳税人，若需要取得清税文书的，如何办理税务注销？**

根据 149 号文第一条规定，未办理过涉税事宜的纳税人若符合市场监管部门简易注销条件，可以直接向市场监管部门申请办理简易注销登记，免予到税务机关办理清税证明。实践中还有一些未办理过涉税事宜的纳税人主动到税务机关办理清税，要求取得清税文书。为进一步优化纳税服务，响应纳税人诉求，《通知》规定这类纳税人主动到税务机关清税的，税务机关即时出具清税文书。具体做法是，纳税人持加载统一社会信用代码的营业执照到注册地税务机关办理，税务机关即时出具清税文书。

4. **办理过涉税事宜，但未领用过发票的纳税人如何办理税务注销？**

一是对无欠税（滞纳金）及罚款、资料齐全的纳税人，税务机关即时出具清税文书。

二是对无欠税（滞纳金）及罚款、资料不齐（包括未办结事项要求报送的资料不齐）的，可采取"承诺制"容缺办理。例如，纳税人需要报送的财务报表资料、纳税申报资料、有多缴税款需要提交退还多缴税款资料等，如果纳税人不能及时提供这些资料但急需清税文书的，可先作出承诺，税务机关即时出具清税文书，纳税人应按承诺的时限补齐资料并办结相关事项。纳税人若未履行承诺的，按照 149 号文规定，税务机关将对其法定代表人、财务负责人纳入纳税信用 D 级管理。

三是符合市场监管部门简易注销条件的纳税人，也可以按 149 号文规定，直接向市场监管部门申请办理简易注销登记，免予到税务机关办理清税证明。

5. **办理过涉税事宜，且领用过发票的纳税人如何办理税务注销？**

此类纳税人办理税务注销仍按现有规定执行。其中，符合 149 号文第二条规定条件的纳税人，可享受税务注销即办服务。

6. **依法破产的纳税人如何办理税务注销？**

此类纳税人可持人民法院出具的终结破产程序裁定书向税务机关申请办理税务注销，税务机关即时出具清税文书。对纳税人仍存在的欠税，税务机关按照规定进行"死

"欠"核销处理。

7. 拟注销的纳税人申请解除非正常管理状态，税务机关如何简化补办申报手续？

为提高办税效率，对于非正常状态期间未开展生产经营活动、无相关纳税义务的纳税人，《通知》增加了批量零申报相关规定，具体做法是，税务机关打印《批量零申报确认表》，纳税人确认后，对相关税（费）种进行批量零申报处理。批量零申报涉及的相关税（费）种具体包括：企业所得税月（季）度预缴申报、增值税和消费税以及相关附加税（费）。

8. 纳税人办理税务注销前，"委托扣款协议书"如何终止？

办理税务注销前，纳税人不必向税务机关提出终止"委托扣款协议书"申请，税务机关办结税务注销后，系统自动终止"委托扣款协议书"。

9.《通知》减少了哪些报送资料？

《通知》对已实行实名办税的纳税人，进一步简化了相关证件、资料的报送要求，包括：

（1）《税务登记证》正（副）本、《临时税务登记证》正（副）本和《发票领用簿》。

（2）市场监督管理部门吊销营业执照决定原件（原印件）。

（3）上级主管部门批复文件或董事会决议原件（复印件）。

（4）项目完工证明、验收证明等相关文件原件（复印件）。

10.《通知》从什么时候开始实施？

《通知》自 2019 年 7 月 1 日施行。

四、修订纳税服务投诉管理办法

（一）基本政策

根据《国家税务总局关于修订〈纳税服务投诉管理办法〉的公告》（国家税务总局公告 2019 年第 27 号）的规定，为认真贯彻党中央、国务院关于深化"放管服"改革、优化营商环境的部署，进一步规范纳税服务投诉管理，提高投诉办理效率，维护纳税人（含缴费人、扣缴义务人和其他当事人）的合法权益，国家税务总局修订了《纳税服务投诉管理办法》，现予以发布，自 2019 年 8 月 1 日起施行。

纳税服务投诉管理办法

第一章 总 则

第一条 为保护纳税人（含缴费人、扣缴义务人和其他当事人，下同）的合法权益，规范纳税服务（含社会保险费和非税收入征缴服务，下同）投诉管理工作，构建和谐的税收征纳关系，根据《中华人民共和国税收征收管理法》及相关税收法律法规，制定本办法。

第二条 纳税人认为税务机关及其工作人员在履行纳税服务职责过程中未提供规范、文明的纳税服务或者有其他侵犯其合法权益的情形，向税务机关进行投诉，税务机关办理纳税人投诉事项，适用本办法。

第三条 对依法应当通过税务行政复议、诉讼、举报等途径解决的事项，依照有关法律、法规、规章及规范性文件的规定办理。

第四条 纳税服务投诉管理工作遵循依法公正、规范高效、属地管理、分级负责的原则。

第五条 纳税人进行纳税服务投诉需遵从税收法律、法规、规章、规范性文件，并客观、真实地反映相关情况，不得隐瞒、捏造、歪曲事实，不得侵害他人合法权益。

第六条 税务机关及其工作人员在办理纳税服务投诉事项时，不得徇私、偏袒，不得打击、报复，并应当对投诉人信息保密。

第七条 各级税务机关的纳税服务部门是纳税服务投诉的主管部门，负责纳税服务投诉的接收、受理、调查、处理、反馈等事项。需要其他部门配合的，由纳税服务部门进行统筹协调。

第八条 各级税务机关应当配备专职人员从事纳税服务投诉管理工作，保障纳税服务投诉工作的顺利开展。

第二章 纳税服务投诉范围

第九条 本办法所称纳税服务投诉包括：

（一）纳税人对税务机关工作人员服务言行进行的投诉；

（二）纳税人对税务机关及其工作人员服务质效进行的投诉；

（三）纳税人对税务机关及其工作人员在履行纳税服务职责过程中侵害其合法权益的行为进行的其他投诉。

第十条 对服务言行的投诉，是指纳税人认为税务机关工作人员在履行纳税服务职责过程中服务言行不符合文明服务规范要求而进行的投诉。具体包括：

（一）税务机关工作人员服务用语不符合文明服务规范要求的；

（二）税务机关工作人员行为举止不符合文明服务规范要求的。

第十一条 对服务质效的投诉，是指纳税人认为税务机关及其工作人员在履行纳税服务职责过程中未能提供优质便捷的服务而进行的投诉。具体包括：

（一）税务机关及其工作人员未准确掌握税收法律法规等相关规定，导致纳税人应享受未享受税收优惠政策的；

（二）税务机关及其工作人员未按规定落实首问责任、一次性告知、限时办结、办税公开等纳税服务制度的；

（三）税务机关及其工作人员未按办税事项"最多跑一次"服务承诺办理涉税业务的；

（四）税务机关未能向纳税人提供便利化办税渠道的；

（五）税务机关及其工作人员擅自要求纳税人提供规定以外资料的；

（六）税务机关及其工作人员违反规定强制要求纳税人出具涉税鉴证报告，违背纳税人意愿强制代理、指定代理的。

第十二条　侵害纳税人合法权益的其他投诉，是指纳税人认为税务机关及其工作人员在履行纳税服务职责过程中未依法执行税收法律法规等相关规定，侵害纳税人的合法权益而进行的其他投诉。

第十三条　投诉内容存在以下情形的，不属于本办法所称纳税服务投诉的范围：

（一）违反法律、法规、规章有关规定的；

（二）针对法律、法规、规章和规范性文件规定进行投诉的；

（三）超出税务机关法定职责和权限的；

（四）不属于本办法投诉范围的其他情形。

第三章　提交与受理

第十四条　纳税人可以通过网络、电话、信函或者当面等方式提出投诉。

第十五条　纳税人对纳税服务的投诉，可以向本级税务机关提交，也可以向其上级税务机关提交。

第十六条　纳税人进行纳税服务投诉原则上以实名提出。

第十七条　纳税人进行实名投诉，应当列明下列事项：

（一）投诉人的姓名（名称）、有效联系方式；

（二）被投诉单位名称或者被投诉个人的相关信息及其所属单位；

（三）投诉请求、主要事实、理由。

纳税人通过电话或者当面方式提出投诉的，税务机关在告知纳税人的情况下可以对投诉内容进行录音或者录像。

第十八条　已就具体行政行为申请税务行政复议或者提起税务行政诉讼，但具体行政行为存在不符合文明规范言行问题的，可就该问题单独向税务机关进行投诉。

第十九条　纳税服务投诉符合本办法规定的投诉范围且属于下列情形的，税务机关应当受理：

（一）纳税人进行实名投诉，且投诉材料符合本办法第十七条要求；

（二）纳税人虽进行匿名投诉，但投诉的事实清楚、理由充分，有明确的被投诉人，投诉内容具有典型性。

第二十条　属于下列情形的，税务机关不予受理：

（一）对税务机关已经处理完毕且经上级税务机关复核的相同投诉事项再次投诉的；

（二）对税务机关依法、依规受理，且正在办理的服务投诉再次投诉的；

（三）不属于本办法投诉范围的其他情形。

第二十一条　税务机关收到投诉后应于1个工作日内决定是否受理，并按照"谁主管、谁负责"的原则办理或转办。

第二十二条　对于不予受理的实名投诉，税务机关应当以适当形式告知投诉人，并说明理由。逾期未告知的，视同自收到投诉后1个工作日内受理。

第二十三条　上级税务机关认为下级税务机关应当受理投诉而不受理或者不予受理的理由不成立的，可以责令其受理。

上级税务机关认为有必要的，可以直接受理应由下级税务机关受理的纳税服务投诉。

第二十四条 纳税人的同一投诉事项涉及两个以上税务机关的，应当由首诉税务机关牵头协调处理。首诉税务机关协调不成功的，应当向上级税务机关申请协调处理。

第二十五条 纳税人就同一事项通过不同渠道分别投诉的，税务机关接收后可合并办理。

第二十六条 税务机关应当建立纳税服务投诉事项登记制度，记录投诉时间、投诉人、被投诉人、联系方式、投诉内容、受理情况以及办理结果等有关内容。

第二十七条 各级税务机关应当向纳税人公开负责纳税服务投诉机构的通讯地址、投诉电话、税务网站和其他便利投诉的事项。

第四章 调查与处理

第二十八条 税务机关调查处理投诉事项，应依法依规、实事求是、注重调解，化解征纳争议。

第二十九条 税务机关调查人员与投诉事项或者投诉人、被投诉人有利害关系的，应当回避。

第三十条 调查纳税服务投诉事项，应当由两名以上工作人员参加。一般流程为：

（一）核实情况。查阅文件资料，调取证据，听取双方陈述事实和理由，必要时可向其他组织和人员调查或实地核查。

（二）沟通调解。与投诉人、被投诉人确认基本事实，强化沟通，化解矛盾，促进双方就处理意见形成共识。

（三）提出意见。依照有关法律、法规、规章及其他有关规定提出处理意见。

第三十一条 税务机关对各类服务投诉应限期办结。对服务言行类投诉，自受理之日起 5 个工作日内办结；服务质效类、其他侵害纳税人合法权益类投诉，自受理之日起 10 个工作日内办结。

第三十二条 属于下列情形的，税务机关应快速处理，自受理之日起 3 个工作日内办结。

（一）本办法第十一条第一项所规定的情形；

（二）自然人纳税人提出的个人所得税服务投诉；

（三）自然人缴费人提出的社会保险费和非税收入征缴服务投诉；

（四）涉及其他重大政策落实的服务投诉。

第三十三条 服务投诉因情况复杂不能按期办结的，经受理税务机关纳税服务部门负责人批准，可适当延长办理期限，最长不得超过 10 个工作日，同时向转办部门进行说明并向投诉人做好解释。

第三十四条 属于下列情形的，税务机关可即时处理：

（一）纳税人当场提出投诉，事实简单、清楚，不需要进行调查的；

（二）一定时期内集中发生的同一投诉事项且已有明确处理意见的。

第三十五条 纳税人当场投诉事实成立的，被投诉人应当立即停止或者改正被投诉的行为，并向纳税人赔礼道歉，税务机关应当视情节轻重给予被投诉人相应处理；

投诉事实不成立的，处理投诉事项的税务机关工作人员应当向纳税人说明理由。

第三十六条　调查过程中发生下列情形之一的，应当终结调查，并向纳税人说明理由：

（一）投诉事实经查不属于纳税服务投诉事项的；

（二）投诉内容不具体，无法联系投诉人或者投诉人拒不配合调查，导致无法调查核实的；

（三）投诉人自行撤销投诉，经核实确实不需要进一步调查的；

（四）已经处理反馈的投诉事项，投诉人就同一事项再次投诉，没有提供新证据的；

（五）调查过程中发现不属于税务机关职责范围的。

第三十七条　税务机关根据调查核实的情况，对纳税人投诉的事项分别作出如下处理：

（一）投诉情况属实的，责令被投诉人限期改正，并视情节轻重分别给予被投诉人相应的处理；

（二）投诉情况不属实的，向投诉人说明理由。

第三十八条　税务机关应在规定时限内将处理结果以适当形式向投诉人反馈。反馈时应告知投诉人投诉是否属实，对投诉人权益造成损害的行为是否终止或改正；不属实的投诉应说明理由。

第三十九条　投诉人对税务机关反馈的处理情况有异议的，税务机关应当决定是否开展补充调查以及是否重新作出处理结果。

第四十条　投诉人认为处理结果显失公正的，可向上级税务机关提出复核申请。上级税务机关自受理之日起，10个工作日内作出复核意见。

第四十一条　税务机关及其工作人员阻拦、限制投诉人投诉或者打击报复投诉人的，由其上级机关依法依规追究责任。

第四十二条　投诉人捏造事实、恶意投诉，或者干扰和影响正常工作秩序，对税务机关、税务人员造成负面影响的，投诉人应依法承担相应责任。

第五章　指导与监督

第四十三条　上级税务机关应当加强对下级税务机关纳税服务投诉工作的指导与监督，督促及时、规范处理。

第四十四条　各级税务机关对于办理纳税服务投诉过程中发现的有关税收制度或者行政执法中存在的普遍性问题，应当向有关部门提出合理化建议。

第四十五条　各级税务机关应当积极依托信息化手段，规范流程、强化监督，不断提高纳税服务投诉处理质效。

第六章　附　　则

第四十六条　国家税务总局各省、自治区、直辖市和计划单列市税务局可以根据本办法制定具体的实施办法。

第四十七条　本办法自 2019 年 8 月 1 日起施行。《国家税务总局关于修订〈纳税服务投诉管理办法〉的公告》（国家税务总局公告 2015 年第 49 号，国家税务总局公告 2018 年第 31 号修改）同时废止。

（二）政策解读

1. 修订《办法》的背景

《纳税服务投诉管理办法》（税务总局公告 2015 年第 49 号发布，以下简称"旧《办法》"）自 2015 年修订以来，有效指导了各级税务机关受理纳税人投诉，切实维护了纳税人合法权益。近年来，党中央、国务院深化国税地税征管体制改革、推进"放管服"改革、税制改革、减税降费等重大决策部署，对纳税服务投诉管理提速增效提出了新的要求。进一步规范纳税服务投诉管理，提高投诉办理效率，才能更好地解决纳税人和缴费人最关心、最直接、最现实的问题。这也是各级税务机关开展"不忘初心、牢记使命"主题教育，需要认真落实的重要举措。为此，税务总局对旧《办法》进行了修订，发布了《关于修订〈纳税服务投诉管理办法〉的公告》，努力以税务人的"辛苦指数"换取纳税人和缴费人的"满意指数"。

2. 修订的主要考虑

修订旧《办法》主要有以下考虑：一是紧扣"不忘初心、牢记使命"主题教育要求，为民服务解难题，坚持问题导向，立行立改，针对纳税人集中反映投诉管理中的问题，对旧《办法》进行修改。二是着眼新形势新要求，丰富内容，按照深化国税地税征管体制改革后税务部门职责分工，完善了投诉主体，同时增加了复核环节，拓宽了纳税人有效维权渠道。三是响应纳税人诉求，保障权益，针对纳税人反映多的办理时限长、办理复杂等问题，进一步压缩投诉办理时限和优化办理流程，并建立了快速处理机制，最大程度保障纳税人合法权益。四是整合现行规定，方便了纳税人，规范了税务人，梳理整合散落在不同文件中的小型微利企业税收优惠政策落实投诉快速处理、个人所得税纳税服务投诉等规定，既方便纳税人，又便于基层税务机关规范和执行。

3. 修订的主要内容

（1）扩展了投诉主体。为适应国税地税征管体制改革，社会保险费、非税收入征管职责划转税务部门的工作要求，修订后的《办法》将缴费人纳入纳税服务投诉人的范畴。

（2）明晰了业务边界。修订后的《办法》重新梳理了纳税服务投诉的受理范围，进一步厘清了纳税服务投诉和举报的边界。

（3）明确了受理范围。对照《纳税人权利与义务公告》有关纳税人合法权利的规定，结合《全国税务机关纳税服务规范》《纳税人办税指南》，修订后的《办法》进一步优化了投诉的受理范围和分类：一是将对"服务态度"的投诉，修订为对"服务言行"的投诉，以进一步明确投诉内容；二是对服务质效投诉和侵害纳税人权益投诉的内容进行了重新归类和描述，使之与税务系统深化"放管服"工作更加契合，内容更加详细具体，便于各地税务机关执行。

（4）压缩了处理时限。一是将各类办理时限全部压缩了 50%：受理审查环节由 2 个工作日压缩为 1 个工作日，服务质效、权益保护类投诉的办理时限从 20 个工作日压缩到 10 个工作日，服务言行类投诉的办理时限将原来的服务态度类的 10 个工作日压缩至 5 个工作日；二是细化了投诉的简易程序，对现场投诉、一定时期内集中发生的同一投诉事项且已有明确处理意见的情形，均适用简易程序，采取即时办结，进一步提速投诉处理。

（5）建立了快速处理机制。近年来，为落实党中央、国务院决策部署，税务总局出台了小型微利企业税收优惠政策落实投诉快速处理机制、加强个人所得税纳税服务投诉管理等规定，为最大程度保障纳税人合法权益，本次修订对现行有效的投诉事项进行了整合，便于基层税务机关执行。同时考虑到改革的前瞻性，快速处理机制同样适用于自然人提出的社会保险费和非税收入征缴服务投诉，更好满足自然人表达诉求更多元、更迫切要求。

（6）规范了投诉处理流程。一是接收和受理方面，对纳税人就同一事项通过不同渠道重复投诉的，规定了税务机关可合并办理，对纳税人反复投诉而没有新证据的情形，规定了税务机关终结调查的程序；二是规范调查核实程序，明确了核实情况、沟通调解、提出意见等基本流程规定；三是进一步明确了投诉处理及反馈的要求，对税务机关作出处理决定，实施结果反馈进行了规范。

（7）增加了复核环节。近年来，针对纳税人对投诉处理结果有异议的情形，旧《办法》没有明确救济途径，导致纳税人缠诉问题有所增加。本次修订将上级税务机关复核作为救济渠道，投诉人认为投诉处理结果显失公正的，可以向上级税务机关申请复核，既完善了纳税人有效维权渠道，又可以通过复核机制的实施，加强上级机关对下级单位投诉处理的监督管理。

五、取消一批税务证明事项

（一）基本政策

根据《国家税务总局关于公布取消一批税务证明事项以及废止和修改部分规章规范性文件的决定》（国家税务总局令 2019 年第 48 号）的规定，为深入贯彻落实党中央、国务院关于持续开展"减证便民"的要求，进一步深化税务系统"放管服"改革，优化税务执法方式，改善税收营商环境，税务总局决定再公布取消一批税务证明事项。同时，对本决定以及《国家税务总局关于取消一批税务证明事项的决定》（国家税务总局令第 46 号公布）取消的税务证明事项涉及的税务部门规章、税收规范性文件，税务总局一并进行了清理，决定废止和修改部分税务部门规章、税收规范性文件。现公布如下：

1. 取消一批税务证明事项

取消 25 项税务证明事项（附件 1，略）。其中，12 项（附件 1 所列第 1－12 项）自本决定公布之日起停止执行；13 项（附件 1 所列 13－25 项）根据《中华人民共和国车辆购置税法》《财政部　税务总局关于高校学生公寓房产税　印花税政策的通知》（财税〔2019〕14 号）、《财政部　税务总局关于公共租赁住房税收优惠政策的公告》（财政部　税务总局公告 2019 年第 61 号）、《财政部　税务总局关于继续实行农村饮水安全工程税收优惠政策的公告》（财政部　税务总局公告 2019 年第 67 号）、《国家税务总局关于城镇土地使用税等"六税一费"优惠事项资料留存备查的公告》（国家税务总局公告 2019 年第 21 号）的有关规定停止执行。

2. 废止和修改部分规章、规范性文件

（1）废止 1 件税务部门规章

废止《中华人民共和国资源税代扣代缴管理办法》（国税发〔1998〕49 号文件印发，国家税务总局令第 44 号修改）。

（2）修改 3 件税务部门规章

①删去《中华人民共和国发票管理办法实施细则》（国家税务总局令第 25 号公布，国家税务总局令第 37 号、第 44 号修改）第三十一条中的"并登报声明作废"。

②将《税收票证管理办法》（国家税务总局令第 28 号公布）第四十六条修改为："纳税人遗失已完税税收票证需要税务机关另行提供的，如税款经核实确已缴纳入库或从国库退还，税务机关应当开具税收完税证明或提供原完税税收票证复印件"。

③删去《税务登记管理办法》（国家税务总局令第 7 号公布，国家税务总局令第 36 号、第 44 号修改）第十七条第一项中的"及工商营业执照"。

以上被修改的规章根据本决定重新公布（附件 2、3、4，略）。

（3）废止 1 件税收规范性文件

废止《国家税务总局关于被盗、丢失增值税专用发票有关问题的公告》（国家税务总局公告 2016 年第 50 号）。

各级税务机关应认真落实取消税务证明事项有关工作，对已取消的，不得保留或变相保留；没有法律法规依据，一律不得新设证明事项。同时，要通过制度创新，进一步优化税务执法方式，推进建立证明事项告知承诺制，既增进办税缴费便利，又还权明责于纳税人、缴费人。要不断完善"信用＋风险"动态管理，充分发挥大数据和信息化作用，加快推进信息归集共享和部门协同共治，切实加强事中事后公平公正严格监管，着力打造法治化、便利化的税收营商环境，不断增强纳税人、缴费人的获得感和满意度。

（二）政策解读

1. 制定《决定》的背景

为深入贯彻落实党中央、国务院关于持续开展"减证便民"的要求，进一步优化税务执法方式、改善税收营商环境，根据李克强总理在全国深化"放管服"改革优化营商环境电视电话会议上的重要讲话精神和《国务院办公厅关于做好证明事项清理工作的通知》（国办发〔2018〕47 号）要求，税务总局结合正在开展的"不忘初心、牢记使命"主题教育，着眼于"为民服务解难题"，继此前两批取消 35 项税务证明事项后，再公布取消一批税务证明事项，同时对《国家税务总局关于取消一批税务证明事项的决定》（国家税务总局令第 46 号）和本批取消的证明事项所涉及的规章、规范性文件一并清理。

2.《决定》的主要内容

（1）公布取消 25 项税务证明事项

此次公布取消的 25 项税务证明事项，从涉税领域来看，涉及发票票证 3 项、税务登记 3 项、税收优惠 19 项；从证明性质来看，涉及法律事实证明 9 项、资格资质证明 3 项、权利归属证明 2 项、其他客观状态证明 11 项；从证明来源看，需要纳税人专门为办理税务事项另行从第三方取得证明材料的共 5 项，包括发票丢失登报声明、软件检测证明等，需要提供法定证照等纳税人已有材料的共 20 项，包括税务登记证件、个人身份证明等。

25 项税务证明事项取消后，3 个事项通过事后核查替代；6 个事项通过政府部门间信息共享或内部核查替代；15 个事项改为行政相对人自行留存有关法定证照等材料备查；1 个事项根据征管实际已无须备案或核查。

（2）配套修改规章、规范性文件

《决定》废止和修改了 5 件规章、规范性文件。具体如下：

①全文废止 1 件税务部门规章。废止《中华人民共和国资源税代扣代缴管理办法》（国税发〔1998〕49 号文件印发，国家税务总局令第 44 号修改），涉及《国家税务总局关于取消一批税务证明事项的决定》（国家税务总局令第 46 号）取消的"资源税管理证明"。该证明取消后，实行纳税人自主申报，不再采用代扣代缴的征管方式。《中华人民共和国资源税代扣代缴管理办法》的调整对象已不存在，有必要全文废止。

②修改 3 件税务部门规章。一是修改《中华人民共和国发票管理办法实施细则》，涉及《决定》取消的"发票丢失登报作废声明"；二是修改《税收票证管理办法》，涉及《决定》取消的"税收票证遗失登报声明"；三是修改《税务登记管理办法》，涉及《决定》取消的纳税人在市场监管部门办理变更登记后，到税务部门办理变更税务登记需提供的"营业执照"。

③全文废止 1 件税收规范性文件。废止《国家税务总局关于被盗、丢失增值税专用发票有关问题的公告》（国家税务总局公告 2016 年第 50 号），涉及《决定》取消的"发票丢失登报作废声明"。该公告对纳税人增值税专用发票发生被盗、丢失后刊登"遗失声明"的问题进行了规定。"发票丢失登报作废声明"取消后，该公告的调整对象已不存在，有必要全文废止。

3.《决定》施行日期

《决定》附件 1 所列 1—12 项税务证明事项自《决定》公布之日起停止执行；《决定》附件 1 所列 13—25 项税务证明事项，根据《中华人民共和国车辆购置税法》《财政部　税务总局关于高校学生公寓房产税 印花税政策的通知》（财税〔2019〕14 号）、《财政部　税务总局关于公共租赁住房税收优惠政策的公告》（财政部　税务总局公告 2019 年第 61 号）、《财政部　税务总局关于继续实行农村饮水安全工程税收优惠政策的公告》（财政部　税务总局公告 2019 年第 67 号）、《国家税务总局关于城镇土地使用税等"六税一费"优惠事项资料留存备查的公告》（国家税务总局公告 2019 年第 21 号）的有关规定停止执行，具体停止执行时间在附件 1 中进行了详细说明。

六、进一步简化税务行政许可事项办理程序

（一）基本政策

根据《国家税务总局关于进一步简化税务行政许可事项办理程序的公告》（国家

税务总局公告 2019 年第 34 号）的规定，为认真贯彻落实国务院深化"放管服"改革、优化营商环境的决策部署，根据《国务院办公厅关于印发全国深化"放管服"改革优化营商环境电视电话会议重点任务分工方案的通知》（国办发〔2019〕39 号）要求，税务总局决定进一步简化税务行政许可事项办理程序、部分税务行政许可文书和报送材料。现将有关事项公告如下：

1. **压缩办理时间**

税务机关办理对纳税人延期申报的核准、增值税专用发票（增值税税控系统）最高开票限额审批、对采取实际利润额预缴以外的其他企业所得税预缴方式的核定，自受理申请之日起 10 个工作日内作出行政许可决定；办理对纳税人变更纳税定额的核准，自受理申请之日起 15 个工作日内作出行政许可决定。在上述时限内不能办结的，经税务机关负责人批准，可以延长 5 个工作日。

2. **简并申请文书**

（1）取消《税务行政许可申请表》中"法定代表人（负责人）""联系地址"栏次。

（2）税务机关办理对纳税人延期缴纳税款、延期申报的核准，不再要求申请人填写《延期缴纳税款申请审批表》《延期申报申请核准表》。

3. **减少材料报送**

（1）税务机关办理对纳税人延期缴纳税款的核准，不再要求申请人单独提供申请延期缴纳税款报告、当期货币资金余额材料、应付职工工资和社会保险费等税务机关要求提供的支出预算材料，改为申请人在《税务行政许可申请表》中填写相关信息及申请理由；不再要求申请人提供连续 3 个月缴纳税款情况和资产负债表，由税务机关在信息系统中主动核查。

（2）税务机关办理对纳税人延期申报的核准，不再要求申请人单独提供确有困难不能正常申报的情况说明，改为申请人在《税务行政许可申请表》中填写申请理由。

4. **简化送达程序**

税务机关通过办税服务窗口向申请人直接送达税务行政许可文书，且申请人无异议的，由受送达人或者其他法定签收人在税务行政许可文书末尾的签收栏签名或者盖章，注明收到日期，不再另行填写《税务文书送达回证》。

5. **更新相关文书**

《国家税务总局关于公布已取消税务行政许可事项的公告》（国家税务总局公告 2019 年第 11 号）所附税务行政许可文书样式和税务行政许可项目分项表，根据以上规定予以更新，随本公告重新发布。

本公告自 2019 年 12 月 1 日起施行。

（二）政策解读

为认真贯彻落实国务院深化"放管服"改革、优化营商环境的决策部署，根据《国务院办公厅关于印发全国深化"放管服"改革优化营商环境电视电话会议重点任务分工方案的通知》（国办发〔2019〕39 号）要求，税务总局制定了《国家税务总局关于进一步简化税务行政许可事项办理程序的公告》（以下简称《公告》）。

1.《公告》出台的背景

2019 年 8 月 1 日，国务院办公厅印发《全国深化"放管服"改革优化营商环境电视电话会议重点任务分工方案》，要求"对保留的许可事项要逐项明确许可范围、条件和环节等，能简化的都要尽量简化"。为贯彻落实国务院文件要求，进一步深化行政审批制度改革，为申请人办理税务行政许可事项提供便利，有必要进一步简化税务行政许可事项办理程序。

2.《公告》主要内容

（1）压缩办理时间

《公告》对部分税务行政许可事项在20个工作日的法定办结时限基础上明确了更短的承诺办结时限。

①将对纳税人延期申报的核准、增值税专用发票（增值税税控系统）最高开票限额审批、对采取实际利润额预缴以外的其他企业所得税预缴方式的核定3个事项的办结时限由20个工作日压缩至10个工作日。

②将对纳税人变更纳税定额的核准事项的办结时限从法定的20个工作日压缩至15个工作日（15个工作日中包括5个工作日的定额公示时间）。

③将允许税务机关延期办理上述许可事项的时限从法定的10个工作日压缩至5个工作日。

需要说明的是，以上承诺办结时限为一般规定。税务总局对实名办税纳税人、新办纳税人等办理有关事项已经规定了更短的办结时限的，从其规定。

（2）简并申请文书

①减少填报事项。《公告》取消了《税务行政许可申请表》中"法定代表人（负责人）"栏次，该内容可以在信息系统中查询；取消了经办人和委托代理人的"联系地址"栏次，仅保留申请人的"地址及邮政编码"栏次（可填写邮寄送达等地址）。

②合并申请表单。此前，纳税人申请延期申报、延期缴纳税款，在填写《税务行政许可申请表》的基础上，还要分别填写《延期缴纳税款申请审批表》《延期申报申请核准表》，上述表单存在一些重复项目，如申请人信息等。此次《公告》取消了《延期缴纳税款申请审批表》《延期申报申请核准表》报送要求，将上述表单必要内容并入《税务行政许可申请表》，减轻申请人填表量。

（3）减少材料报送

①减少对纳税人延期缴纳税款的核准事项的申请材料。一是不再要求申请人单独提供申请延期缴纳税款报告、当期货币资金余额材料、应付职工工资和社会保险费等税务机关要求提供的支出预算材料，改为申请人在《税务行政许可申请表》中填写相关信息及申请理由；二是不再要求申请人提供连续3个月缴纳税款情况和资产负债表，由税务机关在信息系统中主动核查。

②减少对纳税人延期申报的核准事项的申请材料。不再要求申请人单独提供确有困难不能正常申报的情况说明，改为申请人在《税务行政许可申请表》中填写申请理由。

（4）简化送达程序

为进一步简化送达程序，《公告》对通过办税服务窗口向申请人直接送达税务行政许可文书，且申请人无异议的，实行更加便捷的送达和签收方式，即在税务行政许可文书末尾增加"签收栏"，由受送达人或者其他法定签收人签名或者盖章，记明收到日期，不再另行填写《税务文书送达回证》（包括"送达文书名称""受送达人""送达地点""受送达人签名或者盖章""代收人代收理由并签名或者盖章""受送达人拒收理由"等内容）。除上述情形外，采取在办税服务窗口以外场所送达、留置送达、委托送达等方式的，仍需填写《税务文书送达回证》。

（5）更新相关文书

《国家税务总局关于公布已取消税务行政许可事项的公告》（国家税务总局公告2019 年第 11 号）所附税务行政许可文书样式和税务行政许可项目分项表，根据《公告》各项简化措施予以更新，在《公告》附件中重新发布。

七、纳税信用修复

（一）基本政策

根据《国家税务总局关于纳税信用修复有关事项的公告》（国家税务总局公告2019 年第 37 号）的规定，为鼓励和引导纳税人增强依法诚信纳税意识，主动纠正纳税失信行为，根据《国务院办公厅关于加快推进社会信用体系建设构建以信用为基础的新型监管机制的指导意见》（国办发〔2019〕35 号），现就纳税信用修复有关事项公告如下：

1. 纳入纳税信用管理的企业纳税人，符合下列条件之一的，可在规定期限内向主管税务机关申请纳税信用修复。

（1）纳税人发生未按法定期限办理纳税申报、税款缴纳、资料备案等事项且已补办的。

（2）未按税务机关处理结论缴纳或者足额缴纳税款、滞纳金和罚款，未构成犯罪，纳税信用级别被直接判为 D 级的纳税人，在税务机关处理结论明确的期限期满后 60 日内足额缴纳、补缴的。

（3）纳税人履行相应法律义务并由税务机关依法解除非正常户状态的。

《纳税信用修复范围及标准》见附件 1。

2. 符合本公告第一条第（一）项所列条件且失信行为已纳入纳税信用评价的，纳税人可在失信行为被税务机关列入失信记录的次年年底前向主管税务机关提出信用修复申请，税务机关按照《纳税信用修复范围及标准》调整该项纳税信用评价指标分值，重新评价纳税人的纳税信用级别；符合本公告第一条第（一）项所列条件但失信行为尚未纳入纳税信用评价的，纳税人无须提出申请，税务机关按照《纳税信用修复范围及标准》调整纳税人该项纳税信用评价指标分值并进行纳税信用评价。

符合本公告第一条第（二）项、第（三）项所列条件的，纳税人可在纳税信用被直接判为 D 级的次年年底前向主管税务机关提出申请，税务机关根据纳税人失信行为纠正情况调整该项纳税信用评价指标的状态，重新评价纳税人的纳税信用级别，但不得评价为 A 级。

非正常户失信行为纳税信用修复一个纳税年度内只能申请 1 次。纳税年度自公历 1月 1 日起至 12 月 31 日止。

纳税信用修复后纳税信用级别不再为 D 级的纳税人，其直接责任人注册登记或者负责经营的其他纳税人之前被关联为 D 级的，可向主管税务机关申请解除纳税信用 D级关联。

3. 需向主管税务机关提出纳税信用修复申请的纳税人应填报《纳税信用修复申请表》（附件 2），并对纠正失信行为的真实性作出承诺。

税务机关发现纳税人虚假承诺的，撤销相应的纳税信用修复，并按照《纳税信用评价指标和评价方式（试行）调整表》（附件 3）予以扣分。

4. 主管税务机关自受理纳税信用修复申请之日起 15 个工作日内完成审核，并向纳税人反馈信用修复结果。

5. 纳税信用修复完成后，纳税人按照修复后的纳税信用级别适用相应的税收政策和管理服务措施，之前已适用的税收政策和管理服务措施不作追溯调整。

6. 本公告自 2020 年 1 月 1 日起施行。

附件 1

纳税信用修复范围及标准

序号	指标名称	指标代码	失信扣分分值	修复加分分值和修复标准		
				30 日内纠正	30 日后本年纠正	30 日后次年纠正
1	未按规定期限纳税申报	010101	5 分	涉及税款 1 000 元以下的加 5 分，其他的加 4 分	2 分	1 分
2	未按规定期限代扣代缴	010102	5 分	涉及税款 1000 元以下的加 5 分，其他的加 4 分	2 分	1 分
3	未按规定期限填报财务报表	010103	3 分	2.4 分	1.2 分	0.6 分
4	从事进料加工业务的生产企业，未按规定期限办理进料加工登记、申报、核销手续的	010304	3 分	2.4 分	1.2 分	0.6 分
5	未按规定时限报送财务会计制度或财务处理办法	010501	3 分	2.4 分	1.2 分	0.6 分
6	使用计算机记账，未在使用前将会计电算化系统的会计核算软件、使用说明书及有关资料报送主管税务机关备案的	010502	3 分	2.4 分	1.2 分	0.6 分
7	纳税人与其关联企业之间的业务往来应向税务机关提供有关价格、费用标准信息而未提供的	010503	3 分	2.4 分	1.2 分	0.6 分
8	未按规定（期限）提供其他涉税资料的	010504	3 分	2.4 分	1.2 分	0.6 分

（续表）

序号	指标名称	指标代码	失信扣分分值	修复加分分值和修复标准		
				30 日内纠正	30 日后本年纠正	30 日后次年纠正
9	未在规定时限内向主管税务机关报告开立（变更）账号的	010505	5 分	4 分	2 分	1 分
10	未按规定期限缴纳已申报或批准延期申报的应纳税（费）款	020101	5 分	涉及税款 1000 元以下的加 5 分，其他的加 4 分	2 分	1 分
11	至评定期末，已办理纳税申报后纳税人未在税款缴纳期限内缴纳税款或经批准延期缴纳的税款期限已满，纳税人未在税款缴纳期限内缴纳的税款在 5 万元以上（含 5 万元）的	020201	11 分	8.8 分	4.4 分	2.2 分
12	至评定期末，已办理纳税申报后纳税人未在税款缴纳期限内缴纳税款或经批准延期缴纳的税款期限已满，纳税人未在税款缴纳期限内缴纳的税款在 5 万元以下的	020202	3 分	涉及税款 1000 元以下的加 3 分，其他的加 2.4 分	1.2 分	0.6 分
13	已代扣代收税款，未按规定解缴的	020301	11 分	涉及税款 1000 元以下的加 11 分，其他的加 8.8 分	4.4 分	2.2 分
14	未履行扣缴义务，应扣未扣，应收不收税款	020302	3 分	涉及税款 1000 元以下的加 3 分，其他的加 2.4 分	1.2 分	0.6 分
15	银行账户设置数大于纳税人向税务机关提供数	——	11 分	8.8 分	4.4 分	2.2 分
16	有非正常户记录的纳税人	040103	直接判 D	履行相应法律义务并由税务机关依法解除非正常户状态的，税务机关依据纳税人申请重新评价纳税信用级别，但不得评价为 A 级		
17	在规定期限内未补交或足额补缴税款、滞纳金和罚款	050107	直接判 D	在税务机关处理结论明确的期限期满后 60 日内足额补缴的（构成犯罪的除外），税务机关依据纳税人申请重新评价纳税信用级别，但不得评价为 A 级		
18	非正常户直接责任人员注册登记或负责经营的其他纳税户	040104	直接判 D	非正常户纳税人纳税信用修复后纳税信用级别不为 D 级的，税务机关依据纳税人申请重新评价纳税信用级别		

（续表）

序号	指标名称	指标代码	失信扣分分值	修复加分分值和修复标准		
				30 日内纠正	30 日后本年纠正	30 日后次年纠正
19	D 级纳税人的直接责任人员注册登记或负责经营的其他纳税户	040105	直接判 D	D 级纳税人纳税信用修复后纳税信用级别不为 D 级的，税务机关依据纳税人申请重新评价纳税信用级别		

备注：1.30 日内纠正，即在失信行为被税务机关列入失信记录后 30 日内（含 30 日）纠正失信行为。

2.30 日后本年纠正，即在失信行为被税务机关列入失信记录后超过 30 日且在当年年底前纠正失信行为。

3.30 日后次年纠正，即在失信行为被税务机关列入失信记录后超过 30 日且在次年年底前纠正失信行为。

附件 2

纳税信用修复申请表

纳税人识别号（统一社会信用代码）			
纳税人名称			
经办人		联系电话	
评价年度		评价结果	
具体原因			

☐ 1. 未按法定期限办理纳税申报、税款缴纳、资料备案等事项且已补办

其中，涉及以下指标的，请填写纠正日期及说明：

☐ 010304. 从事进料加工业务的生产企业，未按规定期限办理进料加工登记、申报、核销手续的

☐ 010502. 使用计算机记账，未在使用前将会计电算化系统的会计核算软件、使用说明书及有关资料报送主管税务机关备案的

☐ 010503. 纳税人与其关联企业之间的业务往来应向税务机关提供有关价格、费用标准信息而未提供的

☐ 010504. 未按规定（期限）提供其他涉税资料的

☐ 020302. 未履行扣缴义务，应扣未扣，应收不收税款

纠正日期：

纠正情况说明：

☐ 2. 未按税务机关处理结论缴纳或者足额缴纳税款、滞纳金和罚款，纳税信用级别被直接判为 D 级，已在税务机关处理结论明确的期限期满后 60 天内足额补缴

☐ 3. 履行相应法律义务由税务机关依法解除非正常状态

☐ 4. 解除纳税信用 D 级关联

（续表）

谨承诺： 1. 对申请修复年度纳税信用评价结果无异议，且已对失信行为进行纠正； 2. 所填写的内容和提交的相关材料真实、有效； 3. 违背承诺自愿接受惩戒，并承担相应责任。	
经办人签章： 法定代表人签字： 纳税人公章：	受理人： 受理日期：　　　　　年 月 日 主管税务机关（章）

备注：1. 主管税务机关自受理纳税信用修复申请之日起 15 个工作日内完成审核，并向纳税人反馈信用修复结果。

　　　2. 本表一式两份，主管税务机关和纳税人各留存一份。

税信用评价指标和评价方式（试行）调整表

		一级指标	二级指标	三级指标	扣分标准	备注
税务内部信息	经常性指标信息	01. 涉税申报信息	0101. 按照规定申报纳税	010106. 故意隐瞒真实情况、提供虚假承诺办理有关事项的（按次计算）	5分	新增需要指标

（二）政策解读

为贯彻落实《国务院办公厅关于加快推进社会信用体系建设构建以信用为基础的新型监管机制的指导意见》（国办发〔2019〕35 号），鼓励和引导纳税人增强依法诚信纳税意识，主动纠正纳税失信行为，税务总局发布了《国家税务总局关于纳税信用修复有关事项的公告》（以下称《公告》），对开展纳税信用修复的相关问题进行了明确。现就《公告》的主要内容解读如下：

1.《公告》背景

自 2014 年《纳税信用管理办法（试行）》（国家税务总局公告 2014 年第 40 号发布）和《纳税信用评价指标和评价方式（试行）》（国家税务总局公告 2014 年第 48 号发布，国家税务总局公告 2016 年第 9 号、2018 年第 31 号修改）实施以来，守信激励、失信惩戒的纳税信用管理体系初步构建，纳税信用应用场景不断拓展，良好的纳税信用状况可以为纳税人带来许多实惠，反之则会受到多种限制，越来越多纳税人希望能够通过主动纠错的方式尽快修复自身信用，减少信用损失。与此同时，2019 年 7 月，国务院办公厅印发《关于加快推进社会信用体系建设构建以信用为基础的新型监管机制的指导意见》（国办发〔2019〕35 号），提出要探索建立信用修复机制，失信市场主体在规定期限内纠正失信行为、消除不良影响的，可通过作出信用承诺、完成信用整改等方式开展信用修复。为此，结合往年纳税信用评价情况，经过反复调研、座谈、征求纳税人意见建议，税务总局研究制定了《公告》，对纳入纳税信用管理的企业纳税人实施纳税信用修复。

2. 关于可申请纳税信用修复的情形

信用修复不是简单的"洗白记录"，也不是简单的"退出惩戒"。按照有限度修复的原则，《公告》第一条明确了19种情节轻微或未造成严重社会影响的纳税信用失信行为，及相应的修复条件，共包括15项未按规定期限办理纳税申报、税款缴纳、资料备案等事项和4项直接判D级情形。从往年纳税信用评价情况看，上述情形扣分频次较高、涉及纳税人范围较大，《公告》实施后，符合条件的纳税人可向税务机关申请纳税信用修复。

3. 关于纳税信用修复的条件和标准

开展纳税信用修复以纠正失信行为为前提。纳税人应在规定期限内纠正失信行为方可申请纳税信用修复，具体情形对应的修复标准详见《纳税信用修复范围及标准》。

（1）纳税人发生未按法定期限办理纳税申报、税款缴纳、资料备案等事项且已补办的，加分分值根据补办时间与失信行为被税务机关列入失信记录的时间间隔确定，在30日内、本年内、次年内纠正的，分别能挽回80%、40%、20%的扣分损失。对于未按规定期限申报或缴纳已申报的税款等事项，若涉及税款金额不超过1 000元且纳税人能在失信行为被记录的30日内及时补办的，则补回100%的扣分分值。

（2）未按税务机关处理结论缴纳或者足额缴纳税款、滞纳金和罚款，未构成犯罪，纳税信用级别被直接判为D级的纳税人，应在税务机关处理结论明确的期限期满后60日内足额缴纳、补缴税款、滞纳金和罚款，方能申请纳税信用修复。

（3）非正常户纳税人应履行相应法律义务，经税务机关依法解除非正常状态，方能申请纳税信用修复。非正常户失信行为纳税信用修复一个纳税年度内只能申请一次。纳税年度自公历1月1日起至12月31日止。

4. 关于纳税信用修复的时限和程序

（1）对于符合《公告》第一条第（一）项所列条件且失信行为已纳入纳税信用评价的，纳税人可在失信行为被税务机关列入失信记录的次年年底前向主管税务机关提出信用修复申请。失信行为尚未纳入纳税信用评价的，纳税人无须提出申请，由税务机关按照《纳税信用修复范围及修复标准》对纳税人该项纳税信用评价指标分值进行调整，并按照规定做好后续的纳税信用评价。上述"纳入纳税信用评价"是指税务机关已启动相应年度的纳税信用评价工作，相关失信行为的扣分情况已记入年度纳税信用评价指标得分。

（2）对于符合本公告第一条第（二）（三）项所列条件的，纳税人可在纳税信用被直接判为D级的次年年底前向主管税务机关提出申请。税务机关根据纳税人失信行为纠正情况对该项纳税信用评价指标的状态进行调整，并重新评价纳税人纳税信用级别，但不得评价为A级。

（3）纳税信用修复后纳税信用不再为D级的纳税人，其直接责任人注册登记或负责经营的其他纳税人被关联为 D 级的，可向主管税务机关申请解除纳税信用 D 级关联。

（4）申请纳税信用修复的纳税人向主管税务机关提交《纳税信用修复申请表》，并对纠正失信行为的真实性作出承诺。主管税务机关自受理纳税信用修复申请之日起 15 个工作日内完成审核，并向纳税人反馈信用修复结果。

5. 关于纳税信用修复结果

修复指标调整将与相应扣分及直接判级指标一一对应。对于修复后涉及纳税信用级别调整的，税务机关也将记录评价结果调整情况。纳税信用修复完成后，纳税人按照修复后的纳税信用级别适用相应的税收政策和管理服务措施，之前已适用的税收政策和管理服务措施不作追溯调整。税务机关发现纳税人未履行信用修复承诺，通过提交虚假材料申请纳税信用修复的，在核实后撤销已完成的纳税信用修复，并在纳税信用年度评价中按次扣 5 分。

6. 关于纳税信用修复和纳税信用复评的关系

纳税信用修复适用于纳税人发生了失信行为并且主动纠正、消除不良影响后向税务机关申请恢复其纳税信用的情形。纳税信用复评适用于纳税人对纳税信用评价结果有异议，认为部分纳税信用指标扣分或直接判级有误或属于非自身原因导致，而采取的一种维护自身权益的行为。纳税信用修复的前提是纳税人对税务机关作出的年度评价结果无异议，如有异议，应先进行纳税信用复评后再申请纳税信用修复。

7. 公告的施行

本公告自 2020 年 1 月 1 日起施行。

八、税收违法行为检举管理办法

（一）基本政策

根据国家税务总局令第 49 号的规定，《税收违法行为检举管理办法》，已经 2019 年 11 月 21 日国家税务总局 2019 年度第 4 次局务会议审议通过，现予公布，自 2020 年 1 月 1 日起施行。

税收违法行为检举管理办法

第一章　总　　则

第一条　为了保障单位、个人依法检举纳税人、扣缴义务人违反税收法律、行政法规行为的权利，规范检举秩序，根据《中华人民共和国税收征收管理法》及其实施细则的有关规定，制定本办法。

第二条　本办法所称检举，是指单位、个人采用书信、电话、传真、网络、来访等形式，向税务机关提供纳税人、扣缴义务人税收违法行为线索的行为。

采用前款所述的形式，检举税收违法行为的单位、个人称检举人；被检举的纳税人、扣缴义务人称被检举人。

检举人可以实名检举，也可以匿名检举。

第三条　本办法所称税收违法行为，是指涉嫌偷税（逃避缴纳税款），逃避追缴欠税，骗税，虚开、伪造、变造发票，以及其他与逃避缴纳税款相关的税收违法行为。

第四条　检举管理工作坚持依法依规、分级分类、属地管理、严格保密的原则。

第五条　市（地、州、盟）以上税务局稽查局设立税收违法案件举报中心。国家税务总局稽查局税收违法案件举报中心负责接收税收违法行为检举，督促、指导、协调处理重要检举事项；省、自治区、直辖市、计划单列市和市（地、州、盟）税务局稽查局税收违法案件举报中心负责税收违法行为检举的接收、受理、处理和管理；各级跨区域稽查局和县税务局应当指定行使税收违法案件举报中心职能的部门，负责税收违法行为检举的接收，并按规定职责处理。

本办法所称举报中心是指前款所称的税收违法案件举报中心和指定行使税收违法案件举报中心职能的部门。举报中心应当对外挂标识牌。

第六条　税务机关应当向社会公布举报中心的电话（传真）号码、通讯地址、邮政编码、网络检举途径，设立检举接待场所和检举箱。

税务机关同时通过12366纳税服务热线接收税收违法行为检举。

第七条　税务机关应当与公安、司法、纪检监察和信访等单位加强联系和合作，做好检举管理工作。

第八条　检举税收违法行为是检举人的自愿行为，检举人因检举而产生的支出应当由其自行承担。

第九条　检举人在检举过程中应当遵守法律、行政法规等规定；应当对其所提供检举材料的真实性负责，不得捏造、歪曲事实，不得诬告、陷害他人；不得损害国家、社会、集体的利益和其他公民的合法权益。

第二章　检举事项的接收与受理

第十条　检举人检举税收违法行为应当提供被检举人的名称（姓名）、地址（住所）和税收违法行为线索；尽可能提供被检举人统一社会信用代码（身份证件号码）、法定代表人、实际控制人信息和其他相关证明资料。

鼓励检举人提供书面检举材料。

第十一条　举报中心接收实名检举，应当准确登记实名检举人信息。

检举人以个人名义实名检举应当由其本人提出；以单位名义实名检举应当委托本单位工作人员提出。

多人联名进行实名检举的，应当确定第一联系人；未确定的，以检举材料的第一署名人为第一联系人。

第十二条　12366纳税服务热线接收电话检举后，应当按照以下分类转交相关部门：

（一）符合本办法第三条规定的检举事项，应当及时转交举报中心；

（二）对应开具而未开具发票、未申报办理税务登记及其他轻微税收违法行为的检举事项，按照有关规定直接转交被检举人主管税务机关相关业务部门处理；

（三）其他检举事项转交有处理权的单位或者部门。

税务机关的其他单位或者部门接到符合本办法第三条规定的检举材料后，应当及时转交举报中心。

第十三条 以来访形式实名检举的，检举人应当提供营业执照、居民身份证等有效身份证件的原件和复印件。

以来信、网络、传真形式实名检举的，检举人应当提供营业执照、居民身份证等有效身份证件的复印件。

以电话形式要求实名检举的，税务机关应当告知检举人采取本条第一款、第二款的形式进行检举。

检举人未采取本条第一款、第二款的形式进行检举的，视同匿名检举。

举报中心可以应来访的实名检举人要求出具接收回执；对多人联名进行实名来访检举的，向其确定的第一联系人或者第一署名人出具接收回执。

第十四条 来访检举应当到税务机关设立的检举接待场所；多人来访提出相同检举事项的，应当推选代表，代表人数应当在 3 人以内。

第十五条 接收来访口头检举，应当准确记录检举事项，交检举人阅读或者向检举人宣读确认。实名检举的，由检举人签名或者盖章；匿名检举的，应当记录在案。

接收电话检举，应当细心接听、询问清楚、准确记录。

接收电话、来访检举，经告知检举人后可以录音、录像。

接收书信、传真等书面形式检举，应当保持检举材料的完整，及时登记处理。

第十六条 税务机关应当合理设置检举接待场所。检举接待场所应当与办公区域适当分开，配备使用必要的录音、录像等监控设施，保证监控设施对接待场所全覆盖并正常运行。

第十七条 举报中心对接收的检举事项，应当及时审查，有下列情形之一的，不予受理：

（一）无法确定被检举对象，或者不能提供税收违法行为线索的；

（二）检举事项已经或者依法应当通过诉讼、仲裁、行政复议以及其他法定途径解决的；

（三）对已经查结的同一检举事项再次检举，没有提供新的有效线索的。

除前款规定外，举报中心自接收检举事项之日起即为受理。

举报中心可以应实名检举人要求，视情况采取口头或者书面方式解释不予受理原因。

国家税务总局稽查局举报中心对本级收到的检举事项应当进行甄别。对本办法第三条规定以外的检举事项，转送有处理权的单位或者部门；对本办法第三条规定范围内的检举事项，按属地管理原则转送相关举报中心，由该举报中心审查并决定是否受理。国家税务总局稽查局举报中心应当定期向相关举报中心了解所转送检举事项的受理情况，对应受理未受理的应予以督办。

第十八条　未设立稽查局的县税务局受理的检举事项，符合本办法第三条规定的，提交上一级税务局稽查局举报中心统一处理。

各级跨区域稽查局受理的检举事项，符合本办法第三条规定的，提交同级税务局稽查局备案后处理。

第十九条　检举事项管辖有争议的，由争议各方本着有利于案件查处的原则协商解决；不能协商一致的，报请共同的上一级税务机关协调或者决定。

第三章　检举事项的处理

第二十条　检举事项受理后，应当分级分类，按照以下方式处理：

（一）检举内容详细、税收违法行为线索清楚、证明资料充分的，由稽查局立案检查。

（二）检举内容与线索较明确但缺少必要证明资料，有可能存在税收违法行为的，由稽查局调查核实。发现存在税收违法行为的，立案检查；未发现的，作查结处理。

（三）检举对象明确，但其他检举事项不完整或者内容不清、线索不明的，可以暂存待查，待检举人将情况补充完整以后，再进行处理。

（四）已经受理尚未查结的检举事项，再次检举的，可以合并处理。

（五）本办法第三条规定以外的检举事项，转交有处理权的单位或者部门。

第二十一条　举报中心可以税务机关或者以自己的名义向下级税务机关督办、交办检举事项。

第二十二条　举报中心应当在检举事项受理之日起 15 个工作日内完成分级分类处理，特殊情况除外。

查处部门应当在收到举报中心转来的检举材料之日起 3 个月内办理完毕；案情复杂无法在期限内办理完毕的，可以延期。

第二十三条　税务局稽查局对督办案件的处理结果应当认真审查。对于事实不清、处理不当的，应当通知承办机关补充调查或者重新调查，依法处理。

第四章　检举事项的管理

第二十四条　举报中心应当严格管理检举材料，逐件登记已受理检举事项的主要内容、办理情况和检举人、被检举人的基本情况。

第二十五条　已接收的检举材料原则上不予退还。不予受理的检举材料，登记检举事项的基本信息和不予受理原因后，经本级稽查局负责人批准可以销毁。

第二十六条　暂存待查的检举材料，若在受理之日起两年内未收到有价值的补充材料，可以销毁。

第二十七条　督办案件的检举材料应当专门管理，并按照规定办理督办案件材料的转送、报告等具体事项。

第二十八条　检举材料的保管和整理，应当按照档案管理的有关规定办理。

第二十九条　举报中心每年度对检举案件和有关事项的数量、类别及办理情况等进行汇总分析，形成年度分析报告，并按规定报送。

第五章　检举人的答复和奖励

第三十条　实名检举人可以要求答复检举事项的处理情况与查处结果。

实名检举人要求答复处理情况时，应当配合核对身份；要求答复查处结果时，应当出示检举时所提供的有效身份证件。

举报中心可以视具体情况采取口头或者书面方式答复实名检举人。

第三十一条　实名检举事项的处理情况，由作出处理行为的税务机关的举报中心答复。

将检举事项督办、交办、提交或者转交的，应当告知去向；暂存待查的，应当建议检举人补充资料。

第三十二条　实名检举事项的查处结果，由负责查处的税务机关的举报中心答复。

实名检举人要求答复检举事项查处结果的，检举事项查结以后，举报中心可以将与检举线索有关的查处结果简要告知检举人，但不得告知其检举线索以外的税收违法行为的查处情况，不得提供执法文书及有关案情资料。

第三十三条　12366 纳税服务热线接收检举事项并转交举报中心或者相关业务部门后，可以应检举人要求将举报中心或者相关业务部门反馈的受理情况告知检举人。

第三十四条　检举事项经查证属实，为国家挽回或者减少损失的，按照财政部和国家税务总局的有关规定对实名检举人给予相应奖励。

第六章　权利保护

第三十五条　检举人不愿提供个人信息或者不愿公开检举行为的，税务机关应当予以尊重和保密。

第三十六条　税务机关应当在职责范围内依法保护检举人、被检举人的合法权益。

第三十七条　税务机关工作人员与检举事项或者检举人、被检举人有直接利害关系的，应当回避。

检举人有正当理由并且有证据证明税务机关工作人员应当回避的，经本级税务机关负责人或者稽查局负责人批准以后，予以回避。

第三十八条　税务机关工作人员必须严格遵守以下保密规定：

（一）检举事项的受理、登记、处理及查处，应当依照国家有关法律、行政法规等规定严格保密，并建立健全工作责任制，不得私自摘抄、复制、扣压、销毁检举材料；

（二）严禁泄露检举人的姓名、身份、单位、地址、联系方式等情况，严禁将检举情况透露给被检举人及与案件查处无关的人员；

（三）调查核实情况和立案检查时不得出示检举信原件或者复印件，不得暴露检举人的有关信息，对匿名的检举书信及材料，除特殊情况以外，不得鉴定笔迹；

（四）宣传报道和奖励检举有功人员，未经检举人书面同意，不得公开检举人的姓名、身份、单位、地址、联系方式等情况。

第七章　法律责任

第三十九条　税务机关工作人员违反本办法规定，将检举人的检举材料或者有关情况提供给被检举人或者与案件查处无关人员的，依法给予行政处分。

第四十条　税务机关工作人员打击报复检举人的，视情节和后果，依法给予行政处分；涉嫌犯罪的，移送司法机关依法处理。

第四十一条　税务机关工作人员不履行职责、玩忽职守、徇私舞弊，给检举工作造成损失的，应当给予批评教育；情节严重的，依法给予行政处分并调离工作岗位；涉嫌犯罪的，移送司法机关依法处理。

第四十二条　税收违法检举案件中涉及税务机关或者税务人员违纪违法问题的，应当按照规定移送有关部门依纪依法处理。

第四十三条　检举人违反本办法第九条规定的，税务机关工作人员应当对检举人进行劝阻、批评和教育；经劝阻、批评和教育无效的，可以联系有关部门依法处理。

第八章　附　　则

第四十四条　本办法所称的检举事项查结，是指检举案件的结论性文书生效，或者检举事项经调查核实后未发现税收违法行为。

第四十五条　国家税务总局各省、自治区、直辖市和计划单列市税务局可以根据本办法制定具体的实施办法。

第四十六条　本办法自 2020 年 1 月 1 日起施行。《税收违法行为检举管理办法》（国家税务总局令第 24 号公布）同时废止。

（二）政策解读

《税收违法行为检举管理办法》（以下简称《办法》）已经国家税务总局局务会议审议通过，现就《办法》的有关内容解读如下：

1. 修订的背景
为深入贯彻党的十九届四中全会精神，进一步深化税收领域"放管服"改革，完善税务稽查制度体系，针对原《办法》实施过程中遇到的新情况、新问题，国家税务总局对原《办法》进行修订。

2. 重点修订内容
（1）增加便利检举人的举措。《办法》规定检举人可采取书信、电话、传真、网络、来访等形式检举，可通过各级跨区域稽查局和县税务局承担举报中心职能的部门检举，并明确 12366 纳税服务热线接收电话检举职责。

（2）强化约束税务人的规定。《办法》进一步明确检举管理工作流程，提出举报事项办理时限，同时规范检举答复工作，对答复主体、内容、流程与权责作了具体要求。

（3）适应国税地税征管体制改革需要，增加促进税务机关检举管理工作"事合"的具体措施。针对国税地税机构合并和稽查改革后机构设置变化，《办法》明确各级跨区域稽查局和县税务局应当指定部门行使举报中心职能，规定跨区域稽查局受理检举事项的处置要求，明确争议处置程序。

3.《办法》执行时间

本办法自 2020 年 1 月 1 日起施行，《税收违法行为检举管理办法》（国家税务总局令第 24 号公布）同时废止。

九、税务文书电子送达制度

（一）基本政策

为深入贯彻党的十九届四中全会精神，落实"放管服"改革要求，优化税务执法方式，进一步便利纳税人办税，国家税务总局制定了《税务文书电子送达规定（试行）》（国家税务总局公告 2019 年第 39 号），自 2020 年 4 月 1 日起施行。

税务文书电子送达规定（试行）

第一条 为进一步便利纳税人办税，保护纳税人合法权益，提高税收征管效率，减轻征纳双方负担，根据《中华人民共和国税收征收管理法》及其实施细则、国家电子政务等有关制度规定，结合税务文书送达工作实际，制定本规定。

第二条 本规定所称电子送达，是指税务机关通过电子税务局等特定系统（以下简称"特定系统"）向纳税人、扣缴义务人（以下简称"受送达人"）送达电子版式税务文书。

第三条 经受送达人同意，税务机关可以采用电子送达方式送达税务文书。

电子送达与其他送达方式具有同等法律效力。受送达人可以据此办理涉税事宜，行使权利、履行义务。

第四条 受送达人同意采用电子送达的，签订《税务文书电子送达确认书》。《税务文书电子送达确认书》包括电子送达的文书范围、效力、渠道和其他需要明确的事项。

受送达人可以登录特定系统直接签订电子版《税务文书电子送达确认书》，也可以到税务机关办税服务厅签订纸质版《税务文书电子送达确认书》，由税务机关及时录入相关系统。

第五条 税务机关采用电子送达方式送达税务文书的，以电子版式税务文书到达特定系统受送达人端的日期为送达日期，特定系统自动记录送达情况。

第六条 税务机关向受送达人送达电子版式税务文书后，通过电话、短信等方式发送提醒信息。提醒服务不影响电子文书送达的效力。

受送达人及时登录特定系统查阅电子版式税务文书。

第七条 受送达人需要纸质税务文书的，可以通过特定系统自行打印，也可以到税务机关办税服务厅打印。

第八条 税务处理决定书、税务行政处罚决定书（不含简易程序处罚）、税收保全措施决定书、税收强制执行决定书、阻止出境决定书以及税务稽查、税务行政复议过程中使用的税务文书等暂不适用本规定。

第九条 本规定自 2020 年 4 月 1 日起施行。

（二）政策解读

根据《中华人民共和国税收征收管理法》及其实施细则、国家电子政务等有关制度规定，国家税务总局制定了《关于发布〈税务文书电子送达规定（试行）〉的公告》（以下简称《公告》）。现解读如下：

1. 什么是电子送达？

电子送达是指税务机关通过电子税务局等特定系统（以下简称"特定系统"）向纳税人、扣缴义务人（以下简称"受送达人"）送达电子版式税务文书。

2. 为什么规定电子送达？

税务文书送达是保障税务机关依法行政、保护纳税人合法权益的重要组成部分。长期以来，税务机关高度重视税务文书送达工作，不断完善相关制度，规范文书送达行为。但随着经济社会发展和技术创新，传统文书送达方式不能更好方便纳税人办税，例如，纳税人网上办理涉税事项涉及税务文书的，还需要税务机关送达或者纳税人到税务机关领取纸质税务文书，影响纳税人的网上办税体验。又如，传统的文书送达方式时间较长，纳税人难以尽快知道文书内容，不能尽快行使相关权利、履行相关义务。

为进一步便利纳税人办税，更好保护纳税人合法权益，提高税收征管效率，减轻征纳双方负担，在吸收纳税人意见及总结部分地区试点经验的基础上，经深入研究论证，税务总局制定《公告》，明确税务文书电子送达相关规定。

3.《公告》的主要内容有哪些？

《公告》对税务文书电子送达主要规定了五部分内容：一是明确送达效力，规定电子送达与其他送达方式具有同等法律效力，以及电子送达对受送达人权利义务的影响；二是遵循自愿原则，规定电子送达以受送达人同意为前提，受送达人同意电子送达的签订《税务文书电子送达确认书》，税务机关提供线上、线下多种签订途径；三是明确送达路径，税务机关通过特定系统送达电子版式税务文书；四是规范送达操作，规定送达完成标准、系统自动记录、信息提醒服务等内容；五是限定文书范围。

4. 电子送达的效力如何?

《公告》第三条明确电子送达与其他送达方式具有同等法律效力，具体表现在两个方面：

一是对受送达人而言，受送达人可以凭税务机关送达的电子版式税务文书办理涉税事宜，行使权利、履行义务。例如，受送达人通过电子税务局办理"增值税专用发票（增值税税控系统）最高开票限额审批"业务时，税务机关出具的文书可能有《补正税务行政许可材料告知书》《税务行政许可受理通知书》《准予税务行政许可决定书》等。依照本《公告》，税务机关通过电子税务局送达这些电子版式税务文书，与其他方式送达的文书具有同等法律效力，受送达人可根据该文书办理涉税事宜，税务机关受该文书约束；对文书内容不服的，可以依法申请税务行政复议或者提起行政诉讼。

二是对税务机关而言，经受送达人同意，税务机关送达税务文书可以采用电子送达方式。但并非只要受送达人签订了《税务文书电子送达确认书》，税务机关就只能对其进行电子送达。税务机关在送达具体税务文书时可以根据受送达人情况进行判断，例如，受送达人正在税务机关办理涉税事宜，税务机关可以选择将税务文书直接送达其本人，而不是必须要采取电子送达方式。

5.《公告》如何体现纳税人的自愿原则?

为了充分尊重受送达人意愿，《公告》第四条规定税务机关在经受送达人同意后对其电子送达。受送达人是否同意，以是否签订《税务文书电子送达确认书》判断，即：受送达人签订了《税务文书电子送达确认书》的，表明其同意接受电子送达方式，税务机关可以对其进行电子送达；受送达人不同意签订《税务文书送达确认书》的，税务机关以其他送达方式送达税务文书。

6. 受送达人如何签订《税务文书电子送达确认书》?

为方便受送达人办理，《公告》第四条规定了线上、线下两种方式：一是线上签订，受送达人登录特定系统时，系统会自动弹出电子版《税务文书电子送达确认书》，受送达人根据系统提示确认即可；二是线下签订，税务机关办税服务厅提供纸质《税务文书电子送达确认书》，受送达人签章确认即可，由税务机关将其录入相关系统。

7. 税务机关如何进行电子送达?

参照《中华人民共和国民事诉讼法》等规定，《公告》第五条明确税务机关电子送达，以电子版式税务文书到达特定系统受送达人端的日期为送达日期，特定系统将送达情况自动予以记录。

为了方便纳税人及早知晓送达的电子版式税务文书，《公告》第六条规定税务机关在电子送达后，通过电话、短信等方式提醒受送达人，具体方式由各地税务机关根据本地信息化条件等情况确定。同时，《公告》第六条也对受送达人提出了要求，即受送达人应当及时登录特定系统查阅电子版式税务文书。

8. 哪些文书不适用电子送达?

《公告》第八条明确了哪些税务文书不适用电子送达方式，具体包括：一是从文书种类上，税务处理决定书、税务行政处罚决定书（不含简易程序处罚）、税收保全措施决定书、税收强制执行决定书、阻止出境决定书等文书暂不适用电子送达；二是从执法类型上，税务稽查、税务行政复议等过程中使用的税务文书暂不适用电子送达。

9.《公告》什么时候开始施行？

《公告》自 2020 年 4 月 1 日起施行。

第十二章

2020 年最新税收优惠政策解读

导读

本章介绍 2020 年最新税收优惠政策解读，包括三节内容，分别介绍防控新冠疫情税收优惠政策解读、研发机构采购国产设备增值税退税政策解读以及延续西部大开发及普惠金融优惠政策解读。

第一节　防控新冠疫情税收优惠政策解读

一、基本政策

（一）支持新型冠状病毒感染的肺炎疫情防控有关税收政策

根据《财政部　税务总局关于支持新型冠状病毒感染的肺炎疫情防控有关税收政策的公告》（财政部　税务总局公告 2020 年第 8 号）的规定，为进一步做好新型冠状病毒感染的肺炎疫情防控工作，支持相关企业发展，现就有关税收政策公告如下：

1. 对疫情防控重点保障物资生产企业为扩大产能新购置的相关设备，允许一次性计入当期成本费用在企业所得税税前扣除。

2. 疫情防控重点保障物资生产企业可以按月向主管税务机关申请全额退还增值税增量留抵税额。本公告所称增量留抵税额，是指与 2019 年 12 月底相比新增加的期末留抵税额。本公告第一条、第二条所称疫情防控重点保障物资生产企业名单，由省级及以上发展改革部门、工业和信息化部门确定。

3. 对纳税人运输疫情防控重点保障物资取得的收入，免征增值税。疫情防控重点保障物资的具体范围，由国家发展改革委、工业和信息化部确定。

4. 受疫情影响较大的困难行业企业 2020 年度发生的亏损，最长结转年限由 5 年延长至 8 年。困难行业企业，包括交通运输、餐饮、住宿、旅游（指旅行社及相关服务、游览景区管理两类）四大类，具体判断标准按照现行《国民经济行业分类》执行。困难行业企业 2020 年度主营业务收入须占收入总额（剔除不征税收入和投资收益）的

50% 以上。

5. 对纳税人提供公共交通运输服务、生活服务，以及为居民提供必需生活物资快递收派服务取得的收入，免征增值税。公共交通运输服务的具体范围，按照《营业税改征增值税试点有关事项的规定》（财税〔2016〕36 号印发）执行。生活服务、快递收派服务的具体范围，按照《销售服务、无形资产、不动产注释》（财税〔2016〕36 号印发）执行。

6. 本公告自 2020 年 1 月 1 日起实施，截止日期视疫情情况另行公告。

（二）支持新型冠状病毒感染的肺炎疫情防控有关捐赠税收政策

根据《财政部　税务总局关于支持新型冠状病毒感染的肺炎疫情防控有关捐赠税收政策的公告》（财政部　税务总局公告 2020 年第 9 号）的规定，为支持新型冠状病毒感染的肺炎疫情防控工作，现就有关捐赠税收政策公告如下：

1. 企业和个人通过公益性社会组织或者县级以上人民政府及其部门等国家机关，捐赠用于应对新型冠状病毒感染的肺炎疫情的现金和物品，允许在计算应纳税所得额时全额扣除。

2. 企业和个人直接向承担疫情防治任务的医院捐赠用于应对新型冠状病毒感染的肺炎疫情的物品，允许在计算应纳税所得额时全额扣除。捐赠人凭承担疫情防治任务的医院开具的捐赠接收函办理税前扣除事宜。

3. 单位和个体工商户将自产、委托加工或购买的货物，通过公益性社会组织和县级以上人民政府及其部门等国家机关，或者直接向承担疫情防治任务的医院，无偿捐赠用于应对新型冠状病毒感染的肺炎疫情的，免征增值税、消费税、城市维护建设税、教育费附加、地方教育附加。

4. 国家机关、公益性社会组织和承担疫情防治任务的医院接受的捐赠，应专项用于应对新型冠状病毒感染的肺炎疫情工作，不得挪作他用。

5. 本公告自 2020 年 1 月 1 日起施行，截止日期视疫情情况另行公告。

二、管理制度

根据《国家税务总局关于支持新型冠状病毒感染的肺炎疫情防控有关税收征收管理事项的公告》（国家税务总局公告 2020 年第 4 号）的规定，为支持新型冠状病毒感染的肺炎疫情防控工作，贯彻落实相关税收政策，现就税收征收管理有关事项公告如下：

1. 疫情防控重点保障物资生产企业按照《财政部　税务总局关于支持新型冠状病毒感染的肺炎疫情防控有关税收政策的公告》（2020 年第 8 号，以下简称"8 号公告"）第二条规定，适用增值税增量留抵退税政策的，应当在增值税纳税申报期内，完成本期增值税纳税申报后，向主管税务机关申请退还增量留抵税额。

2. 纳税人按照 8 号公告和《财政部　税务总局关于支持新型冠状病毒感染的肺炎疫情防控有关捐赠税收政策的公告》（2020 年第 9 号，以下简称"9 号公告"）有关规定享受免征增值税、消费税优惠的，可自主进行免税申报，无须办理有关免税备案手续，但应将相关证明材料留存备查。适用免税政策的纳税人在办理增值税纳税申报时，应当填写增值税纳税申报表及《增值税减免税申报明细表》相应栏次；在办理消费税纳税申报时，应当填写消费税纳税申报表及《本期减（免）税额明细表》相应栏次。

3. 纳税人按照 8 号公告和 9 号公告有关规定适用免征增值税政策的，不得开具增值税专用发票；已开具增值税专用发票的，应当开具对应红字发票或者作废原发票，再按规定适用免征增值税政策并开具普通发票。纳税人在疫情防控期间已经开具增值税专用发票，按照本公告规定应当开具对应红字发票而未及时开具的，可以先适用免征增值税政策，对应红字发票应当于相关免征增值税政策执行到期后 1 个月内完成开具。

4. 在本公告发布前，纳税人已将适用免税政策的销售额、销售数量，按照征税销售额、销售数量进行增值税、消费税纳税申报的，可以选择更正当期申报或者在下期申报时调整。已征应予免征的增值税、消费税税款，可以予以退还或者分别抵减纳税人以后应缴纳的增值税、消费税税款。

5. 疫情防控期间，纳税人通过电子税务局或者标准版国际贸易"单一窗口"出口退税平台等（以下简称"网上"）提交电子数据后，即可申请办理出口退（免）税备案、备案变更和相关证明。税务机关受理上述退（免）税事项申请后，经核对电子数据无误的，即可办理备案、备案变更或者开具相关证明，并通过网上反馈方式及时将办理结果告知纳税人。纳税人需开具纸质证明的，税务机关可采取邮寄方式送达。确需到办税服务厅现场结清退（免）税款或者补缴税款的备案和证明事项，可通过预约办税等方式，分时分批前往税务机关办理。

6. 疫情防控期间，纳税人的所有出口货物劳务、跨境应税行为，均可通过网上提交电子数据的方式申报出口退（免）税。税务机关受理申报后，经审核不存在涉嫌骗取出口退税等疑点的，即可办理出口退（免）税，并通过网上反馈方式及时将办理结果告知纳税人。

7. 因疫情影响，纳税人未能在规定期限内申请开具相关证明或者申报出口退（免）税的，待收齐退（免）税凭证及相关电子信息后，即可向主管税务机关申请开具相关证明，或者申报办理退（免）税。因疫情影响，纳税人无法在规定期限内收汇或办理不能收汇手续的，待收汇或办理不能收汇手续后，即可向主管税务机关申报办理退（免）税。

8. 疫情防控结束后，纳税人应按照现行规定，向主管税务机关补报出口退（免）税应报送的纸质申报表、表单及相关资料。税务机关对补报的各项资料进行复核。

9. 疫情防控重点保障物资生产企业按照 8 号公告第一条规定，适用一次性企业所得税税前扣除政策的，在优惠政策管理等方面参照《国家税务总局关于设备器具扣除有关企业所得税政策执行问题的公告》（2018 年第 46 号）的规定执行。企业在纳税申报时将相关情况填入企业所得税纳税申报表"固定资产一次性扣除"行次。

10. 受疫情影响较大的困难行业企业按照 8 号公告第四条规定，适用延长亏损结转年限政策的，应当在 2020 年度企业所得税汇算清缴时，通过电子税务局提交《适用延长亏损结转年限政策声明》。

11. 纳税人适用 8 号公告有关规定享受免征增值税优惠的收入，相应免征城市维护建设税、教育费附加、地方教育附加。

12.9号公告第一条所称"公益性社会组织"，是指依法取得公益性捐赠税前扣除资格的社会组织。企业享受9号公告规定的全额税前扣除政策的，采取"自行判别、申报享受、相关资料留存备查"的方式，并将捐赠全额扣除情况填入企业所得税纳税申报表相应行次。个人享受9号公告规定的全额税前扣除政策的，按照《财政部 税务总局关于公益慈善事业捐赠个人所得税政策的公告》（2019年第99号）有关规定执行；其中，适用9号公告第二条规定的，在办理个人所得税税前扣除、填写《个人所得税公益慈善事业捐赠扣除明细表》时，应当在备注栏注明"直接捐赠"。企业和个人取得承担疫情防治任务的医院开具的捐赠接收函，作为税前扣除依据自行留存备查。

13.本公告自发布之日施行。

适用延长亏损结转年限政策声明

纳税人名称：

纳税人识别号（统一社会信用代码）：

本纳税人符合《财政部 税务总局关于支持新型冠状病毒感染的肺炎疫情防控有关税收政策的公告》（2020年第8号）规定，且主营业务收入占比符合要求，确定适用延长亏损结转年限政策。行业属于（请从下表勾选，只能选择其一）：

行业	选项
交通运输	
餐饮	
住宿	
旅游	——
旅行社及相关服务	
游览景区管理	

以上声明根据实际经营情况作出，我确定它是真实的、准确的、完整的。

年 月 日

（纳税人签章）

三、政策解读

（一）制定《公告》的背景

为深入贯彻习近平总书记关于新型冠状病毒感染的肺炎疫情防控工作的一系列重要指示精神和党中央、国务院决策部署，进一步落实好支持新冠病毒感染的肺炎疫情防控税收政策，明确相关税收征收管理事项，简便征管流程，制发本公告。

（二）《公告》主要内容解读

1. 适用增值税增量留抵退税的疫情防控重点保障物资生产企业，如何办理留抵退税？

答：为优化疫情防控重点保障物资生产企业申请办理留抵退税流程，减轻纳税人办税负担，《公告》明确，按照《财政部税务总局关于支持新型冠状病毒感染的肺炎疫情防控有关税收政策的公告》（2020 年第 8 号，以下简称"8 号公告"）规定办理留抵退税的疫情防控重点保障物资生产企业，应在增值税纳税申报期内完成本期增值税纳税申报后，向主管税务机关申请退还增量留抵税额。

2. 在抗击疫情期间，纳税人根据 8 号公告和《财政部税务总局关于支持新型冠状病毒感染的肺炎疫情防控有关捐赠税收政策的公告》（2020 年第 9 号，以下简称"9 号公告"）可以享受免征增值税、消费税优惠政策的，是否需要办理备案手续，应该如何享受免税优惠政策？

答：按照"放管服"改革要求，为切实减轻纳税人负担，公告明确，纳税人按照 8 号公告和 9 号公告规定，享受增值税、消费税免税优惠的，无须办理有关免税备案手续，只需自主进行增值税、消费税免税申报，并将相关证明材料留存备查即可。

3. 纳税人发生符合 8 号公告和 9 号公告规定的免征增值税行为，在开具发票时应当注意哪些事项？

答：《中华人民共和国增值税暂行条例》第二十一条规定，纳税人发生应税销售行为适用免税规定的，不得开具增值税专用发票。据此，纳税人发生符合 8 号公告和 9 号公告规定的免征增值税行为的，不得开具增值税专用发票，但是可以视情况开具不同类型的普通发票。需要说明的是，纳税人开具增值税普通发票、机动车销售统一发票等注明税率或征收率栏次的普通发票时，应当在税率或征收率栏次填写"免税"字样。

纳税人发生符合 8 号公告和 9 号公告规定的免征增值税行为，在疫情防控期间已经开具增值税专用发票的，应当及时开具对应红字发票或作废原发票，再按规定适用免征增值税政策。同时，考虑到在疫情防控期间，部分纳税人在开具红字增值税专用发票时，可能会遇到与接受发票方沟通不便而未能及时开具的特殊情况，《公告》中明确纳税人可以先适用免征增值税政策，随后再按规定开具对应红字发票，开具期限为相关免征增值税政策执行到期后 1 个月内。

4. 纳税人发生符合 8 号公告和 9 号公告规定的免征增值税行为如何申报？

答：纳税人在办理增值税纳税申报时，将适用免税政策的销售额和免税额等申报数据，填写在增值税纳税申报表及《增值税减免税申报明细表》相应栏次。

5. 纳税人发生符合9号公告规定的免征消费税行为如何申报？

答：纳税人发生符合9号公告规定的免征消费税行为，在办理消费税纳税申报时，应填写消费税纳税申报表及《本期减（免）税额明细表》相应栏次。

6. 在本公告发布前，纳税人已进行增值税、消费税纳税申报的如何处理？

答：在本公告发布前，纳税人已将适用免税政策的销售额、销售数量，按照征税销售额、销售数量进行增值税、消费税纳税申报的，可以选择更正当期申报或者在下期申报时调整。已征的按上述规定应予免征的增值税、消费税税款，可以予以退还或者分别抵减纳税人以后月份应缴纳的增值税、消费税税款。

7. 在抗击疫情期间，纳税人应该如何进行出口退（免）税备案及备案变更申请？

答：为降低疫情传播风险，减轻纳税人负担，《公告》明确，疫情防控期间，纳税人通过电子税务局或者标准版国际贸易"单一窗口"出口退税平台等提交电子数据，即可申请办理出口退（免）税备案及备案变更。税务机关审核电子数据无误后，即可为纳税人办理备案或备案变更。

8. 在抗击疫情期间，纳税人应该如何申请开具出口退（免）税相关证明？

答：为降低疫情传播风险，减轻纳税人负担，《公告》明确，疫情防控期间，纳税人通过电子税务局或者标准版国际贸易"单一窗口"出口退税平台等提交电子数据，即可申请开具出口退（免）税相关证明。税务机关审核电子数据无误后，即可为纳税人开具相关证明。

9. 在抗击疫情期间，未实施出口退（免）税无纸化申报的纳税人应该如何进行出口退（免）税申报？

答：疫情防控期间，所有纳税人的所有出口货物劳务、跨境应税行为（包括四类出口企业、发生跨境应税行为等），均可通过电子税务局或者标准版国际贸易"单一窗口"出口退税平台等提交电子数据，即可进行出口退（免）税申报，暂无须报送相关纸质资料。税务机关审核电子数据无问题，且不存在涉嫌骗取出口退税等疑点的，即可按规定为纳税人办理退（免）税。

10. 疫情防控期间，纳税人采用"非接触式"方式申请出口退（免）税备案及备案变更、证明开具和退（免）税申报的，本应报送的相关纸质资料应当如何处理？

答：疫情防控期间，纳税人通过"非接触式"方式申报办理出口退（免）税相关事项的，可暂不提供相关纸质资料。对于按照现行规定应报送的相关纸质资料，纳税人应妥善留存，待疫情结束后补报给税务机关，税务机关予以复核。

11. 因疫情影响，纳税人无法在规定期限内办理出口退（免）税申报、证明开具、出口收汇等事项的，应当如何处理？

答：纳税人受疫情影响，无法在规定期限内办理出口退（免）税申报、证明开具、出口收汇等事项的，可以根据《财政部　税务总局关于明确国有农用地出租等增值税政策的公告》（2020年第2号）的有关规定，待收齐退（免）税凭证、相关电子信息或者收汇后，即可申报办理相关事项。

12. 企业根据8号公告第一条规定，享受一次性计入当期成本费用企业所得税税前扣除政策，应当注意哪些事项？

答：考虑到此次出台的疫情防控重点保障物资生产企业为扩大产能新购置的相关

设备一次性扣除政策与单位价值不超过 500 万元的设备、器具一次性扣除政策的优惠方式一致，为便于纳税人准确理解、享受政策，降低纳税人享受优惠的成本，《公告》明确疫情防控重点保障物资生产企业为扩大产能新购置的相关设备一次性扣除政策参照单位价值不超过 500 万元的设备、器具一次性扣除政策的管理规定执行，使两者的管理要求保持一致，具体为：一是按照《国家税务总局关于发布修订后的〈企业所得税优惠政策事项办理办法〉的公告》（2018 年第 23 号）的规定，采取"自行判别、申报享受、相关资料留存备查"的办理方式；二是主要留存备查资料包括有关固定资产购进时点的资料、固定资产记账凭证、核算有关资产税务处理与会计处理差异的台账三类资料。

企业享受扩大产能新购置的相关设备一次性计入当期成本费用在企业所得税税前扣除政策的，月（季）度预缴申报时应在《固定资产加速折旧（扣除）优惠明细表》（A201020）第 4 行"二、固定资产一次性扣除"填报相关情况；年度纳税申报时应在《资产折旧、摊销及纳税调整明细表》（A105080）第 10 行"（三）固定资产一次性扣除"填报相关情况。

13. 企业适用受疫情影响较大的困难行业企业 2020 年度发生的亏损最长结转年限延长至 8 年的政策时，需要注意什么？

答：根据 8 号公告的规定，受疫情影响较大的困难行业企业 2020 年度发生的亏损，最长结转年限由 5 年延长至 8 年。

困难行业企业，包括交通运输、餐饮、住宿、旅游（指旅行社及相关服务、游览景区管理两类）四大类，具体判断标准按照现行《国民经济行业分类》执行。困难行业企业 2020 年度主营业务收入占当年收入总额扣除不征税收入和投资收益后余额的比例，应在 50% 以上。

纳税人应自行判断是否属于困难行业企业，且主营业务收入占比符合要求。2020 年度发生亏损享受亏损结转年限由 5 年延长至 8 年政策的，应在 2020 年度企业所得税汇算清缴时，通过电子税务局提交《适用延长亏损结转年限政策声明》（以下简称《声明》）。纳税人应在《声明》填入纳税人名称、纳税人识别号（统一社会信用代码）、所属的具体行业三项信息，并对其符合政策规定、主营业务收入占比符合要求、勾选的所属困难行业等信息的真实性、准确性、完整性负责。

14. 企业如何享受支持新型冠状病毒感染的肺炎疫情防控有关捐赠所得税税前扣除政策？

答：企业根据 9 号公告规定享受全额税前扣除政策时，凡通过公益性社会组织或者县级以上人民政府及其部门等国家机关，捐赠用于应对新冠肺炎疫情的现金和物品的，应及时要求对方开具公益事业捐赠票据，在票据中注明相关疫情防控捐赠事项。该捐赠票据由企业妥善保管、自行留存。

凡直接向承担疫情防治任务的医院捐赠用于应对新冠肺炎疫情的物品的，应妥善保管、自行留存对方开具的捐赠接收函。

15. 个人如何享受支持新型冠状病毒感染的肺炎疫情防控有关捐赠所得税税前扣除政策？

答：个人根据 9 号公告规定享受全额税前扣除政策时，应当按照《财政部 税务总局关于公益慈善事业捐赠个人所得税政策的公告》（2019 年第 99 号）规定办理税前扣除。其中，个人直接向承担疫情防治任务的医院捐赠用于应对新冠肺炎疫情的物品，在办理个人所得税税前扣除时，需在《个人所得税公益慈善事业捐赠扣除明细表》备注栏注明"直接捐赠"。

第二节　研发机构采购国产设备增值税退税政策解读

一、基本政策

根据《国家税务总局关于发布〈研发机构采购国产设备增值税退税管理办法〉的公告》（国家税务总局公告 2020 年第 6 号）规定，根据《财政部　商务部　税务总局关于继续执行研发机构采购设备增值税政策的公告》（2019 年第 91 号）规定，经商财政部，税务总局制定了《研发机构采购国产设备增值税退税管理办法》，现予以发布。《国家税务总局关于发布〈研发机构采购国产设备增值税退税管理办法〉的公告》（2017年第 5 号，2018 年第 31 号修改）到期停止执行。

研发机构采购国产设备增值税退税管理办法

第一条　为规范研发机构采购国产设备增值税退税管理，根据《财政部　商务部　税务总局关于继续执行研发机构采购设备增值税政策的公告》（2019 年第 91 号，以下简称"91 号公告"）规定，制定本办法。

第二条　符合条件的研发机构（以下简称"研发机构"）采购国产设备，按照本办法全额退还增值税（以下简称"采购国产设备退税"）。

第三条　本办法第二条所称研发机构、国产设备的具体条件和范围，按照 91 号公告规定执行。

第四条　主管研发机构退税的税务机关（以下简称"主管税务机关"）负责办理研发机构采购国产设备退税的备案、审核、核准及后续管理工作。

第五条　研发机构享受采购国产设备退税政策，应于首次申报退税时，持以下资料向主管税务机关办理退税备案手续：

（一）符合 91 号公告第一条、第二条规定的研发机构资质证明资料。

（二）内容填写真实、完整的《出口退（免）税备案表》。该备案表在《国家税务总局关于出口退（免）税申报有关问题的公告》（2018 年第 16 号）发布。其中，"企业类型"选择"其他单位"；"出口退（免）税管理类型"依据资质证明材料填写"内资研发机构（简写：内资机构）"或"外资研发中心（简写：外资中心）"；其他栏次按填表说明填写。

（三）主管税务机关要求提供的其他资料。

本办法下发前，已办理采购国产设备退税备案的研发机构，无须再次办理备案。

第六条 研发机构备案资料齐全，《出口退（免）税备案表》填写内容符合要求，签字、印章完整的，主管税务机关应当予以备案。备案资料或填写内容不符合要求的，主管税务机关应一次性告知研发机构，待其补正后再予备案。

第七条 已办理备案的研发机构，《出口退（免）税备案表》中内容发生变更的，须自变更之日起 30 日内，持相关资料向主管税务机关办理备案变更。

第八条 研发机构发生解散、破产、撤销以及其他依法应终止采购国产设备退税事项的，应持相关资料向主管税务机关办理备案撤回。主管税务机关应按规定结清退税款后，办理备案撤回。

研发机构办理注销税务登记的，应先向主管税务机关办理退税备案撤回。

第九条 外资研发中心因自身条件发生变化不再符合 91 号公告第二条规定条件的，应自条件变化之日起 30 日内办理退税备案撤回，并自条件变化之日起，停止享受采购国产设备退税政策。未按照规定办理退税备案撤回，并继续申报采购国产设备退税的，依照本办法第十九条规定处理。

第十条 研发机构新设、变更或者撤销的，主管税务机关应根据核定研发机构的牵头部门提供的名单及注明的相关资质起止时间，办理有关退税事项。

第十一条 研发机构采购国产设备退税的申报期限，为采购国产设备之日（以发票开具日期为准）次月 1 日起至次年 4 月 30 日前的各增值税纳税申报期。

2019 年研发机构采购国产设备退税申报期限延长至 2020 年 8 月 31 日前的各增值税纳税申报期。

第十二条 已备案的研发机构应在退税申报期内，凭下列资料向主管税务机关办理采购国产设备退税：

（一）《购进自用货物退税申报表》。该表在《国家税务总局关于发布〈出口货物劳务增值税和消费税管理办法〉的公告》（2012 年第 24 号）发布。填写该表时，应在备注栏填写"科技开发、科学研究、教学设备"。

（二）采购国产设备合同。

（三）增值税专用发票，或者开具时间为 2019 年 1 月 1 日至本办法发布之日前的增值税普通发票（不含增值税普通发票中的卷票，下同）。

（四）主管税务机关要求提供的其他资料。

上述增值税专用发票，在增值税发票综合服务平台上线后，应当已通过增值税发票综合服务平台确认用途为"用于出口退税"；在增值税发票综合服务平台上线前，应当已经扫描认证通过，或者已通过增值税发票选择确认平台勾选确认。

第十三条 属于增值税一般纳税人的研发机构申报采购国产设备退税，主管税务机关经审核符合规定的，应按规定办理退税。

研发机构申报采购国产设备退税，属于下列情形之一的，主管税务机关应采取发函调查或其他方式调查，在确认增值税发票真实、发票所列设备已按规定申报纳税后，方可办理退税：

（一）审核中发现疑点，经核实仍不能排除疑点的。

（二）增值税一般纳税人使用增值税普通发票申报退税的。

（三）非增值税一般纳税人申报退税的。

第十四条 研发机构采购国产设备的应退税额，为增值税发票上注明的税额。

第十五条 研发机构采购国产设备取得的增值税专用发票，已用于进项税额抵扣的，不得申报退税；已用于退税的，不得用于进项税额抵扣。

第十六条 主管税务机关应建立研发机构采购国产设备退税情况台账，记录国产设备的型号、发票开具时间、价格、已退税额等情况。

第十七条 已办理增值税退税的国产设备，自增值税发票开具之日起 3 年内，设备所有权转移或移作他用的，研发机构须按照下列计算公式，向主管税务机关补缴已退税款。

应补缴税款＝增值税发票上注明的税额×（设备折余价值÷设备原值）

设备折余价值＝增值税发票上注明的金额－累计已提折旧

累计已提折旧按照企业所得税法的有关规定计算。

第十八条 研发机构涉及重大税收违法失信案件，按照《国家税务总局关于发布〈重大税收违法失信案件信息公布办法〉的公告》（2018 年第 54 号）被公布信息的，研发机构应自案件信息公布之日起，停止享受采购国产设备退税政策，并在 30 日内办理退税备案撤回。研发机构违法失信案件信息停止公布并从公告栏撤出的，自信息撤出之日起，研发机构可重新办理采购国产设备退税备案，其采购的国产设备可继续享受退税政策。未按照规定办理退税备案撤回，并继续申报采购国产设备退税的，依照本办法第十九条规定处理。

第十九条 研发机构采取假冒采购国产设备退税资格、虚构采购国产设备业务、增值税发票既申报抵扣又申报退税、提供虚假退税申报资料等手段，骗取采购国产设备退税的，主管税务机关应追回已退税款，并依照税收征收管理法的有关规定处理。

第二十条 本办法未明确的其他退税管理事项，比照出口退税有关规定执行。

第二十一条 本办法施行期限为 2019 年 1 月 1 日至 2020 年 12 月 31 日，以增值税发票的开具日期为准。

二、政策解读

根据《财政部 商务部 税务总局关于继续执行研发机构采购设备增值税政策的公告》（2019 年第 91 号，以下简称 91 号公告）规定，税务总局配套制发了《研发机构采购国产设备增值税退税管理办法》（以下简称《办法》）。现解读如下：

（一）《办法》出台的背景

为鼓励科学研究和技术开发，减轻研发机构研发成本，经国务院批准，财政部会同商务部和税务总局发布了 91 号公告，明确自 2019 年 1 月 1 日至 2020 年 12 月 31 日，继续对研发机构（包括内资研发机构和外资研发中心）采购国产设备全额退还增值税，并规定具体退税管理办法由税务总局会同财政部制定。为落实 91 号公告，便于研发机构办理采购国产设备退税，经商财政部，税务总局出台了《办法》。

（二）《办法》的主要内容解读

1. 研发机构和国产设备的具体范围

办理增值税退税的研发机构和国产设备的具体范围，按照 91 号公告第一条、第二条和第四条的规定执行。

2. 研发机构如何办理采购国产设备退税备案

适用采购国产设备退税政策的研发机构，应于首次申报采购国产设备增值税退税时办理退税备案手续。办理手续时需要的相关资料包括研发机构资质证明资料、《出口退（免）税备案表》等。需要提醒的是，《出口退（免）税备案表》内容填写要真实、完整，其中，"企业类型"选择"其他单位"，"出口退（免）税管理类型"依据资质证明材料填写"内资研发机构（简写：内资机构）"或"外资研发中心（简写：外资中心）"，其他栏次按填表说明填写。

《办法》下发前已办理采购国产设备退税备案的研发机构，无须再次办理备案。

3. 研发机构如何办理采购国产设备退税备案的变更和撤回

（1）如何办理备案变更。已办理备案的研发机构，《出口退（免）税备案表》中内容发生变更的，须自变更之日起 30 日内，持相关资料向主管税务机关办理备案变更。

（2）如何办理撤回。研发机构发生解散、破产、撤销以及其他依法应终止采购国产设备退税事项的，应持相关资料向主管税务机关办理备案撤回。主管税务机关应按规定结清退税款后，办理备案撤回。外资研发中心在退税资格复审前，因自身条件发生变化，已不符合研发机构的条件，应自条件变化之日起 30 日内办理退税备案撤回。

4. 研发机构如何进行退税申报

研发机构申报采购国产设备退税时，需提交《购进自用货物退税申报表》、采购国产设备合同、增值税专用发票或者增值税普通发票等资料。可办理的退税额，为增值税发票上注明的税额。

上述增值税发票的具体要求：①增值税专用发票，在增值税发票综合服务平台上线后，应当已通过增值税发票综合服务平台确认用途为"用于出口退税"；在增值税发票综合服务平台上线前，应当已经扫描认证通过，或者已通过增值税发票选择确认平台勾选确认。②增值税普通发票，为开具时间为 2019 年 1 月 1 日至本公告发布之日前的增值税普通发票 [不含增值税普通发票（卷票）]。

研发机构采购国产设备取得的增值税专用发票，已用于进项税额抵扣的，不得申报退税；已用于退税的，不得用于进项税额抵扣。

5. 研发机构办理退税的申报期限

研发机构采购国产设备退税的申报期限，为采购之日次月起至次年 4 月 30 日前的各增值税纳税申报期。考虑到新冠肺炎疫情影响，2019 年采购国产设备退税的申报期限，延长至 2020 年 8 月 31 日前的各增值税纳税申报期。

如果研发机构未能在规定的期限内申报退税，根据《财政部　税务总局关于明确国有农用地出租等增值税政策的公告》（2020 年第 2 号）的规定，待研发机构收齐凭证及信息后，仍可继续申报办理退税。

6. 税务机关如何审核办理退税

如果研发机构属于增值税一般纳税人，税务机关经审核符合规定的，应按规定办理退税。如果研发机构不是增值税一般纳税人，或者虽然是增值税一般纳税人、但使用增值税普通发票申报退税的，税务机关须确认发票真实、发票所列设备已申报纳税后，方能办理退税。

7. 已退税的国产设备转移或移作他用如何处理

已办理增值税退税的国产设备，自增值税发票开具之日起 3 年内，设备所有权转移或移作他用的，研发机构须按照规定向主管税务机关补缴已退税款。补缴已退税款按以下方法计算：

应补缴税款＝增值税发票上注明的税额×（设备折余价值÷设备原值）

设备折余价值＝增值税发票上注明的金额－累计已提折旧

累计已提折旧按照企业所得税法的有关规定计算。

8. 违法违规的处理

如果研发机构骗取采购国产设备增值税退税的，主管税务机关应追回已退税款，并依照税收征管法的有关规定处理。如果研发机构涉及重大税收违法失信案件被依法公布信息的，研发机构将停止享受采购国产设备退税政策，并应及时办理退税备案撤回。

（三）执行期限

根据 91 号公告规定，《办法》的施行期限为 2019 年 1 月 1 日至 2020 年 12 月 31 日，以增值税发票的开具日期为准。

第三节　延续西部大开发及普惠金融优惠政策解读

一、延续西部大开发企业所得税优惠政策的公告

根据《财政部　税务总局　国家发展改革委关于延续西部大开发企业所得税政策的公告》（财政部公告 2020 年第 23 号）的规定，自 2021 年 1 月 1 日至 2030 年 12 月 31 日，对设在西部地区的鼓励类产业企业减按 15% 的税率征收企业所得税。本条所称鼓励类产业企业是指以《西部地区鼓励类产业目录》中规定的产业项目为主营业务，且其主营业务收入占企业收入总额 60% 以上的企业。

《西部地区鼓励类产业目录》由发展改革委牵头制定。该目录在本公告执行期限内修订的，自修订版实施之日起按新版本执行。

税务机关在后续管理中，不能准确判定企业主营业务是否属于国家鼓励类产业项目时，可提请发展改革等相关部门出具意见。不符合税收优惠政策规定条件的，由税务机关按税收征收管理法及有关规定进行相应处理。具体办法由省级发展改革、税务部门另行制定。

本公告所称西部地区包括内蒙古自治区、广西壮族自治区、重庆市、四川省、贵

州省、云南省、西藏自治区、陕西省、甘肃省、青海省、宁夏回族自治区、新疆维吾尔自治区和新疆生产建设兵团。湖南省湘西土家族苗族自治州、湖北省恩施土家族苗族自治州、吉林省延边朝鲜族自治州和江西省赣州市，可以比照西部地区的企业所得税政策执行。

本公告自 2021 年 1 月 1 日起执行。《财政部　海关总署　国家税务总局关于深入实施西部大开发战略有关税收政策问题的通知》（财税〔2011〕58 号）、《财政部　海关总署　国家税务总局关于赣州市执行西部大开发税收政策问题的通知》（财税〔2013〕4 号）中的企业所得税政策规定自 2021 年 1 月 1 日起停止执行。

二、延续惠普金融优惠政策的公告

根据《财政部　税务总局关于延续实施普惠金融有关税收优惠政策的公告》（财政部　税务总局公告 2020 年第 22 号）的规定，《财政部　税务总局关于延续支持农村金融发展有关税收政策的通知》（财税〔2017〕44 号）、《财政部　税务总局关于小额贷款公司有关税收政策的通知》（财税〔2017〕48 号）、《财政部　税务总局关于支持小微企业融资有关税收政策的通知》（财税〔2017〕77 号）、《财政部　税务总局关于租入固定资产进项税额抵扣等增值税政策的通知》（财税〔2017〕90 号）中规定于 2019 年 12 月 31 日执行到期的税收优惠政策，实施期限延长至 2023 年 12 月 31 日。

本公告发布之日前，已征的按照本公告规定应予免征的增值税，可抵减纳税人以后月份应缴纳的增值税或予以退还。